MODAL SOSIAL DAN PENCAPAIAN PENDIDIKAN PELAJAR DESA

NORANIZA BINTI YUSOFF

This book is designed to meet the needs of publishing research materials at Universiti Utara Malaysia

Data Pengkatalogan-dalam-Penerbitan

Title: Modal Sosial Dan Pencapaian Pendidikan Pelajar Desa
Author: Noraniza Binti Yusoff
ISBN: 9781939123374
Publisher: Supreme Century, USA

Prepare for Publishing: Fast Publication

www.**FastPublication**.com

RINGKASAN EKSEKUTIF

Modal sosial mempunyai kesan ke atas pencapaian pendidikan di kalangan individu berbeza iaitu keluarga berstatus sosioekonomi rendah kurang pencapaian kepada tahap pengetahuan tentang pencapaian pendidikan dan tidak memindahkan motivasi serta amalan yang baik di kalangan masyarakat mereka. Kajian ini bertujuan menentukan corak modal sosial di kalangan pelajar sekolah, menentukan perbezaan pembolehubah latar belakang pelajar sekolah kajian, dan menentukan perkaitan modal sosial dengan pencapaian pendidikan pelajar sekolah kajian. Kajian melibatkan sekolah-sekolah menengah harian biasa kerajaan di Negeri Kedah yang mempunyai pencapaian pendidikan yang baik dan pencapaian pendidikan yang kurang baik. Kajian ialah penyelidikan asas bertujuan untuk penjelasan ke atas persoalan kenapa modal sosial mempengaruhi pencapaian pendidikan masyarakat desa dan persoalan-persoalan kajian lain. Kajian hubungan sebab akibat ini menyiasat kesan satu atau lebih pemboleh ubah ke atas satu atau lebih pemboleh ubah akibat (kesan). Pendekatan kajian adalah deskriptif bertujuan untuk mengumpulkan pengetahuan tentang objek kajian tetapi cuba mengelakkan membawa apa-apa perubahan dalam objek. Dimensi masa kajian ialah kajian kes pendekatan kuantitatif. Hasil kajian menemui bahawa modal sosial mempengaruhi pencapaian pendidikan dan memberi kesan atau impak ke atas masyarakat desa. Walau bagaimanapun, kajian ini tidak boleh digeneralisasikan kerana menggunakan kaedah persampelan bertujuan. Bagi kajian masa depan, dicadangkan pengkaji seterusnya menggunakan kaedah persampelan kebarangkalian bagi tujuan generalisasi. Analisis korelasi Kendall's tau_b (τ_b) menunjukkan beberapa pemboleh ubah modal sosial mempunyai pertalian dengan pencapaian pendidikan. Sumbangan hasil kajian terhadap bidang ilmu Sosiologi ialah berkaitan dengan teori rangkaian iaitu ikatan kuat dan nod (aktor individu dalam rangkaian) mempengaruhi pencapaian pendidikan, walau bagaimanapun ikatan lemah mempunyai hubungan secara negatif dengan pencapaian pendidikan. Implikasi kepada dasar berkenaan dengan pendidikan ialah sambungan dalam rangkaian yang melibatkan ibu bapa, sekolah dan rakan sebaya boleh digunakan dengan sebaik mungkin untuk membantu pelajar meningkatkan pencapaian pendidikan. Entiti-entiti seperti persatuan, kumpulan dan kelab adalah berguna sebagai satu ruang yang membolehkan sambungan antara pelajar-pelajar dengan ibu bapa, sekolah dan rakan sebaya. Hubungan pelajar dengan kawan rapat atau kenalan boleh diperbaiki bagi menjadikan ikatan lemah sebagai satu sebab yang dapat meningkatkan pencapaian pendidikan. Pihak sekolah dan ibu bapa perlu mengambil fungsi untuk membantu pelajar-pelajar sekolah untuk menjadikan ikatan lemah lebih cekap dan berkesan dalam membantu meningkatkan pencapaian pendidikan. Aktiviti-aktiviti pelajar yang melibatkan kawan rapat atau kenalan juga perlu dijalankan di samping aktiviti-aktiviti yang dijalankan melalui ikatan kuat.

PRAKATA

Sejak 20 tahun yang lalu konsep modal sosial semakin mendapat perhatian disiplin ilmu pengetahuan yang berbeza dan telah membawa kepada penyelidikan serta perbincangan dalam bidang sains sosial dan politik menurut Natasha R. Magson, Rhonda G. Craven dan Gawaian H. Bodkin-Andrews pada tahun 2014. Fenomena modal sosial pada masa kini menurut Moosung Lee dalam tulisan yang bertajuk "*Bringing the best of two worlds together for social capital research in education: social network analysis and symbolic interactionism*" pada tahun 2014 yang menggambarkan penyelidik dalam bidang pendidikan telah lama berminat dengan membentuk teori berkenaan kesan hubungan sosial ke atas pembangunan kanak-kanak dan remaja sebagai contohnya kesan hubungan manusia ke atas penglibatan dalam pendidikan.

Data berkenaan dengan modal sosial dari kajian oleh Trevor Willian Lovett pada tahun 2014 bertajuk "*Mentor social capital, individual agency and working-class student learning outcomes: revisiting the structure/agency dialectic*" menggambarkan bahawa bagi membolehkan pelajar mendapat manfaat sebenar dari bentuk modal sosial yang disediakan oleh dasar pendidikan, pendidik perlu mempunyai pemahaman yang mendalam berkenaan hubungan dinamik yang wujud di kalangan konteks sosial yang berbeza yang menjadi ruang interaksi individu. Perkembangan modal sosial menurut tulisan Eduardo Bueno, Mari Paz Salmador dan Oscar Rodriguez pada tahun 2004 yang bertajuk "*The role of social capital in today's economy: empirical evidence and proposal of a new model of intellectual capital*" menunjukkan bahawa modal sosial adalah satu bentuk modal dalam pengkelasan oleh Bank Dunia yang menjadi satu kepentingan kepada manusia sejajar dengan perkembangan dari masyarakat perindustrian ke masyarakat berasaskan pengetahuan yang dicirikan oleh pertumbuhan yang pantas dalam aset tidak ketara dan aktiviti sosial dengan mengambil kira sumber ketara dan proses berasaskan fizikal.

Kajian-kajian yang dilakukan ke atas idea modal sosial dan istilah tersebut telah banyak digunakan dalam banyak bidang sains sosial yang menandakan idea asas berkenaan ikatan sosial yang boleh berfungsi dalam menyediakan maklumat, pengaruh dan perpaduan yang akhirnya berkembang menjadi sebuah bidang modal sosial. Idea modal sosial menarik minat ramai penyelidik pada hari ini menjadikan konsep modal sosial lebih bersifat multi disiplin dan mempunyai topik yang khusus. Pandangan ini adalah dikemukakan oleh Seok-Woo Kwon pada tahun 2014. Oleh itu, buku ini bertujuan memberi maklumat berkenaan pengaruh modal sosial ke atas pencapaian pendidikan pelajar sekolah di kawasan luar bandar (desa). Kandungan buku ini merangkumi pendahuluan yang memberikan pengenalan berkenaan dengan kajian, teori dan konsep modal sosial, kawasan kajian, keputusan kajian dan perbincangan, cadangan serta kesimpulan.

Noraniza Binti Yusoff
Sintok, Kedah Darul Aman

MODAL SOSIAL DAN PENCAPAIAN PENDIDIKAN PELAJAR DESA

Teori modal sosial banyak dikaitkan dengan pendidikan dan kebiasannya menggunakan contoh dari bidang pendidikan untuk memeriksa teori modal sosial. Dari segi isu pendidikan, manusia banyak menggunakan rangkaian sosial dan melibatkan fasa pendidikan yang berbeza. Penglibatan masyarakat dan negara memberi kesan pada peningkatan kualiti pendidikan dan keberkaitan pendidikan. Penglibatan juga berlaku dalam cara yang berbeza seperti melalui memperbaiki pemilikan, membina sepersetujuan sebulat suara, mencapai kumpulan yang terpencil dan yang kekurangan, menguatkan keupayaan institusi dan lain-lain. Terdapat tanggungjawab yang tinggi dan semula jadi serta jangkaan yang membentuk hubungan atau modal sosial antara ahli keluarga. Penglibatan ibu bapa dengan pendidikan anak-anak adalah mudah tetapi berkesan dan mengandungi kaedah seperti membantu kerja rumah anak-anak dan berkomunikasi dengan guru. Dasar bertulis dan peraturan berkenaan dengan tangungjawab ibu bapa untuk pendidikan anak-anak menyebabkan manusia mengejar penglibatan pendidikan yang lebih baik. Pandangan ini adalah dikemukakan oleh Erkan Acar pada tahun 2011. Bidang yang banyak dikaji oleh sarjana berkenaan modal sosial ialah pendidikan kolej. Kolej seringkali menjadi satu tempat yang berguna untuk mengkaji kesan rakan sebaya kerana pelajar mengalami fenomena seperti berpisah dari rangkaian sosial baisa mereka seperti sekolah, rakan, dan keluarga. Rakan baru di kolej khususnya rakan sebilik merupakan sumber pengaruh akademik dan bukan akademik. Rakan sebaya tersebut mempunyai ciri-ciri dan sumber yang berbeza seperti latar belakang keluarga, nilai dan orientasi serta kemampuan akademik yang boleh mempengaruhi pencapaian pelajar. Sarjana percaya bahawa prestasi akademik terdahulu rakan sebaya menggambarkan sifat tingkah laku paling berkaitan. Pencapaian rakan sebaya boleh menggambarkan pemilikan pengetahuan subjek khusus dan umum yang lebih tinggi, tabiat pembelajaran yang lebih baik dan cita-cita yang lebih baik. Prestasi akademik yang lemah boleh menggambarkan aras pengetahuan yang lebih rendah dan motivasi yang lemah atau penunjuk bagi penyertaan dalam aktiviti bukan akademik yang menyimpang. Pandangan ini adalah dikemukakan oleh Sharique Hasan dan Surendrakumar Bagde pada tahun 2013. Tulisan berkenaan modal sosial di Malaysia oleh pengkaji seperti Shafiz Affendi Mohd Yusof dan Kamarul Faizal Hashim Mail pada tahun 2014 menunjukkan bahawa ciri-ciri kumpulan, norma, kebersamaan, sifat suka bergaul, sambungan dan kesukarelawanan menjadi penyumbang penting dalam membina modal sosial di kalangan ahli masyarakat di Malaysia.

KANDUNGAN

SENARAI SIMBOL/SINGKATAN

AAR	-	*Actors, Activities, Resources*
AIM	-	Amanah Ikhtiar Malaysia
ANT	-	*Actor Network Theory*
AVOVA	-	Analysis of Variance
BPPDP 1	-	Borang Bahagian Perancangan dan Penyelidikan Dasar Pendidikan 1
CMC	-	*computer-mediated communication*
CSOs	-	*civil society organization*
CPX	-	*clinical performance examination*
DCHD	-	Duval County Health Department
DEB	-	Dasar Ekonomi Baru
FTF	-	*face-to-face*
GPA	-	*grade point average*
HEM	-	Hal Ehwal Murid
IADP	-	*Integrated Agriculture Development Project*
ICT	-	Information and Communication Technology
IMT-GT	-	Indonesia Malaysia Thailand – Growth Triangle
IT	-	Information Technology
JPN	-	Jabatan Pelajaran Negeri
KBSM	-	Kurikulum Bersepadu Sekolah Menengah
KBSR	-	Kurikulum Bersepadu Sekolah Rendah
KDNK	-	Keluaran Dalam Negara Kasar
KEDA	-	Kedah Regional Development Auhority
KPM	-	Kementerian Pelajaran Malaysia
KWAPM	-	Kumpulan Wang Amanah Pelajar Miskin
MADA	-	Muda Agricultural Development Authority
NIEM	-	National Information Exchange Model
NGO	-	*Non governmental organization*
PGK	-	Pendapatan Garis Kemiskinan
PMR	-	Penilaian Menengah Rendah
PTO	-	*Parent Teacher Organization*
RMK-7	-	Rancangan Malaysia Ketujuh
RMK-8	-	Rancangan Malaysia Kelapan
RMP-RMT	-	Rancangan Malaysia Pertama-Rancangan Malaysia Ketiga
RMT	-	Rancangan Malaysia Ketiga
SBIP	-	*summer bridge intervention program*
SC-IQ	-	instrumen *Social Capital-Integrated Questionnaire*
S.M.K. Siong	-	Sekolah Menengah Kebangsaan Siong
S.M.K.TATAR	-	Sekolah Menengah Kebangsaan Tengku Anum Tengku Abdul Rahman, Jitra
SMHB	-	Sekolah Menengah Harian Biasa
SNSs	-	*social networks sites*
SCPS	-	*Social Capital and Poverty Survey*
SPM	-	Sijil Pelajaran Malaysia
SPSS	-	*Statistical for Social Science*
SRL	-	*self-regulated learning*
SRP/LCE	-	Sijil Rendah Pelajaran
STPM	-	Sijil Tinggi Pelajaran Malaysia
STA	-	Sijil Tinggi Agama
τ_b	-	Kendall's tau_b

BAB 1
PENDAHULUAN

PENGENALAN

Secara umumnya, modal iaitu modal semula jadi (sumber alam seperti tanah dan galian), modal fizikal (seperti jentera dan bangunan) dan modal manusia (tahap pendidikan, kemahiran dan latihan) hanya menentukan sebahagian daripada proses pertumbuhan ekonomi kerana terdapat satu lagi modal iaitu modal sosial yang merangkumi cara aktor ekonomi berinteraksi dan menguruskan diri mereka untuk menjana pertumbuhan dan pembangunan. Terdapat pertumbuhan bukti melalui definisi Putnam, Coleman dan definisi-definisi lain bahawa modal sosial boleh memberi kesan ke atas hasil pembangunan seperti pertumbuhan ekuiti dan penghapusan kemiskinan (Grootaert, 1998).

Modal sosial dikaitkan dengan pengurangan kemiskinan kerana seseorang individu akan memperoleh modal sosial menerusi menyertai jaringan tidak formal, organisasi berdaftar, pelbagai jenis pertubuhan dan pergerakan sosial. Menerusi keahlian dalam organisasi berbeza dan jaringan sosial, individu akan membangunkan kepentingan bersama dan norma dikongsi yang akan membawa kepada kepercayaan dan pemahaman yang lebih baik tentang kebudayaan, latar belakang dan gaya hidup yang berbeza-beza. Dalam Laporan *World Development Report* oleh Bank Dunia, peningkatan dalam modal sosial dijadikan sebagai pemangkin strategi utama untuk mengurangkan kemiskinan. Terdapat jaringan yang pelbagai jenis (*heterogeneous*) yang terbuka kepada pelbagai jenis peserta dan terdapat juga jaringan seragam yang hanya menerima individu yang mempunyai ciri yang sama (Oyen, 2002).

Wendy Stones dan Jody Hughes (2002) berpendapat pada masa kini semakin banyak polisi dan juga ahli-ahli akademik berada dalam keupayaan modal sosial untuk menjana hasil pada tahap mikro sebagai contohnya kesejahteraan keluarga. Di samping itu hasil tahap makro juga ditekankan seperti ekonomi yang cekap, politik yang demokrasi dan komuniti yang aktif. Di samping itu, modal sosial sering kali disamakan dengan fahaman komuniti yang kuat dan maju.

Modal sosial juga sering kali dilihat sebagai penunjuk kecekapan sesuatu masyarakat. Ini kerana, sesebuah masyarakat yang dikatakan sihat dan berfungsi didapati mempunyai modal sosial yang lengkap. Manakala dalam masyarakat yang terpisah-pisah, boleh dikatakan bahawa fenomena kurang kepercayaan, kurang perhatian kepada sivik, kurang rangkaian yang positif dan kurang kerjasama kumpulan telah berlaku antara ahli masyarakat (Print dan Coleman, 2003). Menurut Avis (2002) pula, modal sosial boleh menjadi satu kenderaan yang dapat menjana semula ekonomi dan daya saing serta mekanisme untuk penjanaan perpaduan sosial dan penyertaan sosial.

Justeru itu, kajian ini cuba mengupas tentang pengaruh modal sosial ke atas pencapaian pendidikan pelajar-pelajar di luar bandar. Ciri-ciri modal sosial yang dilihat ialah kumpulan dan jaringan, kepercayaan dan perpaduan, tindakan kolektif dan kerjasama, maklumat dan komunikasi, perpaduan dan penyertaan sosial, serta pendayaupayaan. Manakala aspek pencapaian pendidikan pelajar pula dilihat berdasarkan kepada laporan kemajuan peperiksaan tahunan pelajar.

PERNYATAAN MASALAH DAN PERSOALAN KAJIAN

Pembinaan modal sosial bertanggungjawab membentuk ekonomi “generasi kedua” kerana dalam modal sosial terkandung unsur-unsur kepercayaan, jaringan sosial dan lain-lain lagi. Modal sosial turut menekankan kepada kerjasama dalam kumpulan yang berpegang kepada kejujuran, komitmen, pelaksanaan tugas dan saling hubungan antara ahli (Francis Fukuyama, 1999).

Terdapat beberapa saluran yang mempengaruhi fungsi modal sosial iaitu:

i. Pengaliran maklumat
ii. Tindakan kolektif yang bergantung kepada jaringan sosial
iii. Perpaduan yang digalakkan oleh jaringan sosial yang membantu menterjemahkan mentaliti "saya" kepada mentaliti "kami"

Kesemua saluran yang telah disebutkan di atas membolehkan modal sosial menjalankan fungsinya menerusi elemen-elemennya seperti kepercayaan, saling hubungan, maklumat dan kerjasama kumpulan dalam jaringan sosial yang akhirnya semua aspek ini akan membolehkan penciptaan nilai dalam kelompok individu yang saling berhubungan (Putnam, 2000).

Di Malaysia, secara umumnya penekanan modal sosial dalam polisi pendidikan masih lagi kecil berbanding dengan modal manusia dan modal fizikal. Secara umum, penekanan modal sosial masih lagi kecil disebabkan modal sosial masih berada di peringkat baru perkembangan disiplinnya. Sebagai contoh dalam konteks dasar pendidikan Negara sepertimana termaktub dalam Rancangan Malaysia Kesembilan untuk prospek tahun 2006-2010 memfokuskan kepada modal manusia dan modal fizikal kerana modal ini lebih nyata (*tangible*) dan boleh dilihat dengan mata kasar. Manakala modal sosial lebih bersifat *intangible.* Dasar pendidikan yang berkaitan dengan modal manusia ialah seperti berikut (UPE, JPM, 2006);

a. Bagi tujuan menyediakan peluang pendidikan kepada semua kanak-kanak dalam kumpulan umur lima hingga enam tahun – tumpuan diberikan kepada program latihan guru prasekolah termasuk guru prasekolah di agensi-agensi lain untuk meningkatkan kualiti pengajaran dan pembelajaran serta memenuhi peningkatan permintaan guru terlatih. Juga diberikan tumpuan dalam menyediakan pembantu guru prasekolah di semua prasekolah bantuan kerajaan dan pembangunan awal kanak-kanak yang berumur empat tahun dan ke bawah akan diperkenalkan.
b. Pendidikan rendah dan menengah – mengurangkan dan menghapuskan keciciran bagi memastikan semua pelajar memperoleh sekurang-kurangnya 11 tahun pendidikan.
c. Pendidikan khas – melatih lebih ramai guru pendidikan khas dan mengemas kini kurikulum pendidikan khas.
d. Guru berpengalaman ditempatkan di kawasan luar bandar.
e. Perlaksanaan Program Khas Pensiswazahan Guru bagi mencapai semua guru di sekolah menengah dan 25 peratus guru sekolah rendah berijazah pada tahun 2010.
f. Bilangan anggota akademik berkelayakan Ph.D di universiti awam akan ditambah bagi mencapai sasaran 60 peratus daripada jumlah anggota akademik pada tahun 2010.

Polisi pendidikan yang berkaitan dengan modal fizikal pula menekankan kepada perkara-perkara berikut (UPE, JPM, 2006):

a. Pendidikan rendah dan menengah – menyediakan kemudahan asas yang kukuh dalam Matematik, Sains dan Bahasa Inggeris.
b. Pendidikan khas – penyediaan kelas-kelas khas di sekolah biasa,
c. Program Pembestarian Sekolah di sekolah rendah dan menengah untuk menyepadukan *Information and Communication Technology* (ICT) dalam pengajaran dan pembelajaran dan pengurusan.
d. Merapatkan jurang prestasi antara pelajar di sekolah luar bandar dengan sekolah di bandar (khususnya dalam Matematik, Sains dan Bahasa Inggeris) – sekolah daif diganti dan peruntukan RM690 juta untuk pembinaan rumah guru (RM134 juta daripadanya untuk kawasan pedalaman Sabah dan Sarawak); menaik taraf dan memaksimumkan sumber perpustakaan sekolah.

Seterusnya, dasar yang berkaitan dengan modal sosial menekankan kepada aspek berikut (UPE, JPM, 2006):

a. Peningkatan kualiti – mata pelajaran Mandarin dan Tamil akan diperkenalkan di sekolah kebangsaan untuk memperkukuhkan perpaduan di antara etnik; Program j-QAF kepada pelajar Islam di sekolah rendah, pendidikan moral kepada pelajar Islam dan bukan Islam; mata pelajaran Sivik dan Kewarganegaraan diperluaskan kepada pelajar Tahun 5 dan Tahun 6 di sekolah rendah dan sekolah menengah.
b. Sistem penilaian berasaskan sekolah – kurikulum Kurikulum Bersepadu Sekolah Menengah (KBSM) dan Kurikulum Bersepadu Sekolah Rendah (KBSR) akan menyediakan program dan aktiviti yang dapat memberikan pendedahan awal kepada suasana sebenar pekerjaan dan pilihan

kerjaya serta penglibatan dalam khidmat masyarakat dan kerja amal bagi melahirkan pelajar yang lebih berwibawa.

Kemajuan yang telah dicapai dalam polisi pendidikan sebelum tempoh 2006-2010 ialah (UPE, JPM, 2006):

a. Pendidikan Prasekolah dan Rendah – pembinaan 9,930 bilik darjah baru telah menyumbang kepada peningkatan nisbah kelas kepada bilik darjah kepada 1:0.90 pada tahun 2000 kepada 1:0.92 pada tahun 2005.
b. Untuk menggalakkan penyertaan yang lebih besar dan meningkatkan prestasi pelajar di sekolah rendah – program berikut telah dijalankan, iaitu Skim Pinjaman Buku Teks, kemudahan asrama, Skim Baucar Tuisyen dan Tabung Kumpulan Wang Amanah Pelajar Miskin (KWAPM) kepada pelajar daripada keluarga berpendapatan rendah, kawasan pedalaman dan Orang Asli.
c. Pada tahun 2005 – program j-QAF diperkenalkan kepada pelajar Islam di sekolah rendah melibatkan pelajar Tahun 1, mata pelajaran sivik dan kewarganegaraan diperkenalkan pada tahun 2005 kepada pelajar Tahun 4 sekolah rendah dan tingkatan 1 sekolah menengah bagi mewujudkan kesedaran mengenai peranan, hak dan tanggungjawab ke arah melahirkan masyarakat patriotik.
d. Pembinaan sebanyak 9,936 bilik darjah meningkatkan nisbah kelas kepada bilik darjah daripada 1:0.83 pada tahun 2000 kepada 1:0.85 pada tahun 2005 – pendidikan menengah.

Dalam konteks penyertaan pelajar dalam persatuan pula, berdasarkan kajian oleh Tuan Haji Hussein Mahmood (1985), didapati 70 peratus guru dalam tinjauan beliau menyatakan bahawa sambutan pelajar dalam kegiatan ko-kurikulum sekolah adalah sederhana manakala 23 peratus menyatakannya baik. Kira-kira 47 peratus daripada pelajar sangat berminat dalam ko-kurikulum pasukan pakaian seragam, persatuan atau kelab dan kumpulan kegiatan sukan, manakala 38 peratus hanya berminat dan selebihnya kurang atau tidak berminat. Namun, secara lebih khusus bagaimanakah corak modal sosial di kalangan pelajar luar bandar?

Kajian Wallis, Killbery dan Dollery (2003) pula mendapati bahawa perpaduan sosial dan kecekapan keinstitusian memudahkan peningkatan kadar celik huruf dan peningkatan pendidikan, mengurangkan kesan kemiskinan, memperbaiki kesihatan awam dan mengurangkan ketidaktenteraman dan jenayah. Persoalan yang lebih penting ialah bagaimana modal sosial boleh mempengaruhi pencapaian dalam pendidikan?

Kajian lepas di luar negara menunjukkan modal sosial seperti keluarga dan komuniti (termasuk sekolah dan kejiranan) mempunyai pertalian dengan pencapaian pendidikan kanak-kanak dan remaja. Smith, Beaulieu dan Israel (1992) mendapati bahawa:

a. Pelajar yang mempunyai modal sosial keluarga yang tinggi (iaitu tinggal dengan kedua-dua ibu bapa, seorang adik-beradik, ibu yang tidak bekerja semasa anak-anak masih kecil dan ibu yang mempunyai jangkaan anak untuk melanjutkan pengajian ke peringkat kolej atau universiti) dan tinggal dalam komuniti yang mempunyai modal sosial yang tinggi, kadar keciciran hanya 2.6 peratus.
b. Jika modal sosial keluarga tinggi tetapi modal sosial komuniti pula rendah, peratusan keciciran pelajar ialah 11.6 peratus, manakala jika modal sosial komuniti tinggi dan modal sosial keluarga pula rendah peratusan keciciran pelajar ialah 15.2 peratus.
c. Jika kedua-dua modal sosial keluarga dan komuniti rendah, maka keciciran pelajar dalam pendidikan agak tinggi peratusannya, iaitu 47.7 peratus.

Di samping itu, persoalan lain ialah adakah wujud hubungan pemboleh ubah modal sosial dan pencapaian pendidikan dengan memegang (mengawal bagi) pemboleh ubah modal sosial? juga timbul iaitu adakah kesan modal sosial ke atas pendidikan berbeza di kalangan individu yang berlatar belakang sosioekonomi berbeza? Ini sejajar dengan hasil penemuan oleh Furgeson (2006) yang mendapati modal sosial memberi kesan negatif kepada pencapaian pendidikan di kalangan keluarga berstatus sosioekonomi rendah yang kurang pencapaian kepada tahap pengetahuan tentang pencapaian pendidikan serta mungkin tidak memindahkan motivasi dan amalan yang baik. Sikap ibu bapa yang kurang terhadap pendidikan pula boleh dipindahkan antara ibu bapa menerusi jaringan mereka atau ikatan modal sosial. Ini menyebabkan jaringan tersebut tidak mendatangkan faedah kepada pencapaian pendidikan.

Di Kedah, berdasarkan kajian oleh Pusat Penyelidikan Dasar, Universiti Sains Malaysia ke atas penduduk Pendang pada tahun 2003 menunjukkan 50 peratus daripada ketua isi rumah mendapat pendidikan sehingga sekolah rendah sahaja dan 39 peratus ahli isi rumah pula mendapat pendidikan sehingga sekolah rendah. Ketua isi rumah yang tamat di peringkat sekolah menengah ialah lebih kurang 20 peratus, manakala ahli isi rumah yang tamat di peringkat sekolah menengah lebih kurang 30 peratus. Berdasarkan statistik Jabatan Perangkaan Malaysia bagi Jun 2002 (rujuk Jadual 1.1, muka surat 10), kira-kira 30 peratus penduduk di setiap negeri di Malaysia yang menamatkan pendidikan mereka hanya di peringkat sekolah rendah dan 20 peratus penduduk di setiap negeri di Malaysia menamatkan pendidikan mereka hanya di peringkat sekolah menengah rendah.

Persoalan yang lain ialah adakah aktor individu dalam rangkaian iaitu jaringan dan kumpulan boleh mempengaruhi pencapaian pendidikan pelajar? Ini kerana salah satu fungsi saluran modal sosial ialah pengaliran maklumat yang membawa kepada pembelajaran dalam semua latar belakang khususnya dalam konteks ini ialah pembelajaran dan pertukaran idea serta maklumat di kalangan pelajar. Justeru itu secara keseluruhannya kajian ini cuba menjawab persoalan-persoalan seperti bagaimanakah corak modal sosial di kalangan pelajar sekolah di luar bandar?, apakah corak modal sosial berbeza mengikut latar belakang pelajar sekolah di luar bandar?, apakah dimensi-dimensi modal sosial yang mempengaruhi pencapaian pendidikan pelajar dan bagaimanakah dimensi-dimensi modal sosial mempengaruhi pencapaian pendidikan?

OBJEKTIF KAJIAN

Kajian ini cuba mencapai objektif-objektif berikut, iaitu objektif umumnya ialah untuk menentukan pengaruh modal sosial ke atas pencapaian pendidikan pelajar sekolah. Manakala objektif khusus ialah:

a. Menentukan corak modal sosial di kalangan pelajar sekolah.
b. Menentukan perbezaan pembolehubah latar belakang pelajar sekolah kajian.
c. Menentukan perkaitan modal sosial dengan pencapaian pendidikan pelajar sekolah kajian.

SKOP KAJIAN

Kajian ini dilakukan ke atas sekolah menengah kebangsaan (dikategorikan sekolah luar bandar) iaitu sekolah harian biasa di Kedah. Di Kedah, peratusan penduduk yang pernah bersekolah sehingga sekolah menengah rendah adalah 24 peratus berbanding dengan negeri-negeri kurang maju lain iaitu Kelantan sebanyak 23.3 peratus, Pahang sebanyak 23.2 peratus, Perlis sebanyak 23.5 peratus dan Terengganu sebanyak 21.2 peratus. Statistik tersebut boleh dilihat dalam Jadual 1.1. Bagi melaksanakan kajian ini dua buah sekolah luar bandar telah dipilih berdasarkan kepada prestasi peperiksaan Penilaian Menengah Rendah (PMR). PMR merupakan peperiksaan yang diambil oleh pelajar tingkatan tiga di mana pelajar dikehendaki mengambil sekurang-kurangnya tujuh mata pelajaran sehinggalah maksimum sembilan mata pelajaran. Penilaian menengah rendah mula diperkenalkan pada tahun 1993 (Kementerian Pelajaran Malaysia, 2007; http://www.moe.gov.my/tayang.php?laman=halatuju_pendidikan&unit=kementeriaan&bhs-en).

Jadual 1.1: Peratusan Penduduk Yang Pernah Bersekolah Mengikut Pendidikan Tertinggi Yang Dicapai Mengikut Negeri Di Malaysia Bagi Tahun 2000

Negeri	Pra Sekolah (%)	Sekolah Rendah (%)	Menengah Rendah (%)	Menengah Atas (%)	Vokasional/ Teknik (%)	Institut Kemahiran, Teknikal Dan Perdagangan (%)	Lepas Menengah (%)	Tertari (%)	Tidak Diketahui (%)	Jumlah (%)
Johor	3	35.3	24.1	25.1	1	0.6	2.1	6	2.8	100
Kedah	3	38	24	23.8	0.8	0.5	3	6	1.1	100
Kelantan	3.8	38.8	23.6	23.7	0.6	0.3	4.3	4.7	0.2	100
Melaka	3	34.3	22.2	26.7	1	0.8	2.6	7.7	1.8	100
Negeri Sembilan	2.7	36.6	23.8	25	1	0.6	2.5	7.1	0.8	100
Pahang	3.1	40.8	23.2	22.9	1	0.4	2.2	5.3	1.1	100
Perak	2.7	39.8	25.3	22.6	0.8	0.5	2	5.2	1.1	100
Perlis	3.1	38.1	23.5	23.3	1	0.5	3.3	7	0.2	100
Pulau Pinang	2.6	30.6	23.9	27.6	1	0.5	3.0	8.9	1.9	100
Sabah	2.7	42.5	25	20	0.9	0.2	2.6	4.3	1.8	100
Sarawak	3.3	39	24	20	0.7	0.3	2.4	4.5	6	100
Selangor	2.7	26.7	19.9	26.5	1.2	0.7	3.1	14.6	4.6	100
Terengganu	4.1	38.4	21.2	25.3	0.7	0.8	3	6.1	0.5	100
Wilayah Persekutuan Kuala Lumpur	2.1	23.6	19.7	26.2	1.2	0.6	3.2	16.6	6.8	100
Wilayah Persekutuan Labuan	4	34.5	23.8	23.7	1.3	0.5	2.9	5.6	3.7	100

Sumber: Ubahsuai dari Jabatan Perangkaan Malaysia, 2002.

jadual 1.2: Peratus calon cemerlang dan peratus pencapaian tahap minimum peperiksaan PMR bagi sekolah menengah kebangsaan harian biasa (SMHB) kerajaan kategori sekolah luar bandar negeri Kedah

Bil.	**Nama dan alamat sekolah**	**Peratus Calon Yang Cemerlang**		**Peratus Pencapaian Tahap Minimum**	
		Tahun	**%**	**Tahun**	**%**
1.	SMK Siong Kampong Lalang, Jalan Weng, 09100 Baling, Kedah	2001	0	2001	42.09
		2002	0	2002	43.23
		2003	0	2003	28.57
		2004	0	2004	47.37
		2005	0.36	2005	44.64
		2006	0.36	2006	31.65
		2007	0	2007	31.62
		2008	0	2008	37.55
		2009	-	2009	39.26
		2010	-	2010	45.51
		2011	-	2011	55.11
2.	SMK Teloi Kanan Felda Teloi Kanan, 09300 Kuala Ketil, Kedah	2001	0	2001	26.06
		2002	0	2002	51.25
		2003	1.34	2003	38.93
		2004	0	2004	49.21
		2005	0	2005	48.53
		2006	1.61	2006	48.39
		2007	0	2007	49.57
		2008	0	2008	35.59
		2009	-	2009	46.85
		2010	-	2010	49.45
		2011	-	2011	49.44
3.	SMK Tanjong Puteri Jalan Baling, 09300 Kuala Ketil, Kedah	2001	0	2001	33.12
		2002	0.66	2002	42.72
		2003	0	2003	34.73
		2004	0	2004	41.57
		2005	0	2005	45.36
		2006	0.31	2006	45.03
		2007	0	2007	45.65
		2008	0.33	2008	43.48
		2009	-	2009	44.15
		2010	-	2010	42.95
		2011	-	2011	55.20
4.	SMK Jerai Kupang, 09200 Kupang, Kedah	2001	0	2001	11.16
		2002	0	2002	46.22
		2003	0.43	2003	32.19
		2004	0	2004	42.73
		2005	0.88	2005	38.05
		2006	0.86	2006	39.91
		2007	0.90	2007	39.37
		2008	0.45	2008	38.74
		2009	-	2009	39.00
		2010	-	2010	37.73
		2011	-	2011	54.82
5.	SMK Parit Panjang Jalan Parit Panjang, 09200 Kupang, Kedah	2001	0	2001	31.01
		2002	0	2002	39.86
		2003	0	2003	43.62
		2004	0	2004	47.02
		2005	0	2005	48.57
		2006	0	2006	42.33
		2007	0	2007	51.34
		2008	0.50	2008	43.07
		2009	-	2009	43.16
		2010	-	2010	50.84
		2011	-	2011	61.97
6.	SMK Syed Abu Bakar Kupang, Bt 41	2001	0	2001	41.09
		2002	0	2002	42.46

	09200 Kupang, Kedah	2003	0	2003	42.18
		2004	0.61	2004	53.33
		2005	0.28	2005	48.06
		2006	0.29	2006	44.41
		2007	0.56	2007	46.91
		2008	0.29	2008	38.55
		2009	-	2009	44.58
		2010	-	2010	43.21
		2011	-	2011	57.53
7.	SMK Bakai Mukim Bakai, 09300 Kuala Ketil, Kedah	2001	0	2001	0
		2002	0	2002	0
		2003	0	2003	43.56
		2004	0	2004	37.56
		2005	0	2005	42.86
		2006	0	2006	42.86
		2007	0	2007	38.86
		2008	0	2008	43.88
		2009	-	2009	30.41
		2010	-	2010	43.48
		2011	-	2011	56.00
8.	SMK Bongor Batu 48, Jalan Weng, 09100 Baling, Kedah	2001	0	2001	0
		2002	0	2002	0
		2003	0	2003	0
		2004	0	2004	0
		2005	0	2005	0
		2006	0	2006	0
		2007	0	2007	0
		2008	0	2008	0
		2009	0	2009	0
		2010	0	2010	0
		2011	-	2011	50.94
9.	SMK Jeneri Jalan Kg Betong, Mukim Jeneri, 08700 Jeniang, Kedah	2001	0	2001	23.97
		2002	0	2002	33.55
		2003	0	2003	35.93
		2004	0	2004	33.10
		2005	0	2005	39.52
		2006	0	2006	35.37
		2007	0	2007	32.37
		2008	0	2008	16.17
		2009	-	2009	39.09
		2010	-	2010	35.07
		2011	-	2011	39.44
10.	SMK Seri Enggang Batu Lima, Jalan Batu Lima Sik, 08200 Sik, Kedah	2001	0	2001	28.11
		2002	0	2002	39.34
		2003	0	2003	35.02
		2004	0	2004	43.75
		2005	0	2005	41.47
		2006	0	2006	40.71
		2007	0	2007	37.84
		2008	0	2008	38.84
		2009	-	2009	46.56
		2010	-	2010	47.32
		2011	-	2011	51.76
11.	SMK Gulau Kampung Gulau, 08210 Sik, Kedah	2001	0	2001	40.11
		2002	0	2002	51.14
		2003	0	2003	37.80
		2004	0	2004	65.64
		2005	0.71	2005	41.13
		2006	0	2006	42.13
		2007	0	2007	036.93
		2008	0	2008	056.78
		2009	-	2009	65.35

		2010	-	2010	62.07
		2011	-	2011	51.49
12.	SMK Chepir Kampong Chepir, 08200 Sik, Kedah	2001	0	2001	31.82
		2002	0	2002	27.42
		2003	0	2003	42.56
		2004	0	2004	40.98
		2005	0.44	2005	35.96
		2006	0	2006	42.44
		2007	0	2007	52.91
		2008	0	2008	33.50
		2009	-	2009	42.86
		2010	-	2010	42.33
		2011	-	2011	65.47
13.	SMK Batu Lapan Kg. Charok Sejuk, 08200 Sik, Kedah	2001	0	2001	0
		2002	0	2002	0
		2003	0	2003	0
		2004	0	2004	0
		2005	0	2005	0
		2006	0	2006	0
		2007	0	2007	0
		2008	0	2008	0
		2009	0	2009	0
		2010	0	2010	0
		2011	-	2011	31.90
14.	SMK Kuala Ketil Batu Pekaka, 09300 Kuala Ketil, Kedah	2001	0.42	2001	45.57
		2002	0.41	2002	50.83
		2003	0.88	2003	33.33
		2004	0.45	2004	45.54
		2005	0.38	2005	45.59
		2006	1.77	2006	48.23
		2007	1.15	2007	45.04
		2008	0.44	2008	41.59
		2009	-	2009	40.42
		2010	-	2010	56.16
		2011	-	2011	42.67
15.	SMK Kuala Pegang Kuala Pegang, 09110 Baling, Kedah	2001	0.43	2001	38.03
		2002	0	2002	41.85
		2003	0	2003	34.06
		2004	0.45	2004	40.18
		2005	0.41	2005	29.80
		2006	2.06	2006	38.14
		2007	0	2007	31.98
		2008	0	2008	37.62
		2009	-	2009	35.35
		2010	-	2010	39.66
		2011	-	2011	51.27
16.	SMK Kepala Batas Km 10, Jalan Hutan Kampung 06200 Alor Setar, Kedah	2001	0	2001	39.18
		2002	0	2002	46.38
		2003	0	2003	45.38
		2004	0	2004	57.21
		2005	0.47	2005	50.24
		2006	0	2006	45.45
		2007	0	2007	53.02
		2008	0.74	2008	55.15
		2009	-	2009	54.25
		2010	-	2010	55.41
		2011	-	2011	66.86
17.	SMK Langgar Jalan Tanjung Inggeris, 06500 Langgar, Kedah	2001	0	2001	16.31
		2002	0	2002	46.97
		2003	0	2003	40.21
		2004	0.63	2004	38.99
		2005	0	2005	50.30

		2006	0	2006	51.95
		2007	1.45	2007	49.28
		2008	0.65	2008	62.09
		2009	-	2009	46.27
		2010	-	2010	55.84
		2011	-	2011	57.54
18.	SMK Dato' Wan Mohd Saman Km 7, Jalan Sungai Petani 05400 Alor Setar, Kedah	2001	0	2001	32.89
		2002	1.27	2002	42.68
		2003	0	2003	47.93
		2004	0	2004	52.87
		2005	0.64	2005	47.44
		2006	0.57	2006	47.70
		2007	1.27	2007	45.22
		2008	0	2008	50.28
		2009	-	2009	42.94
		2010	-	2010	59.57
		2011	-	2011	63.70
19.	SMK Tajar Jalan Datuk Kumbar, 06500 Langgar, Kedah	2001	0	2001	32.59
		2002	0	2002	37.58
		2003	0	2003	39.13
		2004	0	2004	42.86
		2005	0	2005	40
		2006	0	2006	42.58
		2007	0	2007	34.84
		2008	0.70	2008	43.36
		2009	-	2009	45.16
		2010	-	2010	42.68
		2011	-	2011	49.42
20.	SMK Kubang Rotan Kubang Rotan, 06250 Alor Star, Kedah	2001	0	2001	34.03
		2002	0.60	2002	41.07
		2003	0.81	2003	50.81
		2004	0.71	2004	62.86
		2005	0	2005	46.53
		2006	0.60	2006	46.71
		2007	0	2007	42.19
		2008	0	2008	47.95
		2009	-	2009	45.39
		2010	-	2010	41.91
		2011	-	2011	54.67
21.	SMK Jabi Pokok Sena, 06400 Pokok Sena, Kedah	2001	0	2001	41.43
		2002	0.45	2002	46.82
		2003	0.91	2003	35.62
		2004	0	2004	43.84
		2005	0.45	2005	42.99
		2006	0	2006	46.12
		2007	1.21	2007	52.23
		2008	0	2008	38.33
		2009	-	2009	37.63
		2010	-	2010	56.13
		2011	-	2011	66.30
22.	SMK Bukit Payong Bukit Payong, Jalan Naka, 06400 Pokok Sena, Kedah	2001	0	2001	38.78
		2002	0.79	2002	57.48
		2003	2.70	2003	43.24
		2004	0.75	2004	36.33
		2005	0	2005	50
		2006	0.66	2006	41.72
		2007	1.48	2007	56.30
		2008	1.36	2008	69.39
		2009	-	2009	58.75
		2010	-	2010	57.58
		2011	-	2011	63.12
23.	SMK Pokok Sena 2	2001	0	2001	0

	Taman Bandar Baru 06400 Pokok Sena, Kedah	2002	0	2002	0
		2003	0	2003	0
		2004	0	2004	0
		2005	0	2005	0
		2006	0	2006	0
		2007	0	2007	0
		2008	0	2008	0
		2009	0	2009	0
		2010	0	2010	0
		2011	-	2011	58.59
24.	SMK Alor Janggus Alor Janggus 06250 Alor Star, Kedah	2001	0	2001	46.95
		2002	0.57	2002	60.34
		2003	1.16	2003	55.49
		2004	0	2004	65.98
		2005	0.97	2005	63.77
		2006	0.76	2006	54.75
		2007	0.88	2007	61.06
		2008	0.44	2008	57.27
		2009	-	2009	47.66
		2010	-	2010	63.96
		2011	-	2011	68.98
25.	SMK Muadzam Shah Kota Sarang Semut, 06800 Alor Setar, Kedah	2001	0	2001	35.56
		2002	0	2002	44.23
		2003	0	2003	47.17
		2004	0	2004	51.87
		2005	0.49	2005	47.09
		2006	0.44	2006	38.86
		2007	0	2007	30.60
		2008	0	2008	44.16
		2009	-	2009	30.43
		2010	-	2010	35.52
		2011	-	2011	46.39
26.	SMK Tunku Abdul Aziz Simpang Empat 06650 Alor Setar, Kedah	2001	0	2001	34.08
		2002	0	2002	53.90
		2003	0.30	2003	54.71
		2004	0	2004	51.25
		2005	1.80	2005	53.45
		2006	2.45	2006	53.88
		2007	0	2007	48.63
		2008	0.66	2008	51.16
		2009	-	2009	51.59
		2010	-	2010	53.96
		2011	-	2011	57.03
27.	SMK Seri Gunong Km 10, Jalan Gunung Keriang 06570 Alor Setar, Kedah	2001	0	2001	28.57
		2002	0	2002	46.43
		2003	0	2003	34.35
		2004	0	2004	47.41
		2005	0	2005	47.26
		2006	0.71	2006	53.90
		2007	0	2007	49.15
		2008	1.65	2008	44.63
		2009	-	2009	37.60
		2010	-	2010	57.48
		2011	-	2011	62.30
28.	SMK Pokok Sena Jalan Panchor 06400 Pokok Sena, Kedah	2001	0.31	2001	35.63
		2002	1.37	2002	49.45
		2003	0.91	2003	49.70
		2004	0	2004	47.27
		2005	0.96	2005	58.60
		2006	0	2006	46.97
		2007	0.57	2007	51.14
		2008	0.29	2008	50

		2009	-	2009	53.57
		2010	-	2010	56.65
		2011	-	2011	60.20
29.	SMK Kota Kuala Muda Jalan Pantai Merdeka, 08500 Kota Kuala Muda, Kedah	2001	0.82	2001	52.24
		2002	0.69	2002	60.55
		2003	1.58	2003	58.04
		2004	1.01	2004	68.58
		2005	0.60	2005	54.98
		2006	1.42	2006	50.14
		2007	0.31	2007	55.08
		2008	0	2008	46.93
		2009	-	2009	49.31
		2010	-	2010	56.16
		2011	-	2011	65.22
30.	SMK Bukit Selambau Bukit Selambau 08010 Sungai Petani, Kedah	2001	0	2001	48.87
		2002	0	2002	49.02
		2003	0	2003	35.38
		2004	0	2004	44.92
		2005	0.79	2005	52.76
		2006	0	2006	40.46
		2007	1.95	2007	51.95
		2008	0	2008	44.10
		2009	-	2009	46.52
		2010	-	2010	59.75
		2011	-	2011	66.43
31.	SMK Seri Badong 08400 Merbok, Kedah	2001	0	2001	38.92
		2002	0	2002	43.98
		2003	0.48	2003	50.72
		2004	1.64	2004	57.38
		2005	1.03	2005	59.79
		2006	0.88	2006	46.46
		2007	1.08	2007	59.14
		2008	1.10	2008	50.83
		2009	-	2009	53.71
		2010	-	2010	56.87
		2011	-	2011	62.26
32.	SMK Aman Jaya Sungai Lalang 08000 Sungai Petani, Kedah	2001	0.23	2001	43.24
		2002	1.73	2002	46.53
		2003	1.57	2003	37.08
		2004	0.22	2004	44.27
		2005	0.77	2005	49.23
		2006	0.43	2006	44.57
		2007	0.40	2007	48.30
		2008	1.40	2008	46.09
		2009	-	2009	49.72
		2010	-	2010	50.52
		2011	-	2011	53.06
33.	SMK Batu 5, Jalan Jeniang Jalan Jeniang, 08300 Gurun, Kedah	2001	0	2001	30.77
		2002	0.56	2002	54.19
		2003	0	2003	44.33
		2004	0.58	2004	43.86
		2005	0.51	2005	55.90
		2006	0.58	2006	51.45
		2007	0	2007	49.74
		2008	0	2008	39.58
		2009	-	2009	43.20
		2010	-	2010	55.56
		2011	-	2011	53.52
34.	SMK Pinang Tunggal Pinang Tunggal 08000 Sungai Petani, Kedah	2001	0	2001	0
		2002	0	2002	0
		2003	1.45	2003	55.80
		2004	0	2004	59.18

		2005	1.41	2005	55.87
		2006	1.00	2006	48.26
		2007	1.42	2007	60.66
		2008	1.17	2008	57.81
		2009	-	2009	49.55
		2010	-	2010	57.27
		2011	-	2011	61.54
35.	SMK Sungai Limau Yan Jalan Sungai Limau Dalam, 06910 Yan, Kedah	2001	0	2001	39.69
		2002	0	2002	41.07
		2003	0	2003	46.30
		2004	0	2004	40.12
		2005	0	2005	55.38
		2006	0	2006	43
		2007	0	2007	43.20
		2008	0	2008	42.27
		2009	-	2009	44.76
		2010	-	2010	55.66
		2011	-	2011	65.84
36.	SMK Batu 17 Padang Lumat 08800 Guar Chempedak, Kedah	2001	0	2001	40.30
		2002	0	2002	42.37
		2003	0	2003	32.79
		2004	0	2004	40.48
		2005	0	2005	37.63
		2006	0	2006	38.27
		2007	0	2007	41.51
		2008	0	2008	45.92
		2009	-	2009	46.08
		2010	-	2010	52.38
		2011	-	2011	48.86
37.	SMK Bedong 08100 Bedong, Kedah	2001	0	2001	35.35
		2002	0	2002	50.33
		2003	0.48	2003	51.16
		2004	1.64	2004	54.02
		2005	1.03	2005	56.89
		2006	0.88	2006	46.82
		2007	1.08	2007	50.00
		2008	1.10	2008	46.04
		2009	-	2009	52.45
		2010	-	2010	51.26
		2011	-	2011	58.18
38.	SMK Merbok 08400 Merbok, Kedah	2001	0	2001	45.11
		2002	0.42	2002	46.67
		2003	0.79	2003	40.87
		2004	1.15	2004	47.89
		2005	0.70	2005	47.74
		2006	1.62	2006	51.30
		2007	0.31	2007	42.55
		2008	1.38	2008	51.72
		2009	-	2009	47.67
		2010	-	2010	44.69
		2011	-	2011	55.32
39.	SMK Pekula Jaya Tikam Batu 08600 Tikam Batu, Kedah	2001	0	2001	46.12
		2002	0.42	2002	48.32
		2003	0.48	2003	43.33
		2004	0	2004	57.37
		2005	0.62	2005	54.04
		2006	0	2006	45.55
		2007	0.74	2007	56.67
		2008	0	2008	59.51
		2009	-	2009	51.69
		2010	-	2010	55.60
		2011	-	2011	64.58

40.	SMK Tunku Sulong Jeniang 08700 Gurun, Kedah	2001	0.43	2001	48.94
		2002	1.87	2002	45.90
		2003	0.74	2003	47.79
		2004	0.37	2004	57.46
		2005	2.10	2005	52.52
		2006	1.54	2006	50
		2007	1.16	2007	51.16
		2008	1.42	2008	50.18
		2009	-	2009	55.09
		2010	-	2010	51.15
		2011	-	2011	55.24
41.	SMK Guar Chempedak Jalan Jenun 08800 Guar Chempedak, Kedah	2001	1.04	2001	50.26
		2002	1.28	2002	58.31
		2003	1.71	2003	60.73
		2004	4.44	2004	66.67
		2005	3.74	2005	64.71
		2006	1.60	2006	58.51
		2007	2.11	2007	59.37
		2008	0.72	2008	56.97
		2009	-	2009	56.23
		2010	-	2010	65.34
		2011	-	2011	63.38
42.	SMK Bandar Bukit Kayu Hitam Bandar Bukit Kayu Hitam, 06050 Bukit Kayu Hitam, Kedah	2001	0	2001	44.53
		2002	0	2002	44.09
		2003	0	2003	45.52
		2004	0	2004	51.26
		2005	0	2005	61.86
		2006	0	2006	48.18
		2007	0	2007	55.56
		2008	2.04	2008	38.78
		2009	-	2009	40.85
		2010	-	2010	41.43
		2011	-	2011	60.29
43.	SMK Sanglang 06150 Ayer Hitam, Kedah	2001	0	2001	28.57
		2002	0	2002	52.78
		2003	0	2003	63.00
		2004	0	2004	59.29
		2005	0	2005	54.13
		2006	0	2006	44.86
		2007	0	2007	45.30
		2008	0	2008	62.65
		2009	-	2009	51.32
		2010	-	2010	63.53
		2011	-	2011	63.10
44.	SMK Tunku Seri Indera Putera Jalan Sungai Korok, 06150 Ayer Hitam, Kedah	2001	0	2001	43
		2002	0	2002	50
		2003	0	2003	31.96
		2004	0	2004	47.54
		2005	0	20005	55.43
		2006	0	2006	42.67
		2007	1.25	2007	56.25
		2008	0	2008	45.16
		2009	-	2009	43.53
		2010	-	2010	47.12
		2011	-	2011	59.48
45.	SMK Changlun Km 11, Lebuhraya Utara Selatan 06010 Changlun, Kedah	2001	0	2001	40.19
		2002	0.31	2002	63.13
		2003	0.72	2003	57.97
		2004	0.39	2004	58.53
		2005	0.85	2005	55.93
		2006	0	2006	52.70
		2007	0.76	2007	53.41

		2008	1.30	2008	45.13
		2009	-	2009	50.75
		2010	-	2010	55.56
		2011	-	2011	57.66
46.	SMK Permatang Bonglai Pida 3, Tunjang, 06000 Jitra, Kedah	2001	0	2001	27.64
		2002	1.77	2002	42.48
		2003	0	2003	30.97
		2004	0	2004	47.01
		2005	1.77	2005	46.02
		2006	0	2006	34.06
		2007	0	2007	44.04
		2008	0.95	2008	50.48
		2009	-	2009	30.97
		2010	-	2010	51.52
		2011	-	2011	57.47
47.	SMK Megat Dewa Jalan Kodiang, 06100 Kodiang, Kedah	2001	0	2001	40.94
		2002	0	2002	32.04
		2003	0	2003	36.42
		2004	1.23	2004	42.33
		2005	0	2005	43.86
		2006	0	2006	42.31
		2007	3.45	2007	51.29
		2008	1.53	2008	44.39
		2009	-	2009	45.24
		2010	-	2010	59.26
		2011	-	2011	64.76
48.	SMK Hosba Km 20, Lebuhraya Utara Selatan, 06000 Jitra, Kedah	2001	0.56	2001	43.02
		2002	0	2002	49.70
		2003	0	2003	44.59
		2004	0	2004	55.56
		2005	0	2005	51.79
		2006	0	2006	52.25
		2007	0.48	2007	50.48
		2008	1.54	2008	58.46
		2009	-	2009	54.73
		2010	-	2010	75.38
		2011	-	2011	68.59
49.	SMK Bandar Baru Sintok Jalan Sintok, 06010 Sintok, Kedah	2001	0	2001	0
		2002	0	2002	50
		2003	2.74	2003	57.53
		2004	0	2004	62.86
		2005	0	2005	61.64
		2006	3.81	2006	70.48
		2007	3.20	2007	67.20
		2008	1.68	2008	52.94
		2009	-	2009	46.61
		2010	-	2010	67.86
		2011	-	2011	62.96
50.	SMK Tunku Bendahara Km 5, Jalan Changlun 06100 Kodiang, Kedah	2001	0.42	2001	36.13
		2002	0.67	2002	51.68
		2003	0	2003	55.88
		2004	0	2004	55.83
		2005	0	2005	43.56
		2006	0	2006	43.17
		2007	0.96	2007	54.98
		2008	0	2008	36.65
		2009	-	2009	48.29
		2010	-	2010	53.56
		2011	-	2011	62.39
51.	SMK Pulau Nyior Jln Ke Kodiang 06000 Jitra, Kedah	2001	0	2001	39.21
		2002	0.33	2002	55.85
		2003	0.63	2003	49.84

		2004	0	2004	50
		2005	0.29	2005	57.06
		2006	0	2006	52.87
		2007	0.97	2007	58.06
		2008	0	2008	54
		2009	-	2009	53.92
		2010	-	2010	59.82
		2011	-	2011	57.43
52.	SMK Ayer Hitam Simpang Empat Kerpan, 06150 Ayer Hitam, Kedah	2001	0.26	2001	46.46
		2002	2.04	2002	49.11
		2003	0.53	2003	53.99
		2004	1.40	2004	70.31
		2005	0.87	2005	65.51
		2006	1.05	2006	63.52
		2007	1.78	2007	57.25
		2008	0.79	2008	52.38
		2009	-	2009	50.51
		2010	-	2010	59.45
		2011	-	2011	55.92
53.	SMK Selama 09810 Serdang, Kedah	2001	0	2001	37.12
		2002	0	2002	50.85
		2003	0.82	2003	56.56
		2004	0	2004	45.86
		2005	0.70	2005	47.55
		2006	0	2006	48.44
		2007	0.72	2007	43.88
		2008	0	2008	48.28
		2009	-	2009	36.89
		2010	-	2010	55.20
		2011	-	2011	63.79
54.	SMK Lubuk Buntar Pekan Lubok Buntar, 09800 Serdang, Kedah	2001	0	2001	41.44
		2002	0	2002	46.23
		2003	0	2003	35.65
		2004	0	2004	41.60
		2005	0	2005	53.62
		2006	0	2006	35.58
		2007	0.90	2007	61.26
		2008	1.79	2008	50
		2009	-	2009	47.27
		2010	-	2010	54.97
		2011	-	2011	62.41
55.	SMK Serdang Baru Batu 18, 09800 Serdang, Kedah	2001	0	2001	0
		2002	0	2002	0
		2003	0	2003	0
		2004	0	2004	0
		2005	0	2005	0
		2006	0	2006	0
		2007	0	2007	0
		2008	0	2008	0
		2009	0	2009	0
		2010	0	2010	0
		2011	-	2011	58.14
56.	SMK Sungai Kob Pekan Sungai Kob, 09700 Karangan, Kedah	2001	0	2001	31.50
		2002	0	2002	44.02
		2003	0	2003	45.10
		2004	0	2004	58.69
		2005	0	2005	56.28
		2006	0	2006	46.81
		2007	0.37	2007	51.47
		2008	1.91	2008	59.87
		2009	-	2009	48.75
		2010	-	2010	51.15

		2011	-	2011	63.09
57.	SMK Dato Lela Pahlawan Jalan Sidam Kanan 09400 Padang Serai, Kedah	2001	0	2001	46.33
		2002	0	2002	53.04
		2003	0.42	2003	42.19
		2004	0	2004	53.69
		2005	0	2005	50.59
		2006	0	2006	53.55
		2007	0	2007	50.00
		2008	0	2008	41.33
		2009	-	2009	49.27
		2010	-	2010	53.89
		2011	-	2011	57.35
58.	SMK Labu Besar Pekan Labu Besar, 09010 Kulim, Kedah	2001	0	2001	64.24
		2002	0	2002	74.39
		2003	0	2003	29.89
		2004	0	2004	44.30
		2005	0	2005	44.67
		2006	0.50	2006	45
		2007	0	2007	44.16
		2008	0.43	2008	44.68
		2009	-	2009	42.86
		2010	-	2010	57.63
		2011	-	2011	51.91
59.	SMK Sungai Karangan Belakang Balai Polis Sungai Karangan, 09410 Padang Serai, Kedah	2001	0	2001	42.06
		2002	0	2002	54.87
		2003	0	2003	50.46
		2004	0	2004	58.82
		2005	0	2005	52.78
		2006	1.48	2006	42.96
		2007	0.81	2007	50.41
		2008	0	2008	41.72
		2009	-	2009	41.88
		2010	-	2010	41.67
		2011	-	2011	51.16
60.	SMK Junjung Jalan Junjong, 09000 Kulim, Kedah	2001	1.46	2001	55.83
		2002	0.61	2002	55.15
		2003	0.61	2003	57.32
		2004	0	2004	71.15
		2005	0	2005	60.74
		2006	0	2006	51.64
		2007	1.57	2007	54.33
		2008	0	2008	46.49
		2009	-	2009	53.40
		2010	-	2010	56.00
		2011	-	2011	55.91
61.	SMK Sultan Ahmad Tajuddin Jalan Permatang Pasir, 34950 Bandar Baharu, Kedah	2001	0.82	2001	39.92
		2002	1.20	2002	53.82
		2003	1.73	2003	57.14
		2004	1.32	2004	58.59
		2005	2.69	2005	60.09
		2006	1.88	2006	51.17
		2007	1.30	2007	53.04
		2008	0	2008	66.35
		2009	-	2009	55.09
		2010	-	2010	49.44
		2011	-	2011	64.65
62.	SMK Mahang Mahang, 09500 Karangan, Kedah	2001	0.56	2001	31.84
		2002	1.18	2002	35.50
		2003	0.56	2003	44.07
		2004	0	2004	46.53
		2005	0.61	2005	35.98
		2006	0	2006	41.61

		2007	0	2007	44.44
		2008	1.27	2008	43.95
		2009	-	2009	36.76
		2010	-	2010	44.36
		2011	-	2011	52.71
63.	SMK Padang Serai Jalan Baling, Padang Serai, 09400 Padang Serai, Kedah	2001	0	2001	39.15
		2002	0	2002	55.56
		2003	1.52	2003	45.96
		2004	1.26	2004	45.28
		2005	1	2005	47.50
		2006	1.12	2006	44.38
		2007	0.61	2007	40.24
		2008	0.61	2008	47.85
		2009	-	2009	44.44
		2010	-	2010	43.06
		2011	-	2011	53.29
64.	SMK Ayer Hangat Mukim Ayer Hangat 07000 Langkawi, Kedah	2001	0	2001	38.40
		2002	0	2002	43.26
		2003	0.77	2003	41.54
		2004	0	2004	35.83
		2005	0	2005	32.61
		2006	0	2006	16.67
		2007	0	2007	47.02
		2008	0	2008	36.57
		2009	-	2009	54.35
		2010	-	2010	47.18
		2011	-	2011	59.76
65.	SMK Tunku Putra Padang Matsirat, 07100 Langkawi, Kedah	2001	0	2001	48.95
		2002	1.62	2002	51.46
		2003	0	2003	41.06
		2004	0.37	2004	49.63
		2005	0	2005	49.45
		2006	0	2006	40.74
		2007	0.31	2007	51.26
		2008	2.27	2008	53.90
		2009	-	2009	57.02
		2010	-	2010	58.47
		2011	-	2011	61.73
66.	SMK Kedawang Mkm Kedawang Langkawi, 07000 Langkawi, Kedah	2001	0	2001	26.74
		2002	0	2002	36.02
		2003	0	2003	41.57
		2004	0	2004	35.84
		2005	0.56	2005	40
		2006	0.47	2006	39.91
		2007	0	2007	40.09
		2008	0	2008	38.34
		2009	-	2009	30.84
		2010	-	2010	56.31
		2011	-	2011	49.09
67.	SMK Langkawi, P. Tuba Pulau Tuba, 07000 Langkawi, Kedah	2001	0	2001	0
		2002	0	2002	0
		2003	0	2003	35.38
		2004	0	2004	52.94
		2005	0	2005	31.25
		2006	0	2006	18.48
		2007	0	2007	43.88
		2008	0	2008	40.57
		2009	-	2009	51.69
		2010	-	2010	27.54
		2011	-	2011	44.12
68.	SMK Padang Terap Km 11 Jalan Padang Sanai,	2001	0	2001	30.70
		2002	0	2002	50

	Padang Terap, 06300 Kuala Nerang, Kedah	2003	0	2003	48.94
		2004	0	2004	57.42
		2005	0	2005	54.35
		2006	0	2006	46.71
		2007	0	2007	40.87
		2008	0	2008	48.04
		2009	-	2009	50.45
		2010	-	2010	48.98
		2011	-	2011	59.12
69.	SMK Lubuk Merbau Felda Lubok Merbau, 06710 Pendang, Kedah	2001	0	2001	49.16
		2002	0	2002	55.33
		2003	1.42	2003	50.35
		2004	0	2004	63.24
		2005	0.77	2005	43.08
		2006	0	2006	47.22
		2007	0.75	2007	47.37
		2008	0.75	2008	39.55
		2009	-	2009	43.31
		2010	-	2010	47.55
		2011	-	2011	58.52
70.	SMK Naka Pekan Naka Mukim Tekai Kanan, 06350 Alor Star, Kedah	2001	0	2001	36.26
		2002	0	2002	44.69
		2003	0	2003	26.37
		2004	0	2004	50.25
		2005	0.43	2005	46.78
		2006	0	2006	38.12
		2007	0.51	2007	36.36
		2008	1.90	2008	35.44
		2009	-	2009	47.98
		2010	-	2010	45.66
		2011	-	2011	47.73
71.	SMK Pedu Mukim Pedu, Kuala Nerang, 06300 Kuala Nerang, Kedah	2001	0	2001	37.86
		2002	0	2002	41.84
		2003	0	2003	42.62
		2004	0	2004	58.26
		2005	0	2005	53.68
		2006	0	2006	47.59
		2007	0	2007	44.62
		2008	0	2008	39.55
		2009	-	2009	42.24
		2010	-	2010	43.86
		2011	-	2011	52.86
72.	SMK Tokai Batu 8, Jalan Tokai, 06660 Alor Star, Kedah	2001	0.85	2001	41.88
		2002	0.76	2002	37.88
		2003	0	2003	48.87
		2004	0	2004	48.28
		2005	0	2005	34.65
		2006	0	2006	47.17
		2007	0.95	2007	57.14
		2008	2.27	2008	47.73
		2009	-	2009	54.64
		2010	-	2010	44.19
		2011	-	2011	56.12
73.	SMK Kubor Panjang Kubor Panjang, 06760 Alor Star, Kedah	2001	0	2001	55.03
		2002	0.42	2002	39.41
		2003	0	2003	43.97
		2004	0.84	2004	78.99
		2005	0.36	2005	48.01
		2006	0.75	2006	45.52
		2007	0	2007	46.53
		2008	0.35	2008	41.32
		2009	-	2009	45.55

		2010	-	2010	49.81
		2011	-	2011	52.10
74.	SMK Ayer Puteh Dalam 06700 Pendang, Kedah	2001	0	2001	48.91
		2002	0	2002	50
		2003	0	2003	58.14
		2004	0	2004	69.70
		2005	3.49	2005	55.81
		2006	0	2006	52.25
		2007	0	2007	53.10
		2008	0	2008	45.95
		2009	-	2009	55.75
		2010	-	2010	45.97
		2011	-	2011	63.48
75.	SMK Syed Ibrahim Padang Pusing, 06700 Pendang, Kedah	2001	0	2001	42.24
		2002	0	2002	53.16
		2003	0	2003	36.36
		2004	0	2004	65.20
		2005	0	2005	52.94
		2006	0	2006	40.63
		2007	0.39	2007	44.14
		2008	0	2008	42.20
		2009	-	2009	38.99
		2010	-	2010	51.39
		2011	-	2011	49.53
76.	SMK Tobiar Km 26, Jalan Kubor Panjang, Mukim Tobiar, 06700 Pendang, Kedah	2001	0	2001	0
		2002	0	2002	34.43
		2003	0	2003	49.18
		2004	0	2004	59.30
		2005	0	2005	57.50
		2006	0	2006	54.17
		2007	0	2007	57.53
		2008	0	2008	57.33
		2009	-	2009	69.88
		2010	-	2010	60.61
		2011	-	2011	59.55
77.	SMK Sungai Tiang Sungai Tiang, 06750 Pendang, Kedah	2001	0	2001	46.46
		2002	0.47	2002	50.71
		2003	0	2003	42.24
		2004	0.44	2004	53.71
		2005	0.44	2005	50.66
		2006	1.75	2006	47.16
		2007	0.44	2007	49.33
		2008	0.47	2008	43.66
		2009	-	2009	37.62
		2010	-	2010	57.53
		2011	-	2011	54.51

Sumber: Jabatan Pelajaran Negeri Kedah Darul Aman, 2009 dan 2012.

Jadual 1.2 ialah keputusan peperiksaan PMR bagi sekolah-sekolah harian biasa (Sekolah Menengah Harian Biasa/SMHB) kerajaan negeri Kedah bagi tahun 2001 hingga 2011. Daripada statistik tersebut didapati terdapat beberapa sekolah yang berprestasi sekitar 30 peratus hingga 40 peratus pencapaian tahap minimum seperti Sekolah Menengah Kebangsaan Siong, Sekolah Menengah Kebangsaan Jerai, Sekolah Menengah Kebangsaan Naka, Sekolah Menengah Kebangsaan Jeneri, Sekolah Menengah Kebangsaan Seri Enggang, Sekolah Menengah Kebangsaan Kuala Pegang, Sekolah Menengah Kebangsaan Muadzam Shah.

Melalui keputusan PMR pelajar boleh memilih aliran ke peringkat Sijil Pelajaran Malaysia (SPM) atau yang setara dengannya. Jika pelajar gagal dalam PMR bermakna pelajar akan gagal melanjutkan pengajian ke peringkat SPM atau yang setara dengannya dan mereka akan tergolong dalam golongan pelajar yang tercicir. Aliran yang boleh diambil ialah sains, sastera, *Information Technology* (IT) atau vokasional untuk tempoh dua tahun. Dalam pendidikan di Malaysia bagi sekolah menengah, SPM atau sijil yang setara dengannya menandakan seseorang telah tamat pendidikan sekolah menengah.

Pemboleh ubah bebas iaitu modal sosial yang dikaji ialah jenis modal sosial (ikatan sosial/modal sosial ikatan, jambatan sosial/modal sosial merapatkan dan hubungan sosial/modal sosial yang menghubungkan) dan enam dimensi (kumpulan-kumpulan dan jaringan-jaringan, kepercayaan dan perpaduan, tindakan kolektif dan kerjasama, maklumat dan komunikasi, perpaduan dan penyertaan sosial dan pendayaupayaan). Pemboleh ubah bersandar iaitu pencapaian pendidikan pula dapat diperoleh melalui soalan berkenaan pencapaian/kecemerlangan pelajar dan soalan keputusan peperiksaan yang terkini dalam borang kaji selidik. Objektif kajian pertama, iaitu mengenal pasti corak modal sosial di kalangan pelajar sekolah luar bandar dapat dicapai apabila maklumat keenam-enam dimensi di atas diperoleh. Disebabkan latar belakang pelajar mungkin berbeza maka objektif kedua cuba mengenal pasti ciri-ciri latar belakang pelajar seperti tahap pendidikan ibu bapa, pekerjaan ibu bapa, pendapatan ibu bapa dan lain-lain aspek mengikut corak modal sosial yang dimiliki oleh pelajar. Objektif ketiga cuba mendapatkan maklumat tentang jenis kumpulan dan jaringan yang mempengaruhi pencapaian pendidikan pelajar seperti persatuan yang berkaitan dengan mata pelajaran, pasukan pakaian seragam, persatuan yang berkaitan dengan kebudayaan atau minat pelajar, kegiatan-kegiatan sukan dan lain-lain lagi. Objektif terakhir ialah untuk melihat bagaimana kumpulan dan jaringan modal sosial dapat mempengaruhi pencapaian pendidikan seperti berlaku interaksi, aktiviti yang meningkatkan penyertaan ahli, pengaliran maklumat dan lain-lain lagi.

METOD KAJIAN

Kajian ini merupakan penyelidikan asas bertujuan untuk menjelaskan kenapa modal sosial mempengaruhi pencapaian pendidikan masyarakat desa dan kenapa modal sosial keluarga dan komuniti berbeza mempunyai kesan yang berbeza. Jenis kajian ini ialah *causal research* iaitu kajian hubungan sebab akibat yang menyiasat kesan satu atau lebih pembolehubah ke atas satu atau lebih pembolehubah akibat. Jenis penyelidikan ini juga menentukan jika satu pembolehubah menyebabkan satu lagi pembolehubah berlaku atau berubah (Introduction to Research Methods, 2013).

Kajian ini ialah pendekatan deskriptif bertujuan untuk mengumpulkan pengetahuan tentang objek kajian tetapi ia cuba mengelakkan daripada membawa apa-apa perubahan dalam objek. Pengetahuan ini terdiri terutamanya menerangkan objek. Ia juga boleh menerangkan kenapa objek adalah sedemikian. Tambahan lagi, penyelidik mungkin kadang-kadang mahu untuk mengumpul pendapat orang tentang aspek-aspek menyenangkan atau tidak menyenangkan tentang objek, tetapi kajian deskriptif tidak pernah merancang atau mencadangkan penambahbaikan kepada objek (http://www2.uiah.fi/projekti/metodi/144.htm#desc).

Dimensi masa dalam kajian ini ialah kajian kes pendekatan kuantitatif dan kualitatif. Dalam kajian kes, kajian secara mendalam dibuat. Kajian melibatkan beberapa kes iaitu empat buah sekolah. Pengkaji mengumpul data kajian kes untuk tempoh masa bermula 13 Mei 2012 sehingga 26 Jun 2012. Kajian kes hal kritikal iaitu memeriksa lebih daripada satu tapak untuk tujuan memeriksa situasi kepentingan unik dengan sedikit kepada bukan kepentingan dalam *generalizability* (digambarkan daripada kes-kes khusus untuk kes-kes lebih umum), atau untuk memanggil persoalan dan cabaran dakwaan sangat *generalized* (membicarakan berbagai-bagai benda-benda berbeza secara umum bukannya cara khusus) atau sejagat. Kaedah ini berguna untuk menjawab persoalan-persoalan sebab dan kesan.

Pendekatan kajian ini ialah pragmatisme di mana menggunakan kaedah campuran untuk mengutip dan menganalisis data. Unit analisis kajian ialah terdiri daripada tahap mikro (termasuk interaksi bersemuka beberapa individu dalam latar belakang berskala kecil dan berlaku dalam tempoh yang singkat dalam latar belakang tertutup), meso (tahap pertengahan antara tahap mikro dan makro yang memfokuskan kepada analisis organisasi, pergerakan sosial dan komuniti) dan makro (memfokuskan kepada peristiwa, proses-proses, pola dan struktur dalam unit sosial yang besar yang berhubung secara langsung dan tidak langsung dalam jangka masa yang panjang serta sering kali merangkumi ruang yang besar). Unit analisis kajian ini ialah pada tahap mikro iaitu pelajar sekolah-sekolah menengah kebangsaan harian biasa/SMHB (sekolah-sekolah menengah kerajaan dan bantuan kerajaan) di Kedah yang hanya melibatkan pengutipan data pada satu level/tahap sahaja. Data untuk mengukur pemboleh ubah bebas diperoleh melalui mengedarkan borang kaji selidik kepada pelajar sekolah (individu) termasuk data pemboleh ubah bersandar diperoleh melalui merujuk kepada keputusan peperiksaan terkini pelajar sekolah (Cresswell, 2005).

Kaedah Pengutipan Data Dan Penganalisisan Data

Pengutipan dan penganalisisan data kajian ini menggunakan kaedah campuran, iaitu pendekatan kuantitatif melalui tinjauan menggunakan borang kaji selidik dan pendekatan kualitatif melalui temubual. Jenis kaedah campuran yang digunakan dalam kajian ini ialah kaedah campuran *sequential* (urutan) yang dimulai dengan pengutipan dan penganalisisan data kuantitatif dan kemudiannya diikuti oleh pengutipan dan penganalisisan data kualitatif. Sebelum dijelaskan prosedur pengutipan dan penganalisisan kaedah campuran, adalah perlu dijelaskan perkembangan kaedah campuran ini kerana pendekatan kaedah campuran ini masih baru berbanding dengan kaedah sedia ada, iaitu kaedah kuantitatif dan kaedah kualitatif secara berasingan.

Menurut Abbas Tashakkori dan Charles Teddlie (2003), sebelum kaedah kualitatif muncul, penyelidikan sosial telah didominasi oleh kaedah kuantitatif dengan positivisme sebagai pandangan dominan. Walau bagaimanapun, sejak dua dekad kebelakangan ini kaedah kualitatif muncul dengan satu pandangan yang berkaitan dengan konstruktivisme. Penyelidikan kualitatif telah dilihat sebagai reaksi menentang dominasi kaedah kuantitatif pada masa tersebut dan ia menjadi semakin popular di kalangan mereka yang tidak berpuas hati dengan kaedah kuantitatif. Kaedah kualitatif ialah pendekatan yang lebih subjektif, berpendekatan bebas (*emancipatory*) untuk mengkaji tingkah laku manusia dan fenomena sosial serta ia memperkenalkan kaedah berinovasi baru untuk menjawab soalan. Lapangan kaedah campuran (*mixed methodology*) pula, yang dipanggil sebagai "pergerakan kaedah penyelidikan ketiga" (*third methodology movement*), telah berkembang hasil daripada kontroversi dan sebagai satu paradigma menggunakan kekuatan kedua-dua kaedah kuantitatif dan kualitatif.

Kaedah kuantitatif berorientasikan pengkaji yang bekerja dalam tradisi positivis dan biasanya berminat dalam analisis nombor, manakala kaedah kualitatif berorientasikan pengkaji yang bekerja dalam tradisi *constructivist* dan biasanya berminat dengan analisis data naratif. Kaedah campuran di mana pengkajinya bekerja dalam paradigma lain, iaitu *pragmatisme,* dan berminat dengan kedua-dua jenis data (Tashakkori dan Teddlie, 2003). Kaedah campuran klasik dijelaskan dalam bidang sosiologi dan boleh dilihat dalam kajian Hawthorne oleh Roethlisberger dan Dickson pada tahun 1939 dan kajian Yankee city oleh Warner dan Lunt pada tahun 1941.

Menurut Tashakkori dan Teddlie (2003), tempoh kaedah campuran moden ditandai oleh Denzin dan Lincoln pada tahun 1994 di mana sejarah kaedah campuran melalui dua peristiwa utama, iaitu:

a. Pembongkaran kekurangan (*debunking*) positivisme
b. Kemunculan reka bentuk kajian yang mula dipanggil dengan "pelbagai metod" ("multimethod") atau "campuran" ("mixed").

Bagaimanapun, menurut Creswell (2003), konsep menggabungkan kaedah berbeza berkemungkinan bermula dalam tahun 1959, apabila Campell dan Fiske menggunakan pelbagai kaedah untuk mengkaji kesahan *traits* psikologi. Konsep asal triangulasi menimbulkan sebab tambahan untuk menggabungkan jenis data berbeza. Sebagai contoh, keputusan daripada satu kaedah boleh membantu membangunkan kaedah yang satu lagi. Secara alternatif, satu kaedah boleh terhimpun dalam kaedah lain untuk menyediakan pandangan dalam tahap atau unit analisis berbeza.

Menurut Keith F. Punch (2005), perbezaan utama kedua-dua pendekatan terletak pada sifat semula jadi datanya, kaedah pengutipan dan analisis data. Di samping itu, penyelidikan kuantitatif ialah pemikiran yang lebih berminat kepada pengujian deduktif hipotesis dan teori, sedangkan penyelidikan kualitatif lebih berminat kepada meneroka topik dan secara induktif menjana hipotesis serta teori. Kajian kuantitatif mungkin berguna untuk pengujian teori, ia juga boleh digunakan untuk meneroka satu bidang untuk menjana hipotesis dan teori. Begitu juga dengan kajian kualitatif yang sudah tentu boleh digunakan untuk menguji hipotesis dan teori, meskipun ia merupakan pendekatan yang sangat menyokong penjanaan teori.

Creswell (2003) menyatakan bahawa terdapat tiga asas umum dalam kaedah campuran iaitu;

a. *Sequential procedures* (prosedur urutan) di mana pengkaji cuba memperincikan atau mengembangkan penemuan satu kaedah dengan kaedah lain. Ini melibatkan permulaan dengan satu kaedah kualitatif untuk tujuan penerokaan dan diikuti dengan kuantitatif untuk sampel yang lebih besar. Jadi pengkaji boleh generalisasikan keputusan kepada populasi. Sebagai alternatif, kajian mungkin bermula dengan kuantitatif yang mana teori atau konsep diuji, kemudian diikuti dengan kaedah kualitatif melibatkan penerokaan yang lebih terperinci dengan beberapa kes atau individu.
b. *Concurrent prosecures* (prosedur serentak) di mana pengkaji mengumpulkan data kuantitatif dan kualitatif dengan tujuan untuk menyediakan analisis menyeluruh permasalahan kajian. Dalam reka bentuk ini, penyelidik mengutip kedua-dua jenis data dalam masa yang sama semasa kajian dan kemudian menyepadukan maklumat dalam interpretasi keputusan keseluruhan. Juga, dalam reka bentuk ini, pengkaji menghimpunkan satu bentuk data dalam jenis yang lain, prosedur pengutipan data yang lebih besar untuk analisis persoalan berbeza atau tahap unit analisis organisasi.
c. *Transformative prosedures* (prosedur penukaran) di mana pengkaji menggunakan lensa atau kanta teoretikal sebagai perspektif *overarching* dalam satu reka bentuk yang mengandungi kedua-dua data kuantitatif dan kualitatif. Kanta ini menyediakan satu kerangka bagi topik yang diberikan perhatian. Dalam kanta ini kaedah pengutipan data yang terlibat ialah pendekatan urutan (*sequential*) atau serentak (*concurrent*).

Bagi mengkaji pengaruh modal sosial ke atas pencapaian pendidikan pelajar luar bandar, reka bentuk *sequential* penjelasan (*sequential explanatory design)* digunakan di mana ia dimulai oleh pengutipan dan penganalisisan data kuantitatif dan kemudiannya diikuti oleh pengutipan serta penganalisisan data kualitatif. Keutamaan biasanya diberikan kepada data kuantitatif, dan data kedua-dua kaedah dicantumkan semasa fasa interpretasi kajian. Strategi ini mungkin mempunyai atau tidak mempunyai perspektif teoretikal khusus dan kaedah ini sangat berguna apabila keputusan yang tidak dijangkakan muncul daripada kajian kuantitatif. Sebagai contoh, pengutipan data kualitatif dibuat selepas keputusan data kuantitatif dianalisis bagi tujuan memeriksa keputusan yang ekstrem secara lebih mendalam. Ia mudah dilaksanakan kerana langkahnya adalah jelas dan peringkat kaedah kajian terpisah antara satu sama lain. Tambahan lagi, sifat reka bentuk ini menjadikannya mudah untuk diterangkan dan dilaporkan. Kelemahan utama reka bentuk ini ialah ia melibatkan masa yang panjang dalam pengutipan data dengan dua fasa yang terpisah, khususnya jika kedua-dua fasa diberikan keutamaan yang sama (Creswell, 2003).

Reka bentuk *sequential* penjelasan (1a):

				QUAN	→	qual		
QUAN Pengutipan Data	→	QUAN Analisis data	→	qual pengutipan data	→	qual analisis data	→	Interpretasi keseluruhan analisis

Reka bentuk *sequential* penerokaan (1b):

				QUAL	→	quan		
QUAL Pengutipan Data	→	QUAL Analisis data	→	quan pengutipan data	→	quan analisis data	→	Interpretasi keseluruhan analisis

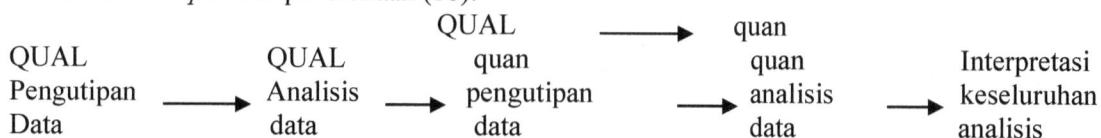

Reka bentuk *Sequential* transformatif (1c):

QUAN → qual

Vision, Advocacy, Ideology, Framework

QUAL → quan

Vision, Advocacy, Ideology, Framework

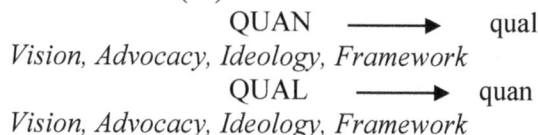

Rajah 1.1: Strategi-strategi Kaedah Campuran Urutan/*Sequential*
(Sumber: Creswell, 2003)

Pendekatan Kuantitatif (Fasa 1)

Kajian ini menggunakan pendekatan kuantitatif melalui tinjauan menggunakan borang kaji selidik yang dilakukan ke atas pelajar di dua buah sekolah seperti yang telah dinyatakan dalam skop kajian. Pemboleh ubah bebas ialah modal sosial merangkumi kumpulan dan jaringan, kepercayaan, tindakan kolektif dan kerjasama, maklumat dan komunikasi, serta perpaduan dan penyertaan sosial. Manakala pemboleh ubah bersandar ialah pencapaian pendidikan pelajar luar bandar.

Persampelan kajian adalah berbentuk persampelan bertujuan (*purposive sampling or judgmental sampling*). *Judgmental sampling* ialah satu teknik persampelan bukan kebarangkalian (*non-probability*) di mana penyelidik memilih unit yang disampel berdasarkan pertimbangan pengetahuan dan profesional. Jenis teknik persampelan ini juga dikenali sebagai persampelan bertujuan (*purposive sampling*) dan *authoritative sampling*. Persampelan bertujuan ialah digunakan dalam kes-kes di mana kualiti satu pihak berkuasa boleh memilih sampel yang lebih mewakili yang boleh membawa hasil lebih tepat berbanding dengan menggunakan teknik persampelan kebarangkalian (*probability*) yang lain. Proses ini melibatkan secara sengaja *handpicking* individu dari populasi berasaskan kepada pihak berkuasa atau pengetahuan dan pertimbangan penyelidik (Internal consistency reliability, n.d.). Persampelan bertujuan, juga dikenali sebagai persampelan '*judgemental*', '*selective*' atau '*subjective*' ialah satu jenis teknik persampelan bukan kebarangkalian. Persampelan bukan kebarangkalian memberi tumpuan kepada teknik persampelan di mana unit yang dikaji adalah berdasarkan pada pertimbangan penyelidik (Laerd dissertaion, 2010). Satu bentuk persampelan yang pemilihan sampel adalah berdasarkan kepada pertimbangan penyelidik sebagaimana yang subjek terbaik sesuai dengan kriteria kajian (Purposive sampling, 2012).

Jenis persampelan bertujuan yang digunakan ialah *homogeneous sampling*. Jenis teknik persampelan bertujuan *homogeneous sampling* ialah teknik persampelan bertujuan yang bertujuan untuk mencapai satu sampel homogen; iaitu, sampel yang unit (seperti orang, kes, dan lain-lain) berkongsi ciri-ciri atau sifat-sifat yang sama (atau sangat serupa) (contohnya satu kumpulan orang yang adalah serupa dari segi umur, gender, latar belakang, pekerjaan dan lain-lain). Sampel homogen sering kali dipilih apabila persoalan penyelidikan yang sedang dibicarakan ialah khusus kepada ciri-ciri kumpulan kepentingan tertentu, yang akhirnya diperiksa secara terperinci (Laerd dissertaion, 2010).

Saiz sampel menurut Tabachnick dan Fidell (2001: 588) menyebut Comrey dan Lee's (1992) dalam *Annotated SPSS output factor analysis* (http://www.ats.ucla.edu/stat/spss/output/factor1.htm) memberi nasihat berkenaan saiz sampel iaitu 50 kes ialah sangat serba kurang (*very poor*), 100 ialah serba kurang (*poor*), 200 ialah patut/munasabah, 300 ialah baik, 500 ialah sangat baik dan 1000 atau lebih ialah cemerlang. Borang kaji selidik bagi kajian ini dibina berdasarkan kepada instrumen *Social Capital-Integrated Questionnaire* (SC-IQ), lain-lain borang kaji selidik pengkaji terdahulu seperti Bullen, P. dan Onyx, J. (1998) dalam "*measuring social capital in five communities in NSW- A practitioners*", Family Support Services Staff Questionnaire (1999) bertajuk *Form 3: Staff questionnaire, National Centre for Social Research* dan National Statistics (2005) bertajuk "*Neighbourhood survey 2005*", ulasan karya dan model-model kajian terdahulu.

Kategori Jawapan (Skala dan indeks)

Berdasarkan Johnson dan Turner (2003), *responses categories* sering kali menggunakan skala seperti *rating scales* sebagai contohnya empat skala atau lima skala pengkadaran (*ratings scales*), *rankings*, *semantic differentials,* senarai semak (*checklists*) dan *summated rating scales* seperti (*Likert Scales*). Kajian ini menggunakan skala Likert iaitu sangat tidak setuju, tidak setuju, setuju dan sangat setuju.

Kerangka persampelan

Kuantitatif:

Populasi ialah semua pelajar di semua sekolah menengah kebangsaan harian biasa kerajaan (kategori luar bandar) di negeri Kedah

Populasi Sasaran (*target population*): sekolah-sekolah yang dipilih secara bertujuan berdasarkan keputusan peperiksaan PMR tahun 2001-2011 pada jadual 1.2 (Dalam kajian ini sekolah yang mendapat keputusan yang baik dalam peperiksaan PMR dan sekolah yang mendapat keputusan yang kurang baik dalam peperiksaan PMR dikaji. Dua buah sekolah yang mendapat keputusan yang baik yang dikaji iaitu Sekolah Menengah Kebangsaan Junjung, Kulim dan Sekolah Menengah Kebangsaan Ayer Hitam, Simpang Empat Kerpan, Ayer Hitam. Dua buah sekolah yang mendapat keputusan peperiksaan yang kurang baik ialah S.M.K. Jeneri, Jeniang dan Sekolah Menengah Kebangsaan Kuala Pegang, Kuala Pegang, Baling telah dipilih sebagai populasi sasaran. Oleh itu, empat buah sekolah adalah populasi sasaran)

Sampel ialah semua pelajar daripada keseluruhan populasi sasaran (iaitu sebilangan kecil daripada pelajar S.M.K. Jeneri, Jeniang; Sekolah Menengah Kebangsaan Kuala Pegang, Kuala Pegang, Baling; Sekolah Menengah Kebangsaan Junjung, Kulim dan Sekolah Menengah Kebangsaan Ayer Hitam, Simpang Empat Kerpan, Ayer Hitam)

Rajah 1.2: Kerangka persampelan kajian kuantitatif
(Sumber: Newman, 2006 dan Cresswell, 2005).

Jadual 1.3 menunjukkan senarai organisasi iaitu sekolah-sekolah menengah kebangsaan harian biasa (SMHB) kerajaan kategori luar bandar negeri Kedah yang merupakan populasi kajian merangkumi maklumat bilangan murid (pelajar sekolah), nombor telefon sekolah dan alamat sekolah. Rajah 1.2 ialah kerangka persampelan kajian.

Jadual 1.3: Bilangan murid, nombor telefon sekolah dan alamat sekolah-sekolah menengah kebangsaan harian biasa (SMHB) kerajaan kategori sekolah luar bandar negeri Kedah sehingga 25 Mac tahun 2012

Bil.	Nama dan alamat sekolah	No. Telefon	Bilangan Murid		Jumlah Murid
			Lelaki	Perempuan	
1.	SMK Siong Kampong Lalang, Jalan Weng, 09100 Baling, Kedah	04-4731761	621	625	1246
2.	SMK Teloi Kanan Felda Teloi Kanan, 09300 Kuala Ketil, Kedah	04-4193882	243	213	456
3.	SMK Tanjong Puteri	04-4163853	766	758	1524

	Jalan Baling, 09300 Kuala Ketil, Kedah				
4.	SMK Jerai Kupang, 09200 Kupang, Kedah	04-4767226	536	504	1040
5.	SMK Parit Panjang Jalan Parit Panjang, 09200 Kupang, Kedah	04-4721422	409	481	890
6.	SMK Syed Abu Bakar Kupang, Bt 41 09200 Kupang, Kedah	04-4765797	708	703	1411
7.	SMK Bakai Mukim Bakai, 09300 Kuala Ketil, Kedah	04-4430586	413	412	825
8.	SMK Bongor Batu 48, Jalan Weng, 09100 Baling, Kedah	04-4701177	329	289	618
9.	SMK Jeneri Jalan Kg Betong, Mukim Jeneri, 08700 Jeniang, Kedah	04-4625603	370	325	695
10.	SMK Seri Enggang Batu Lima, Jalan Batu Lima Sik, 08200 Sik, Kedah	04-4625495	450	393	843
11.	SMK Gulau Kampung Gulau, 08210 Sik, Kedah	04-7521637	428	453	881
12.	SMK Chepir Kampong Chepir, 08200 Sik, Kedah	04-4721054	450	416	866
13.	SMK Batu Lapan Kg. Charok Sejuk, 08200 Sik, Kedah	019-4405343	336	251	587
14.	SMK Kuala Ketil Batu Pekaka, 09300 Kuala Ketil, Kedah	04-4434251	561	566	1127
15.	SMK Kuala Pegang Kuala Pegang, 09110 Baling, Kedah	04-4726332	554	455	1009
16.	SMK Kepala Batas Km 10, Jalan Hutan Kampung 06200 Alor Setar, Kedah	04-7144041	427	378	805
17.	SMK Langgar Jalan Tanjung Inggeris, 06500 Langgar, Kedah	04-7876390	396	320	716
18.	SMK Dato' Wan Mohd Saman Km 7, Jalan Sungai Petani 05400 Alor Setar, Kedah	04-7643770	434	293	727
19.	SMK Tajar Jalan Datuk Kumbar, 06500 Langgar, Kedah	04-7329011	456	306	762
20.	SMK Kubang Rotan Kubang Rotan, 06250 Alor Star, Kedah	04-7324785	379	406	785
21.	SMK Jabi Pokok Sena, 06400 Pokok Sena, Kedah	04-7876755	437	445	882
22.	SMK Bukit Payong Bukit Payong, Jalan Naka, 06400 Pokok Sena, Kedah	04-7822105	369	316	685
23.	SMK Pokok Sena 2 Taman Bandar Baru 06400 Pokok Sena, Kedah	04-7821395	302	211	513
24.	SMK Alor Janggus Alor Janggus 06250 Alor Star, Kedah	04-7337413	652	618	1270
25.	SMK Muadzam Shah Kota Sarang Semut, 06800 Alor	04-7481800	489	389	878

	Setar, Kedah				
26.	SMK Tunku Abdul Aziz Simpang Empat 06650 Alor Setar, Kedah	04-7641213	595	643	1238
27.	SMK Seri Gunong Km 10, Jalan Gunung Keriang 06570 Alor Setar, Kedah	04-7209922	322	259	581
28.	SMK Pokok Sena Jalan Panchor 06400 Pokok Sena, Kedah	04-7821237	600	655	1255
29.	SMK Kota Kuala Muda Jalan Pantai Merdeka, 08500 Kota Kuala Muda, Kedah	04-4374224	737	755	1492
30.	SMK Bukit Selambau Bukit Selambau 08010 Sungai Petani, Kedah	04-4193023	401	375	776
31.	SMK Seri Badong 08400 Merbok, Kedah	04-4575386	409	429	838
32.	SMK Aman Jaya Sungai Lalang 08000 Sungai Petani, Kedah	04-4581996	1379	1371	2750
33.	SMK Batu 5, Jalan Jeniang Jalan Jeniang, 08300 Gurun, Kedah	04-4680018	483	526	1009
34.	SMK Pinang Tunggal Pinang Tunggal 08000 Sungai Petani, Kedah	04-4314684	567	516	1083
35.	SMK Sungai Limau Yan Jalan Sungai Limau Dalam, 06910 Yan, Kedah	04-7691759	510	535	1045
36.	SMK Batu 17 Padang Lumat 08800 Guar Chempedak, Kedah	04-7695099	190	148	338
37.	SMK Bedong 08100 Bedong, Kedah	04-4581272	409	429	838
38.	SMK Merbok 08400 Merbok, Kedah	04-4572078	916	866	1782
39.	SMK Pekula Jaya Tikam Batu 08600 Tikam Batu, Kedah	04-4388945	693	601	1294
40.	SMK Tunku Sulong Jeniang 08700 Gurun, Kedah	04-4644236	660	691	1351
41.	SMK Guar Chempedak Jalan Jenun 08800 Guar Chempedak, Kedah	04-4686055	896	908	1804
42.	SMK Bandar Bukit Kayu Hitam Bandar Bukit Kayu Hitam, 06050 Bukit Kayu Hitam, Kedah	04-9221008	129	141	270
43.	SMK Sanglang 06150 Ayer Hitam, Kedah	04-7949475	197	180	377
44.	SMK Tunku Seri Indera Putera Jalan Sungai Korok, 06150 Ayer Hitam, Kedah	04-7949431	285	235	520
45.	SMK Changlun Km 11, Lebuhraya Utara Selatan 06010 Changlun, Kedah	04-9241293	682	658	1340
46.	SMK Permatang Bonglai Pida 3, Tunjang, 06000 Jitra, Kedah	04-7949449	253	217	470

47.	SMK Megat Dewa Jalan Kodiang, 06100 Kodiang, Kedah	04-9251948	523	548	1071
48.	SMK Hosba Km 20, Lebuhraya Utara Selatan, 06000 Jitra, Kedah	04-9242181	472	469	941
49.	SMK Bandar Baru Sintok Jalan Sintok, 06010 Sintok, Kedah	04-9241028	352	346	698
50.	SMK Tunku Bendahara Km 5, Jalan Changlun 06100 Kodiang, Kedah	04-9251344	570	672	1242
51.	SMK Pulau Nyior Jln Ke Kodiang 06000 Jitra, Kedah	04-9291288	779	852	1631
52.	SMK Ayer Hitam Simpang Empat Kerpan, 06150 Ayer Hitam, Kedah	04-7940226	832	869	1701
53.	SMK Selama 09810 Serdang, Kedah	05-8394700	283	308	591
54.	SMK Lubuk Buntar Pekan Lubok Buntar, 09800 Serdang, Kedah	04-4077895	336	338	674
55.	SMK Serdang Baru Batu 18, 09800 Serdang, Kedah	04-4076022	250	228	478
56.	SMK Sungai Kob Pekan Sungai Kob, 09700 Karangan, Kedah	04-4023555	792	855	1647
57.	SMK Dato Lela Pahlawan Jalan Sidam Kanan 09400 Padang Serai, Kedah	04-4857140	950	1024	1974
58.	SMK Labu Besar Pekan Labu Besar, 09010 Kulim, Kedah	04-4031693	643	566	1209
59.	SMK Sungai Karangan Belakang Balai Polis Sungai Karangan, 09410 Padang Serai, Kedah	04-4858590	378	352	730
60.	SMK Junjung Jalan Junjong, 09000 Kulim, Kedah	04-4871659	278	231	509
61.	SMK Sultan Ahmad Tajuddin Jalan Permatang Pasir, 34950 Bandar Baharu, Kedah	05-7161055	443	484	927
62.	SMK Mahang Mahang, 09500 Karangan, Kedah	04-4041081	297	317	614
63.	SMK Padang Serai Jalan Baling, Padang Serai, 09400 Padang Serai, Kedah	04-4855250	597	527	1124
64.	SMK Ayer Hangat Mukim Ayer Hangat 07000 Langkawi, Kedah	04-9561170	411	430	841
65.	SMK Tunku Putra Padang Matsirat, 07100 Langkawi, Kedah	04-9551384	970	1008	1978
66.	SMK Kedawang Mkm Kedawang Langkawi, 07000 Langkawi, Kedah	04-9551145	562	604	1166
67.	SMK Langkawi, P. Tuba Pulau Tuba, 07000 Langkawi, Kedah	04-9672673	165	136	301
68.	SMK Padang Terap Km 11 Jalan Padang Sanai, Padang Terap, 06300 Kuala	04-7860131	297	297	594

	Nerang, Kedah				
69.	SMK Lubuk Merbau Felda Lubok Merbau, 06710 Pendang, Kedah	04-7520933	364	377	741
70.	SMK Naka Pekan Naka Mukim Tekai Kanan, 06350 Alor Star, Kedah	04-7851517	418	458	876
71.	SMK Pedu Mukim Pedu, Kuala Nerang, 06300 Kuala Nerang, Kedah	04-7867688	334	297	631
72.	SMK Tokai Batu 8, Jalan Tokai, 06660 Alor Star, Kedah	04-7644657	250	228	478
73.	SMK Kubor Panjang Kubor Panjang, 06760 Alor Star, Kedah	04-7846076	696	656	1352
74.	SMK Ayer Puteh Dalam 06700 Pendang, Kedah	04-7596567	270	264	534
75.	SMK Syed Ibrahim Padang Pusing, 06700 Pendang, Kedah	04-7596273	495	571	1066
76.	SMK Tobiar Km 26, Jalan Kubor Panjang, Mukim Tobiar, 06700 Pendang, Kedah	04-7849439	247	211	458
77.	SMK Sungai Tiang Sungai Tiang, 06750 Pendang, Kedah	04-7541264	516	556	1072

Sumber: Jabatan Pelajaran Negeri Kedah Darul Aman (2012), Wikipedia Ensiklopedia bebas (2011), Yellavia (2010-2011),

Jadual 1.4: Populasi sasaran dan sampel kajian di empat buah sekolah-sekolah menengah kebangsaan harian biasa (SMHB) kerajaan kategori sekolah luar bandar negeri Kedah yang menjadi kajian

Bil.	**Nama dan alamat sekolah**	**Bilangan populasi sasaran (orang)**	**Saiz sampel (orang)**
1.	Sekolah Menengah Kebangsaan Ayer Hitam Simpang Empat Kerpan, 06150 Ayer Hitam, Kedah	898	350
2.	Sekolah Menengah Kebangsaan Junjung Jalan Junjong, 09000 Kulim, Kedah	294	200
3.	Sekolah Menengah Kebangsaan Jeneri Jalan Kg Betong, Mukim Jeneri, 08700 Jeniang, Kedah	387	250
4.	Sekolah Menengah Kebangsaan Kuala Pegang Kuala Pegang, 09110 Baling, Kedah	560	300

Sumber: Sekolah Menengah Kebangsaan Ayer Hitam, Sekolah Menengah Kebangsaan Junjung, Sekolah Menengah Kebangsaan Jeneri dan Sekolah Menengah Kebangsaan Kuala Pegang (2012).

Saiz sampel bagi kajian ditetapkan mengikut garis panduan santifik dibuat umum bagi membuat keputusan saiz sampel (Sekaran dan Bougie, 2009). Sekolah Menengah Kebangsaan Ayer Hitam, jumlah populasi sasaran ialah 898 orang. Berdasarkan garis panduan saintifik dibuat umum bagi membuat keputusan saiz sampel, bagi saiz populasi 900 orang bilangan saiz sampel ialah 234 orang. Sekolah Menengah Kebangsaan Junjung, jumlah populasi sasaran ialah 294 orang. Berdasarkan garis panduan saintifik dibuat umum bagi membuat keputusan saiz sampel, bagi saiz populasi 300 orang saiz sampel ialah 175 orang. Sekolah Menengah Kebangsaan Jeneri, populasi sasaran ialah 387 orang. Menurut garis panduan saintifik dibuat umum bagi membuat keputusan saiz sampel, bagi saiz populasi 400 orang saiz sampel ialah 210 orang. Sekolah Menengah Kebangsaan Kuala Pegang, populasi sasaran ialah 560 orang. Menurut garis panduan saintifik dibuat umum bagi membuat keputusan saiz sampel, bagi saiz populasi 600 orang saiz sampel ialah 274 orang. Saiz sampel kajian bagi keempat-empat buah sekolah menengah kebangsaan harian biasa (SMHB) kerajaan kategori sekolah luar bandar negeri Kedah yang dikaji adalah seperti dalam Jadual 1.4.

Representative/mewakili merujuk kepada pemilihan individu daripada satu sampel populasi yang mana individu yang dipilih adalah daripada populasi yang dikaji yang membolehkan kesimpulan dibuat daripada sampel bagi mewakili keseluruhan populasi tersebut (Cresswell, 2005). Dalam kajian tinjauan adalah penting untuk memilih bilangan sampel yang besar kerana ia akan mempamerkan ciri-ciri yang sama kepada populasi yang disasarkan (sekumpulan individu yang mana pengkaji boleh kenal pasti dan kaji) (Cresswell, 2005).

Kualitatif:

Populasi ialah *outliers*/kes ekstrem daripada keseluruhan responden

Populasi Sasaran (*target population*): kes ekstrem yang selari dengan objektif pengutipan data kualitatif yang berkaitan dengan modal sosial

Sampel ialah kumpulan/himpunan kecil pelajar daripada keseluruhan populasi sasaran

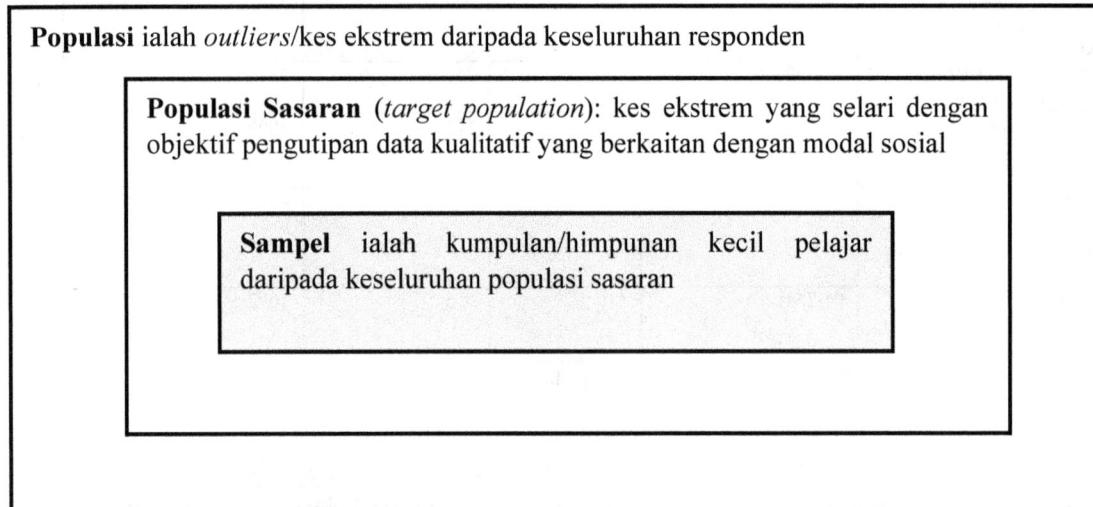

Rajah 1.3: Kerangka persampelan kajian kualitatif
(Sumber: Newman, 2006 dan Cresswell, 2005)

Kadar jawapan (*Response Rate*) (Newman, 2006) ialah berkenaan *nonresponse rate* iaitu berapa peratus jumlah responden yang tidak memberikan jawapan. Manakala *response rate* ialah berapa peratus responden memberikan jawapan. Sebarang maklumat yang hilang atau jawapan tidak tahu adalah juga berkenaan dengan kadar *nonresponse*. Jumlah *response rate* boleh dilihat pada Jadual 1.5

Jadual 1.5: Kadar *response* pengutipan data sebenar

Sekolah	**Jumlah Borang Diedarkan***	**Jumlah Borang Dikembalikan**	**Peratus *Response rate* (%)**	**Peratus *Nonresponse rate* (%)**
SMK Jeneri, Jeniang	250	217	99.1	0.9
SMK Junjung, Kulim	100	98	92.9	7.1
SMK Kuala Pegang	299	292	99.32	0.68
SMK Ayer Hitam, Alor Setar	350	282	99.65	0.35
JUMLAH	999	889	98.8	9.03

Nota: * ialah berdasarkan persetujuan dengan pihak sekolah

Data kuantitatif diproses dan dianalisis melalui perisian *Statistical for Social Science* (SPSS) bagi menghasilkan output berbentuk deskriptif dan juga inferensi. Di antaranya ialah peratusan, min, sisihan piawai, korelasi, dan lain-lain lagi.

Jadual 1.6 : Keputusan Penilaian Menengah Rendah (PMR) Tahun 2007 Bagi Sekolah-Sekolah Kategori Luar Bandar Negeri Kedah

Bil.	Nama Sekolah	Bil. Calon	Bil. Pelajar Yang Mendapat Semua A Dalam Mata pelajaran					Jumlah Pelajar Mengikut Bilangan A Yang Diperoleh								Peratusan Calon Yang Cemerlang (%)	Peratusan Pencapaian Tahap Minimum (%)
			9A	8A	7A	?	%	8A	7A	6A	5A	4A	3A	2A	1A		
1.	SMK Siong	267	0	0	0	0	0	0	0	0	4	5	8	21	33	0	31.62
2.	SMK Teloi Kanan	115	0	0	0	0	0	0	1	0	1	1	3	5	21	0	49.57
3.	SMK Jerai	216	0	2	0	2	0.92	2	0	0	5	5	9	11	36	0.90	39.37
4.	SMK Parit Panjang	221	0	0	0	0	0		1	4	1	9	3	14	24	0	51.34
5.	SMK Bakai	185	0	0	0	0	0	0	0	2	0	2	7	9	20	0	38.86
6.	SMK Lubuk Buntar	110	0	1	0	1	0.91	2	0	1	6	3	5	8	23	0.90	61.26
7.	SMK Tajar	152	0	0	0	0	0	1	0	0	1	2	5	8	26	0	34.84
8.	SMK Jabi	237	0	3	0	3	1.26	3	0	0	4	5	6	12	26	1.21	52.23
9.	SMK Kubang Rotan	128	0	0	0	0	0	0	1	1	0	1	3	11	7	0	42.19
10.	SMK Bukit Payong	130	2	0	0	2	1.54	1	0	5	1	3	3	10	22	1.48	56.30
11.	SMK Kota Kuala Muda	320	0	1	0	1	0.31	5	7	5	2	6	18	17	28	0.31	55.08
12.	SMK Seri Badong	182	0	2	0	2	1.1	2	3	6	11	16	10	10	23	1.08	59.14
13.	SMK Batu 5, Jalan Jeniang	184	0	0	0	0	0	0	3	4	5	8	9	11	13	0	49.74
14.	SMK Bandar Bukit Kayu Hitam	96	0	0	0	0	0	0	0	0	2	3	4	6	10	0	55.56
15.	SMK Sanglang	114	0	0	0	0	0	0	0	3	1	2	2	5	10	0	45.30
16.	SMK Tunku Seri Indera Putera	79	0	1	0	1	1.26	1	2	1	1	1	4	6	11	1.25	56.25
17.	SMK Permatang Bonglai	109	0	0	0	0	0	0	0	0	2	4	2	3	8	0	44.04
18.	SMK Megat Dewa	231	0	7	1	8	3.46	7	7	7	10	13	14	10	20		51.29
19.	SMK Tunku Anum Tunku Abdul Rahman	191	0	0	0	0	0	0	3	4	2	4	14	14	24	0	68.91
20.	SMK Hosba	204	0	1	0	1	0.49	1	5	2	7	5	11	17	32	0.48	50.48
21.	SMK Bandar Baru Sintok	124	0	4	0	4	3.22	4	2	2	5	4	12	10	20	3.20	67.20
22.	SMK Sungai Kob	266	0	1	0	1	0.37	3	2	4	6	10	13	17	42	0.37	51.47
23.	SMK Labu Besar	195	0	0	0	0	0	0	2	3	2	1	7	6	21	0	44.16
24.	SMK Sungai Karangan	121	0	1	0	1	0.83	1	1	1	1	2	0	9	13	0.81	50.41
25.	SMK Junjung	127	0	2	0	2	1.57	2	2	0	4	4	6	8	14	1.57	54.33
26.	SMK Taman Jelutong	167	3	7	0	10	5.99	18	23	18	21	20	27	22	11	5.99	94.01
27.	SMK Tunku Putra	310	0	1	0	1	0.32	1	1	1	2	5	9	9	31	0.31	51.26
28.	SMK Kedawang	221	0	0	0	0	0	0	1	1	0	3	5	7	29	0	40.09

'Jadual 1.6, sambungan'

Bil.	Nama Sekolah	Bil. Calon	Bil. Pelajar Yang Mendapat Semua A Dalam Mata pelajaran					Jumlah Pelajar Mengikut Bilangan A Yang Diperoleh								Peratusan Calon Yang Cemerlang (%)	Peratusan Pencapaian Tahap Minimum (%)
			9A	8A	7A	?	%	8A	7A	6A	5A	4A	3A	2A	1A		
29.	SMK Langkawi P. Tuba	98	0	0	0	0	0	0	2	6	1	3	7	9	11	0	43.88
30.	SMK Kelibang	157	0	5	1	6	3.82	5	5	3	5	4	12	16	29	3.68	59.51
31.	SMK Padang Terap	112	0	0	0	0	0	1	0	0	1	1	4	4	9	0	40.87
32.	SMK Lubuk Merbau	127	0	1	0	1	0.79	1	1	4	2	4	5	9	11	0.75	46.37
33.	SMK Naka	189	0	0	1	1	0.53	0	3	0		2	5	7	21	0.51	36.36
34.	SMK Pedu	129	0	0	0	0	0	0	0	0	3	1		4	14	0	44.62
35.	SMK Jeneri	136	0	0	0	0	0	0	0	0	2	1	1	6	14	0	32.37
36.	SMK Seri Enggang	252	0	0	0	0	0	0	1	3	2	1	3	12	32	0	37.84
37.	SMK Gulau	174	0	0	0	0	0	0	2	2	2	3	7	13	30	0	36.93
38.	SMK Chepir	202	0	0	0	0	0	0	0	0	0		2	2	19	0	52.91
39.	SMK Sungai Limau Yan	201	0	0	0	0	0	0	0	2	0	4	6	15	31	0	43.20
40.	SMK Batu 17 Padang Lumat	102	0	0	0	0	0	0	2	3	1	0	0	11	12	0	41.51
41.	SMK Tokai	105	1	0	0	1	0.95	0	1	1	0	4	3	5	7	0.95	57.14
42.	SMK Kubor Panjang	277	0	0	0	0	0	0	6	3	5	7	10	22	38	0	46.53
43.	SMK Ayer Puteh Dalam	111	0	0	0	0	0	1	1	0	2	3	3	5	14	0	53.10
44.	SMK Tanah Merah	157	0	0	0	0	0	2	0	3	3	5	8	10	21	0	54.72
45.	SMK Syed Ibrahim	250	0	0	1	1	0.4	0	3	2	3	7	10	18	36	0.39	44.14
46.	SMK Model Khas Bukit Jenun	149	0	0	0	0	0	0	3	1	2	7	4	9	16	0	53.29
47.	SMK Tunku Temenggung	170	1	1	0	2	1.18	3	6	8	4	12	11	14	29	1.16	65.70
48.	SMK Tobiar	69	0	0	0	0	0	0	1	0	2	1	1	8	12	0	57.53
49	SMK Tunku Puteri	391	0	1	0	1	0.25	2	4	1	2	8	6	23	36	0.25	41.00
50.	SMK Kuala Ketil	253	0	3	0	3	1.19	3	2	1	3	5	9	14	35	1.15	45.04
51.	SMK Kuala Pegang	243	0	0	0	0	0	0	1	1	2	4	5	14	31	0	31.98
52.	SMK Muadzam Shah	181	0	0	0	0	0	0	3	1	1	0	7	9	20	0	30.60
53.	SMK Merbok	318	0	1	0	1	0.31	1	0	5	5	3	11	12	46	0.31	42.55
54.	SMK Ayer Hitam	388	2	5	0	7	1.80	6	11	7	11	18	18	27	33	1.78	57.25
55.	SMK Mahang	161	0	0	0	0	0	0	3	2	0	4	3	8	18	0	44.44
56.	SMK Padang Serai	164	0	1	0	1	0.61	1	3	0	2	3	3	9	10	0.61	40.24
57.	SMK Mahsuri	378	0	24	2	26	6.89	24	12	16	20	13	15	28	32	6.53	64.07
58.	SMK Sungai Tiang	218	0	1	0	1	0.46	4	2	1	5	5	3	16	40	0.44	49.33
59.	SBPI Kubang Pasu	111	34	0	0	34	30.63	32	21	12	7	4	0	1	0	30.63	100

Sumber: Jabatan Pendidikan Negeri Kedah, 2008 dan Kementerian Pelajaran Malaysia (n.d.).

Pendekatan Kualitatif (Fasa 2)

Dalam pengutipan data kualitatif persampelan bertujuan digunakan ke atas individu terpilih yang mempunyai keputusan yang ekstrem daripada data kuantitatif berkaitan modal sosial ke atas pencapaian pendidikan. Individu yang telah dikenal pasti ini ditemu bual bagi mendapatkan pandangan tentang kenapa mereka berbeza atau menyimpang daripada responden atau sampel-sampel kuantitatif lain. Oleh itu, kajian kes digunakan dalam pendekatan ini. Data yang diperoleh dikodkan dan dianalisis mengikut tema bagi mendapatkan keputusan kajian. Rajah 1.3: Kerangka persampelan kajian pendekatan kualitatif.

Pecahan persampelan (*Sampling fraction*) merupakan bahagian daripada populasi yang termasuk dalam sampel (jumlah populasi yang termasuk dalam sampel). Jika pecahan pensampelan hampir kepada zero (sifar) maka *correction factor* akan menghampiri 1 (tiada sebarang kesan ke atas *Ralat Piawai*). Populasi adalah lebih besar daripada sampel di mana nilai f sangat kecil (secara ekstremnya adalah kecil) – menghampiri sifar – dan *correction factor* boleh diabaikan. Hanya dengan populasi kecil, nilai f akan menjadi lebih besar daripada sifar. Bagaimanapun, bagi populasi kecil, f yang kecil membayangkan saiz sampel yang kecil; dan ia akan memberi kesan yang besar ke atas *Ralat Piawai* (Singleton dan Straits, 2005; Singleton dan Straits, 1999).

Pecahan pensampelan merupakan satu daripada dua perkara tambahan yang diperlukan bagi pensampelan rawak sistematik. Pecahan pensampelan ialah *ratio* saiz sampel yang diperlukan daripada jumlah keseluruhan populasi. Pecahan pensampelan digambarkan melalui formula berikut (Wright, 1979):

f = *sampling fraction* $\qquad f = n \div \mathrm{N}$ atau n/N

(contoh: n = 100, N = 3,102 . $\therefore f = \dfrac{n}{\mathrm{N}}$

$$= \frac{100}{3{,}102} = 0.03$$

Bahagian daripada populasi yang termasuk dalam sampel (jumlah populasi yang termasuk dalam sampel) (Saw Swee-Hock, 1990). Pecahan pensampelan (*sampling fraction* atau *sampling ratio*) ialah perhubungan di antara saiz sampel dan saiz populasi. Dalam pensampelan rawak sistematik, jika elemen populasi dapat disenaraikan, maka ia boleh dikira dan satu nisbah pensampelan atau pecahan pensampelan dapat ditentukan (Blaikie, 2003). f menggambarkan pecahan pensampelan atau nisbah sebilangan kes dalam saiz sampel daripada populasi. Saiz sampel dirujuk sebagai N dan populasi dirujuk sebagai M. *Corection factor* boleh ditulis seperti berikut (Blalock, 1979):

$$\sqrt{1 - \frac{\mathrm{N}}{\mathrm{M}}}$$

Jika saiz sampel secara relatifnya adalah kecil berbanding dengan M, nilai *correction factor* menghampiri 1 oleh itu tidak ada gunanya untuk menggunakan nilai *correction factor* tersebut. *correction factor* mesti kurang daripada 1 bagi populasi terbatas, *corrected value* bagi *Ralat Piawai* akan sentiasa kurang daripada *uncorrected figure*.

Pecahan pensampelan (*f*) berbeza-beza secara songsang dengan saiz populasi (Kish, 1965). Nisbah pensampelan (*sampling ratio*) ialah bahagian elemen dalam populasi yang terpilih: sebagai contohnya 1/10. Formula nisbah pensampelan adalah seperti berikut (Babbie, 2004):

$$\text{Nisbah pensampelan} = \frac{\text{saiz sampel}}{\text{saiz populasi}}$$

Nisbah saiz sampel bagi saiz populasi sasaran ialah nisbah pensampelan. Nisbah pensampelan ialah bilangan kes-kes dalam sampel yang dibahagikan dengan populasi atau kerangka pensampelan (*sampling frame*). Ataupun, bahagian daripada populasi dalam sesuatu sampel. Populasi juga perlu definisi operasional melalui membangunkan satu senarai khusus yang menganggarkan semua elemen dalam populasi. Senarai tersebut dipanggil sebagai *sampling frame* (kerangka pensampelan) (Neuman, 2006).

Pengukuran Modal sosial

Dua elemen utama untuk mengukur modal sosial ialah jenis modal sosial dan dimensi-dimensi modal sosial. Bentuk-bentuk modal sosial ialah ikatan sosial (modal sosial ikatan), jambatan sosial (modal sosial merapatkan) dan hubungan sosial (modal sosial yang menghubungkan). Modal sosial ikatan terdiri daripada elemen-elemen iaitu interaksi sosial, agregat sosial, autoriti sosial, peranan sosial, status sosial, norma sosial, dan entropi sosial. Interaksi sosial terdiri daripada beberapa jenis iaitu pertukaran, kerjasama, keakuran, pemaksaan dan konflik. Pertukaran merujuk kepada tindakan untuk mendapatkan ganjaran, kerjasama merujuk kepada tindakan bersama bagi mencapai matlamat yang sama dan menjalankan tugas yang berlainan dalam usaha mencapai tujuan yang sama. Keakuran atau kepatuhan ialah merujuk kepada penyesuaian tingkah laku dengan peraturan-peraturan kumpulan. Pemaksaan ialah amalan memaksa pihak lain untuk bertindak dalam cara tidak sukarela (contohnya keahlian kumpulan/persatuan adalah wajib dan individu akan didenda jika tidak menjadi ahli kumpulan/persatuan). Konflik merujuk kepada individu-individu berlawanan antara satu sama lain.

Agregat sosial diukur melalui kewujudan individu-individu yang dipengaruhi antara satu sama lain. Autoriti sosial diukur melalui kewujudan peraturan-peraturan atau prinsip dalam kumpulan. Peranan sosial diukur melalui kewujudan tugas/tanggungjawab. Status sosial mengukur kedudukan ahli dalam persatuan. Norma sosial mengukur peraturan-peraturan atau prinsip yang menentukan kelakuan individu. Entropi sosial mengukur alienasi, anomi dan devian. Alienasi terdiri daripada hubungan yang terpisah atau terputus, peraturan-peraturan atau prinsip yang tidak memberi makna kepada individu dan perasaan kecewa. Anomi diukur melalui peraturan-peraturan atau prinsip yang lemah dan peraturan-peraturan atau prinsip yang kurang jelas. Devian diukur melalui kewujudan keadaan tidak mematuhi peraturan-peraturan atau prinsip.

Jambatan sosial (modal sosial merapatkan) diukur melalui pertukaran maklumat di antara kumpulan berbeza dan kerjasama antara kumpulan berbeza. Hubungan sosial (modal sosial yang menghubungkan) diukur melalui hubungan dengan pihak berkuasa.

Dimensi-dimensi modal sosial pula ialah kumpulan-kumpulan dan jaringan-jaringan, kepercayaan dan perpaduan, tindakan kolektif dan kerjasama, maklumat dan komunikasi, perpaduan dan penyertaan sosial dan pendayaupayaan. Kumpulan-kumpulan dan jaringan-jaringan mengukur keahlian dalam kumpulan/persatuan, peranan yang dipegang dalam kumpulan, kadar keaktifan, kepadatan ahli, perbezaan atau kepelbagai ahli, pembuatan keputusan (demokrasi), dan capaian maklumat dan komunikasi. Kepercayaan dan perpaduan diukur melalui kepercayaan kepada orang yang dikenali, tidak dikenali dan institusi awam dan swasta, dan kepercayaan kepada individu (perlu berhati-hati kepada sesetengah individu dan terdapat individu yang mengambil kesempatan). Tindakan kolektif dan kerjasama mengukur kesediaan memberi bantuan ketika krisis, kesediaan untuk bekerjasama, tindakan kerjasama semasa aktiviti tertentu seperti projek dan batasan tindakan kolektif. Maklumat dan komunikasi mengukur sumber-sumber maklumat kepada individu seperti rakan, kumpulan/persatuan, surat khabar, televisyen dan lain-lain. Perpaduan dan penyertaan sosial mengukur tindakan memasukkan ke dalam satu kumpulan, perbezaan latar belakang dan konflik, ketidak tenteraman dan interaksi sosial harian yang kerap. Pendayaupayaan mengukur perasaan gembira dan kebolehan untuk membuat keputusan yang mempengaruhi aktiviti seharian dan boleh mengubah arah kehidupan seseorang.

Meskipun modal sosial telah dikonsepkan pada tahap mikro, meso dan makro, instrumen yang perlu untuk mengukur modal sosial pada tahap isi rumah atau individu adalah sangat berbeza daripada peralatan untuk mengukur modal sosial di tahap negara. SC-IQ memfokuskan kepada pengukuran pada tahap mikro iaitu pada tahap isi rumah dan individu (Grootaert, Narayan, Jones dan Woolcock, 2004).

UJIAN RINTIS

Pengedaran borang kaji selidik untuk reliabiliti kali pertama

Bagi memulakan ujian rintis dan pengutipan data sebenar penyelidik perlu mendapatkan persetujuan daripada Kementerian Pelajaran Malaysia (KPM) melalui mengisi borang BPPDP 1 (Borang Bahagian Perancangan dan Penyelidikan Dasar Pendidikan 1) bagi tujuan permohonan untuk menjalankan penyelidikan di sekolah-sekolah, kolej matrikulasi, institusi, institusi pendidikan guru, jabatan-jabatan pelajaran dan bahagian-bahagian di bawah Kementerian Pelajaran Malaysia. Tarikh borang ini diisi ialah pada 11 Ogos 2008 dan pada 3 September 2008 surat kelulusan daripada Bahagian Perancangan dan Penyelidikan Dasar Pendidikan, KPM diperoleh. Kelulusan tersebut adalah sehingga 24 Ogos 2009. Surat bagi mendapat kelulusan daripada peringkat Jabatan Pelajaran Negeri (JPN) Kedah pula adalah bertarikh 23 September 2008 dan surat kelulusan daripada JPN Kedah diperoleh pada 6 Oktober 2008 dengan tarikh luput pada 31 Januari 2009. Surat kelulusan kedua kepada JPN Kedah adalah bertarikh 28 Disember 2008 dan surat kelulusan diperoleh pada 15 Januari 2009 dengan tarikh luput pada 30 November 2009. Seterusnya penyelidik menghubungi pihak sekolah melalui telefon untuk mendapatkan keizinan dan menentukan tarikh yang sesuai untuk mengedarkan borang kaji selidik di sekolah. Surat kelulusan daripada Bahagian Perancangan dan Penyelidikan Dasar Pendidikan, KPM yang kedua bertarikh 29 Jun 2009 dan tempoh luput surat ialah sehingga tesis tamat.

Dalam kajian ini bagi ujian rintis reliabiliti dalaman (Bryman dan Cramer, 2009) atau reliabiliti kesamaan (Neuman, 2006) pertama, pada awalnya pengkaji mendapatkan data prestasi keputusan peperiksaan PMR pada tahun 2007 (Jadual 1.6) bagi semua sekolah di negeri Kedah. Berdasarkan kepada prestasi peperiksaan tersebut dua buah sekolah telah dipilih sebagai lokasi kajian, iaitu sebuah sekolah berprestasi sederhana iaitu melebihi 50 peratus pencapaian tahap minimum (S.M.K. Tunku Anum Tunku Abdul Rahman, Jitra) dan sebuah sekolah berprestasi kurang baik iaitu kurang daripada 50 peratus (S.M.K. Siong, Baling). Jadual 1.6 menunjukkan prestasi PMR 2007 bagi seluruh sekolah menengah luar bandar negeri Kedah.

Proses ujian rintis reliabiliti dalaman atau reliabiliti kesamaan dilakukan ke atas instrumen borang kaji selidik. Berdasarkan Johnson dan Turner (2003), borang kaji selidik boleh dikategorikan kepada tiga jenis iaitu jenis pertama ialah borang kaji selidik kualitatif. Borang kaji selidik kualitatif adalah tidak berstruktur (*unstructured*), *exploratory*, *open-ended* dan biasanya borang kaji selidik yang dibina lebih mendalam. Ia terdiri daripada satu siri soalan *open-ended* untuk dijawab oleh semua atau satu kumpulan kecil responden dalam kajian. Dalam item *open-ended*, responden menyediakan jawapan dalam perkataan atau ayat mereka sendiri. Responden akan mengisi jawapan setiap item mengikut kehendak mereka sendiri. Jenis kedua ialah borang kaji selidik campuran iaitu *self-report instrument* yang diisi oleh responden dan ia terdiri daripada campuran item berbentuk *open-ended* dan *closed-ended*. Di samping itu, item tunggal (*single item*) boleh ditukar kepada item campuran melalui membina *responses categories* seperti berikut; Bangsa: (1) Melayu, (2) Cina, (3) India, dan (4) Lain-lain, sila nyatakan _______ . Pilihan jawapan keempat lain-lain membolehkan responden mengisi jawapan mengikut latar belakang mereka sendiri dan dalam perkataan mereka sendiri. Pengkaji perlu mengekodkan semula jawapan tersebut semasa analisis data.

Jenis ketiga, borang kaji selidik kuantitatif yang berasaskan kepada borang kaji selidik berstruktur dan borang kaji selidik berbentuk *closed-ended*. Borang kaji selidik kuantitatif berasaskan kepada borang kaji selidik berstruktur dan *closed-ended*. Semua responden akan mengisi borang kaji selidik yang sama kecuali soalan atau item kontingensi (*contingency questions* ialah soalan dua-bahagian iaitu jawapan kepada bahagian pertama soalan menentukan yang mana daripada dua soalan berbeza responden terima seterusnya (Neuman, 2006:286)). Semua soalan atau item disediakan dengan jawapan munasabah yang mesti dipilih oleh responden. Dalam ujian rintis pertama borang kaji selidik adalah berbentuk jenis ketiga berdasarkan Johnson dan Turner (2003) iaitu borang kaji selidik kuantitatif berstruktur dan berbentuk *closed-ended*.

Perkara-perkara yang diedarkan kepada responden semasa ujian rintis ialah:

1. *Informed consent/Consent form* (Kod:BPMR05)-

2. Borang senarai semak (Kod: BSS06)
3. Borang kaji selidik (Kod:BKS01)
4. Borang soalan berstruktur (Kod: BSS02)
5. Borang maklum balas pelajar kepada soalan-soalan kaji selidik (Kod:BMQ03)
6. Borang maklum balas pelajar kepada soalan berstruktur (Kod: BMS04)

Dalam ujian rintis pada November 2008, dua buah sekolah terlibat iaitu Sekolah Menengah Kebangsaan Siong, Baling (S.M.K. Siong) dan Sekolah Menengah Kebangsaan Tengku Anum Tengku Abdul Rahman, Jitra (S.M.K.TATAR). Penyelidik membuat panggilan telefon kepada pihak sekolah terlebih dahulu bagi mendapatkan kebenaran untuk mengedarkan borang kaji selidik di sekolah. Semasa proses pengedaran borang kaji selidik, pengkaji telah menyediakan sampul surat beralamat sendiri dan bersetem yang secukupnya bagi tujuan pemulangan borang kaji selidik oleh responden. Pada 3 November 2008 borang diedarkan di S.M.K. TATAR, Jitra. Borang diserahkan kepada Penolong Kanan Hal Ehwal Murid (HEM) sebanyak 50 set untuk diedarkan kepada pelajar walau bagaimanapun pada 4 November 2008 guru Kaunseling iaitu En. Adnan telah menghubungi melalui telefon yang mengehendaki saya ke sekolah untuk membuat penerangan tentang cara-cara menjawab soalan dan menerangkan semua perkara yang tidak difahami oleh pelajar berkenaan dengan item soalan yang tidak difahami oleh pelajar.

Pada 12 November 2008 pengkaji ke Sekolah Menengah Kebangsaan Tengku Anum Tengku Abdul Rahman, Jitra (S.M.K.TATAR) untuk membuat penerangan tersebut dan pada masa yang sama mengedarkan borang tersebut kepada pelajar. Pada 12 November 2008 seramai 28 orang pelajar telah menyertai sesi penerangan dan sebanyak 28 set borang kaji selidik telah diedarkan. Oleh itu daripada 50 set borang yang diserahkan kepada pihak sekolah, hanya 28 set borang sahaja yang berjaya diedarkan. Daripada keseluruhan 28 set soalan hanya 4 set soalan sahaja dikembalikan oleh pelajar atau dengan kata lain hanya empat orang sahaja pelajar yang respons kepada borang kaji selidik tersebut. Borang kaji selidik tersebut juga diedarkan kepada guru sekolah, pengetua dan penolong kanan untuk penilaian. Penolong Kanan HEM ialah Puan Hawa Binti Ahmad, dan dua orang guru kaunselor iaitu En. Adnan dan Pn. Ramlah, walau bagaimanapun maklum balas oleh Penolong Kanan HEM terhadap borang kaji selidik adalah secara lisan iaitu komen yang diberikan ialah soalan terlalu sukar dan tidak bersesuaian dengan tahap pendidikan pelajar. Pelajar juga telah memberikan maklum balas dan komen semasa sesi penerangan tersebut.

Pada 4 November 2008 pengedaran borang kaji selidik dijalankan di S.M.K. Siong, Baling. Jumlah keseluruhan borang diedarkan ialah sebanyak 57 set borang. Kaedah pengedaran borang ialah melalui pelajar dikumpulkan di surau sekolah dan borang diedarkan secara terus kepada pelajar. Penerangan dibuat oleh penyelidik kepada pelajar tentang cara-cara menjawab item soalan. Pelajar juga diberi peluang untuk bertanya tentang setiap item soalan yang tidak difahami oleh mereka. Sebanyak empat set borang diedarkan kepada Pengetua sekolah, Penolong Kanan 1 dan dua orang guru kaunseling (Pn. Siti Mariam dan Pn. Fauziah) untuk tujuan penilaian. Bilangan set soalan yang dipulangkan oleh pelajar ialah sebanyak 20 set soalan manakala hanya satu set soalan sahaja dipulangkan oleh guru iaitu oleh Pn. Siti Mariam. Walau bagaimanapun guru-guru kaunseling telah memberi maklum balas atau komen terhadap borang kaji selidik tersebut semasa sesi penerangan dan pengedaran borang bersama-sama dengan pelajar. Pelajar juga telah memberikan respons yang baik dengan beberapa komen dan soalan semasa sesi penerangan. Kadar jawapan bagi ujian rintis ini ialah sebanyak 28.23 peratus dan kadar tidak-jawapan (sampel yang gagal untuk menjawab) ialah sebanyak 71.76 peratus.

Jadual 1.7 ialah komen pelajar dan guru semasa sesi penerangan, Jadual 1.8 ialah komen pelajar melalui telefon, Jadual 1.9 ialah komen-komen dan cadangan dalam borang kaji selidik (Borang kaji selidik (Kod:BKS01)) dan borang maklum balas, dan Jadual 1.10 ialah komen dan cadangan ke atas borang soalan struktur (Kod: BSS02). Jumlah keseluruhan borang kaji selidik yang diedarkan dalam ujian rintis di Sekolah Menengah Kebangsaan Tengku Anum Tengku Abdul Rahman, Jitra (S.M.K.TATAR) dan S.M.K. Siong, Baling adalah sebanyak 85 set borang kaji selidik. Penentuan bilangan sampel untuk ujian rintis adalah dengan merujuk kepada Sabitha Merican (2006) iaitu dalam ujian rintis bilangan sampel yang dipilih lazimnya disarankan dalam 50 orang. Pemilihan tersebut tidak perlu mengikut prosedur kebarangkalian. Walau bagaimanapun individu yang terlibat mempunyai ciri-ciri mewakili individu populasi kajian dan responden yang dipilih juga mempunyai kebarangkalian yang rendah untuk berjumpa atau berinteraksi dengan individu yang terlibat dalam kajian sebenar yang dapat mengurangkan kesan awal (*primming effect*).

Jadual 1.7: Komen guru dan pelajar semasa sesi penerangan

Dimensi	**Soalan**	**Komen**
Dimensi 1	1	(a) Maksud kumpulan/persatuan/kelab akademik, maksud kumpulan/persatuan/kelab pasukan seragam (beruniform), maksud kumpulan/persatuan/kelab kegiatan kebajikan, kebudayaan, vokasional dan minat pelajar. (b) Bilangan kumpulan yang perlu ditulis.
	10	Maksud, contoh dan penjelasan setiap ciri-ciri
	19	Pelajar tidak faham maksud mengasaskan (siapa yang mencadangkan penubuhan dan melaksanakan penubuhan persatuan tersebut).
Dimensi 2	3	Maksud, contoh dan penjelasan setiap ciri-ciri.
Maklumat Demografi	18	Kesilapan ejaan
Secara keseluruhan		Kesilapan ejaan

Sumber: Ujian rintis 4 November 2008

Jadual 1.8: Komen pelajar melalui telefon

Nama pelajar	**Komen**
Qurratul Tasnim Binti Mohamad Rusli, Sek. Men. Keb. Siong	a. Borang BSS02: Ketidakfahaman tentang maksud "pandangan" – mungkin boleh tukar kepada perkataan "pendapat" b. Borang BMQ03: tajuk borang kena tukar kepada borang maklum balas (komen) pelajar kepada soalan-soalan dalam borang BKS01 (Borang soalan pelbagai pilihan/*multiple choice* dan soalan isi tempat kosong/*open-ended question*) c. Cara mengisi borang BMQ03 dan BMS04 (Perlu berikan contoh bagi setiap isu) i. Ketidakfahaman – contohnya tidak memahami maksud perkataan dalam soalan ii. Kekeliruan – terdapat kekeliruan
Nurul Najihah Binti Abd. Zakaria, Sek. Men. Keb. Siong	a. Soalan nombor 9: contoh-contoh perkhidmatan yang boleh diperolehi daripada keahlian kedua-dua kumpulan tersebut ("apakah perkhidmatan yang perlu ditulis dalam BKS01") b. Pelajar tidak menjawab soalan yang tidak difahami oleh mereka

Sumber: Ujian rintis, 2008

Susulan telah dibuat melalui telefon kepada pihak sekolah dan sekolah yang belum diterima borang kaji selidik oleh pengkaji. Berdasarkan pengalaman ujian rintis 1, pengkaji perlu menghantar surat susulan melalui pos di samping susulan melalui telefon untuk mendapatkan jawapan atau maklum balas daripada responden. Bagi membolehkan susulan dibuat melalui pos, adalah penting bagi pengkaji untuk mendapatkan senarai nama pelajar, alamat, nombor telefon dan lain-lain maklumat penting responden.

Jadual 1.9: Komen-komen dan cadangan dalam borang kaji selidik (Borang kaji selidik (Kod:BKS01)) dan borang maklum balas

Dimensi	**Komen**
1	1. Pelajar tidak memahami dengan jelas soalan 9. 2. Pelajar tidak memahami maksud soalan 9.

	3. Saya tidak faham no.9 iaitu perkhidmatan yang perolehi. Apakah yang dimaksudkan perkhidmatan. Oleh kerana itu saya tinggalkan soalan no.9 itu. 4. Soalan 9 - Apakah perkhidmatan yang akan diperolehi daripada menganggotai kedua-dua kumpulan tersebut dari segi apa, saya tidak dapat nyatakannya. Soalan 10-Apakah maksud gred kelas, pencapaian/kecemerlangan pendidikan itu. 5. Kebanyakan ahli kumpulan dapat berinteraksi sesama ahli kumpulan lain. 6. Saya tidak faham soalan nombor 9, perkhidmatan apa yang dimaksudkan. 7. Mengapakah soalan ini penting dalam mengetahui tentang modal insan? adakah ia berkait rapat? 8. Apakah kumpulan tersebut penting bagi membantu sesuatu perkara serta jaringan antara orang luar juga penting dalam kajian ini.
2	1. Tidak ada. 2. Kepercayaan dalam kumpulan kami sangatlah baik. 3. Saya tidak faham soalan nombor 1. Apakah yang dikatakan tidak perlu terlalu berhati-hati ketika berurusan dengan orang lain? Pada pendapat saya, sebelum melakukan sesuatu perkara kita perlulah berhati-hati terutama apabila berurusan dengan orang lain kerana belum tentu orang yang kita kenal boleh dipercayai. 4. Bagi soalan ke 3. Apakah kepercayaan penting melalui status ekonomi.
3	1. Tidak ada. 2. Jika persatuan kami melakukan sesuatu aktiviti kami amat menitik beratkan erti kerjasama supaya kumpulan kami bertambah baik. 3. Sedikit keliru.
4	1. Tidak ada.
5	1. Tidak ada. 2. Perpaduan ialah bersatu antara semua kaum iaitu kaum India, Melayu dan Cina menjadi kaum yang bersatu. Persatuan juga boleh mengeratkan talian dengan kaum yang lain. 3. Apakah perasaan "*together*" atau "*closeness*"? 4. Dalam kumpulan kami konsep perpaduan adalah amat penting. 5. Tidak faham soalan no.4. Perbezaan dari segi apa dan apakah perbezaan yang dimaksudkan sering kali menimbulkan masalah?
6	1. Saya tidak dapat memahami soalan 2, 3 dan 4. 2. Tidak ada.

Sumber: Ujian rintis, 2008

Jadual 1.10: Komen dan cadangan ke atas borang soalan struktur (Kod: BSS02)

Soalan	Komen
1	1. Saya tidak memahami makna pandangan yang dikemukakan. 2. Tidak ada. 3. Saya tidak berapa faham dengan pandangan berkaitan kumpulan di sekolah. Saya hanya memberikan pandangan mengenai yang hanya saya faham sahaja dengan menceritakan faedahnya sahaja. Saya tidak tahu pandangan mana yang patut saya beri. 4. Apakah kaji selidik ini akan diteruskan sekiranya kaji selidik ini tidak memberikan sebarang kesan positif terhadap pengkaji?
2	1. Terdapat banyak kekeliruan dalam borang. 2. Tidak ada. 3. Saya tidak faham tentang borang kaji selidik yang diberikan kepada saya iaitu tentang modal sosial. 4. Bagaimana cara kita dapat terlibat secara aktif dalam semua kegiatan kumpulan?
3	1. Tidak ada.
4	1. Tidak faham apa yang dikehendaki soalan. 2. Tidak ada.
5	1. Tidak faham apa yang dikehendaki soalan. 2. Tidak jelas dengan soalan yang dikemukakan dalam borang BSS02. 3. Tidak ada.
6	1. Tidak ada. 2. Apakah jenis kumpulan di luar sekolah. Saya tidak terlibat dengannya kerana tiada di tempat saya. Saya berharap agar ada pihak yang sudi menubuhkannya agar kami dapat menyertainya dan dapat mengisi masa lapang kami dengan lebih berfaedah.
7	1. Keliru dengan aktiviti-aktiviti yang diadakan di sekolah sama ada berkumpulan dan tidak berkumpulan. 2. Tidak ada.
8	1. Tidak ada. 2. Apakah maksud jaringan? Kenapa pula ia berkait dengan rakan-rakan pula? Adakah ianya penting.
9	1. Tidak ada. 2. Kepercayaan dari segi apa yang kita perlu dalam perhubungan dengan rakan-rakan.
10	1. Tidak pasti apa yang disoal. 2. Tidak ada.
11	1. Tidak ada.
12	1. Tidak ada. 2. Apakah status sosioekonomi yang sama dan status sosioekonomi yang berbeza sangat penting dalam perhubungan akan orang membezakannya dan kenapa pula bersifat demikian. 3. Pelajar tidak faham soalan. 4. Tidak faham soalan. Ciri-ciri status sosioekonomi yang sama dan sosioekonomi yang berbeza.
13	1. Tidak ada.
14	1. Saya tidak faham soalan ini iaitu pembuatan keputusan dalam persatuan yang saya ikuti kebanyakannya dibuat oleh ketua. 2. Pembuatan keputusan dalam aktiviti-aktiviti di sekolah ini macam mana, dari segi apa.
15	1. Tidak ada. 2. Boleh terangkan maksud kejujuran dengan lebih tepat kepada saya. Adakah ia mempengaruhi apa-apa.
16	1. Tidak ada.
17	1.Tidak ada.
18	1. Tidak ada. 2. Saya tidak berapa faham tentang konsep modal sosial. Apakah maksudnya?

Sumber: Ujian rintis, 2008

Pengedaran borang kaji selidik untuk validiti

Dalam ujian rintis ini untuk kesahan kandungan, pengedaran borang kaji selidik kepada pakar bagi tujuan penilaian dan komen telah dijalankan. Pengkaji mengedarkan borang kaji selidik kepada pakar-pakar dalam bidang sosiologi, ekonomi dan pendidikan di beberapa buah universiti seperti Universiti Malaya, Universiti Utara Malaysia dan Universiti Kebangsaan Malaysia. Jadual 1.11 ialah senarai pakar yang diedarkan borang kaji selidik untuk dinilai, Jadual 1.12 ialah senarai pakar-pakar yang dihantar *pre-*

notification melalui pos dan emel, Jadual 1.13 ialah senarai pakar-pakar yang memberi persetujuan untuk menilai borang kaji selidik, Jadual 1.14 ialah senarai nama pakar yang dihantar surat susulan, Jadual 1.15 ialah senarai pakar-pakar yang tidak bersetuju membuat penilaian berserta dengan sebab-sebab yang diberikan, Jadual 1.16 ialah senarai pakar-pakar yang memulangkan borang kaji selidik tetapi tidak memberi sebarang komen dan Jadual 1.17: Senarai pakar-pakar yang bersetuju memberi respons berserta dengan penilaian yang diberikan. Bagi tujuan ujian rintis untuk validiti kandungan ini, hanya borang kaji selidik campuran (Kod BKS01) yang diedarkan. Item-item kaji selidik berstruktur/*open-ended* iaitu Borang soalan berstruktur dengan Kod: BSS02 (borang kaji selidik kualitatif iaitu borang kaji selidik jenis pertama mengikut Johnson dan Turner (2003)) telah diubahsuai kepada item-item kaji selidik berbentuk *closed-ended* (borang kaji selidik campuran iaitu borang kaji selidik jenis kedua mengikut Johnson dan Turner (2003)). Soalan-soalan dalam borang soalan berstruktur diserapkan ke dalam borang kaji selidik pelbagai pilihan dan soalan berbentuk terbuka kerana soalan-soalan tersebut tidak dapat difahami oleh responden. Oleh itu, bentuk soalan *open-ended* tersebut telah ditukar kepada soalan berbentuk *closed-ended* bagi memudahkan responden menjawab soalan.

Jadual 1.11: Senarai pakar yang diedarkan borang kaji selidik untuk dinilai

Tarikh pengedaran borang kaji selidik	**Nama dan alamat pakar**
16 Februari 2009	Prof. Dr. Abdul Rahman Abdul Aziz Kolej Undang-undang, Kerajaan dan Pengajian Antarabangsa Universiti Utara Malaysia 06010 Sintok, Kedah Darul Aman
20 Februari 2009	Dr. Safiah @ Yusmani Binti Dato' Muhammad Yusoff Pensyarah Kanan Jabatan Perbandaran dan Perancangan Fakulti Sastera dan Sains Sosial Universiti Malaya 50603 Kuala Lumpur
11 Februari 2009	Prof. Madya Dr. Abu Talib Bin Putih Timbalan Dekan Ijazah Dasar Jabatan Asas Pendidikan dan Kemanusiaan Fakulti Sastera dan Sains Sosial Universiti Malaya 50603 Kuala Lumpur
11 Februari 2009	Prof. Dr. Idris Bin Jajri Timbalan Dekan Ijazah Dasar Jabatan Statistik Gunaan Fakulti Ekonomi, Universiti Malaya 50603 Kuala Lumpur
16 Februari 2009	Prof. Madya Dr. Rohana Yusof Kolej Undang-undang, Kerajaan dan Pengajian Antarabangsa Universiti Utara Malaysia 06010 Sintok, Kedah Darul Aman
16 Februari 2009	Prof. Madya Dr. Siti Alida John Abdullah Dekan Akademik Kolej Undang-undang, Kerajaan dan Pengajian Antarabangsa Universiti Utara Malaysia 06010 Sintok, Kedah Darul Aman
16 Februari 2009	Prof. Madya Dr. Asmah Laili Haji Yeon Penolong Naib Canselor Kolej Undang-undang, Kerajaan dan Pengajian Antarabangsa Universiti Utara Malaysia 06010 Sintok, Kedah Darul Aman
11 Februari 2009	Prof. Dr. Che Wan Ahmad Zawawi Ibrahim Jabatan Antropologi dan Sosiologi Fakulti Sastera dan Sains Sosial Universiti Malaya 50603 Kuala Lumpur
Tarikh *pre-notification* melalui emel: 19 Februari 2009 Tarikh penerimaan maklum balas	Prof. Dr. Mohd Safar Hasim Pusat Pengajian Media dan Komunikasi Fakulti Sains Sosial dan Kemanusiaan

daripada Prof Dr. Mohd Safar Hasim: 19 Februari 2009 Tarikh diedarkan borang kaji selidik melalui e-mel: 21 Februari 2009	Universiti Kebangsaan Malaysia 43600 UKM, Bangi, Selangor Darul Ehsan
20 Februari 2009	Prof. Dr. Rahimah Abdul Aziz Pusat Pengajian Sosial, Pembangunan Dan Persekitaran Fakulti Sains Sosial dan Kemanusiaan Universiti Kebangsaan Malaysia 43600 Bangi, Selangor Darul Ehsan
19 Februari 2009	Dr. Saemah Rahman Ketua Jabatan Asas Pendidikan Fakulti Pendidikan Universiti Kebangsaan Malaysia 43600 UKM, Bangi, Selangor Darul Ehsan
19 Februari 2009	Prof. Madya Dr. Abdul Latif Bin Kamaluddin Pusat Pengajian Sains Kemasyarakatan Universiti Sains Malaysia 11800 Minden, Pulau Pinang
13 Mac 2009	Prof. Madya Dr. Maznah Binti Mohamad Pusat Pengajian Sains Kemasyarakatan Universiti Sains Malaysia 11800 Minden, Pulau Pinang
16 Februari 2009	Prof. Madya Dr. Shafee Saad Pengerusi Bidang (Pentadbiran Awam) Kolej Undang-undang, Kerajaan dan Pengajian Antarabangsa Universiti Utara Malaysia 06010 Sintok, Kedah Darul Aman
16 Februari 2009	Prof Madya Dr. Abd. Halim B. Ahmad Dekan (Penyelidikan dan Inovasi) Kolej Undang-undang, Kerajaan dan Pengajian Antarabangsa Universiti Utara Malaysia 06010 Sintok, Kedah Darul Aman
11 Februari 2009	Prof. Madya Dr. Jas Laili Suzana Jaafar Ketua Jabatan Jabatan Antropologi dan Sosiologi Fakulti Sastera dan Sains Sosial Universiti Malaya 50603 Kuala Lumpur

Sumber: Ujian rintis, 2009

Jadual 1.12: Senarai pakar-pakar yang dihantar *pre-notification* melalui pos dan emel

Tarikh *pre-notification* melalui e-mel	**Tarikh *pre-notification* melalui pos**	**Nama dan alamat pakar**
19 Februari 2009 (tanpa borang kaji selidik)	13 Mac 2009 (dengan borang kaji selidik)	Prof. Madya Dr. Maznah Binti Mohamad Pusat Pengajian Sains Kemasyarakatan Universiti Sains Malaysia 11800 Minden, Pulau Pinang
20 Februari 2009 (tanpa borang kaji selidik) 13 Mac 2009 (dengan borang kaji selidik)	13 Mac 2009 (dengan borang kaji selidik)	Dr. Safiah @ Yusmani Binti Dato' Muhammad Yusoff Pensyarah Kanan Jabatan Perbandaran dan Perancangan Fakulti Sastera dan Sains Sosial Universiti Malaya, 50603 Kuala Lumpur
19 Februari 2009 (tanpa borang kaji selidik)	13 Mac 2009 (dengan borang kaji selidik)	Dr. Saemah Rahman Ketua Jabatan Asas Pendidikan Fakulti Pendidikan Universiti Kebangsaan Malaysia 43600 UKM, Bangi, Selangor Darul Ehsan
20 Februari 2009 (tanpa borang kaji selidik) 13 Mac 2009 (dengan borang kaji selidik)	13 Mac 2009 (dengan borang kaji selidik)	Prof. Dr. Rahimah Abdul Aziz Pusat Pengajian Sosial, Pembangunan Dan Persekitaran Fakulti Sains Sosial dan Kemanusiaan Universiti Kebangsaan Malaysia

		43600 Bangi Selangor Darul Ehsan
19 Februari 2009 (tanpa borang kaji selidik) 13 Mac 2009 (dengan borang kaji selidik)	13 Mac 2009 (dengan borang kaji selidik)	Prof. Madya Dr. Abdul Latif Bin Kamaluddin Pusat Pengajian Sains Kemasyarakatan Universiti Sains Malaysia 11800 Minden, Pulau Pinang

Sumber: Ujian rintis, 2009

Jadual 1.13: Senarai pakar-pakar yang memberi persetujuan untuk menilai borang kaji selidik

Tarikh penerimaan maklumbalas	**Nama dan alamat pakar**
23 Februari 2009	Prof. Madya Dr. Shafee Saad Pengerusi Bidang (Pentadbiran Awam) Kolej Undang-undang, Kerajaan dan Pengajian Antarabangsa Universiti Utara Malaysia 06010 Sintok, Kedah Darul Aman
4 Mac 2009	Prof. Madya Dr. Abd. Halim B. Ahmad Dekan (Penyelidikan dan Inovasi) Kolej Undang-undang, Kerajaan dan Pengajian Antarabangsa Universiti Utara Malaysia 06010 Sintok, Kedah Darul Aman
19 Februari 2009	Prof. Dr. Mohd Safar Hasim Pusat Pengajian Media dan Komunikasi Fakulti Sains Sosial dan Kemanusiaan Universiti Kebangsaan Malaysia 43600 UKM, Bangi, Selangor Darul Ehsan
17 Mac 2009	Prof. Dr. Che Wan Ahmad Zawawi Ibrahim Jabatan Antropologi dan Sosiologi Fakulti Sastera dan Sains Sosial Universiti Malaya 50603 Kuala Lumpur Komen dan cadangan: Prof. Dr. Che Wan Ahmad Zawawi Ibrahim mencadangkan supaya diadakan dialog secara bersemuka disebabkan maklumat kajian tidak lengkap yang menyukarkan beliau membuat penilaian.

Sumber: Ujian rintis, 2009

Jadual 1.14: Senarai nama pakar yang dihantar surat susulan

Tarikh	**Nama dan alamat pakar**
13 Mac 2009	Prof. Madya Dr. Maznah Binti Mohamad Pusat Pengajian Sains Kemasyarakatan Universiti Sains Malaysia 11800 Minden, Pulau Pinang
13 Mac 2009	Dr. Safiah @ Yusmani Binti Dato' Muhammad Yusoff Pensyarah Kanan Jabatan Perbandaran dan Perancangan Fakulti Sastera dan Sains Sosial Universiti Malaya, 50603 Kuala Lumpur
13 Mac 2009	Dr. Saemah Rahman Ketua Jabatan Asas Pendidikan Fakulti Pendidikan Universiti Kebangsaan Malaysia 43600 UKM, Bangi, Selangor Darul Ehsan
13 Mac 2009	Prof. Dr. Rahimah Abdul Aziz Pusat Pengajian Sosial, Pembangunan Dan Persekitaran Fakulti Sains Sosial dan Kemanusiaan Universiti Kebangsaan Malaysia 43600 Bangi Selangor Darul Ehsan
13 Mac 2009	Prof. Madya Dr. Abdul Latif Bin Kamaluddin Pusat Pengajian Sains Kemasyarakatan Universiti Sains Malaysia 11800 Minden, Pulau Pinang
Tarikh Susulan melalui e-mel: 15 Mac 2009 Tarikh Susulan melalui pos: 16 Mac	Prof. Madya Dr. Abu Talib Bin Putih Timbalan Dekan Ijazah Dasar Jabatan Asas Pendidikan dan Kemanusiaan

2009	Fakulti Sastera dan Sains Sosial Universiti Malaya 50603 Kuala Lumpur
Tarikh Susulan melalui e-mel: 15 Mac 2009 Tarikh Susulan melalui pos: 16 Mac 2009	Prof. Dr. Che Wan Ahmad Zawawi Ibrahim Jabatan Antropologi dan Sosiologi Fakulti Sastera dan Sains Sosial Universiti Malaya 50603 Kuala Lumpur
Tarikh Susulan melalui e-mel: 15 Mac 2009 Tarikh Susulan melalui pos: 16 Mac 2009	Prof. Dr. Mohd Safar Hasim Pusat Pengajian Media dan Komunikasi Fakulti Sains Sosial dan Kemanusiaan Universiti Kebangsaan Malaysia 43600 UKM, Bangi, Selangor Darul Ehsan
16 Mac 2009	Prof. Dr. Idris Bin Jajri Timbalan Dekan Ijazah Dasar Jabatan Statistik Gunaan Fakulti Ekonomi, Universiti Malaya 50603 Kuala Lumpur
16 Mac 2009	Prof. Madya Dr. Rohana Yusof Kolej Undang-undang, Kerajaan dan Pengajian Antarabangsa Universiti Utara Malaysia 06010 Sintok, Kedah Darul Aman
16 Mac 2009	Prof. Madya Dr. Siti Alida John Abdullah Dekan Akademik Kolej Undang-undang, Kerajaan dan Pengajian Antarabangsa Universiti Utara Malaysia 06010 Sintok, Kedah Darul Aman
16 Mac 2009	Prof. Madya Dr. Asmah Laili Haji Yeon Penolong Naib Canselor Kolej Undang-undang, Kerajaan dan Pengajian Antarabangsa Universiti Utara Malaysia 06010 Sintok, Kedah Darul Aman
16 Mac 2009	Prof. Dr. Abdul Rahman Abdul Aziz Kolej Undang-undang, Kerajaan dan Pengajian Antarabangsa Universiti Utara Malaysia 06010 Sintok, Kedah Darul Aman

Sumber: Ujian rintis, 2009

Jadual 1.15: Senarai pakar-pakar yang tidak bersetuju membuat penilaian berserta dengan sebab-sebab yang diberikan

Tarikh	**Nama dan alamat pakar**	**Sebab-sebab**
Tarikh surat jawapan: 19 Mac 2009 Tarikh diterima: 23 Mac 2009	Prof. Madya Dr. Abdul Latif Kamaluddin Pusat Pengajian Sains Kemasyarakatan Universiti Sains Malaysia 11800 Minden, Pulau Pinang	Bukan pakar dalam bidang kajian tinjauan (*survey research*) tetapi merupakan pakar kepada kajian berbentuk perbincangan dalam konteks falsafah.
Tarikh penerimaan jawapan: 11 Februari 2009	Prof. Madya Dr. Jas Laili Suzana Jaafar Ketua Jabatan Jabatan Antropologi dan Sosiologi Fakulti Sastera dan Sains Sosial Universiti Malaya 50603 Kuala Lumpur	Bukan bidang kepakaran.
Tarikh surat jawapan: 23 Mac 2009 Tarikh diterima: 30 Mac 2009	Dr. Safiah @ Yusmani Binti Dato' Muhammad Yusoff Pensyarah Kanan Jabatan Perbandaran dan Perancangan Fakulti Sastera dan Sains Sosial Universiti Malaya, 50603 Kuala Lumpur	Tidak berkaitan dengan bidang.
-	Prof. Dr. Abdul Rahman Abdul Aziz Kolej Undang-undang, Kerajaan dan Pengajian Antarabangsa Universiti Utara Malaysia 06010 Sintok, Kedah Darul Aman	Tiada kepakaran untuk menilai borang kaji selidik.

Sumber: Ujian rintis, 2009

Jadual 1.16: Senarai pakar-pakar yang memulangkan borang kaji selidik tetapi tidak memberi sebarang komen

Tarikh	**Nama dan alamat pakar**
-	Prof. Madya Dr. Asmah Laili Yeon Penolong Naib Canselor Kolej Undang-undang, Kerajaan dan Pengajian Antarabangsa Universiti Utara Malaysia 06010 Sintok, Kedah Darul Aman

Sumber: Ujian rintis, 2009

Jadual 1.17: Senarai pakar-pakar yang bersetuju memberi respons berserta dengan penilaian yang diberikan

Tarikh diterima	**Nama dan alamat pakar**	**Komen**
23 Februari 2009	Prof. Madya Dr. Shafee Saad Pengerusi Bidang (Pentadbiran Awam) Kolej Undang-undang, Kerajaan dan Pengajian Antarabangsa Universiti Utara Malaysia 06010 Sintok, Kedah Darul Aman	1. Mungkin juga kita boleh pecahkan soalan-soalan kepada memenuhi keperluan objektif kajian. 2. Soalan mengenai *social bond* serta nilai bersama juga penting. 3. Soalan nombor 3: "aktiviti" perlu lebih spesifik. 4. Soalan nombor 3 dan nombor 4 adalah sama. 5. Soalan nombor 10: ruang bagi setiap jadual perlu dibesarkan. 6. Soalan nombor 11: perlu jelaskan maksud kumpulan. 7. Perlu tambahkan soalan yang berkaitan dengan sumbangan dalam bentuk masa dan tenaga yang dihasilkan. 8. Soalan nombor 11: "adakah kumpulan tersebut mengadakan kerjasama melalui aktiviti tertentu dengan kumpulan lain di sekolah lain yang mempunyai matlamat yang serupa" "nyatakan bilangan kerjasama tersebut" (perlu jelas maksud kerjasama – iaitu sama ada ia merujuk kepada aktiviti bersama)
4 Mac 2009	Prof. Madya Dr. Abd. Halim B. Ahmad Dekan (Penyelidikan dan Inovasi) Kolej Undang-undang, Kerajaan dan Pengajian Antarabangsa Universiti Utara Malaysia 06010 Sintok, Kedah Darul Aman	Komen dan cadangan: 1. Soalan terlalu banyak untuk seorang pelajar menjawabnya. 2. Ruangan yang tersangat kecil untuk menulis jawapan. 3. Pengkaji perlu lakukan dalam bentuk kumpulan dan bukannya secara individu. Pelajar dikumpulkan dalam kelas dan perlu jelaskan soalan-soalan dalam soal selidik agar semua pelajar mendapat penjelasan yang sebenar. 4. Aluan pada muka hadapan borang kaji selidik: "perkataan tuan/puan digantikan dengan pelajar atau guru". 5. Definisi modal sosial: "apakah pelajar perlu faham definisi ini?"
4 dan 5 April 2009	Prof. Dr. Mohd Safar Hasim Pusat Pengajian Media dan Komunikasi Fakulti Sains Sosial dan Kemanusiaan Universiti Kebangsaan Malaysia 43600 UKM, Bangi, Selangor Darul Ehsan	Komen terhadap sinopsis soalselidik: 1. Pada pendapat saya, sinopsis ini harus bermula dengan perenggan yang di*highlight* kuning. Objektif kajian ini ialah... 2. Dalam sinopsis ini (atau sesetengah universiti mengguna istilah abstrak). 3. Ia harus mengandungi sekurang-kurangnya empat komponen: i. Objektif ii. Teori yang digunakan iii. Metodologi/*sampling* iv. Jangkaan hasil dan kesimpulan. 4. Saya tidak nampak penjelasan mengenai teori atau model yang digunakan dalam sinopsis ini. 5. Metodologi (atau cara mendapat data) ada dijelaskan tetapi perlu lebih ditir lagi bagaimana *sampling* dilakukan. Saya boleh mengandaikan ia dilakukan di sekolah menengah. Tetapi pelajar tahun berapa (dari tingkatan 1 hingga 5?). Jelaskan kenapa

		jumlah sampel berbeza antara dua buah sekolah ini. 6. Adakah keseluruhan *sampling frame* ini berbentuk *purpose sampling*. Atau sebahagian *purposive* sebahagian lagi rawak. Bentuk *sampling* ini memberi implikasi kepada jenis ujian statistik yang akan digunakan. Ini kerana data *nonparametric* dan *parametric* menggunakan ujian statistik yang berbeza. 7. Oleh kerana kajian ini ingin melihat perbezaan antara dua buah sekolah, adalah lebih baik jika kriteria pemilihan sekolah dibuat dengan teliti dan jelas. Alasan Sekolah Taman Jelutong mendapat keputusan baik pada tahun 2007 tidak meyakinkan. Ia perlu menunjukkan bahawa keputusan sekolah ini sejak lima atau 10 tahun lalu adalah baik atau cemerlang. Ini menunjukkan sekolah yang dipilih ini boleh dikatakan baik. Tapi kalau tahun 2007 ia baik tapi tahun 2008 ia turun mendadak, apa alasan hendak diberikan. 8. Dalam sinopsis ini tidak diterangkan apakah metodologi kualitatif yang akan digunakan. Apapun metodologi kualitatif yang dipilih, penjelasan yang agak jelas perlu diberikan. Jika metodologi itu memerlukan satu protokol kajian, ia perlu dijelaskan. 9. Pandangan mengenai soalselidik. a. Saya rasa soalselidik ini terlalu panjang, dan terlalu ditir. Oleh kerana pelajar yang hendak menjawab ia perlu diringkaskan supaya ia tidak mengambil banyak masa. b. Bahagian akhir soalselidik ini meminta pelajar memberi butir-butir diri yang saya rasa adalah patut dilakukan kerana di awal soalselidik ini dinyatakan mengenai kerahsiaan? Oleh kerana butiran yang diminta agak sensitif cukupkah jaminan begitu diberikan? 10. Berdasarkan ARAHAN yang diberikan seperti berikut: "5. Jika anda memerlukan bantuan untuk mengisi borang sila berhubung dengan saya seperti maklumat di atas." Saya tertanya-tanya: i. Adakah soalselidik ini akan diedarkan tanpa kehadiran penyelidik atau fasilitator? ii. Adakah soalselidik ini dibawa balik ke rumah (dan tidak dijawab di sekolah)? iii. Apakah kemungkinan soalselidik ini tidak dipulangkan atas sebab-sebab penyelidik tidak dapat dihubungi atau sebagainya? 11. Soalan-soalan di bahagian belakang memerlukan pelajar tertentu berada di tahun berkenaan. Jika demikian apakah pecahan sampel yang digunakan? 12. Soalan 22 – panjang dan berbelit. 13. Soalan 56 – perkataan "ramai".
-	Prof. Madya Dr. Siti Alida John Abdullah Dekan Akademik Kolej Undang-undang, Kerajaan dan Pengajian Antarabangsa Universiti Utara Malaysia 06010 Sintok, Kedah Darul Aman	1. Secara menyeluruh soal selidik kelihatan kompleks kepada responden terutamanya responden di kalangan pelajar sekolah. 2. Format mungkin sesuai jika dilakukan temu bual peribadi dan pembancian memasukkan jawapan. 3. Jika soal selidik diserahkan kepada responden, ia perlu diubahsuai supaya lebih mesra responden, menarik dan mudah dijawab. 4. Penyelidik tidak boleh memudahkan kerja atau menjimatkan kos dengan mengkompromikan keselesaan dan kemudahan responden. Soal selidik yang terlalu panjang, mengambil masa terlalu lama

		dan kompleks mungkin menjadi penghalang kepada pencapaian kadar maklum balas yang memuaskan. 5. Cadangan –cadangan lain diberikan di atas borang kaji selidik yang dikembalikan ialah: a. Soalan 1: Beri cadangan jawatan yang dipegang seperti presiden, setiausaha, AJK biasa. : Pilihan jawapan bagi soalan kadar keaktifan - dicadangkan supaya dua pilihan sahaja iaitu aktif dan tidak aktif. : Hitamkan perkataan akademik, beruniform, kebajikan dan sukan. b. Soalan 5: Sistem penomboran dalam jadual – perlu baiki agihan. c. Soalan 9: tempoh penglibatan – contoh dalam masa setahun, tempoh aktiviti berlangsung. d. Soalan 10: Cara persembahan soalan perlu diubahsuai. e. Soalan 11: Adakah soalan dapat mencapai kefahaman pelajar/responden. f. Soalan 13: Kualiti/gred kelas g. Soalan 21: Kompleks dan memerlukan daya ingatan. h. Soalan 22: sukar difahami dan perlu dipermudahkan. i. Soalan 29: Format pilihan jawapan perlu diubah. j. Soalan 30: Format pilihan jawapan perlu diubah. k. Soalan 39-45: Ubahsuai format persembahan soalan. l. Soalan 47: Format pilihan jawapan perlu diubah. m. Soalan 56: Adakah responden anda boleh menjawab soalan ini. n. Soalan 64-69: Ubahsuai format persembahan soalan. o. Soalan nama, no. kad pengenalan, no. telefon rumah dan no. telefon bimbit: Adakah responden akan memberikan maklumat anda maklumat tersebut, untuk tujuan apa maklumat tersebut diminta dan bagaimana dengan aspek kerahsiaan?
-	Prof. Dr. Rahimah Abdul Aziz Pusat Pengajian Sosial, Pembangunan Dan Persekitaran Fakulti Sains Sosial dan Kemanusiaan Universiti Kebangsaan Malaysia 43600 Bangi Selangor Darul Ehsan	Komen dan cadangan ke atas sinopsis: 1. Tidak jelas apakah permasalahan kajian (*research issue*) atau penyataan masalah (*research statement*) kajian ini? 2. Objektif kajian perkataan "mengkaji" ditukar kepada "meneliti" dan "mendalami". Komen – sekadar mengenal pasti? Bukankah ini penyelidikan Ph.D.? 3. Maksud ANOVA Komen dan cadangan ke atas borang kaji selidik: 1. Saya tidak pasti bagaimana soalan-soalan ini membantu mencapai objektif dua dan tiga. 2. Sungguhpun soalan tertutup mudah untuk ditadbir dan kuantiti tetapi bermasalah untuk membuat analisis iaitu menjawab "*how*" dan "*why*" sekiranya tidak berhati-hati. 3. Soalan nombor 8 – "di mana" perlu ditukar kepada "iaitu". 4. Soalan 11: "Faedah- faedah (manfaat) daripada menganggotai kumpulan tersebut" ditukar "faedah (manfaat) daripada menganggotai kumpulan tersebut" 5. Soalan 11: "Faedah- faedah (manfaat) daripada menganggotai kumpulan kepada pembelajaran atau pencapaian pendidikan anda" ditukar kepada "faedah

		(manfaat) daripada menganggotai kumpulan kepada pembelajaran" dan "faedah (manfaat) daripada menganggotai kumpulan kepada pencapaian pendidikan". 6. Soalan 11: "Nyatakan nilai-nilai positif yang diperoleh daripada menyertai aktiviti-aktiviti yang dianjurkan oleh kumpulan kepada pencapaian pendidikan anda" ditukar kepada "Nyatakan nilai-nilai positif yang diperoleh daripada menyertai aktiviti-aktiviti yang dianjurkan oleh kumpulan pencapaian pendidikan anda" 7. Soalan 11: "Pembuatan keputusan dalam kumpulan/persatuan/kelab dibuat oleh" ditukar kepada "Pembuatan keputusan dalam kumpulan/persatuan/kelab dilakukan oleh" 8. Soalan 11: menukar format "Adakah kumpulan tersebut mengadakan kerjasama melalui aktiviti tertentu dengan kumpulan lain di **sekolah anda** yang mempunyai matlamat yang serupa." "Adakah kumpulan tersebut mengadakan kerjasama melalui aktiviti tertentu dengan kumpulan lain di **sekolah anda** yang mempunyai matlamat yang berbeza?" "Adakah kumpulan tersebut mengadakan kerjasama melalui aktiviti tertentu dengan kumpulan lain di **sekolah lain** yang mempunyai matlamat yang serupa" "Adakah kumpulan tersebut mengadakan kerjasama melalui aktiviti tertentu dengan kumpulan lain di **sekolah lain** yang mempunyai matlamat yang berbeza?" kepada jadual berasingan. 9. Soalan 11: "Dari manakah sumber kepakaran (pengetahuan dan kemahiran) yang diterima oleh kumpulan tersebut dalam melaksanakan aktiviti kumpulan?" ditukar kepada "Dari manakah sumber kepakaran (pengetahuan dan kemahiran) diterima oleh kumpulan tersebut dalam melaksanakan aktiviti kumpulan?" 10. Soalan 12: "Faedah-faedah (manfaat) daripada menganggotai kumpulan tersebut" ditukar kepada "Faedah-faedah (manfaat) hasil menganggotai kumpulan tersebut". 11. Soalan 12: "Nyatakan nilai-nilai positif yang diperoleh daripada menyertai aktiviti-aktiviti yang dianjurkan oleh kumpulan kepada pencapaian pendidikan anda" ditukar kepada "Nyatakan nilai-nilai positif yang diperoleh hasil menyertai aktiviti-aktiviti yang dianjurkan oleh kumpulan kepada pencapaian pendidikan anda" 12. Soalan 13: "Adakah ahli-ahli kumpulan/persatuan/kelab mempunyai ciri-ciri yang sama daripada aspek-aspek berikut" ditukar kepada "Adakah ahli-ahli kumpulan/persatuan/kelab mempunyai ciri-ciri yang sama dari segi aspek-aspek berikut". 13. Soalan 19: "Saya akan mendapatkan pendapat daripada rakan-rakan sekiranya berhadapan dengan masalah dalam pembelajaran yang sukar untuk diselesaikan seperti tidak dapat menjawab latihan matematik, sains dan lain-lain." ditukar kepada "Saya akan mendapatkan pendapat daripada rakan- rakan sekiranya berhadapan dengan masalah dalam pembelajaran yang sukar untuk diselesaikan seperti tidak dapat menjawab latihan matematik, sains dan lain-lain." 14. Soalan 22: "Jika anda tiba-tiba memerlukan sejumlah kecil wang iaitu dengan nilaian mengikut

		lokasi di mana luar bandar adalah cukup untuk menyara isi rumah selama seminggu manakala di bandar adalah sama dengan jumlah gaji anda selama seminggu, berapa ramai orang di luar keluarga terdekat anda yang bersedia meminjamkan wang tersebut?" ditukar kepada "Jika anda tiba-tiba memerlukan sejumlah kecil wang iaitu dengan nilaian mengikut lokasi di mana di luar bandar adalah cukup untuk menyara isi rumah selama seminggu manakala di bandar adalah sama dengan jumlah gaji anda selama seminggu, berapa ramai orang di luar keluarga terdekat anda yang bersedia meminjamkan wang tersebut?" 15. Soalan 31.2: "Terdapat individu yang mungkin mengambil kesempatan ke atas saya" ditukar kepada "Terdapat individu yang mungkin mengambil kesempatan ke atas diri saya". 16. Soalan 35: Adakah sekolah anda tenteram di mana anda tidak perlu merasa khuatir atau gelisah? ditukar kepada Adakah sekolah anda tenteram dan anda tidak perlu merasa khuatir atau gelisah? 17. Soalan 41: "Individu pada masa ini secara umumnya dipandu oleh kehidupan yang berasaskan kepada kejujuran yang menjadi kebiasaan dalam kehidupan mereka" ditukar kepada "Individu pada masa ini secara umumnya dipandu oleh kehidupan yang berasaskan kejujuran yang menjadi kebiasaan dalam kehidupan mereka". 18. Soalan 44: "Terdapat keadaan di mana anda cuba mengelakkan diri daripada beberapa rakan lain yang anda tidak boleh bersefahaman dengan mereka" ditukar kepada "Terdapat keadaan di mana anda cuba mengelakkan diri daripada beberapa rakan lain yang anda tidak bersefahaman". 19. Soalan 55: Soalan 55.1 sehingga 55.4 iaitu "rakan-rakan" ditukar kepada "rakan". 20. Soalan 55.13: NGOs (Badan-badan Bukan Kerajaan sebagai contohnya CAP dan lain-lain) ditukar kepada NGOs (Badan-badan Bukan Kerajaan sebagai contohnya CAP). 21. Soalan 57: Pilihan jawapan: 1. Ya. Sila jawab soalan 56 dan seterusnya. 2. Tidak. Sila terus ke soalan 58. ditukar kepada 1. Ya. Sila jawab soalan 58 dan seterusnya. 2. Tidak. Sila terus ke soalan 60. 22. Soalan 59: Komen – adakah dengan menjawab Ya/Tidak akan boleh menyenaraikan sebab mereka dilarang menyertainya. 23. Soalan 60: "Adakah anda perlu membayar beberapa jumlah wang tambahan kepada pihak sekolah untuk mendapatkan sesuatu kemudahan di sekolah" ditukar kepada "Adakah anda perlu membayar wang tambahan kepada pihak sekolah untuk mendapatkan sesuatu kemudahan di sekolah" – komen: tidakkah mahu ditanya sebabnya?
-	Prof. Madya Dr. Rohana Yusof Kolej Undang-undang, Kerajaan dan Pengajian Antarabangsa Universiti Utara Malaysia 06010 Sintok, Kedah Darul Aman - Penilaian disampaikan melalui telefon	Komen dan cadangan ke atas borang kaji selidik: 1. Soalan agak banyak untuk pelajar jawab (perlu bersesuaian dengan *level* pelajar yang akan menjawab borang kaji selidik) – perlu ubahsuai supaya mudah difahami pelajar dengan bantuan fasilitator. 2. Perlu ada strategi mendapatkan balik borang kaji selidik daripada responden (respons). 3. Soalan perlu menjawab objektif kajian (soalan perlu menjawab keseluruhan objektif).

Sumber: Ujian rintis, 2009

Pengedaran kaji selidik untuk reliabiliti kali kedua

Ujian rintis untuk kebolehpercayaan dalaman atau kebolehpercayaan kesamaan yang seterusnya, pengkaji melihat kepada data prestasi keputusan peperiksaan PMR pada tahun 2001 hingga 2008 bagi beberapa sekolah menengah kebangsaan harian biasa di negeri Kedah untuk menentukan sekolah bagi ujian rintis. Jadual 1.18 menunjukkan prestasi PMR bagi beberapa sekolah menengah kebangsaan harian negeri Kedah untuk tujuan ujian rintis. Berdasarkan kepada prestasi peperiksaan tersebut dua buah sekolah telah dipilih sebagai lokasi kajian, iaitu sebuah sekolah berprestasi sederhana (Sekolah Menengah Kebangsaan Muadzam Shah, Kota Sarang Semut, Alor Star) dan sebuah sekolah berprestasi kurang baik (Sekolah Menengah Kebangsaan Hosba, Jitra). Jumlah populasi bagi dua buah sekolah tersebut ialah sebanyak 1139 pelajar daripada tingkatan 1, 2 dan 4. Bilangan sampel bagi jumlah populasi ini menurut Sekaran dan Bougie (2009) ialah 291. Dalam ujian rintis ini sebanyak 550 borang kaji selidik telah diedarkan kepada sampel kajian.

Ujian rintis dijalankan pada 16 Januari 2012 di Sekolah Menengah Kebangsaan Muadzam Shah. Sebanyak 270 borang kaji selidik telah diserahkan kepada pihak sekolah (wakil: Puan Fauziah Binti Desa) untuk diedarkan kepada pelajar tingkatan 1, 2 dan 4. Borang kaji selidik dikutip semula pada 19 Januari 2012 di Sekolah Kebangsaan Muadzam Shah dan sebanyak 227 borang kaji selidik telah dikembalikan. Sebanyak 21 borang yang dikembalikan adalah borang kosong dan 206 borang kaji selidik yang diisi bagi bahagian pembolehubah kajian. Pada 17 Januari 2012 sebanyak 280 borang kaji selidik telah diedarkan di Sekolah Menengah Kebangsaan Hosba. Borang telah diserahkan kepada pihak sekolah (Pengetua: En Ismoning Ismail) untuk diedarkan kepada pelajar tingkatan 1, 2 dan 4. Borang kaji selidik dikutip semula pada 19 Januari 2012, sebanyak 276 borang kaji selidik telah dikembalikan. Sebanyak 29 borang adalah borang kosong dan 247 borang kaji selidik diisi di bahagian pembolehubah kajian. Kadar jawapan bagi ujian rintis ini ialah sebanyak 82.36 peratus dan kadar tidak-jawapan (sampel yang gagal untuk menjawab) ialah sebanyak 17.64 peratus. Nilai alpha Cronbach bagi keseluruhan 81 item ialah 0.867, jadi reliabiliti dalaman untuk ukuran yang telah digunakan dalam kajian ini boleh dipertimbangkan baik bagi keseluruhan item. Jadual 1.19 menunjukkan output ujian rintis bagi reliabiliti (statistik item-keseluruhan)

Jadual 1.18: Peratus calon cemerlang dan peratus pencapaian tahap minimum peperiksaan PMR bagi beberapa sekolah menengah kebangsaan harian biasa kerajaan di Negeri Kedah

Bil.	Nama sekolah	Peratus Calon Yang Cemerlang		Peratus Pencapaian Tahap Minimum	
		Tahun	**%**	**Tahun**	**%**
1.	SMK Siong	2001	0	2001	42.09
		2002	0	2002	43.23
		2003	0	2003	28.57
		2004	0	2004	47.37
		2005	0.36	2005	44.64
		2006	0.36	2006	31.65
		2007	0	2007	31.62
		2008	0	2008	37.55
		2009	-	2009	39.26
		2010	-	2010	45.51
		2011	-	2011	55.11
2.	SMK Teloi Kanan	2001	0	2001	26.06
		2002	0	2002	51.25
		2003	1.34	2003	38.93
		2004	0	2004	49.21
		2005	0	2005	48.53
		2006	1.61	2006	48.39
		2007	0	2007	49.57
		2008	0	2008	35.59
		2009	-	2009	46.85
		2010	-	2010	49.45
		2011	-	2011	49.44
3.	SMK Jerai	2001	0	2001	11.16
		2002	0	2002	46.22
		2003	0.43	2003	32.19
		2004	0	2004	42.73
		2005	0.88	2005	38.05
		2006	0.86	2006	39.91
		2007	0.90	2007	39.37
		2008	0.45	2008	38.74
		2009	-	2009	39.00
		2010	-	2010	37.73
		2011	-	2011	54.82
4.	SMK Parit Panjang	2001	0	2001	31.01
		2002	0	2002	39.86
		2003	0	2003	43.62
		2004	0	2004	47.02
		2005	0	2005	48.57
		2006	0	2006	42.33
		2007	0	2007	51.34
		2008	0.50	2008	43.07
		2009	-	2009	43.16
		2010	-	2010	50.84
		2011	-	2011	61.97
5.	SMK Bakai	2001	0	2001	0
		2002	0	2002	0
		2003	0	2003	43.56
		2004	0	2004	37.56
		2005	0	2005	42.86
		2006	0	2006	42.86
		2007	0	2007	38.86
		2008	0	2008	43.88
		2009	-	2009	30.41
		2010	-	2010	43.48
		2011	-	2011	56.00
6.	SMK Lubuk Buntar	2001	0	2001	41.44
		2002	0	2002	46.23
		2003	0	2003	35.65

		2004	0	2004	41.60
		2005	0	2005	53.62
		2006	0	2006	35.58
		2007	0.90	2007	61.26
		2008	1.79	2008	50
		2009	-	2009	47.27
		2010	-	2010	54.97
		2011	-	2011	62.41
7.	SMK Tajar	2001	0	2001	32.59
		2002	0	2002	37.58
		2003	0	2003	39.13
		2004	0	2004	42.86
		2005	0	2005	40
		2006	0	2006	42.58
		2007	0	2007	34.84
		2008	0.70	2008	43.36
		2009	-	2009	45.16
		2010	-	2010	42.68
		2011	-	2011	49.42
8.	SMK Jabi	2001	0	2001	41.43
		2002	0.45	2002	46.82
		2003	0.91	2003	35.62
		2004	0	2004	43.84
		2005	0.45	2005	42.99
		2006	0	2006	46.12
		2007	1.21	2007	52.23
		2008	0	2008	38.33
		2009	-	2009	37.63
		2010	-	2010	56.13
		2011	-	2011	66.30
9.	SMK Kubang Rotan	2001	0	2001	34.03
		2002	0.60	2002	41.07
		2003	0.81	2003	50.81
		2004	0.71	2004	62.86
		2005	0	2005	46.53
		2006	0.60	2006	46.71
		2007	0	2007	42.19
		2008	0	2008	47.95
		2009	-	2009	45.39
		2010	-	2010	41.91
		2011	-	2011	54.67
10.	SMK Bukit Payong	2001	0	2001	38.78
		2002	0.79	2002	57.48
		2003	2.70	2003	43.24
		2004	0.75	2004	36.33
		2005	0	2005	50
		2006	0.66	2006	41.72
		2007	1.48	2007	56.30
		2008	1.36	2008	69.39
		2009	-	2009	58.75
		2010	-	2010	57.58
		2011	-	2011	63.12
11.	SMK Kota Kuala Muda	2001	0.82	2001	52.24
		2002	0.69	2002	60.55
		2003	1.58	2003	58.04
		2004	1.01	2004	68.58
		2005	0.60	2005	54.98
		2006	1.42	2006	50.14
		2007	0.31	2007	55.08
		2008	0	2008	46.93
		2009	-	2009	49.31
		2010	-	2010	56.16

		2011	-	2011	65.22
12.	SMK Seri Badong	2001	0	2001	38.92
		2002	0	2002	43.98
		2003	0.48	2003	50.72
		2004	1.64	2004	57.38
		2005	1.03	2005	59.79
		2006	0.88	2006	46.46
		2007	1.08	2007	59.14
		2008	1.10	2008	50.83
		2009	-	2009	53.71
		2010	-	2010	56.87
		2011	-	2011	62.26
13.	SMK Batu 5, Jalan Jeniang	2001	0	2001	30.77
		2002	0.56	2002	54.19
		2003	0	2003	44.33
		2004	0.58	2004	43.86
		2005	0.51	2005	55.90
		2006	0.58	2006	51.45
		2007	0	2007	49.74
		2008	0	2008	39.58
		2009	-	2009	43.20
		2010	-	2010	55.56
		2011	-	2011	53.52
14.	SMK Bandar Bukit Kayu Hitam	2001	0	2001	44.53
		2002	0	2002	44.09
		2003	0	2003	45.52
		2004	0	2004	51.26
		2005	0	2005	61.86
		2006	0	2006	48.18
		2007	0	2007	55.56
		2008	2.04	2008	38.78
		2009	-	2009	40.85
		2010	-	2010	41.43
		2011	-	2011	60.29
15.	SMK Sanglang	2001	0	2001	28.57
		2002	0	2002	52.78
		2003	0	2003	63.00
		2004	0	2004	59.29
		2005	0	2005	54.13
		2006	0	2006	44.86
		2007	0	2007	45.30
		2008	0	2008	62.65
		2009	-	2009	51.32
		2010	-	2010	63.53
		2011	-	2011	63.10
16.	SMK Tunku Seri Indera Putera	2001	0	2001	43
		2002	0	2002	50
		2003	0	2003	31.96
		2004	0	2004	47.54
		2005	0	20005	55.43
		2006	0	2006	42.67
		2007	1.25	2007	56.25
		2008	0	2008	45.16
		2009	-	2009	43.53
		2010	-	2010	47.12
		2011	-	2011	59.48
17.	SMK Permatang Bonglai	2001	0	2001	27.64
		2002	1.77	2002	42.48
		2003	0	2003	30.97
		2004	0	2004	47.01
		2005	1.77	2005	46.02
		2006	0	2006	34.06

		2007	0	2007	44.04
		2008	0.95	2008	50.48
		2009	-	2009	30.97
		2010	-	2010	51.52
		2011	-	2011	57.47
18.	SMK Megat Dewa	2001	0	2001	40.94
		2002	0	2002	32.04
		2003	0	2003	36.42
		2004	1.23	2004	42.33
		2005	0	2005	43.86
		2006	0	2006	42.31
		2007	3.45	2007	51.29
		2008	1.53	2008	44.39
		2009	-	2009	45.24
		2010	-	2010	59.26
		2011	-	2011	64.76
19.	SMK Tunku Anum Tunku Abdul Rahman	2001	0	2001	25.09
		2002	1.36	2002	56.82
		2003	0.45	2003	60.18
		2004	0	2004	57.67
		2005	0	2005	63.13
		2006	0	2006	44.27
		2007	0	2007	68.91
		2008	0.45	2008	56.11
		2009	-	2009	66.51
		2010	-	2010	65.20
		2011	-	2011	76.19
20.	SMK Hosba	2001	0.56	2001	43.02
		2002	0	2002	49.70
		2003	0	2003	44.59
		2004	0	2004	55.56
		2005	0	2005	51.79
		2006	0	2006	52.25
		2007	0.48	2007	50.48
		2008	1.54	2008	58.46
		2009	-	2009	54.73
		2010	-	2010	75.38
		2011	-	2011	68.59
21.	SMK Bandar Baru Sintok	2001	0	2001	0
		2002	0	2002	50
		2003	2.74	2003	57.53
		2004	0	2004	62.86
		2005	0	2005	61.64
		2006	3.81	2006	70.48
		2007	3.20	2007	67.20
		2008	1.68	2008	52.94
		2009	-	2009	46.61
		2010	-	2010	67.86
		2011	-	2011	62.96
22.	SMK Sungai Kob	2001	0	2001	31.50
		2002	0	2002	44.02
		2003	0	2003	45.10
		2004	0	2004	58.69
		2005	0	2005	56.28
		2006	0	2006	46.81
		2007	0.37	2007	51.47
		2008	1.91	2008	59.87
		2009	-	2009	48.75
		2010	-	2010	51.15
		2011	-	2011	63.09
23.	SMK Labu Besar	2001	0	2001	64.24
		2002	0	2002	74.39

		2003	0	2003	29.89
		2004	0	2004	44.30
		2005	0	2005	44.67
		2006	0.50	2006	45
		2007	0	2007	44.16
		2008	0.43	2008	44.68
		2009	-	2009	42.86
		2010	-	2010	57.63
		2011	-	2011	51.91
24.	SMK Sungai Karangan	2001	0	2001	42.06
		2002	0	2002	54.87
		2003	0	2003	50.46
		2004	0	2004	58.82
		2005	0	2005	52.78
		2006	1.48	2006	42.96
		2007	0.81	2007	50.41
		2008	0	2008	41.72
		2009	-	2009	41.88
		2010	-	2010	41.67
		2011	-	2011	51.16
25.	SMK Junjung	2001	1.46	2001	55.83
		2002	0.61	2002	55.15
		2003	0.61	2003	57.32
		2004	0	2004	71.15
		2005	0	2005	60.74
		2006	0	2006	51.64
		2007	1.57	2007	54.33
		2008	0	2008	46.49
		2009	-	2009	53.40
		2010	-	2010	56.00
		2011	-	2011	55.91
26.	SMK Taman Jelutong	2001	0	2001	0
		2002	0	2002	0
		2003	0	2003	0
		2004	0	2004	0
		2005	0	2005	92.05
		2006	1.29	2006	87.74
		2007	5.99	2007	94.01
		2008	4.85	2008	81.50
		2009	-	2009	87.63
		2010	-	2010	91.59
		2011	-	2011	98.27
27.	SMK Tunku Putra	2001	0	2001	48.95
		2002	1.62	2002	51.46
		2003	0	2003	41.06
		2004	0.37	2004	49.63
		2005	0	2005	49.45
		2006	0	2006	40.74
		2007	0.31	2007	51.26
		2008	2.27	2008	53.90
		2009	-	2009	57.02
		2010	-	2010	58.47
		2011	-	2011	61.73
28.	SMK Kedawang	2001	0	2001	26.74
		2002	0	2002	36.02
		2003	0	2003	41.57
		2004	0	2004	35.84
		2005	0.56	2005	40
		2006	0.47	2006	39.91
		2007	0	2007	40.09
		2008	0	2008	38.34
		2009	-	2009	30.84

		2010	-	2010	56.31
		2011	-	2011	49.09
29.	SMK Langkawi	2001	0	2001	0
		2002	0	2002	0
		2003	0	2003	35.38
		2004	0	2004	52.94
		2005	0	2005	31.25
		2006	0	2006	18.48
		2007	0	2007	43.88
		2008	0	2008	40.57
		2009	-	2009	51.69
		2010	-	2010	27.54
		2011	-	2011	44.12
30.	SMK Kelibang	2001	-	2001	-
		2002	-	2002	-
		2003	-	2003	-
		2004	-	2004	-
		2005	-	2005	-
		2006	0.91	2006	53.64
		2007	3.68	2007	59.51
		2008	1.29	2008	53.55
		2009	-	2009	41.71
		2010	-	2010	49.69
		2011	-	2011	55.22
31.	SMK Padang Terap	2001	0	2001	30.70
		2002	0	2002	50
		2003	0	2003	48.94
		2004	0	2004	57.42
		2005	0	2005	54.35
		2006	0	2006	46.71
		2007	0	2007	40.87
		2008	0	2008	48.04
		2009	-	2009	50.45
		2010	-	2010	48.98
		2011	-	2011	59.12
32.	SMK Lubuk Merbau	2001	0	2001	49.16
		2002	0	2002	55.33
		2003	1.42	2003	50.35
		2004	0	2004	63.24
		2005	0.77	2005	43.08
		2006	0	2006	47.22
		2007	0.75	2007	47.37
		2008	0.75	2008	39.55
		2009	-	2009	43.31
		2010	-	2010	47.55
		2011	-	2011	58.52
33.	SMK Naka	2001	0	2001	36.26
		2002	0	2002	44.69
		2003	0	2003	26.37
		2004	0	2004	50.25
		2005	0.43	2005	46.78
		2006	0	2006	38.12
		2007	0.51	2007	36.36
		2008	1.90	2008	35.44
		2009	-	2009	47.98
		2010	-	2010	45.66
		2011	-	2011	47.73
34.	SMK Pedu	2001	0	2001	37.86
		2002	0	2002	41.84
		2003	0	2003	42.62
		2004	0	2004	58.26
		2005	0	2005	53.68

		2006	0	2006	47.59
		2007	0	2007	44.62
		2008	0	2008	39.55
		2009	-	2009	42.24
		2010	-	2010	43.86
		2011	-	2011	52.86
35.	SMK Jeneri	2001	0	2001	23.97
		2002	0	2002	33.55
		2003	0	2003	35.93
		2004	0	2004	33.10
		2005	0	2005	39.52
		2006	0	2006	35.37
		2007	0	2007	32.37
		2008	0	2008	16.17
		2009	-	2009	39.09
		2010	-	2010	35.07
		2011	-	2011	39.44
36.	SMK Seri Enggang	2001	0	2001	28.11
		2002	0	2002	39.34
		2003	0	2003	35.02
		2004	0	2004	43.75
		2005	0	2005	41.47
		2006	0	2006	40.71
		2007	0	2007	37.84
		2008	0	2008	38.84
		2009	-	2009	46.56
		2010	-	2010	47.32
		2011	-	2011	51.76
37.	SMK Gulau	2001	0	2001	40.11
		2002	0	2002	51.14
		2003	0	2003	37.80
		2004	0	2004	65.64
		2005	0.71	2005	41.13
		2006	0	2006	42.13
		2007	0	2007	036.93
		2008	0	2008	056.78
		2009	-	2009	65.35
		2010	-	2010	62.07
		2011	-	2011	51.49
38.	SMK Chepir	2001	0	2001	31.82
		2002	0	2002	27.42
		2003	0	2003	42.56
		2004	0	2004	40.98
		2005	0.44	2005	35.96
		2006	0	2006	42.44
		2007	0	2007	52.91
		2008	0	2008	33.50
		2009	-	2009	42.86
		2010	-	2010	42.33
		2011	-	2011	65.47
39.	SMK Sungai Limau Yan	2001	0	2001	39.69
		2002	0	2002	41.07
		2003	0	2003	46.30
		2004	0	2004	40.12
		2005	0	2005	55.38
		2006	0	2006	43
		2007	0	2007	43.20
		2008	0	2008	42.27
		2009	-	2009	44.76
		2010	-	2010	55.66
		2011	-	2011	65.84
40.	SMK Batu 17 Padang Lumat	2001	0	2001	40.30

		2002	0	2002	42.37
		2003	0	2003	32.79
		2004	0	2004	40.48
		2005	0	2005	37.63
		2006	0	2006	38.27
		2007	0	2007	41.51
		2008	0	2008	45.92
		2009	-	2009	46.08
		2010	-	2010	52.38
		2011	-	2011	48.86
41.	SMK Tokai	2001	0.85	2001	41.88
		2002	0.76	2002	37.88
		2003	0	2003	48.87
		2004	0	2004	48.28
		2005	0	2005	34.65
		2006	0	2006	47.17
		2007	0.95	2007	57.14
		2008	2.27	2008	47.73
		2009	-	2009	54.64
		2010	-	2010	44.19
		2011	-	2011	56.12
42.	SMK Kubor Panjang	2001	0	2001	55.03
		2002	0.42	2002	39.41
		2003	0	2003	43.97
		2004	0.84	2004	78.99
		2005	0.36	2005	48.01
		2006	0.75	2006	45.52
		2007	0	2007	46.53
		2008	0.35	2008	41.32
		2009	-	2009	45.55
		2010	-	2010	49.81
		2011	-	2011	52.10
43.	SMK Ayer Puteh Dalam	2001	0	2001	48.91
		2002	0	2002	50
		2003	0	2003	58.14
		2004	0	2004	69.70
		2005	3.49	2005	55.81
		2006	0	2006	52.25
		2007	0	2007	53.10
		2008	0	2008	45.95
		2009	-	2009	55.75
		2010	-	2010	45.97
		2011	-	2011	63.48
44.	SMK Tanah Merah	2001	0	2001	43.03
		2002	0	2002	50.67
		2003	0	2003	53.98
		2004	0	2004	46.94
		2005	0.78	2005	65.63
		2006	0.76	2006	61.83
		2007	0	2007	54.72
		2008	0	2008	56.59
		2009	-	2009	51.41
		2010	-	2010	48.39
		2011	-	2011	60.25
45.	SMK Syed Ibrahim	2001	0	2001	42.24
		2002	0	2002	53.16
		2003	0	2003	36.36
		2004	0	2004	65.20
		2005	0	2005	52.94
		2006	0	2006	40.63
		2007	0.39	2007	44.14
		2008	0	2008	42.20

		2009	-	2009	38.99
		2010	-	2010	51.39
		2011	-	2011	49.53
46.	SMK Model Khas Bukit Jenun	2001	0	2001	34.58
		2002	0	2002	35.14
		2003	0.79	2003	37.30
		2004	0.64	2004	54.14
		2005	0.53	2005	62.43
		2006	1.26	2006	58.49
		2007	0	2007	53.29
		2008	1.14	2008	58.86
		2009	-	2009	56.25
		2010	-	2010	52.50
		2011	-	2011	67.18
47.	SMK Tunku Temenggung	2001	0	2001	35.42
		2002	0	2002	52.98
		2003	0.63	2003	45.57
		2004	0	2004	64.19
		2005	0	2005	56.60
		2006	0	2006	43.80
		2007	1.16	2007	65.70
		2008	0	2008	50.55
		2009	-	2009	70.47
		2010	-	2010	59.34
		2011	-	2011	78.38
48.	SMK Tobiar	2001	0	2001	0
		2002	0	2002	34.43
		2003	0	2003	49.18
		2004	0	2004	59.30
		2005	0	2005	57.50
		2006	0	2006	54.17
		2007	0	2007	57.53
		2008	0	2008	57.33
		2009	-	2009	69.88
		2010	-	2010	60.61
		2011	-	2011	59.55
49	SMK Tunku Putra	2001	0	2001	48.95
		2002	1.62	2002	51.46
		2003	0	2003	41.06
		2004	0.37	2004	49.63
		2005	0	2005	49.45
		2006	0	2006	40.74
		2007	0.31	2007	51.26
		2008	2.27	2008	53.90
		2009	-	2009	57.02
		2010	-	2010	58.47
		2011	-	2011	61.73
50.	SMK Kuala Ketil	2001	0.42	2001	45.57
		2002	0.41	2002	50.83
		2003	0.88	2003	33.33
		2004	0.45	2004	45.54
		2005	0.38	2005	45.59
		2006	1.77	2006	48.23
		2007	1.15	2007	45.04
		2008	0.44	2008	41.59
		2009	-	2009	40.42
		2010	-	2010	56.16
		2011	-	2011	42.67
51.	SMK Kuala Pegang	2001	0.43	2001	38.03
		2002	0	2002	41.85
		2003	0	2003	34.06
		2004	0.45	2004	40.18

		2005	0.41	2005	29.80
		2006	2.06	2006	38.14
		2007	0	2007	31.98
		2008	0	2008	37.62
		2009	-	2009	35.35
		2010	-	2010	39.66
		2011	-	2011	51.27
52.	SMK Muadzam Shah	2001	0	2001	35.56
		2002	0	2002	44.23
		2003	0	2003	47.17
		2004	0	2004	51.87
		2005	0.49	2005	47.09
		2006	0.44	2006	38.86
		2007	0	2007	30.60
		2008	0	2008	44.16
		2009	-	2009	30.43
		2010	-	2010	35.52
		2011	-	2011	46.39
53.	SMK Merbok	2001	0	2001	45.11
		2002	0.42	2002	46.67
		2003	0.79	2003	40.87
		2004	1.15	2004	47.89
		2005	0.70	2005	47.74
		2006	1.62	2006	51.30
		2007	0.31	2007	42.55
		2008	1.38	2008	51.72
		2009	-	2009	47.67
		2010	-	2010	44.69
		2011	-	2011	55.32
54.	SMK Ayer Hitam	2001	0.26	2001	46.46
		2002	2.04	2002	49.11
		2003	0.53	2003	53.99
		2004	1.40	2004	70.31
		2005	0.87	2005	65.51
		2006	1.05	2006	63.52
		2007	1.78	2007	57.25
		2008	0.79	2008	52.38
		2009	-	2009	50.51
		2010	-	2010	59.45
		2011	-	2011	55.92
55.	SMK Mahang	2001	0.56	2001	31.84
		2002	1.18	2002	35.50
		2003	0.56	2003	44.07
		2004	0	2004	46.53
		2005	0.61	2005	35.98
		2006	0	2006	41.61
		2007	0	2007	44.44
		2008	1.27	2008	43.95
		2009	-	2009	36.76
		2010	-	2010	44.36
		2011	-	2011	52.71
56.	SMK Padang Serai	2001	0	2001	39.15
		2002	0	2002	55.56
		2003	1.52	2003	45.96
		2004	1.26	2004	45.28
		2005	1	2005	47.50
		2006	1.12	2006	44.38
		2007	0.61	2007	40.24
		2008	0.61	2008	47.85
		2009	-	2009	44.44
		2010	-	2010	43.06
		2011	-	2011	53.29

57.	SMK Mahsuri	2001	2.21	2001	53.43
		2002	2.54	2002	59.35
		2003	5.45	2003	61.66
		2004	2.77	2004	59.82
		2005	3.75	2005	65
		2006	5.46	2006	59.31
		2007	6.53	2007	64.07
		2008	2.93	2008	60.81
		2009	-	2009	67.89
		2010	-	2010	68.28
		2011	-	2011	69.59
58.	SMK Sungai Tiang	2001	0	2001	46.46
		2002	0.47	2002	50.71
		2003	0	2003	42.24
		2004	0.44	2004	53.71
		2005	0.44	2005	50.66
		2006	1.75	2006	47.16
		2007	0.44	2007	49.33
		2008	0.47	2008	43.66
		2009	-	2009	37.62
		2010	-	2010	57.53
		2011	-	2011	54.51
59.	SBPI Kubang Pasu	2001	-	2001	-
		2002	-	2002	-
		2003	-	2003	-
		2004	-	2004	-
		2005	-	2005	-
		2006	17.54	2006	91.23
		2007	30.63	2007	100
		2008	36.44	2008	100
		2009	-	2009	97.65
		2010	-	2010	100.00
		2011	-	2011	98.82

Sumber: Jabatan Pelajaran Negeri Kedah Darul Aman, 2009 dan 2012.

Jadual 1.19: Output ujian rintis bagi reliabiliti (statistik item-keseluruhan)

Bil.	**Item**	**Purata skala jika item dipadamkan**	**Varians skala jika item dipadamkan**	**Korelasi item-keseluruhan diperbetulkan**	**Alpha Cronbach jika item dipadamkan**
1.	Saya menganggotai kumpulan/persatuan akademik di sekolah sebagai contohnya persatuan Bahasa Malaysia, sains, matematik, pendidikan Islam dan lain-lain.	226.3700	290.100	.390	.864
2.	Saya menganggotai kumpulan/persatuan beruniform di sekolah sebagai contohnya pengakap, bulan sabit, kadet bomba, puteri Islam dan lain-lain.	226.3067	288.213	.452	.864
3.	Saya menganggotai kumpulan/persatuan di sekolah berasaskan kepada minat pelajar seperti kebajikan, kebudayaan, vokasional dan keagamaan contohnya persatuan	226.5067	288.485	.385	.864

	kaunseling, perpustakaan, koperasi, pembimbing rakan sebaya, nasyid dan lain-lain.				
4.	Saya menganggotai kumpulan/persatuan sukan di sekolah sebagai contohnya persatuan seni mempertahankan diri, olah raga, catur dan sukan padang.	226.4100	292.029	.247	.866
5.	Kumpulan/persatuan yang saya anggotai di sekolah mempunyai ramai ahli.	226.3433	290.962	.325	.865
6.	Ahli-ahli kumpulan/persatuan yang saya anggotai di sekolah terdiri daripada kumpulan ekonomi (miskin/kaya) berbeza.	226.5267	289.447	.323	.865
7.	Kumpulan/persatuan yang saya anggotai di sekolah menjalankan demokrasi.	226.8367	291.716	.221	.866
8.	Saya menganggotai kumpulan/persatuan di luar sekolah.	227.3433	293.129	.171	.867
9.	Saya menyertai aktiviti kumpulan/persatuan yang saya anggotai di sekolah untuk mendapatkan ganjaran (seperti merit).	226.9300	290.099	.240	.866
10.	Saya bekerjasama dalam kumpulan/persatuan yang saya anggotai di sekolah untuk mendapat ganjaran (seperti merit).	226.8967	288.528	.288	.865
11.	Kumpulan/persatuan yang saya anggotai di sekolah menjalankan tindakan bersama bagi mencapai matlamat kumpulan/persatuan.	226.2833	287.093	.518	.863
12.	Saya menjalankan tugas berlainan dari ahli lain dalam kumpulan/persatuan yang saya anggotai di sekolah bagi mencapai matlamat yang sama.	226.8933	291.935	.219	.866
13.	Saya dapat menyesuaikan tingkah laku saya dengan peraturan-peraturan atau prinsip kumpulan/persatuan yang saya anggotai di sekolah.	226.3900	290.245	.366	.866
14.	Saya dapat menyesuaikan tingkah laku saya dengan peraturan-peraturan atau prinsip kumpulan/persatuan yang saya anggotai di sekolah semasa bersendirian.	226.7533	293.544	.173	.867

15.	Saya dapat menyesuaikan tingkah laku saya dengan peraturan-peraturan atau prinsip kumpulan/persatuan yang saya anggotai di sekolah semasa bersama kumpulan/persatuan.	226.4333	290.915	.350	.865
16.	Keahlian kumpulan/persatuan di sekolah adalah wajib.	227.7600	305.859	-.393	.873
17.	Saya akan didenda/dihukum jika tidak menganggotai kumpulan/persatuan di sekolah.	227.0267	303.317	-.204	.872
18.	Aktiviti kumpulan/persatuan di sekolah wajib disertai.	227.6533	306.341	-.387	.873
19.	Saya akan didenda jika tidak menyertai aktiviti yang dijalankan oleh kumpulan/persatuan di sekolah.	227.1333	303.775	-.230	.872
20.	Kumpulan/persatuan yang saya anggotai di sekolah mempunyai ahli yang saling bertentangan (berkonflik) di antara satu sama lain.	226.7300	295.542	.057	.869
21.	Ahli-ahli kumpulan/persatuan yang saya anggotai saling bersaing untuk mencapai matlamat kumpulan.	227.5000	305.783	-.318	.873
22.	Ahli-ahli kumpulan/persatuan yang saya anggotai di sekolah dipengaruhi di antara satu sama lain dalam setiap aktiviti kumpulan/persatuan.	226.9800	293.357	.173	.867
23.	Ahli-ahli kumpulan/persatuan yang saya anggotai di sekolah menyedari antara satu sama lain.	226.5533	290.977	.322	.865
24.	Kumpulan/persatuan yang saya anggotai di sekolah mempunyai simbol/lambang.	226.4700	291.153	.303	.865
25.	Kumpulan/persatuan yang saya anggotai di sekolah mempunyai peraturan-peraturan atau prinsip.	226.2967	287.293	.480	.863
26.	Kumpulan/persatuan yang saya anggotai di sekolah mempunyai organisasi (ada pengerusi dan ahli jawatankuasa yang lain)	226.1600	288.228	.409	.864
27.	Kumpulan/persatuan yang saya anggotai di	226.4767	286.638	.411	.864

	sekolah mempunyai peraturan-peraturan atau prinsip yang jelas (seperti siapa memberi arahan, siapa menetapkan polisi, hukuman jika tidak mematuhi peraturan dan lain-lain).				
28.	Saya memegang tugas/tanggungjawab (seperti pengerusi, bendahari, setiausaha dan ahli jawatankuasa) dalam kumpulan/persatuan yang telah saya anggotai di sekolah.	226.6567	286.300	.411	.864
29.	Aktiviti yang saya sertai di dalam kumpulan/persatuan yang saya anggotai di sekolah adalah mengikut peranan (seperti pengerusi, bendahari, setiausaha, ahli jawatankuasa dan ahli biasa).	226.5267	287.755	.419	.864
30.	Kumpulan/persatuan yang saya anggotai mempunyai peringkat hierarki (seperti jawatankuasa tertinggi, jawatankuasa dan ahli biasa).	226.6633	285.381	.444	.863
31.	Saya mempunyai kedudukan (ahli berjawatan) dalam kumpulan/persatuan yang saya anggotai di sekolah.	226.7167	287.883	.369	.864
32.	Peraturan-peraturan atau prinsip kumpulan/persatuan yang saya anggotai di sekolah menentukan kelakuan saya.	226.7567	290.305	.284	.865
33.	Peraturan-peraturan atau prinsip kumpulan/persatuan yang saya anggotai di sekolah menentukan kelakuan ahli-ahli kumpulan/persatuan.	226.7400	290.053	.321	.865
34.	Peraturan-peraturan atau prinsip kumpulan/persatuan yang saya anggotai menjadi garis panduan kepada ahli-ahli kumpulan/persatuan.	226.5600	289.585	.387	.864
35.	Hubungan saya dengan ahli-ahli kumpulan/persatuan yang saya anggotai di sekolah terputus.	226.3733	293.720	.138	.867
36.	Peraturan-peraturan atau prinsip	226.4200	293.863	.128	.867

	kumpulan/persatuan yang saya anggotai di sekolah tidak memberi makna kepada saya.				
37.	Saya merasa kecewa dengan kumpulan/persatuan yang saya anggotai di sekolah.	226.4233	294.111	.118	.868
38.	Peraturan-peraturan atau prinsip kumpulan/persatuan yang saya anggotai di sekolah adalah lemah.	226.4900	296.318	.042	.868
39.	Peraturan-peraturan atau prinsip kumpulan/persatuan yang saya anggotai di sekolah adalah kurang jelas.	226.7033	293.561	.151	.867
40.	Saya tidak mematuhi peraturan-peraturan atau prinsip kumpulan/persatuan yang saya anggotai di sekolah.	226.4700	292.805	.157	.867
41.	Saya pernah melakukan tindakan yang melanggar peraturan-peraturan atau prinsip kumpulan/persatuan yang saya anggotai di sekolah.	226.5900	294.892	.078	.868
42.	Kumpulan/persatuan yang saya anggotai di sekolah sentiasa bertukar maklumat dengan kumpulan/persatuan lain.	227.0033	293.676	.142	.867
43.	Kumpulan/persatuan yang saya anggotai di sekolah mengadakan kerjasama dengan kumpulan lain.	226.7100	290.113	.260	.866
44.	Kumpulan/persatuan yang saya anggotai sentiasa menghantar maklumat kepada kumpulan/persatuan lain.	227.2033	293.875	.118	.868
45.	Kumpulan/persatuan yang saya anggotai sentiasa memberi idea kepada kumpulan/persatuan lain.	227.1933	292.203	.176	.867
46.	Kumpulan/persatuan yang saya anggotai membuat sambungan (seperti menghantar maklumat) dengan kumpulan yang tidak suka kepada kumpulan yang saya anggotai.	227.4967	299.555	-.077	.870
47.	Kumpulan/persatuan yang saya anggotai di sekolah bertukar pandangan dengan pihak berkuasa seperti Jabatan Pelajaran, Kementerian Pelajaran Malaysia, ahli	226.9667	288.387	.333	.865

	parlimen, wakil rakyat dan pembuat dasar.				
48.	Kumpulan/persatuan yang saya anggotai di sekolah boleh bercakap secara langsung kepada pihak berkuasa (seperti Jabatan Pelajaran, Kementerian Pelajaran Malaysia, ahli parlimen, wakil rakyat dan pembuat dasar).	226.9633	291.621	.239	.866
49.	Kumpulan/persatuan yang saya anggotai di sekolah bertukar maklumat dengan pihak berkuasa (seperti Jabatan Pelajaran, Kementerian Pelajaran Malaysia, ahli parlimen, wakil rakyat dan pembuat dasar).	226.9567	291.098	.225	.866
50.	Saya percaya kepada individu yang dikenali (seperti keluarga dan rakan) saya.	226.2267	289.741	.380	.864
51.	Saya percaya kepada individu yang tidak dikenali saya.	227.7600	302.016	-.167	.871
52.	Saya percaya kepada institusi awam dan swasta.	226.6667	209.872	.291	.865
53.	Saya akan menghulurkan bantuan kepada pihak sekolah sekiranya berlaku sebarang bencana.	226.3767	285.025	.563	.862
54.	Saya bekerjasama dengan rakan-rakan semasa projek atau sebarang aktiviti sekolah.	226.2667	288.972	.447	.864
55.	Saya bersedia bekerjasama dalam aktiviti yang dianjurkan oleh pihak sekolah.	226.3367	286.585	.534	.863
56.	Kerjasama saya dengan rakan di sekolah hanya terhad dalam aktiviti yang dianjurkan oleh pihak sekolah.	227.0300	298.317	-.034	.869
57.	Saya bekerjasama dalam aktiviti bukan kumpulan/persatuan di sekolah.	226.9700	292.290	.185	.867
58.	Kumpulan/persatuan yang saya anggotai di sekolah mempunyai capaian maklumat dan komunikasi yang baik.	226.3667	285.685	.547	.862
59.	Rakan sekelas menjadi sumber maklumat penting kepada pencapaian pendidikan saya.	226.4967	288.431	.380	.864
60.	Rakan sekolah menjadi sumber maklumat penting kepada pencapaian	226.6033	287.397	.409	.864

	pendidikan saya.				
61.	Guru-guru menjadi sumber maklumat penting kepada pencapaian pendidikan saya.	226.0900	287.781	.461	.863
62.	Papan kenyataan sekolah menjadi sumber maklumat penting kepada pencapaian pendidikan saya.	226.6133	286.940	.464	.863
63.	Radio menjadi sumber maklumat penting kepada pencapaian pendidikan saya.	227.0667	288.986	.309	.865
64.	Televisyen menjadi sumber maklumat penting kepada pencapaian pendidikan saya.	227.0600	290.859	.238	.866
65.	Internet menjadi sumber maklumat penting kepada pencapaian pendidikan saya.	226.5967	286.435	.431	.863
66.	Kumpulan/persatuan di sekolah menjadi sumber maklumat penting kepada pencapaian pendidikan saya.	226.5233	285.668	.561	.862
67.	Kumpulan/persatuan di luar sekolah menjadi sumber maklumat penting kepada pencapaian pendidikan saya.	227.0533	291.128	.259	.866
68.	Buletin sekolah menjadi sumber maklumat penting kepada pencapaian pendidikan saya.	226.5900	286.216	.517	.863
69.	Jurnal menjadi sumber maklumat penting kepada pencapaian pendidikan saya.	226.7233	288.141	.419	.864
70.	Majalah menjadi sumber maklumat penting kepada pencapaian pendidikan saya.	227.0500	289.720	.298	.865
71.	Surat khabar menjadi sumber maklumat penting kepada pencapaian pendidikan saya.	226.5567	289.151	.391	.864
72.	Saya adalah termasuk sebagai seorang daripada masyarakat sekolah saya.	226.4400	288.000	.413	.864
73.	Saya kerap mengadakan pertemuan dengan individu lain (seperti kawan/rakan) di tempat awam contohnya perpustakaan awam, kedai buku, pasar raya, restoran dan lain-lain.	226.6967	285.871	.472	.863
74.	Saya kerap melawat rakan saya.	226.6333	289.979	.339	.865
75.	Perbezaan yang wujud dalam ciri-ciri pelajar di sekolah menimbulkan	227.0867	297.926	-.019	.869

	konflik.				
76.	Sekolah anda tenteram dan anda tidak perlu merasa khuatir atau gelisah.	226.5867	286.778	.421	.864
77.	Sekolah anda tergolong dalam kategori tempat yang selamat daripada sebarang bentuk jenayah, pergaduhan dan lain-lain.	226.5633	285.886	.433	.863
78.	Saya merasa gembira semasa berada di sekolah.	226.2733	286.962	.502	.863
79.	Saya mempunyai kuasa untuk membuat keputusan yang boleh mengubah haluan hidup saya.	226.5433	289.540	.316	.865
80.	Idea saya boleh memberi kesan kepada sekolah yang boleh menjadikan sekolah sebagai tempat yang lebih baik untuk belajar.	226.5800	289.428	.364	.864
81.	Saya turut terlibat dalam pembuatan keputusan berkenaan aktiviti-aktiviti yang akan dijalankan di sekolah.	226.7600	286.457	.471	.863

Sumber: Ujian rintis pada 16 hingga 19 Januari 2012

ULASAN KARYA

Majoriti penganalisisan sesuatu kajian tentang pengaruh modal sosial ke atas pendidikan bertujuan untuk melihat peranan modal sosial keluarga dan komuniti oleh pengkaji-pengkaji lepas ialah menggunakan pendekatan kuantitatif. Hanya sebilangan kecil sahaja yang menggunakan pendekatan kualitatif. Antara objektif kajian-kajian lepas yang menggunakan pendekatan kuantitatif ialah untuk mengkaji perhubungan atau interaksi antara pelajar dengan keluarga dan komuniti, melihat perbezaan kesan modal sosial penduduk luar bandar dan bandar ke atas pendidikan, melihat interaksi yang menyokong individu dalam sesebuah keluarga, melihat ciri-ciri modal sosial keluarga dan komuniti yang menyumbang kepada peningkatan dalam pendidikan, melihat pertindanan dalam modal sosial keluarga dan komuniti yang dapat mengukur persimpangan antara sumbangan modal sosial tahap mikro (keluarga) dan tahap makro (institusi, negara), melihat kesan modal sosial sebagai pengawal (pemboleh ubah bebas) modal manusia dan modal kewangan ibu bapa, ke atas kebarangkalian keciciran sekolah antara pelajar di gred yang berbeza, memeriksa bukti-bukti kewujudan perhubungan antara jaringan tertutup dengan pencapaian akademik, mengkaji kebarangkalian ibu bapa mempunyai hubungan dengan kawan anak-anak mereka dan hubungan dengan ibu bapa rakan anak-anak, mengkaji kesan modal sosial terhadap tingkah laku yang dipercayai mempunyai pertalian dengan hasil pendidikan yang positif, melihat kesan antara sumber modal sosial yang berbeza ke atas tabiat belajar di kalangan pelajar, dan mengukur kekuatan hubungan antara ibu bapa dan anak-anak sebagai satu ukuran yang boleh mewujudkan modal sosial kepada anak-anak daripada ibu bapa, dan untuk memeriksa pelaburan dalam pendidikan yang mana individu rasional boleh lakukan. Objektif pendekatan kualitatif pula melihat bagaimana sumber yang berasal daripada saling hubungan (*interrelationship*) di sekolah mempengaruhi tingkah laku dan norma pendidikan pelajar.

Israel dan Beaulieu (2004) menunjukkan bahawa kesan sederhana ke atas skor ujian pelajar bagi komuniti yang mempunyai kestabilan tempat tinggal yang lebih tinggi dan peratusan pergerakan (*commutes*) yang lebih rendah serta turut menunjukkan pertalian positif dengan skor ujian. Komuniti tertutup dalam hierarki pusat penempatan menyederhanakan kesan komuniti lain dan sekolah. Komuniti memberi kesan yang positif dalam kumpulan keagamaan di kalangan remaja. Memainkan peranan pemimpin dalam organisasi tersebut, mempunyai kesan positif di mana hubungan yang lebih mendalam antara *mentor-protégé* adalah perlu untuk faedah pelajar. Bagaimanapun, bilangan pelajar menukar sekolah dan ibu bapa mengenali ibu bapa yang lain adalah tidak penting dan dalam kes-kes tertentu selepas kesan-kesan pemboleh ubah yang lain diambil kira barulah pemboleh ubah ini di ambil kira. John (2005) mendapati jaringan ibu bapa tidak membantu pencapaian pelajar, kanak-kanak dengan ibu bapa yang mengenali dengan baik antara satu sama lain tidak menunjukkan pencapaian yang baik seperti kanak-kanak lain. Teachman, Paasch dan Carver (1996) pula mendapati ukuran ibu bapa mengenali ibu bapa rakan-rakan anak-anak adalah tidak berkaitan dengan keciciran dalam pendidikan.

Smith, Beaulieu dan Israel (1992) mendapati pelajar yang mempunyai modal sosial yang tinggi (iaitu kedua-dua ibu bapa, seorang adik-beradik, ibu yang tidak bekerja semasa anak-anak masih kecil dan ibu yang mempunyai jangkaan anak untuk melanjutkan pengajian ke peringkat kolej atau universiti) dan tinggal dalam komuniti yang mempunyai modal sosial yang tinggi, kadar keciciran hanya 2.6 peratus. Jika modal sosial keluarga tinggi tetapi modal sosial komuniti pula rendah, peratusan keciciran pelajar ialah 11.6 peratus, manakala jika modal sosial komuniti tinggi dan modal sosial keluarga pula rendah peratusan keciciran pelajar ialah 15.2 peratus. Jika kedua-dua modal sosial keluarga dan komuniti rendah, keciciran pelajar dalam pendidikan agak tinggi peratusannya iaitu 47.7 peratus. Bertentangan dengan Israel dan Beaulieu (2004) yang berpendapat bahawa modal sosial sekolah dan komuniti adalah "*mediated*" pengaruh modal sosial keluarga, kebolehan pelajar dan latar belakang ke atas pencapaian pelajar. Crosnoe (2004) pula mendapati bahawa remaja yang mempunyai modal sosial di rumah sering kali mendapat lebih faedah daripada modal sosial di sekolah. Hasil kajian beliau juga menyediakan beberapa bukti pertindanan antara modal sosial keluarga dan sekolah iaitu (Teachman, Paasch dan Carver, 1996):

a. Korelasi mendedahkan bahawa remaja yang datang daripada keluarga dengan saluran emosi modal sosial lebih berkesan dan menghadiri sekolah yang mempunyai modal sosial yang lebih tinggi serta saluran modal sosial yang lebih berkesan.
b. Analisis *multilevel* mendedahkan bahawa tahap modal sosial berasaskan sekolah menentukan pembangunan modal sosial berasaskan keluarga adalah signifikan.

Coleman (1988) mendapati bahawa bilangan adik-beradik mempengaruhi modal sosial keluarga, iaitu bilangan adik-beradik yang ramai menyebabkan perhatian kurang diberikan kepada setiap anak oleh ibu bapa kerana ibu bapa terpaksa membahagi-bahagikan modal sosial (interaksi) di kalangan anak-anak, menghasilkan pendidikan yang rendah di kalangan anak-anak. Crosnoe (2004) mendapati darjah emosional tertutup antara ibu bapa dan anak-anak remaja mereka menjadi saluran modal sosial dalam mana ikatan rapat memudahkan pemindahan sumber *instrumental* tertentu seperti aspirasi (cita-cita) ibu bapa yang mana memupuk modal manusia remaja. Parcel dan Dufur (2001) mendapati kanak-kanak daripada keluarga yang besar adalah berada dalam risiko yang lebih tinggi bagi peningkatan tingkah laku bermasalah, barangkali disebabkan modal sosial yang ada bagi setiap anak dalam keluarga sebegini adalah berkurangan.

Kajian Coleman (1988) serta Goyette dan Conchas (2002) mendapati perhubungan di luar keluarga iaitu modal sosial bukan kekeluargaan juga memainkan peranan yang besar dalam menjelaskan perbezaan antara pelajar-pelajar Vietnam dan pelajar-pelajar berbangsa campuran Mexico Amerika (Pan Amerika). Boyle, Georgiades dan Mustard (2007) mendapati terdapat pertalian positif antara pengaruh kejiranan dan pencapaian pendidikan kanak-kanak yang tinggal di kediaman yang tidak disewa tetapi tidak bagi kanak-kanak yang tinggal di kediaman yang disewa. Terdapat pertalian positif antara pengaruh kejiranan dan pencapaian pendidikan di kalangan kanak-kanak yang lahir dalam ibu bapa bukan pendatang tetapi tidak bagi kanak-kanak yang lahir dalam keluarga pendatang (imigran). Beaulieu, Israel, Hartless dan Dyk (2000) dan Israel dan Beaulieu (2004) mendapati modal sosial sekolah dan komuniti menjadi pemboleh ubah "*mediated*" (penengah) kepada pemboleh ubah modal sosial keluarga, kebolehan pelajar dan latar belakang ke atas pencapaian pelajar. Parcel dan Dufur (2001) dalam kajian berkenaan kesan modal sosial ke atas pengubahsuaian sosial kanak-kanak menggunakan istilah "*compensating effect*" bagi merujuk kepada modal sosial komuniti.

Dalam aspek yang lain pula, hasil kajian Smith, Beaulieu dan Israel (1992) mendapati persepsi pelajar tentang jangkaan ibu mereka terhadap kejayaan melanjutkan pengajian ke kolej turut mempengaruhi keciciran pendidikan pelajar. Furgeson (2006) dan Israel dan Beaulieu (2004) mendapati bahawa aspirasi ibu bapa terhadap pencapaian akademik anak-anak boleh menjadi satu pandangan baru bagi membangkitkan kejayaan akademik anak-anak. Israel dan Beaulieu (2004) mendapati peranan ibu bapa adalah penting dalam membentuk kemajuan pendidikan anak-anak dengan usaha untuk meningkatkan pencapaian pelajar hampir secara eksklusif di sekolah. Pendekatan baru untuk memperbaiki pencapaian pelajar masih lagi kekal berpusatkan sekolah. Penemuan tersebut menunjukkan bahawa peningkatan kapasiti keluarga sepatutnya dipandang sebagai satu bahan penting (kritikal) dalam mempromosikan pencapaian pendidikan pelajar.

John (2005) memberikan pendapat yang berbeza iaitu jaringan tidak sentiasa berfaedah kerana jaringan sosial hanya boleh dimanfaatkan oleh individu yang berstatus sosioekonomi lebih tinggi atau keluarga yang berpendidikan tinggi. Beliau juga mendedahkan perkara-perkara seperti:

i. Sikap kurang baik ke arah pendidikan boleh dipindahkan antara ibu bapa menerusi jaringan atau ikatan modal sosial mereka;
ii. Keluarga dengan status ekonomi yang rendah mungkin mempunyai capaian yang kurang terhadap pengetahuan tentang pencapaian pendidikan dan mungkin tidak boleh memindahkan amalan pendidikan yang baik;
iii. Sebaliknya keluarga yang kaya mungkin mampu memindahkan motivasi dan amalan yang baik kepada anak-anak mereka;
iv. Kesan jaringan juga boleh jadi "*mediated*" oleh status sosioekonomi di mana hubungan negatif bagi sosialisasi ibu bapa di sekolah dengan pelajar yang mana ibu bapa mereka berpendidikan rendah
v. Kekurangan perhubungan bagi pelajar yang ibu bapa mereka berpendidikan tinggi.

Secara keseluruhan semua pengkaji bersetuju bahawa modal sosial keluarga mempengaruhi pencapaian akademik kanak-kanak atau pelajar. Sehinggakan terdapat pengkaji mencadangkan agar modal sosial keluarga perlu dipandang sebagai bahan untuk menggalakkan pencapaian pendidikan pelajar. Modal sosial komuniti pula, meskipun ada hasil kajian pengkaji yang mendapati ia kurang signifikan dalam mempengaruhi pencapaian akademik pelajar, namun potensi sumber modal sosial tersebut tidak boleh diabaikan. Ini kerana modal sosial komuniti kemungkinan mempengaruhi pencapaian pendidikan sekolah tinggi menerusi pelbagai program, organisasi dan aktiviti yang ada dalam kawasan penempatan.

Dari segi definisi konseptual modal sosial terdapat pengkaji yang menggunakan definisi Coleman (1998) dengan beberapa pengubahsuaian seperti Furgeson (2006); Israel dan Beaulieu (2004); Parcel dan Dufur (2001); Teachman, Paasch dan Carver (1996); Bankston III dan Zhou (2002); dan Smith, Beaulieu dan Israel (1992). Coleman (1988), mendefinisikan modal sosial keluarga sebagai perhubungan antara kanak-kanak dan ibu bapa termasuklah perhubungan dengan lain-lain ahli keluarga. Dalam aspek modal sosial keluarga, capaian anak-anak capaian kepada modal sosial orang dewasa bergantung kepada kehadiran fizikal orang dewasa dan perhatian yang diberikan oleh orang dewasa kepada anak-anak. Ketiadaan fizikal orang dewasa boleh dijelaskan sebagai kekurangan struktural dalam modal sosial keluarga. Elemen paling menonjol kekurangan struktural dalam keluarga modal ialah jenis keluarga ibu tunggal atau bapa tunggal. Walau bagaimanapun bagi jenis keluarga nuklear pula sama ada satu atau kedua-dua ibu bapa bekerja di luar rumah secara strukturnya ia juga boleh dilihat sebagai satu kekurangan di mana pengurangan modal sosial berpunca dari ketiadaan hubungan yang kuat meskipun dengan kehadiran ibu bapa pada siang hari atau tinggal dengan nenek atau datuk atau ibu saudara atau bapa saudara dalam atau berhampiran dengan isi rumah. Terdapat kekurangan modal sosial dalam keluarga jika tidak terdapat hubungan kuat antara kanak-kanak dan ibu bapa.

Kekurangan hubungan kuat boleh terhasil daripada penyembunyian kanak-kanak dalam komuniti belia atau remaja, daripada penyembunyian ibu bapa dalam hubungan dengan orang dewasa lain yang tidak merentasi generasi, atau daripada lain-lain sumber. Biarpun modal sosial wujud dalam ibu bapa, anak-anak tidak akan mendapat faedah daripadanya kerana modal sosial tidak wujud antara ibu bapa dan anak-anak. Modal sosial di luar keluarga iaitu *intergenerational closure* tidak wujud kepada ibu bapa dalam keluarga yang sering berpindah. Aspek *intergenerational closure* juga boleh berbeza antara jenis sekolah yang berbeza seperti sekolah tinggi awam, sekolah tinggi berasaskan agama, sekolah tinggi swasta yang tidak berasaskan agama dan sekolah tinggi swasta yang berasaskan agama. Sekolah tinggi agama yang di kelilingi komuniti berasaskan organisasi agama mempunyai *intergenerational closure* di mana orang dewasa adalah ahli badan agama di sekolah anak-anak mereka (dalam masa yang sama ibu bapa adalah ahli badan sekolah dan juga ibu bapa kepada pelajar sekolah tersebut). Sekolah swasta bebas biasanya kurang dikelilingi oleh komuniti dan kebanyakannya terdiri daripada keluarga yang tiada hubungan.

Kajian oleh Furgeson (2006) dan kajian oleh Israel dan Beaulieu (2004) menggunakan definisi modal sosial Coleman iaitu satu set norma, jaringan sosial dan perhubungan antara kanak-kanak dan keluarga mereka, sekolah dan komuniti yang mengandungi nilai-nilai semasa apabila mereka membesar. Bagaimanapun Furgeson (2006) membuat sedikit pengubahsuaian kepada iaitu modal sosial dalaman (*interior*) dan modal sosial luaran (*exterior*). Modal sosial dalaman (iaitu kekeluargaan) merujuk kepada maksud tersirat perhubungan antara ibu bapa dan anak-anak mereka yang merangkumi masa, sumber usaha dan tenaga yang dilaburkan ibu bapa ke atas anak-anak mereka. Modal sosial luaran (*exterior*) pula atau turut dipanggil dengan modal sosial komuniti menggambarkan interaksi keluarga dan perhubungan dengan komuniti sekeliling merangkumi penghuni dan institusi sosialisasi seperti sekolah dan sebagainya.

Berbeza dengan Furgeson (2006), pengkaji Israel dan Beaulieu (2004), mengutarakan dua aspek lain dalam mendefinisikan modal sosial iaitu struktur dan proses. Struktur boleh mempengaruhi proses interaksi dalam mana ia membentuk peluang, frekuensi dan tempoh interaksi interpersonal yang mungkin mengambil tempat antara kanak-kanak dan ibu bapa mereka, antara kanak-kanak dan guru-guru mereka atau antara kanak-kanak dan orang-orang dewasa lain dalam komuniti. Aspek proses modal sosial pula tergambar dalam interaksi yang mengekang tingkah laku yang tidak sesuai dan juga interaksi yang memudahkan tingkah laku individu bertujuan melalui sikap yang sejajar dengan minat individu, sekolah atau komuniti. Ciri-ciri modal sosial yang penting ialah pelaburan dalam perhubungan yang muncul menerusi interaksi interpersonal (antara individu). Struktur menentukan peluang, tempoh dan kekerapan interaksi interpersonal mereka. Proses pula menggambarkan kualiti penglibatan ibu bapa dalam kehidupan anak-anak mereka. Proses tidak hanya memasukkan aktiviti pemeliharaan ibu bapa tetapi juga termasuk usaha menyekat tingkah laku yang tidak sesuai oleh anak-anak mereka.

Pengkaji Parcel dan Dufur (2001) dan Crosnoe (2004) juga mempunyai pendekatan berbeza dalam memfokuskan definisi konseptual di mana mereka memberi perhatian kepada modal sosial keluarga dan sekolah. Parcel dan Dufur (2001) mendefinisikan modal sosial keluarga sebagai ikatan antara ibu bapa dan anak-anak yang berguna untuk mempromosikan sosialisasi kanak-kanak. Definisi tersebut merujuk kepada masa dan perhatian yang diperuntukkan oleh ibu bapa dalam interaksi dengan anak-anak, pemantauan aktiviti anak-anak mereka dan perkara-perkara yang mempromosikan kesejahteraan anak-anak mereka. Apabila ibu bapa komited antara satu sama lain, anak-anak mendapat faedah daripada kestabilan penyatuan tersebut. Kanak-kanak mendapat faedah daripada pendedahan berterusan kepada perhubungan sosial kedua-dua ibu bapa dengan individu lain di luar kumpulan keluarga seperti jiran, kakitangan sekolah atau rakan sekerja. Modal sosial sekolah pula secara langsung merujuk kepada ikatan antara ibu bapa dengan sekolah yang boleh memudahkan hasil pendidikan.

Crosnoe (2004) pula merujuk modal sosial sebagai sumber yang mengalir menerusi ikatan perhubungan. Maklumat, norma dan sokongan adalah tiga jenis sumber yang boleh mengalir menerusi ikatan ini untuk meningkatkan fungsi individu. Modal sosial keluarga merupakan sumber asas modal sosial untuk anak-anak muda, khususnya berkaitan pendidikan. Apabila kanak-kanak bergerak menerusi sistem pendidikan, ibu bapa boleh menyediakan bantuan *instrumental* untuk menyampaikan maklumat tentang pendidikan dan peluang masa depan, menetapkan pencapaian dan menawarkan sokongan untuk melayari arena baru dalam mengalami kegagalan dan kejayaan, kesemuanya menggalakkan fungsi akademik yang lebih baik. Modal sosial sekolah, hubungan rapat antara generasi (*intergenerational*) adalah saluran maklumat antara golongan muda dan dewasa tentang bagaimana untuk melayari sistem pendidikan dan norma yang meneguhkan tingkah laku konvensional. Semakin kuat ikatan *intergenerational* di sekolah, semakin banyak pendedahan pelajar tanpa menghiraukan latar belakang keluarga mereka. Tambahan lagi tahap sumber yang akan dipindahkan menerusi saluran ini bertambah apabila tahap pendidikan populasi dewasa berhubung dengan sekolah bertambah.

Menurut Teachman, Paasch dan Carver (1996) memetik definisi Coleman (1988) yang mendebatkan bahawa interaksi tertentu membenarkan kanak-kanak mentafsir modal kewangan dan manusia yang digambarkan dalam keluarga kepada modal sosial atau beberapa sifat lain yang menambahkan kesejahteraan. Tanpa interaksi positif ibu bapa dengan anak, maka tiada mekanisme modal kewangan dan manusia yang ada untuk dipindahkan.

Bankston III dan Zhou (2002) pula menggunakan istilah modal sosial individu dan modal sosial komuniti untuk membincangkan definisi konseptual modal sosial. Beberapa idea oleh pengkaji lain turut digunakan seperti definisi modal sosial oleh Portes (1998) yang menyebut bahawa modal sosial mewakili kebolehan aktor untuk memperoleh faedah melalui kebaikan keahlian dalam jaringan sosial atau lain-lain struktur sosial". Sebelum Coleman, Loury (1977) menggunakan istilah modal sosial untuk merujuk kepada sumber secara semula jadi dalam hubungan keluarga dan dalam organisasi komuniti untuk pembangunan kanak-kanak. Dalam '*Foundation of social theory*' (1990) dan lain-lain tulisan, Coleman mendefinisikan modal sosial dalam istilah jaringan tertutup iaitu apabila terdapat jaringan erat dan tertutup di kalangan set individu ia akan mempromosikan tingkah laku menguntungkan. Inti pati pendekatan ini ialah "satu set ikatan tertutup" dalam satu kumpulan boleh mempromosikan tingkah laku koperatif yang menguntungkan ahli kumpulan. Modal sosial diperoleh melalui keahlian dan penyertaan dalam kumpulan.

Bankston III, dan Zhou (2002) menyebut bahawa pada tahap keluarga, modal sosial menggambarkan tabii perhubungan yang wujud di kalangan ahli keluarga. Sama ada modal manusia ibu bapa dapat dicapai atau tidak boleh dicapai oleh anak-anak, ia bergantung kepada kewujudan fizikal atau ketiadaan fizikal ibu bapa di rumah dan juga bergantung kepada kualiti dan kuantiti interaksi antara ibu bapa dan anak-anak. Sebuah keluarga boleh mempunyai modal manusia yang tinggi, tetapi jika ibu bapa tidak berinteraksi dengan anak-anak modal sosial adalah kurang berkesan. Pada tahap komuniti pula modal sosial wujud dalam norma, jaringan sosial dan interaksi antara orang dewasa yang memudahkan atau menyokong pencapaian pendidikan. Bentuk interaksi sangat membantu untuk meningkatkan modal sosial yang dirujuk sebagai *intergenerational closure* oleh Coleman. *Intergenerational closure* ialah satu struktur perhubungan rakan anak-anak adalah anak-anak kepada kawan ibu bapa, manakala ahli kesatuan di sekolah adalah ibu bapa kepada anak-anak yang bersekolah di sekolah kesatuan tersebut. Dalam situasi tertentu, orang dewasa yang lain dalam komuniti ada untuk meneguhkan norma dan nilai sejajar dengan pencapaian pendidikan.

Goyette dan Conchas (2002) menggunakan istilah "*non-familial*" untuk mendefinisikan modal sosial di mana modal sosial adalah sumber berguna yang diperoleh sumber daripada perhubungan dengan manusia lain. Dalam hal ini, sumber boleh jadi maklumat, penyeliaan, sokongan, dan norma yang mempromosikan kejayaan persekolahan. Sumber berguna terdiri daripada sumber secara akademik daripada persekitaran sekolah dan perhubungan dengan rakan sebaya, guru dan lain-lain di luar lingkungan keluarga mereka. Perhubungan dengan kakitangan sekolah adalah merupakan sejenis sumber modal sosial yang lain. Guru menggalakkan pelajar yang dipercayai berbakat dan bekerja keras. Menerusi menyediakan maklumat tentang kursus persediaan ke kolej proses permohonan dan kewangan kepada pelajar yang tidak mempunyai capaian kepada maklumat ini di rumah. Kaunselor akan membawa pelajar mengikuti lawatan ke kolej untuk membantu mereka membuat pilihan. Kakitangan pendidikan akan memilih pelajar yang mereka percaya patut untuk ditaja dan mampu dalam pencapaian pendidikan mereka.

Menurut Smith, Beaulieu dan Israel (1992) teori modal sosial ialah tambahan konseptual teori modal manusia dan tambahan yang abstrak kepada konsep modal fizikal dan kewangan. Modal manusia mengandungi kemahiran individu, bakat dan pengetahuan manakala modal sosial mengandungi interaksi dan jaringan interaksi di kalangan individu. Modal fizikal pula secara keseluruhannya boleh dilihat dengan jelas melalui mata kasar seperti kebendaan, manakala modal manusia pula kurang nampak secara nyata seperti kemahiran dan pengetahuan dan modal sosial pula sangat kurang nampak dengan jelas ia wujud dalam hubungan antara individu. Bagaimanapun tidak semua interaksi mengandungi modal sosial. Modal sosial memudahkan aktiviti produktif, kepercayaan dan yang boleh dipercayai (*trustworthiness*) adalah contoh bentuk modal sosial. Modal sosial merujuk kepada jaringan sosial dan interaksi sosial yang memudahkan pencapaian pendidikan. Ahli teori modal sosial mencadangkan bahawa modal sosial wujud dalam jumlah lebih besar dan lebih berkesan dalam komuniti bercirikan darjah interaksi sosial yang tinggi dan *intergenerational closure*. Modal sosial adalah sumber yang membantu pelajar kekal di sekolah dan membantu sekolah mencapai matlamat mereka iaitu mendidik dan meluluskan pelajar (dipetik dari

Coleman, 1988). Melalui usaha untuk memudahkan proses pencapaian pendidikan, modal sosial menyumbang kepada pembentukan modal manusia.

Terdapat tema yang berbeza dalam kajian-kajian modal sosial di kalangan pengkaji lepas di mana terdapat pengkaji hanya memfokuskan kepada tema modal sosial sahaja dan terdapat juga pengkaji yang turut melihat tema modal manusia dan kewangan di samping modal sosial. Sebagai contohnya Furgeson (2006) yang mengkaji tema modal kewangan, modal sosial keluarga dan modal sosial komuniti. Bagi pengkaji yang hanya mengkaji modal sosial sahaja, tema-tema kajian memfokuskan secara lebih terperinci kepada aspek-aspek modal sosial. Sebagai contohnya, Coleman (1988) telah membahagikan kepada tema modal sosial dalam keluarga dan tema modal sosial di luar keluarga. Terdapat pengkaji yang membahagikan tema kajian kepada topik yang lebih sempit. Contohnya Crosnoe (2004), telah memecahkan kepada tema-tema seperti pencapaian akademik, jarak emosional ibu bapa dengan remaja, ikatan pelajar dengan guru di sekolah, perhubungan ibu bapa dengan remaja di sekolah, pencapaian pendidikan ibu bapa di sekolah, kawalan tahap dengan individu, kawalan tahap dengan sekolah.

Boyle, Georgiades dan Mustard (2007) pula membahagikan tema hubungan sebab-akibat kepada beberapa aspek iaitu;

a. Pengaruh kontekstual yang terdiri daripada kejiranan dan keluarga yang mampu dibahagi secara meluas ke dalam tiga bidang yang saling berkait iaitu status, keupayaan dan proses di mana:
    i. Status meliputi ciri-ciri sosioekonomi seperti pendapatan dan demografi keluarga seperti struktur keluarga dan populasi seperti konsentrasi kemiskinan.
    ii. Keupayaan meliputi aset atau sumber yang dipecahkan pula kepada keupayaan keluarga dan keupayaan kejiranan. Keupayaan keluarga merangkumi kesihatan peribadi, ke fungsian seperti kognitif, fizikal, fungsi dan sosial emosi dan pencapaian sebagai contohnya pencapaian pendidikan ibu bapa. Keupayaan kejiranan pula merangkumi kuantiti dan kualiti sumber keinstitusian dan infrastruktur awam.
    iii. Proses terdiri daripada interaksi sosial di kalangan keluarga dan kejiranan. Interaksi di kalangan keluarga meliputi aspek keibubapaan seperti perlindungan, asuhan dan sosialisasi kanak-kanak. Proses kejiranan pula ialah pertukaran sosial antara penghuni.
b. Pengaruh kejiranan ke atas pencapaian pendidikan iaitu kesan status sosioekonomi kejiranan ke atas pencapaian pendidikan adalah tidak simetri; hubungan negatif antara pencapaian sekolah dan kelemahan sosioekonomi kejiranan adalah lebih lemah daripada kesan berfaedah pengaruh kejiranan. Penambahan bilangan pemboleh ubah ibu bapa atau keluarga mengurangkan Pekali kejiranan dan akhirnya mengubah arah hubungan; kelaziman kejiranan berpendapatan tinggi dan keluarga berpendapatan rendah menjadi negatif dan positif berkaitan dengan pencapaian pendidikan, masing-masing. Pengaruh kejiranan boleh berinteraksi dengan kekurangan keluarga dalam tiga cara iaitu:
    i. Dalam cara positif, melalui berbincang faedah pembangunan tambahan kepada kanak-kanak lemah,
    ii. Dalam cara yang neutral iaitu melalui berbincang tanpa faedah pembangunan kepada kanak-kanak lemah.
    iii. Dalam cara yang negatif melalui memimpin akibat pembangunan yang lemah di kalangan kanak-kanak lemah. Ketiga-tiga cara tersebut selaras dengan tiga model yang diketengahkan oleh Kupersmidt, Griesler, De Rosier, Patterson dan Davies (1995). Model protektif (perlindungan), model keupayaan, dan model padanan individu-persekitaran.
c. Pengaruh keluarga dan ibu bapa ke atas pencapaian pendidikan; kebanyakan perkaitan dengan pemboleh ubah status sosioekonomi keluarga akan "*mediated*" menerusi keupayaan ibu bapa (kesihatan dan fungsi) dan proses keluarga (fungsi keluarga dan amalan keibubapaan). Tingkah laku "*caregiving*" ibu bapa adalah dijangkakan menjadi kuasa "*mediating*' pusat dalam perhubungan ini.
d. Pengaruh kanak-kanak ke atas pencapaian pendidikan iaitu pembangunan kemahiran bahasa, emosional iaitu peraturan tingkah laku, dan kecekapan sosial – meningkat menerusi proses "*bidirectional*" melibatkan interaksi konteks-individu mengemukakan cabaran metodologikal yang kuat terhadap "*disaggregating*" sebab-akibat penting individu iaitu kesan konteks, ke atas "*endpoint*" pembangunan adalah "*mediate*" menerusi individu.

Smith, Beaulieu dan Israel (1992), mengkaji tema interaksi sosial sebagai modal di mana seperti jika ibu bapa tidak berinteraksi dengan anak-anak maka modal manusia akan kurang berkesan. Oleh itu, modal sosial menggambarkan tabii perhubungan yang wujud di kalangan ahli keluarga. Pada tahap komuniti, modal sosial wujud dalam norma, jaringan sosial dan interaksi antara orang dewasa yang memudahkan atau menyokong pencapaian pendidikan dan ia dirujuk sebagai *intergenerational closure*.

Terdapat kritikan ke atas kajian-kajian lepas tentang modal sosial dan pendidikan di mana terdapat kritikan tersebut dibuat oleh pengkaji itu sendiri menyedari kelemahan yang ada dalam kajian mereka. Sebagai contohnya Crosnoe (2004) mengkritik tentang kajiannya sendiri yang melibatkan tiga perkara iaitu:

a. *Endogeneity* (*reciprocity*) terdapat beberapa perkara yang beliau utarakan;
   i. Beliau memfokuskan kepada hubungan ibu bapa dengan remaja sebagai peramal pencapaian remaja. Ketinggalan kerangka *longitudinal*, kajian ini mengemukakan sifat timbal balik, tetapi masih lagi tidak dapat menolak kemungkinan bahawa pencapaian akademik pelajar memandu pertalian dalam analisis ini.
   ii. Dinamik keluarga hanya mengemukakan sebahagian daripada *endogeneity* dan antara aspek dinamik keluarga ialah ibu bapa yang rapat dengan anak-anak remaja mereka mungkin mempunyai kebolehan yang lebih baik dalam perkara-perkara seperti memaksimumkan padanan sekolah dengan keluarga berbanding yang lain, mengawal latar belakang keluarga dan lain-lain ciri hubungan ibu bapa-remaja. Untuk mengatasi masalah tersebut perlu satu kerangka *longitudinal* yang lebih luas yang memasukkan ukuran pencapaian akademik dan hubungan keluarga lebih utama kepada kunci peralihan sekolah dan membenarkan pencapaian dimodelkan dan "*trajectories*" interpersonal merentasi kerjaya persekolahan.
b. Tidak menghubungkan antara konseptual penyelidikan dan rawatan berbentuk kaedah bersifat analisis keluarga iaitu menggambarkan keluarga sebagai satu tahap ekologi dalam istilah teoretikal tetapi menganalisis faktor keluarga sebagai ciri-ciri individual dalam model statistik. Kajian akan datang sepatutnya membetulkan 'pemisahan' ini.
c. Rawatan persekitaran sekolah ini kerana pelajar berbeza boleh memasuki konteks sosial berbeza dalam sekolah yang sama.

Teachman, Paasch dan Carver (1996) mencadangkan bahawa pemeriksaan yang lebih rapi perlu dilakukan ke atas corak interaksi ibu bapa, kesan pertukaran sekolah, keciciran pendidikan dan lain-lain ciri keluarga. John (2005) mengutarakan beberapa perkara seperti:

a. Ukuran yang ingin digunakan, adalah lebih baik menggunakan beberapa definisi dan pengukuran dan membuat pengujian hipotesis untuk mencari apakah faktor yang signifikan, memfokuskan kepada persoalan kajian tentang apakah jenis modal sosial yang mempromosikan akibat yang lebih baik berbanding mengandaikannya sebagai keseluruhan. Menggabungkan pengukuran atau memfokuskan kepada satu perkara yang boleh menilai jenis berbeza modal sosial berbeza sebagai contohnya ikatan (*bonding*) dan *bridging*.
b. Cuba memahami bagaimana modal sosial berfungsi pada tahap individu dan kolektif melalui mencipta satu ukuran kepada unit yang lebih besar seperti sekolah. Oleh itu, analisis data boleh menguji hipotesis yang menunjukkan prestasi yang mungkin dipengaruhi oleh kesan modal sosial rakan sebaya dan kesan individu.
c. Kesan modal sosial ikatan (*bonding*) boleh jadi negatif tanpa melemahkan dakwaan bahawa elemen-elemen modal sosial yang lain memberikan kesan yang positif.
d. Prestasi pendidikan menggambarkan definisi tentang permasalahan dan pengukuran hasil pendidikan diperluaskan daripada peranan sekolah untuk meningkatkan keupayaan individu dalam pelbagai bidang bukan akademik yang memberi faedah kepada ekonomi dan masyarakat secara lebih luas dan mungkin boleh diperhatikan pada tahap individu, sekolah dan komuniti.

Boyle, Georgiades dan Mustard (2007) menyebut meskipun kajian mereka memenuhi kriteria untuk menentukan hubungan sebab dengan akibat antara pemboleh ubah kaedah pemerhatian, ia juga mempunyai kelemahan dan batasan penting. Antaranya ialah:

a. Kajian adalah terhad kepada kebolehan untuk mengemukakan persoalan proses yang mana akan memerlukan lebih ruang masa pengukuran dengan strategik. Halangan ini tidak menyingkirkan potensi signifikan sebab-akibat konteks sosial tetapi meninggalkan persoalan terbuka ke atas tabii kesan ini dan perluasan yang mana ia adalah secara langsung dan tidak langsung.

b. Liputan konsep adalah luas dalam kajian ini, tetapi terdapat kelemahan pengukuran, meskipun pengukuran yang kuat keupayaan ibu bapa, proses keluarga, dan kesihatan kanak-kanak akan menangkap perbezaan tambahan dalam pencapaian pendidikan, adalah tidak jelas bagaimana pengukuran ini akan menggantikan taburan penjelasan *variance* dalam dan antara tahap.

c. Kiraan 30 peratus daripada peserta 1983 gagal dikesan untuk kajian lanjutan pada tahun 2001.

Smith, Beaulieu dan Israel (1992), berpendapat terdapat aspek-aspek abstrak yang tidak dapat ditekankan melalui data sekunder. Beberapa ketidaktentuan juga kekal terutama berkaitan dengan kesahan penunjuk modal sosial seperti penglibatan dalam aktiviti remaja atau belia yang didapati tidak berkaitan secara signifikan dengan tingkah laku keciciran, manakala penglibatan dalam aktiviti keagamaan mempunyai kesan yang kuat ke atas keciciran. Pandangan baru boleh dilihat dalam kajian oleh Israel dan Beaulieu (2004) yang menegaskan bahawa satu usaha yang teliti perlu dijalankan untuk mereka bentuk dan menyampaikan satu susunan program yang boleh membantu pembinaan kecekapan ibu bapa dan memudahkan penciptaan modal sosial di rumah. Usaha tersebut turut termasuk mempromosikan kualiti interaksi ibu bapa dengan anak-anak yang lebih tinggi. Strategi ini membantu mencipta persekitaran kediaman di mana hubungan ibu bapa dengan anak-anak adalah kuat dan ibu bapa menonjolkan sikap keprihatinan yang tinggi kepada pendidikan.

Parcel dan Dufur (2001) berpendapat bahawa kita perlu mempertimbangkan bagaimana dua institusi (keluarga dan sekolah) bekerja bersama untuk membantu pengubahsuaian sosial kanak-kanak. Manakala Crosnoe (2004) pula berpendapat rawatan persekitaran sekolah perlu diberi perhatian kerana pelajar berbeza boleh masuk konteks sosial (keluarga dan komuniti yang merangkumi sekolah serta kejiranan) yang berbeza di sekolah yang sama di mana ia boleh menghasilkan analisis modal sosial yang lebih baik dalam konteks sekolah. Ini menunjukkan cara untuk membina jambatan antara keluarga dan bidang penyelidikan pendidikan.

John (2005) berpendapat kebanyakan elemen modal sosial meramal kejayaan akademik walau bagaimanapun tidak semua aspek ikatan dan jaringan dalam modal sosial adalah baik untuk pelajar. Ini kerana terdapat laluan sosial khusus yang mempengaruhi pencapaian pelajar. Modal sosial berkaitan dengan kesan ciri-ciri individu yang menjadi penyebab secara sosial kepada penghasilan faedah. Biasanya, penyelidik menggunakan tinjauan yang membuat pemerhatian pada satu tempoh waktu sahaja, di mana pengkaji tidak boleh sentiasa menghakimkan arah sebab-akibat. Manakala data 'panel" melibatkan pengukuran yang sama melalui dua masa, boleh mengesan proses sebab-akibat seperti kemungkinan untuk membuat pemerhatian pemilihan dengan kedua-duanya bertambah dalam modal sosial dan pencapaian akademik yang boleh berlaku pada masa yang, kemungkinan pemboleh ubah terselindung menentukan kedua-dua modal sosial dan pencapaian akademik ialah terhad kerana semua reka bentuk kajian 'panel' dalam penyelidikan *multilevel* boleh membantu menghapuskan '*heterogeneity*' yang tidak diperhatikan pada tahap sekolah, yang mana boleh juga dibezakan merentasi masa.

Goyette dan Conchas (2002) menyebut bahawa data kuantitatif menunjukkan norma rakan sebaya dan tingkah laku telah menjadi pengaruh penting ke atas masa yang dihabiskan oleh pelajar untuk membuat kerja rumah. Hasil kajian mereka juga menunjukkan pelajar yang tidak tahu tentang jangkaan guru terhadap mereka atau percaya bahawa guru mereka tidak mengambil berat tentang masa depan pendidikan mereka dengan kuat akan kurang membuat kerja rumah berbanding pelajar lain.

Bagi Smith, Beaulieu dan Israel (1992) berpendapat kualiti interaksi dalam keluarga dan komuniti boleh memberi kesan ke atas keputusan pelajar untuk kekal di sekolah atau tercicir daripada sekolah. Interaksi *familial* dan komuniti adalah perlu dalam usaha untuk mensosialisasikan kanak-kanak supaya mengambil nilai berkaitan pencapaian pendidikan dan untuk menjadikan kanak-kanak merasai perpaduan dalam kehidupan keluarga dan komuniti. Bagi individu, keputusan untuk tercicir daripada sekolah tinggi menambah peluang halangan ekonomi dan membantutkan peluang hidup. Bagi masyarakat, keciciran menggambarkan kegagalan untuk membangunkan modal manusia yang diperlukan untuk mendapat kemewahan ekonomi. Teori modal sosial mencadangkan supaya mesej sokongan sosial disampaikan kepada kanak-kanak bahawa masyarakat sebenarnya mengambil berat tentang kesejahteraan dan nilai penyertaan penuh mereka dalam kehidupan komuniti.

Menurut Furgeson (2006), mencadangkan supaya kajian akan datang yang menggunakan pelbagai unit pemerhatian dalam pengutipan data akan dapat membantu menjelaskan bagaimana ibu bapa dan anak-anak mereka memikirkan jangkaan pendidikan dan juga adakah jangkaan yang harmoni mempunyai kaitan dengan pencapaian pendidikan yang tinggi. Teachman, Paasch dan Carver (1996) menyarankan agar kajian akan datang mempertimbangkan pengukuran alternatif ke atas modal sosial secara produktif. Kajian seterusnya juga sepatutnya meluaskan analisis keciciran pendidikan antara pelajar gred 10 dan 12. Ini kerana pelajar berterusan menekankan pengaruh sumber *extra-familial* sebagai kemajuan mereka di sekolah tinggi. Seseorang mungkin boleh menghipotesiskan bahawa modal sosial yang melibatkan kumpulan rakan sebaya mungkin menjadi lebih penting dan bentuk modal sosial yang melibatkan ibu bapa mungkin menjadi kurang penting.

Ulasan Karya Berkenaan Latar Belakang Responden

Kajian Cheryl J. Hartman (2007), responden lelaki ialah seramai 60 orang dan responden perempuan ialah 180 orang. Kajian Jacqueline L. Davis (2009), 227 orang (41.2 peratus) responden lelaki dan 324 orang (58.8 peratus) responden perempuan. Chia Hsun Lin (2008), 28 orang (12.4 peratus) responden adalah lelaki dan 198 orang (87.6 peratus) responden adalah perempuan. Lucy A. Garza Westbrook (2011), 33 peratus adalah lelaki dan 67 peratus adalah perempuan. Ann Meier (1999), responden lelaki ialah 50 peratus dan responden perempuan ialah 50 peratus. Kajian Rothon, Goodwin dan Stansfeld (2012), separuh daripada sampel adalah lelaki (50.9 peratus). Kajian John (2005), sampel 192 pelajar bukan kulit putih, 4 adalah Bangladesh, 38 adalah India, 24 adalah Cina, 14 adalah orang kulit hitam Afrika, 8 adalah kulit hitam *Carribbean* dan 4 adalah "lain-lain kulit hitam" (72 adalah keturunan bercampur-campur). Kajian Boyle et al. (2007), kurang daripada 2 peratus daripada kanak-kanak daripada kaum minoriti. Kajian Jeffrey G. Toussaint (2008), purata umur responden di kalangan anak angkat dan bukan anak angkat adalah 15 tahun.

Chia Hsun Lin (2008), purata umur responden ialah antara 16 hingga 19 tahun. Chia Hsun Lin (2008), 73 orang adalah pelajar gred satu, 44 orang responden adalah pelajar gred 2, 32 orang responden adalah pelajar gred 3, 29 orang responden adalah pelajar gred 4, 33 orang responden adalah pelajar gred 5 dan satu orang responden adalah pelajar gred enam. Ann Meier (1999), purata bilangan adik-beradik ialah 0 hingga 12 orang. Kajian Cheryl J. Hartman (2007), bilangan adik-beradik enam orang ke atas ialah seramai 15 orang responden, 4 hingga 5 orang adik-beradik 20 orang responden, tiga orang adik beradik ialah 35 orang responden, dua orang adik-beradik ialah 86 orang responden, seorang adik-beradik ialah 61 orang responden dan tiada adik-beradik ialah 16 orang responden.

Kajian Colemen (1988) mendapati bilangan adik-beradik mempengaruhi modal sosial keluarga, iaitu bilangan adik-beradik yang ramai menyebabkan perhatian kurang diberikan kepada setiap anak oleh ibu bapa kerana ibu bapa terpaksa membahagi-bahagikan modal sosial (interaksi) di kalangan anak-anak, menghasilkan pendidikan yang rendah di kalangan anak-anak. Parcel dan Dufur (2001) mendapati kanak-kanak daripada keluarga yang besar adalah berada dalam risiko yang lebih tinggi bagi peningkatan tingkah laku bermasalah, barangkali disebabkan modal sosial yang ada bagi setiap anak dalam keluarga sebegini adalah berkurangan. Smith, Beaulieu dan Israel (1992) mendedahkan bahawa pelajar sekolah yang mana kedua-dua ibu bapa mereka tinggal serumah adalah kurang mengalami keciciran, sementara pelajar yang mana ibu mereka bekerja semenjak pelajar masih kecil adalah lebih mudah mengalami keciciran dalam pendidikan. John (2005) mendedahkan keluarga dengan status ekonomi yang rendah mungkin mempunyai capaian yang kurang terhadap pengetahuan tentang pencapaian pendidikan dan mungkin tidak boleh memindahkan amalan pendidikan yang baik. Kekurangan perhubungan bagi pelajar yang ibu bapa mereka berpendidikan tinggi. Boyle, Georgiades dan Mustard (2007) mengkaji pengaruh kontekstual yang terdiri daripada kejiranan dan keluarga yang mampu dibahagi secara meluas ke dalam tiga bidang yang saling berkait termasuk status yang meliputi ciri-ciri sosioekonomi seperti pendapatan dan demografi keluarga seperti struktur keluarga dan populasi seperti konsentrasi kemiskinan.

Ulasan Karya Taburan dan Kecenderungan Memusat Item-item Modal Sosial

Sherman dan Catapano (2011), kelab matematik selepas sekolah MITEE bermula pada minggu pertama bulan Oktober 2008 dengan dianggotai oleh 24 kedua melalui pelajar-pelajar gred kelima yang mempunyai kebenaran bertulis daripada keluarga mereka untuk menyertai. Papanastasiou dan Bottiger (2004), seramai 163 orang pelajar Sekolah Menengah St. Paul layak untuk kajian kelab matematik bertajuk "*maths club and their potentials: making mathematics fun and exciting. A case study of a math club*". Fox et al. (2010), kadar penyertaan pelajar dalam pasukan sukan di sekolah menengah ialah 70.7 peratus (519 orang) pelajar lelaki dan 62.7 peratus (477 orang) pelajar perempuan. Di sekolah tinggi ialah 66.5 peratus (977 orang) pelajar lelaki dan 52.5 peratus (762 orang) pelajar perempuan. Israel dan Beaulieu (2004) mendapati pendekatan baru untuk memperbaiki pencapaian pelajar masih lagi kekal berpusatkan sekolah. Kajian Rothon, Goodwin dan Stansfeld (2012), sebahagian kecil daripada remaja (23.7 peratus) terlibat dalam aktiviti "komuniti" seperti kerja-kerja sukarela, kelab-kelab belia, pengakap. Sebahagian besar golongan muda terlibat dalam beberapa jenis aktiviti bukan-terarah ("*hanging about*") iaitu 59.8 peratus.

Kajian Jacqueline L. Davis (2009), jumlah keseluruhan aktiviti yang ditaja oleh sekolah tahun asas bahagian terbesar (28.9 peratus) daripada responden mengambil bahagian dalam National Honor Society atau lain-lain persatuan penghormatan akademik. Satu jumlah yang lebih rendah (5.8 peratus) daripada responden mengambil bahagian dalam kelab-kelab akademik (seni, komputer, bahasa asing, perbahasan), manakala jumlah yang paling kecil peserta mengambil bahagian dalam persatuan *band*, orkestra, korus atau koir (2.4 peratus). Bagi kategori gabungan tahun asas jumlah aktiviti-aktiviti luar sekolah, bahagian terbesar (46.1 peratus) daripada responden mengambil bahagian dalam organisasi khidmat masyarakat. Hampir satu perempat (21.2 peratus) daripada responden mengambil bahagian dalam sukan luar (bukan) sekolah. Bagi tahun susulan, kategori gabungan jumlah aktiviti yang ditaja oleh sekolah, bahagian terbesar (37.4 peratus) daripada responden mengambil bahagian dalam National Honor Society. Kurang daripada satu perempat (15.1 peratus) menyertai kelab-kelab akademik, dan jumlah yang lebih rendah (2.5 peratus) menyertai *band*, orkestra, korus dan koir. Bagi kategori gabungan tahun susulan jumlah aktiviti-aktiviti luar sekolah bahagian terbesar responden, kira-kira separuh (49.4 peratus) mengambil bahagian dalam aktiviti-aktiviti khidmat masyarakat, manakala hampir satu perempat (24.1 peratus) mengambil bahagian dalam sukan luar (bukan) sekolah.

Ann Meier (1999), responden yang mengambil bahagian dalam aktiviti-aktiviti ko-kurikulum ialah 60.7 peratus. John (2005) memberikan pendapat iaitu jaringan tidak sentiasa berfaedah kerana jaringan sosial hanya boleh dimanfaatkan oleh individu yang berstatus sosioekonomi lebih tinggi atau keluarga yang berpendidikan tinggi. Monconduit (2007), terdapat berkongsi pembuatan keputusan tentang polisi sekolah iaitu min 2.77 (kerap kali menghampiri sentiasa). Sherman dan Catapano (2011), 90 peratus pelajar sekolah rendah menghadiri sesi kelab semasa program tujuh bulan. Kira-kira 85 peratus daripada gred sembilan menghadiri setiap mesyuarat kelab. Pelajar-pelajar sekolah tinggi menunjukkan bahawa bekerja dengan permainan dan aktiviti-aktiviti matematik membantu mereka mendapat beberapa kemahiran matematik mereka perlukan untuk kursus-kursus sekolah tinggi mereka terutamanya dalam bidang pengiraan mental. Papanastasiou dan Bottiger (2004), pelajar hadir ke aktiviti kelab matematik kerana mereka suka mendapat donut semasa dalam kelab matematik.

Sherman dan Catapano (2011), pelajar-pelajar sekolah tinggi merasa seronok bekerja dengan pelaajr-pelajar lebih muda sehingga tahap mereka boleh mempertimbangkan pengajaran sebagai satu pilihan kerjaya masa depan mereka. Mereka juga menghargai peluang untuk bekerja dengan sukarelawan komuniti yang adalah profesional-profesional berjaya menggunakan matematik dalam kerja mereka. Papanastasiou dan Bottiger (2004), pelajar suka bekerja bersama untuk belajar kemahiran matematik dalam kelab matematik. Thorkildsen dan Xing (2013), pelajar-pelajar kolej yang diambil dalam latar belakang bersemuka dan media sosial dilaporkan lebih masa mempromosi agenda-agenda kumpulan. Aneela Majeed (2010), item persaingan di kalangan rakan-rakan anda mempengaruhi hubungan personal anda menunjukkan kebanyakan iaitu 54.286 peratus pelajar adalah tidak bersetuju dan 38.571 peratus pelajar adalah bersetuju bahawa persaingan di kalangan rakan-rakan boleh mempengaruhi hubungan peribadi. Mohamad Johdi Salleh et al. (2011), item rakan sebaya mempengaruhi semua keputusan ialah 32.9 peratus (23 orang) responden tidak bersetuju dengan penyataan ini.

Koutra et al. (2012), menemui purata 14.9 pelajar sekolah menengah di kawasan luar bandar Crete menggunakan alkohol tahun-tahun sebelum tahun terakhir gred. John (2005) mendapati jaringan ibu bapa tidak membantu pencapaian pelajar, kanak-kanak dengan ibu bapa yang mengenali dengan baik antara satu sama lain tidak menunjukkan pencapaian yang baik seperti kanak-kanak lain. Monconduit (2007), item terdapat kepercayaan antara guru yang bekerja dalam sekolah iaitu min 3.07 (sentiasa). Monconduit (2007), item guru percaya komuniti iaitu min 2.85 (kerap kali menghampiri sentiasa).

Monconduit (2007), item kerjasama dinilai ke atas persaingan di kalangan guru iaitu min 3.23 (sentiasa). Item terdapat tanggungjawab kolektif untuk pembelajaran pelajar iaitu min 3.22 (sentiasa). Item terdapat usaha bekerjasama antara semua pekerja iaitu min 3.10 (sentiasa). Jong Hoon Kim (2010), 19.1 peratus (13 orang) pelajar yang memperolehi maklumat secara langsung daripada pelajar-pelajar sekolah mereka sebelum *clinical performance examination* (CPX). Sebanyak 17.6 peratus (12 orang) pelajar memperolehi maklumat secara langsung daripada pelajar-pelajar sekolah lain sebelum *clinical performance examination* (CPX).

Jong Hoon Kim (2010), 19.1 peratus (13 orang) pelajar yang menjawab mendapat maklumat dalam talian seperti kafe internet sebelum *clinical performance examination* (CPX). Soohyun Kim (2011), remaja melayari internet untuk pelajaran iaitu min 1 hingga 2 kali sehari untuk hari kerja dan hujung minggu (Sabtu dan Ahad). Keasyikan remaja menggunakan internet untuk pelajaran dan kerja sekolah ialah min satu hingga dua jam untuk hari kerja dan hujung minggu. Kekerapan penggunaan fungsi penggunaan internet semasa hari kerja biasa untuk pelajaran dan melakukan kerja sekolah iaitu 22.2 peratus ialah tiada, 50.2 peratus ialah satu hingga dua kali bagi hari kerja, 19.4 peratus ialah tiga ke empat kali bagi hari kerja dan 8.2 peratus ialah lebih daripada lima kali bagi hari kerja. Kekerapan penggunaan fungsi penggunaan internet semasa hari kerja biasa untuk mendapat kan jawapan tentang topik-topik berkaitan pelajaran iaitu tiada ialah 53.5 peratus, 34.3 peratus ialah satu ke dua kali bagi hari kerja, 8.7 peratus ialah tiga ke empat kali bagi hari kerja dan 3.4 peratus ialah lebih daripada lima kali bagi hari biasa. Kekerapan penggunaan fungsi penggunaan internet semasa hari kerja biasa untuk menonton kelas-kelas dalam talian iaitu 48.8 peratus ialah tiada, 27.3 peratus ialah satu ke dua kali bagi hari kerja, 14.6 peratus ialah tiga ke empat kali bagi hari kerja dan 9.4 peratus ialah lebih daripada lima kali bagi hari kerja.

Kim (2012), penggunaan internet untuk tujuan pendidikan adalah berkaitan dengan pencapaian akademik remaja. Penggunaan internet untuk rekreasi dan sosial adalah berkaitan dengan pencapaian akademik lebih rendah. Kajian Coleman (1988) serta Goyette dan Conchas (2002) mendapati perhubungan di luar keluarga iaitu modal sosial bukan kekeluargaan juga memainkan peranan yang besar dalam menjelaskan perbezaan antara pelajar-pelajar Vietnam dan pelajar-pelajar berbangsa campuran Mexico Amerika (Pan Amerika). Jong Hoon Kim (2010), 52.9 peratus (36 orang) pelajar yang memperolehi maklumat melalui sebarang bentuk dokumen bercetak sebelum *clinical performance examination* (CPX). Kira-kira 1.5 peratus (1 orang) pelajar memperolehi maklumat daripada lain-lain sumber. Kajian Goddard (2003), terdapat kepelbagaian yang besar dalam modal sosial di seluruh sekolah-sekolah bandar dalam kajian "*Relational networks, social trust, and norms: A social capital perspective on students' chances of academic success*".

Ulasan Karya Taburan dan Kecenderungan Memusat Pemboleh ubah Modal Sosial

Kajian Cynthia Olivo (2009), responden mempunyai darjah percaya yang tinggi kepada orang yang mereka jumpa dalam program *Future Leader*. Hubungan mempercayai ini berkembang ke dalam aliran modal sosial mereka boleh untuk mendapat manfaat daripada *Future Leader* terutamanya individu yang kekal secara sosial bersambung dalam rangkaian *Future Leader*. Kajian Susmita Sil (2009), ikatan sosial ibu bapa melalui ibu bapa bersosial hanya dengan rakan senegara iaitu min 0.60 (bersosial dengan rakan senegara sahaja), ibu bapa bersosial dengan rakan senegara dan bukan rakan senegara iaitu min 0.07

(bersosial hanya dengan bukan rakan senegara), ibu bapa menghadiri mesyuarat Pertubuhan Ibu bapa dan Guru (*Parent Teacher Organization*/PTO) iaitu min 0.79 (ibu bapa menghadiri mesyuarat PTO), dan ibu bapa sukarelawan di sekolah anak-anak iaitu min 0.40 (ibu bapa bukan sukarelawan di sekolah anak-anak).

Ulasan Karya Analisis Hubungan Antara Dua Pembolehubah

Kajian Beaulieu et al. (2001), ciri-ciri modal sosial dalam masyarakat menunjukkan bahawa pelajar-pelajar yang tinggal dalam masyarakat dengan sebahagian besar orang dewasa mengundi dan mengambil bahagian yang aktif dalam aktiviti-aktiviti keagamaan adalah lebih cenderung untuk skor yang lebih tinggi pada ujian matematik atau membaca. Kajian Israel, Beaulieu dan Hartless (2001), melibatkan diri dalam kumpulan agama cenderung untuk meningkatkan pencapaian pendidikan belia (bagi gred, manfaat penyertaan dalam kumpulan agama adalah yang terbesar di kawasan bersebelahan metro). Penglibatan dalam kumpulan bukan agama memudahkan pencapaian pendidikan, walaupun manfaat adalah terhad kepada penglibatan dalam dua atau tiga kumpulan (ditunjukkan oleh istilah kuadratik). Kajian Israel dan Beaulieu (2004), melibatkan belia dalam kumpulan agama mempunyai kesan positif. Mengambil peranan kepimpinan mempunyai kesan positif, yang mencadangkan bahawa lebih mendalam hubungan *mentor-protege* adalah perlu bagi pelajar untuk mendapat manfaat. Kajian John (2005), hubungan yang kuat antara prestasi dan purata keanggotaan kumpulan sukarelawan. Kajian Smith, Beaulieu dan Israel (1992), penyertaan pelajar dalam aktiviti belia seperti pengakap lelaki, pengakap perempuan, YMCA dan lain-lain tidak mempunyai pengaruh ke atas keciciran dalam pendidikan. Kajian Martin (2009), hubungan kelab (rangkaian rakan sebaya) adalah kiraan kelab kurikulum, yang pelajar laporkan keanggotaan (persaudaraan/pertubuhan wanita, kelab agama, kelab budaya atau etnik, kelab perkhidmatan komuniti, kerajaan pelajar, penerbitan sekolah, kelab dalaman dan pasukan olahraga antara kolej) bagi regresi OLS purata poin gred tahun pertama ke atas modal sosial, regresi logistik lulus dengan kepujian ke atas modal sosial dan regresi logistik menghadiri sekolah siswazah ke atas modal sosial adalah tidak signifikan.

Kajian Rothon, Goodwin dan Stansfeld (2012), semakin rendah bilangan aktiviti ko-kurikulum individu terlibat, semakin tinggi kemungkinan mereka mencapai GCSE (aktiviti bukan-terarah dikaitkan dengan hasil yang semakin kurang). Mengambil bahagian dalam aktiviti bukan-terarah secara negatif berkaitan dengan mencapai penanda aras GCSE manakala terlibat dalam aktiviti ko-kurikulum mempunyai kesan positif terhadap kemungkinan mencapai penanda aras GCSE, dengan remaja yang *tertile* (mana-mana dua poin yang membahagi satu taburan berurutan ke dalam tiga bahagian, setiap bahagian mengandungi satu pertiga daripada populasi) tertinggi mempunyai lebih daripada dua dan setengah kali kemungkinan mencapai penanda aras akademik berbanding dengan orang-orang di *tertile* terendah. Modal sosial komuniti juga penting dalam hal pencapaian pendidikan. Selepas pelarasan, penglibatan dalam aktiviti ko-kurikulum meningkatkan kemungkinan pencapaian yang tinggi manakala aktiviti bukan-terarah (atau "*hanging about*") menurunkan kemungkinan mencapai penanda aras GCSE. Walaupun tahap sederhana suka bergaul tidak mempunyai kesan kepada pencapaian, aras yang tinggi suka bergaul menurunkan kemungkinan mencapai penanda aras GCSE kira-kira separuh.

Kajian Jacqueline L. Davis (2009), aktiviti yang ditaja oleh sekolah didapati menjadi peramal pencapaian matematik tahun asas dan pencapaian matematik tahun susulan pertama. Mengambil bahagian dalam aktiviti yang ditaja oleh sekolah boleh membina modal sosial dan mengalakkan hubungan sosial di mana pelajar boleh mendapat sokongan dan galakkan daripada rakan-rakan mereka dan model peranan orang dewasa. Ini kemudian boleh mempengaruhi pencapaian akademik. Jumlah aktiviti luar (bukan) sekolah adalah peramal tidak signifikan dalam pencapaian matematik dalam tahun asas atau tahun susulan dalam model ini. Hubungan adalah tidak ditemui dengan jumlah aktiviti luar (bukan) sekolah dan pencapaian, tetapi kajian menemui hubungan antara satu pembolehubah, sukarelawan/melaksanakan khidmat masyarakat, sebagai satu peramal untuk pencapaian. Sukarela atau melaksanakan khidmat masyarakat membina hubungan sokongan di mana pelajar boleh membuat sambungan antara keluarga mereka, sekolah atau komuniti. Oleh itu, pelajar mungkin mempunyai peluang pembelajaran melalui aktiviti sukarela yang boleh meningkatkan akademik mereka. Pembolehubah jumlah aktiviti luar (bukan) sekolah adalah bukan peramal dalam pencapaian matematik, adalah munasabah bahawa remaja perlu menghabiskan masa dalam jenis tertentu aktiviti-aktiviti luar (bukan) sekolah di mana mereka boleh mempunyai hubungan dan pengalaman yang mempengaruhi kejayaan pendidikan mereka. Apabila pelajar boleh melibatkan diri dalam aktiviti-aktiviti dalam masyarakat mereka sendiri dan belajar tentang benda-benda berbeza berkaitan komuniti mereka, peluang-peluang mereka untuk kejayaan akademik boleh memberi kesan.

Chia Hsun Lin (2008), keputusan menunjukkan rangkaian sosial ialah secara langsung berkaitan dengan keputusan akademik dalam arah positif. Selain korelasi langsung antara rangkaian sosial dan keputusan akademik, terdapat korelasi tidak langsung antara rangkaian sosial dan keputusan akademik melalui indikator *covariable* pelarasan psikologi. Kajian Cynthia Olivo (2009), individu yang kekal aktif dalam rangkaian Future Leaders mencapai kejayaan pendidikan lebih tinggi daripada Latinos yang lain dalam negara, negeri dan Inland Empire. Kajian Julie A. Gaddie (2010), semua peserta menerangkan keupayaan mereka untuk mendapatkan rakan dan mencari satu rangkaian sosial perasaan mereka selain daripada menjadi satu komponen penting kejayaan akademik dan sosial mereka. Min Zhou dan Susan S. Kim (n.d.), modal sosial yang timbul daripada penyertaan institusi etnik dan adalah sangat berharga dalam mengalakkan pencapaian pendidikan. Frank V. Neri dan Simon Ville (2008), banyak pelajar juga membina rangkaian sosial melalui keahlian kelab. Responden dari pelajar antarabangsa nampaknya membentuk modal sosial 'ikatan' dan bukannya 'merapatkan' (jambatan). Kajian Furgeson (2006), percaya dan dan keselamatan (modal sosial komuniti atau modal sosial luar) adalah tidak signifikan dalam meramal status sekolah yang betul kanak-kanak.

Kajian John (2005), Percaya secara bebas memberi kesan kepada prestasi akademik, yang menunjukkan bahawa modal sosial boleh meningkatkan prestasi laporan kendiri. Angie Neville, Pamela Schaff, dan Marie Verhaar (2007), satu bahan penting kepada kejayaan ialah melaksanakan satu model kerjasama – pembangunan profesional tertanam ke dalam hari kerja. Melissa Friedman MacDonald dan Aimee Dorr (n.d.), perkongsian pendidikan antara sekolah awam dan institusi pendidikan tinggi menyediakan satu cara berkuasa untuk meningkatkan pencapaian pelajar dan memupuk kebudayaan *college going*. Seluruh California, banyak perkongsian sekolah-universiti kini wujud dan adalah bekerja keras untuk merapatkan jurang peluang dan pencapaian yang memisahkan kumpulan pelajar. Elizabeth W. Simmons (n.d.), kajian seluruh negeri dalam media perpustakaan telah diadakan di Colorado, Pennsylvania dan Alaska dalam tahun 1998-1999 untuk menentukan hubungan antara kerjasama pakar guru-media dan pencapaian pelajar. Menurut Lance dan Rodney (1999) keputusan menunjukkan bahawa pelajar-pelajar K-12 menunjukkan pencapaian lebih tinggi apabila pakar media dimasukkan sebagai ahli pasukan perancangan/pengajaran. Dalam kajian Alaska dan Colorado, statistik menunjukkan bahawa perancangan kerjasama antara guru dan pakar media ialah satu peramal untuk pencapaian akademik. Penyelidikan projek CIERA menunjukkan bahawa sekolah yang mencapai keputusan tidak dijangka dalam persekitaran kemiskinan tinggi menggunakan pendekatan kerjasama antara kelas dan guru-guru khas bagi membaca untuk menyediakan pengajaran kumpulan kecil dan untuk lebih memenuhi keperluan pelajar individu (korelasi dengan pencapaian = 0.37). Ibu bapa bekerjasama dengan guru-guru apabila mereka secara sukarela membantu guru-guru dan menyertai dalam proses pembuatan keputusan dalam pelbagai jawatankuasa seperti Reading Renaissance Council. Penglibatan ini meningkatkan tahap pencapaian pelajar.

Patti, L. Chance dan Susan N. Segura (2009), persimpangan dalam kemahiran kepimpinan dan pengurusan organisasi dalam kerjasama yang kelihatan menyumbang kepada pencapaian pelajar. Proses dialog "guru ke guru" dan menyediakan satu rangka untuk akauntabiliti rakan sebaya dan susulan yang akhirnya terhasil dalam pencapaian pelajar. Jong Hoon Kim (2010), pelajar memperolehi maklumat yang dikongsi tentang kandungan *clinical performance examination* (CPX) sebelum peperiksaan, tetapi kesan IS (*information sharing*) ke atas skor CPX hanyalah minima. Lebih separuh daripada kumpulan IS menjawab bahawa mereka memperolehi maklumat melalui dokumen bercetak. Soohyun Kim (2011), kesan secara terus antara penggunaan internet untuk tujuan pendidikan dan pencapaian akademik adalah signifikan dan positif iaitu p ialah kurang daripada 0.001. Kajian Kao dan Rutherford (2007), kanak-kanak pendatang dan anak-anak pendatang mempunyai modal sosial kurang daripada rakan-rakan generasi ketiga mereka. Modal sosial tidak kelihatan mempengaruhi pelajar-pelajar secara berbeza berasaskan kumpulan ras-pendatang mereka. Kanak-kanak pendatang pertama (generasi pertama) dan anak-anak pendatang (generasi kedua) mempunyai tahap yang lebih rendah modal sosial daripada rakan-rakan generasi ketiga mereka. Corak kekurangan pendatang ini adalah benar bagi semua kumpulan tetapi terutamanya kulit hitam, *Hispanic* dan orang Asia. Walaupun kekurangan ini cenderung untuk hilang melalui generasi ketiga, Hispanic mempunyai modal sosial lebih rendah di seluruh status generasi.

Kajian Qiaobing Wu, Lawrence A. Palinkas dan Xuesong He (2010), modal sosial rakan sebaya tidak mempunyai hubungan dengan pencapaian akademik kanak-kanak. Jungnam Kim (2012), penentuan kendiri adalah secara negatif signifikan mempunyai kaitan dengan pencapaian akademik. Penentuan kendiri diukur melalui sama ada ibu bapa menghubungi sekolah apabila mereka tidak bersetuju dengan sekolah atau guru. Ibu bapa tidak menghubungi sekolah apabila mereka tidak bersetuju dengan guru atau sekolah dilaporkan secara signifikan mempunyai kaitan dengan pencapaian akademik lebih tinggi untuk anak-anak mereka daripada ibu bapa yang menghubungi sekolah atau guru. Kajian Pil dan Leana (2009), hubungan mendatar yang kuat sangat penting di peringkat kumpulan iaitu apabila guru dalam pasukan dengan ikatan kumpulan yang kuat, pelajar-pelajar mereka mempunyai prestasi lebih baik. Pelajar yang guru-guru mempunyai ikatan kuat kepada pentadbir-pentadbir sekolah menunjukkan pertumbuhan yang lebih tinggi dalam pencapaian matematik. Thorkildsen dan Xing (2013), tahap pencapaian lebih tinggi adalah berkaitan dengan lebih melayari dan mengalakkan agenda kumpulan dan dengan kurang komunikasi personal di kalangan kedua-dua pelajar-pelajar sekolah tinggi dan kolej.

Susmita Sil (2009), hubungan sosial ibu bapa tidak mempengaruhi GPAs anak-anak melalui penyertaan ibu bapa dalam PTO dan lain-lain aktiviti sekolah. Bersosial bercampur dengan kedua-dua rakan senegara dan bukan rakan senegara adalah mempunyai hubungan dengan min GPA yang tertinggi. Kanak-kanak dari ibu bapa bersosial hanya dengan bukan rakan senegara didapati mempunyai GPA terendah. Pelajar-pelajar yang ibu bapa mempunyai hanya ikatan intra (antara) atau lebih negara adalah kemungkinan mempunyai keputusan akademik lebih rendah berbanding dengan pelajar-pelajar yang mempunyai keseimbangan antara ikatan intra (antara) dam lebih negara. Walaupun kanak-kanak dalam kajian ini yang ibu bapa bersosial hanya dengan rakan senegara cenderung mempunyai GPA lebih rendah daripada pelajar-pelajar dengan ibu bapa yang ikatan bersosial bercampur, mereka masih mempunyai min GPA lebih tinggi daripada pelajar-pelajar yang ibu bapa bersosial hanya dengan bukan rakan senegara. Monconduit (2007), modal sosial termasuk jambatan modal sosial memainkan peranan penting dalam pencapaian akademik pelajar. Menahem (2011), jambatan modal sosial adalah berkaitan dengan kadar matrikulasi positif. Kajian Rothon, Goodwin dan Stansfeld (2012), semakin pandai bergaul remaja semakin rendah kemungkinan untuk mencapai penanda aras GCSE berbanding dengan remaja kurang pandai bergaul. Tetapi remaja yang sederhana bergaul mempunyai kemungkinan yang lebih tinggi untuk mencapai penanda aras GCSE berbanding remaja yang kurang pandai bergaul.

Kajian Lihong Huang (2009), modal sosial pelajar dihasilkan daripada hubungan sosial pelajar dengan ibu bapa, guru-guru dan rakan-rakan mempunyai pengaruh signifikan ke atas pencapaian pelajar. Liaqat Hussain, Asif Jamil, Iqbal Ameen dan Khuda Bakhsh (2011), terdapat kesan positif interaksi kelas ke atas pencapaian pelajar. Interaksi kelas membawa kepada kejayaan pelajar dan banyak menyumbang kepada iklim kelas dan pengajaran kelas berkesan. Estella Marshall-Reed (2010), interaksi sosial-interaksi sosial dalam kelas inklusif memang memberi kesan ke atas pencapaian akademik. Peserta 1 adalah yakin dalam kebolehan akademiknya dan sebaliknya seronok bekerja dengan raka sebayanya. Jumlah keseluruhan peserta ini dalam interaksi-interaksi akademik adalah lebih besar daripada jumlah interaksi sosial-interaksi sosialnya. Peserta 2 suka bersama dengan rakan sebayanya dan melihat kepentingan pencapaian akademik di sekolah. Jumlah keseluruhan peserta ini dalam interaksi-interaksi akademik adalah lebih besar daripada jumlah interaksi sosialnya. Peserta 3 suka berinteraksi dan bersosial dengan dengan rakan sebayanya dn pencapaian akademik adalah lebih penting kepadanya. Walaupun data menyokong interaksi sosial-interaksi sosial peserta pelajar berbeza, kesimpulan yang mendasari data dalam penyelidikan adalah bahawa interaksi sosial-interaksi sosial pelajar dengan kurang upaya dalam gred 5 kelas inklusif dan kesan ke atas pencapaian akademik.

Changhui Kang (2006), pencapaian pelajar (skor matematik standard) ialah signifikan positif berkaitan dengan purata prestasi rakan sebaya kelas. Menggunakan kaedah IV, menunjukkan hubungan ialah sebab-musabab: perbaikan (peningkatan) dalam kualiti rakan sebaya dicerminkan oleh satu Sisihan Piawai bertambah dalam min skor matematik rakan sebaya meningkatkan skor matematik milik pelajar pada Sisihan Piawai 0.30. Penyebaran serta tahap purata kualiti rakan sebaya ialah signifikan berkaitan dengan pelajar tahap pencapaian berbeza. Pencapaian pelajar lemah ialah secara negatif berkaitan dengan penyebaran kualiti rakan sebaya dalam kelas, manakala pelajar yang kukuh ialah berkaitan secara positif. Mohamad Johdi Salleh (2011), pelajar-pelajar adalah sedar (mengetahui) bagaimana rakan sebaya boleh memberi kesan ke atas diri mereka dalam akademik dan menggunakan ia ke arah cara yang positif. Igor Ryabov (2012), pada peringkat permulaan ia telah dihipotesiskan bahawa keutamaan persahabatan untuk rakan-rakan ras bersama adalah secara positif berkaitan dengan pencapaian dan perolehan pendidikan remaja Asia Amerika. Christopher Clark, Benjamin Scafidi dan John R. Swinton (2011), mana-mana strategi-strategi keupayaan-kumpulan dalam kelas ekonomi akan menghasilkan menang dan kalah supaya pelajar-pelajar dikumpulkan dengan rakan sebaya dengan lebih tinggi mencapai pencapaian akademik akan mengalami pencapaian akademik lebih tinggi dan pelajar-pelajar dikumpulkan dengan rakan sebaya lebih rendah mencapai pencapaian akademik mengalami lebih teruk pencapaian akademik.

Marina Kirchonova (2003), tahap lebih tinggi pengaruh rakan sebaya positif adalah berkaitan dengan kadar lebih tinggi dalam pencapaian akademik. Tahap lebih tinggi pengaruh rakan sebaya negatif adalah berkaitan dengan kadar lebih rendah pencapaian akademik. Hubungan antara setiap pembolehubah pengaruh rakan sebaya dan pencapaian akademik adalah tidak kuat. Alexander J. Buoye (2004), norma-norma rakan sebaya, sepositif mungkin berkenaan dengan pencapaian akademik, mungkin tidak mengupayakan pelajar untuk belajar. Lisa Gardner (2004), terdapat hubungan menghasilkan maklumat mengenai kesan-kesan tekanan rakan sebaya ke atas pencapaian pendidikan dan motivasi remaja. Tekanan rakan sebaya dan kebimbangan dengan imej adalah salah satu faktor utama mempengaruhi tahap di mana pelajar-pelajar mencapai akademik. Alicia Doyle Lynch (2011), kumpulan-kumpulan rakan sebaya serta-merta dan kebudayaan rakan sebaya memainkan peranan penting secara berasingan tetapi berpotensi dengan sama dalam meramal keputusan akademik. Tidak ada ukuran dalam kebudayaan rakan sebaya hubungan adalah berkaitan dengan GPA individu. Keputusan daripada analisis regresi awal mencadangkan terdapat perbezaan yang tidak signifikan dalam GPA antara pelajar-pelajar tidak berpadanan, iaitu, pelajar-pelajar yang hadir sekolah dengan kebudayaan rakan sebaya positif, tetapi mempunyai kebarangkalian yang tinggi dalam Kebudayaan Rakan sebaya, hadir sekolah dengan kebudayaan rakan sebaya negatif, secara signifikan lebih tinggi GPA dan rakan-rakan mereka yang hadir sekolah dengan kebudayaan rakan sebaya negatif. Walau bagaimanapun, pelajar-pelajar tidak berpadanan adalah secara signifikan kurang terlibat dalam sekolah daripada rakan-rakan mereka.

Iram Nasir Ahmad (2011), hubungan negatif yang signifikan antara kuasa ibu bapa dilihat dan kejayaan akademik. Sandra Marie Way (2004), disiplin yang ketat boleh mempunyai beberapa kesan yang baik apabila ia dilihat sebagai sederhana, bertujuan untuk memperbaiki salah laku kecil dan terarah ke arah pelajar-pelajar aliran utama yang pada umumnya percaya kepada kesahihan sistem sekolah. Dalam keadaan yang lain, seperti jika disiplin dilihat sebagai terlalu ketat atau digunakan untuk pelajar-pelajar pembangkang dan berisiko, disiplin mungkin sebenarnya menjadi berbahaya. Terutamanya membingungkan semakin rendah kemungkinan pengijazahan dijumpai untuk pelajar berisiko di sekolah tinggi dengan disiplin yang ketat. Matlamat ialah untuk membina undang-undang dan peraturan yang adalah dilihat sebagai secara sederhana ketat tetapi adil dan yang mengeluarkan persekitaran sekolah yang selamat, teratur dan secara umumnya sesuai untuk pembelajaran. Hala tuju dasar yang dicadangkan termasuk menumpukan semula pada sosialisasi, mengukuhkan kuasa guru dan melaksanakan prosedur-prosedur yang meningkatkan persepsi keadilan. Dominic Hazzard (2011), 17.8 peratus pelajar-pelajar Kulit Hitam dan Latina menunjukkan bahawa organisasi kebudayaan mempunyai kesan negatif sederhana ke atas pencapaian akademik mereka kerana ia memakan masa. Jeffrey S. Hogan (2010), apabila data prestasi dikaitkan dengan setiap satu daripada sebelas elemen piagam undang-undang sekolah diperolehi oleh CER (Center for Education Reform), keputusan biasanya menunjukkan hubungan yang negatif, mencadangkan bahawa lebih tinggi skor CER tidak akan meningkatkan kebarangkalian peningkatan pencapaian akademik dalam matematik atau membaca.

Ulasan Karya Corak Modal Sosial Mengikut Latar belakang Pelajar Sekolah di Luar bandar

Kajian Jacqueline L. Davis (2009), kesan signifikan secara statistik ditemui dalam ras dan mencadangkan bahawa pelajar Afrika Amerika mempunyai skor min lebih tinggi daripada pelajar *Hispanic*. Tidak terdapat perbezaan yang signifikan secara statistik ke atas ras. Aktiviti-aktiviti yang ditaja oleh sekolah dengan interaksi ras tidak signifikan secara statistik. Kurang daripada 1 peratus perbezaan boleh diambil kira oleh interaksi ras. Ini menunjukkan bahawa peningkatan skor min adalah lebih jelas antara kedua-dua pelajar Afrika Amerika dam *Hispanic* dalam tahun kanan mereka daripada tahun kedua mereka. Kajian Jacqueline L. Davis (2009), gender adalah secara statistik menunjukkan bahawa perempuan mempunyai min skor yang lebih tinggi daripada lelaki. Tidak ada kesan interaksi apabila aktiviti yang ditaja oleh sekolah apabila membandingkan mengikut gender. Interaksi menghasilkan tiada perbezaan yang signifikan. Tiada kesan interaksi yang signifikan secara statistik ke atas gender. Perbezaan kurang daripada satu peratus dalam aktiviti-aktiviti ditaja oleh sekolah boleh merujuk kepada interaksi mengikut gender. Skor min adalah rendah bagi kedua-dua gender lelaki dan perempuan pada tahun asas dari skor min lelaki dan perempuan pada tahun susulan.

Ulasan Karya Hubungan Modal Sosial Dengan Pencapaian Dalam Pendidikan

Goddard, Salloum dan Berebitsky (2009), menggunakan analisis path dan mengawal langkah-langkah untuk mengukur konteks sekolah, kepercayaan lebih besar adalah berkaitan dengan pertambahan pencapaian sekolah dalam matematik dan membaca dalam penilaian negeri digunakan untuk tujuan akauntabiliti. Bankole (2011), kajian ke atas 4,700 orang pelbagai pelajar secara etnik dan secara ekonomi di 35 sekolah rendah bandar mendapati sebilangan hubungan signifikan ditemui antara kepercayaan pelajar terhadap guru, pengenalan dengan sekolah, persepsi pelajar ke atas akhbar akademik dan pencapaian. Lee (2007), analisis Structural Equation Modelling (SEM) menunjukkan bahawa hubungan kepercayaan pelajar-guru secara unik menyumbang kepada prestasi pelajar melalui pelarasan sekolah dan motivasi akademik. Imber (1973), guru yang diepercayai dan mempunyai prestasi yang baik dalam ujian kecerdasan adalah secara signifikan berkaitan dengan pencapaian akademik yang lebih tinggi. Massari dan Rosenblum (1972), *internality* dan kepercayaan adalah signifikan secara negatif berkaitan dengan pencapaian perempuan tetapi tidak berkaitan untuk pelajar lelaki.

Wavo (2004), pencapaian sekolah tidak dipengaruhi oleh pembelajaran koperatif. Tschannen-Moran dan Barr (2004), keberkesanan guru kolektif didapati secara signifikan dan secara positif adalah berkaitan dengan pencapaian pelajar. Wu (2012), tanggungjawab bersama mempunyai hubungan tidak langsung signifikan dengan pencapaian pelajar melalui keyakinan (sikap optimis) akademik. Mc Mullen (2012), kajian untuk memeriksa sama ada keberkesanan kolektif memberi kesan ke atas pencapaian sekolah dari perspektif pemimpin-pemimpin sekolah di mana data menunjukkan terdapat kesan tetapi kajian tambahan diperlukan untuk menentukan sepenuhnya apakah impak dan proses pengukuran yang berdaya maju dan boleh dipercayai perlu dirancang untuk mengukur jika ia membawa kepada perbaikan akademik kanak-kanak. Perkongsian masyarakat kerjasama perlu ditubuhkan untuk menutup jurang pencapaian akademik di mana ia tidak boleh dibiarkan kepada pendidik dan pembuat dasar semata-mata. Cybulski, Hoy dan Sweetland (2005), mendapati keberkesanan kolektif guru-guru di sekolah rendah mempunyai kesan langsung positif ke atas pencapaian membaca dan matematik pelajar. Jackson (2009), mendapati keberkesanan guru kolektif telah didapati mempunyai hubungan positif yang signifikan dengan pencapaian membaca pelajar dalam gred 3 ($r = 0.36, p > 0.05$), pencapaian membaca pelaajr dalam gred 5 ($r = 0.38, p< 0.05$) dan pencapaian matematik pelajar dalam gred 5 ($r =0.35, p < 0.05$). Salloum (2011), mendapati keberkesanan kolektif telah menunjukkan mempunyai hubungan dengan pencapaian kerana apabila guru adalah lebih berkesan mereka mungkin lebih berdaya tahan dalam situasi kegagalan. Eells (2011), analisis meta yang dijalankan menunjukkan saiz kesan positif yang kuat untuk hubungan antara keberkesanan guru kolektif dan pencaipaian. Sebagaimana keberkesanan guru kolektif bertambah di sekolah begitu juga pencapaian. Marks dan Louis (1997), pendayaupayaan guru mempengaruhi kualiti pedagogikal dan prestasi akademik pelajar secara tidak langsung melalui organisasi sekolah untuk arahan.

Bryan et al. (2012), hasil kajian dari kajian mendapati semua empat komponen ikatan sekolah (sambungan ke sekolah, sambungan dengan guru-guru, komitmen dengan sekolah dan penglibatan dengan sekolah) mempengaruhi pencapaian akademik pelajar pada sesetengah titik semasa sekolah tinggi, sama ada kesan adalah proksimal atau distal. Seoung Joun Won dan Seunghee Han (2010), hubungan antara aktiviti-aktiviti di luar sekolah dan pencapaian, bermain sukan adalah satu peramal positif dalam pencapaian di Amerika Syarikat tetapi adalah peramal negatif di Korea, dan membuat kerja rumah adalah peramal negatif di Amerika Syarikat tetapi peramal positif di Korea. Harris et al. (1999), aktiviti-aktiviti selepas sekolah menyumbang secara signifikan kepada ramalan pencapaian walaupun selepas mengawal secara statistik gender pelajar, aras gred, keetnikan, kelayakan *free-lunch*, dan tahap penyelian orang dewasa selepas sekolah. Secara umumnya, lebih masa dalam aktiviti kurikulum dan lain-lain kumpulan berstruktur dan kurang masa dalam kerja dan menonton televisyen adalah berkaitan dengan skor ujian lebih tinggi dan gred kelas. Lebih masa pada kerja rumah adalah berkaitan dengan gred lebih baik. Selanjutnya, aktiviti-aktiviti selepas sekolah adalah secara langsung berkaitan dengan pencapaian (sebagai contohnya kerja rumah), mengalakkan pengenalan positif dengan sekolah (misalnya aktiviti-aktiviti kurikulum) atau kedua-duanya mempunyai pengaruh positif ke atas pencapaian. Aktiviti-aktiviti yang menggantikan kerja sekolah (misalnya menonton televisyen) menggantikan identiti sekolah dengan lain-lain identiti (misalnya pekerjaan) atau kedua-duanya mempunyai keseluruhan pengaruh negatif ke atas pencapaian.

Ilic (2012), dalam fasa kualitatif tiga pelajar ditanya soalan terbuka untuk membantu memahami dapatan kuantitatif. Selepas mengawal kesan *grade point average* (GPA) gred 8, *summer bridge intervention program* (SBIP) tidak mempunyai kesan signifikan secara statistik ke atas prestasi akademik pelajar gred 9. Vinson (2011), keputusan menunjukkan bahawa pelajar kolej tahun pertama yang menyertai Program Summer Bridge mempunyai purata gred sama selepas semester pertama kolej dengan pelajar-pelajar yang tidak menyertai Program Summer Bridge. Pelajar kolej yang menyertai dan yang tidak menyertai Program Summer Bridge mempunyai purata poin gred yang sama selepas tahun pertama kolej. Santos (2009), mengenai keutamaan pelakon (aktor), didapati dalam rangka kerja regresi OLS bahawa hubungan antara sambungan rakan-rakan dengan sekolah dan pencapaian (matematik dan Bahasa Inggeris) ialah tertakluk kepada aras keutamaan. Pelajar-pelajar keutamaan-tinggi berhubung dengan rakan-rakan sambungan tinggi mengatasi rakan-rakan keutamaan-rendah dikaitkan dengan rakan-rakan sama-sama sambungan tinggi. Walau bagaimanapun, penemuan ini tidak memegang sehingga rangka kerja kesan-tetap yang mencadangkan bahawa kepelbagaian individu yang tidak diperhatikan mungkin boleh memandu penemuan yang berkaitan dengan statistik. Good dan Adams (2008), hubungan sokongan dengan fakulti adalah secara langsung berkaitan dengan gred purata lebih tinggi dan melihat keupayaan akademik manakala hubungan positif dengan rakan-rakan pelajar adalah secara tidak langsung berkaitan dengan akademik satu kejayaan melalui sifat ego. Moolenaar, Sleegers dan Daly (2012), hasil kajian menunjukkan bahawa sambungan baik rangkaian guru adalah berkaitan dengan keberkesanan kolektif guru yang kuat yang seterusnya menyokong pencapaian pelajar.

Jansen (2004), aspek organisasi kurikulum yang menyumbang secara positif kepada kejayaan akademik adalah sebagai contohnya mengurangkan beban belajar melalui menyebarkan peperiksaan dan mengarutcara sedikit kursus-kursus selari, sedangkan ia adalah lebih baik tidak menyebarkan ujian semula pada sepanjang tahun. Jonker et al. (2010), memetik Cleary, Zimmerman dan Keating (2006), Jonker et al. (2009), Pintrich dan Zusho (2002) bahawa persekitaran sukan adalah unik kerana atlet boleh membangunkan kemahiran membuat peraturan sendiri (*self-regulatory*) melalui menetapkan matlamat peribadi dalam pencapaian dan penambahbaikan dan melalui menerima maklum balas berterusan daripada juru latih tentang proses prestasi dan tentang tindakan itu sendiri. Analisis univariat menunjukkan interaksi signifikan antara penglibatan dalam bola sepak belia dan aras akademik untuk pemantauan kendiri ($F_{1\ 285} = 7.78$, $P = 0.006$). Jonker et al. (2010) mencadangkan bahawa pemain bola sepak belia elit adalah tidak berprestasi secara teruk di sekolah tetapi adalah sebenarnya berprestasi lebih baik daripada pelajar biasa. Ini selanjutnya ditunjukkan oleh fakta bahawa peratusan pemain bola sepak belia elit yang tidak mengulangi kelas adalah sama dengan pelajar-pelajar kawalan (kumpulan kawalan kajian).

Jonkmann, Trautwein, Ludkte (2009), mengkaji hubungan antara pencapaian akademik individu dan dominasi sosial (iaitu menjadi pusat pertalian) seluruh sekolah aras akademik berbeza di Jerman. Pencapaiaan akademik lebih tinggi berkaitan dengan dominasi sosial lebih tinggi dalam Gimnasium bagi jenis sekolah sangat berorientasikan akademik manakala pencapaian akademik dan dominasi sosial adalah tidak berkaitan dalam Hauptschule bagi jenis sekolah yang kurang berorientasikan akademik. Aras akademik kelas boleh secara menyederhanakan hubungan status-keganasan serta status-pencapaian. Satu alasan ialah pelajar pembuli cenderung lebih rendah dalam pencapaian akademik (Ma, Phelps, Lerner & Lerner, 2009). Wilson, Karimpour dan Rodkin (2011), hierarki kumpulan secara positif berkaitan dengan keutamaan kumpulan tetapi secara negatif berkaitan dengan pencapaian akademik individu. Status individu adalah secara positif berkaitan dengan pencapaian akademik. Senesac (2010), dua faktor pada tahap norma yang menonjol sebagai mempunyai kesan penting pada kejayaan sekolah untuk mengurangkan jurang pencapaian. Pertama ialah penciptaan dan penyelenggaraan kebudayaan akademik luas sekolah. Kedua, aras norma yang telah mempromosikan pengurangan jurang pencapaian pada Sustained Success High School (SSHS) ialah cara kepimpinan pentadbiran. Shin (2005), terdapat hubungan yang kuat antara norma rakan sebaya negatif dan gred yang dilaporkan dan penglibatan sekolah dari para peserta. Oleh itu, pelajar-pelajar yang menandakan mempunyai tahap lebih rendah pengaruh rakan sebaya negatif cenderung untuk melaporkan gred lebih tinggi dan penglibatan berbanding dengan pelajar-pelajar yang menandakan mempunyai aras lebih tinggi pengaruh rakan sebaya negatif.

Stark, Shaw dan Lowther (1989), dalam era menilai kejayaan pelajar-pelajar dan kolej-kolej, matlamat pelajar mungkin menggambarkan satu hubungan terputus penting dalam usaha penilaian. Sesetengah kolej yang melihat penilaian sebagai satu cara meningkatkan pengajaran adalah di barisan hadapan dalam menggunakan matlamat pelajar dalam kerja mereka. Olige (2008), menemui bukti yang menyakinkan bahawa ibu bapa di sekolah tinggi yang dikaji mempunyai pengaruh pada pencapaian akademik pelajar. Bryant et al. (2000), salah laku sekolah menyumbang kepada peningkatan penggunaan rokok dan menurun pencapaian akademik antara gred 8 dan 10 dan meningkatkan penggunaan rokok dan menurun ikatan sekolah antara gred 10 hingga 12. Sonja et al. (2009), tingkah laku antisosial agresif meramalkan secara signifikan pencapaian akademik lebih rendah (oleh perempuan). Keputusan tersebut boleh membawa kepada satu kesimpulan bahawa guru-guru mungkin (secara *stereotypical*) mempunyai lebih banyak kesukaran dalam menerima tingkah laku agresif (lisan atau bukan lisan), penipuan, kezaliman, dan lain-lain oleh kanak-kanak perempuan daripada kanak-kanak lelaki yang kemudian mungkin mempengaruhi penilaian guru dalam pencapaian akademik pelajar. Strom et al. (2013), pada peringkat individu semua kombinasi dalam keganasan dan kategori penderaan seksual adalah secara signifikan berkaitan dengan gred lebih rendah. Ini juga benar untuk buli, manakala sokongan guru menyebabkan gred lebih baik. Pada peringkat sekolah, analisis adalah menunjukkan bahawa pelajar-pelajar di sekolah dengan aras lebih tinggi dalam buli berprestasi teruk secara akademik. Setiap unit kenaikan dalam buli di sekolah sejajar dengan purata penurunan 0.98 poin dalam gred ($p < 0.01$) apabila dikawal untuk ciri-ciri sosiodemografi. Perhubungan kekal signifikan apabila model diuji secara berasingan untuk pelajar-pelajar bukan pembuli, dengan pengurangan kecil dalam nilai Pekali (- 0.84, $p < 0.01$). Tiada kepentingan keseluruhan telah ditemui untuk interaksi antara persekitaran sekolah dan pendedahan remaja kepada keganasan, menandakan bahawa persekitaran sekolah mempengaruhi semua pelajar. Keseimpulannya, faktor-faktor atas kedua-dua aras boleh menyumbang kepada mengurang gred.

Bala-Brusilow (2010), memeriksa tiga bentuk modal sosial iaitu modal sosial peribadi, modal sosial keluarga dan modal sosial kejiranan. Hasil kajian mendapati belajar di sekolah swasta, menyertai kelab atau sukan di luar sekolah dan bersama-sama dengan rakan sebaya adalah dipertimbangkan sebagai positif atau lebih tinggi ukuran untuk modal sosial peribadi. Kanak-kanak yang belajar di sekolah awam yang tidak menyertai kelab atau sukan di luar sekolah dan tidak bersama-sama dengan rakan sebaya mempunyai kemungkinan lebih besar untuk obesiti dan lebih tinggi BMI dalam populasi kajian selepas pelarasan untuk pengaruh demografi atau status sosioekonomi. Saiz keluarga yang lebih kecil adalah dihipotesiskan untuk menjadi lebih tinggi dalam modal sosial keluarga. Modal sosial kejiranan menunjukkan satu hubungan songsang antara modal sosial kejiranan dengan kemungkinan dalam obesiti dan BMI. Hubungan songsang antara ukuran lebih tinggi dalam modal sosial peribadi, modal sosial keluarga dan modal sosial kejiranan dan kemungkinan dalam obesiti dan BMI apabila mengawal untuk umur, jantina, ras/keetnikan, pendidikan ibu bapa dan pendapatan isirumah.

Wexler-Robock (2006), dimensi modal sosial termasuk rangkaian. Buku-buku bersifat penjelasan, jauh lebih daripada naratif, adalah ditemui untuk berkhidmat sebagai satu tisu penghubung, permulaan perbualan, atau rujukan biasa dalam membantu untuk membentuk ran gkaian antara dan di kalangan pelajar-pelajar yang mempunyai hubungan yang lemah (ikatan lemah), terutamanya pada masa-masa bukan pendidikan. Semasa masa bukan formal, masa peralihan, masa bukan pendidikan, kawasan air sejuk muncul sebagai ruang awam di mana para peserta dan ahli-ahli kelas berkumpul secara tidak rasmi kepada rangkaian tentang burung. Rangkaian ini adalah ditemui untuk berkhidmat dan menjana sosial serta sebagai hasil dan fungsi akademik. Scott (2007), empat dimensi modal sosial kejiranan telah digunakan dalam analisis ialah bahagian dalam penduduk status tinggi, kepelbagaian ras/etnik, mobilit pelajar dan ikatan (hubungan) ibu bapa kepada kejiranan. Empat dimensi modal sosial keluarga telah digunakan dalam analisis adalah aspirasi pendidikan ibu bapa, interaksi ibu bapa-anak-anak, bilangan adik-beradik dan komposisi keluarga. Tiga dimensi modal sosial sekolah telah digunakan dalam analisis ini ialah norma sekolah dan jangkaan, peratusan dalam guru-guru yang disahkan dan nisbah pelajar/guru. Empat dimensi modal sosial pelajar telah digunakan dalam analisis adalah bilangan kawan rapat yang tercicir dari sekolah, bilangan adik-beradik yang tercicir dari sekolah, kepentingan gred kapada pelajar, dan darjah yang pelajar bersedia untuk kelas. Kesan gabungan faktor kejiranan, keluarga, sekolah dan pelajar ke atas pencapaian akademik, ras pelajar menjadi signifikan. Ras pelajar ialah bukan satu peramal signifikan dalam pencapaian akademik dalam model individu. Penemuan ini menonjolkan sifat institusi ras dan pengaruhnya pada keputusan pendidikan pelajar-pelajar. Ras pelajar menjadi satu isu signifikan bila diletakkan dalam konteks sosial lebih luas yang pelajar-pelajar, keluarga-keluarga, sekolah-sekolah dan kejiranan berinteraksi. Kajian ini menandakan bahawa kesan gabungan dalam faktor kejiranan, keluarga, sekolah dan pelajar menerangkan bahagian kecil varian dalam pencapaian akademik.

Carbonaro (2010), menemui bahawa pelajar yang mempunyai hubungan sosial yang lebih jauh (ikatan lemah) adalah lebih berpengaruh untuk pencapaian dan keputusan pencapaian. Jungbauer-Gans dan Gross (2013), hipotesis bahawa bilangan ikatan lemah dalam jaringan sosial akademik meningkatkan peluang kejayaan memetik Burt (1995; 2006) iaitu Burt telah melanjutkan idea ikatan lemah yang berhujah bahawa orang dengan fungsi pembrokeran merapatkan lubang struktur dalam rangkaian sosial, menghubungkan subkumpulan yang akan sebaliknya akan terbahagi (berasingan). Oleh kerana itu, broker tidak hanya menerima maklumat yang tidak bertindan (mirip kepada hujah ikatan kuat-lemah) tetapi boleh juga mengawal aliran maklumat antara dua subkumpulan.

O'Bryant (2010), rangkaian dari hubungan di rumah, komuniti dan persekitaran sekolah menyediakan sumber modal sosial yang perlu untuk motivasi positif ke arah pencapaian akademik. Orang dewasa dalam organisasi bukan-kerabat keluarga seperti kumpulan sukan berkhidmat untuk menyokong jangkaan ahli keluarga untuk pencapaian akademik.

Ulasan Karya Hubungan Antara Pembolehubah Modal Sosial

Giavrimis, Papanis dan Roumeliotou (2011), pelajar-pelajar pendatang di Greece nampaknya mempamerkan tahap kepercayaan tinggi dan sambungan kepada ibu bapa mereka. Walau bagaimanapun, tahap lebih rendah kepercayaan dan rangkaian yang lebih longgar dengan saudara mara yang lain, guru-guru dan rakan sebaya adalah ditunjukkan dalam hasil kajian. Penemuan menunjukkan kecenderungan kanak-kanak pendatang untuk menyambung dengan keluarga terdekat mereka dan terus dengan rangkaian sosial informal untuk menjejaskan rangkaian sosial yang lebih jenis formal. Guru-guru sebagai wakil rasmi institusi sekolah tidak mendapat kepercayaan pelajar pendatang sebagaimana skor yang rendah. Igarashi et al. (2008), hubungan antara kepercayaan dan rangkaian adalah kurang. Kepercayaan umum adalah konsisten secara positif berkaitan dengan rangkaian terdekat, kepercayaan umum yang tinggi adalah berkaitan dengan rangkaian terdekat lebih besar. Putterman (2009), tiga jenis mekanisma iaitu menyusun, mengundi dan komunikasi adalah didapati memupuk kerjasama dalam menghadapi berbagai pelupusan. Bearden (2006), komunikasi mempunyai kesan utama yang signifikan dari segi bilangan musim berlangsung. Speer, Jackson dan Peterson (2001), responden yang paling bersambung dalam masyarakat mendapat skor secara signifikan tinggi dalam kecekapan melihat dan mengfungsikan politik.

Hobbs et al. (2004), industri dan kumpulan sokongan-industri seringkali mempunyai asas sumber yang besar dan mampu untuk mengupah pelabi berbayar dan melibatkan diri dalam lingkungan pelbagai dalam strategi untuk mempengaruhi proses pembuatan polisi berkenaan Peraturan Makanan Sekolah Persekutuan. Sebaliknya, organisasi kepentingan awam termasuk pertubuhan bukan keuntungan dan akar umbi kecil seringkali mempunyai secara perbandingan kurang dari segi kakitangan dan aset kewangan. Fragale (2004), individu dilihat sebagai perkauman (iaitu sensitif, panas dan bersetuju) adalah sebenarnya dianugerahkan status yang lebih tinggi daripada individu yang dilihat sebagai agentik (iaitu bebas, bijak dan yakin) dalam tugas kumpulan. Wageman dan Gordon (2005), kumpulan egalitarian cenderung untuk bekerja merentasi banyak unsur-unsur tugas berbeza, mereka membangunkan hubungan interpersonal lebih rapat, mereka belajar daripada satu sama lain, dan mereka adalah dimotivasikan melalui keinginan untuk menyumbang kepada kumpulan-kumpulan mereka. Kumpulan mentokratik sebaliknya cemderung untuk membahagikan kerja ke dalam tugar-tugas individu, dan mereka cenderung untuk menjadi agresif apabila mereka bersama-sama sebagai satu pasukan dalam cara yang menyumbang kepada prestasi kumpulan. Wexler-Robock (2006), jambatan modal sosial berkaitan dengan kesediaan untuk melibatkan diri dalam rangkaian kuat dan lemah membantu mencari, *intertextuality*, barangkali menguasai orientasi matlamat untuk semua peserta tanpa menghiraukan aras membaca.

Erkelens (2007), pelajar-pelajar yang mempunyai ikatan lemah dalam satu kelas institut boleh hadir kelas dan menikmati hubungan ikatan lemah yang adalah ada tanpa rasa tanggungjawab tingkah laku yang datang daripada hubungan kuat (ikatan kuat). Rezaei dan Kirkley (2012), model rangkaian sosial ialah mampu untuk berkembang dan mengekalkan kerjasama. Rangkaian sosial dinamik memainkan peranan penting dalam mempromosikan dan mengekalkan kerjasama, terutamanya apabila agen menggunakan strategi diskriminasi. Siegel (2009), saiz rangkaian mungkin secara kuat mengalakkan penyertaan di bawah beberapa pengagihan motivasi individu. Ahn (2002), kerjasama tidak boleh dicapai tanpa kepercayaan tulen. Roberts dan Dunbar (2011), peserta dengan rangkaian kaum kerabat lebih besar mempunyai masa lebih lama untuk hubungan terakhir dengan setiap ahli rangkaian, sebagaimana dibandingkan dengan peserta-peserta dengan rangkaian kaum kerabat lebih kecil. Notley (2009), kajian ini berpendapat bahawa dengan mendefinisikan dan memahami nilai sosial penggunaan rangkaian dalam talian anak-anak muda, boleh bergerak ke arah satu rangka polisi yang tidak hanya menangani risiko dalam talian berpotensi, tetapi menyokong kemasukan dalam talian saksama untuk anak-anak muda. Shin dan Song (2011), masa yang dihabiskan dalam komunikasi bersemuka atau *face-to-face* (FTF) mempunyai satu kesan positif ke atas perpaduan sosial kumpulan yang seterusnya secara positif mempengaruhi prestasi kentekstual kumpulan. Komunikasi bersemuka menyumbang kepada perpaduan sosial kumpulan dan masa yang dihabiskan dalam *computer-mediated communication* (CMC) meningkatkan perpaduan tugas kumpulan. Komunikasi bersemuka dan CMC boleh menyumbang kepada pembangunan perpaduan kumpulan.

Actor Network Theory (ANT) atau sosiologi persatuan nampaknya satu perspektif teoretikal sesuai untuk mengkaji hubungan antara pengurusan komunikasi, modal sosial dan perpaduan sosial. Seckin (2006), keputusan menunjukkan bahawa kita mungkin menyaksikan kemunculan pesakit proaktif yang menggunakan internet berasaskan kumpulan-kumpulan sokongan agar menghadapi tekanan penyakit dengan lebih baik dan 'mengupaya' diri mereka sebagai pengguna penjagaan kesihatan. Keputusan juga mencadangkan bahwa penyertaan dalam kumpulan kanser dalam talian mempengaruhi penilaian pengalaman penyakit dan menyumbang secara positif kepada kesejahteraan psikologikal pesakit dan hasil trauma melampaui. Ahn (2012), keputusan mencadangkan satu peranan kompleks *social networks sites* (SNSs) dalam pembangunan hubungan rapat. Bagi remaja, menjadi ahli laman rangkaian sosial ialah berkaitan dengan hubungan ikatan mereka dengan rakan sebaya. Walau bagaimanapun, penggunaan kerap SNSs ialah tidak berkaitan dengan modal sosial ikatan. Kathyapornpong (2009), hasil kajian menunjukkan keutamaan (*centrality*) hubungan dalam industri pelancongan dan kepentingan ikatan sosial kepada sektor pelancongan. Kajian ini memberi pandangan (wawasan) tambahan dalam sifat ikatan sosial dalam pembangunan perniagaan berjaya ke hubungan perniagaan.

Babaei, Ahmad dan Gill (2012), keputusan menunjukkan kesan ketara ikatan, jambatan dan hubungan modal sosial ke atas pendayaupayaan di kalangan penempatan setinggan. Modal sosial ikatan mempunyai Pekali beta terbesar berbanding dengan dimensi yang lain, seperti jambatan dan hubungan modal sosial. Ahn (2012), keahlian belia dan penggunaan SNSs ialah berkaitan dengan modal sosial jambatan mereka. Keahlian remaja dalam Facebook aatau SNSs melaporkan aras lebih tinggi dalam modal sosial jambatan berbanding dengan rakan sebaya mereka yang tidak menggunakan mana-mana SNSs. Santos (2009), pelajar tinggi-keutamaan bersambung dengan rakan-rakan tinggi-sambungan mengatasi rakan-rakan rendah-keutamaan (keutamaan ialah kedudukan strategik seorang aktor menduduki dalam satu rangkaian sosial) dikaitkan dengan rakan-rakan tinggi-sambungan. Babaei, Ahmad dan Gill (2012), hubungan antara individu dan sistem boleh mencipta hubungan sosial (modal sosial hubungan). Page-Gould et al. (2010), peserta yang menerangkan rakan silang-kumpulan mempamerkan satu hubungan yang besar dalam keetnikan rakan dengan diri sendiri, dan perhubungan menjadi pengantara kesan aksesibiliti persahabatan ke atas jangkaan positif untuk hubungan antara kumpulan dan tindak balas hormon penyesuaian semasa interaksi sebenar dengan ahli outgroup baru. Penemuan ini membayangkan bahawa persahabatan silang kumpulan meningkatkan pengalaman-pengalaman antara kumpulan baru kepada darjah yang outgroup menjadi berkaitan dengan diri sendiri.

Westaby (2012), rangkaian sosial mempengaruhi pencapaian matlamat, prestasi dan secara tingkah laku berkaitan dengan proses-proses pada berbagai peringkat analisis. Jonsson dan Jeppesen (2013), autonomi pasukan ialah secara positif berkaitan dengan memudahkan pengaruh sosial iaitu ganjaran pasukan, sokongan pasukan dan ditemui satu hubungan negatif antara autonomi pasukan dan pemaksaan pasukan. Ingvaldsen dan Rolfsen (2012), penyelarasan antara-kumpulan menajdi satu cabaran utama apabila kumpulan menikmati aras autonomi tinggi. Dua struktur berbeza untuk penyelarasan antara-kumpulan yang adalah alternatif kepada kawalan hierarki tradisional. Grau dan Whitebread (2012), hasil kajian menunjukkan peningkatan umum aktiviti *self-regulated learning* (SRL) dalam kumpulan semasa semester dan hubungan positif antara fokus aktiviti dan jenis peraturan sosial. El Nokali (2013), kanak-kanak mendapat faedah paling banyak daripada aktiviti fizikal iaitu distrukturkan dan secara tetap berjadual dalam latar belakang sekolah. Takasaki (2011), satu perbandingan dalam pelbagai kumpulan (misalnya kaum kerabat dan kumpulan gereja) dan kedudukan sosial (misalnya ditentukan melalui gender, hilang upaya, kaum kerabat elit dan elit agama) menandakan bahawa pemindahan berasaskan-rangkaian menyesuaikan diri dengan bias hierarki dalam pemindahan berasaskan-kumpulan, bergantung pada sambungan fizikal dan sosial dalam kumpulan dan rangkaian.

Latkin et al. (2009), norma-norma dalam beberapa tingkah laku berisiko HIV dalam perkongsian peralatan suntikan adalah dikelompokkan dalam rangkaian sosial. Penemuan mencadangkan bahawa kerana norma adalah dikelompokkan melalui rangkaian maka ia adalah boleh dilaksanakan untuk mengenal pasti kumpulan individu yang menyokong dan mengalakkan norma tingkah laku suntikan berisiko tinggi melalui persampelan rangkaian. Pengelompokkan menunjukkan adalah boleh dilaksanakan untuk mengenal pasti dan campur tangan dengan rangkaian berisiko-tinggi. Hays (2012), penyebaran hierarki status dan kesahan mempengaruhi jawapan ahli kumpulan kepada hierarki dan prestasi kumpulan. Penyebaran hierarki mendorong orang untuk mencapai status tinggi, membawa kepada persaingan antara ahli-ahli kumpulan dalam bentuk cabaran-cabaran status. Cabaran-cabaran status ini adalah penting kerana mereka akan menjejaskan prestasi kumpulan. Selain itu, kesahan hierarki mempengaruhi tingkah laku ahli-ahli kumpulan melalui berinteraksi dengan penyebaran, kesan penyebaran ke atas cabaran-cabaran status dan prestasi adalah sangat kuat dalam hierarki paling sedikit kesahan dan adalah tidak hadir dalam hierarki paling sah. Oleh itu, orang tidak akan selalu mengukuhkan dan mempertahankan hierarki. Sebaliknya, apabila orang adalah terutamanya bermotivasi untuk mencapai status tinggi, sebagaimana mereka adalah dalam hierarki tersebar, orang adalah kemungkinan untuk mencabar hierarki dan cuba untuk mengubah suainya. Sama ada orang adalah kemungkinan untuk membela diri atau mencabar satu hierarki status ialah satu fungsi ciri-ciri struktural dalam hierarki, khususnya penyebarannya dan kesahannya.

Eklinder-Frick, Eriksson dan Hallen (2011), yang bertentangan dalam penggunaan rangkaian strategik kawasan untuk mengatasi lebih-bersifat tertanam dan membebaskan aktor yang terlibat daripada rangkaian yang sedia ada mengunci bukannya mengukuhkan lagi institusi-institusi sosial. Ahn (2012), penemuan mencadangkan bahawa mempunyai lebih interaksi positif dalam *social networks sites* (SNSs) adalah berkaitan dengan modal sosial ikatan (ikatan modal sosial) tetapi tidak keada hubungan jambatan (jambatan modal sosial). McGhee dan Pathak (n.d.), memetik Bretherton (2010) didapati sangat sedikit kekecewaan berkaitan dengan tekanan "*institutional isomorphism*" di mana institusi-institusi agama adalah dikatakan untuk membentuk semula diri mereka sendiri untuk menyesuaikan dengan polisi kerajaan. Tka dan Mares (2008), semua bentuk modal sosial (dibezakan di sini dari segi tipologi Woolcock) telah terbukti dengan ketara berkaitan dengan satu darjah kekurangan material, dengan rangkaian informal menunjukkan korelasi terkuat. Walaupun jaringan ini menyediakan beberapa perlindungan terhadap pengecualian sosial, mereka adalah bukan penampan yang boleh dipercayai, kerana orang dalam status ekonomi dan sosial lebih rendah mempunyai akses terhad kepada rangkaian sosial 'kualiti', dan lain-lain bentuk modal sosial adalah sering hadir.

Macke dan Dilly (2010), dimensi modal sosial boleh dihubungkan dengan prestasi rangkaian, pembinana identiti dan hubungan kuasa. Apabila mempertimbangkan dimensi kognitif, adalah munasabah untuk melihat bahawa ahli-ahli adalah berkongsi makna di kalangan diri mereka sendiri untuk setiap kategori yang dianalisis. Satu daripada elemen yang paling dipetik ialah peluang untuk bertukar idea dan maklumat. Ini adalah dipertimbangkan sebab yang paling penting untuk menjadi ahli rangkaian dan ia adalah untuk rangkaian ini, unsur yang paling penting dalam hubungan modal sosial (modal sosial hubungan). Nelson (1989), koleksi individu-individu dengan ikatan (hubungan) dalaman, dan kurang kumpulan dominan menyediakan satu jambatan untuk semua kumpulan-kumpulan lain atau blok. Tortoriello (2012), ciri-ciri rangkaian menyumbang kepada aliran pengetahuan antara unit organisasi. Brancato (2006), rangkaian sosial di Russia telah membangunkan banyak kelompok-kelompok ikatan kuat, hanya beberapa ikatan lemah dan tidak ada rangkaian mendatar dalam penglibatan sivik. Wu, Palinkas dan He (2011), kajian ini melampaui sastera yang sedia ada dengan mengambil kira kesan daripada ibu bapa, sekolah dan rakan sebaya yang terletak dalam konteks kejiranan lebih besar dan melalui menguji potensi kesan pengantaraan modal sosial komuniti ke atas hubungan di kalangan penglibatan ibu bapa, ikatan sekolah, hubungan rakan sebaya dan pelarasan psikososial kanak-kanak. Hasil kajian juga menunjukkan kepentingan modal sosial rakan sebaya dalam keadaan komuniti terhad dan sumber-sumber sekolah. Melalui pemeriksaan interaksi di kalangan pelbagai dimensi modal sosial, kajian ini mendapati bahawa modal sosial rakan sebaya mempunyai kesan signifikan secara konsisten ke atas pelarasan psikososial kanak-kanak tanpa menghiraukan dalam tahap modal sosial komuniti walaupun pada magnitud agak lebih kecil daripada modal sosial keluarga dan sekolah. Kejiranan dan sekolah adalah di mana kanak-kanak dan remaja menghabiskan banyak masa mereka dalam sehari dan menyediakan satu konteks serta-merta untuk hubungan mereka dengan persekitaran bandar.

Gil de Zuniga dan Valenzuela (2011), perbincangan ikatan lemah sebahagian besarnya pengantara perhubungan antara penyertaan dan saiz rangkaian dalam talian dan luar talian. Rangkaian dalam talian melibatkan pendedahan lebih besar kepada ikatan lemah daripada rangkaian luar talian. Mizruchi dan Potts (1998), dalam rangkaian dengan aktor pusat dn nombor ganjil kumpulan kecil, aktor pusat gagal untuk menguasai. Malah, dalam rangkaian ini, apabila aktor pinggir (*peripheral*) adalah mampu untuk mempengaruhi satu sama lain secara terus, aktor pusat menjadi paling kurang berkuasa dalam rangkaian. Dalam rangkaian dengan aktor pusat dan nombor genap kumpulan kecil walau bagaimanapun aktor pusat menguasai bahkan dalam situasi berkaitan dengan pinggir (*peripherals*). Kalish dan Robins (2006), hasil kajian mencadangkan bahawa orang yang melihat diri mereka terdedah kepada kuasa luar cenderung untuk menghuni rangkaian tertutup dalam hubungan lemah. Sebaliknya, orang yang berusaha untuk menjaga rakan-rakan kerjasama ikatan kuat mereka, dan dengan itu merapatkan lubang struktur, cenderung untuk menjadi individualistik, untuk percaya bahawa mereka mengawal peristiwa-peristiwa dalam kehidupan mereka, dan untuk mempunyai tahap neurotisisme lebih tinggi. Akhir sekali, orang dengan rangkaian kuat tertutup dan lubang struktur "lemah" (sebagaimana "ikatan kuat dan lemah") cenderung untuk mengkategorikan diri mereka dan yang lain dalam keahlian kumpulan.

Thomas, Zalin dan Hartman (2009), hubungan antara komunikasi dan kepercayaan adalah berkaitan konteks dan saling bersambungan, yang membuat ia sukar untuk mengganggu (memintal) secara berasingan (tersendiri). Porumbescu, Park dan Oomsels (2013), kajian ini membina satu rangka konseptual dalam bagaimana komunikasi penyelia dengan orang bawahan boleh mempengaruhi kepercayaan menegak dalam organisasi awam. Strategi komunikasi interpersonal adalah paling berkesan dalam membina kepercayaan menegak dalam organisasi awam. Bureekul dan Thananithichot (2012), kajian menemui bahawa masyarakat Thai masih rapuh kerana kepercayaan berkurangan di kalangan rakyat serta keyakinan dalam pelbagai institusi khususnya institusi politik. Huang (2012), hasil kajian ini menyediakan sokongan bagi satu model proses yang menghubungkan pendayaupayaan psikologikal, kepercayaan dalam penyelia terdekat seseorang, tingkah laku maklum balas-mencari, dan prestasi pekerjaan. Khususnya, pendayaupayaan psikologikal ialah secara positif berkaitan dengan tingkah laku maklum balas-mencari melalui kepercayaan dalam penyelia terdekat seseorang. Yin et al. (2013), kepercayaan dalam rakan-rakan adalah peramal signifikan dalam pendayaupayaan guru. Uslander (2004), negara dengan kepercayaan tinggi mempunyai tahap lebih tinggi dalam *African-American* menulis surat kepada editor, menulis artikel surat khabar, menjadi ahli organisasi, dan membuat ucapan awam. Terdapat juga yang sama, bahkan lebih besar, kesan-kesan bagi banyak bentuk penyertaan untuk orang kulit putih. Ia adalah kepercayaan keseluruhannya, dan bukannya tahap kepercayaan African-American sendiri, yang membentuk penyertaan politik untuk aktiviti-aktiviti ini, mencadangkan bahawa *African-American* adalah lebih kemungkinan untuk menyertai dalam kehidupan sivik apabila keseluruhan komuniti ialah lebih mempercayai dalam orang tidak seperti mereka.

Montoya dan Pittinsky (2011), penemuan mendapati kepercayaan adalah penting untuk hubungan antara kumpulan positif. O'Brien, Phillips dan Patsiorkovsky (2005), masalah untuk mencari cara membina modal sosial jambatan dalam situasi kumpulan dikuasai oleh rangkaian yang sangat padat dan sangat ketat modal sosial ikatan ialah terutamanya mencabar kerana eksternaliti negatif hasil daripada situasi yang mengancam teras institusi demokratik liberal. Yang (2005), kajian mendapati bahawa kepercayaan pentadbir awam pada rakyat ialah satu binaan berkaitan dan sah dam satu peramal usaha penglibatan rakyat proaktif. Dirks (1999), berdasarkan penemuan adalah dicadangkan bahawa kepercayaan mungkin terbaik difahami sebagai satu binaan yang mempengaruhi prestasi kumpulan secara tidak langsung melalui menyalurkan tenaga ahli kumpulan ke arah matlamat-matlamat alternatif. Mayer et al. (2011), analisis dalam tahap kepercayaan pada penyelia mendapati perubahan dalam aras kepercayaan adalah banyak berkait dengan pertambahan dalam jenis khusus percubaan penggunaan dan pengaruh kuasa, terutama sekali perubahan dalam kuasa rujukan, kuasa pakar dan tingkah laku menyokong berkaitan tugas. Bukti juga menunjukkan bahawa pembangunan kepercayaan ialah satu fenomena saling timbal balik dan pertambahan kepercayaan boleh membawa kepada hasil yang penting. Perubahan dalam kuasa penyelia dan taktik pengaruh mempengaruhi perubahan dalam kepercayaan. Campos-Castillo (2012), kepercayaan dikaitkan secara positif dengan penerimaan dalam mempengaruhi percubaan dari rakan ahli.

Williams (2005), dalam kajian berkenaan "*trust diffusion: the effect of interpersonal trust on structure, function and organizational transparency*" mendapati bahawa penemuan menunjukkan unsur-unsur fungsi dan kedudukan rangkaian tidak formal menyumbang kepada keupayaan dyad untuk mewujudkan iklim kepercayaan positif dan komunikasi khusus dan tingkah laku kerjasama adalah kritikal dalam meresapkan kepercayaan ke peringkat kumpulan. Jeffries dan Becker (2008), hasil kajian menunjukkan model mudah adalah berguna untuk pemahaman hubungan antara kepercayaan dan kerjasama dan menekankan kepentingan norma dalam proses. Yang (2005), adalah lebih penting dan satu tanggungjawab untuk berkhidmat sebagai pengambil inisiatif kepercayaan, untuk memulakan proses memulihkan dan mengekalkan kepercayaan bersama antara kerajaan dan rakyat. Pentadbir awam perlu boleh dipercayai untuk memenangi kepercayaan rakyat, percaya kepada pengetahuan tempatan dan tindakan, mendengar suara rakyat, berkongsi kuasa dengan rakyat, menunjukkan kepercayaan dan hormat dalam proses pentadbiran, dan mendidik dan melibatkan rakyat. Stone, Gray dan Hughes (2003), hubungan yang unik antara pelbagai aspek modal sosial (misalnya kepercayaan, saiz rangkaian dan kepadatan rangkaian) pada pelbagai peringkat analisis (seperti dalam hubungan dengan keluarga dan kaum kerabat, kumpulan sivik dan ikatan institusi) dengan hasil pasaran buruh. Selain itu, kesan gabungan pemboleh ubah modal sosial ini ialah boleh dipertimbangkan dari segi hasil pasaran buruh di peringkat individu.

Mateju dan Vitaskova (2005), dua dimensi modal sosial berbeza iaitu satu ditakrifkan terutamanya sebagai satu sifat masyarakat memudahkan kerjasama orang (kepercayaan, penyertaan) yang satu lagi sebagai satu keupayaan individu untuk mengambil bahagian dalam rangkaian tidak formal berasaskan pada pertukaran saling menguntungkan. Kepercayaan adalah secara lemah berkaitan dengan stratifikasi sosial sementara penglibatan dalam pertukaran saling menguntungkan menunjukkan perbezaan signifikan di kalangan kumpulan tertakrif melalui pembolehubah stratifikasi berkaitan. John dan Diego (2010), kami menyediakan bukti langsung bahawa orang dengan ikatan keluarga kuat mempunyai satu tahap lebih rendah dalam kepercayaan pada orang yang tidak dikenali daripada orang dengan ikatan keluarga lemah dan menghujahkan bahawa perhubungan ini adalah sebab-musabab. Luo (2005), penemuan mencadangkan bahawa kepusatan atau keutamaan dalam rangkaian persabahatan dan kedudukan orang tengah dalam rangkaian nasihat yang berkaitan dengan kepercayaan paternalistik terhadap individu yang lain dalam rangkaian. Dobrohoczki (2006), kerjasama menyumbang kepada linkungan kesihatan awam dan mengurangkan "defisit legitimasi" semakin nyata melalui pergerakan anti-globalisasi. Dalam usaha untuk kerjasama mempunyai satu pengaruh pada perpaduan sosial dan modal sosial, mereka mesti melibatkan sepenuhnya potensi demokratik mereka.

Mohammad, Roya dan Allahverdi (2012), terdapat signifikan antara kerjasama dan pendayaupayaan ahli fakulti universiti. Terdapat signifikan positif di kalangan dimensi penglibatan tinggi pekerjaan, rasa tidak menaruh rasa hormat dan boleh berubah-ubah positif. Faktor-faktor pembangunan dan fleksibiliti boleh menjangka pendayaupayaan. Rasa tidak menaruh rasa hormat positif boleh menjangka pendayaupayaan. Song dan Feldman (2013), evolusi kerjasama berpasangan seperti penjagaan biparental, bergantung pada taburan memadan-pasangan dari penduduk, dan yang kedua seringkali muncul sebagai satu hasil kolektif dalam trait ikatan-pasangan individu yang adalah juga dalam pemilihan. Munoz-Erickson (2010), pertukaran maklumat adalah terhad oleh perbezaan dalam corak sambungan di seluruh kepakaran aktor dan sistem kepercayaan-alam sekitar. Arora (2012), peningkatan dalam gabungan kumpulan (perubahan identiti) adalah disertai oleh peningkatan dalam aksesibiliti dalam binaan sosial, lebih tinggi aras kerjasama, kepuasan peribadi dan kepercayaan dalam kumpulan seseorang. Quinn dan Olson (2011), mahasiswa wanita menyatakan hasrat tindakan lebih kuat apabila mereka adalah bersedia untuk mempertimbangkan pencegahan (*ought-self*) percanggahan kendiri, mencadangkan bahawa tindakan kolektif ialah lebih kemungkinan untuk berlaku apabila individu adalah fokus-pencegahan dn bukannya fokus-promosi.

Eguluz et al. (2008), keputusan menunjukkan kerjasama ialah distabilkan melalui satu hierarki struktur menyusun sendiri (*self-organized*), jadi pembentukan kelompok padu pekerjasama dengan pengecualian dalam penunggan bebas ialah tidak diperlukan untuk kerjasama global berterusan. Loh, Smith dan Restubog (2010), keputusan menunjukkan untuk orang Australian dan Singapura, kepercayaan dan kerjasama adalah lebih dengan kuat dipengaruhi oleh keahlian kumpulan kerja dan status organisasi dari keahlian kumpulan kebudayaan. Peserta yang dipercayai dan bekerjasama lebih dengan bekerja untuk menambah perkara kepada ahli-ahli kumpulan dari dengan bekerja untuk menyelesaikan masalah ahli kumpulan, dan lebih dipercayai dan bekerjasama dengan golongan atasan dari dengan rakan sebaya. Chaudhuri (n.d.), pekerjasama bersyarat adalah dapat mengekalkan sumbangan yang tinggi kepada kebaikan bersama (kebaikan awam) melalui penciptaan norma-norma kerjasama dikekalkan melalui penggunaan hukuman yang mahal. Matei, Oh dan Bruno (n.d.), guru-guru dan pengurus-pengurus hanya dapat menggunakan indeks entropi sebagai satu alat dalam memanipulasikan sumbangan individu kepada tugasan kumpulan dan projek pasukan untuk memudahkan tahap kerjasama optima dan oleh itu, hasil yang mengalakkan sebaik sahaja aras yang diingini dalam keperlbagaian sumbangan telah ditentukan. Dahal dan Prasad (2008), bagi pengurusan yang berkesan tindakan kolektif, pengemblengan (mobilisasi) dalam jambatan modal sosial (modal sosial jambatan) dan hubungan modal sosial (modal sosial hubungan) adalah sama-sama penting kerana mereka tidak hanya membantu bersiap sedia (menggerakkan) sumber-sumber luaran tetapi pada masa (at time), juga mengalakkan ikatan modal sosial (modal sosial ikatan).

Macke dan Dilly (2010), dimensi modal sosial ialah kognitif, struktur dan hubungan dalam modal sosial. Hasil kajian mendapati dimensi modal sosial pembinaan identiti terdiri daripada beberapa kumpulan yang agen (syarikat) mengambil bahagian. Isu utama ialah identiti menawarkan pandangan kolektif aktiviti-aktivitinya dan kriterianya untuk tindakan. Prestasi rangkaian mempertimbangkan indikator rangkaian kerjasama, seperti prestasi kolektif organisasi, termasuk kemampanan setiap rakan kongsi. Ia adalah perlu untuk memahami perbezaan proses-proses perniagaan dan kepercayaan untuk memastikan penggunaan sistemik kepercayaan ini dan untuk memaksimakan potensi peluang-peluang. Flache (2002), aktor rasional boleh semakin mengorbakan manfaat dari pengeluaran barangan awam supaya mengekalkan ikatan sosial (ikatan kuat), sebagaimana pergantungan mereka pada peningkatan kebenaran rakan sebaya. Hansell (1984), penemuan mengesahkan bahawa kerjasama kumpulan merangsang ikatan lemah baru antara individu dari ras dan jantina berbeza tetapi menimbulkan keraguan tentang sama ada campurtangan ini secara terus memperbaiki hubungan antara kumpulan di kalangan kumpulan rakan sebaya yang wujud terlebih dahulu. Flache (2001), penghindaran risiko individu menyokong kerjasama rasional dalam pertukaran dyad berterusan. Walau bagaimanapun, simulasi juga mendedahkan bahawa penghindaran risiko mungkin secara negatif mempengaruhi kerjasama melalui mengurangkan mobiliti dalam pencarian rakan kongsi. Jika aktor mempertimbangkan perubahan rakan kongsi sebagai risiko, jadi aktor penghindaran-risiko boleh melekat pada hubungan suboptima, pun jika alternatif lebih baik adalah ada yang membenarkan untuk tahap lebih tinggi dalam pertukaran kerjasama. Simulasi selanjutnya menunjukkan kesan tidak linear dalam keutamaan (pilihan) risiko individu pada kepadatan dan kecekapan rangkaian pertukaran.

Khan dan Ghadially (2010), walaupun kewujudan dalam jurang digital berasaskan gender, apabila dikurangkan, ICT menunjukkan potensi sebagai satu kuasa yang menyamakan antara gender. Cheong (2006), penemuan menunjukkan bagaimana keadaan komunikasi dialami oleh keluarga-keluarga etnik Hispanic minoriti boleh mempengaruhi perlembagaan dalam ikatan, jambatan dan hubungan proses-proses modal sosial. Wang, Meister dan Gray (2013), penemuan menunjukkan bahawa corak pengaruh sosial secara siginifikan merentasi kumpulan dalam latar belakang organisasi, dalam semua kemungkinan, banyak bergantung pada cara yang mana kerja adalah diatur dalam organisasi tersebut dan tujuan yang sistem maklumat berfungsi. Cheong, Huang dan Poon (2011), keputusan kajian menunjukkan bahawa walaupun pemimpin-pemimpin agama adalah berhadapan dengan *proletarianization* (untuk menukar atau mengubah menjadi ahli atau proletariat), *deprofessionalization* (menghapuskan dari kawalan profesional, pengaruh, manipulasi dan sebagainya) dan *delegitimization* (proses mengeluarkan status undang-undang daripada sesuatu) berpotensi sebagai ancaman epistemik, terdapat juga peningkatan dalam waran epistemik kerana mereka menerima amalan komunikasi pengantara yang termasuk rangkaian sosial jemaah mereka. Brown dan Miller (2000), keputusan menunjukkan bahawa ahli-ahli lebih tinggi dalam penguasaan muncul sebagai lebih penting (pusat) dalam rangkaian komunikasi kumpulan, menghantar dan menerima lebih mesej daripada ahli-ahli lebih rendah dalam penguasaan. Ahli-ahli kumpulan dengan betul melihat bahawa mereka yang lebih tinggi dalam penguasaan menyertai lebih dalam perbincangan. Komunikasi adalah lebih berpusat dalam kumpulan-kumpulan yang bekerja dalam tugas rendah kerumitan daripada dalam kumpulan yang bekerja dalam tugas lebih tinggi kerumitan. Ahli-ahli dengan betul melihat bahawa penyertaan adalah lebih tidak sama rata teragih dalam kumpulan yang lebih berpusat.

Brewer (1971), analisis kes devian ketiga mencadangkan bahawa darjah dan jenis perbezaan peranan kerja hierarki dengan penting mempengaruhi keperluan dan peluang-peluang untuk komunikasi dan melalui mereka hubungan antara hierarki dan kepakaran. Bicchieri (2002), terdapat dua kemungkinan penjelasan untuk 'kesan komunikasi'. Satu ialah komunikasi yang meningkatkan identiti kumpulan, yang lain adalah komunikasi menimbulkan norma sosial. Wu (2008), tiga dimensi saling berkaitan iaitu kognitif (kod dikongsi dan bahasa dan cerita dikongsi), hubungan (kepercayaan, norma dan organisasi yang sesuai). Walaupun semua tiga dimensi modal sosial bergantung pada perkongsian maklumat sebagai saluran pengantara untuk melanjutkan kesan masing-masing kepada peningkatan daya saing, dimensi berbeza cenderung untuk mempunyai aras berbeza dalam pergantungan pada perkongsian maklumat sebagai pengantara. O'Brien, Phillips dan Patsiorkovsky (2005), masih ada mekanisme rangkaian sosial untuk komunikasi berkhidmat sebagai halangan untuk samseng tempatan dan ahli politik yang mungkin sebaliknya berjaya dalam menyebarkan khabar angin yang diburukkan lagi konflik antara kelompok. Campbell dan Nojin (2012), kesan positif lebih ketara adalah ditemui dalam perbincangan alih-pengantara dalam rangkaian lebih besar berfikiran bersetuju dalam pendapat (termasuk matlamat dan sebagainya) ikatan kuat. Dalam kes ini, dialog terbuka adalah dimudahkan lagi melalui perbincangan alih-pengantara, mendedahkan potensi untuk komunikais mudah alih di kalangan ikatan peribadi kuat untuk mengembangkan bidang wacana awam dan perbincangan.

Valkenburg dan Peter (2007), andaian utama hipotesis ialah pra remaja dan remaja menggunakan internet terutamanya untuk berkomunikasi dengan orang yang tidak dikenali. Keputusan menunjukkan bahawa adaian ini tidak menyokong untuk majoriti pengguna internet golongan muda. Keputusan kajian turut menunjukkan komunikasi dalam talian menjejaskan persahabatan yang juga wujud dalam dunia luar talian. Penemuan ini mengajukan pemahaman tentang peranan komunikasi dalam talian dalam kehidupan sosial remaja. Cummings, Lee dan Kraut (2006), pada tahun-tahun kebelakangan ini dan di Amerika Syarikat sekurang-kurangnya, komunikasi internet dan bukan komunikasi telefon mempunyai kesan terbesar pada pemeliharaan persahabatan. Brown, Broderick dan Lee (2007), keputusan menyediakan bukti kuat bahawa individu berkelakuan seolah-olah jika Laman Web adalah "aktor" utama rangkaian sosial dalam talian dan komuniti-komuniti dalam talian boleh bertindak sebagai satu proksi sosial untuk mengenal pasti individu. Sampson (1991), analisis pada tahap-komuniti menunjukkan keputusan yang kesan positif dalam kestabilan kediaman pada satu ukuran perpaduan sosial ialah diambil kira melalui pertambahan tahap persahabatan/ikatan kenalan dan penurunan tahap dikenali di kalangan penduduk, tanpa mengambil kira perbandaran dan kawalan sosiodemografi yang lain. Analisis tahap individu menunjukkan bahawa kestabilan kediaman mempunyai kesan kontekstual dan individu pada ikatan sosial tempatan, yang seterusnya mengalakkan sambungan individu pada komuniti.

Kirby-Geddes, King dan Bravington (2013), dari segi politik, di UK, penyertaan komuniti ialah dilihat sebagai mempunyai peranan penting dalam perubahan sosial misalnya keutamaannya kepada idea kerajaan campuran (kerajaan gabungan) dari *'Big Society'*. Toerell (2003), penyertaan politik adalah satu kesan dari sambungan kepada satu multitud dalam organisasi, bukan dari ciri-ciri sosial yang pelbagai dalam organisasi. Cooper dan Wood (1974), keputusan menunjukkan bahawa pengaruh antara kumpulan dan kepuasan yang dilihat adalah terbesar dengan penyertaan sepenuhnya. Dengan separa penyertaan, pengaruh dan kepuasan adalah terbesar dalam fasa pilihan. Shimizu (2011), kajian memberi tumpuan kepada keinginan untuk reputasi dalam kumpulan dan perpaduan sosial sebagai satu faktor yang mencipta kesetiaan *self-sacrificing* di kalangan ahli-ahli organisasi seperti pemujaan, kumpulan pengganas dan angkatan tentera. Ia adalah diandaikan bahawa perpaduan sosial ialah satu barangan awam dicipta oleh reputasi dalam kumpulan dari setiap ahli dan pemimpin, dan keinginan ahli-ahli untuk perkembangan reputasi sebagaimana yang lain menyediakan mereka dengan lebih perpaduan sosial. Dalam kes ini, sumbangan ahli yang membawa mereka reputasi, meningkat sebagaimana yang lain menyumbang lebih kepada kumpulan. Model 1 mengenal pasti tiga cara untuk ketua-ketua (pemimpin) untuk memulakan sumbangan penggandaan-proses: meningkatkan sumbangan mereka, memberikan usaha dalam mengajar ahli-ahli dan meningkatkan halangan yang dihadapi ahli-ahli apabila mereka menyumbang. Model 2 menganalisis proses radikalisasi kumpulan menganggap bahawa ahli-ahli adalah mengambil berat tentang reputasi mereka di luar serta di dalam kumpulan, dan itu menyumbang kepada peningkatan reputasi dalam kumpulan manakala menurunkan reputasi di luar kumpulan. Model menunjukkan kemungkinan bahawa pendapat awam negatif dalam satu kumpulan akan memperkukuhkan kesan penggandaan diterangkan dengan Model 1, demikian memudahkan radikalisasi dalam kumpulan.

Guetzkow dan Simon (1995), hasil kajian memberi amaran kepada pakar komunikasi praktikal yang bekerja dalam industri dan kerajaan yang perubahan dalam struktur komunikasi mungkin agak berbeza kesan untuk kecekapan dalam operasi hari-ke-hari serta merta, dan untuk keupayaan organisasi untuk menangani perubahan dalam struktur mereka sendiri. Tschan (1995), disebabkan tuga ialah sederhana kerumitan, ia akan menjadi munasabah untuk mencari hubungan antara jumlah komunikasi dan prestasi. Bother, Stuart dan Whita (2004), hasil kajian menunjukkn bahawa tahap autonomi bebas dalam hubungan dengan pekerja mengambil kira menerangkan perbezaan ini dalam hasil. Di bawah ketua autonomi, sebagaimana perbezaan berlaku, kuasa sosial berasaskan status memecahkan kumpulan pekerja-pekerja terasing. Sebaliknya, apabila ketua menduduki kedudukan terjejas, perpaduan tahap-kumpulan wujud bersama dengan perbezaan. Larsen (2007), keputusan mencadangkan bahawa takat peningkatan kerjasama bertambah dengan bilangan rakan-rakan terlibat dalam perkongsian. Kehadiran norma-norma sosial dalam model mengambarkan penyusunan perkongsian-input. Heldenbrand dan Simms (2012), pendekatan untuk pembangunan kepimpinan, penglibatan pekerja dan perbaikan nilai tambah pengguna boleh menyediakan hubungan terputus ke arah mengekalkan dan mengembangkan perubahan budaya organisasi dalam satu persekitaran yang sangat mencabar (mendesak). Wollebaek dan Selle (2003), apabila tahap aktiviti telah diadakan berterusan, pelbagai penggabungan menyumbang lebih kepada bentuk modal sosial daripada penggabungan tunggal, manakala tahap aktiviti gagal untuk membezakan antara ahli-ahli dengan jumlah yang sama penggabungan. Mitchell dan Bossert (2007), pemahaman nuansa indikator tahap isirumah dari modal sosial struktural dan kognitif menyokong implikasi tingkah laku sivik dan kesihatan. Walaupun kepadatan keahlian dan kepercayaan institusional adalah secara positif berkaitan satu indeks penglibatan politik, kepercayaan sosial adalah tidak berkaitan atau berkaitan secara negatif (di kalangan responden bandar).

Alesina dan Giuliano (2009), individu-individu yang mempunyai ikatan keluarga kuat tidak terlibat banyak dalam aktiviti politik dan adalah biasanya kurang berminat dalam politik. Hansell (1984), campurtangan kumpulan-kerjasama merangsang ikatan lemah baru antara pelajar berbeza ras dan jantina. Keputusan ini mengesahkan bahawa kumpulan-kumpulan kerjasama merangsang ikatan lemah baru antara individu-individu dari berbeza ras dan jantina, tetapi meningkatkan keraguan tentang sama ada campur tangan ini secara terus memperbaiki hubungan antara kumpulan di kalangan kumpulan-kumpulan rakan sebaya yang sedia ada. Boundouries (n.d.), rangkaian penggabungan ialah hanya koleksi (*monadic*) sifat-sifat pada aktor (iaitu, daripada pandangan teori-graf, ia merupakan hipergraf) dengan pemahaman bahawa, dalam satu rangkaian penggabungan, sifat-sifat aktor menggambarkan persatuan-persatuan heterogenous demikian, sebagaimana apabila aktor adalah ahli-ahli dalam kumpulan-kumpulan atau organisasi-organisasi atau mereka adalah mengambil bahagian dalam peristiwa-peristiwa atau pertemuan-pertemuan dan lain-lain. Babaei, Ahmad dan Gill (2012), kesan jambatan sosial (modal sosial jambatan) ke atas pendayaupayaan adalah tidak kuat sebagaimana ikatan sosial (modal sosial ikatan). Babaei, Ahmad dan Gill (2012), hubungan sosial (modal sosial hubungan) mempunyai kesan yang lemah ke atas pendayaupayaan. Cheang (2002), interaksi sosial yang tidak diperlukan oleh undang-undang dan bermain adalah bermakna kepada orang dewasa ini sebagaimana mereka adalah untuk kanak-kanak kerana ia adalah melalui peluang-peluang ini yang mereka dapat menjadi sebahagian daripada kumpulan sosial pilihan mereka. Interaksi sosial yang tidak diperlukan oleh undang-undang memberikan orang dewasa rasa kawalan dan suka bergaul yang mereka ingini dan bermain menyediakan mereka dengan kegembiraan dan hiburan.

Yousafzai, Farrukh dan Khan (2011), dalam masyarakat di mana wanita boleh mengalami sekatan dalam kebebasan bergerak dan membuat keputusan, menjaga kanak-kanak kurang upaya membolehkan wabita untuk bergerak di luar sempadan tradisional dalam mendapatkan perkhidmatan pendidikan dan kesihatan untuk anak-anak mereka. Walau bagaimanapun, perolehan dalam pendayaupayaan adalah tindakan bertindak balas melalui kekurangan sokongan penjagaan, kekurangan perkhidmatan yang sesuai untuk kesihatan, pemulihan dan pendidikan kanak-kanak kurang upaya dan stigma mencipta kebimbangan dan tekanan untuk wanita. Lord dan Htchinson (1993), kebanyakan kesusasteraan mengaitkan pendayaupayaan dengan kawalan diri. Orang yang mencapai darjah paling besar dalam kawalan pada kehidupan mereka adalah mereka yang enggan untuk menerima situasi mereka dan sebaliknya tetap menyoal dam mencari pilihan. Dari segi pendayaupayaan, maka, kawalan personal boleh dilihat sebagai satu proses aktif penglibatan dalam dunia sosial. de Souza (2011), pendayaupayaan, peserta secara tersirat dan jelas membuat andaian tentang siapa bertanggungjawab untuk kesihatand anpenjagaan kesihatan; mereka berhujah bahawa individu dan komuniti adalahbertanggungjawab bagi kesihatan, dan merangka semula "hak-hak" dari segi tugas dan kewarganegaraan.

Harley (n.d.), terhadap hubungan jelas antara kedudukan pekerja dalam hierarki pekerjaan dan tahap mereka dalam kawalan ke atas kerja mereka. Oleh itu, idea pendayaupayaan adalah ditolak. Satu penjelasan sementara bagi kegagalan pendayaupayaan untuk meningkatkan autonomi pekerja boleh ditemui dalam kenyataan bahawa kuasa organisasi tinggal terutamanya dalam struktur organisasi. Berbeza dengan dakwaan bahawa kemunculan 'organisasi pos-birokrasi', struktur-struktur hierarki kekal penting kepada majoriti organisasi kontemporari dan impak dari lain-lain perubahan kepada kerja organisasi mesti difahami dalam konteks ini. Nilsen (2012), kebanyakan orang dipengruhi oleh norma-norma sosial apabila ia datang kepada peranan gender, sebagai contohnya, adalah sukar bagi seorang wanita untuk meninggalkan peranan jantina beliau sebagai seorang suri rumah, orang bawahan dan ibu yang bekerja separuh masa. What Works for Women & Girls (n.d.), hak undang-undang dan norma jantina (gender) perlu ditangani bersama-sama, kerana untuk mengubah norma-norma gender, undang-undang mesti berubah untuk mengupayakan wanita dengan hak undang-undang asas dan untuk mengubah undang-undang dalam negara di mana wanita adalah dinafikan kuasa, norma-norma gender dan mesti ditangani. Babaei, Ahmad dan Gill (2012), keputusan menunjukkan kesan ketara modal sosial ikatan, jambatan dan hubungan pada pendayaupayaan di kalangan penempatan setinggan. Modal sosial ikatan mempunyai koefision beta yang terbesar berbanding lain-lain dimensi, seperti modal sosial jambatan dan hubungan.

Narayan dan Cassidy (2001), pendayaupayaan adalah lebih baik ditakrifkan sebagai satu penentu modal sosial (dimensi modal sosial ialah keahlian dalam kumpulan tidak formal dan rangkaian dengan ciri-ciri khusus, suka bergaul setiap hari, penyertaan komuniti dan hubungan kejiranan, hubungan keluarga, kepercayaan dan norma-norma keadilan, jenayah dan keselamatan, kesejahteraan subjektif dan penglibatan politik) dari sebagai hasil modal sosial. Sadeq et al. (2010), mengkaji dimensi modal sosial iaitu hubungan interaksi dan kepercayaan. Penemuan menunjukkan bahawa hubungan interaksi pengurus-pengurus perniagaan kecil dan sederhana dengan satu sama lain dan juga dengan ahli-ahli kumpulan membawa kepada peningkatan bertolak ansur dengan kekalahan dan kekaburan dalam projek masa depan dan aktiviti-aktiviti dan ia memperbaiki pengetahuan organisasi agar membuat keputusan dalam pasaran dan keserasian. Sajjad (n.d.), terdapat pengukuhan dalam ikatan kuat dan ikatan lemah yang dihalang daripada membangun. Institusi dan birokrasi adalah dibuat untuk bekerja bukan untuk kebajikan orang dan pembangunan kawasan tetapi untuk mengekalkan dan mengukuhkan hegemoni elit politik. Umekubo, Chrispeels dan Daly (2012), kajian ini menunjukkan kuasa polisi daerah mudah yang meletakkan pelajar sebagai yang pertama (dahulu). Rangka pembuatan keputusan berpusatkan-pelajar memberi isyarat kepada sekolah bahawa terdapat gandingan ketat di sekitar meningkatkan pencapaian pelajar, yang telah dipantau oleh penguasa melalui prinsip penilaian dan lintas semak. Bagaimana mereka mencapai matlamat ini walau bagaimanapun ialah secara longgar ditambah, membenarkan sekolah untuk kebebasan untuk memilih program dan sumber yang bekerja untuk mereka. Kajian ini menyediakan satu contoh jenis keseimbangan pemusatan/desentralisasi yang perlu untuk dicapai antara pejabat pusat dan sekolah-sekolahnya yang boleh membawa kepada pencapaian pelajar yang tinggi.

Steffes dan Burgee (2009), kajian mendapati bahawa pelajar-pelajar yang mencari maklumat pada maklumat yang profesor mengambil berat tentang maklumat yang mereka perolehi daripada forum eWOM untuk sama-sama berpengaruh dalam keputusan mereka sebagaimana pengalaman utama mereka sendiri dengan profesor. Tambahan pula, maklumat diperolehi daripada forum eWOM adalah lebih berpengaruh dalam keputusan mereka daripada bercakap dengan kawan tanpa melibatkan orang lain (woM). Walaupun penyelidik sedia ada mencadangkan bahawa sumber-sumber rujukan ikatan kuat adalah lebih berpengaruh dari sumber-sumber maklumat ikatan lemah, penemuan menunjukkan bahawa sesetengah sumber-sumber maklumat ikatan lemah adalah dinilai sebagai lebih berpengaruh. Contreras-McGavin (2004), di peringkat individu dalam organisasi terdapat komunikasi, pemahaman, nilai-nilai dan motivasi yang berfungsi sebagai pemboleh ubah yang melengkapkan individu-individu dengan potensi untuk mengeluarkan perubahan. Semua unsur-unsur ini adalah saling berkaitan. Komunikasi mengeluarkan pemahaman baru atau meningkatkan pemahaman. Pemahaman ini boleh membawa individu untuk mengubah nilai-nilai mereka, demikian mengupaya mereka untuk mengeluarkan transformasi institusi. Babaei, Ahmad dan Gill (2012), ikatan sosial (modal sosial ikatan) mempunyai hubungan positif dengan kuat terhadap jambatan sosial (modal sosial jambatan) dan hubungan sosial (modal sosial hubungan) di kalangan orang miskin. Han dan Johnson (2012), hasil kajian menunjukkan hubungan yang positif antara ikatan sosial pelajar dengan jenis-jenis interaksi dalam interaksi teks synchronous (segerak). Hubungan ini tidak dijumpai dalam interaksi asynchronous (tidak segerak) dan interaksi audio synchronous (segerak). Keputusan menunjukkan tidak ada korelasi mengikut undang-undang canon antara ikatan sosial pelajar dan jumlah interaksi dalam persekitaran pembelajaran dalam talian synchronous dan asynchronous.

Horiuchi (2008), sukarelawan mempunyai rangkaian sosial yang padat dan membangunkan ikatan modal sosial. Mereka memperoleh kemahiran dan mengambil berat dan tanggungjawab dalam tindakan mereka daripada ikatan modal sosial, jadi mereka boleh mengejar kepentingan yang sama sebagai penduduk komuniti. Penduduk menerima sukarelawan dengan penuh minat kerana mereka bekerja dengan baik dan kewujudan orang luar yang "baik" menyumbang kepada pembangunan identiti tempatan. Hubungan cenderung untuk mengalakkan perpaduan sosial (*affiliative*) antara sukarelawan dan penduduk ialah dikekalkan oleh usaha besar koordinator. Kerana koordinator berhijrah ke Hachimori, mereka boleh memahami situasi orang luar serta penduduk komuniti tersebut. Dijck (n.d.), persaudaraan agama baru abad ke 17 mencipta bentuk ikatan modal sosial, kerana mereka merekrut ahli-ahli mereka dalam semua lapisan sosial. Walau bagaimanapun, kesan pengumpulan modal sosial adalah agak kecil, kerana perhubungan ini hanya mengeluarkan ikatan sosial lemah. Malah, perhubungan hanya mengeluarkan nilai-nilai sivik dikongsi jika ahli-ahli mereka dengan kerap bersama-sama dan memperkukuhkan hubungan mereka melalui suka bergaul. Larsen et al. (2004), ikatan kejiranan boleh mengubah ke dalam aktiviti-aktiviti merapatkan yang berkuasa secara politik. Cox dan Mccubbins (1994), *Legislative Leviathan*, adalah kokus (kumpulan dalam parti politik) parti majoriti menambah satu lagi lapisan struktur dan proses ke atas struktur jawatankuasa yang dikaji oleh Shepsle-Weingast dan Weingast-Marshall. Parti majoriti di Dewan mencapai hasil polisi stabil melalui mengikat ahli-ahlinya untuk menyokong satu struktur khusus dalam agenda kuasa diwakili oleh speaker, pengerusi jawatankuasa, dan Jawatankuasa Peraturan, satu struktur yang kemudian membawa pemilihan polisi-polisi yang pada purata memberi manfaat kepada ahli-ahli parti majoriti lebih daripada ahli-ahli parti minoriti.

Lopaciuk-Gonczaryk (n.d.), modal sosial "ikatan" ditinjau dalam hubungan antara ahli-ahli pasukan, berkaitan dengan norma kumpulan sosial kuat dan pengenalan kumpulan. Rocque et al. (2011), data menunjukkan bahawa kem but meningkatkan kepercayaan prososial, tetapi sedikit perbezaan muncul dari segi komitmen dan sambungan. Dalam cara yang sama, data menunjukkan beberapa perbezaan dalam sambungan tanpa mengira orientasi prososial atau antisosial daripada rakan-rakan dan keluarga banduan. Lancee (2008), rangkaian ikatan tidak menjejaskan hasil ekonomi, tetapi untuk lelaki ia membantu membina rangkaian merapatkan (jambatan modal sosial). Wexler-Robock (2006), daripada penemuan boleh dihipotesiskan bahawa jambatan modal sosial dan ikatan modal sosial adalah tidak semestinya telah ditetapkan, mereka mungkin dikeluarkan, terkumpul, dan habis melalui faktor akses dan norma yang adalah terbuka kepada kelainan dalam bilik darjah. Nelson (1989), hasil kajian menunjukkan bahawa organisasi rendah-konflik adalah dicirikan oleh bilangan lebih tinggi dalam ikatan kuat antara kumpulan, diukur sebagai hubungan kerap, daripada organisasi tinggi-konflik. Kavanaugh et al. (n.d.), orang dengan ikatan (jambatan modal sosial) lemah di seluruh kumpulan mempunyai tahap yang lebih tinggi dalam penglibatan komuniti, kepentingan awam (sivik) dan keberkesanan kolektif daripada orang tanpa ikatan jambatan modal sosial kepada kumpulan-kumpulan. Medlin (n.d.), untuk mewujudkan ikatan dan hubungan yang individu bertemu pada jarak waktu tidak teratur untuk menyesuaikan dan menyelaraskan sumber-sumber dan aktiviti-aktiviti. Oleh itu, interaksi kelas kedua, antara aktor individu menjamin penstrukturan dalam ikatan sumber dan hubungan aktiviti-aktiviti. Interaksi penyesuaian bergantung pada individu-individu yang mengawal beberapa sumber-sumber firma dan aktiviti dan individu ini dengan jelas mempunyai pelbagai keupayaan untuk membuat dan menunaikan janji berkenaan dengan menstrukturkan sumber-sumber dan aktiviti masa depan.

Lichterman (2006), gaya kumpulan juga menjadikan jelas proses yang kumpulan sivik mencipta ikatan "jambatan" di luar kumpulan. Pickering (2006), teori rangkaian sosial menjangkakan dengan tepat bahawa minoriti-minoriti akan terbaik dapat membentuk ikatan yang merapatkan perbezaan etnik jika mereka adalah sekurang-kurangnya pada mulanya berasaskan-kenalan. Ia juga membantu menjelaskan kenapa tempat kerja yang bercampur secara etnik yang mengalakkan hubungan yang lemah dan bukannya kejiranan campuran yang secara tradisional bekerja untuk memupuk ikatan lebih kuat, akan lebih baik memudahkan hubungan kerjasama silang-etnik. Greenbaum (1982), sedikit sokongan didapati bagi mungkin ketiadaan ikatan lemah merapatkan di kalangan jiran-jrian bandar, atau untuk andaian bahawa ikatan kuat mencipta satu halangan untuk pergerakan politik berkesan dalam kejiranan kelas pekerja. Satu model alternatif integrasi tahap-tempatan ialah dicadangkan, yang mengekalkan konsep Granovetter tentang kelompok-kelompok padat dalam ikatan rangkaian yang dihubungkan melalui "jambatan tempatan" tetapi memeriksa semula peranan ikatan lemah dalam mempengaruhi jambatan demikian. Fehr dan Fischbacher (2004), adalah tidak mustahil untuk memahami keunikan dan kuasa-kuasa di sebalik kerjasama manusia kecuali kita memahami norma-norma sosial. Bukti eksperimen menunjukkan kewujudan norma dalam kerjasama bersyarat. Jika ahli-ahli kumpulan yang lain berkerjasama norma juga memerlukan kita untuk bekerjasama, jika yang lain-lain rosak ahli yang lain juga dibenarkan untuk rosak. Jaimovich (2012), menggunakan rangka kerja rangkaian, terdapat usaha untuk mewujudkan hubungan luaran yang menyambung pasaran terputus kini.

Eklinder-Frick, Lars-Torsten dan Hallen (2011), menemui hasil yang menjadikan jelas berkenaan paradoks dalam penggunaan rangkaian strategik serantau untuk mengatasi terlalu-tersembunyi dan membebaskan aktor-aktor yang terlibat dari dikunci rangkaian sedia ada dan bukannya mengukuhkan selanjutnya institusi-institusi sosial. Rosmah Mat Isa et al. (2010), menemui lima kategori di bawah dimensi modal sosial struktur yang menyokong dan menggalakkan perkongsian pengetahuan tersirat (tanpa bertulis) dalam satu konteks projek iaitu mesyuarat, hubungan, interaksi, kedudukan dan dekatnya (jarak). n/a (n.d.), hasil kajian mendapati proses-proses merapatkan terjadi di kalangan keluarga-keluarga dan antara rangkaian-rangkaian keluarga-keluarga dan agen-agen institusi, ibu bapa (sokongan sosial) boleh bertambah kepadatan dan ketersambungan atau perhubungan mereka. Wexker-Robock (2006), jambatan modal sosial (modal sosial jambatan) muncul berkaitan dengan kesediaan untuk melibatkan diri dalam rangkaian kuat dan lemah, membantu mencari, *intertextuality* (hubungan antara teks, terutamanya kerja-kerja sastera (intertextuality, 2013)), dan mungkin untuk penguasaan orientasi matlamat untuk semua peserta tanpa menghiraukan tahap membaca.

Aldrich et al. (1998), mendapati bahawa kepelbagaian dalaman dan hubungan antara ogranisasi adalah berkaitan dengan pertukaran maklumat dan mekanisme urus tadbir. Barnes (2012), kumpulan etnik dominan (komuniti E-A) akan mempunyai tahap lebih tinggi dalam modal sosial hubungan, sebaliknya telah ditemui benar dalam kes ini bagi komuniti V-A. Terdapat pelbagai sebab kenapa komuniti V-A boleh melaporkan lebih hubungan kepada pemimpin-pemimpin industri, kerajaan atau pegawai pengurusan dan komuniti saintifik dari komuniti E-A termasuk penglibatan komuniti V-A dengan dibangunkan organisasi Perikanan VAK. Walau bagaimanapun, sebab-sebab yang tepat bagi keputusan yang unik ini hanya boleh ditunjukkan dengan penyelidikan selanjutnya. Sebaliknya, komuniti K-A muncul agak terpencil dalam hal modal sosial hubungan dan boleh mendapat manfaat dengan ketara daripada jangkauan (bantuan) selanjutnya. National Information Exchange Model (NIEM) (2010), cabaran manusia pada hari ini sering kali perentangan sempadan: ia merentasi sektor, organisasi dan unit dan memerlukan kerjasama kerajaan, industry dan rakyat. Dalam dunia di mana masalah dan peluang memotong secara melintang merentasi aset yang disusun menentang masalah dan peluang, organisasi zaman industri cenderung untuk menjadi menegak dan tidak sesuai dengan tugas.

Parrilli dan Sacchetti (2008) menjalankan kajian kes berkenaan keupayaan syarikat individu untuk mencipta satu rangkaian hubungan dengan syarikat-syarikat transnasional besar supaya memperolehi kecekapan baru tanpa jatuh ke dalam satu kedudukan bawahan berkenaan dengan rakan kongsi-rakan kongsi yang lebih besar. Barnes (2012), kejayaan tadbir urus penyesuaian adalah sangat dipengaruhi oleh kerjasama di kalangan stakeholder-stakeholder yang sebaliknya (pula), dipengaruhi oleh hubungan dalam dan antara stakeholder-stakeholder berkaitan. Daripada perspektif pengurusan, struktur rangkaian sosial stakeholder-stakeholder dan kewujudan modal sosial boleh memudahkan atau menghalang penyebaran inovasi, pendekatan pengurusan dan peraturan-peraturan. Pena Lopez dan Sanchez Santos (2013), kepercayaan sejagat (modal sosial menghubungkan dan merapatkan) merupakan satu modal sosial positiv yang berhubung secara negatif dengan rasuah. Muir (2011), keahlian forum menambahkan ikatan, jambatan dan hubungan modal sosial ahli-ahlinya dan muncul untuk meningkatkan hubungan komuniti. Macke dan Dilly (2010), modal sosial merapatkan membenarkan manusia untuk menyatukan dua pendekatan iaitu yang hanya mempertimbangkan hubungan sosial melintang (mendatar) dan yang satu satu lagi ialah meliputi hubungan kuasa. Livinggood et al. (n.d.), menyatakan di Jacksonville, Duval County Health Department (DCHD) telah diminta untuk mengadakan NEF-HIC kerana ikatan kuat agensi dan kepimpinan yang dihormati dikalangan pihak-pihak berkepentingan masyarakat termasuk majikan, syarikat insuran, dan pembekal. Pengarah dan banyak kakitangan DCHD mempunyai rekod yang banyak dalam bekerja dengan organisasi yang lain berkhidmat dalam lembaga yang mengawal mereka, membantu mereka dalam pembangunan geran, menyokong aktiviti-aktiviti kerja mereka dan mengambil bahagian dalam projek-projek bersama dengan mereka.

Villanueva-Felez dan Molas-Gallart (2011), persahabatan adalah secara positif berkaitan dengan akses kepada maklumat baru (maklumat mengenai peristiwa-peristiwa dalam persekitaran seperti kemunculan teknologi, inovasi dan lain-lain perubahan penting) apabila rakan kongsi ialah dari sfera institusi berbeza iaitu firma dan organisasi kerajaan. Considine dan Lewis (2007), menyatakan bahawa dalam rangkaian sosial, corak titik sambungan kepada orang yang adalah bergantung pada pertukaran dengan yang lain-lain untuk memperoleh maklumat dan kepada siapa yang mempunyai autonomi dan boleh menjalankan kawalan sebagai hasil kedudukan rangkaian mereka. Nilai ikatan ialah secara rapat sejajar dengan jarak, dan apa yang boleh dicapai melalui menggunakan ikatan ini untuk dekat dengan yang lain, bergantung pada sumber-sumber bahawa yang lain-lain ada dan adalah mampu untuk berkongsi. Memetakan rangkaian bagi mendapatkan maklumat yang menghubungkan individu-individu ke dalam hubungan yang adalah penting dalam memetakan laluan inovasi memerlukan meminta orang untuk menyenaraikan orang lain yang penting yang mereka berinteraksi berkenaan dengan beberapa pusat sumber (nasihat, maklumat dan sebagainya). Greenan dan Walkowiak (2004), ada hubungan antara interaksi sosial dan produktif yang memandu hubungan antara penggunaan IT dan ciri-ciri organisasi inovatif dalam stesen kerja. Hackman dan Morris (n.d.), interaksi boleh berfungsi untuk meningkatkan tahap usaha ahli-ahli memilih untuk digunakan pada kerja (tugas).

Gagliarducci dan Paserman (2012), hasil ini boleh digunakan untuk memahami dinamik gender dalam persekitaran berhierarki yang lain yang arena politik perbandaran berkongsi banyak ciri-ciri. Sebagai contohnya, dalam syarikat-syarikat, CEO adalah diundi oleh pemegang saham dan ialah dilantik untuk menjalankan syarikat untuk tempoh masa yang terbatas bersama-sama dengan lembaga pengarah, yang menyerupai sebuah majlis perbandaran dalam saiz dan dinamik. Knight dan Godfrey (1993), dalam keadaan tiada alkohol, kemahiran sosial tertinggi adalah berkait secara negatif dengan kepercayaan bahawa alkohol mengurangkan ketegangan dan mengurangkan ketakutan dalam penilaian negatif. Beugelsdijk dan Smulders (2003), peserta yang kenal antara satu sama lain dari rangkaian yang sama menghalang tingkah laku oportunistik mereka terhadap satu sama lain untuk mengekalkan reputasi dalam kumpulan dan untuk mengelakkan pemulauan atau bentuk hukuman lebih ringan. Tahap yang lebih tinggi ikatan modal sosial adalah oleh itu cenderung untuk bersama-sama dengan kadar yang lebih rendah dalam pertumbuhan ekonomi kerana menghabiskan masa dengan keluarga dan rakan akrab yang datang pada kos bekerja dan masa pembelajaran. Jicha et al. (2011), mendapati bahawa keahlian persatuan dan umur adalah dua peramal terkuat sementara kepercayaan interpersonal, gender dan status perkahwinan adalah penting. Hasil analisis mendedahkan bahawa tidak terdapat kesan langsung yang signifikan antara keahlian persatuan dan kepercayaan interpersonal, mencadangkan bahawa dua dimensi modal sosial mungkin pemboleh ubah bebas, namun pengaruh yang melengkapi. Kajian ini mengeluarkan satu faktor yang mempengaruhi penyertaan rakyat dalam bentuk "sivik" dalam tindakan kolektif di satu kawasan maju dari bahagian dunia, sementara menunjukkan sifat pelbagai dimensi dalam modal sosial.

Reagans (2011), hasil kajian menunjukkan nilai dalam mempertimbangkan bagaimana persamaan sosial dan keakraban menyumbang kepada ikatan kuat secara bebas dan apabila digabungkan dengan satu sama lain. Pow et al. (2012), kaedah analisis rangkaian sosial ialah ditemui memberi pandangan lebih besar dalam situasi sosial melibatkan interaksi antara individu dan mempunyai aplikasi khusus kepada kajian dalam interaksi antara jururawat dan antara jururawat dan pesakit serta aktor-aktor yang lain. Shen (2013), perbezaan keaktifan aktor sosial, pemilihan, dan penciptaan fakta dikongsi boleh mengubah corak interaksi dan selanjutnya membina semula struktur sosial. Hond (2007), teras utama dalam aktivisme ialah untuk menjejaskan kestabilan kerangka bidang semasa, tetapi ini memberi kumpulan radikal sedikit pengaruh ke atas keseluruhan arah pembangunan perubahan aktiviti sosial korporat di peringkat lapangan. Cheng dan Tracy (n.d.), menggunakan pendekatan pelbagai-kaedah di mana kedudukan sosial adalah dioperasionalisasikan persepsi rakan sebaya dalam makmal dan persepsi peninjau luar tentang pengaruh sosial, serta sebenar, pengaruh tingkah laku ke atas pembuatan-keputusan dalam satu tugas kerjasama. Kajian menunjukkan bahawa individu tinggi dalam Penguasaan dan tinggi dalam Prestij (sebagaimana dikadarkan melalui rakan sebayadalam makmal dan peninjau di luar) cenderung untuk menerima pengaruh lebih besar semasa tugas kumpulan.

Dudte (2008), keputusan kurang signifikan bagi bukti untuk kekuatan norma gender dan daya tahan pada pengaruh sosial. Beyer (2003), pendekatan kualitatif dalam kajian telah menunjukkan sedikit perbezaan dalam makna dalam setiap pemahaman wanita tentang apa makna feminisme dan mendedahkan hubungan berulang dengan potensi antara kesedaran feminis individu dan modal sosial. Rankin (2002), Bourdieu mengembangkan pemahaman tentang modal untuk merangkumi bentuk simbolik (termasuk norma budaya dikongsi dan rangkaian sosial) memudahkan satu analisis eksploitasi amalan budaya dan sosial. Fahaman beliau tentang "amalan ekonomi" ialah bertujuan untuk menjelaskan dimensi ideologikal modal sosial dn mod penguasaan yang wujud dalam beberapa bentuk timbal balik dan persatuan. Carpenter, Esterling dan Lazer (2003), kerana permintaan bersama untuk pertambahan maklumat, kumpulan kepentingan meletakkan keutamaan yang lebih pada mewujudkan ikatan kuat, walaupun ketika mengawal ciri-ciri organisasi seperti budget, keupayaan mobilisasi dan umur organisasi. Forsyth (2012) dalam Group Dynamics, hubungan yang lemah sebaliknya menyambung individu yang tidak mengenali antara satu sama lain dan kurang kesamaan. Akibatnya, ia menyediakan banyak jenis berbeza dalam maklumat yang Granovetter gambarkan dengan contoh pencarian pekerjaan. Beliau mendapati bahawa ramai orang mencari pekerjaan mempelajari bahawa jawatan tidak dari rakan-rakan rapat mereka tetapi dari kenalan biasa sahaja. Hui dan Buchegger (n.d.), hubungan sebab dan akibat dalam satu cara bermakna pengaruh sosial oleh rakan-rakan yang membawa kepada individu untuk menyertai kumpulan, dengan cara yang lain ia akan bermakna keahlian kumpulan tersebut membawa kepada hubungan sosial dengan ahli-ahli kumpulan yang lain. Dalam kedua-dua tafsiran, ia ialah tentang hubungan antara ikatan sosial dan kepentingan peribadi.

Yuter (2011), orang yang menjadi penarik (attractors) yang mempengaruhi pembentukan dan perpaduan/kesepaduan yang berterusan dalam *Community of Practice* (CoP) dan memelihara satu tekanan dinamik dalam hubungan antara CoP dan hierarki pentadbirannya. Thien (2005), peraturan seni bina beroperasi secara tersembunyi dan tidak mungkin dianggap sebagai tindakan kerajaan. Peraturan seni bina membolehkan kerajaan untuk membentuk tindakan tanpa menganggap bahawa pengalaman individu telah sengaja dibentuk, mengakibatkan kehilangan agensi moral. Disebabkan norma adalah sering kali keluaran dari pengalaman sosial dengan teknologi baru dan perbincangan berkenaan teknologi baru, peraturan seni bina menimbulkan bahaya bahawa kerajaan boleh menganggu perkembangan norma perlembagaan seperti privasi. Clauset et al. (n.d.), pengetahuan tentang struktur hierarki boleh digunakan untuk meramal sambungan terputus dalam rangkaian sebahagiannya dikenali dengan ketepatan yang tinggi, dan struktur rangkaian yang lebih umum daripada teknik bersaing. Waldstrom (n.d.), bidang antara modal sosial dalam individu dan modal sosial organisasi kurang kesejajaran khususnya teori modal sosial jambatan. Farzianpour et al. (2011), memetik Yahya et al. (2009) bahawa melalui pengenal pastian dalam dimensi modal sosial, organisasi memperolehi pemahaman lebih baik dalam pola interpersonal dan interaksi kumpulan dan demikian, mereka boleh menggunakan ia untuk memimpin sistem organisasi mereka dalam cara yang lebih cekap. Nelson (1989), hasil kajian menunjukkan bahawa organisasi adalah dicirikan oleh bilangan yang lebih tinggi dalam ikatan kuat antara kumpulan, diukur sebagai hubungan yang kerap, daripada organisasi tinggi-konflik.

Paul (2008), peraturan menetapkan jangkaan yang boleh dipercayai untuk kedua-dua pelanggan dan institusi kewangan dan memastikan bahawa ulasan yang positif institusi demikian akan dihantar melalui ikatan lemah. Akhtar (2011), cara baru dalam peraturan yang melibatkan aktor bukan-negara dan cara kurang birokrasi dalam melaksanakan peraturan perlu diteroka. Peraturan de-berpusat menawarkan satu cara berbeza dalam mendekati peraturan. Pendekatan baru ini boleh membantu penggubal dasar dan rakan pembangunan dalam reka bentuk pendekatan kawal selia dalam sistem penjagaan kesihatan yang dikomersialkan dengan satu fokus pada pertukaran maklumat dan kawalan piawai kualiti. Giannetti dan Simonov (2004), bukti-bukti menunjukkan bahawa di mana kebudayaan membuat aktiviti keusahawanan menarik, lebih ramai individu menjadi usahawan walaupun keuntungan keusahawanan adalah rendah. Turrel dan Van-Helten (1987), semasa lingkungan yang luas kepentingan global dan kawalan perkongsian ialah di tengah-tengah deskripsi Chapman dalam satu kumpulan pelaburan, konsepnya adalah menjadi lemah melalui fakta bahawa dalam contohnya terdapat sedikit analysis struktur perniagaan, strategi dan lokasi kawalan kumpulan. Klyza et al. (2004), kumpulan-kumpulan alam sekitar tempatan menjana linkungan lebih luas dalam rangkaian, khususnya sepanjang bentuk modal sosial jambatan dan hubungan. Stone (2001), walaupun item-item penyertaan sosial formal, aktiviti ruang awam dan aktiviti kumpulan adalah berkaitan dengan proaktiviti politik, ukuran hubungan berasaskan bukan-kumpulan tidak perlu berkenaan politik untuk memberitahu pemahaman manusia dalam modal sosial, dan mungkin disesuaikan dengan matlamat kajian terdahulu.

Hirschi (1969), jenis ketiga ikatan sosial iaitu penglibatan berkaitan dengan kos peluang yang berkaitan dengan bagaimana manusia menghabiskan masa mereka. Sebagai contohnya, belia yang banyak terlibat dalam aktiviti-aktiviti berkaitan sekolah yang sah sama ada secara akademik, secara sosial atau secara athletically tidak akan menghabiskan masa untuk merosakkan harta benda, mencuri benda-benda yang bukan dipunyai oleh mereka dan sebagainya. Kavanaugh et al. (n.d.), bukti daripada data tinjauan isi rumah berstrata di Blackburg, Virginia menunjukkan bahawa individu dengan ikatan lemah (modal sosial jambatan) merentasi kumpulan mempunyai tahap lebih tinggi dalam penglibatan komuniti, kepentingan sivik dan kecekapan kolektif daripada individu yang tidak mempunyai ikatan lemah dalam kumpulan. Denize et al. (n.d.), model *Actors, Activities, Resources* (AAR) dicadangkan untuk membuat jelas dimensi aktiviti, sumber dan aktor dalam pertukaran maklumat dan saling menggabungkan antara satu sama lain dalam tiga pendirian definisi yang adalah digunakan dalam kesusasteraan yang ada. Clauset et al. (n.d.), pengetahuan tentang struktur hierarki boleh digunakan untuk meramal sambungan terputus dalam rangkaian sebahagiannya dikenali dengan ketepatan yang tinggi, dan struktur rangkaian yang lebih umum daripada teknik bersaing. Bowles dan Gintis (1976), halangan kepada penyertaan yang wujud untuk pelajar yang mempunyai pencapaian lebih rendah bermakna bahawa aktiviti kurikulum mungkin satu lagi mekanisme yang melaluinya hierarki status disebarkan. Rankin (2002), bagi Bourdieu mengembangkan pemahaman modal dengan merangkumi bentuk simbolik (termasuk norma kebudayaan yang dikongsi dan rangkaian sosial) memudahkan analisis tentang dimensi eksploitatif kebudayaan dan amalan sosial. Fahamannya tentang "amalan ekonomi" ialah bertujuan untuk menjelaskan dimensi ideologikal modal sosial dan mod penguasaan yang wujud dalam beberapa bentuk timbal balik dan persatuan. Teori tentang amalan ekonomi dalam menonjolkan peranan tidak hanya berkenaan kepentingan-diri individu tetapi juga kepentingan kelas secara logik (dalam ideologi) tentang timbal balik. Di kalangan yang sama status, pemberian dan tindakan murah hati menyediakan jaminan ekonomi kerana ia boleh memberi pulangan. Di kalangan yang tidak sama status, walau bagaimanapun pemberian dan lain-lain mod timbal balik menjana ikatan yang afektif yang menggelapkan sifat hierarki hubungan sosial.

Ekcmann dan Moses (n.d.), adalah penting bahawa unit subgraf adalah unit tempatan, seperti hierarki dalam halaman yang berhubung tinggal di alamat web yang sama, dan kelengkungan dalam nod ialah didefinisikan semata-mata tempatan sebagai kepadatan (densiti) dalam ikatan iaitu dalam kejiranan ikatan kuat segera dalam satu nod. Carolan dan Natriello (2006), pendedahan kepada idea-idea baru yang datang dari interaksi dengan orang-orang yang adalah ikatan lemah, kerana individu-individu demikian berjalan dalam lingkaran sosial (hierarki sosial) yang berbeza dan demikian mempunyai akses kepada maklumat dan sumber yang orang lain tidak ada. Koo dan park (2011), aktor persendirian adalah dibahagikan ke dalam kumpulan melalui analisis komuniti dan dianalisis berasaskan perubahan masa. Keputusan mendedahkan bahawa rangkaian aktor adalah terbina di dalam satu tempoh yang singkat. Aktor persendirian teras adalah bersambung-dengan baik dengan satu sama lain melalui rangkaian polisi dan kelompok-kelompok sementara seperti pameran perdagangan, konvensyen dan seminar. Ini adalah berkaitan dengan hierarki rangkaian aktor persendirian dan struktur teras-pinggir dalam aktor berangkaian. Aktor persendirian boleh memperolehi manfaat daripada kedudukan geografi sementara melalui mobiliti persendirian. Dengan pembangunan pengangkutan dan teknologi komunikasi, mobiliti persendirian telah membolehkan interaksi dengan aktor jauh melalui pertemuan bersemuka dan forum dalam talian. Walaupun kedudukan geografi ialah tidak secara signifikan berkaitan dengan berlakunya kerjasama antara individu, kedudukan seorang aktor dalam rangkaian ialah secara signifikan berkaitan dengan jangkauan geografi mereka. Individu ini dalam kedudukan pusat rangkaian atau dengan bilangan lebih besar dalam hubungan ialah kemungkinan untuk mempunyai jangkauan geografi lebih luas.

Robison et al. (2000), apabila kumpulan individu membentuk norma kebudayaan tertentuyang telah diterima oleh penduduk, iaitu mereka mempunyai modal kebudayaan, ini kadang-kadang mungkin menggantikan modal sosial peribadi. Apabila seorang mempunyai akses kepada modal kebudayaan yang memberikan mereka jawapan secara jujur dan kembali ke objek yang hilang, individu tersebut tidak perlu bergantung pada bentuk modal sosial peribadi untuk memperoleh akses kepada makumat yang boleh dipercayai dan objek yang hilang. Apabila norma kebudayaan yang memudahkan ini tidak ada, individu-individu mungkin perlu bergantung pada bentuk modal sosial peribadi. Woolcock dan Narayan (2000), bukti mencadangkan bahawa dari empat (komunikasi, rangkaian, institusi dan sinergi) dengan penekanan pada menggabungkan tahap yang berbeza dan dimensi modal sosial dan pengiktirafannya dalam hasil positif dan negatif bahawa modal sosial boleh menghasilkan, mempunyai sokongan empirikal terbesar dan meminjam preskripsi (sesuatu yang ditetapkan) dasar koheren. James (2009), banyak komuniti dalam talian seperti kelab kebudayaan, mempunyai kod etika yang telah berakar umbi yang adalah disokong oleh ikatan kuat antara peserta. Walau bagaimanapun, pendatang baru bagi komuniti ini dan lain-lain ruang dalam talian mungkin menemui bahawa had yang betul dalam permainan identiti adalah jelas kurang, membuat orang muda terdedah kepada pencerobohan dan kesilapan yang tidak disengajakan. Haythornthwaite (2002), norma yang dibina secara sosial adalah lebih kemungkinan untuk diwujudkan dan dikuatkuasakan oleh mereka yang mempunyai ikatan kuat. Haythornthwaite (2002), pasangan yang mempunyai ikatan lemah, dengan motivasi lebih rendah untuk berkomunikasi adalah kemungkinan untuk menjadi lebih pasif dalam hubungan mereka dengan yang lain misalnya, menggunakan satu papan buletin yang ditetapkan dan bukannya mencipta satu yang milik mereka sendiri dan mengikut norma yang ditubuhkan oleh orang lain.

Kate et al. (2010), aktor yang tinggi dalam keutamaan/pemusatan (*centrality*) boleh bertindak sebagai pemimpin pendapat. Pemimpin pendapat boleh dipertimbangkan sebagai pemimpin tidak formal yang cenderung untuk mempengaruhi yang lain sekeliling mereka. Oleh itu, aktor tersebut boleh berfungsi secara berkesan untuk memaksimumkan pengaruh sosial (yang merujuk kepada norma subjektif) dalam satu rangkaian sosial. Jika seorang aktor ialah hanya merapatkan (merujuk kepada modal sosial jambatan) antara dua sub rangkaian, aktor tersebut bertindak sebagai seorang broker yang boleh naik ke lubang struktur. Ini menunjukkan satu kawalan tertentu dalam norma subjektif kerana ia menunjukkan satu aras kebergantungan seorang aktor kepada komunikasi dengan aktor-aktor yang lain. European Commission (2011), pada masa ini wujud hubungan terputus terutama sekali dalam Negara-negara Anggota yang menyertai Kesatuan baru-baru ini, mencipta garis membahagi antara pusat dan pinggir Kesatuan Eropah dan menghadkan akses ke pasaran masing-masing negara anggota. Sambungan Barat dengan kesan penting untuk keupayaan bagi pertumbuhan ekonomi dalam negara-negara di kawasan Eropah dan mobiliti rakyat mereka. Jung et al. (2013), ikatan lemah adalah lebih kemungkinan untuk menjadi ikatan modal sosial jambatan, menyambungkan kelompok tersebar, dan adalah lebih kemungkinan untuk menunjukkan akses kepada perspektif dan maklumat baru dan pelbagai yang adalah mercu tanda modal sosial jambatan. Macke dan Dilly (2010), analisis tentang dimensi hubungan modal sosial adalah wajar untuk mengesahkan bahawa kandungan yang sangat ditunjukkan dalam hubungan ahli-ahli ialah satu persahabatan formal, diikuti oleh maklumat, pengaruh dan akhirnya kepercayaan.

Kate et al. (2010), dua aktor yang mempunyai ikatan kuat adalah lebih kemungkinan untuk percaya satu sama lain, pertukaran pengetahuan berlaku lebih kerap dan mempengaruhi satu sama lain dalam satu proses pembuatan keputusan manakala ahli rangkaian boleh juga mempengaruhi pembuat keputusan melalui menggunakan kedudukan rangkaian mereka agar mengawal, mempromosikan atau menghalang maklumat. Aktor yang berkongsi ikatan kuat cenderung untuk mempegaruhi aktor yang lain lebih daripada aktor dalam ikatan lemah, berkongsi pandangan sama, menawarkan aktor lain sokongan emosi yang lain dan membantu dalam masa kecemasan, berkomunikasi secara berkesan berkenaan dengan tugas dan maklumat kompleks (rumit) dan adalah lebih kemungkinan untuk percaya aktor yang lain. Messner dan Baumer (2004), mendapati dua dimensi modal sosial iaitu kepercayaan sosial dan aktivisme sosial menunjukkan perhubungan signifikan dengan kadar pembunuhan, kesan daripada lain-lain pengaruh.

Ulasan Karya Pengaruh Aktor Individu Dalam Rangkaian (Jaringan dan Kumpulan) Ke atas Pencapaian Pendidikan Pelajar

Kajian Beaulieu et al. (2001), ciri-ciri modal sosial dalam masyarakat menunjukkan bahawa pelajar-pelajar yang tinggal dalam masyarakat dengan sebahagian besar orang dewasa mengundi dan mengambil bahagian yang aktif dalam aktiviti-aktiviti keagamaan adalah lebih cenderung untuk skor yang lebih tinggi pada ujian matematik atau membaca. Kajian Israel, Beaulieu dan Hartless (2001), melibatkan diri dalam kumpulan agama cenderung untuk meningkatkan pencapaian pendidikan belia (bagi gred, manfaat penyertaan dalam kumpulan agama adalah yang terbesar di kawasan bersebelahan metro). Penglibatan dalam kumpulan bukan agama memudahkan pencapaian pendidikan, walaupun manfaat adalah terhad kepada penglibatan dalam dua atau tiga kumpulan (ditunjukkan oleh istilah kuadratik). Kajian Israel dan Beaulieu (2004), melibatkan belia dalam kumpulan agama mempunyai kesan positif. Mengambil peranan kepimpinan mempunyai kesan positif, yang mencadangkan bahawa lebih mendalam hubungan *mentor-protege* adalah perlu bagi pelajar untuk mendapat manfaat. Kajian John (2005), hubungan yang kuat antara prestasi dan purata keanggotaan kumpulan sukarelawan. Kajian Smith, Beaulieu dan Israel (1992), penyertaan pelajar dalam aktiviti belia seperti pengakap lelaki, pengakap perempuan, YMCA dan lain-lain tidak mempunyai pengaruh ke atas keciciran dalam pendidikan. Kajian Martin (2009), hubungan kelab (rangkaian rakan sebaya) adalah kiraan kelab kurikulum, yang pelajar laporkan keanggotaan (persaudaraan/pertubuhan wanita, kelab agama, kelab budaya atau etnik, kelab perkhidmatan komuniti, kerajaan pelajar, penerbitan sekolah, kelab dalaman dan pasukan olahraga antara kolej) bagi regresi OLS purata poin gred tahun pertama ke atas modal sosial, regresi logistik lulus dengan kepujian ke atas modal sosial dan regresi logistik menghadiri sekolah siswazah ke atas modal sosial adalah tidak signifikan.

Kajian Rothon, Goodwin dan Stansfeld (2012), semakin rendah bilangan aktiviti ko-kurikulum individu terlibat, semakin tinggi kemungkinan mereka mencapai GCSE (aktiviti bukan-terarah dikaitkan dengan hasil yang semakin kurang). Mengambil bahagian dalam aktiviti bukan-terarah secara negatif berkaitan dengan mencapai penanda aras GCSE manakala terlibat dalam aktiviti ko-kurikulum mempunyai kesan positif terhadap kemungkinan mencapai penanda aras GCSE, dengan remaja yang *tertile* (mana-mana dua poin yang membahagi satu taburan berurutan ke dalam tiga bahagian, setiap bahagian mengandungi satu pertiga daripada populasi) tertinggi mempunyai lebih daripada dua dan setengah kali kemungkinan mencapai penanda aras akademik berbanding dengan orang-orang di *tertile* terendah. Modal sosial komuniti juga penting dalam hal pencapaian pendidikan. Selepas pelarasan, penglibatan dalam aktiviti ko-kurikulum meningkatkan kemungkinan pencapaian yang tinggi manakala aktiviti bukan-terarah (atau "*hanging about*") menurunkan kemungkinan mencapai penanda aras GCSE. Walaupun tahap sederhana suka bergaul tidak mempunyai kesan kepada pencapaian, aras yang tinggi suka bergaul menurunkan kemungkinan mencapai penanda aras GCSE kira-kira separuh.

Kajian Jacqueline L. Davis (2009), aktiviti yang ditaja oleh sekolah didapati menjadi peramal pencapaian matematik tahun asas dan pencapaian matematik tahun susulan pertama. Mengambil bahagian dalam aktiviti yang ditaja oleh sekolah boleh membina modal sosial dan mengalakkan hubungan sosial di mana pelajar boleh mendapat sokongan dan galakkan daripada rakan-rakan mereka dan model peranan orang dewasa. Ini kemudian boleh mempengaruhi pencapaian akademik. Jumlah aktiviti luar (bukan) sekolah adalah peramal tidak signifikan dalam pencapaian matematik dalam tahun asas atau tahun susulan dalam model ini. Hubungan adalah tidak ditemui dengan jumlah aktiviti luar (bukan) sekolah dan pencapaian, tetapi kajian menemui hubungan antara satu pembolehubah, sukarelawan/melaksanakan khidmat masyarakat, sebagai satu peramal untuk pencapaian. Sukarela atau melaksanakan khidmat masyarakat membina hubungan sokongan di mana pelajar boleh membuat sambungan antara keluarga mereka, sekolah atau komuniti. Oleh itu, pelajar mungkin mempunyai peluang pembelajaran melalui aktiviti sukarela yang boleh meningkatkan akademik mereka. Pembolehubah jumlah aktiviti luar (bukan) sekolah adalah bukan peramal dalam pencapaian matematik, adalah munasabah bahawa remaja perlu menghabiskan masa dalam jenis tertentu aktiviti-aktiviti luar (bukan) sekolah di mana mereka boleh mempunyai hubungan dan pengalaman yang mempengaruhi kejayaan pendidikan mereka. Apabila pelajar boleh melibatkan diri dalam aktiviti-aktiviti dalam masyarakat mereka sendiri dan belajar tentang benda-benda berbeza berkaitan komuniti mereka, peluang-peluang mereka untuk kejayaan akademik boleh memberi kesan.

Chia Hsun Lin (2008), keputusan menunjukkan rangkaian sosial ialah secara langsung berkaitan dengan keputusan akademik dalam arah positif. Selain korelasi langsung antara rangkaian sosial dan keputusan akademik, terdapat korelasi tidak langsung antara rangkaian sosial dan keputusan akademik melalui indikator *covariable* pelarasan psikologi. Kajian Cynthia Olivo (2009), individu yang kekal aktif dalam rangkaian Future Leaders mencapai kejayaan pendidikan lebih tinggi daripada Latinos yang lain dalam negara, negeri dan Inland Empire. Kajian Julie A. Gaddie (2010), semua peserta menerangkan keupayaan mereka untuk mendapatkan rakan dan mencari satu rangkaian sosial perasaan mereka selain daripada menjadi satu komponen penting kejayaan akademik dan sosial mereka. Min Zhou dan Susan S. Kim (n.d.), modal sosial yang timbul daripada penyertaan institusi etnik dan adalah sangat berharga dalam mengalakkan pencapaian pendidikan. Frank V. Neri dan Simon Ville (2008), banyak pelajar juga membina rangkaian sosial melalui keahlian kelab. Responden dari pelajar antarabangsa nampaknya membentuk modal sosial 'ikatan' dan bukannya 'merapatkan' (jambatan).

Ulasan Karya Pengaruh Dimensi-dimensi Modal Sosial Ke atas Pencapaian Pendidikan Pelajar

Kajian Beaulieu et al. (2001), ciri-ciri modal sosial dalam masyarakat menunjukkan bahawa pelajar-pelajar yang tinggal dalam masyarakat dengan sebahagian besar orang dewasa mengundi dan mengambil bahagian yang aktif dalam aktiviti-aktiviti keagamaan adalah lebih cenderung untuk skor yang lebih tinggi pada ujian matematik atau membaca. Kajian Israel, Beaulieu dan Hartless (2001), melibatkan diri dalam kumpulan agama cenderung untuk meningkatkan pencapaian pendidikan belia (bagi gred, manfaat penyertaan dalam kumpulan agama adalah yang terbesar di kawasan bersebelahan metro). Penglibatan dalam kumpulan bukan agama memudahkan pencapaian pendidikan, walaupun manfaat adalah terhad kepada penglibatan dalam dua atau tiga kumpulan (ditunjukkan oleh istilah kuadratik). Kajian Israel dan Beaulieu (2004), melibatkan belia dalam kumpulan agama mempunyai kesan positif. Mengambil peranan kepimpinan mempunyai kesan positif, yang mencadangkan bahawa lebih mendalam hubungan *mentor-protege* adalah perlu bagi pelajar untuk mendapat manfaat. Kajian John (2005), hubungan yang kuat antara prestasi dan purata keanggotaan kumpulan sukarelawan. Kajian Smith, Beaulieu dan Israel (1992), penyertaan pelajar dalam aktiviti belia seperti pengakap lelaki, pengakap perempuan, YMCA dan lain-lain tidak mempunyai pengaruh ke atas keciciran dalam pendidikan.

Kajian Martin (2009), hubungan kelab (rangkaian rakan sebaya) adalah kiraan kelab kurikulum, yang pelajar laporkan keanggotaan (persaudaraan/pertubuhan wanita, kelab agama, kelab budaya atau etnik, kelab perkhidmatan komuniti, kerajaan pelajar, penerbitan sekolah, kelab dalaman dan pasukan olahraga antara kolej) bagi regresi OLS purata poin gred tahun pertama ke atas modal sosial, regresi logistik lulus dengan kepujian ke atas modal sosial dan regresi logistik menghadiri sekolah siswazah ke atas modal sosial adalah tidak signifikan. Kajian Rothon, Goodwin dan Stansfeld (2012), semakin rendah bilangan aktiviti ko-kurikulum individu terlibat, semakin tinggi kemungkinan mereka mencapai GCSE (aktiviti bukan-terarah dikaitkan dengan hasil yang semakin kurang). Mengambil bahagian dalam aktiviti bukan-terarah secara negatif berkaitan dengan mencapai penanda aras GCSE manakala terlibat dalam aktiviti ko-kurikulum mempunyai kesan positif terhadap kemungkinan mencapai penanda aras GCSE, dengan remaja yang *tertile* (mana-mana dua poin yang membahagi satu taburan berurutan ke dalam tiga bahagian, setiap bahagian mengandungi satu pertiga daripada populasi) tertinggi mempunyai lebih daripada dua dan setengah kali kemungkinan mencapai penanda aras akademik berbanding dengan orang-orang di *tertile* terendah. Modal sosial komuniti juga penting dalam hal pencapaian pendidikan. Selepas pelarasan, penglibatan dalam aktiviti ko-kurikulum meningkatkan kemungkinan pencapaian yang tinggi manakala aktiviti bukan-terarah (atau "*hanging about*") menurunkan kemungkinan mencapai penanda aras GCSE. Walaupun tahap sederhana suka bergaul tidak mempunyai kesan kepada pencapaian, aras yang tinggi suka bergaul menurunkan kemungkinan mencapai penanda aras GCSE kira-kira separuh.

Kajian Jacqueline L. Davis (2009), aktiviti yang ditaja oleh sekolah didapati menjadi peramal pencapaian matematik tahun asas dan pencapaian matematik tahun susulan pertama. Mengambil bahagian dalam aktiviti yang ditaja oleh sekolah boleh membina modal sosial dan mengalakkan hubungan sosial di mana pelajar boleh mendapat sokongan dan galakkan daripada rakan-rakan mereka dan model peranan orang dewasa. Ini kemudian boleh mempengaruhi pencapaian akademik. Jumlah aktiviti luar (bukan) sekolah adalah peramal tidak signifikan dalam pencapaian matematik dalam tahun asas atau tahun susulan dalam model ini. Hubungan adalah tidak ditemui dengan jumlah aktiviti luar (bukan) sekolah dan pencapaian, tetapi kajian menemui hubungan antara satu pembolehubah, sukarelawan/melaksanakan khidmat masyarakat, sebagai satu peramal untuk pencapaian. Sukarela atau melaksanakan khidmat masyarakat membina hubungan sokongan di mana pelajar boleh membuat sambungan antara keluarga mereka, sekolah atau komuniti. Oleh itu, pelajar mungkin mempunyai peluang pembelajaran melalui aktiviti sukarela yang boleh meningkatkan akademik mereka. Pembolehubah jumlah aktiviti luar (bukan) sekolah adalah bukan peramal dalam pencapaian matematik, adalah munasabah bahawa remaja perlu menghabiskan masa dalam jenis tertentu aktiviti-aktiviti luar (bukan) sekolah di mana mereka boleh mempunyai hubungan dan pengalaman yang mempengaruhi kejayaan pendidikan mereka. Apabila pelajar boleh melibatkan diri dalam aktiviti-aktiviti dalam masyarakat mereka sendiri dan belajar tentang benda-benda berbeza berkaitan komuniti mereka, peluang-peluang mereka untuk kejayaan akademik boleh memberi kesan.

Chia Hsun Lin (2008), keputusan menunjukkan rangkaian sosial ialah secara langsung berkaitan dengan keputusan akademik dalam arah positif. Selain korelasi langsung antara rangkaian sosial dan keputusan akademik, terdapat korelasi tidak langsung antara rangkaian sosial dan keputusan akademik melalui indikator *covariable* pelarasan psikologi. Kajian Cynthia Olivo (2009), individu yang kekal aktif dalam rangkaian Future Leaders mencapai kejayaan pendidikan lebih tinggi daripada Latinos yang lain dalam negara, negeri dan Inland Empire. Kajian Julie A. Gaddie (2010), semua peserta menerangkan keupayaan mereka untuk mendapatkan rakan dan mencari satu rangkaian sosial perasaan mereka selain daripada menjadi satu komponen penting kejayaan akademik dan sosial mereka. Min Zhou dan Susan S. Kim (n.d.), modal sosial yang timbul daripada penyertaan institusi etnik dan adalah sangat berharga dalam mengalakkan pencapaian pendidikan. Frank V. Neri dan Simon Ville (2008), banyak pelajar juga membina rangkaian sosial melalui keahlian kelab. Responden dari pelajar antarabangsa nampaknya membentuk modal sosial 'ikatan' dan bukannya 'merapatkan' (jambatan). Kajian Furgeson (2006), percaya dan dan keselamatan (modal sosial komuniti atau modal sosial luar) adalah tidak signifikan dalam meramal status sekolah yang betul kanak-kanak. Kajian John (2005), Percaya secara bebas memberi kesan kepada prestasi akademik, yang menunjukkan bahawa modal sosial boleh meningkatkan prestasi laporan kendiri.

Angie Neville, Pamela Schaff, dan Marie Verhaar (2007), satu bahan penting kepada kejayaan ialah melaksanakan satu model kerjasama – pembangunan profesional tertanam ke dalam hari kerja. Melissa Friedman MacDonald dan Aimee Dorr (n.d.), perkongsian pendidikan antara sekolah awam dan institusi pendidikan tinggi menyediakan satu cara berkuasa untuk meningkatkan pencapaian pelajar dan memupuk kebudayaan *college going*. Seluruh California, banyak perkongsian sekolah-universiti kini wujud dan adalah bekerja keras untuk merapatkan jurang peluang dan pencapaian yang memisahkan kumpulan pelajar. Elizabeth W. Simmons (n.d.), kajian seluruh negeri dalam media perpustakaan telah diadakan di Colorado, Pennsylvania dan Alaska dalam tahun 1998-1999 untuk menentukan hubungan antara kerjasama pakar guru-media dan pencapaian pelajar. Menurut Lance dan Rodney (1999) keputusan menunjukkan bahawa pelajar-pelajar K-12 menunjukkan pencapaian lebih tinggi apabila pakar media dimasukkan sebagai ahli pasukan perancangan/pengajaran. Dalam kajian Alaska dan Colorado, statistik menunjukkan bahawa perancangan kerjasama antara guru dan pakar media ialah satu peramal untuk pencapaian akademik. Penyelidikan projek CIERA menunjukkan bahawa sekolah yang mencapai keputusan tidak dijangka dalam persekitaran kemiskinan tinggi menggunakan pendekatan kerjasama antara kelas dan guru-guru khas bagi membaca untuk menyediakan pengajaran kumpulan kecil dan untuk lebih memenuhi keperluan pelajar individu (korelasi dengan pencapaian = 0.37). Ibu bapa bekerjasama dengan guru-guru apabila mereka secara sukarela membantu guru-guru dan menyertai dalam proses pembuatan keputusan dalam pelbagai jawatankuasa seperti Reading Renaissance Council. Penglibatan ini meningkatkan tahap pencapaian pelajar.

Patti, L. Chance dan Susan N. Segura (2009), persimpangan dalam kemahiran kepimpinan dan pengurusan organisasi dalam kerjasama yang kelihatan menyumbang kepada pencapaian pelajar. Proses dialog "guru ke guru" dan menyediakan satu rangka untuk akauntabiliti rakan sebaya dan susulan yang akhirnya terhasil dalam pencapaian pelajar. Jong Hoon Kim (2010), pelajar memperolehi maklumat yang dikongsi tentang kandungan *clinical performance examination* (CPX) sebelum peperiksaan, tetapi kesan IS (*information sharing*) ke atas skor CPX hanyalah minima. Lebih separuh daripada kumpulan IS menjawab bahawa mereka memperolehi maklumat melalui dokumen bercetak. Soohyun Kim (2011), kesan secara terus antara penggunaan internet untuk tujuan pendidikan dan pencapaian akademik adalah signifikan dan positif iaitu p ialah kurang daripada 0.001. Kajian Qiaobing Wu, Lawrence A. Palinkas dan Xuesong He (2010), modal sosial rakan sebaya tidak mempunyai hubungan dengan pencapaian akademik kanak-kanak. Jungnam Kim (2012), penentuan kendiri adalah secara negatif signifikan mempunyai kaitan dengan pencapaian akademik. Penentuan kendiri diukur melalui sama ada ibu bapa menghubungi sekolah apabila mereka tidak bersetuju dengan sekolah atau guru. Ibu bapa tidak menghubungi sekolah apabila mereka tidak bersetuju dengan guru atau sekolah dilaporkan secara signifikan mempunyai kaitan dengan pencapaian akademik lebih tinggi untuk anak-anak mereka daripada ibu bapa yang menghubungi sekolah atau guru.

KEPENTINGAN KAJIAN

Kajian ini akan dapat menyumbangkan maklumat tentang corak atau pola modal sosial di kalangan pelajar-pelajar sekolah luar bandar di kawasan kajian. Berdasarkan semakan ke atas penyelidikan di Malaysia masih tidak terdapat kajian tentang modal sosial di kalangan pelajar sekolah. Kajian-kajian yang berkaitan dengan modal sosial dengan aspek-aspek yang lain di Malaysia adalah seperti berikut:

a. Antara kajian tentang modal sosial di Malaysia ialah oleh Azeem Fazwan Ahmad Farouk pada tahun 2006 yang bertajuk "*Democracy and social capital: a study of selected Malaysia civil society organization* (CSOs)" dalam bidang pengajian antara bangsa. Dalam kajian beliau, modal sosial dikaji dalam konteks politik. Kajian beliau bertujuan untuk melihat peranan organisasi masyarakat sivil terpilih dalam konteks politik orang Malaysia, melihat peranan organisasi masyarakat sivil terpilih dalam menjana modal sosial dan meningkatkan politik demokrasi di Malaysia dan mengenal pasti "use value" modal sosial dalam kes Malaysia serta yang terakhir cuba melihat dalam keadaan bagaimana konsep modal sosial dan masyarakat sivil menyediakan satu konsep teoretikal baru saling hubungan di antara individu, masyarakat sivil dan prospek masa depan pendemokrasian di Malaysia. Hasil kajian mendapati bahawa untuk membawa proses pendemokrasian di Malaysia, modal sosial perlu ditukar kepada modal politik.

b. Kajian lain ialah oleh Md. Mazharul Islam pada tahun 2003 bertajuk "*Impact of financial crisis on living standard and social capital of low-income households in Malaysia*" dalam bidang kewangan. Kajian beliau bertujuan untuk menganalisis impak krisis kewangan ke atas taraf hidup dan modal sosial isi rumah berpendapatan rendah di Malaysia dengan menggunakan data primer. Hasil kajian menunjukkan krisis kewangan memberikan satu kesan negatif ke atas taraf hidup dan modal sosial isi rumah berpendapatan rendah di Malaysia. Berlaku penurunan yang besar dalam kuasa beli benar isi rumah berpendapatan rendah yang diukur dengan tingkat perbelanjaan per kapita dalam tempoh antara sebelum dan semasa tahun krisis melanda. Purata perbelanjaan per kapita telah menurun sebanyak 11.7 peratus. Terdapat peningkatan sebanyak 6.89 peratus dalam syer perbelanjaan makanan bagi semua isi rumah. Ini menunjukkan penduduk Malaysia yang berpendapatan rendah mengalami keadaan yang teruk pada penghujung tahun 1998 berbanding dengan keadaan setahun sebelumnya. Taraf hidup merosot lebih besar di kalangan isi rumah yang kecil, isi rumah yang diketuai oleh wanita, isi rumah yang terletak di kawasan bandar dan ketua isi rumah yang berpendidikan lebih baik. Secara keseluruhan penemuan kajian menunjukkan krisis kewangan telah merosotkan modal sosial bagi masyarakat. Krisis kewangan membawa kepada kemelesetan fungsi sosial di peringkat individu seperti ditunjukkan oleh peningkatan insiden jenayah, kecurian, pemberhentian sekolah, pengeluaran simpanan, penyalahgunaan dadah, penipuan, gangguan mental, konflik rumah tangga, ketegangan kaum dan ketegangan antara orang tempatan dan luar negeri.

Kajian ini juga akan dapat menyumbangkan pengetahuan baru tentang pengaruh modal sosial ke atas pencapaian pendidikan kerana kaedah yang digunakan dalam kajian ini ialah kaedah campuran kuantitatif dan kualitatif. Pengkaji-pengkaji sebelum ini majoritinya menggunakan satu jenis kaedah tunggal sahaja iaitu sama ada kaedah pendekatan kuantitatif sahaja atau kualitatif sahaja. Di antara kajian tersebut menemui bahawa modal sosial keluarga dan komuniti mempengaruhi pencapaian pendidikan pelajar. Bagaimanapun, melalui kaedah campuran penemuan kajian melalui pendekatan kuantitatif boleh dikembangkan lagi menerusi pendekatan kualitatif. Oleh itu, maklumat baru tentang bagaimana modal sosial di kalangan pelajar luar bandar mempengaruhi pencapaian pendidikan dapat diperoleh.

Di samping itu, walaupun kajian modal sosial dan pendidikan ini telah dijalankan oleh sarjana di negara-negara lain tetapi ia tidak boleh digeneralisasikan kepada negara Malaysia. Ini kerana setiap negara mempunyai budaya yang berbeza yang mempengaruhi corak kehidupan masyarakat setempat. Oleh itu, hasil kajian daripada sesuatu negara tidak boleh digeneralisasikan kepada negara lain yang mempunyai budaya yang berbeza. Tambahan lagi, bukan sahaja budaya masyarakat Malaysia berbeza, komposisi masyarakat Malaysia juga berbeza-beza di mana terdiri daripada berbilang kaum yang mana menjelaskan lagi kenapa kajian ini perlu dilakukan dan tidak boleh mengambil rumusan daripada kajian di negara-negara lain.

HIPOTESIS KAJIAN

H_{o1}: Tidak terdapat perbezaan antara pemboleh ubah latar belakang pelajar sekolah kajian dengan pemboleh ubah modal sosial.

H_{o2}:Tidak terdapat hubungan antara pemboleh ubah modal sosial (kumpulan dan jaringan, kepercayaan, tindakan kolektif dan kerjasama, maklumat dan komunikasi, perpaduan dan penyertaan sosial, pendayaupayaan, ikatan sosial, jambatan sosial, hubungan sosial, interaksi sosial, agregat sosial, autoriti sosial, peranan sosial, status sosial, norma sosial, entropi sosial, bentuk modal sosial, dimensi modal sosial, ikatan kuat, ikatan lemah, dan nod) dengan pencapaian/kecemerlangan pelajar.

KERANGKA TEORETIKAL KAJIAN

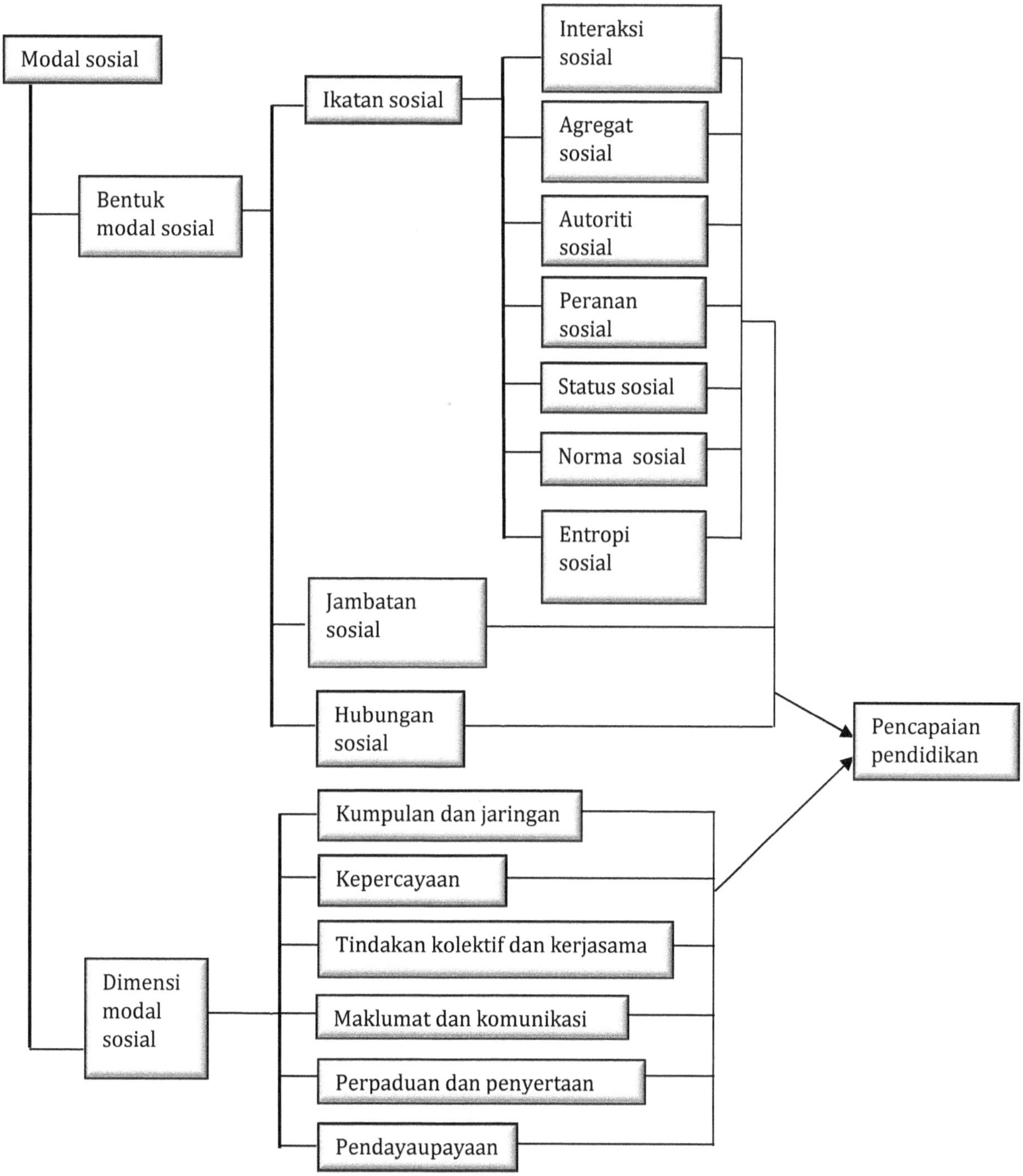

Rajah 1.4: Kerangka teoretikal menunjukkan pertalian antara pemboleh ubah modal sosial dengan pencapaian pendidikan

Kesimpulan

Secara keseluruhannya, pendidikan merupakan elemen penting dalam mengubah kehidupan sosial, ekonomi, pemikiran dan lain-lain aspek komuniti khususnya di kawasan luar bandar. Ini kerana melalui pendidikan, interpretasi komuniti tentang pembangunan dapat diperbaiki dan nilai-nilai negatif dalam komuniti juga dapat diatasi. Namun, secara keseluruhannya lebih penting lagi ialah pencapaian pendidikan turut dipengaruhi oleh modal sosial yang dimiliki oleh sesebuah kumpulan masyarakat dan dalam masa yang sama pencapaian pendidikan itu sendiri boleh mempengaruhi pembinaan modal sosial.

BAB 2
TEORI DAN KONSEP

PENGENALAN

Konsep modal sosial dibincangkan dalam pelbagai disiplin ilmu seperti sosiologi, ekonomi, antropologi, biologi dan lain-lain lagi. Dalam bab ini akan dibincangkan perkembangan konsep modal sosial seperti dari segi asal-usul kemunculan modal sosial, elemen-elemen utama, pengukuran atau dimensi yang digunakan bagi mengukur modal sosial dan lain-lain aspek lain. Marques, (2005) menyatakan "......*social bonds established by the gift.*"

KONSEP

Modal sosial

Tiga orang sarjana penting dalam memperkenalkan pengkajian modal sosial ialah Pierre Bourdieu (1986), James S. Coleman (1988) dan Robert D. Putnam (1993). Haerpfer, Wallace dan Raiser (2005) telah membahagikan teori modal sosial oleh ketiga-tiga sarjana tersebut kepada dua sub kumpulan iaitu:

a. Kumpulan pertama mendefinisikan modal sosial sebagai satu fenomena budaya. Pelopornya ialah Putnam (1993) yang menyatakan bahawa modal sosial mempunyai harta barangan awam.
b. Kumpulan kedua pula ialah merujuk kepada definisi modal sosial oleh Bourdieu (1986) dan Coleman (1988). Mereka mendefinisikan modal sosial sebagai satu pelaburan dalam jaringan sosial oleh individu.

Bourdieu (1986) melihat modal sosial sebagai barangan persendirian yang boleh ditukar ke dalam modal budaya, kekayaan sebenar atau "modal simbolik" yang menandakan status sosial. Manakala Coleman (1988) menekankan bahawa modal sosial mengandungi "modal pertalian" yang dipegang sebilangan individu yang diatur oleh norma *timbal balik* dan norma tersebut dikuatkuasakan oleh tekanan rakan sebaya, perolehan faedah dan sebagainya. Definisi modal sosial Coleman terletak antara barangan awam (barangan kolektif) dan barangan persendirian (barangan individu). Secara ringkas didapati dalam sub kumpulan pertama, modal sosial memudahkan pertukaran ekonomi dalam manakala dalam sub kumpulan kedua modal sosial memudahkan proses urus niaga ekonomi antara individu.

Sementara itu, Grootaert, Narayan, Jones dan Woolcock (2004) pula membezakan sarjana-sarjana yang membincangkan modal sosial termasuk sarjana kontemporari kepada dua kelompok:

a. Kelompok pertama ialah ahli sosiologi Ronald S. Burt (1992), Nan Lin (2001) dan Alejandro Portes (1998) yang merujuk modal sosial sebagai sumber seperti maklumat, idea dan sokongan yang boleh diperoleh oleh individu melalui kebaikan perhubungan mereka dengan orang lain. Sumber tersebut ("modal") adalah "sosial" dalam cara ia hanya boleh dicapai dalam dan menerusi perhubungan, tidak seperti modal fizikal (peralatan dan teknologi) atau modal manusia (pendidikan dan kemahiran) yang lebih berupa harta keperluan individu.
b. Kelompok kedua adalah lebih umum di mana sangat berkaitan dengan ahli sains politik Robert D. Putnam (1993) yang merujuk modal sosial sebagai tabii dan had penglibatan seseorang dalam pelbagai jaringan informal dan organisasi sivik formal. Modal sosial dalam sudut ini cuba mengetengahkan pelbagai cara yang membolehkan ahli komuniti berinteraksi.

Field (2003) membincangkan bahawa terdapat perkembangan dalam penyelidikan tentang modal sosial. Perkembangan ini boleh dilihat melalui penggunaan modal sosial sebagai kata kunci di mana sebanyak 20 tulisan yang menyenaraikan modal sosial sebagai kata kunci sebelum tahun 1981. Jumlah tersebut telah meningkat kepada 109 antara tahun 1991 dan tahun 1995. Antara tahun 1996 hingga bulan Mac tahun 1999 jumlah keseluruhan ialah sebanyak 1,003 (Field, 2003).

Perkembangan awal konsep modal sosial boleh dikesan dalam kerja-kerja sarjana seperti Alexis de Tocqueville (1832) yang menyebut bahawa interaksi dalam persatuan sukarela menyediakan *pelekat* sosial yang membantu mengikat individu Amerika bersama-sama. Emile Durkheim (1893) secara berminat tentang cara ikatan sosial manusia yang bertindak seperti benang yang menyepadukan masyarakat bersama-sama. Beliau mengaitkan modal sosial dengan dua konsep masyarakat iaitu "*mechanical solidarity*" dan "*organic solidarity*". Perbezaan yang jelas ditunjukkan oleh Durkheim antara masyarakat *mechanical solidarity* dengan *organic solidarity*. Pada kelazimannya corak kehidupan masyarakat kapitalis, masyarakat bandar dan masyarakat industri yang merujuk kepada *organic solidarity* bertentangan dengan masyarakat luar bandar yang tinggal di dunia terasing yang dirujuk sebagai *mechanical solidarity*. Masyarakat *organic solidarity* merujuk kepada masyarakat yang berasaskan kepada sistem sosial moden mudah alih dan sistem sosial yang sangat berbeza daripada *mechanical solidarity*. Masyarakat *mechanical solidarity* ialah masyarakat pramoden yang melibatkan kepatuhan kepada pihak berkuasa hasil daripada tabiat, ikatan sosial berasaskan kesamaan status dan rutin hidup (Field, 2003; OECD, 2001).

Idea Ferdinand Tonnies (1887) juga berkaitan dengan modal sosial. Tonnies cuba membezakan dua konsep iaitu konsep persatuan bertujuan (*purposive association* yang diistilahkan sebagai *Gemeinschaft* atau komuniti) dan konsep persatuan instrumental (*instrumental association* yang diistilahkan sebagai *Gesellschaft* atau masyarakat). Idea tersebut boleh dikembangkan lagi menerusi pemikiran Max Weber (1920) tentang kuasa dan karisma serta aspek "*style of life*" (gaya hidup) yang ditekankan oleh beliau. Teori *materialisme historical* Karl Marx (1859) pula menyifatkan agensi manusia sebagai merujuk kepada perhubungan yang abstrak dan terasing daripada kelas sosial utama. Marx kurang memberi perhatian terhadap ikatan pertengahan yang mengikat individu antara satu sama lain (Field, 2003; OECD, 2001).

Bagaimanapun, rujukan yang mula-mula diketahui tentang "modal sosial" dalam sudut kontemporari ialah dalam konteks Lyda Judson Hanifan pada tahun 1916 tentang kepentingan modal sosial terhadap pendidikan dan komuniti tempatan. Sejak itu, modal sosial telah digunakan oleh Jane Jacobs (1916) dalam analisis beliau tentang kejiranan bandar; oleh Loury (1987) dalam kajian tentang pasaran buruh; oleh Coleman (1988) yang menekankan kepada aspek "saling melengkapi" ("*complementarity*") dengan modal manusia; oleh Putnam (1993) dan Francis Fukuyama (1995) yang menggunakan konsep modal sosial pada tahap negara bangsa atau wilayah; oleh Bourdieu (1979) dan kajian Bourdieu dan Passeron (1970) di mana mereka menggunakan istilah yang mempunyai pertalian rapat dengan modal sosial iaitu "modal budaya" (Field, 2003; OECD, 2001).

Menurut Svendsen dan Svendsen (2004), modal sosial berpunca daripada sekurang-kurangnya lima pendekatan klasik dalam bidang ekonomi dan sosiologi di mana tiga kumpulan pertama memfokuskan kepada amalan kumpulan manakala dua kumpulan terakhir ialah tentang sifat timbal balik dan perhubungan yang mengikat secara bersama. Teori klasik pertama tentang amalan kumpulan ialah oleh Marx dan Engels dalam *Communist Manifesto* ([1848] 1948). Mereka menjelaskan konflik kelas iaitu kelas proletariat yang semakin bertambah sedar tentang kekuatan dan kepentingan bersama mereka. Berlaku beberapa lonjakan perpaduan kesan kesedaran yang tinggi tentang nasib mereka secara bersama untuk membebaskan diri mereka daripada pengeksploitasian ekonomi.

Pendekatan klasik kedua dan ketiga ialah teori sosiologi Durkheim dan Weber yang memfokuskan kepada ciri-ciri moral dalam urus niaga ekonomi berbentuk kumpulan. Weber ([1922] 1947) membezakan antara kerasionalan 'formal' dan kerasionalan 'penting' apabila mempertimbangkan urus niaga ekonomi. Urus niaga yang sejajar dengan kerasionalan formal adalah berasaskan kepada normal sejagat dan jaringan *inclusive* dan tidak melalui kepentingan kumpulan. Urus niaga yang sejajar dengan kerasionalan penting pula adalah secara langsung melalui norma kumpulan dan kepentingan kumpulan secara langsung (Svendsen dan Svendsen, 2004).

Dua pendekatan klasik terakhir ialah oleh Mauss dan Simmel yang memfokuskan kepada sifat timbal balik. Dalam *The Gift* ([1925] 1969), Mauss menjelaskan masyarakat primitif mengamalkan sifat timbal balik dalam bentuk pertukaran barangan secara berterusan. Simmel ([1908] 1955) pula lebih dekat dengan konsep modal sosial melalui penyelidikan beliau tentang keanggotaan kumpulan yang mendapati aliran pertukaran secara tetap telah mewujudkan perkhidmatan, maklumat dan kebenaran bagi mengikat aktor bersama untuk membalas pertukaran berdasarkan kepada norma khusus sifat timbal balik (Svendsen dan Svendsen, 2004).

Menurut Gunnar Lind Haase Svendsen dan Gert Tinggaard Svendsen (2004), buku pertama Putnam tentang modal sosial yang bertajuk *Making Democracy Work* pada tahun 1993 merupakan kajian perbandingan modal sosial di Itali Utara dan Itali Selatan. Dalam tulisan tersebut, modal sosial diukur melalui tradisi penglibatan sivik seperti bentuk penyertaan pengundi, pembacaan surat khabar dan bilangan persatuan sivik. Beliau merumuskan bahawa dua wilayah berkembang dalam cara yang berbeza antara satu sama lain. Berbanding dengan Itali Selatan wilayah Itali Utara mempunyai lebih kehidupan berpersatuan yang telah membantu Itali Utara mengumpulkan lebih banyak kekayaan. Di Amerika pula Putnam menganggap terhakisnya modal sosial adalah disebabkan oleh pengurangan aktiviti berpersatuan daripada tahun 1969 sehingga masa kajiannya pada tahun 1993. Beliau mendapati bahawa faktor hakisan tersebut ialah televisyen yang mendatangkan bahaya kepada stok modal sosial yang dicipta semasa 'generasi sivik' (pergerakan hak sivil) pada tahun 1960an di Amerika. 'Kemerosotan kehidupan orang awam' digambarkan oleh penurunan signifikan dalam penyertaan politik, persatuan sekerja, kekerapan perhubungan sosial informal, penglibatan sukarela dalam kehidupan budaya dan sebagainya (Svendsen dan Svendsen, 2004).

Sebelum menjelaskan konsep modal sosial dengan lebih lanjut terlebih dahulu perlu dilihat secara asas konsep modal. Modal boleh didefinisikan sebagai satu aset yang berupaya menjana faedah masa depan manakala beberapa individu (Ostrom, dan Ahn, 2003). Nan Lin (2001) pula mendefinisikan modal sebagai "pelaburan sumber dengan jangkaan pulangan di pasaran". Modal adalah sumber apabila sumber tersebut dilaburkan dan dipindahkan atau digerakkan bagi mengejar keuntungan yang menjadi matlamat sesuatu tindakan. Oleh itu, modal melibatkan pemprosesan sumber sebanyak dua kali iaitu dalam proses pertama, sumber dikeluarkan atau dipindahkan sebagai pelaburan manakala proses kedua melibatkan pengeluaran atau pemindahan sumber ditawarkan di pasaran untuk mendapatkan keuntungan. Dalam hal ini, modal merupakan hasil daripada proses pengeluaran iaitu mengeluarkan atau menambah nilai kepada sumber dan ia juga merupakan faktor sebab-akibat dalam pengeluaran iaitu sumber ditukar untuk menjana keuntungan. Ia dipanggil proses kerana pelaburan dan penukaran adalah melibatkan masa dan tenaga (usaha) (Lin, 2001).

Dalam bidang ekonomi "modal" asalnya bermaksud jumlah wang terkumpul yang boleh dilaburkan dengan harapan untuk mendapatkan pulangan keuntungan pada masa akan datang. Namun, secara lebih khusus modal boleh dikategorikan kepada beberapa jenis seperti modal fizikal dan modal manusia. Modal fizikal diperkenalkan untuk menerangkan peranan jentera dan bangunan-bangunan bagi meningkatkan produktiviti aktiviti ekonomi. Hanya dalam tahun 1960an, idea modal dikembangkan untuk menerangkan tentang manusia dan keupayaan manusia yang akhirnya menghasilkan konsep modal manusia. Modal manusia ini dibangunkan oleh Theodore Schultz (1961) dan kemudiannya oleh Gary S. Becker (1964) yang boleh digunakan sebagai alat untuk membantu ahli ekonomi mengukur nilai kemahiran pekerja. Menurut Schultz (1961) dan Becker (1964), buruh adalah seumpama faktor pengeluaran lain yang mungkin lebih atau kurang produktif tetapi boleh menjadi lebih produktif melalui pelaburan seperti pendidikan dan penjagaan kesihatan (Field, 2003).

Setiap konsep modal seperti modal fizikal, modal manusia, modal budaya dan modal sosial adalah berbeza antara satu sama lain. Lin (1999) membezakan modal sosial daripada modal manusia dan modal budaya berasaskan kepada pengertian istilah "modal" oleh Karl Marx (1818-1883). Jadual 2.1 menunjukkan kerangka teori modal mengikut ahli-ahli teori berbeza.

Jadual 2.1: Kerangka Teori Modal

	Teori Klasikal	Teori *Neo-capital*			
		Modal Manusia	Modal Budaya	Modal Sosial	
Ahli Teori	Marx	Schultz, Becker	Bourdieu	Lin, Burt, Marsden, Flap, Coleman	Bourdieu, Coleman, Putnam
Penjelasan	Hubungan sosial: Eksploitasi kapitalis	Pengumpulan nilai lebihan oleh buruh.	Penghasilan semula simbol dan makna	Capaian dan penggunaan	Perpaduan dan penghasilan

	(*bourgeoise*) ke atas golongan proletariat		dominan (nilai).	sumber tersembunyi dalam rangkaian sosial.	semula kumpulan.
Modal	1. Bahagian nilai lebihan antara nilai yang diguna (dalam pasaran penggunaan) dan nilai pertukaran (dalam pasaran pengeluaran-buruh) sesuatu komoditi. 2. Pelaburan dalam pengeluaran dan kitaran komoditi.	Pelaburan dalam kemahiran teknikal dan pengetahuan.	Mendalami atau tidak mengiktiraf nilai dominan.	Pelaburan dalam rangkaian sosial.	Pelaburan dalam bentuk pengiktirafan dan pengakuan bersama.
Tahap Analisis	Struktural (kelas)	Individu	Individu/Kelas	Individu	Kumpulan/ Individu

Sumber: Lin (1999).

Modal fizikal secara keseluruhannya adalah "tangible" di mana wujud dalam bentuk yang boleh diperhatikan atau boleh diterangkan dengan nyata seperti jentera, kilang dan lain-lain kemudahan. Modal manusia pula tidak boleh diperhatikan dengan nyata tetapi boleh dijelaskan dalam bentuk kemahiran, pendidikan dan pengetahuan yang diperoleh individu. Terdapat persamaan antara modal manusia dengan modal budaya iaitu kedua-duanya melihat modal sebagai satu pelaburan sumber peribadi untuk menghasilkan keuntungan. Perbezaan kedua-dua modal tersebut pula ialah pertama, dari segi sifat pengeluaran di mana modal manusia meliputi pengeluaran kemahiran dan pengetahuan, manakala sifat pengeluaran modal budaya pula meliputi nilai dan norma. Perbezaan kedua, dari segi keuntungan di mana keuntungan modal manusia ialah pulangan ekonomi untuk individu manakala keuntungan modal budaya ialah pengeluaran semula budaya dominan (Ostrom dan Ahn, 2003; Lin, 2001). Bagi modal sosial, ia sangat sukar diperhatikan dan dijelaskan dengan nyata di mana ia wujud dalam perhubungan antara individu seperti kepercayaan dan sifat boleh dipercayai (*trustworthiness*). Modal ini membolehkan individu yang mempunyai kekurangan menyempurnakan lebih banyak perkara melalui menggabungkan diri dalam kumpulan individu. Dalam modal sosial, kepercayaan ialah satu sumber yang boleh susut nilai melalui masa jika ia tidak diperbaharui atau dikekalkan (Ostrom dan Ahn, 2003; Lin, 2001).

Menurut Field (2003), daripada keseluruhan kategori modal didapati modal kewangan, modal fizikal dan modal manusia boleh dibeli, boleh dibawa di pasaran, boleh dihubungkan melalui wang (pengantara), boleh diberikan harga tunai dan boleh didagangkan melawan komoditi (barangan) lain di pasaran. Bagaimanapun, modal sosial yang mengandungi jaringan sosial tidak diterjemahkan ke dalam bahasa pasaran dan tidak boleh didagangkan bagi menyaingi barangan lain.

Sebelum membincangkan konsep modal sosial, dijelaskan terlebih dahulu secara ringkas konsep modal-modal lain seperti modal manusia dan modal intelektual bagi membezakannya dengan modal sosial. Secara umum menurut *Organisation for Economic Co-operation and Development* atau OECD (2001), konsep modal manusia bermula dalam tahun 1960an apabila perhatian ke atas kualiti buruh semakin meningkat khususnya tahap pendidikan dan latihan tenaga kerja. Konsep modal manusia merangkumi kemahiran dan kecekapan yang boleh diperoleh daripada pengalaman, pembelajaran dan keupayaan semula jadi. Aspek lain dalam modal manusia ialah motivasi, tingkah laku, fizikal, emosi dan kesihatan mental individu yang menganugerahkan faedah sosial dan ekonomi kepada individu. Menurut Lin (2001) pula, modal manusia ialah pemilikan pengetahuan dan kemahiran oleh buruh yang membolehkan buruh membuat permintaan kepada kapitalis dalam bentuk pembayaran gaji melebihi nilai pertukaran daripada pekerjaan mereka. Diandaikan pengetahuan dan kemahiran mereka membolehkan jam bekerja yang lebih menguntungkan melebihi apa yang boleh ditawarkan oleh orang lain yang tidak mempunyai pengetahuan dan kemahiran. Modal ini dilihat sebagai nilai tambah kepada buruh yang diperoleh daripada pendidikan, latihan semasa bekerja, pengalaman kerja dan mengekalkan kesihatan fizikal yang membolehkan mereka mampu berhijrah ke tempat kerja yang menawarkan gaji lebih tinggi dan sebagainya (Lin, 2001).

Walau bagaimanapun definisi khusus modal manusia ialah "pengetahuan, kemahiran, kecekapan dan sifat yang wujud dalam individu yang memudahkan penciptaan kesejahteraan peribadi, sosial dan ekonomi". Secara lebih terperinci Lundvall dan Johnson (1994) mengkategorikan pengetahuan kepada empat kategori iaitu (OECD, 2001);

a. *Know-what* iaitu merujuk kepada pengetahuan tentang "fakta".
b. *Know-why* iaitu merujuk kepada pengetahuan tentang prinsip dan undang-undang dalam alam semula jadi, pemikiran manusia dan masyarakat.
c. *Know-how* iaitu merujuk kepada kemahiran (kebolehan untuk melakukan sesuatu).
d. *Know-who* iaitu melibatkan kebolehan sosial untuk bekerjasama dan berkomunikasi dengan pakar dan jenis manusia yang berbeza.

Kemahiran pula boleh dikategorikan seperti berikut (OECD, 2001);

a. Komunikasi termasuk kecekapan bahasa asing dalam setiap perkara berikut iaitu mendengar, bercakap, membaca dan menulis.
b. Kefahaman asas tentang sains dan matematik.
c. Kemahiran intra-personal (dalam-diri) yang merangkumi;
   i. Motivasi atau ketekunan.
   ii. "Mempelajari untuk belajar" ("*learning to learn*") dan disiplin diri termasuk strategi pembelajaran "*self-directed*".
   iii. Keupayaan untuk membuat pengadilan berasaskan set yang berkaitan dengan nilai etika dan matlamat hidup.
d. Kemahiran *inter-personal* (antara-individu) iaitu merangkumi kerja kumpulan dan kepimpinan.
e. Lain-lain kemahiran dan sifat (yang berkaitan dengan kebanyakan area a - b di atas) iaitu;
   i. Kebolehan dalam menggunakan maklumat dan teknologi komunikasi.
   ii. Pengetahuan *tacit* iaitu kefahaman atau pengertian tanpa penerangan.
   iii. Penyelesaian masalah yang juga tersembunyi dalam jenis kemahiran yang lain.
   iv. Sifat fizikal dan ketangkasan.

Di samping modal manusia, konsep model intelektual juga merupakan salah satu konsep yang sedang berkembang. Dalam konsep modal intelektual turut terdapat ciri-ciri yang terdapat dalam modal manusia iaitu kemahiran dan pengetahuan. Modal intelektual menurut Thomas A. Stewart (2001) secara mudahnya ialah;

a. Aset pengetahuan seperti bakat atau kemahiran, *know-how*, *know-what* dan perhubungan.
b. Mesin dan jaringan yang boleh digunakan untuk mencipta kekayaan.

Modal intelektual juga merujuk kepada pengetahuan yang memindahkan bahan mentah menjadi barangan yang lebih bernilai. Contoh modal intelektual ialah pengetahuan tentang formula bagi air berkarbonat di mana bahan mentah boleh wujud secara fizikal seperti gula, air, karbon dioksida dan perasa. Melalui pengetahuan tentang formula tersebut beberapa nilai sen gula, air, karbon dioksida dan perasa dipindahkan ke dalam bentuk minuman yang perlu dibeli oleh pengguna dengan harga beberapa ringgit atau lebih. Bahan mentah boleh juga wujud dalam bentuk tidak nyata seperti maklumat. Sebagai contohnya peguam yang mempunyai maklumat seperti fakta sesuatu kes (bahan mentah), kemudian boleh dipesongkan melalui penggunaan pengetahuan undang-undang (aset intelektual) untuk mengeluarkan satu pandangan atau arahan mahkamah (satu keluaran yang mempunyai nilai yang tinggi berbanding fakta kes oleh diri mereka sendiri). Oleh itu modal intelektual mengandungi modal manusia (bakat), modal struktural (harta intelek, metodologi, *software*, dokumen dan lain-lain artifak pengetahuan) dan modal pengguna (perhubungan klien) (Stewart, 2001).

Sebelum itu Annie Brooking (1998) memberikan definisi yang berbeza yang dibuat oleh Stewart pada tahun 2001 iaitu modal intelektual dibentuk melalui;

a. Aset pasaran iaitu semua aspek pasaran yang berkait secara tidak nampak termasuk jenama, pelanggan, kesetiaan pelanggan, saluran agihan, tunggakan kerja dan sebagainya.
b. Aset berpusatkan-manusia iaitu kemahiran dan kepakaran, kebolehan menyelesaikan masalah, gaya dan kebolehan kepimpinan serta semua benda yang dilambangkan oleh pekerja.
c. Aset harta intelek iaitu *know-how*, cap dagang dan paten, serta sebarang bentuk yang tidak nampak yang boleh dilindungi melalui hak cipta.

d. Aset infrastruktur iaitu semua teknologi, proses dan metodologi yang membolehkan sesebuah syarikat berfungsi.

Modal sosial mula dibincangkan dalam bidang sosiologi selepas Pierre Bourdieu mengkaji tentang pembiakan pendidikan dan sebagai satu bentuk modal yang boleh ditukar kepada bentuk modal yang lain. Dalam tulisan James S. Coleman, beliau mengkaji konsep modal sosial pada tahap mikro. Bagaimanapun ahli sains politik Robert D. Putnam, yang mengikut unsur berfikiran-sivik Tocquevillean telah mengembangkan fahaman daripada tahap analisis individu dan agensi kolektif kepada komuniti, wilayah dan bahkan seluruh negara yang telah menambahkan skop dalam penyelidikan secara mendadak (Koniordos, 2005). Menurut Woolcok (2002) secara asasnya modal sosial boleh digambarkan dengan perumpamaan iaitu "*It's not what you know, it's who you know*". Idea asas "modal sosial" ialah sesebuah keluarga, kawan dan pertubuhan yang mengandungi aset penting yang boleh diseru apabila berlaku krisis dan keuntungan material.

Konsep modal sosial boleh dilihat dalam banyak tulisan sarjana. Namun, definisi modal sosial yang biasa digunakan oleh sarjana ialah definisi yang dihasilkan oleh Pierre Bourdieu (1986), James S. Coleman (1988) dan Robert D. Putnam (1993). Secara ringkasnya, definisi modal sosial oleh tiga sarjana tersebut ialah:

a. Definisi modal sosial oleh Bourdieu ialah pemilikan jaringan berpanjangan sesuatu perhubungan yang dikenali secara bersama yang berbentuk institusi atau tidak berinstitusi. Dengan kata lain ialah keahlian individu dalam sesuatu kumpulan. Melalui keahlian kumpulan tersebut terdapat peluang dan faedah yang terakru (terkumpul sedikit demi sedikit) bagi individu. Oleh itu, dapat dikatakan modal sosial merupakan sumber yang menyediakan capaian kepada barangan kumpulan. Berdasarkan definisi Bourdieu tersebut dapat dicungkil bahawa beliau menekankan kepada aspek nilai instrumental modal sosial iaitu (Infed Search, 2007; Sirianni dan Friedland, n.d.; Quibria, 2003):
   i. Untuk memperoleh faedah ekonomi dan sosial daripada keahlian kumpulan.
   ii. Pendorong kepada pelaburan individu dalam keahlian lain (keinginan untuk melabur dalam kumpulan yang lain).
b. Coleman pula mendefinisikan modal sosial sebagai kepelbagaian entiti berbeza dengan dua elemen yang serupa yang terdiri daripada beberapa aspek struktur sosial yang boleh diguna sebagai sumber untuk mencapai kepentingan aktor sosial melalui memudahkan tindakan individu dalam struktur tersebut. Dengan kata lain, individu dalam sesuatu struktur perhubungan mempunyai kebolehan untuk mencapai matlamat yang sukar (Infed Search, 2007; Chaskin, George dan Guitinan, 2006; Sirianni dan Friedland, n.d.; Grootaert, 2001).
c. Putnam merujuk modal sosial kepada perhubungan di kalangan individu yang mengandungi jaringan sosial, norma sifat timbal balik, kepercayaan yang memudahkan kerjasama untuk menghasilkan faedah bersama. Jaringan sosial tersebut mempunyai nilai secara berkumpulan dan meningkatkan kecenderungan melakukan sesuatu untuk kepentingan sesama ahli sosial. Jaringan sosial dan norma berkaitan mempunyai kesan ke atas produktiviti komuniti. Modal sosial juga berkait rapat dengan kebaikan sivik (*civic virtue*) di mana kebaikan sivik tersebut sangat berkuasa apabila tersembunyi dalam jaringan perhubungan sosial yang bersifat timbal balik. Beliau menggambarkan modal sosial sebagai satu set "perhubungan mendatar" antara manusia (Infed Search, 2007; Chaskin, George dan Guitinan, 2006; Sirianni dan Friedland, n.d.; Grootaert, 2001).

Menurut Svendsen dan Svendsen (2004), secara keseluruhannya pendekatan modal sosial boleh dianggap sebagai satu percubaan menggabungkan bidang sosiologi dan ekonomi. Coleman merupakan orang pertama mendefinisikan modal sosial sebagai kemampuan manusia untuk bekerjasama (*co-operate*) dalam mencapai matlamat umum. Terdapat dua bentuk kerjasama iaitu pertama, kerjasama sukarela atau *self-enforcing* (perlaksanaan-kendiri) yang melibatkan penubuhan institusi informal tanpa sebarang peraturan bertulis. Bentuk kerjasama kedua ialah kerjasama paksaan yang dilaksanakan oleh pihak ketiga mengikut peraturan bertulis institusi formal. Manakala Ostrom dan Ahn (2003) berpendapat modal sosial menggambarkan sifat individu dan sifat perhubungan manusia yang boleh meningkatkan kemampuan manusia untuk menyelesaikan masalah tindakan kolektif.

Menurut Field (2003) pula, teori modal sosial merujuk kepada perhubungan dengan individu lain yang kekal melalui masa sehingga manusia boleh bekerja bersama untuk mencapai perkara yang mereka tidak boleh capai secara bersendirian atau hanya boleh dicapai melalui usaha yang sukar. Perhubungan manusia berlaku dalam satu siri jaringan dan dalam jaringan tersebut berlaku kecenderungan berkongsi nilai umum dengan ahli lain. Melalui jaringan, manusia dilihat sebagai membentuk sejenis modal yang diukur melalui cara iaitu semakin banyak manusia kenal individu lain dan berkongsi nilai umum, maka semakin kaya modal sosial mereka.

Jika manusia berkongsi nilai, manusia lebih berkemungkinan bekerjasama untuk mencapai matlamat bersama. Oleh itu, jaringan manusia merangkumi ciri-ciri perhubungan iaitu yang luas, mengandungi norma yang membenarkan manusia mengejar matlamat mereka dan juga menggabungkan masyarakat bersama. Keahlian dalam sesuatu jaringan dan set nilai yang dikongsi merupakan 'jantung' kepada modal sosial. Bagi Putnam, modal sosial ialah "ciri-ciri organisasi sosial seperti kepercayaan, norma dan jaringan yang boleh memperbaiki kecekapan masyarakat melalui memudahkan tindakan menyelaras" (Field, 2003). Menurut Lin, (2001) pula, premis di sebalik fahaman modal sosial ialah "pelaburan dalam hubungan sosial dengan jangkaan pulangan dalam pasaran". Pasaran yang dipilih untuk dianalisis mungkin ekonomi, politik, buruh dan komuniti. Individu pula terlibat dalam interaksi dan jaringan bagi tujuan untuk menghasilkan keuntungan atau faedah.

Oleh itu, modal sosial boleh difahami sebagai jaringan hubungan sosial yang dicirikan oleh norma kepercayaan dan sifat timbal balik yang dapat menghasilkan faedah bersama. Inti pati modal sosial ialah kualiti perhubungan sosial yang dapat difahami menerusi pengaruh modal sosial ke atas keupayaan manusia bersama secara kolektif menyelesaikan masalah yang dihadapi bersama dan memperoleh faedah bersama. Jadi modal sosial dapat difahami sebagai satu sumber tindakan kolektif yang membawa kepada hasil yang meluas dalam skala sosial berbeza-beza. Dalam konteks individu, kualiti perhubungan bermakna mempunyai capaian kepada sifat timbal balik dan perhubungan sosial yang mudah dipercayai yang membantu proses pengendalian dan memajukan. Dalam komuniti pula kualiti perhubungan menggambarkan kebolehan ahli komuniti untuk menyertai, bekerjasama, mengurus dan berinteraksi (Stone dan Hughes, 2002).

Print dan Coleman (2003) mempunyai pandangan berbeza tentang modal sosial. Beliau melihatnya sebagai alat yang membolehkan demokrasi berfungsi dan ia perlu dilihat secara berbeza-beza mengikut sesuatu bangsa. Ini kerana di Amerika, modal sosial adalah lebih sesuai dikaji daripada perspektif individu (iaitu apa yang setiap individu boleh peroleh apabila mereka membuat sumbangan kepada masyarakat atau pasaran bebas ortodoks). Bertentangan dengan di Eropah, kajian lebih memfokuskan kepada aspek bahawa tanggungjawab terhadap barangan awam iaitu tanggungjawab individu untuk bekerja secara berkumpulan atau ideologi demokrat sosial. Di Asia pula, fokusnya ialah kepada persoalan sama ada keluarga besar atau kumpulan agama yang boleh memenuhi keperluan keluarga nuklear. Dengan kata lain, adakah ahli keluarga boleh membantu modal sosial. Walau bagaimanapun, secara keseluruhannya modal sosial memudahkan fungsi sosial seperti mana modal manusia, modal kewangan dan modal intelektual. Umumnya, modal sosial terdiri daripada empat komponen utama iaitu (Print dan Coleman, 2003):

a. Berada dalam kumpulan.
b. Melibatkan kebaikan sivik seperti kepercayaan, tolak ansur, kerjasama dan kesopanan.
c. Mengehendaki penyertaan aktif.
d. Mempunyai faedah bersama bagi individu dan kumpulan.

Grootaert (2001) merumuskan beberapa ciri umum ke atas definisi Coleman, Putnam dan sarjana-sarjana lain iaitu:

a. Menghubung beberapa disiplin ilmu iaitu ekonomi, sosial dan politik yang berkongsi kepercayaan bahawa perhubungan sosial mempengaruhi hasil ekonomi dan dalam masa yang sama dipengaruhi oleh hasil ekonomi.
b. Mengiktiraf potensi yang dicipta melalui perhubungan sosial untuk memperbaiki hasil-hasil pembangunan dan juga mengiktiraf bahaya kesan negatifnya. Perolehan hasil adalah bergantung kepada sifat semula jadi perhubungan (mendatar atau dengan berhierarki), konteks undang-undang dan politik yang lebih meluas.

c. Memfokuskan kepada ciri-ciri perhubungan di kalangan agen ekonomi dan cara organisasi formal atau tidak formal memperbaiki kecekapan aktiviti ekonomi.
d. Membayangkan bahawa institusi dan perhubungan sosial yang diidamkan mempunyai kesan eksternaliti positif. Disebabkan ia tidak boleh diperuntukkan oleh mana-mana individu, setiap agen kurang cenderung untuk melabur dalam modal sosial, maka terdapat peranan sokongan awam untuk membina modal sosial.

Oleh itu, konsep modal sosial ialah masyarakat yang diasaskan kepada jaringan, kepercayaan dan kerjasama yang boleh membantu mengeluarkan potensi manusia. Konsep modal sosial secara jelasnya berbeza daripada modal manusia dan modal fizikal dalam beberapa perkara (OECD, 2001);

a. 'Pertalian" menjadi harta eksklusif bagi seseorang individu.
b. Sebahagian besar modal sosial terdiri daripada barangan awam yang dikongsi oleh sesuatu kumpulan.
c. Dikeluarkan melalui pelaburan masyarakat dalam bentuk tenaga (usaha) dan masa, dengan cara kurang langsung berbanding modal manusia dan modal fizikal.

Tiga jenis asas modal sosial telah dikenal pasti iaitu (Field, 2003; OECD, 2001):

a. Ikatan sosial (*social bonds*) atau *bonding.*
b. Merapatkan jurang (*bridges*) atau *bridging.*
c. Hubungan (*linkages*) atau *linking.*

Menurut De Paula dan Dymski (2005) serta Field (2003) bahawa Robert D. Putnam telah memperkenalkan modal sosial *bonding* (ikatan) yang cenderung meneguhkan identiti khusus dan mengekalkan kesamaan (*homogeneity*) manakala modal sosial *bridging* (penghubung) yang cenderung membawa manusia merentasi pelbagai bahagian sosial. *Bonding* mengoperasi fahaman klasik komuniti manakala *bridging* mengoperasi fahaman masyarakat. *Bonding* adalah lebih mudah untuk diperoleh berbanding *bridging.* Ini kerana semakin banyak kumpulan berbeza maka semakin sukar untuk mencapai modal sosial pada tahap tinggi berbanding dalam masyarakat homogen. Ini bermakna sumber kemunculan *bonding* dan *bridging* adalah berbeza. Menurut Grootaert, Narayan, Jones dan Woolcock (2004: 5) berpendapat modal sosial *bridging* pada asasnya mendatar iaitu menghubungkan manusia dalam pelbagai taraf sosial manakala modal sosial *linking* adalah lebih menegak di mana menghubungkan manusia dengan sumber politik utama dan institusi ekonomi merentasi perbezaan kuasa. Dimensi untuk mengukur modal sosial pula dibahagi kepada enam komponen iaitu kumpulan-kumpulan dan jaringan-jaringan, kepercayaan dan perpaduan, tindakan kolektif dan kerjasama, maklumat dan komunikasi, perpaduan dan penyertaan sosial dan pendayaupayaan. Enam dimensi adalah seperti berikut (Grootaert, Narayan, Jones dan Woolcok, 2004):

a. Kumpulan-kumpulan dan jaringan-jaringan

Kategori ini sangat berkaitan dengan modal sosial. Ia bertujuan untuk melihat bagaimana dimensi modal sosial ini membantu penyebaran maklumat dan memudahkan pembuatan-keputusan kolektif. Penjelasan tentang kumpulan adalah berasaskan kepada kepadatan keahlian, kepelbagaian keahlian, batasan menjalankan demokrasi dan batasan perhubungan dengan kumpulan-kumpulan lain. Secara terperinci, kepadatan keahlian ialah purata bilangan ahli setiap kumpulan. Jaringan mengutip maklumat tentang saiz jaringan, kepelbagaian dalaman dan takat mana jaringan menyediakan bantuan apabila perlu. Saiz jaringan boleh diketahui melalui bilangan kawan rapat, manakala kepelbagaian dalaman pula boleh diketahui melalui status ekonomi individu dalam sesuatu jaringan.

b. Kepercayaan

Kategori ini bertujuan mendapatkan data tentang kepercayaan terhadap rakan dan orang yang tidak dikenali serta bagaimana persepsi ini berubah melalui masa. Kepercayaan merupakan konsep yang abstrak dan sukar diukur dalam konteks borang kaji selidik isi rumah kerana makna kepercayaan mungkin berbeza mengikut individu berbeza.

c. Tindakan kolektif dan kerjasama

Kategori ini meneroka bagaimana pelajar bekerjasama dengan orang lain dalam komuniti semasa projek bersama atau semasa bertindak balas kepada krisis. Maklumat dan data yang boleh dikutip dalam dimensi ini seperti batasan tindakan kolektif, jenis aktiviti yang ditanggung secara kolektif dan penilaian keseluruhan terhadap kesediaan untuk bekerjasama dan menyertai tindakan kolektif.

d. Maklumat dan komunikasi

Capaian kepada maklumat telah dikenali sebagai pusat untuk membantu komuniti miskin supaya mempunyai suara yang lebih berkuasa dalam aspek yang mempengaruhi kesejahteraan mereka. Kategori soalan ini meneroka cara dan makna golongan pelajar menerima maklumat dan batasan capaian mereka kepada kemudahan komunikasi. Bahagian ini adalah berkaitan sumber maklumat dan maksud komunikasi. Tujuan dimensi ini ialah untuk melihat sama ada kumpulan dan jaringan tertentu mempunyai capaian maklumat dan komunikasi yang baik atau kurang baik. Di samping itu juga, ia bertujuan untuk menilai sama ada kumpulan dan jaringan bertindak sebagai sumber maklumat penting berbanding sumber impersonal seperti televisyen dan surat khabar.

e. Perpaduan dan penyertaan sosial

Perkara-perkara yang terdapat dalam dimensi ini ialah *inclusion* (bermaksud tindakan memasukkan seseorang atau sesuatu dalam satu kumpulan, perkiraan, dokumen dan sebagainya. Ia juga bermaksud kepercayaan bahawa semua orang harus berasa bahawa mereka dimasukkan ke dalam masyarakat, walaupun mereka tidak mempunyai beberapa kelebihan (Inclusion, n.d.)), *sociability* (kecenderungan relatif atau kecenderungan untuk menjadi suka bergaul atau bersekutu dengan rakan-rakan seseorang (Sociability, n.d..)), konflik dan ketidaktenteraman. *Inclusion* dibarisi dengan soalan tentang keharmonian sosial dan "*togetherness*" komuniti. *Sociability* juga merujuk kepada kejadian interaksi sosial harian yang kerap. Sebagai contoh berjumpa dengan orang ramai di tempat awam, melawat orang lain atau berjumpa orang lain di kediaman individu lain dan penglibatan dalam aktiviti komuniti seperti upacara-upacara tertentu. Kepelbagaian interaksi sosial boleh dibandingkan dengan kepelbagaian persatuan. Konflik pula akan menunjukkan bahawa kekurangan kepercayaan atau kekurangan jaringan modal sosial struktural (kumpulan dan jaringan) yang sesuai untuk menyelesaikan konflik atau boleh jadi kedua-duanya. "Komuniti" bukanlah satu badan tunggal, tetapi lebih tepat lagi ialah ia dicirikan oleh pelbagai bentuk bahagian dan perbezaan yang boleh menyebabkan konflik.

f. Pendayaupayaan

Menurut OECD (2001) berdasarkan kajian-kajian empirikal di beberapa negara didapati modal sosial kemungkinan mempunyai kesan positif ke atas ekonomi, sosial dan personal. Faedah daripada capaian kepada modal sosial merupakan kesan yang cukup hebat dalam menetapkan modal sosial sebagai satu dimensi untuk diterokai apabila melihat kepada polisi yang berhubung dengan kemiskinan dan pengetepian (*exclusion*) sosial di mana istilah pengetepian sosial membayangkan penafian capaian kepada modal sosial. Menurut Svendsen dan Svendsen (2004) pula tiga faedah utama daripada kehadiran modal sosial ialah:

a. Aktor boleh memperoleh capaian kepada sumber yang dimiliki oleh orang lain.
b. Modal sosial membenarkan capaian kepada sumber tersembunyi seperti mampu mengharapkan kejiranan dan keluarga untuk mengingatkan anak-anak seseorang.
c. Kehadiran orang yang dipercayai dapat menjimatkan kos urus niaga dan urusan formal serta informal iaitu boleh diuruskan tanpa kontrak yang mahal atau pemantauan.

Ikatan sosial

Menurut Apin Talisayon's Weblog (n.d.), modal sosial ikatan adalah perpaduan dalam kumpulan homogenus. Ganga Ram Dahal dan Krishna Prasad Adhikari (2008) memetik Woolcock dan Sweetser (1992), "modal sosial ikatan merujuk kepada sambungan kepada orang-orang seperti [keluarga, saudara mara, persaudaraan]. Modal sosial ikatan adalah hubungan dalam kumpulan homogen. Menurut Matthew S. Smith dan Christophe Giraud-Carrier (n.d.), modal sosial ikatan merujuk kepada nilai yang diberikan kepada rangkaian sosial di kalangan kumpulan-kumpulan homogen orang.

Menurut Etzioni, A. (1991) "dalam dunia yang mengakui konflik, ikatan sosial (*social bonds*) saling bantu-membantu secara positif mengekalkan perhubungan ekonomi (*economic relations*). Peranan ikatan sosial dalam Senat Amerika Syarikat (yang banyak konflik) .... di mana mereka menganggotai sebarang kelab walaupun mereka berada dalam keadaan konflik berkenaan sesuatu isu namun mereka mesti menyelesaikan isu tersebut secara bersama". ".....antara pedagang dalam pasaran, terdapat ikatan sosial (*social bonds*) yang membantu (1) mengekalkan hubungan yang dipercayai (*economic relation* – ada *minor concessions*) (pada umumnya manusia percaya kepada individu yang dikenali melebihi daripada individu yang tidak dikenali) (2) mengehadkan konflik sebagai contohnya mengadakan tolak ansur dalam perhubungan (dirujuk sebagai *pre-contractual base of contracts*)." Ikatan sosial cenderung menyatukan manusia menerusi perasaan bersama positif disebabkan oleh kesesuaian latar belakang (ikatan cenderung menjadi kukuh di kalangan latar belakang sosial dan pendidikan yang sama berbanding di kalangan individu yang mempunyai latar belakang yang berbeza), saling melengkapi personaliti, dan berkongsi aktiviti sosial (dari golf kepada boling). Terdapat juga ikatan sosial yang tidak beretika sebagai contohnya ia mengikat sekumpulan pencuri seperti mana ia dapat mengikat pegawai polis yang berkongsi rondaan." "Terdapat dua tahap dalam ikatan sosial/ikatan sosial wujud dalam dua tahap iaitu:

(i) Tahap mikro – *one-to-one* (seorang ke seorang/antara dua orang individu) atau/dan kumpulan kecil (ikatan mikro membantu dua individu mengendalikan urusan mereka. Kewujudan dan sifat semula jadi ikatan sosial menjadi faktor penting dalam perhubungan antara dua individu) *mayonian* vs *taylorism*.

(ii) Tahap makro – seluruh masyarakat (*society-wide*) (ikatan sosial wujud antara kawasan, bangsa, kelas dan generasi. Ikatan sosial tahap mikro dilihat sebagai pengaruh yang tidak baik kepada peluang ekonomi. Meningkatkan penerimaan sosial sering kali dijadikan sebagai satu sebab seseorang individu itu kurang radikal."

"Ikatan sosial mikro dan makro dipertimbang sebagai pemboleh ubah *continuous* (ordinal sehingga interval) dan bukan pemboleh ubah *dichotomous* (kategori iaitu nominal)".

Ikatan sosial ialah penebat asas menentang delinkuen. Menurut Hirschi (1969), ikatan kuat kepada ibu bapa, sekolah, rakan sebaya yang tidak terlibat dengan delinkuen menyebabkan komitmen yang lebih kuat kepada tingkah laku konvensional. Komitmen menyebabkan kepada penglibatan dalam aktiviti yang disukai oleh ibu bapa, sekolah dan rakan-rakan serta memperkukuh kepercayaan dalam norma dan nilai masyarakat (Thompson, 1996). Travis Hirschi (1969) menyimpulkan sebab utama manusia tidak melakukan devian ialah mereka telah membangunkan ikatan sosial yang kuat, terdiri daripada ikatan kepada ibu bapa, sekolah, dan lain-lain institusi yang sejajar dengan pematuhan; komitmen kepada norma konvensional; penglibatan dalam aktiviti konvensional; dan kepercayaan kepada kesahan norma sosial. Hirschi (1969) menegaskan semakin kuat ikatan sosial seseorang lebih semakin kurang kemungkinan penglibatan dalam aktiviti devian/melencong. Sebaliknya, semakin lemah ikatan sosial kepada kumpulan dan institusi konformis (pengakur), semakin mudah seseorang individu mencabuli norma sosial (Thompson, 1996).

Menurut Nisbet, R.A. (1970) elemen-elemen utama ikatan sosial adalah *interaksi sosial*, *agregat sosial*, *autoriti sosial*, *peranan sosial*, *status sosial*, *norma sosial*, dan *entropi sosial*. Interaksi sosial berkaitan ciri simbolik dalam interaksi sosial dan ciri simbolik adalah beberapa corak penting interaksi ditemui di merata-rata tempat dalam masyarakat manusia, antaranya, *exchange* (pertukaran), *cooperation* (kerjasama), *conformity* (keakuran), *coercion* (pemaksaan/paksaan) dan *conflict* (konflik).

Dalam sains sosial, hubungan sosial atau interaksi sosial merujuk kepada hubungan antara dua (iaitu pasangan), tiga (iaitu triad) atau lebih individu (contohnya kumpulan sosial). Hubungan-hubungan sosial, yang berasal dari agensi individu, membentuk asas struktur sosial (n/a., 2011[a]). Menurut Ting Chew Peh (1997) interaksi sosial satu proses sosial yang melibatkan dua atau lebih individu atau kelompok, melibatkan tindakan saling balas-membalas tingkah laku seseorang individu terhadap individu lain dan seterusnya saling mempengaruhi antara satu dengan yang lain, melibatkan alat komunikasi seperti bahasa dan simbol, untuk membolehkan individu bertukar-tukar makna dan buah fikiran antara satu sama lain.

Nisbet (1970) menjeniskan interaksi sosial kepada pertukaran, kerjasama, keakuran, pemaksaan dan konflik. Pertukaran (*exchange*) ialah proses tindakan seorang individu atau sesuatu kumpulan untuk tujuan mendapat ganjaran dalam masa yang singkat (proses pertukaran dalam masa yang panjang dipanggil sebagai proses ekonomi). Mod pertukaran dikenali sebagai "niaga tanpa sua" ("silent trade") (takut berlaku korup dalam adat dan budaya masing-masing).

Kerjasama mempunyai empat jenis kerjasama iaitu spontan, terarah (*directed*), *contractual* dan tradisional. Kerjasama ialah interaksi sosial yang melibatkan individu atau kelompok dalam membuat tindakan bersama bagi mencapai matlamat yang sama. Satu proses paling asas dalam masyarakat. Melibatkan pembahagian kerja di kalangan individu iaitu menjalankan tugas yang berlainan dalam usaha mencapai satu tujuan yang sama. Kerjasama tidak mendesak suatu keseragaman daripada segi peranan tetapi hanya mengutamakan peraturan mengenai tatacara. Kerjasama melibatkan penyelesaian masalah tetapi membenarkan kewujudan terus-menerus dan perselisihan dan melibatkan toleransi terhadap sesuatu perselisihan. Kerjasama ialah hanya memerlukan persetujuan mengenai bentuk kelakuan (Ting Chew Peh, 1997)

Kepatuhan ialah perbuatan menyesuaikan sikap, kepercayaan, dan tingkah laku apa individu melihat adalah normal kepada masyarakat atau kumpulan sosial. Pengaruh ini berlaku dalam kumpulan kecil dan/atau masyarakat secara keseluruhannya, dan mungkin disebabkan oleh pengaruh-pengaruh halus tidak sedar, atau tekanan sosial secara langsung atau terang-terangan. Kepatuhan boleh berlaku dengan kehadiran orang lain, atau apabila individu adalah bersendirian (n/a., 2011[b]).

Paksaan atau pemaksaan adalah amalan memaksa pihak lain untuk bertindak dalam cara yang tidak sukarela (sama ada melalui tindakan atau ketiadaan tindakan) dengan menggunakan ancaman atau ugutan atau beberapa bentuk lain tekanan atau daya. Paksaan boleh melibatkan hukuman sebenar kesakitan fizikal/kecederaan atau kemudaratan psikologi untuk meningkatkan kredibiliti ancaman. Ancaman kemudaratan lanjut boleh membawa kepada kerjasama atau ketaatan orang yang dipaksa. Penyeksaan adalah salah satu contoh yang paling ekstrem paksaan iaitu sakit teruk ditimpa sehingga mangsa memberkan maklumat yang dikehendaki (n/a., 2011[c]).

Konflik dalam istilah paling mudah adalah proses interaksi sosial yang mana perjuangan dua atau lebih individu dengan satu sama lain atau individu berlawan satu sama lain. Persaingan dan cita-cita adalah bentuk konflik. Persaingan dirujuk sebagai perjuangan antara dua atau lebih individu untuk objek yang ditetapkan yang mana penekanan ialah keseluruhannya ke atas objek itu sendiri berbanding dengan individu sebagai penentang/antagonis. Cita-cita merujuk kepada usaha individu atau kumpulan untuk memperbaiki kedudukan dalam nilai yang telah ditetapkan iaitu status, kekayaan, rasa hormat dan lain-lain. Dalam kedua-dua bentuk tingkah laku tersebut elemen konflik ada, bagaimanapun tidak jelas (kabur-kabur) mungkin melalui perbandingan dengan bentuk yang lebih terang-terangan dan terdedah. Dalam kerja Dr. Ahmad Nidzammuddin Sulaiman dan Zaini Othman (Penyusun); Hajah Halimah Haji Ahmad dan Rohaida Baharudin (Penyelenggara) (2007) konflik dikatakan pertentangan secara sedar dan langsung antara individu atau kelompok kerana sesuatu kepentingan. Pertentangan melahirkan sifat permusuhan dan segala usaha dibuat untuk mengatasi pihak lawan. Secara amnya konflik dapat dibahagikan kepada empat jenis iaitu pertikaian, ketegangan, krisis dan peperangan.

Agregat merujuk kepada sepasang individu sehingga organisasi besar. Kumpulan/agregat tersebut wujud secara (Nisbet, 1970):

a. formal dan/atau tidak formal.
b. diikat dengan kesetiaan atau/dan longgar
c. primer atau sekunder
d. langsung atau tidak langsung

Agregat sosial ialah koleksi orang-orang yang mendapati diri mereka berkumpul bersama-sama pada bila-bila masa dan lokasi tertentu tetapi yang tidak berinteraksi atau berkongsi rasa bersama identiti. Satu contoh ialah sekumpulan orang yang menunggu kereta api (n/a., n.d.[d]). Nisbet (1970) menyebut agregat sosial mempunyai ahli, secara langsung atau tidak langsung menerusi simbol umum/bersama, menyedari antara satu sama lain dan dipengaruhi antara satu sama lain. Bagi menggunakan perkataan "sosial" perlu ada kesedaran bersama, kesamaan, simbolik, interaksi (jika tidak langsung) dan perasaan keahlian atau kepunyaan. Dua individu yang sama *sedar* antara satu sama lain – tanpa mengira perasaan permusuhan, takut, rasa terima kasih, persahabatan – memang membentuk agregat sosial. Faktor ini adalah cara kita membezakan jenis agregat sosial dalam masyarakat. Faktor pertama (1) ialah saiz – sama ada agregat ialah kecil atau besar; kedua (2) sama ada agregat terbuka atau tertutup; ketiga (3) sama ada ia personel atau *territorial* (wilayah); keempat (4) sama ada ia *Gemeinschaft* atau *Gesellschaft*; kelima (5) sama ada ia adalah *reference group* (kumpulan rujukan) atau tidak.

Menurut Nisbet (1970) apabila tiada organisasi tiada kuasa. Kuasa muncul hanya dalam kumpulan terancang (*organized groups*) – persatuan – dalam masyarakat, tidak pernah dalam kumpulan tidak terancang atau dalam komuniti tidak terancang. Kita boleh kata bahawa di mana tiada kuasa tiada organisasi. Atau kita boleh kata bahawa tanpa kuasa tidak akan ada organisasi. Lokus (tempat sesuatu yang tepat sekali) kuasa mungkin atau tidak mungkin ada dalam individu atau beberapa orang individu (majmuk); ia mungkin semata-mata terletak dan tanpa beza dalam kumpulan sebagai satu keseluruhan, atau dalam satu set prinsip-prinsip – satu perlembagaan- yang setiap ahli ialah pada teorinya bebas untuk mentafsirkan untuk bimbingan/panduan peribadi. Kuasa kerana itu tertakluk kepada keahlian.

Nisbet (1970), autoriti sosial boleh dibahagikan kepada jenis-jenis kuasa (*Types of Authority*) ialah kuasa informal dan formal (*Informal and Formal Authority*), *Traditional and rational authority* (Kuasa tradisional dan rasional), *Personal and Territorial Authority* (Kuasa bersifat peribadi dan wilayah) dan *Limited and Total Authority* (kuasa penuh dan terhad). Kuasa tidak rasmi ialah yang mungkin sekali, meskipun sebenarnya semestinya, ditemui dalam agregat sosial kecil seperti mana kuasa formal ialah mungkin sekali ditemui dalam agregat besar dan kompleks. Kuasa tidak rasmi (*informal*) ialah dicirikan oleh agak spontannya (tidak dengan paksaan, dengan desakan atau gerak hati sendiri sahaja, berlaku atau tercetus dgn sendiri (tidak dengan dipaksa-paksa atau setelah dirancang-rancang)), *situational*, dan biasanya semula jadi bersemuka. Dalam kuasa tidak rasmi (*informal*) mungkin difahami dengan jelas sumber-sumber kuasa – bapa atau ibu dalam kumpulan keluarga, penyelia jawatankuasa penyiasat, guru kelas di sekolah, dan seterusnya. Kuasa formal ialah satu sifat yang lebih sistematik, dihitung, menjadi lazim (membuat supaya teratur). Ia adalah lebih kerap ditemui dalam persatuan besar berbanding kecil. Ia wujud apabila bilangan ahli-ahli menjadi terlalu besar, apabila fungsi menjadi terlalu kompleks, atau apabila ia penting kepada susunan sosial sebagai seluruhnya menjadi terlalu besar.

Kuasa formal menyatakan dengan jelas, biasanya menerusi undang-undang atau peraturan-peraturan bertulis, dengan tepat di mana sumber kuasa adalah ditemui. Tahap berbeza-beza adalah, siapa lapor kepada siapa, siapa memberi arahan, siapa mengikut mereka, siapa menetapkan dasar, siapa melaksanakannya, apa hukuman bagi kegagalan mematuhi peraturan-peraturan dan seterusnya. Kuasa tradisional disampaikan/diturunkan dari generasi ke generasi lebih daripada satu tempoh masa yang panjang. Kuasa rasional, merujuk kepada semua kuasa yang diperolehi daripada usaha sedar/disengajakan (Nisbet, 1970).

Menurut Ting Chew Peh (1997) peranan sosial merupakan satu pola kelakuan jangkaan (*expected behaviour*) yang berkaitan dengan status atau kedudukan sosial seseorang dalam sesuatu kelompok atau situasi sosial. Satu kumpulan peranan yang dimainkan oleh seseorang individu dikenali sebagai aneka peranan atau *multiple role*. Satu peranan sosial tidak wujud secara terpencil. Satu peranan biasanya berkaitan dengan peranan-peranan lain yang saling melengkapi antara satu dengan lain. Kumpulan peranan yang saling melengkapi ini dikenali sebagai set peranan. Set peranan terdiri daripada satu koleksi peranan yang saling berkaitan dan bergantungan.

Peranan atau peranan sosial juga merupakan satu set tingkah laku yang berhubung/bersambung/berangkai, hak dan kewajipan seperti yang dikonsepkan oleh pelakon dalam suatu situasi sosial. Ia merupakan satu tingkah laku yang dijangka atau bebas atau sentiasa berubah dan boleh mempunyai status sosial individu tertentu atau kedudukan sosial. Ia adalah penting kepada kedua-dua pemahaman fungsionalis dan *interactionist* tentang masyarakat. Peranan sosial menganjurkan berikut mengenai tingkah laku sosial (n/a., 2011[d]):

1. Pembahagian tenaga kerja dalam masyarakat mengambil bentuk interaksi antara kedudukan khusus heterogen, kita panggil peranan.
2. Peranan sosial termasuk bentuk tingkah laku yang sesuai dan dibenarkan, yang dipandu oleh norma-norma sosial, yang dikenali dan seterusnya menentukan jangkaan bagi tingkah laku yang sesuai dalam peranan-peranan ini.
3. Peranan diduduki oleh individu, yang dikenali sebagai pelakon.
4. Apabila individu meluluskan peranan sosial (iaitu, mereka menganggap peranan sah dan membina), mereka akan menanggung kos untuk mematuhi norma-norma peranan, dan juga akan menanggung kos untuk menghukum mereka yang melanggar norma-norma peranan.
5. Berubah syarat-syarat boleh menyebabkan peranan sosial yang telah lama atau tidak sah taraf, di mana tekanan sosial yang mungkin membawa kepada perubahan peranan.
6. Menjangkakan ganjaran dan hukuman, serta kepuasan berkelakuan *prosocially*, menjelaskan mengapa ejen mematuhi keperluan peranan (n/a., 2011[d]).

Menurut Nisbet (1970) berbincang berkenaan status sosial akan bersua fakta sejagat iaitu *hierarki*. Dalam Dewan Eja Pro (n/a., n.d.[e]) hierarki bermakna susunan atau kedudukan tinggi rendah (dalam organisasi, masyarakat, dan sebagainya) berdasarkan taraf atau kekuasaan. Dalam Longman (n/a., n.d.[f]) hierarki bermakna sistem organisasi di mana orang atau benda dibahagikan kepada peringkat penting. Dalam bidang sosiologi atau antropologi, status sosial adalah maruah atau martabat yang dilampirkan kepada kedudukan seseorang dalam masyarakat (kedudukan sosial seseorang). Ia juga boleh merujuk kepada pangkat atau kedudukan yang seorang memegang dalam satu kumpulan, misalnya bagi anak lelaki atau anak perempuan, rakan sepermainan, murid dan sebagainya. Status sosial, kedudukan atau pangkat orang atau kumpulan dalam masyarakat, boleh ditentukan dua cara. Seseorang boleh mendapat status sosial mereka dengan pencapaian mereka sendiri, yang dikenali sebagai status yang dicapai. Selain itu, seseorang itu boleh diletakkan dalam sistem stratifikasi melalui kedudukan mereka yang diwarisi, yang dipanggil status *ascribed*. Status *ascribed* juga boleh ditakrifkan sebagai orang-orang yang telah ditetapkan untuk seorang individu ketika lahir. Status *ascribed* yang wujud dalam semua masyarakat termasuk mereka yang berdasarkan jantina, umur, kumpulan kaum etnik dan latar belakang keluarga. Sebagai contoh, seseorang yang lahir dalam keluarga yang kaya yang dicirikan oleh sifat-sifat seperti populariti, bakat dan nilai-nilai yang tinggi akan mempunyai banyak harapan membesar (n/a., 2011[c]).

Norma-norma sosial adalah tingkah laku yang diterima dalam masyarakat atau kumpulan. Ini istilah sosiologi dan psikologi sosial telah ditakrifkan sebagai "peraturan-peraturan yang kumpulan menggunakan bagi nilai-nilai yang sesuai dan tidak sesuai, kepercayaan, sikap dan tingkah laku. Peraturan-peraturan ini mungkin ada tersurat atau tersirat. Mereka juga telah digambarkan sebagai "peraturan-peraturan adat tingkah laku yang menyelaraskan interaksi kita dengan orang lain." Norma-norma sosial adalah peraturan-peraturan yang menentukan tingkah laku yang dijangka, yang dikehendaki, atau boleh diterima dalam keadaan tertentu. Mereka belajar melalui interaksi (n/a., 2011[e]).

Menurut Ting Chew Peh (1997) norma sosial ialah kelakuan piawai (*standard*) yang dikongsi oleh anggota sesuatu kumpulan dan anggota kumpulan itu dijangka akan mematuhinya. Tingkah laku piawai ialah peraturan yang ditentukan dan dipersetujui oleh sebahagian besar anggota masyarakat mengenai munasabah atau tidaknya sesuatu tingkah laku. Norma sosial ialah juga suatu garis panduan bagi anggota masyarakat pada masa menghadapi keadaan yang tertentu.

Menurut Nisbet (1970) "entropi sosial" merujuk kepada proses-proses tingkah laku yang mana adalah endemik. Endemik dalam Dewan Eja Pro (n/a., n.d.[e]) ialah penyakit yang sentiasa terdapat pada orang atau daerah tertentu. Dalam semua bentuk-bentuk perhubungan manusia dalam sekurang-kurangnya darjah sedikit dan yang mana mempunyai satu kualiti "negatif" yang timbul daripada penentangan kepada norma-norma, peranan-peranan dan pihak berkuasa untuk mengumpulkan satu susunan sosial. Jenis-jenis utama sosial entropi ialah penyingkiran/pengasingan (*alienation*), yang kita lihat satu jenis pengeluaran tenaga manusia daripada peranan-peranan, status-status dan norma-norma susunan sosial; *anomie*, dicirikan melalui konflik dari segi sosial diterima norma-norma dalam seorang individu; dan penyimpangan/lencongan (devian), yang lebih kurang kesedaran tentangan kepada peranan-peranan, status-status, dan norma-norma masyarakat yang bakal dilihat. Apa kita harus panggil "entropi sosial", dalam tiga bentuk-bentuk utamanya, ialah sering kali dicirikan melalui perkataan-perkataan begitu "antisosial" ("tidak suka bergaul"), "*immoral*" (tidak bermoral), "tidak teratur" (*disorganized*) atau "patologi". Dalam Longman (n/a., n.d.[f]) *pathological* ialah perasaan berlaku secara tetap dan kuat, tidak munasabah dan mustahil untuk mengawal.

Entropi sosial adalah teori sistem *macrosociological*. Ia adalah ukuran pereputan semula jadalam satu sistem sosial. Ia boleh merujuk kepada penguraian struktur sosial atau kehilangan perbezaan sosial. Kebanyakan tenaga yang digunakan oleh organisasi sosial dibelanjakan untuk mengekalkan struktur, *counteracting* entropi sosial, contohnya melalui institusi-institusi undang-undang, pendidikan dan promosi menonton TV. Anarki adalah negeri yang maksimum entropi sosial. Entropi sosial membayangkan kecenderungan rangkaian sosial dan masyarakat secara amnya untuk memecahkan dari masa ke masa, bergerak dari kerjasama dan kemajuan ke arah konflik dan huru-hara (n/a., 2011[f]).

Menurut Ting Chew Peh (1997) alienasi atau pengasingan ialah satu keadaan apabila manusia merasa terpisah malahan hubungan mereka terputus dari masyarakat dan kebudayaannya. Segala nilai dan norma masyarakat tidak lagi memberikan apa-apa makna kepada individu yang berkenaan. Individu itu merasa terpencil serta kecewa. Alienasi juga digunakan untuk menunjukkan perasaan ketiadaan kuasa, ketiadaan makna, ketiadaan norma dan kepencilan. Tingkah laku terasing atau terpisah (alienated) ialah mengambarkan sifat melalui pengunduran/pengeluaran (*withdrawal*) (Nisbet, 1970). Anomi menurut Ting Chew Peh (1997) dicirikan dengan kecelaruan/ketidakteraturan (*disorganization*), keruntuhan norma, nilai dan lain-lain. Konsep anomi menggambarkan satu situasi sosial iaitu norma-norma sosial telah hilang atau menjadi lemah, atau norma-norma sosial itu kurang jelas ataupun bertentangan antara satu sama lain. Individu yang terperangkap dalam keadaan anomi biasanya kehilangan pegangan moral, kawalan sosial dan menjadi serba salah. Devian (menyimpang/lencongan) dimaksudkan sebarang tingkah laku yang tidak mematuhi norma sosial sesuatu kumpulan sosial atau masyarakat. Semua bentuk jenayah, tindakan yang melanggar undang-undang dan peraturan, sakit jiwa, *homosexual* dan sebagainya dianggap sebagai kelakuan devian. Wujudnya perbezaan dari segi peraturan, norma dan nilai antara kelompok yang berlainan, maka apa yang dianggap sebagai devian bagi satu kelompok itu mungkin merupakan sesuatu kelaziman bagi kelompok lain (Ting Chew Peh, 1997).

Jambatan sosial (modal sosial merapatkan)

Jambatan (*social bridge*) adalah sejenis ikatan sosial yang menghubungkan dua kumpulan yang berbeza dalam rangkaian sosial. Dalam rangkaian sosial, jambatan adalah telah digunakan untuk menghantar maklumat dari satu kumpulan ke kumpulan yang lain. Keluasan penyebaran maklumat bergantung kepada bilangan dan keberkaitan jambatan yang ada untuk pemula maklumat (n/a., 2011[g]). Jambatan (*social bridge*) adalah semua tentang sambungan, mencapai, menjadikan orang dan idea bersama (Socialbridge.wordpress.com/, n.d.). Modal sosial merapatkan (*bridging social capital*) merujuk kepada hubungan kerjasama dengan orang-orang daripada latar belakang kehidupan yang berbeza, lebih berharga daripada 'modal sosial ikatan'. "Modal sosial merapatkan merujuk kepada pembinaan sambungan antara kumpulan heterogen; ini mungkin menjadi lebih rapuh, tetapi lebih cenderung juga untuk memupuk penyertaan sosial (Sloan Work and Family Research Network, n.d.).

Menurut Sjoerd Beugelsdijk dan Sjak Smulders (2003) Putnam mendefinisikan 'modal sosial merapatkan' ('*bridging social capital'*) sebagai ikatan pertalian yang terbentuk merentasi pelbagai kumpulan sosial, sedangkan 'modal sosial ikatan' ('*bonding social capital*') simen hanya kumpulan homogenus. Dalam kerja kemudian, Putnam (2000) telah membuat perbezaan antara 'modal sosial merapatkan' yang ikatan pertalian terbentuk di seluruh pelbagai kumpulan sosial dan 'modal sosial ikatan' yang simen hanya kumpulan homogenus. Modal sosial ikatan mempunyai kesan negatif bagi masyarakat secara keseluruhan, tetapi boleh memberi kesan positif untuk ahli-ahli yang dipunyai oleh kumpulan atau rangkaian sosial tertutup ini atau rangkaian. Modal sosial merapatkan, oleh itu, membuat kenalan antara kumpulan-kumpulan atau rangkaian berbeza adalah positif. Pada tahap mikro ini adalah berkaitan dengan teori lubang struktur Burt, di mana kedudukan optimum bagi satu individu ialah antara beberapa kumpulan. Menurut Apin Talisayon's Weblog (n.d.) modal sosial merapatkan adalah perpaduan di seluruh kumpulan heterogen (mendatar).

Ganga Ram Dahal dan Krishna Prasad Adhikari (2008) memetik dari Woolcock dan Sweetser (1992), modal sosial merapatkan merujuk kepada sambungan kepada orang-orang yang tidak suka anda dalam erti kata demografi. Modal sosial merapatkan cenderung untuk membawa bersama-sama orang di seluruh pelbagai bahagian sosial. Menurut Matthew S. Smith dan Christophe Giraud-Carrier (n.d.), modal sosial merapatkan merujuk kepada nilai yang diberikan kepada rangkaian sosial di kalangan kumpulan-kumpulan heterogen orang.

Haudan, J. (2008) dalam tulisannya "*The art of engagement: Bridging the gap between people and possibilities*" membincangkan enam kunci atau petunjuk penglibatan iaitu petunjuk 1: penghubung melalui imej-imej dan cerita-cerita, petunjuk 2: mencipta gambar-gambar bersama, petunjuk 3: percaya dalam pemimpin/ketua-ketua, petunjuk 4: memiliki penyelesaian (seperti langkah-langkah dalam tindakan), petunjuk 5: memainkan seluruh permainan (seperti berkongsi pandangan) dan petunjuk 6: menjalankan amalan sebelum melaksanakan.

Hubungan sosial (modal sosial yang menghubungkan)

Menurut Apin Talisayon's Weblog (n.d.) "modal sosial yang menghubungkan" ialah menghubungkan antara kumpulan kecil sosial dan masyarakat arus perdana termasuk kerajaan (menegak). Ganga Ram Dahal dan Krishna Prasad Adhikari (2008) menulis modal sosial yang menghubungkan berkaitan modal sosial untuk sambungan dengan orang-orang yang berkuasa, sama ada mereka berada dalam kedudukan politik atau kewangan berpengaruh. Modal sosial yang menghubungkan juga termasuk sambungan menegak kepada institusi formal.

Tony Blakely dan Vivienne Ivory (2011) menyatakan modal sosial yang menghubungkan ialah norma rasa hormat dan rangkaian hubungan mempercayai antara orang yang berinteraksi seluruh/melintangi kuasa yang jelas, formal atau diinstitusikan atau kecerunan pihak berkuasa dalam masyarakat. Misalnya interaksi rakyat dengan kerajaan tempatan dan pihak berkuasa perancangan kesihatan adalah menggambarkan modal sosial yang menghubungkan. Modal sosial yang menghubungkan ialah berkenaan dengan hubungan antara orang-orang yang tidak setanding (Janaina Macke, Eliete Kunrath Dilly, 2010).

Andrea Bonomi Savignon (n.d.) menulis modal menghubungkan merujuk kepada pakatan bersimpati dengan individu atau kumpulan dalam kedudukan kuasa, terutamanya kuasa ke atas sumber-sumber yang diperlukan untuk pembangunan sosial dan ekonomi. Hubungan membolehkan individu dan masyarakat untuk bercakap secara langsung kepada mereka yang mempunyai kuasa membuat keputusan rasmi dan bukan pandangan-pandangan mereka yang ditapis melalui pakar-pakar. Contoh modal yang menghubungkan termasuk sambungan antara anggota masyarakat dan lain-lain yang berkuasa, seperti ahli-ahli parlimen, pembuat dasar, wakil-wakil pertubuhan-pertubuhan perniagaan dan organisasi-organisasi perkhidmatan masyarakat. Kabinet masyarakat yang secara langsung menghubungkan ahli-ahli parlimen dan rakyat memberikan satu gambaran modal yang menghubungkan. Modal yang menghubungkan meningkatkan keberkesanan institusi dengan menyediakan peluang-peluang kepada individu untuk membincangkan atau mempertimbangkan dengan wakil-wakil rakyat.

TEORI RANGKAIAN/JARINGAN

Teori rangkaian bermula semasa 1930an dalam sains sosial dan adalah dipertimbangkan untuk menjadi terutamanya satu alat sains sosial sehingga akhir 1950an apabila Cartwright dan Harary (1956) menghubungkan teori rangkaian dengan teori graf dan matematik. Teori rangkaian sebagaimana ia wujud hari ini, yang termasuk model "dunia kecil" ialah berasaskan pada beberapa model matematik kompleks munasabah, walaupun prinsip-prinsip teras yang agak mudah difahami. Kerja asal tentang teori rangkaian adalah dipimpin oleh satu kumpulan tidak formal ahli psikologi Jerman yang mengkhusus dalam "psikologi Gestalt" (http://www.jackwhitehead.com/teesonphd/006c5.pdf). Menurut The Gale Group (2012), berakar umbi dalam kerja George Simmel, teori rangkaian membentuk konsep hubungan sosial sebagai set peranan dan kedudukan dan menerangkan hubungan antara mereka. Individu adalah dilihat sebagai menduduki kedudukan dan peranan dan bukannya sedia ada sebagai susunan-susunan ciri-ciri khusus. Teori rangkaian telah digunakan dalam kajian empirikal pelbagai topik seperti penerokaan struktur perhubungan yang berkesan, aliran barangan atau maklumat antara organisasi-organisasi dan lain-lain.

Terdapat pelbagai penyataan berkenaan dengan lapangan kajian teori rangkaian, Scott J. Simon (n.d.) sebagai contohnya menyatakan bahawa teori rangkaian mengkaji rangkaian maklumat (*World Wide Web*), rangkaian teknikal (internet, keretapi, laluan syarikat penerbangan), rangkaian biologi (*genom* manusia) dan rangkaian sosial (hubungan manusia). Menurut CSIRO (2011), teori rangkaian melibatkan dirinya dengan kajian struktur hubungan antara unsur-unsur asas yang membentuk satu sistem. The Gale Group (2012) menyatakan bahawa teori rangkaian meneroka struktur hubungan antara entiti-entiti sosial dan mencadangkan bahawa corak ikatan sosial mempengaruhi peruntukan sumber dan dengan itu mempunyai implikasi untuk perubahan sosial melewati skop agensi individu. Hubungan antara organisasi-organisasi, individu-individu, atau kumpulan mungkin dikaji daripada perspektif ini. Mengikut American Marketing Association (2012), teori rangkaian ialah satu istilah sangat umum yang merujuk kepada kajian tentang hubungan.

Ia boleh merujuk kepada hubungan antara orang, bahan kimia, atom, haiwan, organisasi, syarikat-syarikat, atau negara-negara. Hubungan boleh jadi positif atau negatif, ramah atau bermusuhan, berorientasikan-urusniaga, yang berasaskan-kimia atau berorientasikan-dalam cara agama (American Marketing Association, 2012). Manakala Scott J. Simon (n.d.) menulis bahawa teori rangkaian ialah berkaitan dengan komunikasi dan penggunaan maklumat kerana komunikasi demikian membayangkan rangkaian: rangkaian komputer, rangkaian perpustakaan dan sumber-sumber perpustakaan, rangkaian sosial dalam saintis maklumat, pustakawan dan pelanggan. Teori rangkaian membantu kita memahami struktur dan tingkah laku rangkaian, mencipta model untuk membantu kita faham makna sifat rangkaian, dan membantu kita meramal tingkah laku masa depan rangkaian (Simon, n.d.).

Dalam tulisan bertajuk "*Theories used in is research: Social network theory*" oleh Appalachian State University (2005), teori rangkaian mempunyai nama silih ganti iaitu analisis rangkaian dan teori rangkaian sosial. Teori rangkaian sosial melihat hubungan sosial dari segi nod dan ikatan. Nod adalah aktor individu dalam rangkaian, dan ikatan adalah hubungan antara aktor. Terdapat banyak jenis ikatan antara nod, dan dalam bentuk yang paling mudah satu rangkaian sosial ialah satu peta dari semua ikatan yang berkaitan antara nod yang dikaji. Rangkaian juga boleh digunakan untuk menentukan modal sosial aktor individu. Konsep ini sering kali digambarkan dalam gambar rajah di mana nod adalah titik dan ikatan adalah garis. Kuasa teori rangkaian adalah berpunca daripada perbezaan kajian tradisional sosiologi yang mengandaikan sifat aktor individu sama ada mereka adalah mesra atau tidak mesra, bijak atau bodoh dan sebagainya (Appalachian State University, 2005).

Prosedur teori rangkaian sosial adalah adalah satu pandangan alternatif di mana sifat individu adalah kurang penting daripada hubungan mereka dan ikatan dengan aktor yang lain dalam rangkaian. Pendekatan ini adalah ternyata berguna untuk menerangkan banyak fenomena dunia nyata tetapi meninggalkan kurang ruang untuk agensi individu, kebolehan untuk individu mempengaruhi kejayaan mereka, oleh itu banyak terletak dalam struktur rangkaian mereka. Rangkaian sosial juga telah digunakan untuk mengkaji bagaimana syarikat-syarikat berinteraksi dengan yang lain, mencirikan banyak sambungan tidak formal yang menghubungkan eksekutif bersama-sama serta persatuan dan sambungan antara pekerja-pekerja individu di syarikat berbeza. Rangkaian ini menyediakan cara untuk syarikat untuk mengumpulkan maklumat, menghalang persaingan dan juga berpakat sulit dalam menetapkan harga atau dasar (Appalachian State University, 2005).

George Ritzer (2011) menulis bahawa perhatian utama teori rangkaian ialah hubungan sosial, atau corak objektif ikatan yang menghubungkan ahli-ahli (individu dan kolektif) masyarakat. Salah satu aspek tersendiri teori rangkaian adalah bahawa ia memberi tumpuan kepada julat luas struktur-struktur mikro ke makro. Iaitu, kepada teori rangkaian aktor mungkin orang, tetapi mereka juga mungkin kumpulan-kumpulan, syarikat-syarikat, dan masyarakat-masyarakat. Hubungan berlaku pada tahap skala-besar, tahap struktur sosial dan juga pada tahap lebih mikroskopik. Mark Granovetter menerangkan hubungan tahap-mikro demikian sebagai tindakan "tertanam" ("*embedded*") dalam hubungan peribadi konkrit dan struktur (atau rangkaian) hubungan demikian. Asas kepada mana-mana hubungan ini adalah idea bahawa mana-mana "aktor" (individu atau kolektif) mungkin mempunyai akses berlainan untuk sumber-sumber bernilai (kekayaan, kuasa, maklumat) (Ritzer, 2011).

Hasilnya adalah bahawa sistem berstruktur cenderung untuk berstrata, dengan beberapa komponen bergantung kepada yang lain. Granovetter membezakan antara "ikatan lemah", misalnya, hubungan antara orang dan kawan rapat mereka, dan "ikatan lemah", misalnya, hubungan antara orang dan kenalan semata-mata. Ikatan lemah antara aktor boleh menjadi sebagai satu jambatan antara dua kumpulan dengan ikatan dalaman kuat. Tanpa ikatan lemah demikian, dua kumpulan mungkin betul-betul terpencil. Pengasingan ini, seterusnya, boleh membawa kepada sistem sosial lebih berpecah-belah. Seorang individu tanpa ikatan lemah akan mendapati dirinya terasing dalam satu kumpulan berkait dengan erat dan akan kekurangan maklumat tentang apa yang sedang berlaku dalam kumpulan yang lain serta dalam masyarakat lebih besar (Ritzer, 2011).

Ikatan lemah dengan itu menghalang pengasingan dan membenarkan individu untuk lebih bersepadu ke dalam masyarakat yang lebih besar. Hubungan erat mempunyai motivasi yang lebih besar untuk membantu satu sama lain dan adalah lebih sedia ada kepada satu sama lain. Teori rangkaian nampaknya bergantung pada satu set prinsip-prinsip yang berkait secara logik. Pertama, ikatan di kalangan aktor biasanya adalah simetri di kedua-dua kandungan dan intensiti. Aktor membekalkan satu sama lain dengan benda berbeza, dan mereka melakukan ini dengan keamatan/intensiti yang lebih besar atau lebih kecil. Kedua, ikatan di kalangan individu mesti dianalisis dalam konteks struktur rangkaian yang lebih besar (Ritzer, 2011).

Ketiga, penstrukturan ikatan sosial membawa kepada pelbagai rangkaian bukan rawak. Keempat, kewujudan kelompok membawa kepada hakikat bahawa boleh ada silang-hubungan antara kelompok dan juga antara individu. Kelima, terdapat ikatan tidak simetri di kalangan unsur-unsur dalam satu sistem, dengan keputusan bahawa sumber yang terhad adalah diagih secara berlainan. Akhir sekali, pengagihan tidak sama dalam sumber yang terhad membawa kepada kedua-dua kerjasama dan persaingan. Beberapa kumpulan bergabung dalam satu kumpulan untuk memperoleh sumber yang terhad secara usaha sama, manakala yang lain bersaing dan konflik ke atas sumber. Demikian, teori rangkaian mempunyai satu kualiti dinamik, dengan struktur sistem yang berubah-ubah dengan peralihan corak gabungan dan konflik (Ritzer, 2011).

DEFINISI OPERASIONAL

Dalam kajian ini perhubungan yang akan dilihat ialah antara Teori Rangkaian/Jaringan dengan modal sosial dan pencapaian pendidikan merangkumi aspek-aspek berikut;

a. Matlamat:

Dari segi konsep modal sosial manusia berkongsi nilai melalui jaringan yang dibina untuk membolehkan kerjasama dijalankan untuk mencapai matlamat bersama. Perkaitan dilihat dalam aspek ikatan kuat, ikatan lemah dan nod dalam teori rangkaian dengan modal sosial dan pencapaian pendidikan.

b. Kepercayaan:

Berdasarkan konsep modal sosial, kepercayaan bertindak sebagai penghubung antara bentuk-bentuk modal sosial dengan tindakan kolektif melalui peningkatan kepercayaan antara aktor.

c. Kerjasama:

Dalam konsep modal sosial, kerjasama adalah perlu untuk mencapai matlamat dalam perhubungan individu. Di samping itu, kerjasama juga akan menghasilkan tindakan kolektif.

Dari segi aspek modal sosial kajian ini akan cuba mengkaji bentuk-bentuk modal sosial yang dimiliki oleh responden antaranya ialah;

a. Kepercayaan iaitu kepercayaan interpersonal di kalangan orang yang dikenali seperti keluarga, rakan dan jiran (*bonding*), kepercayaan interpersonal di kalangan orang yang tidak dikenali (*bridging*) dan kepercayaan kepada institusi pendidikan (*linking*).
b. Jaringan yang merangkumi dua bentuk jaringan iaitu pertama mendatar (*horizontal*) merangkumi *bonding* iaitu ikatan dengan orang yang rapat seperti keluarga, kawan rapat, jiran atau kumpulan etnik dan *bridging* iaitu ikatan dengan orang jauh. Kedua, jaringan menegak (*vertical*) yang menghubungkan responden dengan orang yang berbeza status, kuasa dan kekayaan atau *linking*.
c. Institusi merangkumi institusi formal (kelab atau persatuan yang ditubuhkan dengan peraturan bertulis) atau tidak formal (kelab atau persatuan tanpa peraturan bertulis).
d. Kerjasama iaitu tindakan kolektif seperti pertukaran tanggungjawab, pengiktirafan bersama, pengesahan tuntutan ahli dan pembiayaan kredit kepada individu.

KESIMPULAN

Modal sosial boleh membantu mengembangkan sumber yang dimiliki oleh individu melalui penyertaan dalam pelbagai jenis jaringan sosial dalam masyarakat. Ini kerana modal sosial merupakan bentuk pelaburan dalam bentuk interaksi dan perhubungan individu yang mana dalamnya akan berlaku pertukaran maklumat, nilai dan sumber yang dapat membantu individu mencapai matlamat yang diingini.

BAB 3
KAWASAN KAJIAN

PENGENALAN

Modal sosial merupakan aset penting bagi menanggang krisis-krisis yang berlaku dalam masyarakat seperti krisis ekonomi (kemiskinan, kemelesetan ekonomi dan krisis makanan), krisis sosial (masalah anak-anak remaja, belia, jenayah dan lain-lain) dan krisis politik (pergolakan, perang dan lain-lain lagi). Ini kerana melalui modal sosial, perkongsian, kerjasama dan keterbukaan kepada idea baru dapat dijana melalui dimensi-dimensi modal sosial yang telah disebutkan dalam bab-bab sebelum ini (iaitu jaringan, kumpulan, kepercayaan dan perpaduan, tindakan kolektif dan kerjasama, dan lain-lain lagi).

Dengan kepentingan terhadap modal insan dalam Rancangan Malaysia Kesembilan yang bertujuan untuk meningkatkan daya saing dan menerokai sumber pertumbuhan baru. Maka keperluan kepada modal sosial (maklumat, kerjasama, perpaduan dan kepercayaan individu) juga akan bertambah kerana modal sosial boleh membantu meningkatkan modal insan di kalangan penduduk di Malaysia seperti dapat meningkatkan pengetahuan, kemahiran dan pencapaian individu.

LATAR BELAKANG SOSIOEKONOMI DAN PENDUDUK BAGI MALAYSIA DAN KEDAH

Malaysia

Malaysia merupakan sebuah negara sedang membangun yang menekankan kepada sektor perindustrian dan pertanian untuk pendapatan negara mempunyai penduduk seramai 23,274,690 orang dengan keluasan kira-kira 329,847 kilometer persegi. Taburan bilangan penduduk di kalangan warganegara Malaysia mengikut negeri boleh dilihat dalam Rajah 3.1. Terdapat empat buah negeri yang mempunyai penduduk melebihi 2 juta orang dan negeri yang paling tinggi jumlah penduduk ialah Selangor (4,002,440 orang). Tiga negeri lain ialah Johor (2,590,095 orang), Perak (2,012,891 orang) dan Sarawak (2,008,768 orang). Negeri-negeri yang mempunyai penduduk melebihi 1 juta orang pula ialah merangkumi Sabah (1,988,661 orang), Kedah (1,624,151 orang), Kelantan (1,292,219 orang), W.P. Kuala Lumpur (1,286,937 orang), Pulau Pinang (1,265,067 orang), Pahang (1,233,576 orang). Negeri-negeri yang rendah bilangan penduduk merangkumi Perlis (201,295 orang), Melaka (612,847 orang), Negeri Sembilan (828,065 orang) dan Terengganu (882,987 orang) (Shaari Abdul Rahman, Jabatan Perangkaan Malaysia, 2001).

Dalam tempoh 1991-2000, kadar pertumbuhan penduduk tahunan purata adalah 2.6 peratus dengan kepadatan penduduk bagi setiap kilometer persegi seramai 71 orang dan 62.0 peratus daripada penduduk Malaysia merupakan penduduk bandar. Keseluruhan penduduk yang terdiri daripada warganegara Malaysia adalah sebanyak 94.1 peratus dan selebihnya iaitu 5.9 peratus adalah bukan warganegara Malaysia. Komposisi penduduk mengikut kumpulan etnik bagi warganegara Malaysia ialah terdiri daripada Bumiputera (65.1 peratus), Cina (26.0 peratus), India (7.7 peratus) dan lain-lain etnik (1.2 peratus) (Shaari Abdul Rahman, Jabatan Perangkaan Malaysia, 2001).

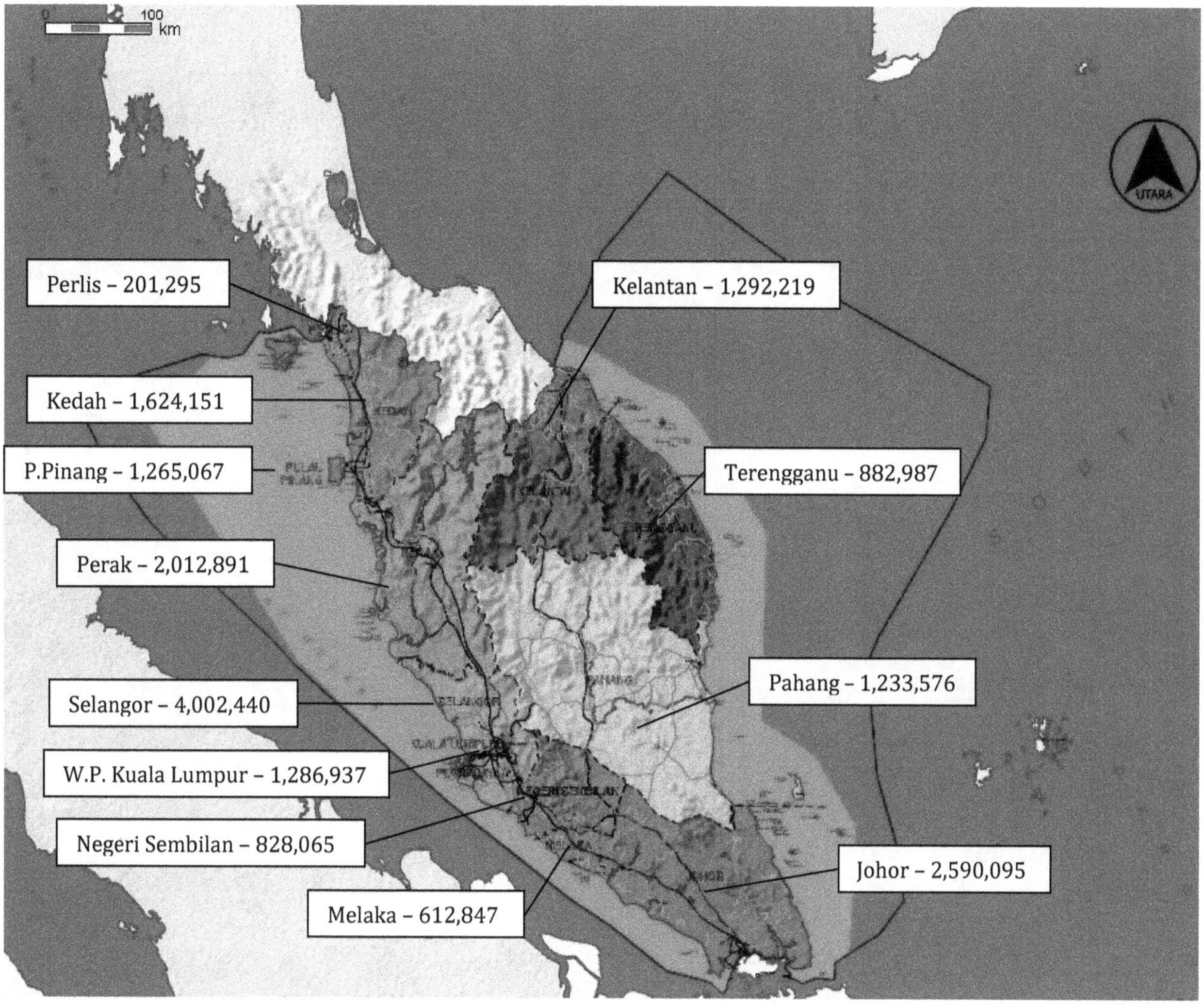

Rajah 3.1: Taburan Bilangan Penduduk Warganegara Malaysia Mengikut Negeri-negeri Bagi Tahun 2000 (Sumber: Shaari Abdul Rahman, Jabatan Perangkaan Malaysia, 2001 dan Jabatan Ukur dan Pemetaan Negara Malaysia, 2004)

‘Rajah 3.1, sambungan’

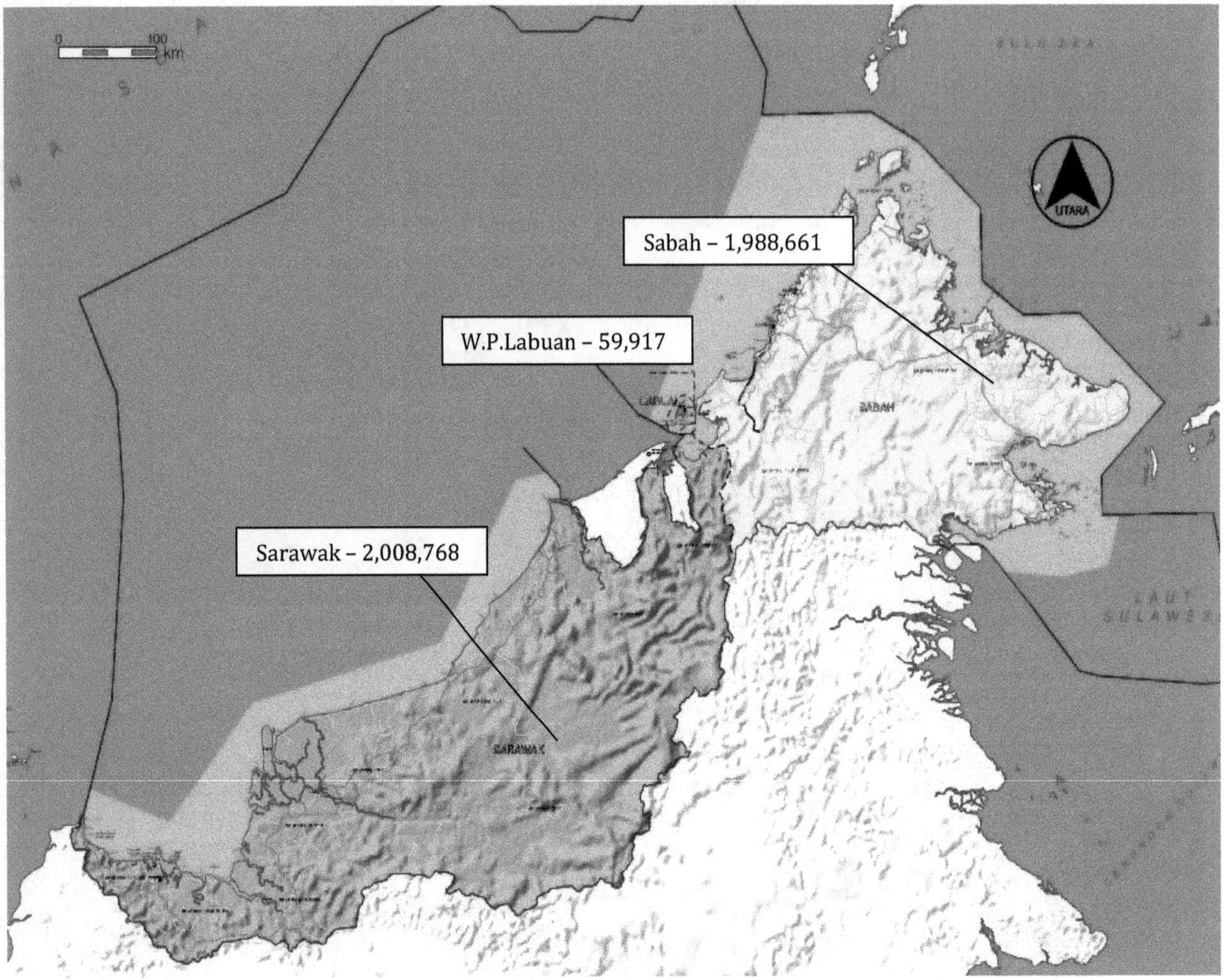

Rajah 3.1: Taburan Penduduk Warganegara Malaysia Mengikut Negeri-negeri Bagi Tahun 2000 (Sumber: Shaari Abdul Rahman, Jabatan Perangkaan Malaysia, 2001 dan Jabatan Ukur dan Pemetaan Negara Malaysia, 2004)

Struktur umur penduduk bagi tahun 2000 menunjukkan negeri Kelantan dan Terengganu mempunyai peratusan penduduk berumur 0-14 tahun lebih tinggi dan umur penengah yang lebih muda berbanding dengan negeri-negeri lain di Malaysia. Peratusan penduduk berumur 0-14 tahun bagi kedua-dua negeri ialah 41.5 peratus bagi Kelantan manakala 40.3 peratus bagi Terengganu. Umur penengah bagi kedua-dua negeri tersebut ialah 18.8 tahun (Kelantan) dan 19.3 tahun (Terengganu) (Shaari Abdul Rahman, Jabatan Perangkaan Malaysia, 2002). Berdasarkan Banci Penduduk dan Perumahan Malaysia 2000: Ciri-ciri Tempat Kediaman, kira-kira 77.2 peratus penduduk memiliki kediaman, 5.5 peratus tinggal di kediaman kerajaan atau badan berkanun, 6.4 peratus tinggal di kediaman swasta dan 11.0 peratus tidak diketahui status kediaman mereka (Shaari Abdul Rahman, Jabatan Perangkaan Malaysia, 2003).

Kadar celik huruf warganegara Malaysia tahun 2000 yang berumur 10 tahun ke atas bagi kawasan bandar adalah 94.3 peratus manakala kawasan luar bandar adalah 85.4 peratus. Kira-kira 96.1 peratus penduduk bandar yang berumur 10-64 tahun adalah tergolong dalam kategori celik huruf manakala penduduk luar bandar yang celik huruf dalam kategori umur yang sama adalah sebanyak 89.1 peratus. Peratusan penduduk yang pernah bersekolah yang berumur enam tahun ke atas di kalangan lelaki lebih tinggi daripada penduduk perempuan iaitu 92.7 peratus (lelaki) manakala perempuan adalah 87.6 peratus. Kira-kira 62.6 peratus warganegara Malaysia yang berumur 15 tahun ke atas mempunyai sijil/diploma/ijazah termasuk sijil PMR/SRP/LCE dan ke atas. Sejumlah 66.6 peratus penduduk bandar berumur 15-64 tahun yang bekerja manakala penduduk luar bandar dalam lingkungan umur yang sama yang bekerja adalah 33.4 peratus (Shaari Abdul Rahman, Jabatan Perangkaan Malaysia, 2004).

Berdasarkan taburan pekerjaan bagi penduduk bekerja berumur 15-64 tahun (sila rujuk Jadual 3.1), didapati lima buah negeri yang mempunyai peratus terendah iaitu kurang dari lima peratus bagi pekerjaan jenis penggubal undang-undang, pegawai kanan dan pengurus iaitu Terengganu (2.4 peratus), Kedah (3.1 peratus), Perlis (3.5 peratus), Sabah (4.1 peratus) dan Sarawak (4.3 peratus). Bagi pekerjaan profesional, hanya dua buah negeri iaitu Wilayah Persekutuan Kuala Lumpur (9.9 peratus) dan Selangor (8.5 peratus) yang mempunyai peratus tinggi. Manakala negeri-negeri lain hanya dalam lingkungan 5.5 peratus hingga 3.5 peratus. Bagi pekerjaan juruteknik dan profesional bersekutu, terdapat tiga buah negeri iaitu Sabah (9.1 peratus), Sarawak (9.3 peratus) dan Kelantan (9.7 peratus), mempunyai peratusan kurang daripada 10 peratus berbanding dengan negeri-negeri lain. Terdapat jenis-jenis pekerjaan yang tinggi peratusannya di negeri-negeri maju seperti pekerjaan seperti perkeranian, operator loji dan mesin serta pemasangan dan pekerjaan asas. Manakala pekerjaan seperti pekerja mahir pertanian dan perikanan lebih tinggi peratusannya di negeri-negeri kurang maju (Shaari Abdul Rahman, Jabatan Perangkaan Malaysia, 2004).

Dari segi taburan industri bagi penduduk bekerja berumur 15-64 tahun (sila rujuk Jadual 3.2), industri-industri yang tinggi peratusannya di negeri-negeri maju adalah seperti pembuatan, aktiviti hartanah, penyewaan dan perniagaan, pengangkutan, penyimpanan dan komunikasi serta kewangan. Industri yang tinggi peratusannya di negeri-negeri kurang maju pula adalah pendidikan, perlombongan dan pengkuarian, serta pertanian, pemburuan dan perhutanan. Peratusan taraf guna tenaga yang bekerja sendiri di negeri-negeri kurang maju (peratusan antara 47.5 peratus hingga 25.0 peratus) lebih tinggi berbanding negeri-negeri maju (21.1 peratus hingga 15.6 peratus) (sila rujuk Jadual 3.3). Negeri Selangor dan W.P. Kuala Lumpur mempunyai peratusan yang tinggi bagi taraf guna tenaga di kalangan majikan berbanding dengan negeri-negeri lain iaitu masing-masing 4.8 peratus (W.P. Kuala Lumpur) dan 4.2 peratus (Selangor). W.P. Labuan (84.0 peratus) dan W.P. Kuala Lumpur (80.1 peratus) pula tinggi dari segi peratusan guna tenaga di kalangan pekerja. Sementara negeri Sarawak (6.8 peratus) paling tinggi peratusan di kalangan pekerja keluarga tanpa gaji (Shaari Abdul Rahman, Jabatan Perangkaan Malaysia, 2004).

Jadual 3.1: Peratusan (%) Taburan Pekerjaan Bagi Penduduk Bekerja Berumur 15-64 Tahun Mengikut Negeri, Malaysia, 2000

Pekerjaan	**Johor**	**Kedah**	**Kelantan**	**Melaka**	**Negeri Sembilan**	**Pahang**	**Perak**	**Perlis**	**Pulau Pinang**	**Sabah**	**Sarawak**	**Selangor**	**Terengganu**	**W.P. Kuala Lumpur**	**W.P. Labuan**	**MALAYSIA**
Penggubal Undang-Undang, Pegawai Kanan Dan Pengurus	5.7	3.1	8.5	8.2	7.4	6.8	5.1	3.5	7.5	4.1	4.3	10.2	2.4	9.0	5.5	6.7
Profesional	3.9	3.8	5.3	4.8	5.0	4.0	4.3	4.6	5.5	3.5	3.9	8.5	5.2	9.9	4.5	5.5
Juruteknik Dan Profesional Bersekutu	11.4	10.0	9.7	13.0	11.8	10.8	10.4	10.7	13.0	9.1	9.3	14.3	12.1	13.5	12.5	11.6
Pekerja Perkeranian	7.7	7.1	5.4	8.6	8.6	7.6	7.5	7.2	10.6	7.9	7.2	12.7	7.1	16.2	12.0	9.4
Pekerja Perkhidmatan, Pekerja Kedai Dan Jurujual	9.7	12.1	11.8	13.5	13.6	11.4	13.5	14.1	11.0	12.5	11.9	12.6	16.2	18.4	22.4	12.6
Pekerja Mahir Pertanian Dan Perikanan	10.4	17.6	27.1	5.8	13.9	28.5	13.6	20.4	2.4	30.1	28.5	2.6	18.6	0.1	4.0	13.8
Pekerja Pertukangan Dan Yang Berkaitan	9.4	8.7	12.6	9.1	7.9	7.7	10.4	9.8	9.2	7.4	9.5	7.0	16.5	8.9	13.4	8.9
Operator Loji Dan Mesin Serta Pemasang	20.7	16.3	8.3	22.4	19.9	11.0	16.5	12.1	20.8	11.7	11.5	18.2	10.3	8.0	7.4	15.5
Pekerjaan Asas	12.3	11.1	9.7	8.8	11.0	10.7	15.3	13.1	11.2	12.0	13.7	13.1	11.5	15.7	17.2	12.6
Pekerjaan Tidak Jelas/Tidak Diketahui	8.7	10.1	1.6	5.9	0.8	1.5	3.4	4.4	9.0	1.7	0.2	0.9	0.2	0.3	1.1	3.4

Sumber: Shaari Abdul Rahman, Jabatan Perangkaan Malaysia, 2004.

Jadual 3.2: Peratusan (%) Taburan Industri Bagi Penduduk Bekerja Berumur 15-64 Tahun Mengikut Negeri, Malaysia Tahun 2000

Industri	**Johor**	**Kedah**	**Kelantan**	**Melaka**	**Negeri Sembilan**	**Pahang**	**Perak**	**Perlis**	**Pulau Pinang**	**Sabah**	**Sarawak**	**Selangor**	**Terengganu**	**W.P. Kuala Lumpur**	**W.P. Labuan**	**MALAYSIA**
Pertanian, Pemburuan Dan Perhutanan	10.5	16.6	26.1	6.4	15.5	30.5	13.1	19.1	1.0	30.6	29.8	3.5	14.2	0.1	6.2	13.9
Perikanan	0.7	1.7	1.2	0.4	0.1	1.1	1.9	2.6	0.4	4.2	1.5	0.4	3.2	0.0	3.2	1.3
Perlombongan Dan Pengkuarian	0.2	0.1	0.2	0.1	0.1	0.2	0.4	0.2	0.1	0.2	0.7	0.2	0.9	0.1	0.9	0.3
Pembuatan	30.0	22.8	10.4	30.9	25.9	12.6	22.5	14.3	42.4	11.5	13.7	25.6	14.9	11.9	8.3	21.7
Bekalan Elektrik, Gas Dan Bekalan Air	0.6	0.4	0.7	0.7	0.9	0.9	0.7	0.5	0.6	0.7	0.6	0.8	1.3	0.7	0.8	0.7
Pembinaan	7.0	5.1	10.2	7.0	7.0	6.1	7.6	6.9	3.7	5.7	8.9	7.2	11.9	7.2	14.4	7.1
Perdagangan Jual Borong Dan Jual Runcit	9.9	10.0	13.8	11.6	10.9	11.2	12.2	10.8	11.1	13.2	12.0	11.5	11.5	18.7	14.7	12.0
Hotel Dan Restoran	4.5	5.8	5.5	6.2	5.7	7.3	6.0	6.4	6.4	4.2	4.5	5.6	5.9	10.3	7.7	5.8
Pengangkutan, Penyimpanan Dan Komunikasi	6.5	4.3	4.1	4.7	6.0	4.2	5.2	3.8	5.0	4.5	4.4	8.1	4.8	7.5	7.9	5.8
Kewangan	2.1	1.3	1.1	2.3	2.4	1.4	2.0	1.3	2.8	1.3	1.6	5.9	1.1	8.6	3.4	3.1
Aktiviti Hartanah, Penyewaan Dan Perniagaan	1.8	1.3	0.8	2.2	1.6	1.7	1.6	1.2	2.1	1.7	2.1	7.8	1.5	6.6	4.4	3.3
Pentadbiran Dan Pertahanan Awam	10.2	8.9	11.6	8.5	11.9	9.9	12.5	13.5	5.3	8.9	9.4	8.0	14.0	10.1	14.8	9.5
Pendidikan	3.4	7.6	9.0	7.3	6.4	7.4	5.8	10.4	5.1	5.9	5.4	7.2	10.5	5.6	6.2	6.3
Kesihatan Dan Kerja Sosial	1.7	2.1	2.2	2.9	2.0	2.0	2.6	2.9	2.4	1.8	1.7	2.2	2.4	3.5	1.5	2.2
Aktiviti Perkhidmatan Komuniti, Sosial Dan Persendirian Lain	1.1	0.9	0.8	1.6	1.4	1.3	1.4	0.8	1.5	1.7	1.4	2.2	1.0	3.6	2.2	1.7
Isi Rumah Persendirian Dengan Pekerja Bergaji	1.1	0.9	0.7	1.5	1.2	0.7	1.0	0.9	0.9	1.9	2.3	2.9	0.6	4.9	2.1	1.9
Organisasi Dan Badan Di Luar Wilayah	0.0	0.0	0.0	0.0	0.0	0.0	0.0	-	0.0	0.2	0.0	0.0	0.0	0.1	-	0.0
Industri Tidak Jelas	8.7	10.1	1.6	5.9	0.8	1.5	3.4	4.4	9.0	1.7	0.2	0.9	0.2	0.3	1.1	3.4

Sumber: Shaari Abdul Rahman, Jabatan Perangkaan Malaysia, 2004.

Jadual 3.3: Peratusan (%) Taraf Guna Tenaga Mengikut Negeri, Malaysia Tahun 2000

Taraf Guna Tenaga	**Johor**	**Kedah**	**Kelantan**	**Melaka**	**Negeri Sembilan**	**Pahang**	**Perak**	**Perlis**	**Pulau Pinang**	**Sabah**	**Sarawak**	**Selangor**	**Terengganu**	**W.P. Kuala Lumpur**	**W.P. Labuan**	**MALAYSIA**
Majikan	3.0	2.3	1.8	2.9	2.4	2.8	3.4	2.6	3.1	3.5	3.3	4.2	2.8	4.8	2.9	3.3
Pekerja	75.0	65.6	48.0	77.0	74.9	64.0	68.7	59.3	78.5	69.6	64.0	79.7	63.4	80.1	84.0	71.8
Bekerja Sendiri	21.1	31.1	47.5	19.3	21.7	31.6	26.7	36.8	17.6	25.0	25.9	15.6	32.1	14.6	12.4	23.3
Pekerja Keluarga Tanpa Upah	0.9	1.0	2.8	0.9	1.1	1.6	1.2	1.2	0.7	2.0	6.8	0.6	1.7	0.5	0.8	1.6

Sumber: Shaari Abdul Rahman, Jabatan Perangkaan Malaysia, 2004.

Jadual 3.4: Kadar Kemiskinan Mengikut Strata Luar Bandar-Bandar 1970, 1976, 1984 Dan 1989 Bagi Negeri Malaysia

Strata	1970			1976			1984			1987			1989		
	Jumlah Isi Rumah ('000)	Jumlah Isi Rumah ('000)	Kadar Kemiskinan (%)	Jumlah Isi Rumah ('000)	Jumlah Isi Rumah ('000)	Kadar Kemiskinan (%)	Jumlah Isi Rumah ('000)	Jumlah Isi Rumah ('000)	Kadar Kemiskinan (%)	Jumlah Isi Rumah ('000)	Jumlah Isi Rumah ('000)	Kadar Kemiskinan (%)	Jumlah Isi Rumah ('000)	Jumlah Isi Rumah ('000)	Kadar Kemiskinan (%)
Semenanjung Malaysia															
Luar Bandar	1,203.4	705.0	58.7	1,400.8	669.6	47.8	1,629.4	402.0	24.7	1,800.0	403.2	22.4	1,924.3	371.4	19.3
Bandar	402.6	85.9	21.3	530.6	94.6	17.9	991.7	81.3	8.2	1,808.1	82.6	8.1	1,062.2	77.5	7.3
Jumlah	1,606.0	791.8	49.3	1,931.4	764.4	39.6	2,621.1	483.3	18.4	2,808.1	485.8	17.3	2,986.4	448.9	15.0
Sabah															
Luar Bandar	N	n.a.	n.a.	n.a.	n.a.	65.7	117.3	68.5	38.6	202.8	80.9	39.9	233.1	91.1	39.1
Bandar		n.a.	n.a.	n.a.	n.a.	25.9	52.3	7.5	14.3	49.4	8.1	16.4	57.7	8.5	14.7
Jumlah	n.a.	n.a.	n.a.	163.9	95.5	58.3	229.6	76.0	33.1	252.2	89.0	35.3	290.8	96.6	34.3
Sarawak															
Luar Bandar	n.a.	n.a.	n.a.	n.a.	n.a.	65.0	230.6	85.9	37.3	240.7	69.8	29.0	274.6	67.8	24.7
Bandar	n.a.	n.a.	n.a.	n.a.	n.a.	22.9	51.4	4.2	8.2	60.0	4.5	7.5	2.8	3.1	4.9
Jumlah	n.a.	n.a.	n.a.	205.1	115.9	56.5	282.0	90.1	31.9	300.7	74.3	24.7	337.4	70.9	21.0

Sumber: Rancangan Malaysia Keempat, Kelima.KSPRM5, Rancangan Malaysia Keenam

N.a – tidak diperoleh

Jadual 3.5: Kadar Kemiskinan Mengikut Etnik 1970, 1976, 1984, 1987, 1990 Dan 1992 Bagi Malaysia

	1970		1976		1984		1987		1990	1992
	Jumlah Isi Rumah ('000)	Kadar Kemiskinan (%)	Jumlah Isi Rumah ('000)	Kadar Kemiskinan (%)	Jumlah Isi Rumah ('000)	Kadar Kemiskinan (%)	Jumlah Isi Rumah ('000)	Kadar Kemiskinan (%)	Kadar Kemiskinan (%)	Kadar Kemiskinan (%)
Semenanjung Malaysia	791.8	49.3	688.3	35.1	483.3	18.4	485.8	17.3	15.0	13.5
Kumpulan etnik Bumiputera	548.2	64.8	519.4	46.4	388.8	25.8	393.5	23.8	20.8	n.a.
Cina	136.3	26.0	109.4	17.4	56.1	7.8	61.7	7.1	5.7	n.a.
India	62.9	39.2	53.8	27.3	25.0	10.1	26.7	9.7	8.0	n.a.
Lain-lain	8.4	44.8	5.7	33.8	3.4	22.0	3.9	24.3	18.0	n.a.
Sabah	n.a.	n.a.	83.9	51.2	76.0	33.1	89.0	35.3	34.3	33.2
Kumpulan etnik Bumiputera	n.a.	n.a.	69.5	82.9	73.1	39.2	86.1	41.9	41.2	n.a.
Cina	n.a.	n.a.	4.8	5.7	2.1	6.2	2.7	6.3	4.0	n.a.
Lain-lain	n.a.	n.a.	9.6	11.4	11.4	12.4	24.3	5.0	6.0	n.a.
Sarawak	n.a.	n.a.	107.1	51.7	90.1	31.9	74.3	24.7	21.0	19.0
Kumpulan etnik Bumiputera	n.a.	n.a.	92.0	85.9	82.3	41.6	68.0	33.2	28.5	n.a.
Cina	n.a.	n.a.	15.0	14.0	7.7	9.3	6.3	6.7	4.4	n.a.
Lain-lain	n.a.	n.a.	0.1	0.1	0.1	4.0	0.0	0.0	4.1	n.a.

Sumber: Rancangan Malaysia Ketiga, Rancangan Malaysia Keempat, KSPRM4, KSPRM5, Draf Perancangan Jangka panjang Kedua 1991-2000, Rancangan Malaysia Keenam dan KSPRM6.

Jadual 3.6: Kadar Kemiskinan Mengikut Sektor 1970, 1983, 1984, 1987 Bagi Semenanjung Malaysia

	1970			1983			1984			1987	
	Jumlah Isi Rumah ('000)	**Jumlah Isi Rumah Miskin ('000)**	**Kadar Kemiskinan (%)**	**Jumlah Isi Rumah ('000)**	**Jumlah Isi Rumah Miskin ('000)**	**Kadar Kemiskinan (%)**	**Jumlah Isi Rumah ('000)**	**Jumlah Isi Rumah Miskin ('000)**	**Kadar Kemiskinan (%)**	**Jumlah Isi Rumah Miskin ('000)**	**Kadar Kemiskinan (%)**
Luar Bandar											
Pertanian	852.9	582.4	68.3	906.6	497.6	54.9	37.5	8.9	23.8	-	-
Pekebun kecil getah	350.0	226.4	54.7	405.8	247.9	61.1	155.2	67.3	43.4	83.1	40.1
Pekebun kecil kelapa sawit	6.6	2.0	30.3	23.0	1.5	6.5	-	-	-	-	-
Pekebun kecil kelapa	32.0	16.9	52.8	31.0	10.1	32.7	14.2	6.6	46.9	4.9	39.2
Penanam padi	140.0	123.4	88.1	138.9	75.0	54.0	116.6	67.3	57.7	54.4	50.2
Petani-petani lain	137.5	128.2	91.8	161.7	87.3	54.0	464.2	158.8	32.2	-	-
Nelayan	38.4	28.1	73.2	40.5	18.1	44.7	34.3	9.5	27.7	10.7	24.5
Pekerja estet	148.4	59.4	40.0	105.7	57.7	54.6	81.3	16.0	19.7	11.7	15.0
Industri luar bandar	350.5	123.5	35.2	582.9	122.1	20.9	763.6	76.5	10.0	-	-
Bandar											
Perlombongan	5.4	1.8	33.3	5.2	2.1	41.0	7.8	0.3	3.4	-	-
Perkilangan	84.0	19.7	23.5	222.2	28.0	12.6	132.3	11.3	8.5	-	-
Pembinaan	19.5	5.9	30.2	38.0	5.2	13.7	86.6	5.3	6.1	-	-
Pengangkutan dan kemudahan awam	42.4	13.1	30.9	92.3	14.4	15.6	73.9	2.7	3.6	-	-
Perdagangan dan perkhidmatan	251.3	45.4	18.1	532.5	48.2	9.2	472.7	21.9	4.6	-	-
Jumlah kecil luar bandar	1,203.4	705.9	58.7	1,489.5	619.7	41.6	1,629.4	402.0	24.7	403.2	22.4
Jumlah kecil bandar	402.6	85.9	21.3	881.2	97.9	11.1	991.7	81.3	8.2	82.6	8.1
Jumlah	**1,606.0**	**791.8**	**49.3**	**2,370.7**	**717.6**	**30.3**	**2,621.1**	**483.3**	**18.4**	**485.8**	**17.3**

Sumber: Rancangan Malaysia Keempat 1981-1985, Jadual 3.2, Kajian Separuh Penggal Rancangan Malaysia Keempat, 1981-1985, Jadual 3.2, Jabatan Perangkaan, *Household Income Survey*, 1984 dan Kajian Separuh Penggal Rancangan Malaysia Kelima, 1986-1990 hlm. 54-44.

Peratus aliran migrasi dalaman dalam tempoh lima tahun dari bandar ke bandar lebih tinggi di negeri-negeri maju seperti W.P. Kuala Lumpur (95.4 peratus), Selangor (88.6 peratus), Pulau Pinang (78.9 peratus) dan Melaka (71.8 peratus). Peratusan migrasi dari bandar ke luar bandar pula tinggi di negeri-negeri kurang maju seperti Perlis (22.8 peratus), Kelantan (22.6 peratus) dan Kedah (20.5 peratus). Peratusan aliran migrasi dari luar bandar ke bandar pula tinggi di negeri Johor (17.6 peratus), Perlis (16.0 peratus), Sarawak (15.5 peratus) dan Negeri Sembilan (14.6 peratus). Aliran migrasi dari luar bandar ke luar bandar pula tinggi di negeri-negeri kurang maju seperti Kelantan (26.1 peratus), Sarawak (24.8 peratus), Perlis (24.6 peratus) dan Kedah (20.6 peratus) (Shaari Abdul Rahman, Jabatan Perangkaan Malaysia, 2004: 14). Jadual 3.11 menunjukkan Aliran Migrasi Dalaman Dalam Tempoh 5 Tahun (Peratus Dari Jumlah Migran Dalaman) Bagi Negeri Kedah Tahun 2000.

Selari dengan perkembangan sektor ekonomi semasa yang sentiasa mengalami perubahan seiring dengan perkembangan teknologi dan pengetahuan di seluruh dunia, mendorong Malaysia memberi penekanan kepada aspek-aspek penting yang dapat mengembangkan ekonomi seperti guna tenaga mahir, pekerja berpengetahuan dan mempunyai ciri-ciri modal manusia atau modal insan yang baik. Justeru itu, bagi memenuhi sektor negara, pendidikan di kalangan penduduk perlu ditekankan untuk menyediakan guna tenaga penuh yang berkemahiran tinggi dan berpengetahuan tinggi. Dalam era 2000 hingga 2005, kualiti buruh meningkat apabila peratusan individu yang mempunyai kelayakan di peringkat tertari bertambah daripada 13.9 peratus pada tahun 2000 kepada 2.0 peratus pada tahun 2005. Pada tahun 2005 juga ekonomi mencatatkan guna tenaga penuh dengan kadar pengangguran 3.5 peratus. Guna tenaga juga meningkat pada kadar 3.3 peratus setahun dengan 1.6 juta pekerjaan baru diwujudkan contohnya kira-kira 1,062,800 peluang pekerjaan disediakan oleh sektor perkhidmatan dan sebanyak 566,300 peluang pekerjaan dalam sektor pembuatan (Unit Perancang Ekonomi, 2006).

Dalam aspek pendidikan, beberapa program telah dilaksanakan bagi meningkatkan kualiti pendidikan contohnya di peringkat sekolah rendah, program-program yang dilaksanakan ialah Skim Pinjaman Buku Teks, Kemudahan Asrama, Skim Baucer Tuisyen dan Tabung Kumpulan Wang Amanah Pelajar Miskin. Di samping kualiti pendidikan, penekanan turut diberikan kepada aspek nilai moral dan etika bagi melahirkan warganegara yang bertanggungjawab melalui program j-QAF yang telah diperkenalkan pada tahun 2005. Perkara lain yang turut ditekankan ialah pembelajaran sepanjang hayat, pendidikan khas, latihan semula dan peningkatan kemahiran turut diperkenalkan bagi meningkatkan kualiti buruh (Unit Perancang Ekonomi, 2006).

Pelaksanaan program ekonomi dan sosial bertujuan untuk meningkatkan kesejahteraan dan mengurangkan masalah kemiskinan penduduk Malaysia. Sejak merdeka isu utama yang sering diketengahkan ialah kemiskinan sehingga membawa kepada pelbagai program pembasmiannya seperti Dasar Ekonomi Baru. Keadaan kemiskinan penduduk boleh dirujuk dalam beberapa Jadual 3.4, 3.5, 3.6 di bahagian. Jadual 3.7 dan 3.8 yang menjelaskan keadaan kemiskinan mengikut strata luar bandar, etnik dan sektor bagi seluruh Malaysia. Berdasarkan Jadual 3.10, didapati kadar kemiskinan di luar bandar dan bandar bagi Semenanjung Malaysia dan Sarawak telah mengalami penurunan dari tahun 1970 hingga tahun 1989. Bagaimanapun bagi Sabah, fenomena penurunan kadar kemiskinan adalah lebih perlahan. Kadar kemiskinan mengikut etnik boleh dilihat dalam Jadual 3.5 menunjukkan dari tahun 1970 hingga 1992, di mana bagi Semenanjung Malaysia dan Sarawak didapati kesemua etnik mengalami penurunan kadar kemiskinan. Namun, bagi negeri Sabah pula kadar kemiskinan adalah tidak stabil dari segi penurunannya (Mohamed Aslan dan Azhar Harun, 2000).

Kemiskinan penduduk mengikut sektor (sila rujuk Jadual 3.6) pula menunjukkan pola yang berbeza daripada kemiskinan mengikut strata luar bandar, bandar dan mengikut etnik. Bagi sektor luar bandar khususnya sektor pekebun kecil getah, pekebun kecil kelapa dan penanam padi, kadar kemiskinan mengalami keadaan turun naik kerana sektor ini bergantung pada perubahan harga pasaran dunia. Manakala bagi sektor luar bandar yang lain, penurunan kadar kemiskinan agak stabil dari tahun 1970 hingga 1987 seperti sektor industri luar bandar, pekerja estet dan nelayan. Sektor bandar seperti perkilangan, pembinaan, pengangkutan, perdagangan dan perkhidmatan mengalami kadar penurunan kemiskinan yang stabil kecuali sektor perlombongan yang mengalami sedikit kenaikan dalam tahun 1984 (Mohamed Aslan dan Azhar Harun, 2000).

Dalam tempoh Rancangan Malaysia Ketujuh (RMK-7) hingga Rancangan Malaysia Kelapan (RMK-8) kadar kemiskinan telah menurun daripada 8.5 peratus pada tahun 1999 kepada 5.7 peratus pada tahun 2004 (Jadual 3.7) hasil kejayaan program pembasmian kemiskinan dan pertumbuhan ekonomi yang baik. Semasa tempoh RMK-8 (2001-2005), sejumlah RM589.5 juta dibelanjakan bagi 10 program Skim Pembangunan Kesejahteraan Rakyat yang memberi tumpuan kepada projek ekonomi dan sosial yang melibatkan golongan miskin tegar. Bantuan-bantuan lain turut disediakan oleh badan bukan kerajaan (*Non governmental organization* atau NGO) seperti Amanah Ikhtiar Malaysia (AIM) dan pelbagai yayasan basmi kemiskinan di peringkat negeri yang menyediakan bantuan kewangan dan bukan kewangan untuk membantu isi rumah miskin tegar (Unit Perancang Ekonomi, 2006).

Jadual 3.7: Kadar Kemiskinan Dan Bilangan Isi Rumah Miskin Bagi Malaysia Tahun 1999 Dan 2002

		1999			**2004**		
		Malaysia	**Bandar**	**Luar Bandar**	**Malaysia**	**Bandar**	**Luar Bandar**
Kemiskinan Tegar							
Kadar Kemiskinan Tegar[1]	(%)	1.9	0.5	3.6	1.2	0.4	2.9
Bilangan Isi Rumah Miskin Tegar	('000)	91.7	11.9	79.8	67.3	14.1	53.2
Jurang Kemiskinan[2]	(%)	0.4	0.1	0.8	0.2	0.1	0.6
Kemiskinan Keseluruhan							
Kadar Kemiskinan[3]	(%)	8.5	3.3	14.8	5.7	2.5	11.9
Bilangan Isi Rumah Miskin	('000)	409.3	86.1	323.2	311.1	91.6	219.7
Jurang Kemiskinan	(%)	2.3	0.8	4.0	1.4	0.6	3.0
Jumlah Isi Rumah	('000)	4,800	2,612.5	2,187.5	5,459.4	3,605.9	1,853.5

Sumber: Unit Perancang Ekonomi, 2006

Nota: [1] Merujuk kepada isi rumah yang berpendapatan kurang daripada PGK makanan

[2] Merujuk kepada jumlah perbezaan antara pendapatan isi rumah miskin dengan PGK (dinyatakan dalam peratusan daripada PGK)

[3] Merujuk kepada isi rumah yang berpendapatan kurang daripada PGK.

Perbandingan kemiskinan keseluruhan dan kemiskinan tegar mengikut negeri boleh dilihat dalam Jadual 3.8. Bagi Semenanjung Malaysia kadar kemiskinan secara keseluruhan ialah sebanyak 3.6 peratus manakala kemiskinan tegar adalah sebanyak 0.7 peratus. Dua buah negeri yang masih tinggi kadar kemiskinan kasar iaitu melebihi 10 peratus ialah Terengganu dan Kelantan dengan peratusan masing-masing 15.4 peratus (Terengganu) dan 10.6 peratus (Kelantan). Kadar kemiskinan keseluruhan bagi Sabah pula ialah 23.0 peratus manakala kemiskinan tegar ialah 6.5 peratus yang meletakkan Sabah sebagai negeri termiskin di Malaysia. Kadar kemiskinan negeri Sarawak pula jauh lebih rendah iaitu 7.5 peratus manakala kadar kemiskinan tegar ialah 1.1 peratus. Bagi meneruskan program pembasmian kemiskinan dan penyusunan semula masyarakat beberapa program telah diperuntukkan dalam tempoh 2006 hingga 2010 seperti Skim Pembangunan Kesejahteraan Rakyat, Skim Pembasmian Kemiskinan Bandar, Skim Penanaman Semula Getah dan Kelapa Sawit, Pemulihan dan Penyatuan Tanah, Pembangunan Wilayah dan lain-lain program yang diperuntukkan dana sebanyak RM11,524.1 juta (Unit Perancang Ekonomi, 2006).

Jadual 3.8: PGK Bulanan Purata, Kadar Kemiskinan Dan Kemiskinan Tegar, 2004

Negeri	Saiz Isi Rumah	Kemiskinan Keseluruhan[2]			Kemiskinan Tegar[2]		
		PGK Kasar (RM)	PGK Per Kapita (RM)	Kadar Kemiskinan (%)[3]	PGK Makanan Kasar (RM)	PGK Per Kapita (RM)	Kadar Kemiskinan Tegar (%)[4]
Johor	4.3	634	151	2.0	384	91	0.3
Kedah	4.6	654	143	7.0	402	88	1.3
Kelantan	5.2	675	130	10.6	438	84	1.3
Melaka	4.4	650	151	1.8	385	89	0.2
Negeri Sembilan	4.2	598	146	1.4	371	90	0.2
Pahang	4.2	609	147	4.0	392	94	1.0
Pulau Pinang	4.1	615	152	0.3	373	91	neg.[5]
Perak	4.1	589	144	4.9	371	90	1.1
Perlis	4.2	587	140	6.3	367	87	1.7
Selangor	4.6	726	159	1.0	420	92	neg.[5]
Terengganu	5.0	734	148	15.4	469	94	4.4
W.P. Kuala Lumpur	3.9	713	189	1.5	373	98	0.2
Semenanjung Malaysia	**4.4**	**661**	**152**	**3.6**	**398**	**91**	**0.7**
Sabah[1]	5.2	888	173	23.0	503	97	6.5
Sarawak	4.6	765	167	7.5	482	105	1.1
Malaysia	**4.5**	**691**	**155**	**5.7**	**415**	**93**	**1.2**

Sumber: Unit Perancang Ekonomi, 2006: 348

Nota: 1 Termasuk Wilayah Persekutuan Labuan
2 Berasaskan metodologi 2005
3 Berasaskan PGK Kasar
4 Berasaskan PGK makanan kasar
5 Kurang daripada 0.05 peratus

Bagi pembangunan ekonomi dan sosial yang berterusan pada masa depan, telah diberi penekanan kepada beberapa perkara seperti mengurangkan ketidakseimbangan pembangunan antara wilayah dan negeri serta kawasan luar bandar dengan bandar. Menekankan pembangunan merentasi sempadan antara negeri dan mempergiatkan lagi pembangunan di pusat pertumbuhan sedia ada, menekankan pembangunan modal insan yang mempunyai sikap dan pemikiran progresif serta memiliki etika dan nilai universal yang kukuh dan lain-lain perkara penting yang diberi penekanan (Unit Perancang Ekonomi, 2006).

Kedah

Selari dengan proses pembangunan dan pertumbuhan di Malaysia, Kedah cuba mencapai status negeri maju melalui melibatkan diri dalam program pembangunan dan pertumbuhan seperti sasaran mencapai wawasan 2020 melalui menetapkan sasaran sendiri negeri maju pada tahun 2015, Indonesia Malaysia Thailand – Growth Triangle (IMT-GT) dan lain-lain program pertumbuhan dan pembangunan. Dari segi geografi, Kedah merupakan negeri di Utara Semenanjung Malaysia dengan keluasan keseluruhan negeri Kedah ialah kira-kira 9,425 kilometer persegi dengan unjuran penduduk pada tahun 2007 seramai 1,918,704 orang. Sebanyak 48.4 peratus daripada keluasan tersebut dilitupi dengan kawasan pertanian khususnya padi dan getah manakala selebihnya adalah digunakan untuk kegiatan bukan pertanian khususnya hutan simpan (72.5 peratus). Komposisi penduduk Kedah didominasi oleh orang Melayu di mana menurut banci penduduk tahun 1957 penduduk Melayu adalah sebanyak 67.8 peratus, Cina 20.5 peratus dan India 9.5 peratus. Banci tahun 1991 menunjukkan daripada 1.36 juta penduduk negeri Kedah, orang Melayu telah meningkat kepada 73.8 peratus, manakala Cina dan India telah menurun kepada 16.5 peratus dan 7.3 peratus. Dalam tempoh 1991 hingga 2000, kadar pertumbuhan penduduk ialah 2.1 peratus iaitu daripada 1.3 juta penduduk pada tahun 1991 kepada 1.57 juta pada tahun 2000. Tahun 1997 pula, penduduk telah meningkat kepada 1.53 juta yang mana daripada jumlah ini, Melayu 74.2 peratus, Cina 18.4 peratus dan India adalah 10.7 peratus. Pertumbuhan penduduk tahunan ini dipengaruhi oleh perkembangan pesat sosioekonomi Kedah (Usman Haji Yaakob, 2002; Jabatan Perangkaan Negeri Kedah, n.d.).

Kedah mempunyai sebelas daerah pentadbiran iaitu Kota Setar, Kuala Muda, Kubang Pasu, Kulim, Baling, Yan, Sik, Pendang, Padang Terap, Pulau Langkawi dan Bandar Baharu. Daerah Kota Setar yang mempunyai keluasan 666 kilometer persegi mencatatkan jumlah penduduk terbesar di Kedah (22.5 peratus) manakala daerah Bandar Baharu mencatatkan jumlah terkecil (2.41 peratus). Kepadatan penduduk Kedah juga meningkat daripada 145 orang sekilometer pada tahun 1991 kepada 170 orang sekilometer pada tahun 2000. Tiga bandar utama bagi negeri Kedah ialah Alor Setar (88,500 orang penduduk), Sungai Petani (58,500 orang penduduk) dan Kulim (21,000 orang penduduk) (Unit Perancang Ekonomi Negeri Kedah, 2001).

Pada umumnya, ciri-ciri penduduk negeri Kedah telah berubah daripada sebuah negeri yang mempunyai ramai penduduk muda kepada ciri-ciri penduduk yang semakin matang. Pertambahan penduduk bekerja di antara tahun 1957 dan 1997 adalah sebanyak 53.8 peratus yang menawarkan banyak tenaga buruh (Usman Haji Yaakob, 2002). Dari segi taburan demografi penduduk mengikut umur dan lokasi didapati di kawasan bandar dipenuhi dengan penduduk yang berumur 15 hingga 64 tahun di mana peratusan penduduk yang berumur 14 tahun ke atas adalah paling tinggi. Manakala di kawasan luar bandar peratusan paling tinggi ialah penduduk berumur 65 tahun lebih tinggi. Taburan sebegini terjadi kerana berlakunya migrasi masuk penduduk ke kawasan bandar (Asan Ali Golam Hassan, 1998).

Turut berlaku ialah ketidaksamarataan agihan penduduk berdasarkan jantina di antara kawasan bandar dengan kawasan luar bandar. Ketidakseimbangan berpunca daripada migrasi keluar penduduk antara negeri terutamanya oleh kaum lelaki yang menyebabkan peratus penduduk lelaki pada peringkat umur 15-50 tahun lebih rendah jika dibandingkan dengan penduduk perempuan. Migrasi keluar ini banyak berlaku di kalangan penduduk yang berumur 17 tahun hingga 18 tahun yang telah tamat pengajian sekolah menengah. Diandaikan hampir dua peratus daripada tenaga buruh negeri Kedah berpindah keluar setiap tahun. Di samping itu juga, migrasi keluar juga menyebabkan penduduk Kedah lebih ramai di kalangan lelaki yang berumur dalam lingkungan kurang 15 tahun. Walau bagaimanapun ketidakseimbangan agihan jantina di kawasan luar bandar akan berkurangan pada tingkat umur lebih dari 50 tahun. Pada tingkat umur ini mereka yang telah bersara dijangka pulang ke kampung halaman masing-masing (Asan Ali Golam Hassan, 1998).

Aliran migrasi penduduk Kedah ke kawasan bandar di seluruh Malaysia ialah seramai 129,719 orang iaitu lebih tinggi berbanding aliran migrasi ke kawasan luar bandar iaitu 61,731 orang. Bandar-bandar di negeri kedah merupakan lokasi yang paling tinggi menerima aliran penduduk Kedah iaitu seramai 66,602 orang manakala bandar-bandar lain yang menjadi tumpuan penduduk ialah di Pulau Pinang iaitu seramai 17,124 orang dan Selangor 15,402 orang. Berbanding migrasi luar bandar ke bandar (berjumlah 28,449 orang), aliran migrasi bandar ke bandar lebih tinggi iaitu 83,254 orang. Sebanyak 18,016 orang penduduk tidak diketahui lokasi bandar yang menjadi tempat tinggal sekarang. Aliran migrasi luar bandar ke bandar pula, menunjukkan empat buah negeri yang menjadi tumpuan penduduk untuk berhijrah iaitu Kedah (46,833 orang), Pulau Pinang (4,029 orang), Perak (2,887 orang) dan Pahang (1,318 orang). Migrasi luar bandar ke luar bandar lebih tinggi sedikit iaitu 33,632 orang berbanding bandar ke luar bandar iaitu 24,433 orang. Negeri yang menjadi lokasi penghijrahan ke luar bandar ialah Kedah, Pulau Pinang dan Perak di mana aliran migran bandar ke luar bandar ialah Kedah (17,351 orang), Pulau Pinang (2,025 orang) dan Perak (1,485 orang). Aliran migrasi luar bandar ke luar bandar pula ialah 28,389 orang bagi Kedah, 1,287 orang bagi Pulau Pinang dan1,115 orang bagi Perak.

Jadual 3.9: Jumlah Penduduk Mengikut Taraf Perkahwinan, Kumpulan Umur, Jantina Dan Kumpulan Etnik Negeri Kedah Bagi Tahun 2000

Jantina Dan Kumpulan Umur	**Taraf Perkahwinan**				
	Belum Pernah Berkahwin	**Berkahwin**	**Balu/Duda**	**Bercerai/Berpisah Tetap**	**Jumlah**
15-19	158,061	4,341	64	20	162,486
20-24	86,718	27,287	221	256	114,482
25-29	34,149	64,462	371	647	99,629
30-34	14,368	87,572	820	1,082	103,842
35-39	7,937	95,443	1,419	1,307	106,106
40-44	4,694	89,901	2,546	1,429	98,570
45-49	2,630	75,888	3,646	1,221	83,385
50-54	1,632	58,873	5,142	1,065	66,712
55-59	805	39,968	5,431	708	46,909
60-64	563	37,191	9,063	245	47,641
65-69	315	19,749	7,359	516	27,939
70-74	170	14,010	8,598	526	23,304
75 +	183	11,435	13,096	654	25,368
Jumlah	312,225	626,120	57,776	10,252	1,006.373

Sumber: Jabatan Perangkaan Malaysia, 2002

Jika dilihat dari segi jumlah penduduk mengikut taraf perkahwinan, kumpulan umur, jantina dan kumpulan etnik bagi tahun 2000 (Jadual 3.9) didapati penduduk dalam kumpulan umur 15 tahun hingga 19 tahun paling tinggi jumlahnya dan kumpulan kedua tinggi adalah dalam lingkungan umur 20 tahun hingga 24 tahun. Ini menunjukkan bahawa penduduk Kedah kebanyakannya terdiri daripada kumpulan umur 15 tahun hingga 24 tahun (Jabatan Perangkaan Malaysia, 2002). Manakala Rajah 3.2 pula menunjukkan unjuran bilangan penduduk negeri Kedah bagi tahun 2007. Diunjurkan daerah Kuala Muda mempunyai bilangan penduduk paling tinggi iaitu 419,053 orang, manakala daerah Bandar Baharu diunjurkan mempunyai bilangan penduduk paling rendah iaitu 45,206 orang (Jabatan Perangkaan Malaysia, 2002).

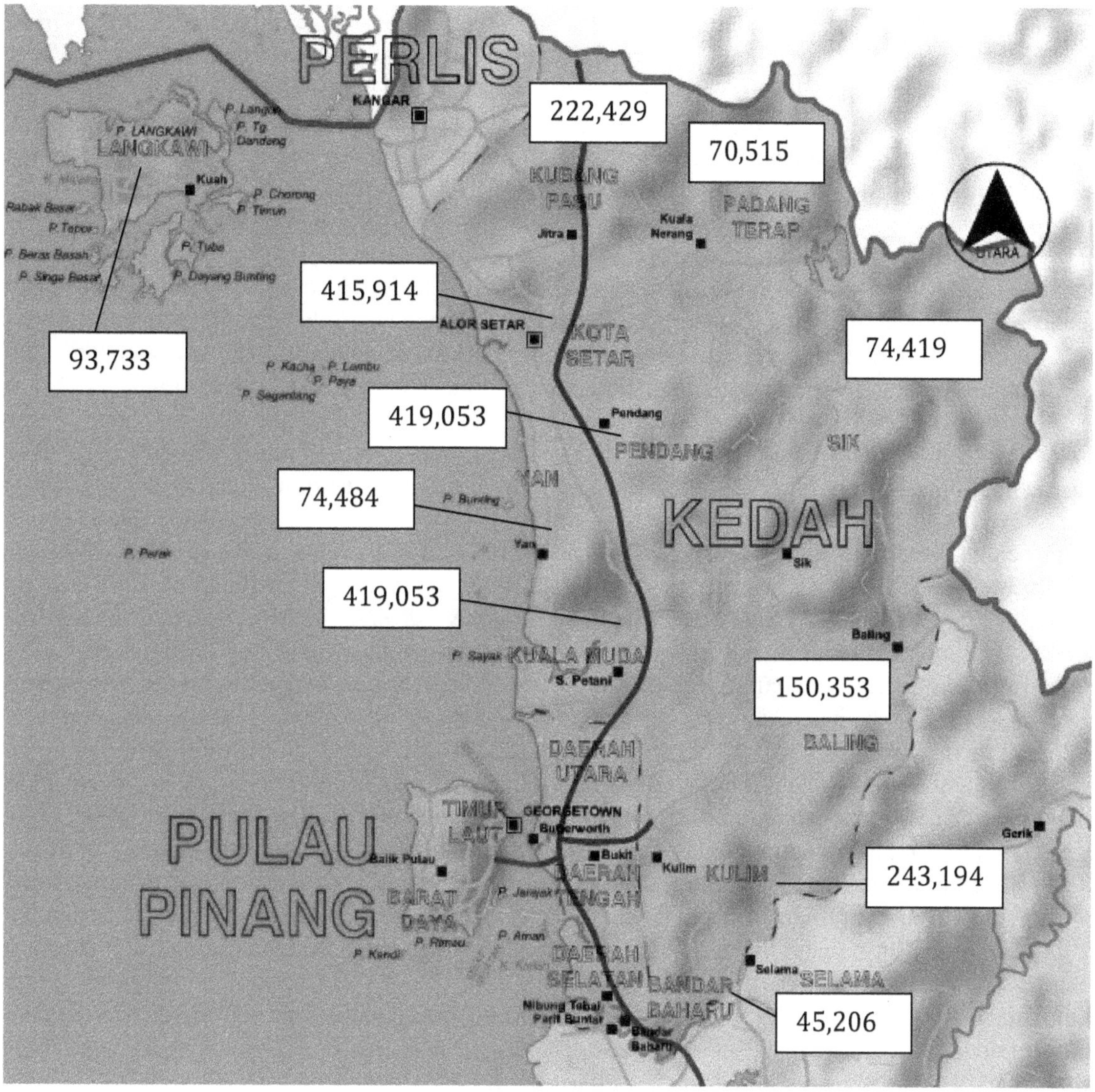

Rajah 3.2: Peta Unjuran Bilangan Penduduk Kedah Mengikut Daerah Bagi Tahun 2007
(Sumber: Jabatan Perangkaan Negeri Kedah, Unjuran Penduduk Kedah 2000-2010 dan Jabatan Ukur dan Pemetaan Negara Malaysia, 2004)

Purata pertumbuhan penduduk negeri Kedah adalah yang terendah di Malaysia akibat daripada kadar penghijrahan yang tinggi sebagai contohnya pada tahun 1970 didapati lebih 300 ribu penduduk Kedah yang sebahagiannya tergolong dalam kumpulan tenaga buruh telah berhijrah keluar. Ini kerana pergantungan peluang pekerjaan kepada sektor pertanian yang membekalkan kira-kira 40 peratus peluang pekerjaan kepada penduduk. Pada tahun sektor lain seperti perkhidmatan menyumbang sebanyak 17.1 peratus, sektor pengangkutan 15.7 peratus dan sektor perkilangan 12.6 peratus. Di antara tahun 1970 hingga tahun 1986 terdapat beberapa sektor yang mengalami penurunan dalam menyumbangkan peluang pekerjaan kepada penduduk iaitu sektor perniagaan, restoran dan hotel. Walau bagaimanapun terdapat juga sektor yang mengalami peningkatan iaitu sektor pengangkutan, kewangan dan pembinaan hasil dorongan proses kemodenan (Nungsari Ahmad Radhi dan Jessica Lee Kim Gek, 1990).

Di awal tahun 1920an dan 1930an berlaku pertumbuhan yang pantas di mana pada tahun 1921 penduduk bertambah kepada 339,000 orang daripada 246,000 orang pada tahun 1911 iaitu pertumbuhan penduduk sebanyak 3.2 peratus. Kadar ini bertambah lagi pada tahun 1931 sebanyak 2.4 peratus menjadikan bilangan penduduk sebanyak 430,000 orang. Walau bagaimanapun jika dilihat dalam skala jangka panjang iaitu selama 16 tahun didapati kadar pertumbuhan penduduk menurun kepada 1.6 peratus yang dipengaruhi oleh kemelesetan ekonomi tahun 1930an dan penjajahan Jepun semasa Perang Dunia Kedua. Dalam tempoh ini juga bilangan pendatang dari Cina dan India telah menurun (*Annual Report of The State of Kedah*, 1949; Sindhu, 1990).

Namun, selepas zaman perang (1947-1957) kadar pertumbuhan penduduk tahunan kembali meningkat menjadi 2.4 peratus. Terdapat perbezaan pertumbuhan penduduk di antara tahun 1920an dan 1930an dengan pertambahan penduduk selepas perang (1947-1957) di mana semasa tahun 1920an dan 1930an pertumbuhan penduduk disumbangkan oleh kedatangan pendatang-pendatang manakala selepas perang pula pertambahan penduduk disumbangkan oleh pertumbuhan secara semula jadi iaitu kelahiran dan kematian. Selepas merdeka (1957-1980) berlaku perubahan lagi dalam pertumbuhan penduduk iaitu penurunan secara mendadak daripada 2.3 peratus di antara 1957 hingga 1970 kepada 1.2 peratus di antara tahun 1970 hingga 1980. Penurunan purata kadar pertumbuhan penduduk ini disebabkan oleh penghijrahan penduduk akibat kelembapan pembangunan ekonomi pada tahun 1970an (*Annual Report of The State of Kedah*, 1949: 1-5 dan Manjit Singh Sindhu, 1990: 2).

Proses pembangunan di Kedah selepas merdeka melalui beberapa fasa dan perubahan-perubahan yang selari dengan dasar dan polisi di peringkat negara yang dirangka mengikut keadaan sosioekonomi Malaysia dan dunia semasa khususnya sebelum tahun 1978. Namun, selepas 1978 satu kajian pembangunan dikenali sebagai Kedah/Perlis *Development Study* telah disediakan dan membawa kepada pelaksanaan projek-projek seperti pembangunan kawasan pedalaman Kedah, penubuhan KEDA serta projek Pertanian Bersepadu (*Integrated Agriculture Development Project*/IADP). Kajian Kedah/Perlis *Development Study* tersebut telah mendedahkan bahawa taraf kemiskinan yang begitu tinggi di Kedah iaitu 48.6 peratus berkait rapat dengan aktiviti ekonomi penduduknya iaitu pertanian. Kadar kemiskinan seluruh isi rumah di Kedah dua tahun sebelum kajian tersebut ialah 5.5 peratus. Didapati hampir 59 peratus keluasan tanah negeri ini terlibat dengan pertanian seperti padi dan getah. Aktiviti pertanian tidak dapat membantu mengatasi masalah kemiskinan kerana saiz ladang yang tidak berekonomi di samping penggunaan kaedah-kaedah pengeluaran yang masih bercorak tradisional (Hashim Mat Noor, 1994).

Keadaan kemiskinan penduduk luar bandar lebih teruk kerana hampir 60 peratus penduduk berada di bawah garis kemiskinan berbanding beban kemiskinan seluruh negara iaitu 37.7 peratus dan kadar kemiskinan seluruh isi rumah luar bandar iaitu 45.7 peratus (Jabatan Analisa Ekonomi dan Polisi Awam, 1985). Di samping pergantungan kepada aktiviti pertanian sebagai punca ekonomi, faktor lain yang mempengaruhi kadar kemiskinan yang tinggi ialah tingkat pelajaran dan kemahiran yang asas, umur yang lanjut, saiz keluarga yang besar, peluang pekerjaan yang tidak mencukupi dan tidak bersesuaian. Dari segi pertumbuhan ekonomi di negeri Kedah secara amnya berpusat di sekitar wilayah Kota Setar (Alor Setar), Kuala Muda (Sungai Petani) dan baru-baru ini di Langkawi (Kuah). Di wilayah ini kegiatan ekonomi telah dipelbagaikan dan secara relatif peranan industri pertanian telah berkurangan. Proses perbandaran yang agak mengutub ini menyebabkan hampir 67 peratus penduduk bandar hanya tertumpu di Alor Setar dan Sungai Petani sahaja (Asan Ali Golam Hassan, 1998).

Dalam tahun 1980, paras KDNK per kapita bagi negeri Kedah dan Perlis ialah RM1,101 iaitu merupakan paras yang rendah manakala kadar pertumbuhan purata KDNK Kedah di antara tahun 1971-1980 ialah 6.5 peratus iaitu kadar kedua paling rendah. Kadar pertumbuhan ekonomi yang rendah di negeri Kedah adalah kerana kebanyakan kegiatan ekonomi merupakan kegiatan-kegiatan yang rendah daya pengeluarannya. Pada tahun 1980 sektor pertanian merupakan penyumbang utama kepada KDNK, iaitu sebanyak RM590 juta atau 47 peratus. Jumlah tenaga bekerja negeri Kedah pada tahun 1970 ialah 318,400 orang dan telah meningkat kepada lebih 400 ribu orang dalam tahun 1980. Dalam tahun 1981, sektor pertanian menggunakan 48.4 peratus (422,634 hektar) daripada jumlah keluasan tanah di negeri Kedah. Daripada jumlah ini, getah merupakan tanaman yang paling luas kawasannya iaitu 245,185 hektar atau 53.5 peratus daripada kawasan pertanian (Jabatan Analisa Ekonomi dan Polisi Awam, 1995).

Tanaman padi pula meliputi kawasan seluas kira-kira 30 peratus daripada kawasan pertanian pada tahun 1981 (123,058 hektar). Pecahan keluasan tanaman padi mengikut daerah iaitu Kota Setar, Kubang Pasu dan Pendang, masing-masing berjumlah 33,235 hektar, 25,631 hektar dan 19,267 hektar. Daerah yang paling sedikit mempunyai kawasan padi ialah Kulim, Bandar Baharu, Sik dan Langkawi, masing-masing berjumlah 2,237 hektar, 2,362 hektar, 2,675 hektar dan 2,813 hektar. Tebu pula merupakan tanaman yang ketiga penting dari segi keluasan yang kebanyakannya ditanam di daerah Padang Terap (2,595 hektar) dan Kota Setar (855 hektar). Tanaman kelapa sawit meliputi kawasan seluas 4,915 hektar iaitu kebanyakan daripadanya ditanam di daerah-daerah Kuala Muda, Kulim dan Bandar Baharu serta sedikit di daerah Baling (UPEN, 1990).

Pada tahun 1971, hanya tiga syarikat perusahaan telah diluluskan untuk dibangunkan di Kedah iaitu merupakan satu peratus daripada jumlah syarikat yang diluluskan di Semenanjung Malaysia pada tahun tersebut. Jumlah tersebut bertambah pada tahun 1980 di mana sehingga bulan November, sebanyak 16 syarikat telah diluluskan iaitu 3.9 peratus daripada jumlah yang diluluskan. Jumlah syarikat yang telah diluluskan dari tahun 1971-1980 ialah 194 atau 4.6 peratus jumlah syarikat-syarikat yang diluluskan di Semenanjung Malaysia dalam tahun-tahun tersebut. Setakat ini negeri Kedah mempunyai lima kawasan perusahaan iaitu Tikam Batu, Kulim, Bakar Arang, Kuala Kedah dan Mergong. Satu lagi kawasan perusahaan yang akan dibuka bertempat di Tanjung Pauh Jitra. Bakar Arang merupakan kawasan yang paling luas (208.4 hektar) diikuti oleh Kulim (174.0). Kuala Kedah dan Tikam Batu adalah dua kawasan terkecil, masing-masing mempunyai 18.6 hektar dan 36.2 hektar (Jabatan Analisa Ekonomi dan Polisi Awam, 1985).

Dalam Rancangan Malaysia Pertama (1966 – 1970) hingga Rancangan Malaysia Ketiga (1976 – 1980) dapat dilihat beberapa perkara di Kedah iaitu (UPEN, 1990):

a. Peningkatan pengeluaran padi di kawasan Muda Agricultural Development Authority (MADA) sebanyak 164 peratus menerusi peningkatan pembangunan infrastruktur dan perkhidmatan perkembangan pertanian.
b. Kejayaan juga dicapai di bidang penjagaan kesihatan luar bandar dalam kualiti atau kuantitinya.
c. Kadar pertumbuhan di sektor pembuatan telah meningkatkan peluang-peluang pekerjaan sebanyak 150 peratus.

Meskipun terdapat perkembangan dalam proses pembangunan negeri, namun ia masih belum dapat menyelesaikan masalah utama pembangunan negeri Kedah seperti (UPEN, 1990);

a. Kekurangan sumber hasil negeri.
b. Kekurangan tanah pertanian.
c. Kadar pertumbuhan penduduk yang tidak seimbang dengan peluang-peluang pekerjaan.

Masalah-masalah tersebut telah menjejaskan peluang nilai tambah kepada pendapatan negeri dan menempatkan negeri di tahap yang rendah dari segi KDNK per kapita jika dibandingkan dengan paras negara. Di samping itu, sehingga tamat Rancangan Malaysia Ketiga (RMT) didapati 86 peratus guna tenaga di negeri ini terlibat dalam sektor-sektor yang mempunyai kadar nilai tambah yang rendah seperti pertanian, runcit dan perkhidmatan-perkhidmatan lain. Daripada jumlah tersebut, kira-kira 71 peratus terlibat dalam sektor pertanian yang menyumbang 57 peratus daripada KDNK negeri. Dalam tempoh 1970 hingga 1979 pertumbuhan sektor pertanian hanyalah 4 peratus setahun dan kawasan yang berdaya maju hanyalah di kawasan MADA. Secara keseluruhan pertumbuhan sektor pertanian disumbangkan oleh pengeluaran padi yang telah meningkat dari 314,000 MT dalam tempoh 1969 kepada lebih kurang 829,000 MT pada tahun 1979. Peningkatan pengeluaran di kawasan MADA berlaku kerana perubahan dalam kaedah penanaman daripada sekali setahun kepada dua kali setahun. Kawasan pertanian di luar MADA kurang memberi sumbangan kerana hanya 20 peratus daripada kawasan padi menggunakan kaedah penanaman dua kali setahun dan tanahnya kurang subur. Meskipun berlaku peningkatan dalam pengeluaran padi, namun ia tidak semestinya dapat mengatasi masalah pengangguran dan jika dilihat kepada kadar pengangguran semasa tahun 1970 hingga 1979 didapati berlaku peningkatan daripada 12,200 orang kepada 43,200 orang (UPEN, 1990).

Purata pendapatan bersih tahunan sekeluarga tani MADA telah meningkat dari RM609 dalam tahun 1966 kepada RM4,100 dalam tahun 1980 (Raja Ariffin Raja Sulaiman, 1983). Pada tahun 2000, didapati 1/6 daripada 194,793 isi rumah Kedah yang tinggal di kediaman sesebuah adalah penduduk bandar dan selebihnya adalah penduduk luar bandar. Jumlah isi rumah Kedah yang tinggal di kediaman berkembar adalah 36,988 dan 59.5 peratus daripadanya adalah isi rumah di kalangan penduduk bandar manakala 40.5 peratus adalah isi rumah luar bandar. Jumlah isi rumah yang tinggal di kediaman jenis teres, deret atau rangkai, '*townhouse*' adalah sebanyak 95,459 isi rumah dan 77.6 peratus daripadanya adalah isi rumah bandar (Shaari Abdul Rahman, Jabatan Perangkaan Malaysia, 2003). Keseluruhan 135,681 unit perumahan meliputi semua jenis unit perumahan di bandar didapati 86.9 peratus adalah dimiliki sendiri, 0.04 peratus adalah jenis kediaman kerajaan atau badan berkanun, 2.3 peratus adalah jenis kediaman milik swasta dan selebihnya iaitu 10.76 peratus tidak diketahui status pemilikannya.

Daripada 202,332 unit perumahan di luar bandar pula didapati 90.1 peratus adalah dimiliki sendiri oleh penduduk, 0.03 peratus adalah milik kerajaan atau badan berkanun, 3.35 peratus adalah milik swasta dan selebihnya iaitu 3.91 peratus adalah tidak diketahui statusnya (Shaari Abdul Rahman, Jabatan Perangkaan Malaysia, 2003).

Kemudahan-kemudahan asas lain turut mengalami perubahan di kawasan luar bandar di mana dalam tahun 1970 hingga 1980, jumlah penduduk luar bandar yang mendapat bekalan air paip meningkat dengan kadar yang amat rendah iaitu 23 peratus dalam tahun 1970, 25 peratus dalam tahun 1976 dan 28 peratus dalam tahun 1980. Angka tahun 1980 ini, jauh lebih rendah kalau dibandingkan dengan purata kebangsaan iaitu sebanyak 47 peratus. Dalam tempoh yang sama jumlah penduduk luar bandar yang telah mendapat bekalan elektrik juga bertambah dari 18 peratus dalam tahun 1970, menjadi 24 peratus pada tahun 1975 dan 40 peratus dalam tahun 1980 (Raja Ariffin Raja Sulaiman, 1983).

Pada tahun 2000, didapati 42.81 peratus kemudahan air paip yang dirawat di semua jenis perumahan (rumah sesebuah, berkembar, teres, deret atau rangkai. '*townhouse*', rumah pangsa atau apartmen atau kondominium, rumah kedai, bilik, pondok gantian atau sementara dan lain-lain) adalah di kawasan bandar manakala di luar bandar adalah 57.18 peratus. Kemudahan bekalan elektrik di semua jenis perumahan pula meliputi bekalan 24 jam sehari (98.7 peratus), kurang dari 24 jam sehari (0.4 peratus) dan penjana kuasa (generator) individu (0.04 peratus). Manakala kira-kira 0.86 peratus unit perumahan tidak mempunyai sebarang kemudahan bekalan elektrik (Shaari Abdul Rahman, Jabatan Perangkaan Malaysia, 2003). Kemudahan tandas bagi semua jenis perumahan pula merangkumi tandas tarik (43.14 peratus), tandas curah atau siram (55.44 peratus), tandas lubang (0.45 peratus), ruang tertutup di permukaan air (0.19 peratus) dan 0.76 peratus unit perumahan tiada kemudahan tandas. Kira-kira 84 peratus unit perumahan di bandar mendapat kemudahan kutipan sampah ke tempat kediaman manakala di luar bandar adalah 16 peratus (Shaari Abdul Rahman, Jabatan Perangkaan Malaysia, 2003).

Dalam tempoh Rancangan Malaysia Keempat (1981-1985) hingga Rancangan Malaysia Kelima (1986 – 1990) seperti mana dalam fasa RMP-RMT strategi pembangunan dalam fasa ini turut berasaskan kepada Laporan Kajian Kedah/Perlis *Development Study* yang berteraskan kepada aspirasi Dasar Ekonomi Baru (DEB). Menurut Penyiasatan Pendapatan Isi rumah, kadar kemiskinan pada tahun 1984 telah berkurang daripada tahun sebelumnya menjadi 36.6 peratus. Walaupun kadar kemiskinan telah menurun namun ia masih belum berjaya mengeluarkan Kedah daripada tergolong dalam golongan negeri-negeri miskin. Pada tahun 1987 Kedah merupakan negeri yang mengalami kadar kemiskinan kedua tertinggi selepas Kelantan, iaitu 31.3 peratus atau kira-kira 82,100 buah isi rumah dengan pendapatan purata bulanan sebanyak RM718. Lebih kurang 25,000 daripada jumlah isi rumah miskin tersebut adalah terdiri dari golongan termiskin yang mempunyai pendapatan bulanan kurang daripada RM175.00 (UPEN, 1990).

Terdapat peningkatan dalam purata pendapatan KDNK per kapita sebanyak 62.7 peratus dari peratus negara iaitu peningkatan daripada RM1,182.00 pada tahun 1971 kepada RM2,358.00 dalam tahun 1985. Pada tahun 1988 KDNK per kapita negeri ini terus meningkat kepada RM2,430.90 berbanding dengan kadar purata negara iaitu RM3,857.50 atau 63 peratus dari peratus negara. Dalam tempoh ini terdapat dua sebab yang menyebabkan KDNK per kapita negeri ini lebih rendah dari purata negara iaitu (UPEN, 1990);

a. Sebahagian besar guna tenaga struktur ekonomi Kedah adalah dalam bidang pertanian dan hanya sebilangan kecil sahaja guna tenaga yang terlibat dalam sektor pembuatan. Secara keseluruhan jumlah guna tenaga telah meningkat sebanyak 6 peratus pada tahun 1980 iaitu 387,500 orang guna tenaga berbanding tahun 1970.
b. Kadar pengeluaran yang rendah dalam sektor utama iaitu pertanian kerana mengamalkan kaedah penanaman sekali setahun dan ladang-ladang getah tidak diganti dengan tanaman yang baru.

Dalam Kajian Separuh Penggal Rancangan Malaysia Keempat (1981-1985) pada tahun 1982, kadar kemiskinan isi rumah di Kedah adalah yang tertinggi di Malaysia iaitu 55.4 peratus. Walau bagaimanapun, ekonomi negeri Kedah telah melalui perubahan struktur yang ketara dalam dua dekad yang lepas. Bermula sebagai negeri yang bertulang belakangkan sektor pertanian kemudiannya telah berubah kepada ekonomi industri yang lebih moden. Sektor pertanian menyumbangkan sebanyak 37 peratus daripada KDNK negeri Kedah pada tahun 1990 dan jumlah ini telah menurun daripada 47 peratus pada tahun 1980. Pertumbuhan pesat sektor pembuatan menjadikan sektor ini lebih dinamik dan merupakan penyumbang utama kepada pertumbuhan ekonomi negeri dalam tempoh 1990an. Kadar kemiskinan juga telah mengalami penurunan di mana pada tahun 1997 (dalam tempoh Rancangan Malaysia Ketujuh iaitu tahun 1996 hingga 2000) kadar tersebut telah menurun kepada 11.5 peratus selepas dilaksanakan program pembasmian kemiskinan (Usman Haji Yaakob, 2002: 73-88). Kadar kemiskinan ini terus menurun kepada 7.0 peratus pada tahun 2004 dalam tempoh Rancangan Malaysia Kelapan (2001 hingga 2005), iaitu penurunan sebanyak 3.7 peratus berbanding tahun 2000 (10.7 peratus) dengan kadar pertumbuhan KDNK Kedah sebanyak 4.3 peratus bagi tahun 2003 (Unit Perancang Ekonomi, 2003).

PENDIDIKAN DI MALAYSIA DAN KEDAH

Pendidikan Di Malaysia

Keseluruhannya pendidikan merupakan elemen utama yang mempengaruhi kesamaan dalam ekonomi sesebuah masyarakat secara langsung dan tidak langsung. Kesan langsung adalah seperti pertambahan di dalam pendapatan melalui peningkatan tahap dan kualiti pendidikan. Kesan tidak langsung pula ialah seperti perubahan sikap manusia seperti pemindahan sikap yang positif berkaitan pendidikan kepada anak-anak. Justeru itu, pendidikan boleh bertindak sebagai pemangkin kepada pencapaian status sosioekonomi sesebuah negara dan masyarakat. Pendidikan di Malaysia secara umumnya bermula sejak sebelum zaman penjajahan lagi iaitu sejak zaman kegemilangan empayar Melaka pada abad ke 15 yang berteraskan kepada ajaran Islam. Pendidikan pada zaman tersebut lebih menekankan kepada pengajaran al-Quran dan kitab-kitab agama Islam yang dijalankan di surau atau madrasah. Pengajaran ini kemudiannya melahirkan pendidikan sekolah pondok dan mata pelajaran yang diajar adalah seperti ilmu Tauhid, Fikah (*Fiqh*), Hadis, Tasauf, Bahasa Arab dan juga menulis jawi (Rahimah Ismail, 1987; Malaysia Kita, 2004).

Bagi pendidikan sekular, sebelum Perang Dunia Kedua, didapati tiada sistem pendidikan seragam yang wujud dan kebanyakannya adalah dalam aliran bahasa Inggeris yang disediakan oleh British. Pendidikan pada masa ini tidak diwajibkan ke atas semua penduduk bagaimanapun selepas perang Dunia Kedua, telah berlaku perubahan ke atas pendidikan di Tanah Melayu seperti pemberian biasiswa kepada penduduk yang ingin meneruskan pendidikan di tahap selepas sekolah rendah. Ini menyebabkan lebih ramai orang Melayu pergi ke sekolah menengah Inggeris dan semakin banyak sekolah awam aliran Inggeris telah ditubuhkan. Perubahan yang lebih besar telah berlaku selepas kemerdekaan Tanah Melayu khususnya dalam tahun 1970an apabila pendidikan awam secara percuma diperkenalkan di dalam Bahasa Malaysia (Rahimah Ismail, 1987; Malaysia Kita, 2004).

Perkembangan pendidikan bukan sahaja berlaku dalam persekolahan awam tetapi juga berlaku kepada sekolah persendirian dan sekolah agama yang dijalankan oleh individu atau kumpulan individu. Persekolahan persendirian yang terdapat di Malaysia dapat dikategorikan kepada dua jenis iaitu (Malaysia Kita, 2004);

a. Pendidikan kepada kanak-kanak di semua peringkat kumpulan umur yang menawarkan pendidikan berkualiti lebih tinggi seperti memberi penekanan kepada mekanisme nisbah guru dengan pelajar.
b. Pendidikan kepada mereka yang gagal di sekolah awam untuk meneruskan pendidikan.

Kebanyakan sekolah persendirian dibina di kawasan bandar dan dihadiri oleh kanak-kanak daripada golongan berpendapatan tinggi kerana kosnya lebih tinggi berbanding pendidikan di sekolah awam. Sebaliknya, sekolah agama dijalankan oleh kerajaan negeri dan biasanya dihadiri oleh kanak-kanak dengan latar belakang agama yang kuat (Rahimah Ismail, 1987).

Jadual 3.10: Bilangan Sekolah Rendah Dan Menengah Bantuan Kerajaan Mengikut Negeri, Malaysia, 2004

Negeri	Sekolah Rendah	Sekolah Menengah		
		Jumlah	Akademik	Teknikal
Malaysia	7562	1976	1887	89
Johor	881	232	222	10
Kedah	525	155	148	7
Kelantan	410	127	122	5
Melaka	222	66	62	4
Negeri Sembilan	342	98	91	7
Pahang	521	166	156	10
Perak	847	213	203	10
Perlis	69	24	22	2
Pulau Pinang	261	105	99	6
Sabah	1057	190	184	6
Sarawak	1255	166	159	7
Selangor	627	232	226	6
Terengganu	336	101	96	5
Wilayah Persekutuan Kuala Lumpur	192	92	89	3
Wilayah Persekutuan Labuan	17	9	8	1

Sumber: Jabatan Perangkaan Malaysia, 2005

Jumlah keseluruhan sekolah rendah di Malaysia pada tahun 2004 ialah sebanyak 7,562 buah manakala jumlah sekolah menengah ialah 1,974 buah seperti yang ditunjukkan dalam Jadual 3.10. Terdapat pertambahan bilangan sekolah rendah sebanyak 58 buah berbanding tahun 2003 manakala sekolah menengah bertambah sebanyak 72 buah. Bagi sekolah menengah, hanya sebuah sekolah teknik ditambah dan selebihnya adalah sekolah menengah aliran akademik (Jabatan Perangkaan Malaysia, 2005).

Tidak dapat dinafikan lagi bahawa pendidikan memainkan peranan penting dalam semua aspek pembangunan negara seperti ekonomi, politik, sosial dan lain-lain. Sehubungan itu, rakyat perlu disediakan kemudahan pendidikan yang sempurna dan lengkap bagi memastikan mereka mendapat peluang pendidikan sehingga ke peringkat tertinggi. Didapati pada tahun 1970 sebanyak 33.7 peratus daripada penduduk yang berumur 10 tahun dan ke atas tidak bersekolah dan peratus tersebut berkurangan kepada 15.9 peratus pada tahun 1991. Bagi tempoh 1970-1991 tersebut pencapaian setakat sekolah menengah telah meningkat daripada 15.7 peratus pada tahun 1970 kepada 40.6 peratus pada tahun 1991 (Usman Haji Yaakob, 2002).

Secara keseluruhan daripada 23 juta orang penduduk Malaysia, kira-kira 10 juta orang telah menamatkan persekolahan iaitu lebih kurang separuh daripada jumlah penduduk Malaysia (sila rujuk Jadual 3.12). Penduduk yang tidak pernah bersekolah pula ialah lebih kurang satu juta orang iaitu kira-kira 6.4 peratus daripada keseluruhan penduduk Malaysia. Bagi negeri-negeri maju lebih kurang separuh daripada penduduk berjaya menamatkan persekolahan seperti Johor, Melaka, Negeri Sembilan, Perak, Pulau Pinang, Selangor dan Wilayah Persekutuan Kuala Lumpur. Manakala bagi negeri-negeri kurang maju penduduk yang berjaya menamatkan persekolahan adalah tidak mencecah separuh daripada penduduknya (Shaari Abdul Rahman, Jabatan Perangkaan Malaysia, 2002).

Jadual 3.11: Aliran Migrasi Dalaman Dalam Tempoh 5 Tahun (Peratus Dari Jumlah Migran Dalaman) Bagi Negeri Kedah Tahun 2000

Tempat Tinggal Biasa Lima Tahun Dahulu	**Tempat Tinggal Biasa Sekarang (Negeri)**															
	Jumlah	**Johor**	**Kedah**	**Kelantan**	**Melaka**	**Negeri Sembilan**	**Pahang**	**Perak**	**Perlis**	**Pulau Pinang**	**Sabah**	**Sarawak**	**Selangor**	**Terengganu**	**W.P. Kuala Lumpur**	**W.P. Labuan**
Aliran Migrasi Ke Bandar	**129,719**	**5,640**	**66,602**	**1,307**	**1,617**	**2,228**	**2,228**	**5,813**	**1,490**	**17,124**	**1,959**	**689**	**15,402**	**1,010**	**6,409**	**201**
Bandar – Bandar	83,254	2,241	50,376	714	884	2,047	1,198	3,393	766	9,299	1,077	370	8,009	454	3,313	113
Luar Bandar – Bandar	28,449	1,460	14,138	327	351	666	438	1,647	590	4,249	318	109	2,717	329	1,094	16
Tidak Diketahui	18,016	1,939	2,088	266	382	515	592	773	134	3,576	564	210	4,676	227	2,002	72
Aliran Migrasi Ke Luar Bandar	**61,731**	**860**	**46,833**	**779**	**295**	**800**	**1,318**	**2,887**	**1,844**	**4,029**	**236**	**354**	**949**	**530**	**-**	**17**
Bandar – Luar Bandar	24,433	359	17,351	405	187	359	503	1,485	860	2,025	81	146	451	215	-	6
Luar Bandar – Luar Bandar	33,632	280	28,389	250	71	289	504	1,115	917	1,287	37	66	231	193	-	3
Tidak Diketahui	3,666	221	1,093	124	37	152	311	287	67	717	118	142	267	122	-	8

Sumber: Shaari Abdul Rahman, Jabatan Perangkaan Malaysia, 2004.

Jadual 3.12: Jumlah Penduduk Mengikut Kehadiran Ke Sekolah Dan Negeri-Negeri Di Malaysia Bagi Tahun 2000

Negeri	**Pernah Bersekolah**		**Belum Bersekolah**	**Tidak Pernah Bersekolah**	**Jumlah**
	Masih Bersekolah	**Tamat Persekolahan**			
Johor	708,833	1,315,430	307,739	130,782	2,462,784
Kedah	465,764	762,473	202,979	118,811	1550.027
Kelantan	455,286	491,065	189,691	132,273	1,268,315
Melaka	175,538	304,829	72,043	35,236	587,646
Negeri Sembilan	239,697	427,205	94,031	40,097	801,030
Pahang	377,218	579,855	155,178	72,672	1,184,923
Perak	569,867	1,002,382	227,229	137,705	1,937,183
Perlis	62,398	95,974	23,066	14,245	195,683
Pulau Pinang	304,907	696,440	124,060	60,276	1,185,683
Sabah	578,566	821,606	285,367	229,740	1,915,279
Sarawak	507,196	888,065	278,081	275,666	1,949,008
Selangor	1,099,454	2,070,467	473,171	133,949	3,777,041
Terengganu	307,341	369,517	121,457	67,783	866,098
W.P. Kuala Lumpur	336,734	722,658	134,801	39,829	1,234,022
W.P. Labuan	16,373	28,705	7,994	3,744	56816
Malaysia	6,205,172	10,576,671	2,696,887	1,492,808	20,971,538

Sumber: Jabatan Perangkaan Malaysia, 2002.

Jadual 3.13: Bilangan Murid Di Sekolah Rendah Dan Menengah Bantuan Kerajaan Mengikut Negeri Dan Jantina, Malaysia, 2004

Negeri	Jumlah			Sekolah rendah			Sekolah Menengah		
	Jumlah	Lelaki	Perempuan	Jumlah	Lelaki	Perempuan	Jumlah	Lelaki	Perempuan
Malaysia	5,277,101	2,657,802	2,619,299	3,120,886	1,603,500	1,517,386	2,156,215	1,054,302	1,101,913
Johor	640,192	321,020	319,172	380,346	195,229	185,117	259,846	125,791	134,055
Kedah	411,348	205,716	205,632	242,002	124,064	117,938	169,346	81,652	87,694
Kelantan	399,101	200,350	198,751	236,073	121,264	114,809	163,028	79,086	83,942
Melaka	158,505	80,234	78,271	90,994	46,803	44,191	67,511	33,431	34,080
Negeri Sembilan	210,667	106,561	104,106	118,701	60,950	57,751	91,966	45,611	46,355
Pahang	313,582	157,916	155,666	180,676	92,663	88,013	132,906	65,253	67,653
Perak	509,080	255,774	253,306	284,495	146,148	138,347	224,585	109,626	114,959
Perlis	54,067	27,194	26,873	29,096	15,007	14,089	24,971	12,187	12,784
Pulau Pinang	266,568	134,435	132,133	154,080	79,183	74,897	112,488	55,252	57,236
Sabah	477,580	240,642	236,938	295,531	152,133	143,398	182,049	88,509	93,540
Sarawak	489,009	246,642	242,700	291,432	150,262	141,170	197,577	96,047	101,530
Selangor	798,368	406,228	392,140	496,401	256,114	240,287	301,967	150,114	151,853
Terengganu	265,936	133,127	132,809	153,345	78,281	75,064	112,591	54,846	57,745
Wilayah Persekutuan Kuala Lumpur	268,983	135,023	133,960	159,197	80,988	78,209	109,786	54,035	55,751
Wilayah Persekutuan Labuan	14,115	7,273	6,842	8,517	4411	4,106	5,598	2,862	2,736

Sumber: Jabatan Perangkaan Malaysia, 2005

Jadual 3.14: Enrolmen Sekolah Menengah Kerajaan Dan Bantuan Kerajaan Di Malaysia Seperti Pada 30 Jun 2006

Tingkatan	Biasa*			Berasrama Penuh			Agama			Teknik			Khas		
	L	P	J	L	P	J	L	P	J	L	P	J	L	P	J
Menengah Rendah															
Kelas Peralihan	19,757	11,607	31,364	-	-	-	-	-	-	-	-	-	-	-	-
Tingkatan 1	222,340	214,020	436,360	3,189	2,717	5,906	3,686	4,839	8,525	-	-	-	35	-	57
Tingkatan 2	215,581	210,684	426,265	2,952	2,669	5,621	3,658	4,504	8,162	-	-	-	25	22	47
Tingkatan 3	201,102	200,179	401,281	3,066	2,523	5,589	3,401	4,374	7,775	-	-	-	39	22	71
Kelas Khas	5,166	2,821	7,987	-	-	-	-	-	-	-	-	-	-	32	-
Menengah Atas															
Tingkatan 4															
Sastera	98,093	94,685	192,778	-	-	-	204	337	541	-	-	-	6	6	12
Sains	45,865	63,393	109,258	3,498	3,267	6,765	1,361	2,244	3,605	-	-	-	-	-	-
Agama	578	1,331	1,909	335	389	724	925	1,143	2,068	-	-	-	-	-	-
Vokasional/ Teknologi	20,133	19,137	39,270	638	344	982	248	208	456	-	-	-	181	130	311
Vokasional	-	-	-	-	-	-	-	-	-	10,394	4,402	14,796	-	-	-
Teknik	-	-	-	-	-	-	-	-	-	11,171	8,735	19,906	-	-	-
Kemahiran MLVK	-	-	-	-	-	-	-	-	-	856	30	886	-	-	-
Kelas Khas	-	-	-	-	-	-	-	-	-	29	9	38	-	-	-

'Jadual 3.14, sambungan'

Tingkatan	Biasa*			Berasrama Penuh			Agama			Teknik			Khas		
	L	P	J	L	P	J	L	P	J	L	P	J	L	P	J
Menengah Rendah															
Tingkatan 5															
Sastera	86,390	86,383	172,773	-	-	-	191	278	469	-	-	-	8	13	21
Sains	42,742	59,681	102,423	3,040	2,946	5,986	1,585	2,267	3,852	-	-	-	-	-	-
Agama	589	1,163	1,752	236	286	522	614	915	1,529	-	-	-	-	-	-
Vokasional/ Teknologi	16,816	17,083	33,899	575	326	901	264	228	492	-	-	-	91	78	169
Vokasional	-	-	-	-	-	-	-	-	-	8,869	4,000	12,869	-	-	-
Teknik	-	-	-	-	-	-	-	-	-	11,309	8,595	19,904	-	-	-
Kemahiran MLVK	-	-	-	-	-	-	-	-	-	852	18	870	-	-	-
Kursus Jangka Pendek/ Kemahiran Khusus	-	-	-	-	-	-	-	-	-	33	-	33	-	-	-
Tingkatan 6															
Tingkatan 6 Rendah															
Sastera	15,846	33,450	49,296	41	46	87	211	556	767	-	-	-	-	-	-
Sains	7,686	10,192	17,878	-	-	-	-	-	-	-	-	-	-	-	-
Tingkatan 6 Atas															
Sastera	14,121	33,165	47,286	76	75	151	275	677	952	-	-	-	-	-	-
Sains	6,195	7,521	13,716	-	-	-	13	21	34	-	-	-	-	-	-
Prauniversiti	78	42	120	-	-	-	-	-	-	-	-	-	-	-	-
JUMLAH	**1,019,078**	**1,066,537**	**2,085,615**	**17,646**	**15,588**	**33,234**	**16,636**	**22,591**	**39,227**	**43,513**	**25,789**	**69,302**	**385**	**303**	**688**

Sumber: Kementerian Pelajaran Malaysia, http://www.moe.gov.my

Nota: * - termasuk enrolmen Sekolah Model Khas dan Sekolah Sukan

Jadul 3.15: Bilangan Guru Di Sekolah Rendah Dan Menengah Bantuan Kerajaan Mengikut Negeri Dan Jantina, Malaysia, 2004

Negeri	Jumlah			Sekolah rendah			Sekolah Menengah		
	Jumlah	Lelaki	Perempuan	Jumlah	Lelaki	Perempuan	Jumlah	Lelaki	Perempuan
Malaysia	314,183	106,558	207,625	181,885	59,461	122,424	132,298	47,097	85,201
Johor	37,021	11,678	25,343	21,913	6,404	15,509	15,108	5,274	9,834
Kedah	24,548	8,974	15,574	13,886	4,627	9,259	10,662	4,347	6315
Kelantan	24,099	10,499	13,650	13,497	5,684	7,813	10,602	4,765	5,837
Melaka	9,788	3,067	6,721	5,357	1,371	3,986	4,431	1,696	2,735
Negeri Sembilan	13,153	4,027	9,126	7,259	1,966	5,293	5,894	2,061	3,833
Pahang	19,883	7,143	12,740	11,411	3,828	7,583	8,472	3,315	5,157
Perak	30,707	10,235	20,472	16,762	4,797	11,965	13,945	5,438	8,507
Perlis	3,879	1,469	2,410	1,909	648	1,261	1,970	821	1,149
Pulau Pinang	15,464	4,176	11,288	8,417	1,988	6,429	7,047	2,188	4,859
Sabah	30,265	13,334	16,931	19,779	8,669	11,110	10,486	4,665	5,821
Sarawak	29,801	12,181	17,620	18,785	7,850	10,935	11,016	4,331	6,685
Selangor	42,814	9,803	33,011	24,703	5,994	18,709	18,111	3,809	14,302
Terengganu	16,867	6,275	10,592	9,557	3,432	6,125	7,310	2,843	4,467
Wilayah Persekutuan Kuala Lumpur	14,848	3,411	11,437	8,080	2,060	6,020	6,768	1,351	5,417
Wilayah Persekutuan Labuan	1,046	336	710	570	143	427	476	193	283

Sumber: Jabatan Perangkaan Malaysia, 2005

Jadual 3.16: Jumlah Penduduk Mengikut Sijil/Diploma/Ijazah Tertinggi Bagi Negeri-Negeri di Malaysia Tahun 2000

Negeri	**Tiada**	**PMR/ SRP/ LCE**	**SPM/ MCE/ SC/ GCE O Level**	**STPM/ HSC/ STA/ 4 Thanawi/ GCE A Level**	**SPVM/ SPM (V)/ MCVE**	**Sijil/Diploma Kemahiran teknikal atau perdagangan**	**Sijil (Maktab, kolej, politeknik)**	**Sijil (Maktab, kolej, politeknik)**	**Ijazah/ Diploma lanjutan**	**Sijil/ Diploma selepas ijazah**	**Ijazah lanjutan**	**Tidak diketahui**
Johor	932,694	392,462	482,118	32,358	12,577	13,099	13,176	31,780	30,759	4,852	8,512	69,459
Kedah	609,833	233,176	256,343	33,745	6,171	5,850	8,469	15,912	16,885	2,680	4,478	14,992
Kelantan	508,736	170,502	185,701	27,851	3,299	2,557	5,974	11,048	12,517	2,112	2,788	2,615
Melaka	213,897	84,941	123,784	8,823	2,914	3,866	3,373	8,591	8,963	1,524	2,684	10,923
Negeri Sembilan	311,417	125,847	157,225	11,362	4,695	4,388	4,416	12,020	11,878	2,154	3,408	5,892
Pahang	504,562	166,004	189,992	16,449	5,177	4,856	6,590	14,432	13,641	2,128	2,878	13,146
Perak	828,987	302,603	305,187	24,006	6,411	7,604	10,459	20,344	19,106	3,266	6,076	20,643
Perlis	77,608	29,189	35,613	3,646	1,165	618	889	2,251	2,279	272	580	454
Pulau Pinang	410,688	198,891	265,585	28,327	5,851	7,013	7,307	21,946	27,072	4,355	8,757	21,185
Sabah	1,114,546	269,841	268,330	33,099	4,873	5,594	8,822	17,576	17,829	3,925	6,927	62,874
Sarawak	848,758	244,807	245,017	24,901	4,345	5,518	6,824	16,132	15,295	3,652	7,637	195,965
Selangor	1,057,870	522,885	854,837	90,415	23,079	32,582	27,391	125,023	151,466	19,343	49,908	159,937
Terengganu	335,550	103,838	148,894	14,832	2,578	4,431	4,786	10,872	10,980	1,194	2,356	6,177
Wilayah Persekutuan Kuala Lumpur	324,181	177,860	293,672	33,291	6,523	10,358	9,583	47,671	53,743	9,336	20,698	82,081
Wilayah Persekutuan Labuan	25,354	8,941	10,776	1,072	431	324	315	650	810	229	256	2,238
Malaysia	**8,101,681**	**3,031,787**	**3,823,074**	**384,177**	**90,089**	**108,658**	**118,374**	**356,248**	**393,223**	**61,022**	**127,943**	**57,8581**

Sumber: Jabatan Perangkaan Malaysia, 2002

Jika dilihat kepada jumlah keseluruhan bilangan murid sekolah rendah dan menengah seperti dalam Jadual 3.13, didapati hampir seimbang bagi semua negeri di Malaysia. Namun, jika dilihat berdasarkan sekolah rendah dan sekolah menengah terdapat perbezaan di antara jumlah bilangan murid mengikut jantina. Pada peringkat sekolah rendah bilangan murid lelaki melebihi murid perempuan bagi semua negeri. Walau bagaimanapun pada peringkat sekolah menengah berlaku perubahan yang ketara iaitu bilangan murid perempuan melebihi murid lelaki bagi semua negeri kecuali Wilayah Persekutuan Labuan. Ini menunjukkan bahawa kanak-kanak lelaki banyak tercicir di peringkat sekolah rendah. Taburan ini dapat dilihat dengan lebih jelas lagi dalam Jadual 3.14 iaitu pada peringkat sekolah menengah rendah pelajar lelaki melebihi pelajar perempuan bagi sekolah menengah biasa dan sekolah menengah berasrama penuh. Di peringkat sekolah menengah atas didapati bilangan pelajar lelaki kurang bagi aliran sains dan agama di sekolah menengah biasa khususnya di peringkat tingkatan empat. Di sekolah menengah berasrama penuh taburan pelajar tidak banyak berubah di mana pelajar lelaki melebihi pelajar perempuan di semua peringkat tingkatan kecuali aliran agama dan aliran sastera di tingkatan enam rendah. Bagi sekolah menengah agama, pelajar perempuan mendominasi setiap tingkatan iaitu daripada tingkatan satu sehingga tingkatan enam kecuali aliran vokasional atau teknologi (Kementerian Pelajaran Malaysia, 2006).

Berlaku ketidakseimbangan taburan yang sangat ketara bagi bilangan guru di sekolah rendah dan menengah iaitu guru lelaki jauh lebih rendah daripada guru perempuan di mana daripada jumlah 314,183 orang guru di Malaysia kira-kira dua pertiga daripadanya adalah guru perempuan. Taburan yang lebih jelas mengikut negeri dapat dilihat dalam Jadual 3.15 di mana bilangan guru lelaki sangat rendah di negeri-negeri maju (Selangor, Pulau Pinang, Perak dan Johor) berbanding negeri-negeri kurang maju (Terengganu, Perlis, Kelantan, Pahang dan Kedah) (Jabatan Perangkaan Malaysia, 2005).

Berdasarkan Jadual 3.16, daripada 23,274,690 orang penduduk Malaysia didapati kira-kira 8104,681 orang tidak mempunyai sebarang sijil, ijazah, diploma atau yang seumpama dengannya. Bilangan penduduk yang berjaya ke peringkat yang tertinggi iaitu ijazah sehingga ijazah lanjutan ialah seramai 583,188 orang iaitu lebih kurang 2.5 peratus daripada penduduk Malaysia. Manakala peringkat tinggi yang lain seperti diploma, maktab, kolej, institusi kemahiran dan lain-lain adalah seramai 58 3280 orang iaitu 2.51 peratus daripada keseluruhan penduduk Malaysia (Jabatan Perangkaan Malaysia, 2002).

Pendidikan Di Kedah

Latar belakang persekolahan di Kedah bermula pada tahun 1861 apabila sebuah sekolah Jawi di Padang Lepai ditubuhkan oleh Sultan Ahmad Tajuddin Mukarram Shah untuk anak-anak raja dan orang-orang tertentu sahaja. Sekolah Melayu pertama pula ditubuhkan oleh Tuan Haji Abdullah pada tahun 1315. Persekolahan di Kedah terus berkembang pada tahun 1896 hingga 1907 yang membawa kepada penubuhan beberapa buah sekolah lagi. Selepas tahun 1905 penekanan kepada pendidikan semakin meningkat apabila seorang Penguasa Pelajaran Negeri Kedah yang pertama telah dilantik pada tahun 1907 bertujuan untuk mengatur pembukaan sekolah-sekolah. Ini membawa kepada penubuhan 15 buah sekolah Melayu di antara tahun 1907-1908 dengan bilangan murid seramai 1,017 orang. Pada tahun 1908 juga, sekolah-sekolah agama ditubuhkan dengan menggunakan Bahasa Arab sebagai bahasa pengantar (Jumaat Haji Mohd Noor, 1976).

Bagi membantu Penguasa Pelajaran, maka pada tahun 1909 seorang penasihat Inggeris J. G. Richie telah dilantik menjadi Nazir sekolah-sekolah Melayu. Namun, pada masa ini tidak ramai ibu bapa yang menghantar anak-anak ke sekolah kerana tiada pengajaran tentang agama Islam. Perubahan lain turut berlaku pada tahun 1907 apabila sekolah untuk murid-murid perempuan yang pertama dibuka. Pada tahun 1910 sebanyak 20 buah sekolah Melayu telah dibina dengan jumlah pelajar seramai 1,675 orang. Bilangan sekolah telah bertambah tahun demi tahun seperti yang ditunjukkan dalam Jadual 3.17 (Jumaat Haji Mohd Noor, 1976).

Jadual 3.17: Statistik Bilangan Sekolah Dan Murid Negeri Kedah Bagi Tempoh 1913-1919

Tahun	**Bilangan Sekolah**	**Bilangan Murid**	**Bilangan Guru**
1913	34	2,838	86
1914	39	2,997	93
1917	51	4,445	144
1918	58	5,319	203
1919	60	5,625	220

Sumber: Jumaat Bin Haji Mohd Noor (1976: 6)

Dalam tahun 1926, sekolah rakyat mula dibina dan bermula tahun 1934, bantuan mula diberikan kepada sekolah rakyat dan pembinaannya diteruskan. Sehingga tahun 1938, terdapat 24 buah sekolah rakyat dengan penuntut seramai 1,742 orang. Bermula tahun 1936 pelajar-pelajar turut diajar dengan pertukangan kayu, anyaman, perahu dan menjilid buku. Selepas perang iaitu pada tahun 1946 telah diperkenalkan peperiksaan darjah Lima yang pertama bagi semua sekolah. Perubahan lain turut berlaku iaitu pada tahun 1971 pengajaran dalam Bahasa Malaysia diperkenalkan di sekolah agama bagi mata pelajaran lain selain daripada mata pelajaran agama (Jumaat Haji Mohd Noor, 1976).

Dalam tahun 2001 hingga 2002, bilangan pelajar meningkat sebanyak 0.8 peratus bagi semua peringkat pendidikan. Peningkatan juga berlaku dalam bilangan guru sekolah menengah iaitu sebanyak 3.9 peratus dan guru sekolah rendah sebanyak 4.1 peratus dari tahun 2000 hingga 2001. Nisbah pelajar dengan guru di peringkat sekolah menengah dan rendah juga menurun dan ini menggambarkan bahawa bilangan guru adalah mencukupi. Nisbah guru dengan pelajar ialah 1:18 bagi sekolah menengah rendah dan 1:20 bagi menengah atas untuk tahun 2000. Manakala bagi tahun 2002, nisbah guru dengan pelajar bagi sekolah menengah rendah ialah 1:16 manakala bagi sekolah menengah atas ialah 1:18 (Fatimah Wati Ibrahim dan Roslan A. Hakim, 2003).

Sehingga tahun 1997 Kedah mempunyai 500 buah sekolah rendah dan 126 sekolah menengah akademik. Manakala Sekolah Menengah Teknik dan Vokasional masing-masing tiga buah setiap satu. Ini bermakna Kedah boleh menampung kira-kira 7.0 peratus daripada jumlah sekolah rendah dan 8.6 peratus daripada jumlah sekolah menengah di Malaysia. Pada tahun yang sama seramai 221,865 pelajar sekolah rendah atau 8.5 peratus daripada jumlah pelajar sekolah rendah seluruh negara adalah dari negeri Kedah. Berbanding dengan perangkaan tahun 1972, bilangan pelajar sekolah rendah bertambah sebanyak 46.6 peratus. Manakala pelajar sekolah menengah rendah seramai 91,252 orang atau 7.6 peratus daripada keseluruhan pelajar (Usman Haji Yaakob, 2002).

Di Malaysia terdapat tiga peringkat persekolahan iaitu menengah rendah, menengah atas (Tingkatan 4-5) dan tingkatan 6. Sekolah menengah rendah merangkumi kelas peralihan, tingkatan 1, tingkatan 2, tingkatan 3 dan kelas khas. Menengah atas meliputi tingkatan 4 dan tingkatan 5. Tingkatan 6 pula terdiri daripada enam rendah dan enam atas. Terdapat tiga aliran pengajian di peringkat pasca menengah iaitu aliran akademik (Sains dan sastera) dan Teknik. Di Kedah, 40,429 atau 92.0 peratus daripada 43, 927 pelajar pada tahun 1997 adalah aliran akademik, aliran Vokasional adalah 4.8 peratus dan 3.2 peratus adalah aliran Teknik (Kementerian Pelajaran Malaysia, 2006; Usman Haji Yaakob, 2002).

Satu perkara penting yang berkaitan dengan pendidikan ialah keputusan PMR dan SPM. Berdasarkan keputusan PMR 1997 didapati daripada 27,025 orang calon sekolah bantuan kerajaan di Kedah, hanya 2.5 peratus atau 674 calon yang mendapat 7A hingga 9A. Kadar ini adalah rendah berbanding dengan Selangor 5.2 peratus, Pulau Pinang 4.7 peratus, Perak 3.1 peratus dan Pahang 2.6 peratus. Bagi keputusan peperiksaan SPM negeri Kedah pada tahun 1997 daripada 18,811 orang calon sekolah bantuan kerajaan, kira-kira 25.1 peratus pelajar mendapat pangkat pertama. Bagaimanapun bagi peratus lulus keseluruhan Kedah berada di tempat kedua terbawah iaitu dengan peratusan sebanyak 69.2 peratus (Usman Haji Yaakob, 2002).

Terdapat pertambahan peratusan kehadiran ke sekolah daripada 63.0 peratus pada tahun 1990 kepada 95.9 peratus pada tahun 1997. Peratus jumlah kehadiran murid di sekolah menengah rendah ke tingkatan empat telah meningkat daripada 64.0 peratus pada tahun 1990 kepada 92.7 peratus tahun 1997. Ini merupakan satu perkembangan yang positif, kerana sebahagian besar murid mendapat pendidikan sehingga tingkatan lima dan ini boleh menjadi asas kepada mereka untuk mengikuti sebarang latihan kemahiran dengan berkesan (Usman Haji Yaakob, 2002). Walau bagaimanapun, masih terdapat penduduk yang tidak pernah bersekolah (berdasarkan Rajah 3.3) di mana pada tahun 2000 didapati seramai 4,072 orang penduduk yang tidak pernah bersekolah dalam lingkungan umur 5 hingga 19 tahun. Daripada jumlah tersebut seramai 1,278 orang penduduk berada dalam lingkungan umur 15 hingga 19 tahun (Jabatan Perangkaan Malaysia, 2000).

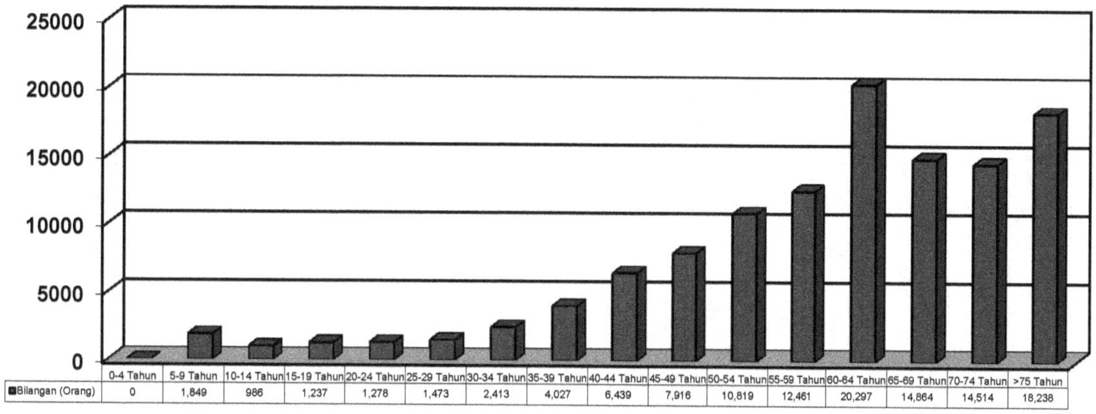

Rajah 3.3: Jumlah Penduduk Yang Tidak Pernah Bersekolah Mengikut Kumpulan Umur Tahun 2000 Bagi Negeri Kedah
(Sumber: Jabatan Perangkaan Malaysia, 2000)

Jadual 3.18: Bilangan Guru Di Sekolah Rendah Dan Menengah Bantuan Kerajaan Mengikut Negeri, Daerah Dan Jantina, Kedah 2003

Daerah	**Jumlah**			**Sekolah rendah**			**Sekolah menengah**		
	Jumlah	**Lelaki**	**Perempuan**	**Jumlah**	**Lelaki**	**Perempuan**	**Jumlah**	**Lelaki**	**Perempuan**
Baling	2047	917	1130	1199	495	704	848	422	426
Bandar Baharu	611	271	340	385	156	229	226	115	111
Kota Setar	5271	1748	3523	2726	750	1976	2545	998	1547
Kuala Muda	4654	1509	3145	2537	722	1815	2117	787	1330
Kubang Pasu	2641	960	1681	1462	496	966	1179	464	715
Kulim	2668	914	1754	1430	420	1010	1238	494	744
Langkawi	1029	419	610	569	223	346	460	196	264
Padang Terap	987	466	521	580	258	322	407	208	199
Pendang	1547	669	878	894	372	522	653	297	356
Sik	891	421	470	557	265	292	334	156	178
Yan	924	375	549	568	212	356	356	163	193
JUMLAH	23270	8669	12907	4369	8538	10363	10363	4300	6063

Sumber: Jabatan Perangkaan Malaysia, 2005

Taburan guru di Kedah menunjukkan keadaan seperti mana taburan di peringkat Malaysia iaitu bilangan guru lelaki lebih rendah di semua daerah bagi peringkat sekolah rendah (Jadual 3.18). Bagi peringkat sekolah menengah terdapat dua buah daerah yang mempunyai bilangan guru lelaki melebihi guru perempuan iaitu daerah Bandar Baharu dan Padang Terap (Jabatan Perangkaan Malaysia, 2005).

Terdapat perbezaan jumlah pelajar mengikut daerah dan jantina (Jadual 3.21) iaitu terdapat daerah yang mempunyai bilangan murid lelaki lebih ramai (Kubang Pasu, Langkawi dan Sik) dan terdapat daerah yang mempunyai bilangan murid perempuan yang lebih ramai (Baling, Bandar Baharu, Kota Setar, Kuala Muda, Padang Terap, Pendang dan Yan). Di samping ketidakseimbangan taburan pelajar mengikut daerah di antara lelaki dan perempuan, taburan pelajar lelaki dan perempuan mengikut peringkat sekolah rendah dan sekolah menengah juga tidak seimbang. Ketidakseimbangan taburan mengikut peringkat sekolah rendah dan menengah tersebut adalah sama seperti di peringkat Malaysia iaitu berlaku pengurangan pelajar lelaki di peringkat sekolah menengah khususnya menengah atas (Jabatan Perangkaan Malaysia, 2005).

Jadual 3.19: Bilangan Murid Di Sekolah Rendah Dan Menengah Bantuan Kerajaan Mengikut Daerah, Peringkat Pelajaran Terpilih Dan Jantina, Kedah, 2003

Daerah	**Baling**	**Bandar Baharu**	**Kota Setar**	**Kuala Muda**	**Kubang Pasu**	**Kulim**	**Langkawi**	**Padang Terap**	**Pendang**	**Sik**	**Yan**	**JUMLAH**
Darjah VI												
Jumlah	3,093	921	8,475	7,756	4,146	4,441	1,598	1,471	2,196	1,521	1,606	37,224
Lelaki	1,596	477	4,364	4,026	2,089	2,302	823	777	1,123	751	833	19,161
Perempuan	1,497	444	4,111	3,730	2,057	2,139	775	694	1,073	770	773	18,063
Menengah												
Peralihan												
Jumlah	68	37	96	340	26	228	-	-	13	-	9	817
Lelaki	37	25	57	229	18	151	-	-	8	-	7	532
Perempuan	31	12	39	111	8	77	-	-	5	-	2	285
Tingkatan 1												
Jumlah	3,119	807	7,770	7,179	3,681	4,075	1,184	1,317	1,970	1,137	1,268	33,507
Lelaki	1,580	405	3,960	3,650	1,853	2,035	615	657	1,008	570	647	16,980
Perempuan	1,539	402	3,810	3,529	1,828	2,040	569	660	962	567	621	16,527
Tingkatan 2												
Jumlah	2,935	769	7,429	6,753	3,466	3,617	1,102	1,118	1,824	1,076	1,141	31,257
Lelaki	1,465	400	3,750	3,398	1,750	1,873	572	552	896	552	586	15,794
Perempuan	1,470	396	3,679	3,355	1,716	1,744	530	566	928	524	555	15,463
Tingkatan 3												
Jumlah	2,940	779	7,724	7,075	3,426	3,871	1,093	1,150	1,881	1,169	1,185	32,293
Lelaki	1,449	398	3,745	3,569	1,708	1,908	544	529	918	566	594	15,928
Perempuan	1,491	381	3,979	3,506	1,718	1,963	549	621	963	603	591	16,365
Tingkatan 4												
Jumlah	2,426	665	7,401	6,484	3,213	3,772	1,182	1,009	1,574	976	1,018	29,720
Lelaki	1,142	271	3,573	3,057	1,565	1,812	568	456	730	469	495	14,138
Perempuan	1,284	394	3,828	3,427	1,648	1,960	614	553	844	507	523	15,582
Tingkatan 5												
Jumlah	2,334	656	7,299	6,262	3,096	3,663	1,160	1,053	1585	908	1,037	29,053
Lelaki	1,085	285	3,501	2,995	1,477	1,807	526	486	720	411	464	13,757
Perempuan	1,249	371	3,798	3,267	1,619	1,856	634	567	865	497	573	15,296
Tingkatan 6												
Jumlah	622	182	2,351	2,069	942	1,066	281	368	687	331	408	9,307
Lelaki	158	51	773	708	281	361	79	94	208	93	110	2,916
Perempuan	464	131	1,578	1,361	661	705	202	274	479	238	298	6,391

Sumber: Jabatan Perangkaan Malaysia, 2005

Jadual 3.20: Enrolmen Sekolah Menengah Kerajaan Dan Bantuan Kerajaan Di Kedah Seperti Pada 30 Jun 2006

Tingkatan	Biasa*			Berasrama Penuh			Agama			Teknik			Khas		
	L	P	J	L	P	J	L	P	J	L	P	J	L	P	J
Menengah Rendah															
Kelas Peralihan	541	258	799	-	-	-	-	-	-	-	-	-	-	-	-
Tingkatan 1	17,186	16,665	33,851	285	224	509	262	346	608	-	-	-	-	-	-
Tingkatan 2	16,715	16,509	33,224	245	222	467	290	315	605	-	-	-	-	-	-
Tingkatan 3	16,147	16,037	32,184	258	224	482	291	321	612	-	-	-	-	-	-
Kelas Khas	312	221	533	-	-	-	-	-	-	-	-	-	-	-	-
Menengah Atas															
Tingkatan 4															
Sastera	7,689	7,513	15,202	-	-	-	-	-	-	-	-	-	-	-	-
Sains	2,422	3,892	6,314	197	196	393	112	163	275	-	-	-	-	-	-
Agama	100	300	400	35	35	70	65	122	187	-	-	-	-	-	-
Vokasional/Teknologi	2,278	2,137	4,415	76	33	109	29	30	59	-	-	-	-	-	-
Vokasional	-	-	-	-	-	-	-	-	-	786	384	1170	-	-	-
Teknik	-	-	-	-	-	-	-	-	-	780	772	1552	-	-	-
Kemahiran MLVK	-	-	-	-	-	-	-	-	-	113	8	121	-	-	-
Kelas Khas	-	-	-	-	-	-	-	-	-	-	-	-	-	-	-
Tingkatan 5															
Sastera	6,902	6,820	13,722												
Sains	2,427	3,792	6,219	195	189	384	121	153	274	-	-	-	-	-	-
Agama	84	205	289	26	25	51	74	100	174	-	-	-	-	-	-
Vokasional/Teknologi	1,990	1,982	3,972	77	26	103	50	34	84	-	-	-	-	-	-
Vokasional	-	-	-	-	-	-	-	-	-	646	374	1,020	-	-	-
Teknik	-	-	-	-	-	-	-	-	-	950	817	1,767	-	-	-
Kemahiran MLVK	-	-	-	-	-	-	-	-	-	115	1	116	-	-	-
Kursus Jangka Pendek/Kemahiran Khusus	-	-	-	-	-	-	-	-	-	-	-	-	-	-	-

'Jadual 3.20, sambungan'

Tingkatan	Biasa*			Berasrama Penuh			Agama			Teknik			Khas		
	L	P	J	L	P	J	L	P	J	L	P	J	L	P	J
Tingkatan 6															
Tingkatan 6 Rendah															
Sastera	1,344	3,176	4,520	-	-	-	-	11	35	46	-	-	-	-	-
Sains	501	683	1,184	-	-	-	-	-	-	-	-	-	-	-	-
Tingkatan 6 Atas															
Sastera	1,042	2,988	4,030	-	-	-	-	-	-	-	-	-	-	-	-
Sains	378	431	809	-	-	-	-	24	54	78	-	-	-	-	-
JUMLAH	**78058**	**83609**	**161667**	**1394**	**1174**	**2568**	**1329**	**1673**	**3002**	**3390**	**2356**	**5746**	-	-	-

Sumber: Kementerian Pelajaran Malaysia, http://www.moe.gov.my
Nota: * - termasuk enrolmen Sekolah Model Khas dan Sekolah Sukan

Jadual 3.21: Bilangan Murid Di Sekolah Rendah Dan Menengah Bantuan Kerajaan Mengikut Negeri, Daerah Dan Jantina, Kedah, 2003

Daerah	Jumlah			Sekolah rendah			Sekolah menengah		
	Jumlah	Lelaki	Perempuan	Jumlah	Lelaki	Perempuan	Jumlah	Lelaki	Perempuan
Baling	34331	17087	17244	19887	10171	9716	14444	6916	7528
Bandar Baharu	10212	5041	5171	6290	3206	3084	3922	1835	2087
Kota Setar	90940	45295	45645	50870	25936	24934	40070	19359	20711
Kuala Muda	87482	44109	43373	51320	26503	24817	36162	17606	18556
Kubang Pasu	43811	21931	21880	25961	13279	12682	17850	8652	9198
Kulim	50185	25263	24922	29893	15316	14577	20292	9947	10345
Langkawi	17075	8608	8467	11073	5704	5369	6002	2904	3098
Padang Terap	15474	7593	7881	9459	4819	4640	6015	2774	3241
Pendang	23531	11665	11866	13997	7177	6820	9534	4488	5946
Sik	15081	7553	7528	9484	4892	4592	5597	2661	2936
Yan	15651	7757	7894	9585	4854	4731	6066	2903	3163
JUMLAH	403773	210902	201871	237819	121857	115962	16595	80045	85909

Sumber: Jabatan Perangkaan Malaysia, 2005

Mengikut peringkat pelajaran (sila rujuk Jadual 3.19) didapati terdapat perbezaan dari segi taburan di mana pada peringkat Darjah VI (sekolah rendah) bilangan pelajar perempuan lebih rendah berbanding dengan pelajar lelaki di semua daerah kecuali Sik. Meskipun taburan keseluruhan di sekolah menengah menunjukkan bilangan pelajar perempuan lebih ramai tetapi jika dilihat secara lebih mendalam, perubahan taburan yang lebih ketara berlaku pada peringkat selepas PMR di mana keciciran di kalangan pelajar lelaki banyak berlaku pada peringkat ini. Kegagalan di peringkat PMR menyebabkan ramai pelajar lelaki tidak dapat meneruskan persekolahan ke peringkat yang lebih tinggi khususnya tingkatan empat (Jabatan Perangkaan Malaysia, 2005).

Taburan pelajar di peringkat menengah rendah bagi negeri Kedah (sila rujuk Jadual 3.20) sama seperti di peringkat Malaysia iaitu pada peringkat sekolah menengah rendah pelajar lelaki melebihi pelajar perempuan bagi sekolah menengah biasa dan sekolah menengah berasrama penuh. Pada peringkat sekolah menengah atas, aliran vokasional atau teknologi di sekolah menengah biasa dan sekolah menengah berasrama penuh didominasi oleh pelajar lelaki manakala aliran sains dan agama didominasi oleh pelajar perempuan. Bagi sekolah menengah agama, pelajar perempuan mendominasi aliran sastera dan agama kecuali aliran vokasional atau teknologi (Jabatan Perangkaan Malaysia, 2005).

MODAL SOSIAL DI MALAYSIA

Perhatian kepada modal sosial dapat dilihat melalui perkembangan di dalam pelbagai aspek sebagai contohnya di dalam pendidikan apabila penekanan diberikan kepada pendidikan yang lebih seimbang di antara kurikulum dan ko-kurikulum. Dalam konsep ko-kurikulum, beberapa inti pati konsep tersebut yang memberi penekanan kepada modal sosial ialah pertama, perolehan ilmu dan maklumat dari bahan-bahan pembelajaran dan perkembangan sikap serta tingkah laku melalui pengalaman berinteraksi antara satu sama lain dalam alam sosial yang sebenarnya. Kedua, pemupukan semangat nilai dan sikap melalui penyertaan dalam berbagai-bagai jenis kegiatan yang ditekankan dalam pembelajaran. Justeru itu, melalui penglibatan dalam ko-kurikulum sikap, nilai dan perlakuan ke arah semangat perpaduan dan kewarganegaraan yang berpandukan Rukun negara dapat disalurkan (Asiah Abu Samad, 1985). Aspek lain yang memberi perhatian kepada modal sosial ialah Dasar Perbandaran Nasional seperti mewujudkan jaringan usaha sama antara sektor awam dan sektor swasta bagi golongan bumiputera (Jabatan Perancangan Bandar dan Desa, 2006).

Modal sosial dalam program ko-kurikulum boleh dilihat melalui penglibatan pelajar dalam aktiviti persatuan, pasukan unit beruniform, sukan dan permainan. Tujuan asal ko-kurikulum diwujudkan ialah untuk melatih pelajar bersikap bertanggungjawab, bekerjasama, berdisiplin, berdikari dan berkemahiran dalam sesuatu lapangan yang diceburi. Aktiviti ko-kurikulum ini dapat mewujudkan suasana yang seimbang antara pemikiran dengan perkembangan sosial, rohani dan jasmani serta meningkatkan modal sosial. Kepentingan lain ko-kurikulum ialah dapat menerapkan potensi seperti integrasi sosial yang bermakna dan mengeratkan hubungan melalui peningkatan kerjasama antara sekolah, ibu bapa dan masyarakat (Omardin Ashaari, 2001). Program ko-kurikulum ini telah diperuntukkan dalam Peraturan-peraturan (Kursus-kursus pengajian) Sekolah, 1956 pindaan 1967 yang dikenali sebagai kegiatan kumpulan. Pada peringkat awal pengenalan program ko-kurikulum di antara kegiatan yang diwujudkan ialah (Hussein Mahmood, 1985):

a. Kelab seni lukis dan pertukangan tangan, muzik, perbahasan, drama, kamera dan lain-lain.
b. Kelab mata pelajaran atau gabungan seperti bahasa kebangsaan, bahasa Inggeris, sains dan lain-lain
c. Kegiatan kesusasteraan seperti akhbar, majalah dan lain-lain
d. Olahraga dan permainan seperti bola sepak, berenang, permainan "indoor" dan lain-lain
e. Latihan pemuda seperti pengakap, pandu puteri, palang merah dan lain-lain.

Walau bagaimanapun, melalui masa program ko-kurikulum telah ditambah dengan pelbagai jenis kegiatan. Secara umumnya, program ini dibahagikan kepada pasukan pakaian seragam (Beruniform), persatuan akademik dan kegiatan sukan. Secara terperinci bagi ketiga-tiga jenis program ko-kurikulum tersebut ialah (Omardin Ashaari, 2001; Jabatan Pendidikan Johor, 1995);

a. Pasukan pakaian seragam seperti pengakap, puteri Islam, ranger, pandu puteri, kadet polis, kadet tentera, bulan sabit merah, pasukan kadet bersatu Malaysia (PKBM), pasukan kadet bomba dan lain-lain.
b. Persatuan akademik pula meliputi Bahasa Malaysia, Alam dan Manusia, Sains, Rekreasi, Bahasa Inggeris, Geografi, Matematik dan Komputer.
c. Sukan pula merangkumi pasukan rumah (mengikut warna) dan pasukan sekolah iaitu olahraga, bola sepak, sepak takraw, gimnastik, perahu layar dan lain-lain. Secara khusus program sukan dibahagikan kepada dua bidang iaitu:
    i. Sukan untuk prestasi tinggi iaitu sukan pertandingan yang diuruskan mengikut peraturan dan syarat-syarat Majlis Sukan Sekolah-sekolah Malaysia (MSSM) seperti Badminton, Bola Jaring dan Bola Baling.
    ii. Sukan untuk semua iaitu aktiviti-aktiviti rekreasi fizikal dan permainan yang berlaku secara spontan dan diuruskan dengan tujuan untuk menggalakkan penyertaan yang lebih ramai dan secara lebih meluas di kalangan pelajar contohnya Hari Keluarga dan Sukaneka Sekolah.

Penglibatan pelajar dan guru dalam program ko-kurikulum boleh dilihat dalam beberapa kajian seperti dalam tinjauan yang dibuat oleh Unit Disiplin, Bahagian Sekolah-sekolah, Kementerian Pelajaran pada tahun 1983 di mana terdapat 16,123 buah pasukan pakaian seragam dan persatuan di sekolah-

sekolah menengah. Terdapat empat klasifikasi kelompok besar persatuan di sekolah menengah seperti berikut (Hussein Mahmood, 1985);

a. Persatuan yang berkaitan dengan mata pelajaran (akademik) sebanyak 8, 866 kelab (54.9 peratus). Jenis kumpulan dalam kategori persatuan ini merangkumi bahasa, mata pelajaran elektif, sivik dan lain-lain.
b. Pasukan pakaian seragam sebanyak 3, 424 pasukan (21.2 peratus). Kategori ini pula merangkumi jenis kumpulan seperti pengakap, bulan sabit merah, kadet dan lain-lain.
c. Persatuan yang berkaitan dengan kebudayaan dan minat pelajar sebanyak 2, 636 persatuan (16.4 peratus). Di antara jenis kumpulan ialah kumpulan kebajikan sekolah, hobi kemahiran vokasional, kebajikan masyarakat dan lain-lain.
d. Kegiatan-kegiatan sukan sebanyak 1,197 pasukan (7.4 peratus) sebagai contohnya pertahanan diri, olahraga, gimnastik dan sukan padang.

Kegiatan-kegiatan agama turut mendapat tempat dalam program ko-kurikulum di sekolah-sekolah menengah di mana terdapat sebanyak 1,151 buah persatuan keagamaan yang terdiri daripada 889 buah persatuan Agama Islam dan juga lain-lain agama. Berdasarkan tinjauan ke atas guru mengenai sambutan pelajar dalam kegiatan ko-kurikulum sekolah didapati 70 peratus guru dalam tinjauan ini menyatakan bahawa sambutan pelajar dalam kegiatan ko-kurikulum sekolah adalah sederhana manakala 23 peratus menyatakan baik. Dari segi minat pelajar terhadap semua jenis persatuan didapati kira-kira 47 peratus daripada pelajar sangat berminat dalam ketiga-tiga jenis kegiatan (pasukan pakaian seragam, persatuan akademik dan sukan), 38 peratus hanya berminat dan selebihnya kurang atau tidak berminat (Hussein Mahmood, 1985).

Tinjauan berkenaan persepsi pelajar terhadap kegiatan ko-kurikulum menunjukkan 83 peratus pelajar menganggap bahawa kegiatan ko-kurikulum sedikit pun tidak menjejaskan pencapaian mereka dalam bidang akademik. Kira-kira 88 peratus daripada mereka menyatakan yang ibu bapa atau penjaga menggalakkan mereka menyertai kegiatan ko-kurikulum dengan alasan bahawa anak-anak mereka dapat bercampur gaul dengan murid-murid lain. Alasan lain penyertaan pelajar dalam kegiatan ko-kurikulum ialah mendapat pengetahuan (38 peratus), dapat mengisi masa lapang dengan berfaedah (23 peratus) dan dapat memberi pengalaman 19 peratus. Pelajar-pelajar yang ibu bapa mereka tidak memberi galakan untuk menyertai kegiatan ko-kurikulum berpendapat bahawa ibu bapa mereka merasa bimbang dan ia akan menjejaskan pelajaran anak-anak mereka atau tiada masa untuk mengulang kaji pelajaran. Walau pun terdapat ibu bapa yang berpandangan negatif berkaitan program ko-kurikulum, namun didapati 90 peratus daripada mereka menyatakan kegiatan ko-kurikulum tidak membebankan para pelajar dengan alasan bahawa kegiatan itu diadakan selepas waktu persekolahan dan ia melatih pelajar membahagikan masa lapang mereka. Bagi pelajar pula, mereka yang menyatakan kegiatan ko-kurikulum membebankan memberi alasan bahawa peraturan yang terdapat dalam kegiatan ko-kurikulum terlalu ketat dan dalam masa yang sama mereka mempunyai banyak tugas serta menghadapi masalah kesuntukan masa (Hussein Mahmood, 1985).

Tinjauan ke atas pengetua-pengetua sekolah pula mendapati sebanyak 85 peratus daripada pengetua sekolah memberi sokongan yang baik dan 15 peratus memberi sokongan yang sangat menggalakkan dalam pelaksanaan kegiatan ko-kurikulum di sekolah. Dalam aspek penglibatan guru-guru pula, kira-kira 58 peratus sahaja guru yang melibatkan diri dengan sepenuhnya dalam kegiatan ko-kurikulum, manakala bakinya tidak sedemikian. Antara sebab-sebab mereka tidak melibatkan diri dengan sepenuhnya ialah (Hussein Mahmood, 1985);

a. Guru kurang berminat dan sesetengah daripada mereka menganggap kegiatan ko-kurikulum membuang masa pelajar dan tidak berfaedah.
b. Guru tinggal jauh dari sekolah.
c. Terlalu banyak tanggungjawab dan perlu membahagikan masa dengan kegiatan lain yang dikendalikan mereka.
d. Guru tidak mahu melibatkan diri.
e. Kurang tahu bidang yang ditugaskan.

Di samping itu didapati kira-kira 66 peratus daripada responden itu tidak mempunyai latihan dalam kegiatan ko-kurikulum semasa di maktab atau di universiti. Sungguhpun terdapat sebilangan guru yang tidak melibatkan diri dengan sepenuhnya dalam kegiatan ko-kurikulum, namun kesemua responden menyatakan bahawa mereka berminat dalam bidang kegiatan yang dipimpin oleh mereka di mana sebanyak 54 peratus daripada mereka merasakan kepimpinan mereka adalah baik, manakala bakinya merasakan sederhana. Umumnya penglibatan pelajar, guru, pentadbir, ibu bapa dan masyarakat perlu bagi memastikan matlamat untuk kelahiran insan yang seimbang dari segi emosi, jasmani dan rohani tercapai. Secara khususnya agar pelajar dapat meningkatkan modal sosial supaya membantu mereka dalam pencapaian pendidikan (Hussein Mahmood, 1985).

KESIMPULAN

Terdapat perkembangan dalam pelbagai sektor ekonomi dan sosial di Malaysia khususnya dalam bidang pendidikan. Kesan perkembangan ini boleh dilihat dalam pertambahan bilangan penduduk yang berpendidikan tinggi, peningkatan dalam pendapatan dan pertambahan dalam aspek-aspek kemudahan yang berkaitan dengan perkembangan sosioekonomi penduduk. Ini bukan sahaja berlaku dalam aspek material bahkan dalam aspek kemanusiaan iaitu modal sosial merangkumi jaringan, maklumat, komunikasi dan kesejahteraan.

BAB 4
HASIL KAJIAN

PENDAHULUAN

Pengutipan dan penganalisisan kajian ini menggunakan kaedah campuran prosedur urutan penjelasan (*sequential explanatory design*) iaitu dimulai dengan pengutipan dan penganalisisan data kuantitatif (fasa 1) dan diikuti oleh pengutipan dan penganalisisan data kualitatif (fasa 2). Taburan frekuensi pemboleh ubah modal sosial dalam fasa 1 (kuantitatif) ialah taburan normal dana adalah tidak sesuai untuk menjangka kes-kes ekstrem (normal distribution, 2013). Fasa kedua (pengutipan dan penganalisisan data kualitatif) tidak dijalankan kerana tidak terdapat kes-kes ekstrem. Rajah berikut menunjukkan taburan frekuensi bagi pemboleh ubah modal sosial dan latar belakang responden.

Taburan frekuensi pemboleh ubah modal sosial

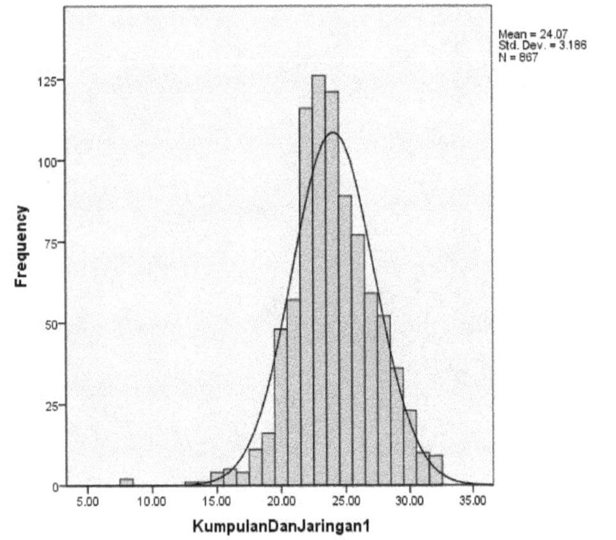

Rajah 4.1: Taburan frekuensi pemboleh ubah kumpulan-kumpulan dan jaringan-jaringan

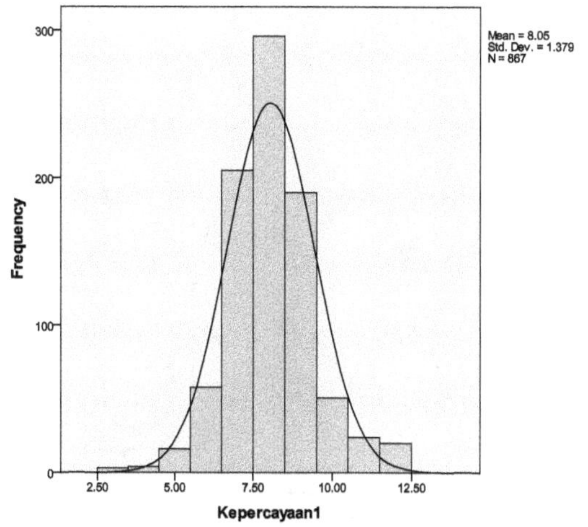

Rajah 4.2: Taburan frekuensi pemboleh ubah kpercayaan

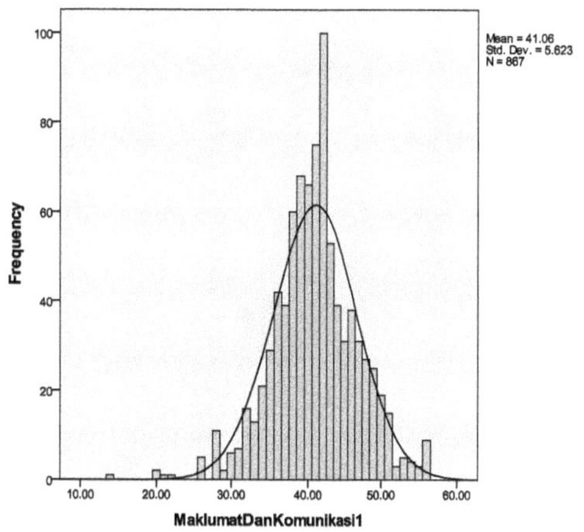

Rajah 4.3: Taburan frekuensi pemboleh ubah maklumat dan komunikasi

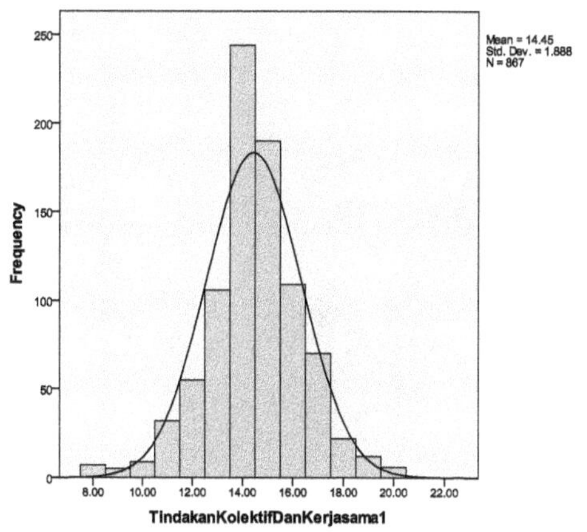

Rajah 4.4: Taburan frekuensi pemboleh ubah tindakan kolektif dan kerjasama

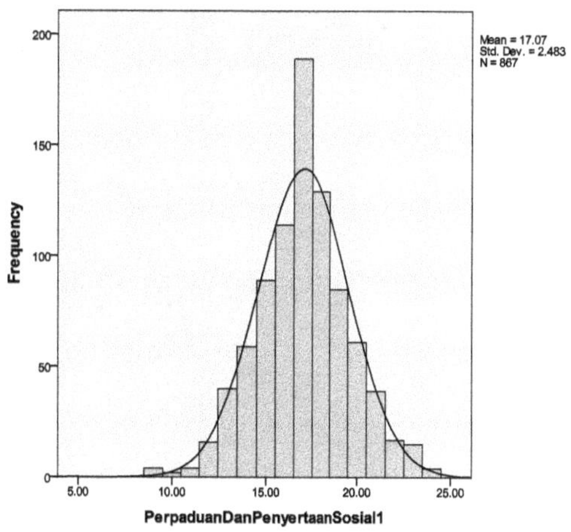

Rajah 4.5: Taburan frekuensi pemboleh ubah perpaduan dan penyertaan sosial

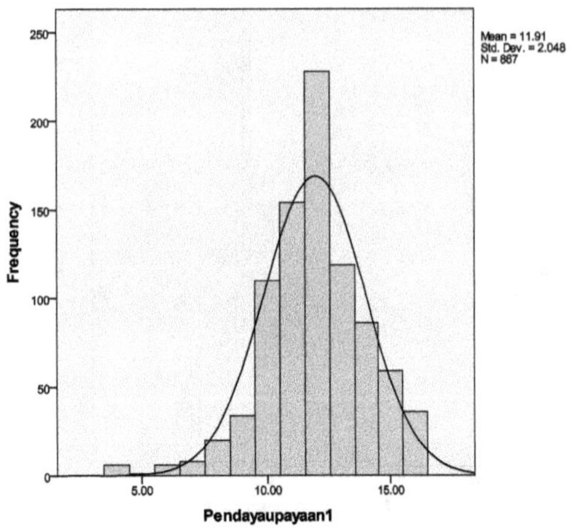

Rajah 4.6: Taburan frekuensi pemboleh ubah pendayaupayaan

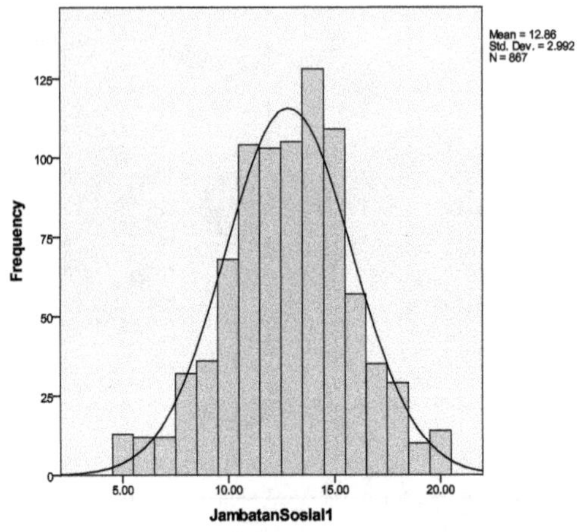

Rajah 4.7: Taburan frekuensi pemboleh ubah jambatan sosial

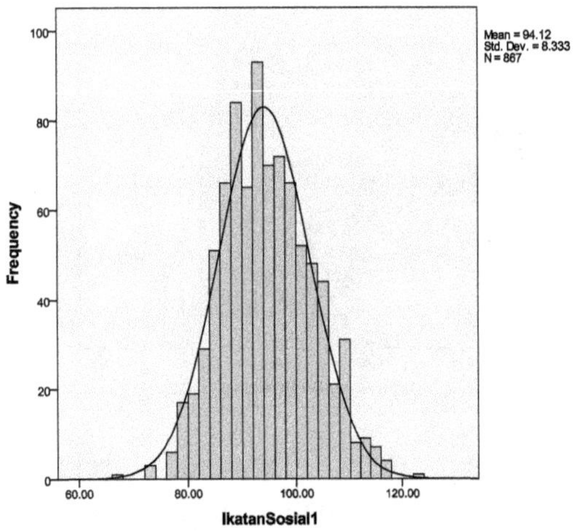

Rajah 4.8: Taburan frekuensi pemboleh ubah ikatan sosial

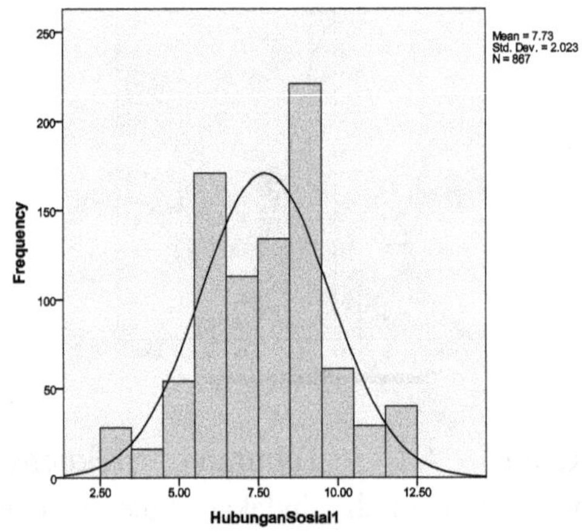

Rajah 4.9: Taburan frekuensi pemboleh ubah hubungan sosial

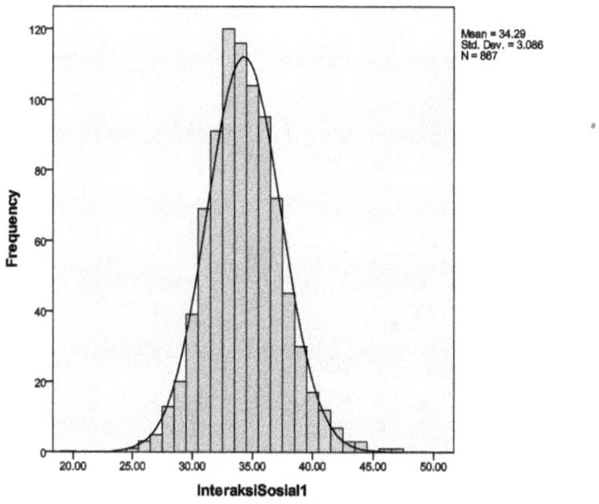

Rajah 4.10: Taburan frekuensi pemboleh ubah interaksi sosial

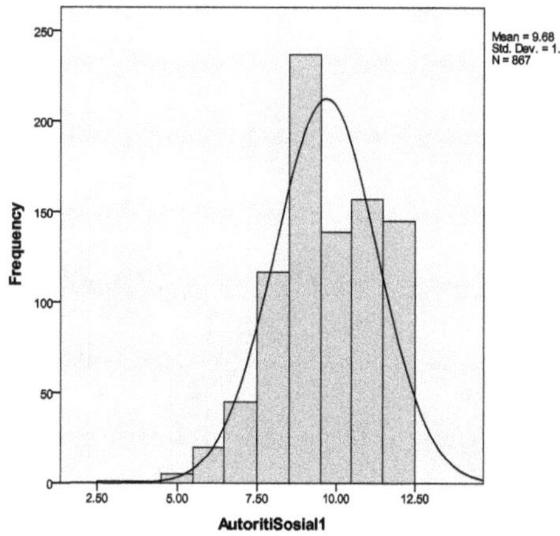

Rajah 4.11: Taburan frekuensi pemboleh ubah autoriti sosial

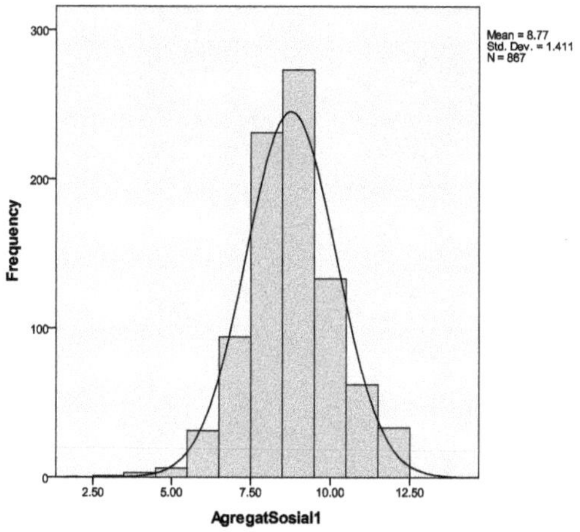

Rajah 4.12: Taburan frekuensi pemboleh ubah agregat sosial

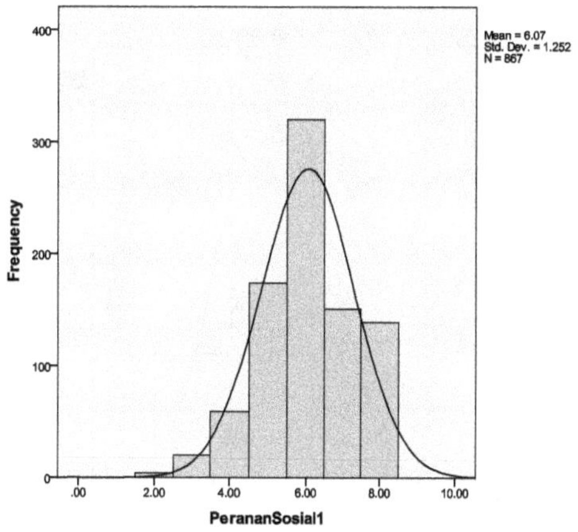

Rajah 4.13: Taburan frekuensi pemboleh ubah peranan sosial

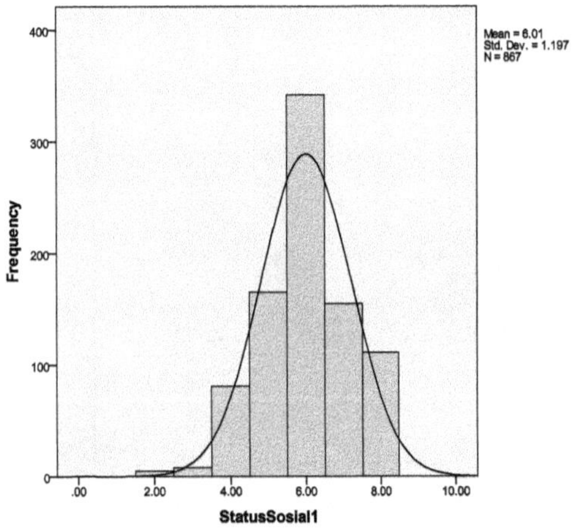

Rajah 4.14: Taburan frekuensi pemboleh ubah status sosial

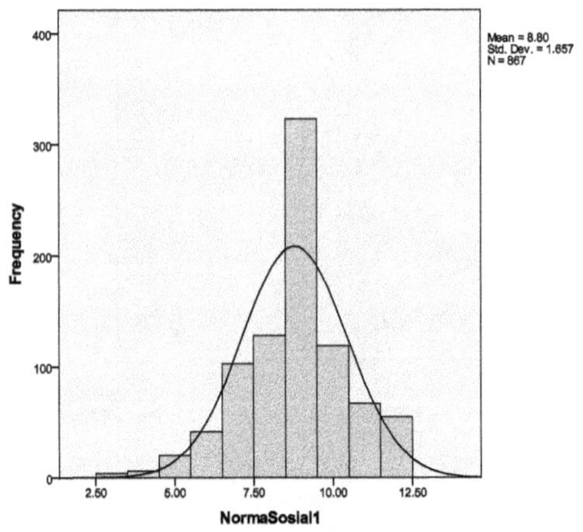

Rajah 4.15: Taburan frekuensi pemboleh ubah norma sosial

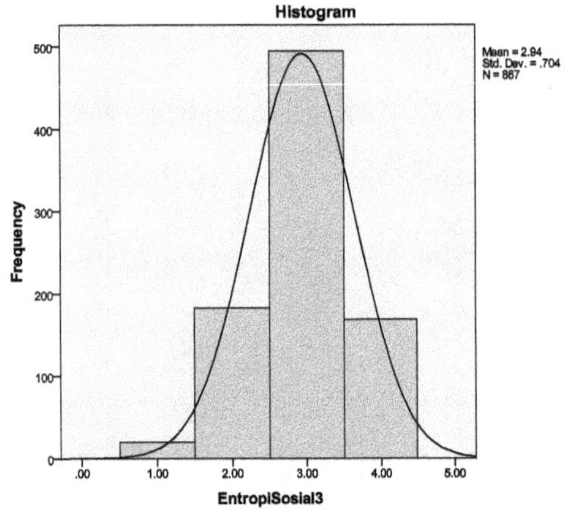

Rajah 4.16: Taburan frekuensi pemboleh ubah entropi Sosial

Taburan frekuensi pemboleh ubah latar belakang responden

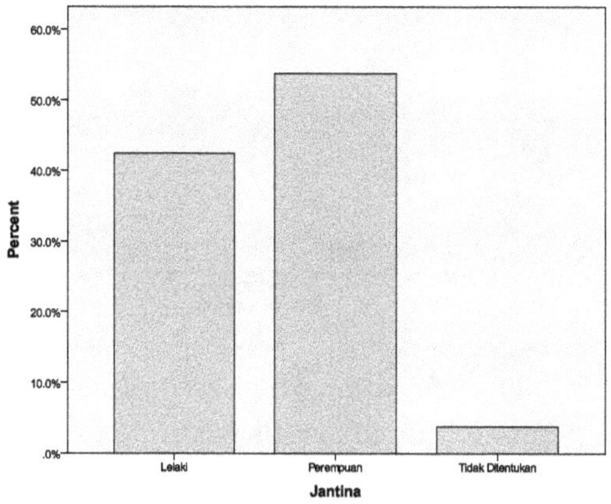

Rajah 4.17: Taburan frekuensi pemboleh ubah jantina

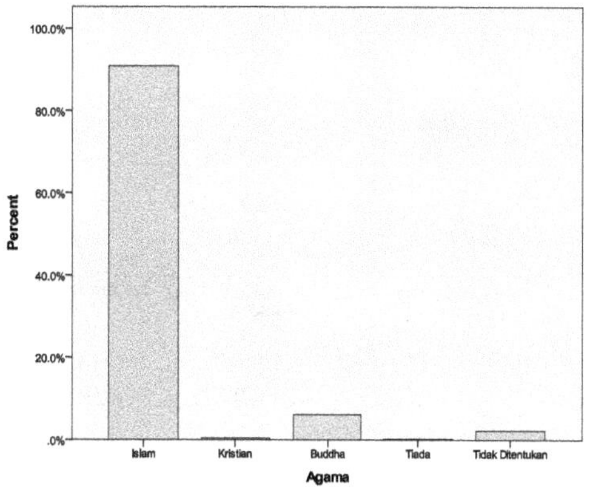

Rajah 4.18: Taburan frekuensi pemboleh ubah agama

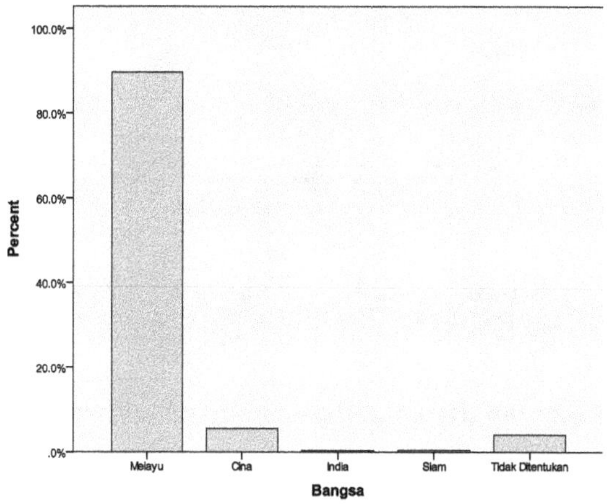

Rajah 4.19: Taburan frekuensi pemboleh ubah bangsa

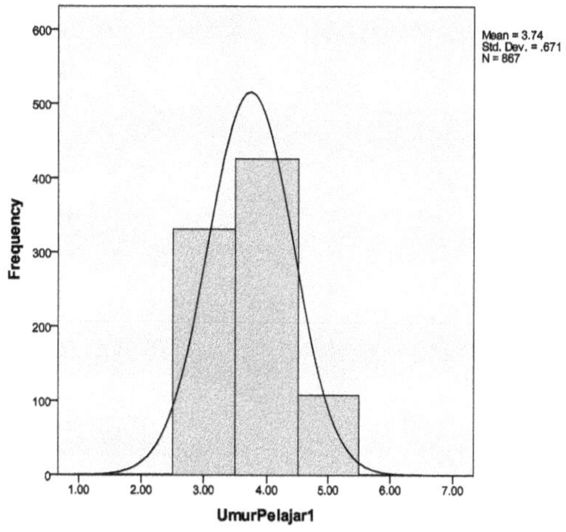

Rajah 4.20: Taburan frekuensi pemboleh ubah umur pelajar

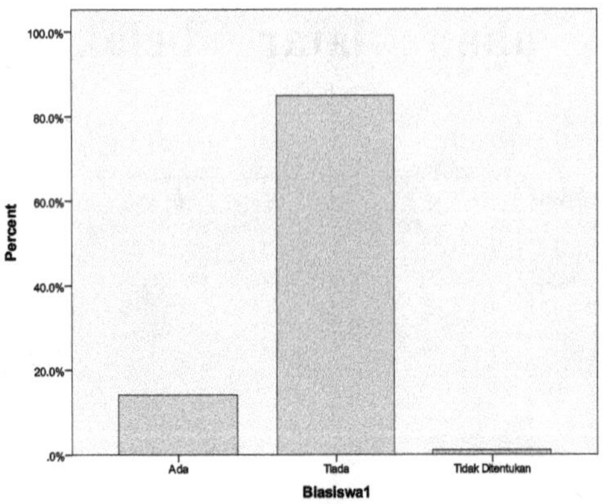

Rajah 4.21: Taburan frekuensi pemboleh ubah biasiswa

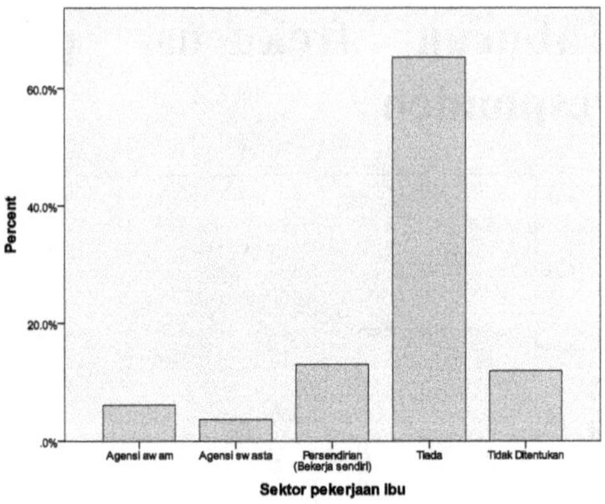

Rajah 4.22: Taburan frekuensi pemboleh ubah sektor pekerjaan ibu

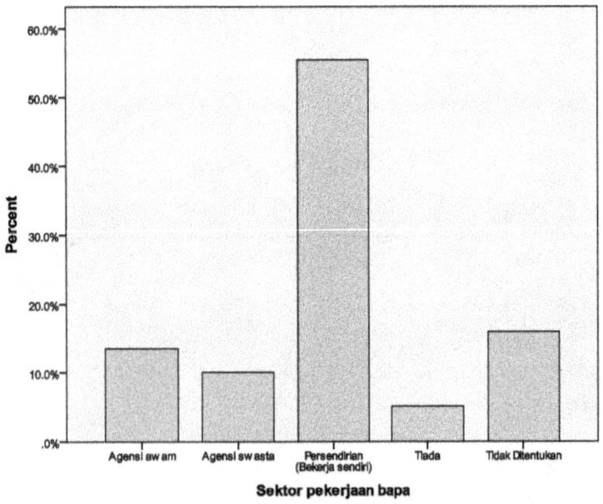

Rajah 4.23: Taburan frekuensi pemboleh ubah sektor pekerjaan bapa

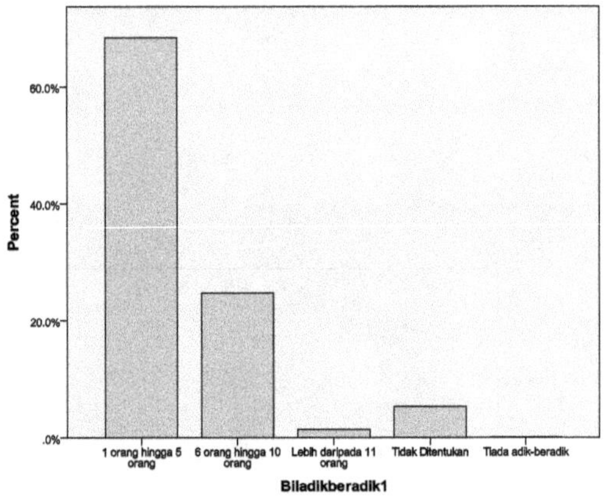

Rajah 4.24: Taburan frekuensi pemboleh ubah bilangan adik-beradik

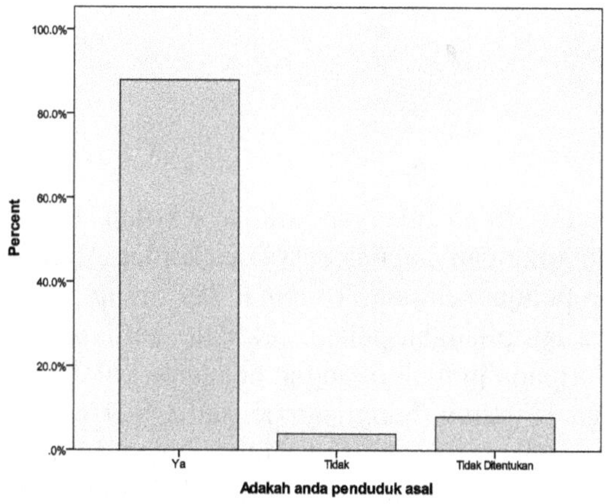

Rajah 4.25: Taburan frekuensi pemboleh ubah penduduk asal

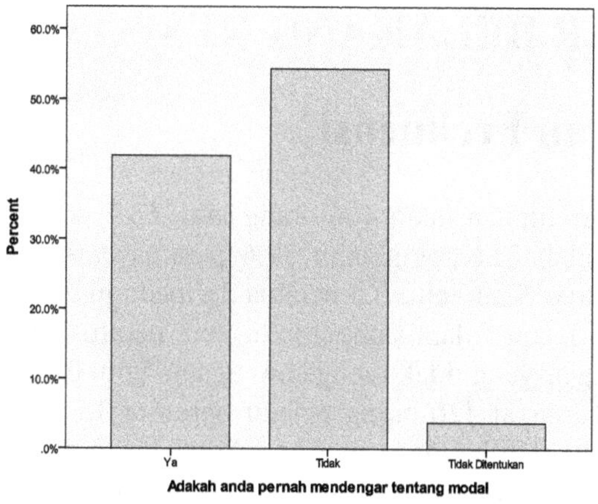

Rajah 4.26: Taburan frekuensi pemboleh ubah pernah mendengar modal sosial

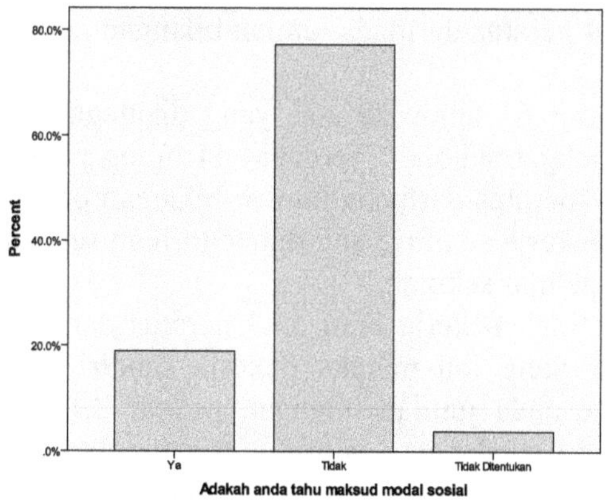

Rajah 4.27: Taburan frekuensi pemboleh ubah tahu maksud modal sosial

LATAR BELAKANG RESPONDEN

Taburan Frekuensi

Jantina perempuan ialah 466 orang iaitu 53.7 peratus daripada jumlah bilangan pelajar sekolah. Pelajar Melayu ialah 777 orang iaitu 89.6 peratus daripada jumlah bilangan pelajar sekolah. Terdapat empat orang pelajar Siam iaitu 0.5 peratus daripada jumlah bilangan pelajar sekolah. Terdapat 787 orang pelajar beragama Islam dalam sampel iaitu 90.8 peratus daripada jumlah bilangan pelajar sekolah. Terdapat dua orang pelajar yang tidak menganuti agama iaitu 0.2 peratus daripada jumlah bilangan pelajar sekolah.

Terdapat 426 orang pelajar berumur 15 tahun hingga 16 tahun dalam sampel iaitu 49.1 peratus daripada jumlah bilangan pelajar sekolah. Seramai 331 orang pelajar berumur 13 tahun hingga 14 tahun iaitu 38.2 peratus daripada jumlah bilangan pelajar sekolah. Pelajar sekolah kajian ialah 743 orang iaitu 85.7 peratus tiada bantuan biasiswa. Terdapat 273 orang pelajar tingkatan 4 dalam sampel iaitu 31.5 peratus daripada jumlah bilangan pelajar sekolah. Terdapat 173 orang pelajar tingkatan 1 dalam sampel iaitu 20 peratus daripada jumlah bilangan pelajar sekolah. Kira-kira 161 orang pelajar mengkategorikan diri mereka sebagai cemerlang dalam pencapaian pendidikan iaitu 18.6 peratus daripada jumlah bilangan pelajar sekolah. Seramai 108 orang pelajar mengkategorikan diri mereka sebagai kurang baik dalam pencapaian pendidikan iaitu 12.5 peratus daripada jumlah pelajar sekolah.

Kira-kira 49 orang pelajar mendapat keputusan lebih daripada 5A dalam peperiksaan terkini mereka iaitu lapan peratus daripada jumlah bilangan pelajar sekolah. Terdapat 185 orang pelajar yang tidak mendapat A dalam peperiksaan terkini mereka iaitu 21.3 peratus daripada jumlah pelajar sekolah. Orang pelajar sekolah kajian yang bapa mereka berumur 61 tahun ke atas yang dikategorikan sebagai umur tua iaitu 5.9 peratus daripada jumlah bilangan pelajar sekolah. Terdapat 12 orang pelajar sekolah dalam sampel yang bapa mereka telah meninggal dunia iaitu 1.4 peratus daripada jumlah bilangan pelajar sekolah.

Lapan orang pelajar sekolah yang bapa mereka berumur 61 tahun ke atas yang dikategorikan sebagai umur tua iaitu 0.9 peratus daripada jumlah bilangan pelajar sekolah. Terdapat 44 orang pelajar sekolah yang bapa mereka tidak mempunyai pekerjaan iaitu 5.1 peratus daripada jumlah bilangan pelajar sekolah kajian. Terdapat 481 orang pelajar yang bapa mereka bekerja sendiri yang dikategorikan sebagai sektor persendirian iaitu 55.5 peratus daripada jumlah bilangan pelajar sekolah.

Terdapat 566 orang pelajar sekolah yang ibu mereka tidak bekerja iaitu 65.3 peratus daripada jumlah bilangan pelajar sekolah. Terdapat 113 orang pelajar yang ibu mereka bekerja sendiri yang dikategorikan sebagai sektor persendirian iaitu 13 peratus daripada jumlah bilangan pelajar sekolah. Terdapat 44 orang pelajar sekolah yang bapa mereka tidak ada pendapatan iaitu 5.1 peratus daripada jumlah bilangan pelajar sekolah. Seramai 619 orang pelajar yang bapa mereka berpendapatan rendah iaitu kurang daripada RM3070.00 sebulan iaitu 71.4 peratus daripada jumlah bilangan pelajar sekolah.

Kira-kira 43 orang pelajar sekolah yang bapa mereka dikategorikan dalam RM0.00 pendapatan iaitu 5 peratus daripada jumlah bilangan pelajar sekolah kajian. Terdapat 618 orang pelajar yang bapa mereka dalam kategori pendapatan kurang RM3000 sebulan iaitu 71.3 peratus daripada jumlah bilangan pelajar sekolah kajian. Bilangan 594 orang pelajar yang ibu mereka tidak mempunyai pendapatan iaitu 68.5 peratus daripada jumlah bilangan pelajar yang dikaji. Seramai 152 orang pelajar dalam kategori pendapatan ibu jkurang RM3070 sebulan iaitu berpendapatan rendah yang merupakan 17.5 peratus jumlah pelajar yang dikaji.

Bilangan 593 orang pelajar yang dikaji dikategorikan dalam ibu RM0.00 pendapatan (tiada pendapatan) iaitu 68.4 peratus daripada jumlah pelajar yang dikaji. Seramai 153 orang pelajar yang dikategorikan dalam ibu berpendapatan kurang RM3000 sebulan iaitu 17.6 peratus daripada jumlah pelajar yang dikaji. Bilangan 593 orang pelajar yang dikaji yang mempunyai 1 orang hingga 5 orang adik-beradik iaitu 68.4 peratus daripada jumlah pelajar yang dikaji.

Bilangan 763 orang pelajar kajian merupakan penduduk asal iaitu 88 peratus daripada jumlah pelajar kajian. Bilangan 520 orang sampel dikategorikan dalam keluarga yang memiliki basikal iaitu 60 peratus daripada jumlah pelajar yang dikaji. Bilangan 794 orang sampel kajian dalam kategori keluarga yang memiliki motosikal iaitu 91.6 peratus daripada bilangan pelajar kajian. Bilangan 605 orang sampel kajian ialah dalam kategori keluarga yang memiliki kereta iaitu 69.8 peratus daripada jumlah pelajar kajian.

Bilangan 782 orang sampel kajian ialah dalam kategori keluarga tidak memiliki van iaitu 90.2 peratus daripada jumlah bilangan pelajar kajian. Bilangan 794 orang sampel kajian ialah dalam kategori keluarga yang tidak memiliki lori iaitu 91.6 peratus daripada jumlah bilangan pelajar kajian. Bilangan 471 orang sampel kajian yang tidak pernah mendengar tentang modal sosial iaitu 54.3 peratus daripada jumlah pelajar kajian. Seramai 363 orang sampel kajian yang pernah mendengar tentang modal sosial iaitu 41.9 peratus daripada jumlah. Bilangan 670 orang sampel kajian yang tidak mengetahui maksud modal sosial iaitu 18.9 peratus daripada jumlah pelajar kajian. Seramai 164 orang sampel kajian yang mengetahui maksud modal sosial iaitu 18.9 peratus daripada jumlah pelajar kajian.

Kecenderungan memusat pembolehubah latar belakang responden

Kekerapan paling banyak berlaku (mod) bagi jantina pelajar sekolah kajian ialah perempuan (2.00) dalam taburan. Nilai kekerapan paling banyak berlaku (mod) bagi bangsa pelajar sekolah kajian ialah Melayu (1.00). Kekerapan paling kerap berlaku bagi agama pelajar sekolah kajian ialah Islam (1.00). Min umur pelajar sekolah kajian ialah 3.7428. Kekerapan paling banyak berlaku bagi sektor pekerjaan bapa pelajar sekolah kajian ialah 3.00 (persendirian iaitu bekerja sendiri). Nilai kekerapan paling banyak berlaku bagi sektor pekerjaan ibu pelajar sekolah kajian ialah 4.00 iaitu tiada. Kekerapan paling banyak berlaku bagi penduduk asal di kalangan pelajar sekolah kajian ialah 1.00 (iaitu merupakan penduduk asal). Min keputusan peperiksaan yang terkini pelajar sekolah kajian ialah 2.2687 iaitu 1A hingga 2A. Nilai tengah (median) bagi pencapaian/kecemerlangan pelajar sekolah kajian ialah 2.0000 iaitu baik dalam pencapaian atau kecemerlangan. Median bagi tingkatan pelajar sekolah kajian ialah 3.0000 iaitu tingkatan 3. Median bagi pendidikan tertinggi bapa pelajar sekolah kajian ialah 4.0000 iaitu STPM/STA/4Thanawi. Median bagi pendidikan tertinggi ibu ialah 4.0000 iaitu STPM/STA/4Thanawi. Median bagi pendapatan bapa pelajar sekolah kajian ialah 2.0000 iaitu pendapatan rendah (kurang daripada RM3070 sebulan). Median pendapatan ibu pelajar sekolah kajian ialah 1.0000 iaitu tiada pendapatan. Min umur bapa pelajar sekolah kajian ialah 3.7047 iaitu tua (61 tahun ke atas). Min umur ibu pelajar sekolah kajian ialah 3.4579 iaitu tua (61 tahun ke atas). Mod bagi pemilikan basikal keluarga pelajar sekolah kajian ialah 1.00 iaitu ada. Mod bagi pemilikan motosikal keluarga pelajar sekolah kajian ialah 1.00 iaitu ada. Mod bagi pemilikan kereta keluarga pelajar sekolah kajian ialah 1.00 iaitu ada. Mod bagi pemilikan van keluarga pelajar sekolah kajian ialah 2.00 iaitu tidak ada. Mod bagi pemilikan lori pelajar sekolah kajian ialah 2.00 iaitu tidak ada. Mod bagi pernah mendengar tentang modal sosial pelajar sekolah kajian ialah 2.00 iaitu tidak pernah mendengar. Mod bagi mengetahui maksud modal sosial ialah 2.00 iaitu tidak mengetahui maksud modal sosial.

Taburan Pembolehubah latar belakang responden

Perbezaan nilai terbesar dan terkecil (julat) bagi pembolehubah umur pelajar sekolah kajian ialah 4.00 iaitu 15 tahun hingga 16 tahun. Perbezaan nilai terbesar dan terkecil (julat) bagi pembolehubah keputusan peperiksaan yang terkini pelajar sekolah kajian ialah 4.00 iaitu 15 tahun hingga 16 tahun. Perbezaan nilai terbesar dan terkecil bagi pembolehubah pencapaian/kecemerlangan pelajar sekolah kajian ialah 3.00 iaitu cemerlang manakala jarak antara bahagian atas *quartile* lebih rendah dan bahagian bawah *interquartile* lebih tinggi (julat *interquartile*) ialah 2.0000 iaitu baik. Julat bagi tingkatan pelajar sekolah kajian ialah 7.00 iaitu tingkatan 6A manakala julat *interquartile* ialah 3.0000 iaitu tingkatan 3. Julat pendidikan tertinggi bapa pelajar sekolah kajian ialah 6.00 iaitu sijil/diploma manakala julat *interquartile* ialah 4.0000 iaitu STPM/STA/4Thanawi. Julat pendidikan tertinggi ibu ialah 6.00 iaitu sijil/diploma manakala julat *interquartile* ialah 4.0000 iaitu STPM/STA/4Thanawi. Julat pendapatan bapa pelajar sekolah kajian ialah 6.00 iaitu kategori bapa meninggal dunia (tiada pendapatan bapa), manakala julat *interquartile* 2.0000 iaitu pendapatan rendah (kurang RM3070 sebulan). Julat bagi pendapatan ibu pelajar sekolah kajian ialah 6.00 iaitu kategori bapa meninggal dunia (tiada pendapatan bapa), manakala julat *interquartile* ialah 1.0000 iaitu tiada pendapatan. Julat umur bapa pelajar sekolah kajian ialah 5.00 iaitu bapa meninggal dunia (tiada maklumat bagi kategori umur bapa). Julat bagi umur ibu pelajar sekolah kajian ialah 5.00 iaitu ibu meninggal dunia (tiada maklumat bagi kategori umur ibu. Tetapi bagi kajian ini tiada ibu pelajar sekolah kajian yang meninggal dunia).

TABURAN DAN KECENDERUNGAN MEMUSAT PEMBOLEHUBAH MODAL SOSIAL

Kumpulan dan Jaringan

Jadual 4.22: Deskriptif taburan dan kecenderungan memusat kumpulan dan jaringan

			Statistik	**Ralat Piawai**
Kumpulan dan Jaringan	Min		3.0969	0.01513
	95% selang keyakinan bagi min	Ikatan lebih rendah	3.0672	
		Ikatan lebih tinggi	3.1266	
	% Min memangkas		3.1102	
	Median		3.0000	
	Varian		0.198	
	Sisihan Piawai		0.44548	
	Minimum		1.00	
	Maksimum		4.00	
	Julat		3.00	
	Julat *Interquartile*		0.00	
	Skewness		0.278	0.83
	Kurtosis		2.481	0.166

Jadual 4.22 menunjukkan nilai tengah (median) bagi kumpulan dan jaringan pelajar sekolah kajian ialah 3.0000 iaitu setuju. Julat ialah 3.00 (setuju) menandakan jarak memisahkan nilai terendah (1.00 iaitu sangat tidak setuju) dan tertinggi (4.00 iaitu sangat setuju) dalam taburan. Ini menunjukkan taburan skor sangat serupa. Julat *interquartile* ialah 0.00 iaitu perbezaan antara *quartile* lebih atas (Q3, 75th *percentile*) dan *quartile* lebih rendah (Q1, 25th *percentile*) atau julat 50 peratus pertengahan dari taburan. Ini menunjukkan bahawa kumpulan dan jaringan pelajar sekolah adalah serupa dan ini menandakan bahawa taburan kumpulan dan jaringan pelajar adalah sangat kecil iaitu data adalah mengumpul di sekitar min.

Kepercayaan

Jadual 4.23: Deskriptif taburan dan kecenderungan memusat kepercayaan

			Statistik	**Ralat Piawai**
Kepercayaan	Min		2.7105	0.01932
	95% selang keyakinan bagi min	Ikatan lebih rendah	2.6726	
		Ikatan lebih tinggi	2.7484	
	% Min memangkas		2.6873	
	Median		3.0000	
	Varian		0.324	
	Sisihan Piawai		0.56896	
	Minimum		1.00	
	Maksimum		4.00	
	Julat		3.00	
	Julat *Interquartile*		0.00	
	Skewness		-0.179	0.83
	Kurtosis		-02.159	0.166

Jadual 4.23 menunjukkan nilai tengah (median) bagi kepercayaan pelajar sekolah kajian ialah 3.0000 iaitu setuju. Julat ialah 3.00 (setuju) menandakan jarak memisahkan nilai terendah (1.00 iaitu sangat tidak setuju) dan tertinggi (4.00 iaitu sangat setuju) dalam taburan. Ini menunjukkan taburan skor sangat serupa. Julat *interquartile* ialah 0.00 iaitu perbezaan antara *quartile* lebih atas (Q3, 75th *percentile*) dan *quartile* lebih rendah (Q1, 25th *percentile*) atau julat 50 peratus pertengahan dari taburan. Ini menunjukkan bahawa kepercayaan pelajar sekolah kajian adalah serupa dan ini menandakan bahawa taburan kepercayaan pelajar sekolah kajian adalah sangat kecil iaitu data adalah mengumpul di sekitar min.

Tindakan Kolektif Dan Kerjasama

Jadual 4.24: Deskriptif taburan dan kecenderungan memusat kolektif dan kerjasama

			Statistik	Ralat Piawai
Tindakan Kolektif Dan Kerjasama	Min		2.9216	0.01378
	95% selang keyakinan bagi min	Ikatan lebih rendah	2.8945	
		Ikatan lebih tinggi	2.9486	
	% Min memangkas		2.9171	
	Median		3.0000	
	Varian		0.165	
	Sisihan Piawai		0.40588	
	Minimum		2.00	
	Maksimum		4.00	
	Julat		2.00	
	Julat *Interquartile*		0.00	
	Skewness		-0.589	0.083
	Kurtosis		2.646	0.166

Jadual 4.24 menunjukkan nilai tengah (median) bagi tindakan kolektif dan kerjasama pelajar sekolah kajian ialah 3.0000 iaitu setuju. Julat ialah 2.00 (setuju) menandakan jarak memisahkan nilai terendah (1.00 iaitu sangat tidak setuju) dan tertinggi (4.00 iaitu sangat setuju) dalam taburan. Ini menunjukkan taburan skor sangat serupa. Julat *interquartile* ialah 0.00 iaitu perbezaan antara *quartile* lebih atas (Q3, 75th *percentile*) dan *quartile* lebih rendah (Q1, 25th *percentile*) atau julat 50 peratus pertengahan dari taburan. Ini menunjukkan bahawa tindakan kolektif dan kerjasama pelajar sekolah kajian adalah serupa dan ini menandakan bahawa taburan tindakan kolektif dan kerjasama pelajar sekolah kajian adalah sangat kecil iaitu data adalah mengumpul di sekitar min.

Maklumat Dan Komunikasi

Jadual 4.25: Deskriptif taburan dan kecenderungan memusat maklumat dan komunikasi

			Statistik	Ralat Piawai
Maklumat Dan Komunikasi	Min		2.9573	0.01662
	95% selang keyakinan bagi min	Ikatan lebih rendah	2.9247	
		Ikatan lebih tinggi	2.9899	
	% Min memangkas		2.9564	
	Median		3.0000	
	Varian		0.240	
	Sisihan Piawai		0.48940	
	Minimum		1.00	
	Maksimum		4.00	
	Julat		3.00	
	Julat *Interquartile*		0.00	
	Skewness		-0.280	0.083
	Kurtosis		1.811	0.166

Jadual 4.25 menunjukkan nilai tengah (median) bagi maklumat dan komunikasi pelajar sekolah kajian ialah 3.0000 iaitu setuju. Julat ialah 3.00 (setuju) menandakan jarak memisahkan nilai terendah (1.00 iaitu sangat tidak setuju) dan tertinggi (4.00 iaitu sangat setuju) dalam taburan. Ini menunjukkan taburan skor sangat serupa. Julat *interquartile* ialah 0.00 iaitu perbezaan antara *quartile* lebih atas (Q3, 75th *percentile*) dan *quartile* lebih rendah (Q1, 25th *percentile*) atau julat 50 peratus pertengahan dari taburan. Ini menunjukkan bahawa maklumat dan komunikasi pelajar sekolah kajian adalah serupa dan ini menandakan bahawa taburan maklumat dan komunikasi pelajar sekolah kajian adalah sangat kecil iaitu data adalah mengumpul di sekitar min.

Perpaduan Dan Penyertaan Sosial

Jadual 4.26: Deskriptif taburan dan kecenderungan memusat perpaduan dan penyertaan sosial

			Statistik	**Ralat Piawai**
Perpaduan Dan Penyertaan Sosial	Min		2.9423	0.01620
	95% selang keyakinan bagi min	Ikatan lebih rendah	2.9105	
		Ikatan lebih tinggi	2.9741	
	% Min memangkas		2.9359	
	Median		3.0000	
	Varian		0.228	
	Sisihan Piawai		0.47709	
	Minimum		2.00	
	Maksimum		4.00	
	Julat		2.00	
	Julat *Interquartile*		0.00	
	Skewness		-0.168	0.083
	Kurtosis		1.308	0.166

Jadual 4.26 menunjukkan nilai tengah (median) bagi perpaduan dan penyertaan sosial pelajar sekolah kajian ialah 3.0000 iaitu setuju. Julat ialah 2.00 (setuju) menandakan jarak memisahkan nilai terendah (1.00 iaitu sangat tidak setuju) dan tertinggi (4.00 iaitu sangat setuju) dalam taburan. Ini menunjukkan taburan skor sangat serupa. Julat *interquartile* ialah 0.00 iaitu perbezaan antara *quartile* lebih atas (Q3, 75th *percentile*) dan *quartile* lebih rendah (Q1, 25th *percentile*) atau julat 50 peratus pertengahan dari taburan. Ini menunjukkan bahawa perpaduan dan penyertaan sosial pelajar sekolah kajian adalah serupa dan ini menandakan bahawa taburan perpaduan dan penyertaan sosial pelajar sekolah kajian adalah sangat kecil iaitu data adalah mengumpul di sekitar min.

Pendayaupayaan

Jadual 4.27: Deskriptif taburan dan kecenderungan memusat pendayaupayaan

			Statistik	**Ralat Piawai**
Pendayaupayaan	Min		3.1142	0.01881
	95% selang keyakinan bagi min	Ikatan lebih rendah	3.0773	
		Ikatan lebih tinggi	3.1511	
	% Min memangkas		3.1358	
	Median		3.0000	
	Varian		0.307	
	Sisihan Piawai		0.55390	
	Minimum		1.00	
	Maksimum		4.00	
	Julat		3.00	
	Julat *Interquartile*		0.00	
	Skewness		-0.240	0.083
	Kurtosis		1.389	0.166

Jadual 4.27 menunjukkan nilai tengah (median) bagi pendayaupayaan pelajar sekolah kajian ialah 3.0000 iaitu setuju. Julat ialah 3.00 (setuju) menandakan jarak memisahkan nilai terendah (1.00 iaitu sangat tidak setuju) dan tertinggi (4.00 iaitu sangat setuju) dalam taburan. Ini menunjukkan taburan skor sangat serupa. Julat *interquartile* ialah 0.00 iaitu perbezaan antara *quartile* lebih atas (Q3, 75th *percentile*) dan *quartile* lebih rendah (Q1, 25th *percentile*) atau julat 50 peratus pertengahan dari taburan. Ini menunjukkan bahawa pendayaupayaan pelajar sekolah kajian adalah serupa dan ini menandakan bahawa taburan pendayaupayaan pelajar sekolah kajian adalah sangat kecil iaitu data adalah mengumpul di sekitar min.

Ikatan Sosial

Jadual 4.28: Deskriptif taburan dan kecenderungan memusat ikatan sosial

			Statistik	**Ralat Piawai**
Ikatan Sosial	Min		2.9412	0.00879
	95% selang keyakinan	Ikatan lebih rendah	2.9239	
	bagi min	Ikatan lebih tinggi	2.9584	
	% Min memangkas		2.9838	
	Median		3.0000	
	Varian		0.067	
	Sisihan Piawai		0.25879	
	Minimum		2.00	
	Maksimum		4.00	
	Julat		2.00	
	Julat *Interquartile*		0.00	
	Skewness		-2.710	0.083
	Kurtosis		10.012	0.166

Jadual 4.28 menunjukkan nilai tengah (median) bagi ikatan sosial pelajar sekolah kajian ialah 3.0000 iaitu setuju. Julat ialah 2.00 (setuju) menandakan jarak memisahkan nilai terendah (1.00 iaitu sangat tidak setuju) dan tertinggi (4.00 iaitu sangat setuju) dalam taburan. Ini menunjukkan taburan skor sangat serupa. Julat *interquartile* ialah 0.00 iaitu perbezaan antara *quartile* lebih atas (Q3, 75th *percentile*) dan *quartile* lebih rendah (Q1, 25th *percentile*) atau julat 50 peratus pertengahan dari taburan. Ini menunjukkan bahawa ikatan sosial pelajar sekolah kajian adalah serupa dan ini menandakan bahawa taburan ikatan sosial pelajar sekolah kajian adalah sangat kecil iaitu data adalah mengumpul di sekitar min.

Jambatan Sosial

Jadual 4.29: Deskriptif taburan dan kecenderungan memusat jambatan sosial

			Statistik	**Ralat Piawai**
Jambatan Sosial	Min		2.5802	0.00879
	95% selang keyakinan	Ikatan lebih rendah	2.5354	
	bagi min	Ikatan lebih tinggi	2.6250	
	% Min memangkas		2.5809	
	Median		3.0000	
	Varian		0.452	
	Sisihan Piawai		0.67209	
	Minimum		1.00	
	Maksimum		4.00	
	Julat		3.00	
	Julat *Interquartile*		1.00	
	Skewness		-0.111	0.083
	Kurtosis		-0.170	0.166

Jadual 4.29 menunjukkan nilai tengah (median) bagi jambatan sosial pelajar sekolah kajian ialah 3.0000 iaitu setuju. Julat ialah 3.00 (setuju) menandakan jarak memisahkan nilai terendah (1.00 iaitu sangat tidak setuju) dan tertinggi (4.00 iaitu sangat setuju) dalam taburan. Ini menunjukkan taburan skor sangat serupa. Julat *interquartile* ialah 1.00 iaitu perbezaan antara *quartile* lebih atas (Q3, 75th *percentile*) dan *quartile* lebih rendah (Q1, 25th *percentile*) atau julat 50 peratus pertengahan dari taburan. Ini menunjukkan bahawa jambatan sosial pelajar sekolah kajian adalah serupa dan ini menandakan bahawa taburan jambatan sosial pelajar sekolah kajian adalah sangat kecil iaitu data adalah mengumpul di sekitar min.

Hubungan Sosial

Jadual 4.30: Deskriptif taburan dan kecenderungan memusat hubungan sosial

			Statistik	**Ralat Piawai**
Hubungan Sosial	Min		2.5859	0.02411
	95% selang keyakinan	Ikatan lebih rendah	2.5386	
	bagi min	Ikatan lebih tinggi	2.6332	
	% Min memangkas		2.5955	
	Median		3.0000	
	Varian		0.504	
	Sisihan Piawai		0.70984	
	Minimum		1.00	
	Maksimum		4.00	
	Julat		3.00	
	Julat *Interquartile*		1.00	
	Skewness		-0.063	0.083
	Kurtosis		-0.233	0.166

Jadual 4.30 menunjukkan nilai tengah (median) bagi hubungan sosial pelajar sekolah kajian ialah 3.0000 iaitu setuju. Julat ialah 3.00 (setuju) menandakan jarak memisahkan nilai terendah (1.00 iaitu sangat tidak setuju) dan tertinggi (4.00 iaitu sangat setuju) dalam taburan. Ini menunjukkan taburan skor sangat serupa. Julat *interquartile* ialah 1.00 iaitu perbezaan antara *quartile* lebih atas (Q3, 75th *percentile*) dan *quartile* lebih rendah (Q1, 25th *percentile*) atau julat 50 peratus pertengahan dari taburan. Ini menunjukkan bahawa hubungan sosial pelajar sekolah kajian adalah serupa dan ini menandakan bahawa taburan hubungan sosial pelajar sekolah kajian adalah sangat kecil iaitu data adalah mengumpul di sekitar min.

Interaksi Sosial

Jadual 4.31: Deskriptif taburan dan kecenderungan memusat interaksi sosial

			Statistik	**Ralat Piawai**
Interaksi Sosial	Min		2.5871	0.01697
	95% selang keyakinan	Ikatan lebih rendah	2.5538	
	bagi min	Ikatan lebih tinggi	2.6204	
	% Min memangkas		2.5929	
	Median		3.0000	
	Varian		0.250	
	Sisihan Piawai		0.49962	
	Minimum		2.00	
	Maksimum		4.00	
	Julat		2.00	
	Julat *Interquartile*		1.00	
	Skewness		-0.271	0.083
	Kurtosis		-1.714	0.166

Jadual 4.31 menunjukkan nilai tengah (median) bagi interaksi sosial pelajar sekolah kajian ialah 3.0000 iaitu setuju. Julat ialah 2.00 (setuju) menandakan jarak memisahkan nilai terendah (1.00 iaitu sangat tidak setuju) dan tertinggi (4.00 iaitu sangat setuju) dalam taburan. Ini menunjukkan taburan skor sangat serupa. Julat *interquartile* ialah 1.00 iaitu perbezaan antara *quartile* lebih atas (Q3, 75th *percentile*) dan *quartile* lebih rendah (Q1, 25th *percentile*) atau julat 50 peratus pertengahan dari taburan. Ini menunjukkan bahawa interaksi sosial pelajar sekolah kajian adalah serupa dan ini menandakan bahawa taburan interaksi sosial pelajar sekolah kajian adalah sangat kecil iaitu data adalah mengumpul di sekitar min.

Agregat Sosial

Jadual 4.32: Deskriptif taburan dan kecenderungan memusat agregat sosial

			Statistik	**Ralat Piawai**
Agregat Sosial	Min		2.9493	0.01787
	95% selang keyakinan bagi min	Ikatan lebih rendah	2.9142	
		Ikatan lebih tinggi	2.9843	
	% Min memangkas		2.9487	
	Median		3.0000	
	Varian		0.277	
	Sisihan Piawai		0.52618	
	Minimum		1.00	
	Maksimum		4.00	
	Julat		3.00	
	Julat *Interquartile*		0.00	
	Skewness		-0.249	0.083
	Kurtosis		1.236	0.166

Jadual 4.32 menunjukkan nilai tengah (median) bagi agregat sosial pelajar sekolah kajian ialah 3.0000 iaitu setuju. Julat ialah 3.00 (setuju) menandakan jarak memisahkan nilai terendah (1.00 iaitu sangat tidak setuju) dan tertinggi (4.00 iaitu sangat setuju) dalam taburan. Ini menunjukkan taburan skor sangat serupa. Julat *interquartile* ialah 0.00 iaitu perbezaan antara *quartile* lebih atas (Q3, 75th *percentile*) dan *quartile* lebih rendah (Q1, 25th *percentile*) atau julat 50 peratus pertengahan dari taburan. Ini menunjukkan bahawa agregat sosial pelajar sekolah kajian adalah serupa dan ini menandakan bahawa taburan agregat sosial pelajar sekolah kajian adalah sangat kecil iaitu data adalah mengumpul di sekitar min.

Autoriti Sosial

Jadual 4.33: Deskriptif taburan dan kecenderungan memusat autoriti sosial

			Statistik	**Ralat Piawai**
Autoriti Sosial	Min		3.2630	0.02065
	95% selang keyakinan bagi min	Ikatan lebih rendah	3.2225	
		Ikatan lebih tinggi	3.3035	
	% Min memangkas		3.2948	
	Median		3.0000	
	Varian		0.370	
	Sisihan Piawai		0.60792	
	Minimum		1.00	
	Maksimum		4.00	
	Julat		3.00	
	Julat *Interquartile*		1.00	
	Skewness		-0.269	0.083
	Kurtosis		-0.269	0.166

Jadual 4.33 menunjukkan nilai tengah (median) bagi autoriti sosial pelajar sekolah kajian ialah 3.0000 iaitu setuju. Julat ialah 3.00 (setuju) menandakan jarak memisahkan nilai terendah (1.00 iaitu sangat tidak setuju) dan tertinggi (4.00 iaitu sangat setuju) dalam taburan. Ini menunjukkan taburan skor sangat serupa. Julat *interquartile* ialah 1.00 iaitu perbezaan antara *quartile* lebih atas (Q3, 75th *percentile*) dan *quartile* lebih rendah (Q1, 25th *percentile*) atau julat 50 peratus pertengahan dari taburan. Ini menunjukkan bahawa autoriti sosial pelajar sekolah kajian adalah serupa dan ini menandakan bahawa taburan autoriti sosial pelajar sekolah kajian adalah sangat kecil iaitu data adalah mengumpul di sekitar min.

Peranan Sosial

Jadual 4.34: Deskriptif taburan dan kecenderungan memusat peranan sosial

			Statistik	**Ralat Piawai**
Peranan Sosial	Min		3.2341	0.02120
	95% selang keyakinan	Ikatan lebih rendah	3.1925	
	bagi min	Ikatan lebih tinggi	3.2758	
	% Min memangkas		3.2653	
	Median		3.0000	
	Varian		0.390	
	Sisihan Piawai		0.62425	
	Minimum		1.00	
	Maksimum		4.00	
	Julat		3.00	
	Julat *Interquartile*		1.00	
	Skewness		-0.329	0.083
	Kurtosis		-0.069	0.166

Jadual 4.34 menunjukkan nilai tengah (median) bagi peranan sosial pelajar sekolah kajian ialah 3.0000 iaitu setuju. Julat ialah 3.00 (setuju) menandakan jarak memisahkan nilai terendah (1.00 iaitu sangat tidak setuju) dan tertinggi (4.00 iaitu sangat setuju) dalam taburan. Ini menunjukkan taburan skor sangat serupa. Julat *interquartile* ialah 1.00 iaitu perbezaan antara *quartile* lebih atas (Q3, 75th *percentile*) dan *quartile* lebih rendah (Q1, 25th *percentile*) atau julat 50 peratus pertengahan dari taburan. Ini menunjukkan bahawa peranan sosial pelajar sekolah kajian adalah serupa dan ini menandakan bahawa taburan peranan sosial pelajar sekolah kajian adalah sangat kecil iaitu data adalah mengumpul di sekitar min.

Status Sosial

Jadual 4.35: Deskriptif taburan dan kecenderungan memusat status sosial

			Statistik	**Ralat Piawai**
Status Sosial	Min		3.1903	0.02133
	95% selang keyakinan	Ikatan lebih rendah	3.1484	
	bagi min	Ikatan lebih tinggi	3.2322	
	% Min memangkas		3.2179	
	Median		3.0000	
	Varian		0.394	
	Sisihan Piawai		0.62806	
	Minimum		1.00	
	Maksimum		4.00	
	Julat		3.00	
	Julat *Interquartile*		1.00	
	Skewness		-0.308	0.083
	Kurtosis		0.038	0.166

Jadual 4.35 menunjukkan nilai tengah (median) bagi status sosial pelajar sekolah kajian ialah 3.0000 iaitu setuju. Julat ialah 3.00 (setuju) menandakan jarak memisahkan nilai terendah (1.00 iaitu sangat tidak setuju) dan tertinggi (4.00 iaitu sangat setuju) dalam taburan. Ini menunjukkan taburan skor sangat serupa. Julat *interquartile* ialah 1.00 iaitu perbezaan antara *quartile* lebih atas (Q3, 75th *percentile*) dan *quartile* lebih rendah (Q1, 25th *percentile*) atau julat 50 peratus pertengahan dari taburan. Ini menunjukkan bahawa status sosial pelajar sekolah kajian adalah serupa dan ini menandakan bahawa taburan status sosial pelajar sekolah kajian adalah sangat kecil iaitu data adalah mengumpul di sekitar min.

Norma Sosial

Jadual 4.36: Deskriptif taburan dan kecenderungan memusat norma sosial

			Statistik	Ralat Piawai
Norma Sosial	Min		2.9273	0.02072
	95% selang keyakinan	Ikatan lebih rendah	2.8867	
	bagi min	Ikatan lebih tinggi	2.9680	
	% Min memangkas		2.9321	
	Median		3.0000	
	Varian		0.372	
	Sisihan Piawai		0.61017	
	Minimum		1.00	
	Maksimum		4.00	
	Julat		3.00	
	Julat *Interquartile*		0.00	
	Skewness		-0.267	0.083
	Kurtosis		0.526	0.166

Jadual 4.36 menunjukkan nilai tengah (median) bagi norma sosial pelajar sekolah kajian ialah 3.0000 iaitu setuju. Julat ialah 3.00 (setuju) menandakan jarak memisahkan nilai terendah (1.00 iaitu sangat tidak setuju) dan tertinggi (4.00 iaitu sangat setuju) dalam taburan. Ini menunjukkan taburan skor sangat serupa. Julat *interquartile* ialah 0.00 iaitu perbezaan antara *quartile* lebih atas (Q3, 75th *percentile*) dan *quartile* lebih rendah (Q1, 25th *percentile*) atau julat 50 peratus pertengahan dari taburan. Ini menunjukkan bahawa norma sosial pelajar sekolah kajian adalah serupa dan ini menandakan bahawa taburan norma sosial pelajar sekolah kajian adalah sangat kecil iaitu data adalah mengumpul di sekitar min.

Entropi Sosial

Jadual 4.37: Deskriptif taburan dan kecenderungan memusat entropi sosial

			Statistik	Ralat Piawai
Entropi Sosial	Min		2.9377	0.02389
	95% selang keyakinan	Ikatan lebih rendah	2.8908	
	bagi min	Ikatan lebih tinggi	2.9846	
	% Min memangkas		2.9564	
	Median		3.0000	
	Varian		0.495	
	Sisihan Piawai		0.70354	
	Minimum		1.00	
	Maksimum		4.00	
	Julat		3.00	
	Julat *Interquartile*		0.00	
	Skewness		-0.311	0.083
	Kurtosis		0.021	0.166

Jadual 4.37 menunjukkan nilai tengah (median) bagi entropi sosial pelajar sekolah kajian ialah 3.0000 iaitu setuju. Julat ialah 3.00 (setuju) menandakan jarak memisahkan nilai terendah (1.00 iaitu sangat tidak setuju) dan tertinggi (4.00 iaitu sangat setuju) dalam taburan. Ini menunjukkan taburan skor sangat serupa. Julat *interquartile* ialah 0.00 iaitu perbezaan antara *quartile* lebih atas (Q3, 75th *percentile*) dan *quartile* lebih rendah (Q1, 25th *percentile*) atau julat 50 peratus pertengahan dari taburan. Ini menunjukkan bahawa entropi sosial pelajar sekolah kajian adalah serupa dan ini menandakan bahawa taburan entropi sosial pelajar sekolah kajian adalah sangat kecil iaitu data adalah mengumpul di sekitar min.

Bentuk Modal Sosial

Jadual 4.38: Deskriptif taburan dan kecenderungan memusat bentuk modal sosial

			Statistik	Ralat Piawai
Bentuk Modal Sosial	Min		2.9227	0.00922
	95% selang keyakinan bagi min	Ikatan lebih rendah	2.9046	
		Ikatan lebih tinggi	2.9408	
	% Min memangkas		2.9684	
	Median		3.0000	
	Varian		0.074	
	Sisihan Piawai		0.27147	
	Minimum		2.00	
	Maksimum		4.00	
	Julat		2.00	
	Julat *Interquartile*		0.00	
	Skewness		-2.997	0.83
	Kurtosis		7.837	0.166

Jadual 4.38 menunjukkan nilai tengah (median) bagi bentuk modal sosial pelajar sekolah kajian ialah 3.0000 iaitu setuju. Julat ialah 2.00 (setuju) menandakan jarak memisahkan nilai terendah (1.00 iaitu sangat tidak setuju) dan tertinggi (4.00 iaitu sangat setuju) dalam taburan. Ini menunjukkan taburan skor sangat serupa. Julat *interquartile* ialah 0.00 iaitu perbezaan antara *quartile* lebih atas (Q3, 75th *percentile*) dan *quartile* lebih rendah (Q1, 25th *percentile*) atau julat 50 peratus pertengahan dari taburan. Ini menunjukkan bahawa bentuk modal sosial pelajar sekolah kajian adalah serupa dan ini menandakan bahawa taburan bentuk modal sosial pelajar sekolah kajian adalah sangat kecil iaitu data adalah mengumpul di sekitar min.

Dimensi Modal Sosial

Jadual 4.39: Deskriptif taburan dan kecenderungan memusat dimensi modal sosial

			Statistik	Ralat Piawai
Dimensi Modal Sosial	Min		2.9689	0.01033
	95% selang keyakinan bagi min	Ikatan lebih rendah	2.9486	
		Ikatan lebih tinggi	2.9891	
	% Min memangkas		2.9864	
	Median		3.0000	
	Varian		0.093	
	Sisihan Piawai		0.30424	
	Minimum		2.00	
	Maksimum		4.00	
	Julat		2.00	
	Julat *Interquartile*		0.00	
	Skewness		-0.801	0.83
	Kurtosis		7.589	0.166

Jadual 4.39 menunjukkan nilai tengah (median) bagi dimensi modal sosial pelajar sekolah kajian ialah 3.0000 iaitu setuju. Julat ialah 2.00 (setuju) menandakan jarak memisahkan nilai terendah (1.00 iaitu sangat tidak setuju) dan tertinggi (4.00 iaitu sangat setuju) dalam taburan. Ini menunjukkan taburan skor sangat serupa. Julat *interquartile* ialah 0.00 iaitu perbezaan antara *quartile* lebih atas (Q3, 75th *percentile*) dan *quartile* lebih rendah (Q1, 25th *percentile*) atau julat 50 peratus pertengahan dari taburan. Ini menunjukkan bahawa dimensi modal sosial pelajar sekolah kajian adalah serupa dan ini menandakan bahawa taburan dimensi modal sosial pelajar sekolah kajian adalah sangat kecil iaitu data adalah mengumpul di sekitar min.

Ikatan Kuat

Jadual 4.40: Deskriptif taburan dan kecenderungan memusat ikatan kuat

			Statistik	**Ralat Piawai**
Ikatan Kuat	Min		3.1949	0.02097
	95% selang keyakinan bagi min	Ikatan lebih rendah	3.1538	
		Ikatan lebih tinggi	3.2361	
	% Min memangkas		3.2268	
	Median		3.0000	
	Varian		0.381	
	Sisihan Piawai		0.61736	
	Minimum		1.00	
	Maksimum		4.00	
	Julat		3.00	
	Julat *Interquartile*		1.00	
	Skewness		-0.386	0.83
	Kurtosis		0.541	0.166

Jadual 4.40 menunjukkan nilai tengah (median) bagi ikatan kuat pelajar sekolah kajian ialah 3.0000 iaitu setuju. Julat ialah 3.00 (setuju) menandakan jarak memisahkan nilai terendah (1.00 iaitu sangat tidak setuju) dan tertinggi (4.00 iaitu sangat setuju) dalam taburan. Ini menunjukkan taburan skor sangat serupa. Julat *interquartile* ialah 1.00 iaitu perbezaan antara *quartile* lebih atas (Q3, 75th *percentile*) dan *quartile* lebih rendah (Q1, 25th *percentile*) atau julat 50 peratus pertengahan dari taburan. Ini menunjukkan bahawa ikatan kuat pelajar sekolah kajian adalah serupa dan ini menandakan bahawa taburan ikatan kuat pelajar sekolah kajian adalah sangat kecil iaitu data adalah mengumpul di sekitar min.

Ikatan Lemah

Jadual 4.41: Deskriptif taburan dan kecenderungan memusat ikatan lemah

			Statistik	**Ralat Piawai**
Ikatan Lemah	Min		3.0161	0.01794
	95% selang keyakinan bagi min	Ikatan lebih rendah	2.9809	
		Ikatan lebih tinggi	3.0514	
	% Min memangkas		3.0256	
	Median		3.0000	
	Varian		0.279	
	Sisihan Piawai		0.52838	
	Minimum		1.00	
	Maksimum		4.00	
	Julat		3.00	
	Julat *Interquartile*		0.00	
	Skewness		-0.265	0.83
	Kurtosis		1.701	0.166

Jadual 4.41 menunjukkan nilai tengah (median) bagi ikatan lemah pelajar sekolah kajian ialah 3.0000 iaitu setuju. Julat ialah 3.00 (setuju) menandakan jarak memisahkan nilai terendah (1.00 iaitu sangat tidak setuju) dan tertinggi (4.00 iaitu sangat setuju) dalam taburan. Ini menunjukkan taburan skor sangat serupa. Julat *interquartile* ialah 0.00 iaitu perbezaan antara *quartile* lebih atas (Q3, 75th *percentile*) dan *quartile* lebih rendah (Q1, 25th *percentile*) atau julat 50 peratus pertengahan dari taburan. Ini menunjukkan bahawa ikatan lemah pelajar sekolah kajian adalah serupa dan ini menandakan bahawa taburan ikatan lemah pelajar sekolah kajian adalah sangat kecil iaitu data adalah mengumpul di sekitar min.

Nod

Jadual 4.42: Deskriptif taburan dan kecenderungan memusat nod

			Statistik	Ralat Piawai
Nod	Min		3.3449	0.01882
	95% selang keyakinan bagi min	Ikatan lebih rendah	3.3079	
		Ikatan lebih tinggi	3.3818	
	% Min memangkas		3.3699	
	Median		3.0000	
	Varian		0.307	
	Sisihan Piawai		0.55410	
	Minimum		1.00	
	Maksimum		4.00	
	Julat		3.00	
	Julat *Interquartile*		1.00	
	Skewness		-0.161	0.83
	Kurtosis		-0.252	0.166

Jadual 4.42 menunjukkan nilai tengah (median) bagi nod pelajar sekolah kajian ialah 3.0000 iaitu setuju. Julat ialah 3.00 (setuju) menandakan jarak memisahkan nilai terendah (1.00 iaitu sangat tidak setuju) dan tertinggi (4.00 iaitu sangat setuju) dalam taburan. Ini menunjukkan taburan skor sangat serupa. Julat *interquartile* ialah 0.00 iaitu perbezaan antara *quartile* lebih atas (Q3, 75th *percentile*) dan *quartile* lebih rendah (Q1, 25th *percentile*) atau julat 50 peratus pertengahan dari taburan. Ini menunjukkan bahawa nod pelajar sekolah kajian adalah serupa dan ini menandakan bahawa taburan nod pelajar sekolah kajian adalah sangat kecil iaitu data adalah mengumpul di sekitar min.

ANALISIS PERBEZAAN ANTARA DUA PEMBOLEHUBAH

Ujian Levene Untuk Tiga atau Lebih Varian Tidak berkaitan/Berhubungan

Kepercayaan dan Bangsa

Jadual 4.43: Output untuk Ujian Levene untuk kesamaan varian (kepercayaan dan bangsa)

Statistik Levene	*df1*	*df2*	*Sig.*
2.505	4	862	0.041

Jadual 4.43 menunjukkan Ujian Levene adalah signifikan (p = 0.041), jadi varian sama adalah tidak dianggap. Varian dalam kumpulan ialah tidak sama. Ini menunjukkan kepelbagaian varian dalam data. Data adalah melanggar andaian kesamaan varian ($p < 0.05$). Oleh itu, ujian Levene menunjukkan ketidaksamaan antara bangsa. Statistik Levene menolak hipotesis null bahawa varian kumpulan adalah sama. ANOVA adalah tidak teguh perlanggaran apabila kumpulan adalah tidak sama saiz.

Jadual 4.44: Statistik menunjukkan ujian ANOVA bagi kepercayaan dengan bangsa
Kepercayaan

	Hasil tambah kuasa dua	*df*	*Min Kuasa dua*	*F*	*Sig.*
Antara Kumpulan	1.807	4	0.452		
Dalam Kumpulan	278.528	862	0.323	1.398	0.233
Total	280.334	866			

Jadual 4.44 menunjukkan satu langkah penting dalam analisis varian ialah mewujudkan kesahan andaian. Satu andaian ANOVA ialah bahawa varian kumpulan adalah bersamaan. Tidak wujud perbezaan antara lima kategori pemboleh ubah bangsa kerana nilai $F = 1.398$ dan $p = 0.233$ ($p > 0.05$), hipotesis null gagal ditolak. Nilai signifikan ujian F dalam jadual adalah lebih besar daripada 0.05. Jadi purata kepercayaan pelajar sekolah kajian adalah berbeza merentasi kategori pemboleh ubah bangsa berbeza.

Ujian Post Hoc

Jadual 4.45: Statistik menyediakan ujian Scheffe satu hala membandingkan kepercayaan merentasi bangsa (Perbandingan Berganda)

(I) Bangsa	**(J) Bangsa**	**Perbezaan Min (I-J)**	**Ralat Piawai**	***Sig.***	**95% Selang Keyakinan**	
					Batas Bawah	**Batas Atas**
Melayu	Cina	0.12042	0.08454	0.730	-0.1406	0.3814
	India	0.39125	0.32882	0.841	-0.6238	1.4063
	Siam	-0.02542	0.28495	1.000	-0.9050	0.8542
	Tidak Ditentukan	0.15315	0.09822	0.657	-0.1501	0.4564
Cina	Melayu	-0.12042	0.08454	0.730	-0.3814	0.1406
	India	0.27083	0.33829	0.958	-0.7734	1.3151
	Siam	-0.14583	0.29582	0.993	-1.0592	0.7673
	Tidak Ditentukan	0.03274	0.12635	0.999	-0.3573	0.4228
India	Melayu	-0.39125	0.32882	0.841	-1.4063	0.6238
	Cina	-0.27083	0.33829	0.958	-1.3151	0.7734
	Siam	-0.41667	0.43415	0.921	-1.7568	0.9235
	Tidak Ditentukan	-0.23810	0.34196	0.975	-1.2937	0.8175
Siam	Melayu	0.02542	0.28495	1.000	-0.8542	0.9050
	Cina	0.14583	0.29582	0.993	-0.7673	1.0590
	India	0.41667	0.43415	0.921	-0.9235	1.7568
	Tidak Ditentukan	0.17857	0.30002	0.986	-0.7476	1.1047
Tidak Ditentukan	Melayu	-0.15315	0.09822	0.657	-0.4564	0.1501
	Cina	-0.03274	0.12635	0.999	-0.4228	0.3573
	India	0.23810	0.34196	0.975	-0.8175	1.2937
	Siam	-0.17857	0.30002	0.986	-1.1047	0.7476

Jadual 4.46: Statistik menyediakan ujian Scheffe satu hala membandingkan kepercayaan merentasi bangsa (*Homogeneous Subsets*)

Scheffe[a,b]

Bangsa	**n**	***Subset for alpha* = 0.05**
		1
India	3	2.3333
Tidak Ditentukan	35	2.5714
Cina	48	2.6042

Melayu	777	2.7246
Siam	4	2.7500
Sig.		0.714

Min Untuk Kumpulan Dalam Subset Homogen Dipaparkan

a. *Menggunakan Saiz Sampel Min Harmonik= 7.886*
b. *Saiz kumpulan adalah tidak sama. Min harmonik dari saiz kumpulan digunakan. Aras ralat Jenis I adalah tidak dijamin.*

Tindakan Kolektif dan Kerjasama dan Bangsa

Jadual 4.47: Output untuk Ujian Levene untuk kesamaan varian (tindakan kolektif dan kerjasama dan bangsa)

Statistik Levene	***df1***	***df2***	***Sig.***
4.545	4	862	0.001

Jadual 4.47 menunjukkan Ujian Levene adalah signifikan (p = 0.001), jadi varian sama adalah tidak dianggap. Varian dalam kumpulan ialah tidak sama. Ini menunjukkan kepelbagaian varian dalam data. Data adalah melanggar andaian kesamaan varian ($p < 0.05$). Oleh itu, ujian Levene menunjukkan ketidaksamaan antara bangsa. Statistik Levene menolak hipotesis null bahawa varian kumpulan adalah sama. ANOVA adalah tidak teguh perlanggaran apabila kumpulan adalah tidak sama saiz.

Jadual 4.48: Statistik menunjukkan ujian ANOVA bagi tindakan kolektif dan kerjasama dengan bangsa

	Hasil tambah Kuasa dua	***df***	**Min Kuasa dua**	***F***	***Sig.***
Antara Kumpulan	1.805	4	0.451		
Dalam Kumpulan	140.862	862	0.163	2.761	0.027
Total	142.667	866			

Jadual 4.48 menunjukkan satu langkah penting dalam analisis varian ialah mewujudkan kesahan andaian. Satu andaian ANOVA ialah bahawa varian kumpulan adalah bersamaan. Wujud perbezaan antara lima kategori pemboleh ubah bangsa kerana nilai $F = 2.761$ dan $p = 0.027$ ($p < 0.05$), hipotesis null berjaya ditolak. Nilai signifikan ujian F dalam jadual adalah kurang daripada 0.05. Jadi purata tindakan kolektif dan kerjasama pelajar sekolah kajian adalah sama merentasi kategori pemboleh ubah bangsa berbeza.

Ujian Post Hoc

Jadual 4.45: Statistik menyediakan ujian Scheffe satu hala membandingkan tindakan kolektif dan kerjasama merentasi bangsa (Perbandingan Berganda)

(I) Bangsa	**(J) Bangsa**	**Perbezaan Min (I-J)**	**Ralat Piawai**	***Sig.***	**95% Selang Keyakinan**	
					Batas Bawah	**Batas Atas**
Melayu	Cina	0.16482	0.06012	0.112	-0.0208	0.3504
	India	-0.06435	0.23384	0.999	-0.7862	0.6575
	Siam	-0.06435	0.20264	0.999	-0.6899	0.5612
	Tidak Ditentukan	0.13565	0.06985	0.438	-0.0800	0.3513
Cina	Melayu	-0.16482	0.06012	0.112	-0.3504	0.0208
	India	-0.22917	0.24057	0.923	-0.9718	0.5135
	Siam	-0.22917	0.21037	0.880	-0.8786	0.4202
	Tidak Ditentukan	-0.02917	0.08985	0.999	-0.3065	0.2482
India	Melayu	0.06435	0.23384	0.999	-0.6575	0.7862

	Cina	0.22917	0.24057	0.923	-0.5135	0.9718
	Siam	0.00000	0.30875	1.000	-0.9531	0.9531
	Tidak Ditentukan	0.20000	0.24319	0.954	-0.5507	0.9507
Siam	Melayu	0.06435	0.20264	0.999	-0.5612	0.6899
	Cina	0.22917	0.21037	0.880	-0.4202	0.8786
	India	0.00000	0.30875	1.000	-0.9531	0.9531
	Tidak Ditentukan	0.20000	0.21336	0.928	-0.4586	0.8586
Tidak Ditentukan	Melayu	-0.13565	0.06985	0.438	-0.3513	0.0800
	Cina	0.02917	0.08985	0.999	-0.2482	0.3065
	India	-0.20000	0.24319	0.954	-0.9507	0.5507
	Siam	-0.20000	0.21336	0.928	-0.8586	0.4586

Jadual 4.46: Statistik menyediakan ujian Scheffe satu hala membandingkan tindakan kolektif dan kerjasama merentasi bangsa (*Homogeneous Subsets*)

Scheffe[a,b]

Bangsa	**n**	***Subset for alpha* = 0.05**
		1
Cina	48	2.7708
Tidak Ditentukan	35	2.8000
Melayu	777	2.9356
India	3	3.0000
Siam	4	3.0000
Sig.		0.867

Min Untuk Kumpulan Dalam Subset Homogen Dipaparkan

a. *Menggunakan Saiz Sampel Min Harmonik= 7.886*

b. *Saiz kumpulan adalah tidak sama. Min harmonik dari saiz kumpulan digunakan. Aras ralat Jenis I adalah tidak dijamin.*

Perpaduan dan Penyertaan Sosial dan Bangsa

Jadual 4.47: Output untuk Ujian Levene untuk kesamaan varian (perpaduan dan penyertaan sosial dan bangsa)

Statistik Levene	***df1***	***df2***	***Sig.***
7.112	4	862	0.000

Jadual 4.47 menunjukkan Ujian Levene adalah signifikan (p = 0.000), jadi varian sama adalah tidak dianggap. Varian dalam kumpulan ialah tidak sama. Ini menunjukkan kepelbagaian varian dalam data. Data adalah melanggar andaian kesamaan varian ($p < 0.05$). Oleh itu, ujian Levene menunjukkan ketidaksamaan antara bangsa. Statistik Levene menolak hipotesis null bahawa varian kumpulan adalah sama. ANOVA adalah tidak teguh perlanggaran apabila kumpulan adalah tidak sama saiz.

Jadual 4.48: Statistik menunjukkan ujian ANOVA bagi perpaduan dan penyertaan sosial dengan bangsa

	Hasil tambah Kuasa dua	***df***	**Min Kuasa dua**	***F***	***Sig.***
Antara Kumpulan	5.924	4	1.481		
Dalam Kumpulan	191.192	862	0.222	6.678	0.000
Total	197.116	866			

Jadual 4.48 menunjukkan satu langkah penting dalam analisis varian ialah mewujudkan kesahan andaian. Satu andaian ANOVA ialah bahawa varian kumpulan adalah bersamaan. Wujud perbezaan antara lima kategori pemboleh ubah bangsa kerana nilai F = 6.678 dan p = 0.000 ($p < 0.05$), hipotesis null berjaya ditolak. Nilai signifikan ujian F dalam jadual adalah kurang daripada 0.05. Jadi purata perpaduan

dan penyertaan sosial pelajar sekolah kajian adalah sama merentasi kategori pemboleh ubah bangsa berbeza.

Ujian Post Hoc

Jadual 4.49: Statistik menyediakan ujian Scheffe satu hala membandingkan perpaduan dan penyertaan sosial merentasi bangsa (*Perbandingan Berganda*)

(I) Bangsa	(J) Bangsa	Perbezaan Min (I-J)	Ralat Piawai	*Sig.*	95% Selang Keyakinan Batas Bawah	Batas Atas
Melayu	Cina	0.30245*	0.07004	0.001	0.0862	0.5187
	India	0.30245	0.27243	0.873	-0.5385	1.1434
	Siam	0.46911	0.23608	0.414	-0.2597	1.1979
	Tidak Ditentukan	0.16911	0.08138	0.365	-0.0821	0.4203
Cina	Melayu	-0.30245*	0.07004	0.001	-0.5187	-0.0862
	India	0.00000	0.28028	1.000	-0.8652	0.8652
	Siam	0.16667	0.24509	0.997	-0.5899	0.9233
	Tidak Ditentukan	-0.13333	0.10468	0.805	-0.4565	0.1898
India	Melayu	-0.30245	0.27243	0.873	-1.1434	0.5385
	Cina	0.00000	0.28028	1.000	-0.8652	0.8652
	Siam	0.16667	0.35970	0.995	-0.9437	1.2770
	Tidak Ditentukan	-0.13333	0.28332	0.994	-1.0079	0.7413
Siam	Melayu	-0.46911	0.23608	0.414	-1.1979	0.2597
	Cina	-0.16667	0.24509	0.977	-0.9233	0.5899
	India	-0.16667	0.35970	0.995	-1.2770	0.9437
	Tidak Ditentukan	-0.30000	0.24857	0.834	-1.0673	0.4673
Tidak Ditentukan	Melayu	-0.16911	0.08138	0.365	-0.4203	0.0821
	Cina	0.13333	0.10468	0.805	-0.1898	0.4565
	India	-0.13333	0.28332	0.994	-0.7413	1.0079
	Siam	-0.30000	0.24857	0.834	-0.4673	1.0673

* *Perbezaan min adalah signifikan pada aras 0.05*

Jadual 4.50: Statistik menyediakan ujian Scheffe satu hala membandingkan perpaduan dan penyertaan sosial merentasi bangsa (*Homogeneous Subsets*)

Scheffe[a], [b]

Bangsa	n	*Subset for alpha* = 0.05 1
Siam	4	2.5000
Cina	48	2.6667
India	3	2.6667
Tidak Ditentukan	35	2.8000
Melayu	777	2.9691
Sig.		0.419

Min Untuk Kumpulan Dalam Subset Homogen Dipaparkan

a. *Menggunakan Saiz Sampel Min Harmonik= 7.886*

b. *Saiz kumpulan adalah tidak sama. Min harmonik dari saiz kumpulan digunakan. Aras ralat Jenis I adalah tidak dijamin.*

Ikatan Sosial dan Bangsa

Jadual 4.51: Output untuk Ujian Levene untuk kesamaan varian (ikatan sosial dan bangsa)

Statistik Levene	*df1*	*df2*	*Sig.*
7.063	4	862	0.000

Jadual 4.51 menunjukkan Ujian Levene adalah signifikan ($p = 0.000$), jadi varian sama adalah tidak dianggap. Varian dalam kumpulan ialah tidak sama. Ini menunjukkan kepelbagaian varian dalam data. Data adalah melanggar andaian kesamaan varian ($p < 0.05$). Oleh itu, ujian Levene menunjukkan ketidaksamaan antara bangsa. Statistik Levene menolak hipotesis null bahawa varian kumpulan adalah sama. ANOVA adalah tidak teguh perlanggaran apabila kumpulan adalah tidak sama saiz.

Jadual 4.52: Statistik menunjukkan ujian ANOVA bagi ikatan sosial dengan bangsa

	Hasil tambah Kuasa dua	*df*	Min Kuasa dua	*F*	*Sig.*
Antara Kumpulan	0.650	4	0.162		
Dalam Kumpulan	57.350	862	0.067	2.441	0.045
Total	58.000	866			

Jadual 4.52 menunjukkan satu langkah penting dalam analisis varian ialah mewujudkan kesahan andaian. Satu andaian ANOVA ialah bahawa varian kumpulan adalah bersamaan. Wujud perbezaan antara lima kategori pemboleh ubah bangsa kerana nilai $F = 2.441$ dan $p = 0.045$ ($p < 0.05$), hipotesis null berjaya ditolak. Nilai signifikan ujian *F* dalam jadual adalah kurang daripada 0.05. Jadi purata ikatan sosial pelajar sekolah kajian adalah sama merentasi kategori pemboleh ubah bangsa berbeza.

Ujian Post Hoc

Jadual 4.53: Statistik menyediakan ujian Scheffe satu hala membandingkan ikatan sosial merentasi bangsa (*Perbandingan Berganda*)

(I) Bangsa	(J) Bangsa	Perbezaan Min (I-J)	Ralat Piawai	*Sig.*	95% Selang Keyakinan	
					Batas Bawah	Batas Atas
Melayu	Cina	0.11519	0.03836	0.062	-0.0032	0.2336
	India	-0.05148	0.14921	0.993	-0.5121	0.4091
	Siam	-0.05148	0.12930	0.997	-0.4506	0.3477
	Tidak Ditentukan	0.03423	0.04457	0.964	-0.1034	0.1718
Cina	Melayu	-0.11519	0.03836	0.062	-0.2336	0.0032
	India	-0.16667	0.15350	0.881	-0.6405	0.3072
	Siam	-0.16667	0.13423	0.819	-0.5810	0.2477
	Tidak Ditentukan	-0.08095	0.05733	0.737	-0.2579	0.0960
India	Melayu	0.05148	0.14921	0.998	-0.4091	0.5121
	Cina	0.16667	0.15350	0.881	-0.3072	0.6405
	Siam	0.00000	0.19700	1.000	-0.6081	0.6081
	Tidak Ditentukan	0.08571	0.15517	0.989	-0.3933	0.5647
Siam	Melayu	0.05148	0.12930	0.997	-0.3477	0.4506
	Cina	0.16667	0.13423	0.819	-0.2477	0.5810
	India	0.00000	0.19700	1.000	-0.6081	0.6081
	Tidak Ditentukan	0.08571	0.13614	0.983	-0.3345	0.5060
Tidak Ditentukan	Melayu	-0.03423	0.04457	0.964	-0.1718	0.1034
	Cina	0.08095	0.05733	0.737	-0.0960	0.2579
	India	-0.08571	0.15517	0.989	-0.5647	0.3933
	Siam	-0.08571	0.13614	0.983	-0.5060	0.3345

Jadual 4.54: Statistik menyediakan ujian Scheffe satu hala membandingkan ikatan sosial merentasi bangsa (*Homogeneous Subsets*)

Scheffe[a],[b]

Bangsa	**n**	***Subset for alpha* = 0.05**
		1
Cina	48	2.8333
Tidak Ditentukan	35	2.9143
Melayu	777	2.9485
India	3	3.0000
Siam	4	3.0000
Sig.		0.800

Min Untuk Kumpulan Dalam Subset Homogen Dipaparkan

c. *Menggunakan Saiz Sampel Min Harmonik= 7.886*

d. *Saiz kumpulan adalah tidak sama. Min harmonik dari saiz kumpulan digunakan. Aras ralat Jenis I adalah tidak dijamin.*

Agregat Sosial dan Bangsa

Jadual 4.55: Output untuk Ujian Levene untuk kesamaan varian (agregat sosial dan bangsa)

Statistik Levene	***df1***	***df2***	***Sig.***
7.737	4	862	0.000

Jadual 4.55 menunjukkan Ujian Levene adalah signifikan ($p = 0.000$), jadi varian sama adalah tidak dianggap. Varian dalam kumpulan ialah tidak sama. Ini menunjukkan kepelbagaian varian dalam data. Data adalah melanggar andaian kesamaan varian ($p < 0.05$). Oleh itu, ujian Levene menunjukkan ketidaksamaan antara bangsa. Statistik Levene menolak hipotesis null bahawa varian kumpulan adalah sama. ANOVA adalah tidak teguh perlanggaran apabila kumpulan adalah tidak sama saiz.

Jadual 4.56: Statistik menunjukkan ujian ANOVA bagi agregat sosial dengan bangsa

	Hasil tambah Kuasa dua	***df***	**Min Kuasa dua**	***F***	***Sig.***
Antara Kumpulan	6.300	4	1.575		
Dalam Kumpulan	233.467	862	0.271	5.815	0.000
Total	239.767	866			

Jadual 4.56 menunjukkan satu langkah penting dalam analisis varian ialah mewujudkan kesahan andaian. Satu andaian ANOVA ialah bahawa varian kumpulan adalah bersamaan. Wujud perbezaan antara lima kategori pemboleh ubah bangsa kerana nilai $F = 5.815$ dan $p = 0.000$ ($p < 0.05$), hipotesis null berjaya ditolak. Nilai signifikan ujian F dalam jadual adalah kurang daripada 0.05. Jadi purata agregat sosial pelajar sekolah kajian adalah sama merentasi kategori pemboleh ubah bangsa berbeza.

Ujian Post Hoc

Jadual 4.57: Statistik menyediakan ujian Scheffe satu hala membandingkan agregat sosial merentasi bangsa (*Perbandingan Berganda*)

(I) Bangsa	**(J) Bangsa**	**Perbezaan Min (I-J)**	**Ralat Piawai**	***Sig.***	**95% Selang Keyakinan**	
					Batas Bawah	**Batas Atas**
Melayu	Cina	0.32971*	0.07740	0.001	0.0908	0.5686
	India	0.30888-	0.30105	0.902	-0.6204	1.2382
	Siam	0.47555	0.26088	0.506	-0.3298	1.2809
	Tidak Ditentukan	0.11840	0.08993	0.785	-0.1592	0.3960
Cina	Melayu	-0.32971*	0.07740	0.001	-0.5686	0.0908

	India	-0.02083	0.30972	1.000	-0.9769	0.9352
	Siam	-0.14583	0.27084	0.990	-0.6902	0.9819
	Tidak Ditentukan	-0.21131	0.11568	0.504	-0.5684	0.1458
India	Melayu	-0.30888	0.30105	0.902	-1.2382	0.6204
	Cina	0.02083	0.30972	1.000	-0.9352	0.9769
	Siam	0.16667	0.39748	0.996	-1.0603	1.3937
	Tidak Ditentukan	-0.19048	0.31308	0.985	-1.1569	0.7760
Siam	Melayu	-0.47555	0.26088	0.506	-1.2809	0.3298
	Cina	-0.14583	0.27084	0.990	-0.9819	0.6902
	India	-0.16667	0.39748	0.996	-1.3937	1.0603
	Tidak Ditentukan	0.35714	0.27468	0.792	-1.2051	0.4908
Tidak Ditentukan	Melayu	-0.11840	0.08993	0.785	-0.3960	0.1592
	Cina	0.21131	0.11568	0.504	-0.1458	0.5684
	India	0.19048	0.31308	0.985	-0.7760	1.1569
	Siam	0.35714	0.27468	0.792	-0.4908	1.2051

** Perbezaan min adalah signifikan pada aras 0.05*

Jadual 4.58: Statistik menyediakan ujian Scheffe satu hala membandingkan agregat sosial merentasi bangsa (*Homogeneous Subsets*)

Scheffe[a],[b]

Bangsa	**n**	***Subset for alpha* = 0.05**
		1
Siam	4	2.5000
Cina	48	2.6458
India	3	2.6667
Tidak Ditentukan	35	2.8571
Melayu	777	2.9755
Sig.		0.511

Min Untuk Kumpulan Dalam Subset Homogen Dipaparkan

a. Menggunakan Saiz Sampel Min Harmonik= 7.886

b. Saiz kumpulan adalah tidak sama. Min harmonik dari saiz kumpulan digunakan. Aras ralat Jenis I adalah tidak dijamin.

Autoriti Sosial dan Bangsa

Jadual 4.59: Output untuk Ujian Levene untuk kesamaan varian (autoriti sosial dan bangsa)

Statistik Levene	***df1***	***df2***	***Sig.***
4.595	4	862	0.001

Jadual 4.59 menunjukkan Ujian Levene adalah signifikan (p = 0.001), jadi varian sama adalah tidak dianggap. Varian dalam kumpulan ialah tidak sama. Ini menunjukkan kepelbagaian varian dalam data. Data adalah melanggar andaian kesamaan varian ($p < 0.05$). Oleh itu, ujian Levene menunjukkan ketidaksamaan antara bangsa. Statistik Levene menolak hipotesis null bahawa varian kumpulan adalah sama. ANOVA adalah tidak teguh perlanggaran apabila kumpulan adalah tidak sama saiz.

Jadual 4.60: Statistik menunjukkan ujian ANOVA bagi autoriti sosial dengan bangsa

	Hasil tambah Kuasa dua	***df***	**Min Kuasa dua**	***F***	***Sig.***
Antara Kumpulan	5.499	4	1.375	3.768	0.005
Dalam Kumpulan	314.542	862	0.365		
Total	320.042	866			

Jadual 4.60 menunjukkan satu langkah penting dalam analisis varian ialah mewujudkan kesahan andaian. Satu andaian ANOVA ialah bahawa varian kumpulan adalah bersamaan. Wujud perbezaan antara lima kategori pemboleh ubah bangsa kerana nilai $F = 3.768$ dan $p = 0.005$ ($p < 0.05$), hipotesis null berjaya ditolak. Nilai signifikan ujian F dalam jadual adalah kurang daripada 0.05. Jadi purata autoriti sosial pelajar sekolah kajian adalah sama merentasi kategori pemboleh ubah bangsa berbeza.

Ujian Post Hoc

Jadual 4.61: Statistik menyediakan ujian Scheffe satu hala membandingkan autoriti sosial merentasi bangsa (*Perbandingan Berganda*)

(I) Bangsa	(J) Bangsa	Perbezaan Min (I-J)	Ralat Piawai	*Sig.*	95% Selang Keyakinan	
					Batas Bawah	Batas Atas
Melayu	Cina	0.34693*	0.08984	0.005	0.0696	0.6243
	India	-0.04891	0.34943	1.000	-1.1276	1.0298
	Siam	0.03443	0.30281	1.000	-0.9003	0.9692
	Tidak Ditentukan	0.05586	0.10438	0.991	-0.2664	0.3781
Cina	Melayu	-0.34693*	0.08984	0.005	-0.6243	-0.0696
	India	-0.39583	0.35949	0.876	-1.5056	0.7139
	Siam	-0.31250	0.31437	0.911	-1.2829	0.6579
	Tidak Ditentukan	-0.29107	0.13427	0.320	-0.7055	0.1234
India	Melayu	0.04891	0.34943	1.000	-1.0298	1.1276
	Cina	0.39583	0.35949	0.876	-0.7139	1.5056
	Siam	0.08333	0.46136	1.000	-1.3409	1.5075
	Tidak Ditentukan	0.10476	0.36340	0.999	-1.0170	1.2265
Siam	Melayu	-0.03443	0.30281	1.000	-0.9692	0.9003
	Cina	0.31250	0.31437	0.911	-0.6579	1.2829
	India	-0.08333	0.46136	1.000	-1.5075	1.3409
	Tidak Ditentukan	0.02143	0.31883	1.000	-0.9628	1.0056
Tidak Ditentukan	Melayu	-0.05586	0.10438	0.991	-0.3781	0.2664
	Cina	0.29107	0.13427	0.320	-0.1234	0.7055
	India	-0.10476	0.36340	0.999	-1.2265	1.0170
	Siam	-0.02143	0.31883	1.000	-1.0056	0.9628

* *Perbezaan min adalah signifikan pada aras 0.05*

Jadual 4.62: Statistik menyediakan ujian Scheffe satu hala membandingkan autoriti sosial merentasi bangsa (*Homogeneous Subsets*)

Scheffe[a],[b]

Bangsa	n	*Subset for alpha* = 0.05
		1
Cina	48	2.9375
Tidak Ditentukan	35	3.2286
Siam	4	3.2500
Melayu	777	3.2844
India	3	3.3333
Sig.		0.792

Min Untuk Kumpulan Dalam Subset Homogen Dipaparkan

a. *Menggunakan Saiz Sampel Min Harmonik= 7.886*

b. *Saiz kumpulan adalah tidak sama. Min harmonik dari saiz kumpulan digunakan. Aras ralat Jenis I adalah tidak dijamin.*

Bentuk Modal Sosial dan Bangsa

Jadual 4.63: Output untuk Ujian Levene untuk kesamaan varian (bentuk modal sosial dan bangsa)

Statistik Levene	***df1***	***df2***	***Sig.***
8.073	4	862	0.000

Jadual 4.63 menunjukkan Ujian Levene adalah signifikan (p = 0.000), jadi varian sama adalah tidak dianggap. Varian dalam kumpulan ialah tidak sama. Ini menunjukkan kepelbagaian varian dalam data. Data adalah melanggar andaian kesamaan varian ($p < 0.05$). Oleh itu, ujian Levene menunjukkan ketidaksamaan antara bangsa. Statistik Levene menolak hipotesis null bahawa varian kumpulan adalah sama. ANOVA adalah tidak teguh perlanggaran apabila kumpulan adalah tidak sama saiz.

Jadual 4.64: Statistik menunjukkan ujian ANOVA bagi bentuk modal sosial dengan bangsa

	Hasil tambah Kuasa dua	***df***	**Min Kuasa dua**	***F***	***Sig.***
Antara Kumpulan	0.770	4	0.192		
Dalam Kumpulan	63.052	862	0.073	2.631	0.033
Total	63.822	866			

Jadual 4.64 menunjukkan satu langkah penting dalam analisis varian ialah mewujudkan kesahan andaian. Satu andaian ANOVA ialah bahawa varian kumpulan adalah bersamaan. Wujud perbezaan antara lima kategori pemboleh ubah bangsa kerana nilai F = 2.631 dan p = 0.033 ($p < 0.05$), hipotesis null berjaya ditolak. Nilai signifikan ujian F dalam jadual adalah kurang daripada 0.05. Jadi purata bentuk modal sosial pelajar sekolah kajian adalah sama merentasi kategori pemboleh ubah bangsa berbeza.

Ujian Post Hoc

Jadual 4.65: Statistik menyediakan ujian Scheffe satu hala membandingkan bentuk modal sosial merentasi bangsa (Perbandingan Berganda)

(I) Bangsa	**(J) Bangsa**	**Perbezaan Min (I-J)**	**Ralat Piawai**	***Sig.***	**95% Selang Keyakinan**	
					Batas Bawah	**Batas Atas**
Melayu	Cina	0.11800	0.04022	0.073	-0.0062	0.2422
	India	-0.06950	0.15645	0.995	-0.5524	0.4134
	Siam	0.18050	0.13558	0.777	-0.2380	0.5990
	Tidak Ditentukan	0.01622	0.04673	0.998	-0.1280	0.1605
Cina	Melayu	-0.11800	0.04022	0.073	-0.2422	0.0062
	India	-0.18750	0.16095	0.852	-0.6844	0.3094
	Siam	0.06250	0.14075	0.995	-0.3720	0.4970
	Tidak Ditentukan	-0.10179	0.06011	0.581	-0.2874	0.0838
India	Melayu	0.06950	0.15645	0.995	-0.4134	0.5524
	Cina	0.18750	0.16095	0.852	-0.3094	0.6844
	Siam	0.25000	0.20656	0.833	-0.3876	0.8876
	Tidak Ditentukan	0.08571	0.16270	0.991	-0.4165	0.5880
Siam	Melayu	-0.18050	0.13558	0.777	-0.5990	0.2380
	Cina	-0.06250	0.14075	0.995	-0.4970	0.3720
	India	-0.25000	0.20656	0.833	-0.8876	0.3876
	Tidak Ditentukan	-0.16429	0.14275	0.857	-0.6049	0.2764

Tidak Ditentukan	Melayu	-0.01622	0.04673	0.998	-0.1605	0.1280
	Cina	0.10179	0.06011	0.581	-0.0838	0.2874
	India	-0.08571	0.16270	0.991	-0.5880	0.4165
	Siam	0.16429	0.14275	0.857	-0.2764	0.6049

Jadual 4.66: Statistik menyediakan ujian Scheffe satu hala membandingkan bentuk modal sosial merentasi bangsa (*Homogeneous Subsets*)
Scheffe[a],[b]

Bangsa	**n**	***Subset for alpha* = 0.05**
		1
Siam	4	2.7500
Cina	48	2.8125
Tidak Ditentukan	35	2.9143
Melayu	777	2.9305
India	3	3.0000
Sig.		0.498

Min Untuk Kumpulan Dalam Subset Homogen Dipaparkan

a. *Menggunakan Saiz Sampel Min Harmonik= 7.886*
b. *Saiz kumpulan adalah tidak sama. Min harmonik dari saiz kumpulan digunakan. Aras ralat Jenis I adalah tidak dijamin.*

Dimensi Modal Sosial dan Bangsa

Jadual 4.67: Output untuk Ujian Levene untuk kesamaan varian (dimensi modal sosial dan bangsa)

Statistik Levene	***df1***	***df2***	***Sig.***
7.713	4	862	0.000

Jadual 4.67 menunjukkan Ujian Levene adalah signifikan (p = 0.000), jadi varian sama adalah tidak dianggap. Varian dalam kumpulan ialah tidak sama. Ini menunjukkan kepelbagaian varian dalam data. Data adalah melanggar andaian kesamaan varian ($p < 0.05$). Oleh itu, ujian Levene menunjukkan ketidaksamaan antara bangsa. Statistik Levene menolak hipotesis null bahawa varian kumpulan adalah sama. ANOVA adalah tidak teguh perlanggaran apabila kumpulan adalah tidak sama saiz.

Jadual 4.68: Statistik menunjukkan ujian ANOVA bagi dimensi modal sosial dengan bangsa

	Hasil tambah Kuasa dua	***df***	**Min Kuasa dua**	***F***	***Sig.***
Antara Kumpulan	1.226	4	0.307		
Dalam Kumpulan	78.933	862	0.092	3.348	0.010
Total	80.159	866			

Jadual 4.68 menunjukkan satu langkah penting dalam analisis varian ialah mewujudkan kesahan andaian. Satu andaian ANOVA ialah bahawa varian kumpulan adalah bersamaan. Wujud perbezaan antara lima kategori pemboleh ubah bangsa kerana nilai F = 3.348 dan p = 0.010 ($p < 0.05$), hipotesis null berjaya ditolak. Nilai signifikan ujian F dalam jadual adalah kurang daripada 0.05. Jadi purata dimensi modal sosial pelajar sekolah kajian adalah sama merentasi kategori pemboleh ubah bangsa berbeza.

Ujian Post Hoc

Jadual 4.67: Statistik menyediakan ujian Scheffe satu hala membandingkan dimensi modal sosial merentasi bangsa (Perbandingan Berganda)

(I) Bangsa	**(J) Bangsa**	**Perbezaan Min (I-J)**	**Ralat Piawai**	***Sig.***	**95% Selang Keyakinan**	
					Batas Bawah	**Batas Atas**
Melayu	Cina	0.14479*	0.04501	0.036	0.0059	0.2837

	India	0.31145	0.17505	0.531	-0.2289	0.8518
	Siam	-0.02188	0.15169	1.000	-0.4901	0.4464
	Tidak Ditentukan	0.00669	0.05229	1.000	-0.1547	0.1681
Cina	Melayu	-0.14479*	0.04501	0.036	-0.2837	-0.0059
	India	0.16667	0.18009	0.931	-0.3892	0.7226
	Siam	-0.16667	0.15748	0.891	-0.6528	0.3195
	Tidak Ditentukan	-0.13810	0.06726	0.378	-0.3457	0.0695
India	Melayu	-0.31145	0.17505	0.531	-0.8518	0.2289
	Cina	0.16667	0.18009	0.931	-0.7226	0.3892
	Siam	-0.33333	0.23112	0.721	-1.0468	0.3801
	Tidak Ditentukan	0.30476	0.18204	0.592	-0.8667	0.2572
Siam	Melayu	0.02188	0.15169	1.000	-0.4464	0.4901
	Cina	0.16667	0.15748	0.891	-0.3195	0.6528
	India	0.33333	0.23112	0.721	-0.3801	1.0468
	Tidak Ditentukan	0.02857	0.15971	1.000	-0.4645	0.5216
Tidak Ditentukan	Melayu	-0.00669	0.05229	1.000	-0.1681	0.1547
	Cina	0.13810	0.06726	0.378	-0.0695	0.8667
	India	0.30476	0.18204	0.592	-0.2572	0.8667
	Siam	-0.02857	0.15971	1.000	-0.5216	0.4645

** Perbezaan min adalah signifikan pada aras 0.05*

Jadual 4.70: Statistik menyediakan ujian Scheffe satu hala membandingkan dimensi modal sosial merentasi bangsa (*Homogeneous Subsets*)

Scheffe[a],[b]

Bangsa	**n**	***Subset for alpha* = 0.05**
		1
India	3	2.6667
Cina	48	2.8333
Tidak Ditentukan	35	2.9714
Melayu	777	2.9781
Siam	4	3.0000
Sig.		0.311

Min Untuk Kumpulan Dalam Subset Homogen Dipaparkan

a. *Menggunakan Saiz Sampel Min Harmonik= 7.886*

b. *Saiz kumpulan adalah tidak sama. Min harmonik dari saiz kumpulan digunakan. Aras ralat Jenis I adalah tidak dijamin.*

Ikatan Kuat dan Bangsa

Jadual 4.71: Output untuk Ujian Levene untuk kesamaan varian (ikatan kuat dan bangsa)

Statistik Levene	***df1***	***df2***	***Sig.***
3.244	4	862	0.012

Jadual 4.71 menunjukkan Ujian Levene adalah signifikan (p = 0.012), jadi varian sama adalah tidak dianggap. Varian dalam kumpulan ialah tidak sama. Ini menunjukkan kepelbagaian varian dalam data. Data adalah melanggar andaian kesamaan varian ($p < 0.05$). Oleh itu, ujian Levene menunjukkan ketidaksamaan antara bangsa. Statistik Levene menolak hipotesis null bahawa varian kumpulan adalah sama. ANOVA adalah tidak teguh perlanggaran apabila kumpulan adalah tidak sama saiz.

Jadual 4.72: Statistik menunjukkan ujian ANOVA bagi ikatan kuat dengan bangsa

	Hasil tambah Kuasa dua	df	Min Kuasa dua	F	Sig.
Antara Kumpulan	2.601	4	0.650		
Dalam Kumpulan	327.457	862	0.380	1.712	0.145
Total	330.058	866			

Jadual 4.72 menunjukkan satu langkah penting dalam analisis varian ialah mewujudkan kesahan andaian. Satu andaian ANOVA ialah bahawa varian kumpulan adalah bersamaan. Tidak wujud perbezaan antara lima kategori pemboleh ubah bangsa kerana nilai $F = 1.712$ dan $p = 0.145$ ($p > 0.05$), hipotesis null gagal ditolak. Nilai signifikan ujian *F* dalam jadual adalah lebih besar daripada 0.05. Jadi purata ikatan kuat pelajar sekolah kajian adalah berbeza merentasi kategori pemboleh ubah bangsa berbeza.

Ujian Post Hoc

Jadual 4.73: Statistik menyediakan ujian Scheffe satu hala membandingkan ikatan kuat merentasi bangsa (Perbandingan Berganda)

(I) Bangsa	(J) Bangsa	Perbezaan Min (I-J)	Ralat Piawai	*Sig.*	95% Selang Keyakinan	
					Batas Bawah	Batas Atas
Melayu	Cina	0.18637	0.09167	0.389	-0.0966	0.4693
	India	0.54054	0.35653	0.681	-0.5600	1.6411
	Siam	0.20721	0.30896	0.978	-0.7456	1.1610
	Tidak Ditentukan	-0.02136	0.10650	1.000	-0.3501	0.3074
Cina	Melayu	-0.18637	0.09167	0.389	-0.4693	0.0966
	India	0.35417	0.36680	0.920	-0.7781	1.4864
	Siam	0.02083	0.32076	1.000	-0.9693	1.0110
	Tidak Ditentukan	-0.20774	0.13700	0.681	-0.6306	0.2152
India	Melayu	-0.54054	0.35653	0.681	-1.6411	0.5600
	Cina	0.35417	0.36680	0.920	-1.4864	0.7781
	Siam	-0.33333	0.47074	0.973	-1.7865	1.1198
	Tidak Ditentukan	0.56190	0.37078	0.681	-1.7065	0.5827
Siam	Melayu	-0.20721	0.30896	0.978	-1.1610	0.7465
	Cina	-0.02083	0.32076	1.000	-1.0110	0.9693
	India	0.33333	0.47074	0.973	-1.1198	1.7865
	Tidak Ditentukan	-0.22857	0.32531	0.974	-1.2328	0.7756
Tidak Ditentukan	Melayu	0.02136	0.10650	1.000	-0.3074	0.3501
	Cina	0.20774	0.13700	0.681	-0.2152	0.6306
	India	0.56190	0.37078	0.681	-0.5827	1.7065
	Siam	0.22857	0.32531	0.974	-0.7756	1.2328

Jadual 4.74: Statistik menyediakan ujian Scheffe satu hala membandingkan ikatan kuat merentasi bangsa (*Homogeneous Subsets*)

Scheffe$^{a, b}$

Bangsa	n	*Subset for alpha* = 0.05
		1
India	3	2.6667
Siam	4	3.0000
Cina	48	3.0208
Melayu	777	3.2072
Tidak Ditentukan	35	3.2286
Sig.		0.513

Min Untuk Kumpulan Dalam Subset Homogen Dipaparkan

c. *Menggunakan Saiz Sampel Min Harmonik= 7.886*

d. *Saiz kumpulan adalah tidak sama. Min harmonik dari saiz kumpulan digunakan. Aras ralat Jenis I adalah tidak dijamin.*

Nod dan Bangsa

Jadual 4.75: Output untuk Ujian Levene untuk kesamaan varian (nod dan bangsa)

Statistik Levene	*df1*	*df2*	*Sig.*
17.309	4	862	0.000

Jadual 4.75 menunjukkan Ujian Levene adalah signifikan (p = 0.000), jadi varian sama adalah tidak dianggap. Varian dalam kumpulan ialah tidak sama. Ini menunjukkan kepelbagaian varian dalam data. Data adalah melanggar andaian kesamaan varian ($p < 0.05$). Oleh itu, ujian Levene menunjukkan ketidaksamaan antara bangsa. Statistik Levene menolak hipotesis null bahawa varian kumpulan adalah sama. ANOVA adalah tidak teguh perlanggaran apabila kumpulan adalah tidak sama saiz.

Jadual 4.76: Statistik menunjukkan ujian ANOVA bagi nod dengan bangsa

	Hasil tambah Kuasa dua	*df*	Min Kuasa dua	*F*	*Sig.*
Antara Kumpulan	6.687	4	1.672		
Dalam Kumpulan	259.198	862	0.301	5.560	0.000
Total	265.885	866			

Jadual 4.76 menunjukkan satu langkah penting dalam analisis varian ialah mewujudkan kesahan andaian. Satu andaian ANOVA ialah bahawa varian kumpulan adalah bersamaan. Wujud perbezaan antara lima kategori pemboleh ubah bangsa kerana nilai F = 5.560 dan p = 0.000 ($p < 0.05$), hipotesis null berjaya ditolak. Nilai signifikan ujian F dalam jadual adalah kurang daripada 0.05. Jadi purata nod pelajar sekolah kajian adalah sama merentasi kategori pemboleh ubah bangsa berbeza.

Ujian Post Hoc

Jadual 4.77: Statistik menyediakan ujian Scheffe satu hala membandingkan nod merentasi bangsa (*Perbandingan Berganda*)

(I) Bangsa	(J) Bangsa	Perbezaan Min (I-J)	Ralat Piawai	*Sig.*	95% Selang Keyakinan	
					Batas Bawah	Batas Atas
Melayu	Cina	0.33824	0.08156	0.002	0.0865	0.5900
	India	-0.64093	0.31720	0.396	-1.6201	0.3383
	Siam	-0.14093	0.27488	0.992	-0.9895	0.7076
	Tidak Ditentukan	-0.04093	0.09475	0.996	-0.3334	0.2516
Cina	Melayu	-0.33824*	0.08156	0.002	-0.5900	-0.0865
	India	-0.97917	0.32634	0.062	-1.9865	0.0282
	Siam	-0.47917	0.28537	0.589	-1.3601	0.4018
	Tidak Ditentukan	-0.37917	0.12188	0.047	-0.7554	-0.0029
India	Melayu	0.64093	0.31720	0.396	-0.3383	1.6201
	Cina	0.97917	0.32634	0.062	-0.0282	1.9865
	Siam	0.50000	0.41881	0.840	-0.7928	1.7928
	Tidak Ditentukan	0.60000	0.32988	0.508	-0.4183	1.6183
Siam	Melayu	0.14093	0.27488	0.992	-0.7076	0.9895
	Cina	0.47917	0.28537	0.589	-0.4018	1.3601
	India	-0.50000	0.41881	0.840	-1.7928	0.7928

	Tidak Ditentukan	0.10000	0.28942	0.998	-0.7934	0.9934
Tidak Ditentukan	Melayu	0.04093	0.09475	0.996	-0.2516	0.3334
	Cina	0.37917*	0.12188	0.047	0.0029	0.7554
	India	-0.60000	0.32988	0.508	-1.6183	0.4183
	Siam	-0.10000	0.28942	0.998	-0.9934	0.7934

** Perbezaan min adalah signifikan pada aras 0.05*

Jadual 4.78: Statistik menyediakan ujian Scheffe satu hala membandingkan nod merentasi bangsa (*Homogeneous Subsets*)

Scheffe[a],[b]

Bangsa	**n**	***Subset for alpha* = 0.05**	
		1	**2**
Cina	48	3.0208	
Melayu	777	3.3591	3.3591
Tidak Ditentukan	35	3.4000	3.4000
Siam	4	3.5000	3.5000
India	3		4.0000
Sig.		0.556	0.251

Min Untuk Kumpulan Dalam Subset Homogen Dipaparkan

a. Menggunakan Saiz Sampel Min Harmonik= 7.886

b. Saiz kumpulan adalah tidak sama. Min harmonik dari saiz kumpulan digunakan. Aras ralat Jenis I adalah tidak dijamin.

Tindakan Kolektif dan Kerjasama dan Agama

Jadual 4.79: Output untuk Ujian Levene untuk kesamaan varian (tindakan kolektif dan kerjasama dan agama)

Statistik Levene	***df1***	***df2***	***Sig.***
3.715	4	862	0.005

Jadual 4.79 menunjukkan Ujian Levene adalah signifikan (p = 0.005), jadi varian sama adalah tidak dianggap. Varian dalam kumpulan ialah tidak sama. Ini menunjukkan kepelbagaian varian dalam data. Data adalah melanggar andaian kesamaan varian ($p < 0.05$). Oleh itu, ujian Levene menunjukkan ketidaksamaan antara agama. Statistik Levene menolak hipotesis null bahawa varian kumpulan adalah sama. ANOVA adalah tidak teguh perlanggaran apabila kumpulan adalah tidak sama saiz.

Jadual 4.80: Statistik menunjukkan ujian ANOVA bagi tindakan kolektif dan kerjasama dengan agama

	Hasil tambah Kuasa dua	***df***	**Min Kuasa dua**	***F***	***Sig.***
Antara Kumpulan	1.695	4	0.424		
Dalam Kumpulan	140.972	862	0.164	2.591	0.035
Total	142.667	866			

Jadual 4.80 menunjukkan satu langkah penting dalam analisis varian ialah mewujudkan kesahan andaian. Satu andaian ANOVA ialah bahawa varian kumpulan adalah bersamaan. Wujud perbezaan antara lima kategori pemboleh ubah agama kerana nilai F = 5.560 dan p = 0.000 ($p < 0.05$), hipotesis null berjaya ditolak. Nilai signifikan ujian F dalam jadual adalah kurang daripada 0.05. Jadi purata tindakan kolektif dan kerjasama pelajar sekolah kajian adalah sama merentasi kategori pemboleh ubah agama berbeza.

Ujian Post Hoc

Jadual 4.81: Statistik menyediakan ujian Scheffe satu hala membandingkan tindakan kolektif dan kerjasama merentasi agama (Perbandingan Berganda)

(I) Agama	(J) Agama	Perbezaan Min (I-J)	Ralat Piawai	*Sig.*	95% Selang Keyakinan	
					Batas Bawah	*Batas Atas*
Islam	Kristian	0.18520	0.20271	0.934	-0.4406	0.8110
	Buddha	0.14274	0.05739	0.187	-0.0344	0.3199
	Tiada	-0.06480	0.28632	1.000	-0.9486	0.8190
	Tidak Ditentukan	0.17329	0.08942	0.441	-0.1027	0.4493
Kristian	Islam	-0.18520	0.20271	0.934	-0.8110	0.4406
	Buddha	-0.04245	0.20969	1.000	-0.6898	0.6048
	Tiada	-0.25000	0.35022	0.937	-1.3311	0.8311
	Tidak Ditentukan	-0.01190	0.22062	1.000	-0.6929	0.6691
Buddha	Islam	-0.14274	0.05739	0.187	-0.3199	0.0344
	Kristian	0.04245	0.20969	1.000	-0.6048	0.6898
	Tiada	-0.20755	0.29130	0.973	-1.1068	0.6917
	Tidak Ditentukan	0.03055	0.10428	0.999	-0.2913	0.3524
Tiada	Islam	0.06480	0.28632	1.000	-0.8190	0.9486
	Kristian	0.25000	0.35022	0.973	-0.8311	1.3311
	Buddha	0.20755	0.29130	0.973	-0.6917	1.1068
	Tidak Ditentukan	0.23810	0.29926	0.959	-0.6857	1.1619
Tidak Ditentukan	Islam	-0.17329	0.08942	0.441	-0.4493	0.1027
	Kristian	0.01190	0.22062	1.000	-0.6691	0.6929
	Buddha	-0.03055	0.10428	0.999	-0.3524	0.2913
	Tiada	-0.23810	0.29926	0.959	-1.1619	0.6857

Jadual 4.82: Statistik menyediakan ujian Scheffe satu hala membandingkan tindakan kolektif dan kerjasama merentasi agama (*Homogeneous Subsets*)

Scheffe[a],[b]

Agama	n	*Subset for alpha* = 0.05
		1
Kristian	4	2.7500
Tidak Ditentukan	21	2.7619
Buddha	53	2.7925
Islam	787	2.9352
Tiada	2	3.0000
Sig.		0.883

Min Untuk Kumpulan Dalam Subset Homogen Dipaparkan

a. *Menggunakan Saiz Sampel Min Harmonik= 6.114*

b. *Saiz kumpulan adalah tidak sama. Min harmonik dari saiz kumpulan digunakan. Aras ralat Jenis I adalah tidak dijamin.*

Perpaduan dan Penyertaan Sosial dan Agama

Jadual 4.83: Output untuk Ujian Levene untuk kesamaan varian (perpaduan dan penyertaan sosial dan agama)

Statistik Levene	*df1*	*df2*	*Sig.*
7.933	4	862	0.000

Jadual 4.83 menunjukkan Ujian Levene adalah signifikan ($p = 0.000$), jadi varian sama adalah tidak dianggap. Varian dalam kumpulan ialah tidak sama. Ini menunjukkan kepelbagaian varian dalam data. Data adalah melanggar andaian kesamaan varian ($p < 0.05$). Oleh itu, ujian Levene menunjukkan

ketidaksamaan antara agama. Statistik Levene menolak hipotesis null bahawa varian kumpulan adalah sama. ANOVA adalah tidak teguh perlanggaran apabila kumpulan adalah tidak sama saiz.

Jadual 4.84: Statistik menunjukkan ujian ANOVA bagi perpaduan dan penyertaan sosial dengan agama

	Hasil tambah Kuasa dua	***df***	**Min Kuasa dua**	***F***	***Sig.***
Antara Kumpulan	6.402	4	1.600		
Dalam Kumpulan	190.715	862	0.221	7.234	0.000
Total	197.116	866			

Jadual 4.84 menunjukkan satu langkah penting dalam analisis varian ialah mewujudkan kesahan andaian. Satu andaian ANOVA ialah bahawa varian kumpulan adalah bersamaan. Wujud perbezaan antara lima kategori pemboleh ubah agama kerana nilai $F = 7.234$ dan $p = 0.000$ ($p < 0.05$), hipotesis null berjaya ditolak. Nilai signifikan ujian F dalam jadual adalah kurang daripada 0.05. Jadi purata perpaduan dan penyertaan sosial pelajar sekolah kajian adalah sama merentasi kategori pemboleh ubah agama berbeza.

Ujian Post Hoc

Jadual 4.85: Statistik menyediakan ujian Scheffe satu hala membandingkan perpaduan dan penyertaan sosial merentasi agama (*Perbandingan Berganda*)

(I) Agama	**(J) Agama**	**Perbezaan Min (I-J)**	**Ralat Piawai**	***Sig.***	**95% Selang Keyakinan**	
					Batas Bawah	**Batas Atas**
Islam	Kristian	0.46569	0.23578	0.420	-0.2621	1.1935
	Buddha	0.32418*	0.06675	0.000	0.1181	0.5302
	Tiada	0.46569	0.33302	0.744	-0.5623	1.4937
	Tidak Ditentukan	0.01331	0.10400	1.000	-0.3077	0.3344
Kristian	Islam	-0.46569	0.23578	0.420	-1.1935	0.2621
	Buddha	-0.14151	0.24390	0.987	-0.8944	0.6114
	Tiada	-0.00000	0.40735	1.000	-1.2575	1.2575
	Tidak Ditentukan	-0.45238	0.25661	0.540	-1.2445	0.3397
Buddha	Islam	-0.32418*	0.06675	0.000	-0.5302	-0.1181
	Kristian	0.14151	0.24390	0.987	-0.6114	0.8944
	Tiada	0.14151	0.33882	0.996	-0.9044	1.1874
	Tidak Ditentukan	-0.31087	0.12128	0.162	-0.6853	0.0635
Tiada	Islam	-0.46569	0.33302	0.744	-1.4937	0.5623
	Kristian	0.00000	0.40735	1.000	-1.2575	1.2575
	Buddha	-0.14151	0.33882	0.996	-1.1874	0.9044
	Tidak Ditentukan	-0.45238	0.34808	0.793	-1.5269	0.6221
Tidak Ditentukan	Islam	-0.01331	0.10400	1.000	-0.3344	0.3077
	Kristian	0.45238	0.25661	0.540	-0.3397	1.2445
	Buddha	0.31087	0.12128	0.162	-0.0635	0.6853
	Tiada	0.45238	0.34808	0.793	-0.6221	1.5269

* *Perbezaan min adalah signifikan pada aras 0.05.*

Jadual 4.86: Statistik menyediakan ujian Scheffe satu hala membandingkan perpaduan dan penyertaan sosial merentasi agama (*Homogeneous Subsets*)

Scheffe[a], [b]

Agama	**n**	***Subset for alpha* = 0.05**

		1
Kristian	4	2.5000
Tiada	2	2.5000
Buddha	53	2.6415
Tidak Ditentukan	21	2.9524
Islam	787	2.9657
Sig.		0.559

Min Untuk Kumpulan Dalam Subset Homogen Dipaparkan

a. *Menggunakan Saiz Sampel Min Harmonik= 6.114*

b. *Saiz kumpulan adalah tidak sama. Min harmonik dari saiz kumpulan digunakan. Aras ralat Jenis I adalah tidak dijamin.*

Ikatan Sosial dan Agama

Jadual 4.87: Output untuk Ujian Levene untuk kesamaan varian (ikatan sosial dan agama)

Statistik Levene	***df1***	***df2***	***Sig.***
5.546	4	862	0.000

Jadual 4.87 menunjukkan Ujian Levene adalah signifikan (p = 0.000), jadi varian sama adalah tidak dianggap. Varian dalam kumpulan ialah tidak sama. Ini menunjukkan kepelbagaian varian dalam data. Data adalah melanggar andaian kesamaan varian ($p < 0.05$). Oleh itu, ujian Levene menunjukkan ketidaksamaan antara agama. Statistik Levene menolak hipotesis null bahawa varian kumpulan adalah sama. ANOVA adalah tidak teguh perlanggaran apabila kumpulan adalah tidak sama saiz.

Jadual 4.88: Statistik menunjukkan ujian ANOVA bagi ikatan sosial dengan agama

	Hasil tambah Kuasa dua	***df***	**Min Kuasa dua**	***F***	***Sig.***
Antara Kumpulan	0.497	4	0.124		
Dalam Kumpulan	57.503	862	0.067	1.861	0.115
Total	58.000	866			

Jadual 4.88 menunjukkan satu langkah penting dalam analisis varian ialah mewujudkan kesahan andaian. Satu andaian ANOVA ialah bahawa varian kumpulan adalah bersamaan. Tidak wujud perbezaan antara lima kategori pemboleh ubah agama kerana nilai $F = 1.861$ dan $p = 0.115$ ($p > 0.05$), hipotesis null gagal ditolak. Nilai signifikan ujian F dalam jadual adalah lebih besar daripada 0.05. Jadi purata ikatan sosial pelajar sekolah kajian adalah berbeza merentasi kategori pemboleh ubah agama berbeza.

Ujian Post Hoc

Jadual 4.89: Statistik menyediakan ujian Scheffe satu hala membandingkan ikatan sosial merentasi agama (Perbandingan Berganda)

(I) Agama	**(J) Agama**	**Perbezaan Min (I-J)**	**Ralat Piawai**	***Sig.***	**95% Selang Keyakinan**	
					Batas Bawah	**Batas Atas**
Islam	Kristian	-0.05337	0.12947	0.997	-0.4530	0.3463
	Buddha	0.09758	0.03665	0.132	-0.0156	0.2107
	Tiada	-0.05337	0.18286	0.999	-0.6179	0.5111
	Tidak Ditentukan	-0.00575	0.05711	1.000	-0.1820	0.1705
Kristian	Islam	0.05337	0.12947	0.997	-0.3463	0.4530
	Buddha	0.15094	0.13393	0.866	-0.2625	0.5644
	Tiada	0.00000	0.22368	1.000	-0.6905	0.6905
	Tidak Ditentukan	0.04762	0.14090	0.998	-0.3873	0.4826
Buddha	Islam	-0.09758	0.03665	0.132	-0.2107	0.0156

	Kristian	-0.15094	0.13393	0.866	-0.5644	0.2625
	Tiada	-0.15094	0.18605	0.956	-0.7253	0.4234
	Tidak Ditentukan	-0.10332	0.06660	0.661	-0.3089	0.1023
Tiada	Islam	0.05337	0.18286	0.999	-0.5111	0.6179
	Kristian	0.00000	0.22368	1.000	-0.6905	0.6905
	Buddha	0.15094	0.18605	0.956	-0.4234	0.7253
	Tidak Ditentukan	0.04762	0.19113	1.000	-0.5424	0.6376
Tidak Ditentukan	Islam	0.00575	0.05711	1.000	-0.1705	0.1820
	Kristian	-0.04762	0.14090	0.998	-0.4826	0.3873
	Buddha	0.10332	0.06660	0.662	-0.1023	0.3089
	Tiada	-0.04762	0.19113	1.000	-0.6376	0.5424

Jadual 4.90: Statistik menyediakan ujian Scheffe satu hala membandingkan ikatan sosial merentasi agama (*Homogeneous Subsets*)

Scheffe[a],[b]

Agama	**n**	***Subset for alpha* = 0.05**
		1
Buddha	53	2.8491
Islam	787	2.9466
Tidak Ditentukan	21	2.9524
Kristian	4	3.0000
Tiada	2	3.0000
Sig.		0.903

Min Untuk Kumpulan Dalam Subset Homogen Dipaparkan

a. *Menggunakan Saiz Sampel Min Harmonik= 6.114*

b. *Saiz kumpulan adalah tidak sama. Min harmonik dari saiz kumpulan digunakan. Aras ralat Jenis I adalah tidak dijamin.*

Interaksi Sosial dan Agama

Jadual 4.91: Output untuk Ujian Levene untuk kesamaan varian (interaksi sosial dan agama)

Statistik Levene	***df1***	***df2***	***Sig.***
30.879	4	862	0.000

Jadual 4.91 menunjukkan Ujian Levene adalah signifikan (p = 0.000), jadi varian sama adalah tidak dianggap. Varian dalam kumpulan ialah tidak sama. Ini menunjukkan kepelbagaian varian dalam data. Data adalah melanggar andaian kesamaan varian ($p < 0.05$). Oleh itu, ujian Levene menunjukkan ketidaksamaan antara agama. Statistik Levene menolak hipotesis null bahawa varian kumpulan adalah sama. ANOVA adalah tidak teguh perlanggaran apabila kumpulan adalah tidak sama saiz.

Jadual 4.92: Statistik menunjukkan ujian ANOVA bagi interaksi sosial dengan agama

	Hasil tambah Kuasa dua	***df***	**Min Kuasa dua**	***F***	***Sig.***
Antara Kumpulan	1.400	4	0.350		
Dalam Kumpulan	214.775	862	0.249	1.405	0.230
Total	216.175	866			

Jadual 4.92 menunjukkan satu langkah penting dalam analisis varian ialah mewujudkan kesahan andaian. Satu andaian ANOVA ialah bahawa varian kumpulan adalah bersamaan. Tidak wujud perbezaan antara lima kategori pemboleh ubah agama kerana nilai F = 1.405 dan p = 0.230 ($p > 0.05$), hipotesis null gagal ditolak. Nilai signifikan ujian F dalam jadual adalah lebih besar daripada 0.05. Jadi purata interaksi sosial pelajar sekolah kajian adalah berbeza merentasi kategori pemboleh ubah agama berbeza.

Ujian Post Hoc

Jadual 4.93: Statistik menyediakan ujian Scheffe satu hala membandingkan interaksi sosial merentasi agama (Perbandingan Berganda)

(I) Agama	(J) Agama	Perbezaan Min (I-J)	Ralat Piawai	*Sig.*	95% Selang Keyakinan	
					Batas Bawah	Batas Atas
Islam	Kristian	-0.42058	0.25021	0.588	-1.1930	0.3518
	Buddha	0.02436	0.07084	0.998	-0.2430	0.1943
	Tiada	0.07942	0.35341	1.000	-1.0115	1.1704
	Tidak Ditentukan	-0.18249	0.11037	0.604	-0.5232	0.1582
Kristian	Islam	0.42058	0.25021	0.588	-0.3518	1.1930
	Buddha	0.39623	0.25883	0.673	-0.4027	1.1952
	Tiada	0.50000	0.43228	0.855	-0.8344	1.8344
	Tidak Ditentukan	0.23810	0.27231	0.943	-0.6025	1.0787
Buddha	Islam	0.02436	0.07084	0.998	-0.1943	0.2430
	Kristian	-0.39623	0.25883	0.673	-1.1952	0.4027
	Tiada	0.10377	0.35956	0.999	-1.0061	1.2137
	Tidak Ditentukan	-0.15813	0.12871	0.825	-0.5554	0.2392
Tiada	Islam	-0.07942	0.35341	1.000	-1.1704	1.0115
	Kristian	-0.50000	0.43228	0.855	-1.8344	0.8344
	Buddha	-0.10377	0.35956	0.999	-1.2137	1.0061
	Tidak Ditentukan	-0.26190	0.36938	0.973	-1.4022	0.8784
Tidak Ditentukan	Islam	0.18249	0.11037	0.604	-0.1582	0.5232
	Kristian	-0.23810	0.27231	0.943	-1.0787	0.6025
	Buddha	0.15813	0.12871	0.825	-0.2392	0.5554
	Tiada	-0.26190	0.36938	0.973	-0.8784	1.4022

Jadual 4.94: Statistik menyediakan ujian Scheffe satu hala membandingkan interaksi sosial merentasi agama (*Homogeneous Subsets*)

Scheffe[a],[b]

Agama	n	*Subset for alpha* = 0.05
		1
Tiada	2	2.5000
Islam	787	2.5794
Buddha	53	2.6038
Tidak Ditentukan	21	2.7619
Kristian	4	3.0000
Sig.		0.547

Min Untuk Kumpulan Dalam Subset Homogen Dipaparkan

a. Menggunakan Saiz Sampel Min Harmonik= 6.114

b. Saiz kumpulan adalah tidak sama. Min harmonik dari saiz kumpulan digunakan. Aras ralat Jenis I adalah tidak dijamin.

Agregat Sosial dan Agama

Jadual 4.95: Output untuk Ujian Levene untuk kesamaan varian (agregat sosial dan agama)

Statistik Levene	*df1*	*df2*	*Sig.*
5.442	4	862	0.000

Jadual 4.95 menunjukkan Ujian Levene adalah signifikan (p = 0.000), jadi varian sama adalah tidak dianggap. Varian dalam kumpulan ialah tidak sama. Ini menunjukkan kepelbagaian varian dalam data. Data adalah melanggar andaian kesamaan varian ($p < 0.05$). Oleh itu, ujian Levene menunjukkan ketidaksamaan antara agama. Statistik Levene menolak hipotesis null bahawa varian kumpulan adalah sama. ANOVA adalah tidak teguh perlanggaran apabila kumpulan adalah tidak sama saiz.

Jadual 4.96: Statistik menunjukkan ujian ANOVA bagi agregat sosial dengan agama

	Hasil tambah Kuasa dua	***df***	**Min Kuasa dua**	***F***	***Sig.***
Antara Kumpulan	7.488	4	1.872		
Dalam Kumpulan	232.279	862	0.269	6.947	0.000
Total	239.767	866			

Jadual 4.96 menunjukkan satu langkah penting dalam analisis varian ialah mewujudkan kesahan andaian. Satu andaian ANOVA ialah bahawa varian kumpulan adalah bersamaan. Wujud perbezaan antara lima kategori pemboleh ubah agama kerana nilai $F = 6.947$ dan $p = 0.000$ ($p < 0.05$), hipotesis null berjaya ditolak. Nilai signifikan ujian F dalam jadual adalah kurang daripada 0.05. Jadi purata agregat sosial pelajar sekolah kajian adalah sama merentasi kategori pemboleh ubah agama berbeza.

Ujian Post Hoc

Jadual 4.97: Statistik menyediakan ujian Scheffe satu hala membandingkan agregat sosial merentasi agama (Perbandingan Berganda)

(I) Agama	**(J) Agama**	**Perbezaan Min (I-J)**	**Ralat Piawai**	***Sig.***	**95% Selang Keyakinan**	
					Batas Bawah	**Batas Atas**
Islam	Kristian	0.47332	0.26021	0.508	-0.3299	1.2766
	Buddha	0.31294*	0.07367	0.001	0.0855	0.5403
	Tiada	0.97332	0.36753	0.136	-0.1612	2.1078
	Tidak Ditentukan	0.02094	0.11478	1.000	-0.3334	0.3752
Kristian	Islam	-0.47332	0.26021	0.508	-1.2766	0.3299
	Buddha	-0.16038	0.26917	0.986	-0.9913	0.6705
	Tiada	0.50000	0.44955	0.872	-0.8877	1.8877
	Tidak Ditentukan	-0.45238	0.28319	0.636	-1.3266	0.4218
Buddha	Islam	-0.31294	0.07367	0.001	-0.5403	-0.0855
	Kristian	0.16038	0.26017	0.986	-0.6705	0.9913
	Tiada	0.66038	0.37392	0.538	-0.4939	1.8146
	Tidak Ditentukan	-0.29200	0.13385	0.314	-0.7052	0.1212
Tiada	Islam	-0.97332	0.36753	0.136	-2.1078	0.1612
	Kristian	-0.50000	0.44955	0.872	-1.8877	0.8877
	Buddha	-0.66038	0.37392	0.538	-1.8146	0.4939
	Tidak Ditentukan	-0.95238	0.38414	0.190	-2.1382	0.2334
Tidak Ditentukan	Islam	-0.02094	0.11478	1.000	-0.3752	0.3334
	Kristian	0.45238	0.28319	0.636	-0.4218	1.3266
	Buddha	0.29200	0.13385	0.314	-0.1212	0.7052
	Tiada	0.95238	0.38414	0.190	-0.2334	2.1382

* *Perbezaan min adalah signifikan pada aras 0.05.*

Jadual 4.98: Statistik menyediakan ujian Scheffe satu hala membandingkan agregat sosial merentasi agama (*Homogeneous Subsets*)

Scheffe[a],[b]

Agama	n	*Subset for alpha* = 0.05	
		1	2
Tiada	2	2.0000	
Kristian	4	2.5000	2.5000
Buddha	53	2.6604	2.6604
Tidak Ditentukan	21		2.9524
Islam	787		2.9733
Sig.		0.294	0.637

Min Untuk Kumpulan Dalam Subset Homogen Dipaparkan

a. *Menggunakan Saiz Sampel Min Harmonik= 6.114*

b. *Saiz kumpulan adalah tidak sama. Min harmonik dari saiz kumpulan digunakan. Aras ralat Jenis I adalah tidak dijamin.*

Autoriti Sosial dan Agama

Jadual 4.99: Output untuk Ujian Levene untuk kesamaan varian (autoriti sosial dan agama)

Statistik Levene	*df1*	*df2*	*Sig.*
2.747	4	862	0.027

Jadual 4.99 menunjukkan Ujian Levene adalah signifikan (p = 0.027), jadi varian sama adalah tidak dianggap. Varian dalam kumpulan ialah tidak sama. Ini menunjukkan kepelbagaian varian dalam data. Data adalah melanggar andaian kesamaan varian ($p < 0.05$). Oleh itu, ujian Levene menunjukkan ketidaksamaan antara agama. Statistik Levene menolak hipotesis null bahawa varian kumpulan adalah sama. ANOVA adalah tidak teguh perlanggaran apabila kumpulan adalah tidak sama saiz.

Jadual 4.100: Statistik menunjukkan ujian ANOVA bagi autoriti sosial dengan agama

	Hasil tambah Kuasa dua	*df*	Min Kuasa dua	*F*	*Sig.*
Antara Kumpulan	4.939	4	1.235		
Dalam Kumpulan	315.103	862	0.366	3.378	0.009
Total	320.042	866			

Jadual 4.100 menunjukkan satu langkah penting dalam analisis varian ialah mewujudkan kesahan andaian. Satu andaian ANOVA ialah bahawa varian kumpulan adalah bersamaan. Wujud perbezaan antara lima kategori pemboleh ubah agama kerana nilai $F = 3.378$ dan $p = 0.009$ ($p < 0.05$), hipotesis null berjaya ditolak. Nilai signifikan ujian F dalam jadual adalah kurang daripada 0.05. Jadi purata autoriti sosial pelajar sekolah kajian adalah sama merentasi kategori pemboleh ubah agama berbeza.

Ujian Post Hoc

Jadual 4.101: Statistik menyediakan ujian Scheffe satu hala membandingkan autoriti sosial merentasi agama (*Perbandingan Berganda*)

(I) Agama	(J) Agama	Perbezaan Min (I-J)	Ralat Piawai	*Sig.*	95% Selang Keyakinan	
					Batas Bawah	Batas Atas
Islam	Kristian	0.28335	0.30307	0.928	-0.6522	1.2189
	Buddha	0.30222*	0.08580	0.015	0.0374	0.5671
	Tiada	-0.21665	0.42806	0.992	-1.5380	1.1048
	Tidak Ditentukan	0.04526	0.13368	0.998	-0.3674	0.4579
Kristian	Islam	-0.28335	0.30307	0.928	-1.2189	0.6522
	Buddha	0.01887	0.31350	1.000	-0.9489	0.9866
	Tiada	0.50000	0.52360	0.923	-2.1163	1.1163

	Tidak Ditentukan	-0.23810	0.32984	0.971	-1.2563	0.7801
Buddha	Islam	-0.30222*	0.08580	0.015	-0.5671	-0.0374
	Kristian	-0.01887	0.31350	1.000	-0.9866	0.9489
	Tiada	-0.51887	0.43551	0.841	-1.8633	0.8255
	Tidak Ditentukan	-0.25696	0.15590	0.606	-0.7382	0.2243
Tiada	Islam	0.21665	0.42806	0.992	-1.1048	1.5380
	Kristian	0.50000	0.52360	0.923	-1.1163	2.1163
	Buddha	0.51887	0.43551	0.841	-0.8255	1.8633
	Tidak Ditentukan	0.26190	0.44742	0.987	-1.1192	1.6430
Tidak Ditentukan	Islam	-0.04526	0.13368	0.998	-0.4579	0.3674
	Kristian	0.23810	0.32984	0.971	-0.7801	1.2563
	Buddha	0.25696	0.15590	0.606	-0.2243	0.7382
	Tiada	-0.26190	0.44742	0.987	-1.6430	1.1192

* *Perbezaan min adalah signifikan pada aras 0.05.*

Jadual 4.102: Statistik menyediakan ujian Scheffe satu hala membandingkan autoriti sosial merentasi agama (*Homogeneous Subsets*)

Scheffe[a], [b]

Agama	**n**	***Subset for alpha* = 0.05**
		1
Buddha	53	2.9811
Kristian	4	3.0000
Tidak Ditentukan	21	3.2381
Islam	787	3.2834
Tiada	2	3.5000
Sig.		0.690

Min Untuk Kumpulan Dalam Subset Homogen Dipaparkan

a. *Menggunakan Saiz Sampel Min Harmonik= 6.114*
b. *Saiz kumpulan adalah tidak sama. Min harmonik dari saiz kumpulan digunakan. Aras ralat Jenis I adalah tidak dijamin.*

Bentuk Modal Sosial dan Agama

Jadual 4.103: Output untuk Ujian Levene untuk kesamaan varian (bentuk modal sosial dan agama)

Statistik Levene	***df1***	***df2***	***Sig.***
9.425	4	862	0.000

Jadual 4.103 menunjukkan Ujian Levene adalah signifikan (p = 0.000), jadi varian sama adalah tidak dianggap. Varian dalam kumpulan ialah tidak sama. Ini menunjukkan kepelbagaian varian dalam data. Data adalah melanggar andaian kesamaan varian ($p < 0.05$). Oleh itu, ujian Levene menunjukkan ketidaksamaan antara agama. Statistik Levene menolak hipotesis null bahawa varian kumpulan adalah sama. ANOVA adalah tidak teguh perlanggaran apabila kumpulan adalah tidak sama saiz.

Jadual 4.104: Statistik menunjukkan ujian ANOVA bagi bentuk modal sosial dengan agama

	Hasil tambah Kuasa dua	***df***	**Min Kuasa dua**	***F***	***Sig.***
Antara Kumpulan	1.100	4	0.275		
Dalam Kumpulan	62.722	862	0.073	3.781	0.005
Total	63.822	866			

Jadual 4.104 menunjukkan satu langkah penting dalam analisis varian ialah mewujudkan kesahan andaian. Satu andaian ANOVA ialah bahawa varian kumpulan adalah bersamaan. Wujud perbezaan antara lima kategori pemboleh ubah agama kerana nilai $F = 3.781$ dan $p = 0.005$ ($p < 0.05$), hipotesis null berjaya ditolak. Nilai signifikan ujian F dalam jadual adalah kurang daripada 0.05. Jadi purata bentuk modal sosial pelajar sekolah kajian adalah sama merentasi kategori pemboleh ubah agama berbeza.

Ujian Post Hoc

Jadual 4.105: Statistik menyediakan ujian Scheffe satu hala membandingkan bentuk modal sosial merentasi agama (*Perbandingan Berganda*)

(I) Agama	(J) Agama	Perbezaan Min (I-J)	Ralat Piawai	*Sig.*	95% Selang Keyakinan	
					Batas Bawah	Batas Atas
Islam	Kristian	-0.06989	0.13522	0.992	-0.4873	0.3475
	Buddha	0.11879*	0.03828	0.048	0.0006	0.2370
	Tiada	0.43011	0.19098	0.281	-0.1594	1.0197
	Tidak Ditentukan	-0.02227	0.05964	0.998	-0.2064	0.1618
Kristian	Islam	0.06989	0.13522	0.992	-0.3475	0.4873
	Buddha	0.18868	0.13987	0.769	-0.2431	0.6204
	Tiada	0.50000	0.23361	0.334	-0.2211	1.2211
	Tidak Ditentukan	0.04762	0.14716	0.999	-0.4066	0.5019
Buddha	Islam	-0.11879*	0.03828	0.048	-0.2370	-0.0006
	Kristian	-0.18868	0.13987	0.769	-0.6204	0.2431
	Tiada	0.31132	0.19431	0.633	-0.2885	0.9111
	Tidak Ditentukan	-0.14106	0.06955	0.392	-0.3558	0.0736
Tiada	Islam	-0.43011	0.19098	0.281	-1.0197	0.1594
	Kristian	0.50000	0.23361	0.334	-1.2211	0.2211
	Buddha	-0.31132	0.19431	0.633	-0.9111	0.2885
	Tidak Ditentukan	-0.45238	0.19962	0.275	-1.0686	0.1638
Tidak Ditentukan	Islam	0.02227	0.05964	0.998	-0.1618	0.2064
	Kristian	-0.04762	0.14716	0.999	-0.5019	0.4066
	Buddha	0.14106	0.06955	0.392	-0.0736	0.3558
	Tiada	0.45238	0.19962	0.275	-0.1638	1.0686

* *Perbezaan min adalah signifikan pada aras 0.05.*

Jadual 4.106: Statistik menyediakan ujian Scheffe satu hala membandingkan bentuk modal sosial merentasi agama (*Homogeneous Subsets*)

Scheffe[a], [b]

Agama	n	*Subset for alpha* = 0.05	
		1	2
Tiada	2	2.5000	
Buddha	53	2.8113	2.8113
Islam	787	2.9301	2.9301
Tidak Ditentukan	21	2.9524	2.9524
Kristian	4		3.0000
Sig.		0.073	0.827

Min Untuk Kumpulan Dalam Subset Homogen Dipaparkan

a. *Menggunakan Saiz Sampel Min Harmonik= 6.114*
b. *Saiz kumpulan adalah tidak sama. Min harmonik dari saiz kumpulan digunakan. Aras ralat Jenis I adalah tidak dijamin.*

Dimensi Modal Sosial dan Agama

Jadual 4.107: Output untuk Ujian Levene untuk kesamaan varian (dimensi modal sosial dan agama)

Statistik Levene	***df1***	***df2***	***Sig.***
8.871	4	862	0.000

Jadual 4.107 menunjukkan Ujian Levene adalah signifikan ($p = 0.000$), jadi varian sama adalah tidak dianggap. Varian dalam kumpulan ialah tidak sama. Ini menunjukkan kepelbagaian varian dalam data. Data adalah melanggar andaian kesamaan varian ($p < 0.05$). Oleh itu, ujian Levene menunjukkan ketidaksamaan antara agama. Statistik Levene menolak hipotesis null bahawa varian kumpulan adalah sama. ANOVA adalah tidak teguh perlanggaran apabila kumpulan adalah tidak sama saiz.

Jadual 4.108: Statistik menunjukkan ujian ANOVA bagi dimensi modal sosial dengan agama

	Hasil tambah Kuasa dua	***df***	**Min Kuasa dua**	***F***	***Sig.***
Antara Kumpulan	2.192	4	0.548		
Dalam Kumpulan	77.967	862	0.090	6.059	0.000
Total	80.159	866			

Jadual 4.108 menunjukkan satu langkah penting dalam analisis varian ialah mewujudkan kesahan andaian. Satu andaian ANOVA ialah bahawa varian kumpulan adalah bersamaan. Wujud perbezaan antara lima kategori pemboleh ubah agama kerana nilai $F = 6.059$ dan $p = 0.000$ ($p < 0.05$), hipotesis null berjaya ditolak. Nilai signifikan ujian F dalam jadual adalah kurang daripada 0.05. Jadi purata dimensi modal sosial pelajar sekolah kajian adalah sama merentasi kategori pemboleh ubah agama berbeza.

Ujian Post Hoc

Jadual 4.109: Statistik menyediakan ujian Scheffe satu hala membandingkan dimensi modal sosial merentasi agama (*Perbandingan Berganda*)

(I) Agama	**(J) Agama**	**Perbezaan Min (I-J)**	**Ralat Piawai**	***Sig.***	**95% Selang Keyakinan**	
					Batas Bawah	**Batas Atas**
Islam	Kristian	0.47967*	0.15076	0.039	0.0143	0.9450
	Buddha	0.13061	0.04268	0.053	-0.0011	0.2624
	Tiada	0.47967	0.21293	0.281	-0.1776	1.1370
	Tidak Ditentukan	-0.02033	0.06650	0.999	-0.2256	0.1849
Kristian	Islam	-0.47967*	0.15076	0.039	-0.9450	-0.0143
	Buddha	-0.34906	0.15595	0.287	-0.8304	0.1323
	Tiada	0.00000	0.26046	1.000	-0.8040	0.8040
	Tidak Ditentukan	-0.50000	0.16497	0.055	-1.0065	0.0065
Buddha	Islam	-0.13061	0.04268	0.053	-0.2624	0.0011
	Kristian	0.34906	0.15595	0.287	-0.1323	0.8304
	Tiada	0.34906	0.21664	0.628	-0.3197	1.0178
	Tidak Ditentukan	-0.15094	0.07755	0.436	-0.3903	0.0884
Tiada	Islam	-0.47967	0.21293	0.281	-1.1370	0.1776
	Kristian	0.00000	0.26046	1.000	-0.8040	0.8040

	Buddha	-0.34906	0.21664	0.628	-1.0178	0.3197
	Tidak Ditentukan	-0.50000	0.22256	0.283	-1.1870	0.1870
Tidak Ditentukan	Islam	0.02033	0.06650	0.999	-0.1849	0.2256
	Kristian	0.50000	0.16407	0.055	-0.0065	1.0065
	Buddha	0.15094	0.07755	0.436	-0.0884	0.3903
	Tiada	0.50000	0.22256	0.283	-0.1870	1.1870

* *Perbezaan min adalah signifikan pada aras 0.05.*

Jadual 4.110: Statistik menyediakan ujian Scheffe satu hala membandingkan dimensi modal sosial merentasi agama (*Homogeneous Subsets*)
Scheffe[a],[b]

Agama	**n**	***Subset for alpha* = 0.05**
		1
Kristian	4	2.5000
Tiada	2	2.5000
Buddha	53	2.8491
Islam	787	2.9797
Tidak Ditentukan	21	3.0000
Sig.		0.077

Min Untuk Kumpulan Dalam Subset Homogen Dipaparkan

c. *Menggunakan Saiz Sampel Min Harmonik= 6.114*

d. *Saiz kumpulan adalah tidak sama. Min harmonik dari saiz kumpulan digunakan. Aras ralat Jenis I adalah tidak dijamin.*

Nod dan Agama

Jadual 4.111: Output untuk Ujian Levene untuk kesamaan varian (nod dan agama)

Statistik Levene	***df1***	***df2***	***Sig.***
11.210	4	862	0.000

Jadual 4.111 menunjukkan Ujian Levene adalah signifikan (p = 0.000), jadi varian sama adalah tidak dianggap. Varian dalam kumpulan ialah tidak sama. Ini menunjukkan kepelbagaian varian dalam data. Data adalah melanggar andaian kesamaan varian ($p < 0.05$). Oleh itu, ujian Levene menunjukkan ketidaksamaan antara agama. Statistik Levene menolak hipotesis null bahawa varian kumpulan adalah sama. ANOVA adalah tidak teguh perlanggaran apabila kumpulan adalah tidak sama saiz.

Jadual 4.112: Statistik menunjukkan ujian ANOVA bagi nod dengan agama

	Hasil tambah Kuasa dua	***df***	**Min Kuasa dua**	***F***	***Sig.***
Antara Kumpulan	5.145	4	1.286		
Dalam Kumpulan	260.740	862	0.302	4.252	0.002
Total	265.885	866			

Jadual 4.112 menunjukkan satu langkah penting dalam analisis varian ialah mewujudkan kesahan andaian. Satu andaian ANOVA ialah bahawa varian kumpulan adalah bersamaan. Wujud perbezaan antara lima kategori pemboleh ubah agama kerana nilai F = 4.252 dan p = 0.002 ($p < 0.05$), hipotesis null berjaya ditolak. Nilai signifikan ujian F dalam jadual adalah kurang daripada 0.05. Jadi purata nod pelajar sekolah kajian adalah sama merentasi kategori pemboleh ubah agama berbeza.

Ujian Post Hoc

Jadual 4.113: Statistik menyediakan ujian Scheffe satu hala membandingkan nod merentasi agama (*Perbandingan Berganda*)

(I) Agama	(J) Agama	Perbezaan Min (I-J)	Ralat Piawai	*Sig.*	95% Selang Keyakinan	
					Batas Bawah	Batas Atas
Islam	Kristian	0.11722	0.27569	0.996	-0.7338	0.9682
	Buddha	0.31061*	0.07805	0.003	0.0697	0.5515
	Tiada	0.36722	0.38939	0.926	-0.8348	1.5692
	Tidak Ditentukan	0.08150	0.12161	0.978	-0.2939	0.4569
Kristian	Islam	-0.11722	0.27569	0.996	-0.9682	0.7338
	Buddha	0.19340	0.28518	0.977	-0.6869	1.0737
	Tiada	0.25000	0.47630	0.991	-1.2203	1.7203
	Tidak Ditentukan	-0.03571	0.30004	1.000	-0.9619	0.8905
Buddha	Islam	-0.31061*	0.07805	0.003	-0.5515	-0.0697
	Kristian	-0.19340	0.28518	0.977	-1.0737	0.6869
	Tiada	0.05660	0.39617	1.000	-1.1663	1.2795
	Tidak Ditentukan	-0.22911	0.14181	0.625	-0.6669	0.2087
Tiada	Islam	-0.36722	0.38939	0.926	-1.5692	0.8348
	Kristian	-0.25000	0.47630	0.991	-1.7203	1.2203
	Buddha	-0.05660	0.39617	1.000	-1.2795	1.1663
	Tidak Ditentukan	-0.28571	0.40700	0.974	-1.5421	0.9706
Tidak Ditentukan	Islam	-0.08150	0.12161	0.978	-0.4569	0.2939
	Kristian	0.03571	0.30004	1.000	-0.8905	0.9619
	Buddha	0.22911	0.14181	0.625	-0.2087	0.6669
	Tiada	0.28571	0.40700	0.974	-0.9706	1.5421

** Perbezaan min adalah signifikan pada aras 0.05.*

Jadual 4.114: Statistik menyediakan ujian Scheffe satu hala membandingkan nod merentasi agama (*Homogeneous Subsets*)

Scheffe[a],[b]

Agama	n	*Subset for alpha* = 0.05
		1
Tiada	2	3.0000
Buddha	53	3.0566
Kristian	4	3.2500
Tidak Ditentukan	21	3.2857
Islam	787	3.3672
Sig.		0.851

Min Untuk Kumpulan Dalam Subset Homogen Dipaparkan

a. Menggunakan Saiz Sampel Min Harmonik= 6.114

b. Saiz kumpulan adalah tidak sama. Min harmonik dari saiz kumpulan digunakan. Aras ralat Jenis I adalah tidak dijamin.

Kumpulan dan Jaringan dan Emel

Jadual 4.115: Output untuk Ujian Levene untuk kesamaan varian (kumpulan dan jaringan dan emel)

Statistik Levene	*df1*	*df2*	*Sig.*
3.205	2	864	0.041

Jadual 4.115 menunjukkan Ujian Levene adalah signifikan ($p = 0.041$), jadi varian sama adalah tidak dianggap. Varian dalam kumpulan ialah tidak sama. Ini menunjukkan kepelbagaian varian dalam data. Data adalah melanggar andaian kesamaan varian ($p < 0.05$). Oleh itu, ujian Levene menunjukkan ketidaksamaan antara emel. Statistik Levene menolak hipotesis null bahawa varian kumpulan adalah sama. ANOVA adalah tidak teguh perlanggaran apabila kumpulan adalah tidak sama saiz.

Jadual 4.116: Statistik menunjukkan ujian ANOVA bagi kumpulan dan kerjasama dengan emel

	Hasil tambah Kuasa dua	***df***	**Min Kuasa dua**	***F***	***Sig.***
Antara Kumpulan	1.123	2	0.561		
Dalam Kumpulan	170.739	864	0.198	2.841	0.059
Total	171.862	866			

Jadual 4.116 menunjukkan satu langkah penting dalam analisis varian ialah mewujudkan kesahan andaian. Satu andaian ANOVA ialah bahawa varian kumpulan adalah bersamaan. Tidak wujud perbezaan antara lima kategori pemboleh ubah emel kerana nilai $F = 2.841$ dan $p = 0.059$ ($p > 0.05$), hipotesis null gagal ditolak. Nilai signifikan ujian F dalam jadual adalah lebih besar daripada 0.05. Jadi purata kumpulan dan jaringan pelajar sekolah kajian adalah berbeza merentasi kategori pemboleh ubah emel berbeza.

Ujian Post Hoc

Jadual 4.117: Statistik menyediakan ujian Scheffe satu hala membandingkan kumpulan dan jaringan merentasi emel (*Perbandingan Berganda*)

(I) Emel	**(J) Emel**	**Perbezaan Min (I-J)**	**Ralat Piawai**	***Sig.***	**95% Selang Keyakinan**	
					Batas Bawah	**Batas Atas**
Ada	Tiada	0.07533	0.03947	0.162	-0.0215	0.1721
	Tidak Ditentukan	0.23272	0.12406	0.173	-0.0715	0.5369
Tiada	Ada	-0.23272	0.12406	0.162	-0.1721	0.0215
	Tiada	-0.15739	0.11999	0.423	-0.1368	0.4516
Tidak	Ada	-0.23272	0.12406	0.173	-0.5369	0.0715
Ditentukan	Tiada	-0.15739	0.11999	0.423	-0.4516	0.1368

Jadual 4.118: Statistik menyediakan ujian Scheffe satu hala membandingkan kumpulan dan jaringan merentasi emel (*Homogeneous Subsets*)

Scheffe[a],[b]

Emel	**n**	***Subset for alpha* = 0.05**
		1
Tidak Ditentukan	14	2.9286
Tiada	698	3.0860
Ada	155	3.1613
Sig.		0.075

Min Untuk Kumpulan Dalam Subset Homogen Dipaparkan

a. *Menggunakan Saiz Sampel Min Harmonik= 37.825*
b. *Saiz kumpulan adalah tidak sama. Min harmonik dari saiz kumpulan digunakan. Aras ralat Jenis I adalah tidak dijamin.*

Interaksi Sosial dan Emel

Jadual 4.119: Output untuk Ujian Levene untuk kesamaan varian (interaksi sosial dan emel)

Statistik Levene	***df1***	***df2***	***Sig.***
5.854	2	864	0.003

Jadual 4.119 menunjukkan Ujian Levene adalah signifikan ($p = 0.003$), jadi varian sama adalah tidak dianggap. Varian dalam kumpulan ialah tidak sama. Ini menunjukkan kepelbagaian varian dalam data. Data adalah melanggar andaian kesamaan varian ($p < 0.05$). Oleh itu, ujian Levene menunjukkan ketidaksamaan antara emel. Statistik Levene menolak hipotesis null bahawa varian kumpulan adalah sama. ANOVA adalah tidak teguh perlanggaran apabila kumpulan adalah tidak sama saiz.

Jadual 4.120: Statistik menunjukkan ujian ANOVA bagi interaksi sosial dengan emel

	Hasil tambah Kuasa dua	***df***	**Min Kuasa dua**	***F***	***Sig.***
Antara Kumpulan	0.856	2	0.428		
Dalam Kumpulan	215.320	864	0.249	1.717	0.180
Total	216.175	866			

Jadual 4.120 menunjukkan satu langkah penting dalam analisis varian ialah mewujudkan kesahan andaian. Satu andaian ANOVA ialah bahawa varian kumpulan adalah bersamaan. Tidak wujud perbezaan antara lima kategori pemboleh ubah emel kerana nilai $F = 2.841$ dan $p = 0.059$ ($p > 0.05$), hipotesis null gagal ditolak. Nilai signifikan ujian *F* dalam jadual adalah lebih besar daripada 0.05. Jadi purata interaksi sosial pelajar sekolah kajian adalah berbeza merentasi kategori pemboleh ubah emel berbeza.

Ujian Post Hoc

Jadual 4.121: Statistik menyediakan ujian Scheffe satu hala membandingkan interaksi sosial merentasi emel (*Perbandingan Berganda*)

(I) Emel	**(J) Emel**	**Perbezaan Min (I-J)**	**Ralat Piawai**	***Sig.***	**95% Selang Keyakinan**	
					Batas Bawah	**Batas Atas**
Ada	Tiada	0.07998	0.04433	0.197	-0.0287	0.1887
	Tidak Ditentukan	0.00876	0.13932	0.998	-0.3328	0.3504
Tiada	Ada	-0.07998	0.04433	0.197	-0.1887	0.0287
	Tiada	-0.07122	0.13475	0.870	-0.4016	0.2592
Tidak	Ada	-0.00876	0.13932	0.998	-0.3504	0.3328
Ditentukan	Tiada	0.07122	0.13475	0.870	-0.2592	0.4016

Jadual 4.122: Statistik menyediakan ujian Scheffe satu hala membandingkan interaksi sosial merentasi emel (*Homogeneous Subsets*)

Scheffe[a],[b]

Emel	**n**	***Subset for alpha* = 0.05**
		1
Tiada	698	2.5716
Tidak Ditentukan	14	2.6429
Ada	155	2.6516
Sig.		0.785

Min Untuk Kumpulan Dalam Subset Homogen Dipaparkan

a. *Menggunakan Saiz Sampel Min Harmonik= 37.825*

b. *Saiz kumpulan adalah tidak sama. Min harmonik dari saiz kumpulan digunakan. Aras ralat Jenis I adalah tidak dijamin.*

Status Sosial dan Emel

Jadual 4.123: Output untuk Ujian Levene untuk kesamaan varian (status sosial dan emel)

Statistik Levene	***df1***	***df2***	***Sig.***
3.290	2	864	0.038

Jadual 4.123 menunjukkan Ujian Levene adalah signifikan ($p = 0.038$), jadi varian sama adalah tidak dianggap. Varian dalam kumpulan ialah tidak sama. Ini menunjukkan kepelbagaian varian dalam data. Data adalah melanggar andaian kesamaan varian ($p < 0.05$). Oleh itu, ujian Levene menunjukkan ketidaksamaan antara emel. Statistik Levene menolak hipotesis null bahawa varian kumpulan adalah sama. ANOVA adalah tidak teguh perlanggaran apabila kumpulan adalah tidak sama saiz.

Jadual 4.124: Statistik menunjukkan ujian ANOVA bagi status sosial dengan emel

	Hasil tambah Kuasa dua	*df*	**Min Kuasa dua**	*F*	*Sig.*
Antara Kumpulan	4.736	2	2.368		
Dalam Kumpulan	336.862	864	0.390	6.074	0.002
Total	341.599	866			

Jadual 4.124 menunjukkan satu langkah penting dalam analisis varian ialah mewujudkan kesahan andaian. Satu andaian ANOVA ialah bahawa varian kumpulan adalah bersamaan. Wujud perbezaan antara lima kategori pemboleh ubah emel kerana nilai $F = 6.074$ dan $p = 0.002$ ($p < 0.05$), hipotesis null berjaya ditolak. Nilai signifikan ujian F dalam jadual adalah kurang daripada 0.05. Jadi purata status sosial pelajar sekolah kajian adalah sama merentasi kategori pemboleh ubah emel berbeza.

Ujian Post Hoc

Jadual 4.125: Statistik menyediakan ujian Scheffe satu hala membandingkan status sosial merentasi emel (*Perbandingan Berganda*)

(I) Emel	**(J) Emel**	**Perbezaan Min (I-J)**	**Ralat Piawai**	*Sig.*	**95% Selang Keyakinan**	
					Batas Bawah	**Batas Atas**
Ada	Tiada	0.13776*	0.05544	0.046	0.0018	0.2737
	Tidak Ditentukan	0.52396*	0.17425	0.011	0.0967	0.9512
Tiada	Ada	-0.13776*	0.05544	0.046	-0.2737	-0.0018
	Tiada	0.38621	0.16855	0.073	-0.0271	0.7995
Tidak Ditentukan	Ada	-0.52396*	0.17425	0.011	-0.9512	-0.0967
	Tiada	-0.38621	0.16855	0.073	-0.7995	0.0271

Jadual 4.126: Statistik menyediakan ujian Scheffe satu hala membandingkan status sosial merentasi emel (*Homogeneous Subsets*)

Scheffe[a],[b]

Emel	**n**	***Subset for alpha* = 0.05**	
		1	**2**
Tidak Ditentukan	14	2.7857	
Tiada	698		3.1719
Ada	155		3.3097
Sig.		1.000	0.631

Min Untuk Kumpulan Dalam Subset Homogen Dipaparkan

a. *Menggunakan Saiz Sampel Min Harmonik= 37.825*
b. *Saiz kumpulan adalah tidak sama. Min harmonik dari saiz kumpulan digunakan. Aras ralat Jenis I adalah tidak dijamin.*

Norma Sosial dan Emel

Jadual 4.127: Output untuk Ujian Levene untuk kesamaan varian (norma sosial dan emel)

Norma Sosial

Statistik Levene	***df1***	***df2***	***Sig.***
8.532	2	864	0.000

Jadual 4.127 menunjukkan Ujian Levene adalah signifikan ($p = 0.000$), jadi varian sama adalah tidak dianggap. Varian dalam kumpulan ialah tidak sama. Ini menunjukkan kepelbagaian varian dalam data. Data adalah melanggar andaian kesamaan varian ($p < 0.05$). Oleh itu, ujian Levene menunjukkan ketidaksamaan antara emel. Statistik Levene menolak hipotesis null bahawa varian kumpulan adalah sama. ANOVA adalah tidak teguh perlanggaran apabila kumpulan adalah tidak sama saiz.

Jadual 4.128: Statistik menunjukkan ujian ANOVA bagi norma sosial dengan emel

	Hasil tambah Kuasa dua	***df***	**Min Kuasa dua**	***F***	***Sig.***
Antara Kumpulan	1.716	2	0.858		
Dalam Kumpulan	320.706	864	0.371	2.311	0.100
Total	322.422	866			

Jadual 4.128 menunjukkan satu langkah penting dalam analisis varian ialah mewujudkan kesahan andaian. Satu andaian ANOVA ialah bahawa varian kumpulan adalah bersamaan. Tidak wujud perbezaan antara lima kategori pemboleh ubah emel kerana nilai $F = 2.311$ dan $p = 0.100$ ($p > 0.05$), hipotesis null gagal ditolak. Nilai signifikan ujian *F* dalam jadual adalah lebih besar daripada 0.05. Jadi purata norma sosial pelajar sekolah kajian adalah berbeza merentasi kategori pemboleh ubah emel berbeza.

Ujian Post Hoc

Jadual 4.129: Statistik menyediakan ujian Scheffe satu hala membandingkan norma sosial merentasi emel (*Perbandingan Berganda*)

(I) Emel	**(J) Emel**	**Perbezaan Min (I-J)**	**Ralat Piawai**	***Sig.***	**95% Selang Keyakinan**	
					Batas Bawah	**Batas Atas**
Ada	Tiada	-0.06671	0.05410	0.468	-0.1994	0.0659
	Tidak Ditentukan	0.23456	0.17002	0.387	-0.1823	0.6515
Tiada	Ada	0.06671	0.05410	0.468	-0.0659	0.1994
	Tiada	0.30127	0.16445	0.187	-0.1020	0.7045
Tidak Ditentukan	Ada	-0.23456	0.17002	0.387	-0.6515	0.1823
	Tiada	-0.30127	0.16445	0.187	-0.7045	0.1020

Jadual 4.130: Statistik menyediakan ujian Scheffe satu hala membandingkan norma sosial merentasi emel (*Homogeneous Subsets*)

Scheffe[a],[b]

Emel	**n**	***Subset for alpha* = 0.05**
		1
Tidak Ditentukan	14	2.6429
Ada	155	2.8774
Tiada	698	2.9441
Sig.		0.100

Min Untuk Kumpulan Dalam Subset Homogen Dipaparkan

a. *Menggunakan Saiz Sampel Min Harmonik= 37.825*

b. *Saiz kumpulan adalah tidak sama. Min harmonik dari saiz kumpulan digunakan. Aras ralat Jenis I adalah tidak dijamin.*

Ikatan Lemah dan Emel

Jadual 4.131: Output untuk Ujian Levene untuk kesamaan varian (ikatan lemah dan emel)

Statistik Levene	***df1***	***df2***	***Sig.***
5.624	2	864	0.004

Jadual 4.131 menunjukkan Ujian Levene adalah signifikan ($p = 0.004$), jadi varian sama adalah tidak dianggap. Varian dalam kumpulan ialah tidak sama. Ini menunjukkan kepelbagaian varian dalam data. Data adalah melanggar andaian kesamaan varian ($p < 0.05$). Oleh itu, ujian Levene menunjukkan ketidaksamaan antara emel. Statistik Levene menolak hipotesis null bahawa varian kumpulan adalah sama. ANOVA adalah tidak teguh perlanggaran apabila kumpulan adalah tidak sama saiz.

Jadual 4.132: Statistik menunjukkan ujian ANOVA bagi ikatan lemah dengan emel

	Hasil tambah Kuasa dua	***df***	**Min Kuasa dua**	***F***	***Sig.***
Antara Kumpulan	1.431	2	0.716		
Dalam Kumpulan	240.343	864	0.278	2.573	0.077
Total	241.774	866			

Jadual 4.132 menunjukkan satu langkah penting dalam analisis varian ialah mewujudkan kesahan andaian. Satu andaian ANOVA ialah bahawa varian kumpulan adalah bersamaan. Tidak wujud perbezaan antara lima kategori pemboleh ubah emel kerana nilai $F = 2.573$ dan $p = 0.077$ ($p > 0.05$), hipotesis null gagal ditolak. Nilai signifikan ujian F dalam jadual adalah lebih besar daripada 0.05. Jadi purata ikatan lemah pelajar sekolah kajian adalah berbeza merentasi kategori pemboleh ubah emel berbeza.

Ujian Post Hoc

Jadual 4.133: Statistik menyediakan ujian Scheffe satu hala membandingkan ikatan lemah merentasi emel (*Perbandingan Berganda*)

(I) Emel	**(J) Emel**	**Perbezaan Min (I-J)**	**Ralat Piawai**	***Sig.***	**95% Selang Keyakinan**	
					Batas Bawah	**Batas Atas**
Ada	Tiada	0.10609	0.04683	0.077	-0.0087	0.2209
	Tidak Ditentukan	0.10323	0.14719	0.782	-0.2577	0.4641
Tiada	Ada	-0.10609	0.04683	0.077	-0.2209	0.0087
Tiada		-0.00287	0.14237	1.000	-0.3519	0.3462
Tidak Ditentukan	Ada	-0.10323	0.14719	0.782	-0.4641	0.2577
	Tiada	0.00287	0.14237	1.000	-0.3462	0.3519

Jadual 4.134: Statistik menyediakan ujian Scheffe satu hala membandingkan ikatan lemah merentasi emel (*Homogeneous Subsets*)

Scheffe[a],[b]

Emel	**n**	***Subset for alpha* = 0.05**
		1
Tiada	698	2.9971
Tidak Ditentukan	14	3.0000
Ada	155	3.1032
Sig.		0.682

Min Untuk Kumpulan Dalam Subset Homogen Dipaparkan

a. *Menggunakan Saiz Sampel Min Harmonik= 37.825*

b. *Saiz kumpulan adalah tidak sama. Min harmonik dari saiz kumpulan digunakan. Aras ralat Jenis I adalah tidak dijamin.*

Pendayaupayaan dan Sektor Pekerjaan Bapa

Jadual 4.135: Output untuk Ujian Levene untuk kesamaan varian (pendayaupayaan dan sektor pekerjaan bapa)

Statistik Levene	*df1*	*df2*	*Sig.*
2.391	4	862	0.049

Jadual 4.135 menunjukkan Ujian Levene adalah signifikan (p = 0.049), jadi varian sama adalah tidak dianggap. Varian dalam kumpulan ialah tidak sama. Ini menunjukkan kepelbagaian varian dalam data. Data adalah melanggar andaian kesamaan varian ($p < 0.05$). Oleh itu, ujian Levene menunjukkan ketidaksamaan antara sektor pekerjaan bapa. Statistik Levene menolak hipotesis null bahawa varian kumpulan adalah sama. ANOVA adalah tidak teguh perlanggaran apabila kumpulan adalah tidak sama saiz.

Jadual 4.136: Statistik menunjukkan ujian ANOVA bagi pendayaupayaan dengan sektor pekerjaan bapa

	Hasil tambah Kuasa dua	*df*	Min Kuasa dua	*F*	*Sig.*
Antara Kumpulan	1.477	4	0.369		
Dalam Kumpulan	264.218	862	0.307	1.205	0.307
Total	265.696	866			

Jadual 4.136 menunjukkan satu langkah penting dalam analisis varian ialah mewujudkan kesahan andaian. Satu andaian ANOVA ialah bahawa varian kumpulan adalah bersamaan. Tidak wujud perbezaan antara lima kategori pemboleh ubah sektor pekerjaan bapa kerana nilai F = 1.205 dan p = 0.307 ($p >$ 0.05), hipotesis null gagal ditolak. Nilai signifikan ujian F dalam jadual adalah lebih besar daripada 0.05. Jadi purata pendayaupayaan pelajar sekolah kajian adalah berbeza merentasi kategori pemboleh ubah sektor pekerjaan bapa berbeza.

Ujian Post Hoc

Jadual 4.137: Statistik menyediakan ujian Scheffe satu hala membandingkan pendayaupayaan merentasi sektor pekerjaan bapa (*Perbandingan Berganda*)

(I) Sektor Pekerjaan Bapa	(J) Sektor Pekerjaan Bapa	Perbezaan Min (I-J)	Ralat Piawai	*Sig.*	95% Selang Keyakinan	
					Batas Bawah	Batas Atas
Agensi awam	Agensi swasta	0.04539	0.07838	0.987	-0.1966	0.2873
	Persendirian (Bekerja sendiri)	-0.06052	0.05707	0.890	-0.2367	0.1157
	Tiada	-0.02253	0.09791	1.000	-0.3248	0.2797
	Tidak Ditentukan	-0.09829	0.06958	0.737	-.0.3131	0.1165
Agensi Swasta	Agensi awam	-0.04539	0.07838	0.987	-0.2873	0.1966
	Persendirian (Bekerja sendiri)	-0.10591	0.06450	0.610	-0.3050	0.0932
	Tiada	-0.06792	0.10242	0.979	-0.3841	0.2482
	Tidak Ditentukan	-0.14368	0.07579	0.464	-0.3776	0.0903
Persendirian (Bekerja Sendiri)	Agensi awam	0.06052	0.05707	0.890	-0.1157	0.2367
	Agensi swasta	0.10591	0.06450	0.610	-0.0932	0.3050
	Tiada	0.03799	0.08720	0.996	-0.2312	0.3072
	Tidak Ditentukan	-0.03777	0.05346	0.974	-0.2028	0.1273
Tiada	Agensi awam	0.02253	0.09791	1.000	-0.2797	0.3248
	Agensi swasta	0.06792	0.10242	0.979	-0.2482	0.3841
	Persendirian (Bekerja sendiri)	-0.03799	0.08720	0.996	-0.3072	0.2312

Tidak Ditentukan	Tidak Ditentukan	-0.07576	0.09585	0.960	-0.3716	0.2201
	Agensi awam	0.9829	0.06958	0.737	-0.1165	0.3131
	Agensi swasta	0.14368	0.07579	0.464	-0.0903	0.3776
	Persendirian (Bekerja sendiri)	0.03777	0.05346	0.974	-0.1273	0.2028
	Tiada	0.07576	0.09585	0.960	-0.2201	0.3716

Jadual 4.138: Statistik menyediakan ujian Scheffe satu hala membandingkan pendayaupayaan merentasi sektor pekerjaan bapa (*Homogeneous Subsets*)
Scheffe[a],[b]

Sektor Pekerjaan Bapa	**n**	***Subset for alpha* = 0.05**
		1
Agensi swasta	87	3.0230
Agensi awam	117	3.0684
Tiada	44	3.0909
Persendirian (Bekerja sendiri)	481	3.1289
Tidak Ditentukan	138	3.1667
Sig.		0.520

Min Untuk Kumpulan Dalam Subset Homogen Dipaparkan

a. *Menggunakan Saiz Sampel Min Harmonik= 95.981*
b. *Saiz kumpulan adalah tidak sama. Min harmonik dari saiz kumpulan digunakan. Aras ralat Jenis I adalah tidak dijamin.*

Ikatan Sosial dan Sektor Pekerjaan Bapa

Jadual 4.139: Output untuk Ujian Levene untuk kesamaan varian (ikatan sosial dan sektor pekerjaan bapa)

Statistik Levene	***df1***	***df2***	***Sig.***
2.946	4	862	0.020

Jadual 4.139 menunjukkan Ujian Levene adalah signifikan (p = 0.020), jadi varian sama adalah tidak dianggap. Varian dalam kumpulan ialah tidak sama. Ini menunjukkan kepelbagaian varian dalam data. Data adalah melanggar andaian kesamaan varian (p < 0.05). Oleh itu, ujian Levene menunjukkan ketidaksamaan antara sektor pekerjaan bapa. Statistik Levene menolak hipotesis null bahawa varian kumpulan adalah sama. ANOVA adalah tidak teguh perlanggaran apabila kumpulan adalah tidak sama saiz.

Jadual 4.140: Statistik menunjukkan ujian ANOVA bagi ikatan sosial dengan sektor pekerjaan bapa

	Hasil tambah Kuasa dua	***df***	**Min Kuasa dua**	***F***	***Sig.***
Antara Kumpulan	0.231	4	0.058		
Dalam Kumpulan	57.769	862	0.067	0.860	0.488
Total	58.000	866			

Jadual 4.140 menunjukkan satu langkah penting dalam analisis varian ialah mewujudkan kesahan andaian. Satu andaian ANOVA ialah bahawa varian kumpulan adalah bersamaan. Tidak wujud perbezaan antara lima kategori pemboleh ubah sektor pekerjaan bapa kerana nilai F = 0.860 dan p = 0.488 (p > 0.05), hipotesis null gagal ditolak. Nilai signifikan ujian F dalam jadual adalah lebih besar daripada 0.05. Jadi purata ikatan sosial pelajar sekolah kajian adalah berbeza merentasi kategori pemboleh ubah sektor pekerjaan bapa berbeza.

Ujian Post Hoc

Jadual 4.141: Statistik menyediakan ujian Scheffe satu hala membandingkan ikatan sosial merentasi sektor pekerjaan bapa (*Perbandingan Berganda*)

(I) Sektor Pekerjaan Bapa	**(J) Sektor Pekerjaan Bapa**	**Perbezaan Min (I-J)**	**Ralat Piawai**	***Sig.***	**95% Selang Keyakinan**	
					Batas Bawah	**Batas Atas**
Agensi awam	Agensi swasta	0.05777	0.03665	0.648	-0.0554	0.1709
	Persendirian (Bekerja sendiri)	0.02610	0.02669	0.916	-0.0563	0.1085
	Tiada	-0.01146	0.04578	1.000	-0.1528	0.1299
	Tidak Ditentukan	0.03103	0.03253	0.923	-.0.0694	0.1315
Agensi Swasta	Agensi awam	-0.05777	0.03665	0.648	-0.1709	0.0554
	Persendirian (Bekerja sendiri)	-0.03166	0.03016	0.894	-0.1248	0.0614
	Tiada	-0.06923	0.04789	0.719	-0.2171	0.0786
	Tidak Ditentukan	-0.02674	0.03544	0.966	-0.1361	0.0827
Persendirian (Bekerja Sendiri)	Agensi awam	-0.02610	0.02669	0.916	-0.1085	0.0563
	Agensi swasta	0.03166	0.03016	0.894	-0.0614	0.1248
	Tiada	-0.03756	0.04077	0.932	-0.1634	0.0883
	Tidak Ditentukan	0.00493	0.02500	1.000	-0.0722	0.0821
Tiada	Agensi awam	0.01146	0.04578	1.000	-0.1299	0.1528
	Agensi swasta	0.06923	0.04789	0.719	-0.0786	0.2171
	Persendirian (Bekerja sendiri)	0.03756	0.04077	0.932	-0.0883	0.1634
	Tidak Ditentukan	0.04249	0.04482	0.925	-0.0959	0.1808
Tidak Ditentukan	Agensi awam	-0.03103	0.03253	0.923	-0.1315	0.0694
	Agensi swasta	0.02674	0.03544	0.966	-0.0827	0.1361
	Persendirian (Bekerja sendiri)	-0.00493	0.02500	1.000	-0.0821	0.0722
	Tiada	-0.04249	0.04482	0.925	-0.1808	0.0959

Jadual 4.142: Statistik menyediakan ujian Scheffe satu hala membandingkan ikatan sosial merentasi sektor pekerjaan bapa (*Homogeneous Subsets*)

Scheffe[a],[b]

Sektor Pekerjaan Bapa	**n**	***Subset for alpha* = 0.05**
		1
Agensi swasta	87	2.9080
Tidak Ditentukan	138	2.9348
Persendirian (Bekerja sendiri)	481	2.9397
Agensi awam	117	2.9658
Tiada	44	2.9773
Sig.		0.489

Min Untuk Kumpulan Dalam Subset Homogen Dipaparkan

a. *Menggunakan Saiz Sampel Min Harmonik= 95.981*

b. *Saiz kumpulan adalah tidak sama. Min harmonik dari saiz kumpulan digunakan. Aras ralat Jenis I adalah tidak dijamin.*

Interaksi Sosial dan Sektor Pekerjaan Bapa

Jadual 4.143: Output untuk Ujian Levene untuk kesamaan varian (interaksi sosial dan sektor pekerjaan bapa)

Statistik Levene	***df1***	***df2***	***Sig.***

4.594	4	862	0.001

Jadual 4.143 menunjukkan Ujian Levene adalah signifikan ($p = 0.001$), jadi varian sama adalah tidak dianggap. Varian dalam kumpulan ialah tidak sama. Ini menunjukkan kepelbagaian varian dalam data. Data adalah melanggar andaian kesamaan varian ($p < 0.05$). Oleh itu, ujian Levene menunjukkan ketidaksamaan antara sektor pekerjaan bapa. Statistik Levene menolak hipotesis null bahawa varian kumpulan adalah sama. ANOVA adalah tidak teguh perlanggaran apabila kumpulan adalah tidak sama saiz.

Jadual 4.144: Statistik menunjukkan ujian ANOVA bagi interaksi sosial dengan sektor pekerjaan bapa

	Hasil tambah Kuasa dua	***df***	**Min Kuasa dua**	***F***	***Sig.***
Antara Kumpulan	1.330	4	0.332		
Dalam Kumpulan	214.845	862	0.249	1.334	0.255
Total	216.175	866			

Jadual 4.144 menunjukkan satu langkah penting dalam analisis varian ialah mewujudkan kesahan andaian. Satu andaian ANOVA ialah bahawa varian kumpulan adalah bersamaan. Tidak wujud perbezaan antara lima kategori pemboleh ubah sektor pekerjaan bapa kerana nilai $F = 1.334$ dan $p = 0.255$ ($p > 0.05$), hipotesis null gagal ditolak. Nilai signifikan ujian F dalam jadual adalah lebih besar daripada 0.05. Jadi purata interaksi sosial pelajar sekolah kajian adalah berbeza merentasi kategori pemboleh ubah sektor pekerjaan bapa berbeza.

Ujian Post Hoc

Jadual 4.145: Statistik menyediakan ujian Scheffe satu hala membandingkan interaksi sosial merentasi sektor pekerjaan bapa (*Perbandingan Berganda*)

(I) Sektor Pekerjaan Bapa	**(J) Sektor Pekerjaan Bapa**	**Perbezaan Min (I-J)**	**Ralat Piawai**	***Sig.***	**95% Selang Keyakinan**	
					Batas Bawah	**Batas Atas**
Agensi awam	Agensi swasta	0.01798	0.07068	0.999	-0.2002	0.2361
	Persendirian (Bekerja sendiri)	-0.02379	0.05146	0.995	-0.1827	0.1351
	Tiada	-0.10062	0.08829	0.861	-0.3732	0.1719
	Tidak Ditentukan	0.06670	0.06274	0.889	-.0.1270	0.2604
Agensi Swasta	Agensi awam	-0.01798	0.07068	0.999	-0.2361	0.2002
	Persendirian (Bekerja sendiri)	-0.04177	0.05816	0.972	-0.2213	0.1378
	Tiada	-0.11860	0.09235	0.800	-0.4037	0.1665
	Tidak Ditentukan	0.04873	0.06834	0.973	-0.1622	0.2597
Persendirian (Bekerja Sendiri)	Agensi awam	0.02379	0.05146	0.995	-0.1351	0.1827
	Agensi swasta	0.04177	0.05816	0.972	-0.1378	0.2213
	Tiada	-0.07683	0.07863	0.917	-0.3196	0.1659
	Tidak Ditentukan	0.09050	0.04821	0.475	-0.0583	0.2393
Tiada	Agensi awam	0.10062	0.08829	0.861	-0.1719	0.3732
	Agensi swasta	0.11860	0.09235	0.800	-0.1665	0.4037
	Persendirian (Bekerja sendiri)	0.07683	0.07863	0.917	-0.1659	0.3196
	Tidak Ditentukan	0.16733	0.08643	0.442	-0.0995	0.4341
Tidak Ditentukan	Agensi awam	-0.06670	0.06274	0.889	-0.2604	0.1270
	Agensi swasta	-0.04873	0.06834	0.973	-0.2597	0.1622

Persendirian (Bekerja sendiri)	-0.09050	0.04821	0.475	-0.2393	0.0583
Tiada	-0.16733	0.08643	0.442	-0.4341	0.0995

Jadual 4.146: Statistik menyediakan ujian Scheffe satu hala membandingkan interaksi sosial merentasi sektor pekerjaan bapa (*Homogeneous Subsets*)
Scheffe[a, b]

Sektor Pekerjaan Bapa	**n**	***Subset for alpha* = 0.05**
		1
Tidak Ditentukan	138	2.5145
Agensi swasta	87	2.5632
Agensi awam	117	2.5812
Persendirian (Bekerja sendiri)	481	2.6050
Tiada	44	2.6818
Sig.		0.250

Min Untuk Kumpulan Dalam Subset Homogen Dipaparkan

a. *Menggunakan Saiz Sampel Min Harmonik= 95.981*
b. *Saiz kumpulan adalah tidak sama. Min harmonik dari saiz kumpulan digunakan. Aras ralat Jenis I adalah tidak dijamin.*

Autoriti Sosial dan Sektor Pekerjaan Bapa

Jadual 4.147: Output untuk Ujian Levene untuk kesamaan varian (autoriti sosial dan sektor pekerjaan bapa)

Statistik Levene	***df1***	***df2***	***Sig.***
3.211	4	862	0.012

Jadual 4.147 menunjukkan Ujian Levene adalah signifikan (p = 0.012), jadi varian sama adalah tidak dianggap. Varian dalam kumpulan ialah tidak sama. Ini menunjukkan kepelbagaian varian dalam data. Data adalah melanggar andaian kesamaan varian ($p < 0.05$). Oleh itu, ujian Levene menunjukkan ketidaksamaan antara sektor pekerjaan bapa. Statistik Levene menolak hipotesis null bahawa varian kumpulan adalah sama. ANOVA adalah tidak teguh perlanggaran apabila kumpulan adalah tidak sama saiz.

Jadual 4.148: Statistik menunjukkan ujian ANOVA bagi autoriti sosial dengan sektor pekerjaan bapa

	Hasil tambah Kuasa dua	***df***	**Min Kuasa dua**	***F***	***Sig.***
Antara Kumpulan	5.607	4	1.402		
Dalam Kumpulan	314.434	862	0.365	3.843	0.004
Total	320.042	866			

Jadual 4.148 menunjukkan satu langkah penting dalam analisis varian ialah mewujudkan kesahan andaian. Satu andaian ANOVA ialah bahawa varian kumpulan adalah bersamaan. Wujud perbezaan antara lima kategori pemboleh ubah sektor pekerjaan bapa kerana nilai F = 3.843 dan p = 0.004 (p < 0.05), hipotesis null berjaya ditolak. Nilai signifikan ujian F dalam jadual adalah kurang daripada 0.05. Jadi purata autoriti sosial pelajar sekolah kajian adalah sama merentasi kategori pemboleh ubah sektor pekerjaan bapa berbeza.

Ujian Post Hoc

Jadual 4.149: Statistik menyediakan ujian Scheffe satu hala membandingkan autoriti sosial merentasi sektor pekerjaan bapa (*Perbandingan Berganda*)

(I) Sektor Pekerjaan	**(J) Sektor Pekerjaan**	**Perbezaan Min (I-J)**	**Ralat Piawai**	***Sig.***	**95% Selang Keyakinan**

Bapa	Bapa				Batas Bawah	Batas Atas
Agensi awam	Agensi swasta	0.16387	0.08550	0.453	-0.1001	0.4278
	Persendirian (Bekerja sendiri)	0.04828	0.06226	0.963	-0.1439	0.2405
	Tiada	-0.17521	0.10681	0.611	-0.5049	0.1545
	Tidak Ditentukan	0.17261	0.07590	0.271	-.0.0617	0.4069
Agensi Swasta	Agensi awam	-0.16387	0.08550	0.453	-0.4278	0.1001
	Persendirian (Bekerja sendiri)	-0.11559	0.07036	0.610	-0.3328	0.1016
	Tiada	-0.33908	0.11173	0.057	-0.6840	0.0058
	Tidak Ditentukan	0.00875	0.08268	1.000	-0.2465	0.2640
Persendirian (Bekerja Sendiri)	Agensi awam	-0.04828	0.06226	0.963	-0.2405	0.1439
	Agensi swasta	0.11559	0.07036	0.610	-0.1016	0.3328
	Tiada	-0.22349	0.09512	0.239	-0.5171	0.0701
	Tidak Ditentukan	0.12433	0.05832	0.338	-0.0557	0.3044
Tiada	Agensi awam	0.17521	0.10681	0.611	-0.1545	0.5049
	Agensi swasta	0.33908	0.11173	0.057	-0.0058	0.6840
	Persendirian (Bekerja sendiri)	0.22349	0.09512	0.239	-0.0701	0.5171
	Tidak Ditentukan	0.34783*	0.10456	0.026	0.0250	0.6706
Tidak Ditentukan	Agensi awam	-0.17261	0.07590	0.271	-0.4069	0.0617
	Agensi swasta	-0.00875	0.08268	1.000	-0.2640	0.2465
	Persendirian (Bekerja sendiri)	-0.12433	0.05832	0.338	-0.3044	0.0557
	Tiada	-0.34783*	0.10456	0.026	-0.6706	-0.0250

* *Perbezaan min adalah signifikan pada aras 0.05.*

Jadual 4.150: Statistik menyediakan ujian Scheffe satu hala membandingkan autoriti sosial merentasi sektor pekerjaan bapa (*Homogeneous Subsets*)
Scheffe[a],[b]

Sektor Pekerjaan Bapa	n	***Subset for alpha* = 0.05**
		1
Tidak Ditentukan	138	3.1522
Agensi swasta	87	3.1609
Persendirian (Bekerja sendiri)	481	3.2765
Agensi awam	117	3.3248
Tiada	44	3.5000
Sig.		0.161

Min Untuk Kumpulan Dalam Subset Homogen Dipaparkan

a. *Menggunakan Saiz Sampel Min Harmonik= 95.981*
b. *Saiz kumpulan adalah tidak sama. Min harmonik dari saiz kumpulan digunakan. Aras ralat Jenis I adalah tidak dijamin.*

Status Sosial dan Sektor Pekerjaan Bapa

Jadual 4.151: Output untuk Ujian Levene untuk kesamaan varian (status sosial dan sektor pekerjaan bapa)

Statistik Levene	*df1*	*df2*	*Sig.*
3.331	4	862	0.010

Jadual 4.151 menunjukkan Ujian Levene adalah signifikan ($p = 0.010$), jadi varian sama adalah tidak dianggap. Varian dalam kumpulan ialah tidak sama. Ini menunjukkan kepelbagaian varian dalam data. Data adalah melanggar andaian kesamaan varian ($p < 0.05$). Oleh itu, ujian Levene menunjukkan

ketidaksamaan antara sektor pekerjaan bapa. Statistik Levene menolak hipotesis null bahawa varian kumpulan adalah sama. ANOVA adalah tidak teguh perlanggaran apabila kumpulan adalah tidak sama saiz.

Jadual 4.152: Statistik menunjukkan ujian ANOVA bagi status sosial dengan sektor pekerjaan bapa

	Hasil tambah Kuasa dua	***df***	**Min Kuasa dua**	***F***	***Sig.***
Antara Kumpulan	0.913	4	0.228		
Dalam Kumpulan	340.685	862	0.395	0.578	0.679
Total	341.599	866			

Jadual 4.152 menunjukkan satu langkah penting dalam analisis varian ialah mewujudkan kesahan andaian. Satu andaian ANOVA ialah bahawa varian kumpulan adalah bersamaan. Tidak wujud perbezaan antara lima kategori pemboleh ubah sektor pekerjaan bapa kerana nilai $F = 0.578$ dan $p = 0.679$ ($p > 0.05$), hipotesis null gagal ditolak. Nilai signifikan ujian F dalam jadual adalah lebih besar daripada 0.05. Jadi purata status sosial pelajar sekolah kajian adalah berbeza merentasi kategori pemboleh ubah sektor pekerjaan bapa berbeza.

Ujian Post Hoc

Jadual 4.153: Statistik menyediakan ujian Scheffe satu hala membandingkan status sosial merentasi sektor pekerjaan bapa (*Perbandingan Berganda*)

(I) Sektor Pekerjaan Bapa	**(J) Sektor Pekerjaan Bapa**	**Perbezaan Min (I-J)**	**Ralat Piawai**	***Sig.***	**95% Selang Keyakinan**	
					Batas Bawah	**Batas Atas**
Agensi awam	Agensi swasta	0.05865	0.08900	0.980	-0.2161	0.3334
	Persendirian (Bekerja sendiri)	-0.00716	0.06480	1.000	-0.2072	0.1929
	Tiada	-0.07615	0.11118	0.976	-0.4193	0.2670
	Tidak Ditentukan	0.05165	0.07901	0.980	-.0.1922	0.2955
Agensi Swasta	Agensi awam	-0.05865	0.08900	0.980	-0.3334	0.2161
	Persendirian (Bekerja sendiri)	-0.06581	0.07324	0.937	-0.2919	0.1603
	Tiada	-0.13480	0.11630	0.854	-0.4938	0.2242
	Tidak Ditentukan	0.00700	0.08606	1.000	-0.2727	0.2587
Persendirian (Bekerja Sendiri)	Agensi awam	0.00716	0.06480	1.000	-0.1929	0.2072
	Agensi swasta	0.06581	0.07324	0.937	-0.1603	0.2919
	Tiada	-0.06899	0.09902	0.975	-0.3746	0.2367
	Tidak Ditentukan	0.05881	0.06071	0.919	-0.1286	0.2462
Tiada	Agensi awam	0.07615	0.11118	0.976	-0.2670	0.4193
	Agensi swasta	0.13480	0.11630	0.854	-0.2242	0.4938
	Persendirian (Bekerja sendiri)	0.06899	0.09902	0.975	-0.2367	0.3746
	Tidak Ditentukan	0.12780	0.10884	0.848	0.2082	0.4638
Tidak Ditentukan	Agensi awam	-0.05165	0.07901	0.980	-0.2955	0.1922
	Agensi swasta	0.00700	0.08606	1.000	-0.2587	0.2727
	Persendirian (Bekerja sendiri)	-0.05881	0.06071	0.919	-0.2462	0.1286
	Tiada	-0.12780	0.10884	0.848	-0.4638	0.2082

Jadual 4.154: Statistik menyediakan ujian Scheffe satu hala membandingkan status sosial merentasi sektor pekerjaan bapa (*Homogeneous Subsets*)

Scheffe[a],[b]

Sektor Pekerjaan Bapa	n	*Subset for alpha* = 0.05
		1
Agensi swasta	87	3.1379
Tidak Ditentukan	138	3.1449
Agensi awam	117	3.1966
Persendirian (Bekerja sendiri)	481	3.2037
Tiada	44	3.2727
Sig.		0.698

Min Untuk Kumpulan Dalam Subset Homogen Dipaparkan
a. Menggunakan Saiz Sampel Min Harmonik= 95.981
b. Saiz kumpulan adalah tidak sama. Min harmonik dari saiz kumpulan digunakan. Aras ralat Jenis I adalah tidak dijamin.

Bentuk Modal Sosial dan Sektor Pekerjaan Bapa
Jadual 4.155: Output untuk Ujian Levene untuk kesamaan varian (bentuk modal sosial dan sektor pekerjaan bapa)

Statistik Levene	*df1*	*df2*	*Sig.*
9.425	4	862	0.004

Jadual 4.155 menunjukkan Ujian Levene adalah signifikan (p = 0.004), jadi varian sama adalah tidak dianggap. Varian dalam kumpulan ialah tidak sama. Ini menunjukkan kepelbagaian varian dalam data. Data adalah melanggar andaian kesamaan varian (p < 0.05). Oleh itu, ujian Levene menunjukkan ketidaksamaan antara sektor pekerjaan bapa. Statistik Levene menolak hipotesis null bahawa varian kumpulan adalah sama. ANOVA adalah tidak teguh perlanggaran apabila kumpulan adalah tidak sama saiz.

Jadual 4.156: Statistik menunjukkan ujian ANOVA bagi bentuk modal sosial dengan sektor pekerjaan bapa

	Hasil tambah Kuasa dua	*df*	Min Kuasa dua	*F*	*Sig.*
Antara Kumpulan	0.379	4	0.095		
Dalam Kumpulan	59.162	857	0.069	1.373	0.242
Total	59.541	861			

Jadual 4.156 menunjukkan satu langkah penting dalam analisis varian ialah mewujudkan kesahan andaian. Satu andaian ANOVA ialah bahawa varian kumpulan adalah bersamaan. Tidak wujud perbezaan antara lima kategori pemboleh ubah sektor pekerjaan bapa kerana nilai F = 1.373 dan p = 0.242 (p > 0.05), hipotesis null gagal ditolak. Nilai signifikan ujian F dalam jadual adalah lebih besar daripada 0.05. Jadi purata bentuk modal sosial pelajar sekolah kajian adalah berbeza merentasi kategori pemboleh ubah sektor pekerjaan bapa berbeza.

Ujian Post Hoc
Jadual 4.157: Statistik menyediakan ujian Scheffe satu hala membandingkan bentuk modal sosial merentasi sektor pekerjaan bapa (*Perbandingan Berganda*)

(I) Sektor Pekerjaan Bapa	(J) Sektor Pekerjaan Bapa	Perbezaan Min (I-J)	Ralat Piawai	*Sig.*	95% Selang Keyakinan	
					Batas Bawah	Batas Atas
Agensi awam	Agensi swasta	0.07426	0.03733	0.412	-0.0410	0.1895
	Persendirian (Bekerja sendiri)	0.01046	0.02728	0.997	-0.0738	0.0947
	Tiada	0.01601	0.04657	0.998	-0.1278	0.1598
	Tidak	0.03542	0.03323	0.888	-0.0672	0.1380

	Ditentukan					
Agensi Swasta	Agensi awam	-0.07426	0.03733	0.412	-0.1895	0.0410
	Persendirian (Bekerja sendiri)	-0.06381	0.03062	0.362	-0.1583	0.0307
	Tiada	-0.05825	0.04860	0.838	-0.2083	0.0918
	Tidak Ditentukan	-0.03885	0.03602	0.884	-0.1500	0.0723
Persendirian (Bekerja Sendiri)	Agensi awam	0.01046	0.02728	0.997	-0.0947	0.0738
	Agensi swasta	0.06381	0.03062	0.362	-0.0307	0.1583
	Tiada	0.00555	0.04139	1.000	-0.1222	0.1333
	Tidak Ditentukan	0.02496	0.02546	0.915	-0.0536	0.1035
Tiada	Agensi awam	-0.01601	0.04657	0.998	-0.1598	0.1278
	Agensi swasta	0.05825	0.04860	0.838	-0.0918	0.2083
	Persendirian (Bekerja sendiri)	0.00555	0.04139	1.000	-0.1333	0.1222
	Tidak Ditentukan	0.01941	0.04553	0.996	-0.1211	0.1600
Tidak Ditentukan	Agensi awam	-0.03542	0.03323	0.888	-0.1380	0.0672
	Agensi swasta	0.03885	0.03602	0.884	-0.0723	0.1500
	Persendirian (Bekerja sendiri)	-0.02496	0.02546	0.915	-0.1035	0.0536
	Tiada	-0.01941	0.04553	0.996	-0.1600	0.1211

Jadual 4.158: Statistik menyediakan ujian Scheffe satu hala membandingkan bentuk modal sosial merentasi sektor pekerjaan bapa (*Homogeneous Subsets*)

Scheffe[a], [b]

Sektor Pekerjaan Bapa	**n**	***Subset for alpha* = 0.05**
		1
Agensi Swasta	87	2.8736
Tidak Ditentukan	137	2.9124
Tiada	44	2.9318
Persendirian (Bekerja Sendiri)	479	2.9374
Agensi Awam	115	2.9478
Sig.		0.432

Min Untuk Kumpulan Dalam Subset Homogen Dipaparkan

a. *Menggunakan Saiz Sampel Min Harmonik= 95.981.*

b. *Saiz kumpulan adalah tidak sama. Min harmonik dari saiz kumpulan digunakan. Aras ralat Jenis I adalah tidak dijamin.*

Tindakan Kolektif dan Kerjasama dan Sektor Pekerjaan Ibu

Jadual 4.159: Statistik menyediakan deskriptif Sektor Pekerjaan Ibu (Ujian Post Hoc)

	n	**Min**	**Sisihan Piawai**	***Ralat Piawai***	**95% Selang Keyakinan untuk Min**		**Minimum**	**Maksimum**
					Batas Bawah	**Batas Atas**		
Agensi awam	53	2.9623	0.43687	0.06001	2.8418	3.0827	2.00	4.00
Agensi swasta	32	2.9688	0.47413	0.08381	2.7978	3.1397	2.00	4.00
Persendirian (Bekerja sendiri)	113	2.9469	0.39733	0.03738	2.8728	3.0210	2.00	4.00

Tiada	566	2.9311	0.39536	0.01662	2.8985	2.9637	2.00	4.00
Tidak Ditentukan	103	2.8058	0.42144	0.04153	2.7235	2.8882	2.00	4.00
Total	867	2.9216	0.40588	0.01378	2.8945	2.9486	2.00	4.00

Jadual 4.160: Output untuk Ujian Levene untuk kesamaan varian (tindakan kolektif dan kerjasama dan sektor pekerjaan ibu)

Statistik Levene	*df1*	*df2*	*Sig.*
2.831	4	862	0.024

Jadual 4.160 menunjukkan Ujian Levene adalah signifikan (p = 0.024), jadi varian sama adalah tidak dianggap. Varian dalam kumpulan ialah tidak sama. Ini menunjukkan kepelbagaian varian dalam data. Data adalah melanggar andaian kesamaan varian ($p < 0.05$). Oleh itu, ujian Levene menunjukkan ketidaksamaan antara sektor pekerjaan ibu. Statistik Levene menolak hipotesis null bahawa varian kumpulan adalah sama. ANOVA adalah tidak teguh perlanggaran apabila kumpulan adalah tidak sama saiz.

Jadual 4.161: Statistik menunjukkan ujian ANOVA bagi tindakan kolektif dan kerjasama dengan sektor pekerjaan ibu

	Hasil tambah Kuasa dua	*df*	Min Kuasa dua	*F*	*Sig.*
Antara Kumpulan	1.663	4	0.416		
Dalam Kumpulan	141.004	862	0.164	2.541	0.039
Total	142.667	866			

Jadual 4.161 menunjukkan satu langkah penting dalam analisis varian ialah mewujudkan kesahan andaian. Satu andaian ANOVA ialah bahawa varian kumpulan adalah bersamaan. Wujud perbezaan antara lima kategori pemboleh ubah sektor pekerjaan ibu kerana nilai $F = 2.541$ dan $p = 0.039$ ($p < 0.05$), hipotesis null berjaya ditolak. Nilai signifikan ujian F dalam jadual adalah kurang daripada 0.05. Jadi purata tindakan kolektif dan kerjasama pelajar sekolah kajian adalah sama merentasi kategori pemboleh ubah sektor pekerjaan ibu berbeza.

Ujian Post Hoc

Jadual 4.162: Statistik menyediakan ujian Scheffe satu hala membandingkan tindakan kolektif dan kerjasama merentasi sektor pekerjaan ibu (*Perbandingan Berganda*)

(I) Sektor Pekerjaan Ibu	(J) Sektor Pekerjaan Ibu	Perbezaan Min (I-J)	Ralat Piawai	*Sig.*	95% Selang Keyakinan	
					Batas Bawah	Batas Atas
Agensi awam	Agensi swasta	-0.00649	0.09054	1.000	-0.2860	0.2730
	Persendirian (Bekerja sendiri)	0.01536	0.06733	1.000	-0.1925	0.2232
	Tiada	0.03117	0.05810	0.991	-0.1482	0.2105
	Tidak Ditentukan	0.15644	0.06837	0.265	-.0.0546	0.3675
Agensi Swasta	Agensi awam	0.00649	0.09054	1.000	-0.2730	0.2860
	Persendirian (Bekerja sendiri)	0.02185	0.08099	0.999	-0.2282	0.2719
	Tiada	0.03765	0.07349	0.992	-0.1892	0.2645
	Tidak Ditentukan	0.16292	0.08185	0.412	-0.0897	0.4156
Persendirian (Bekerja Sendiri)	Agensi awam	-0.01536	0.06733	1.000	-0.2232	0.1925
	Agensi swasta	-0.02185	0.08099	0.999	-0.2719	0.2282
	Tiada	0.01581	0.04167	0.998	-0.1128	0.1444

	Tidak Ditentukan	0.14108	0.05510	0.162	-0.0290	0.3112
Tiada	Agensi awam	-0.03117	0.05810	0.991	-0.2105	0.1482
	Agensi swasta	-0.03765	0.07349	0.992	-0.2645	0.1892
	Persendirian (Bekerja sendiri)	-0.01581	0.04167	0.998	-0.1444	0.1128
	Tidak Ditentukan	0.12527	0.04333	0.080	0.0085	0.2590
Tidak Ditentukan	Agensi awam	-0.15644	0.06837	0.265	-0.3675	0.0546
	Agensi swasta	-0.16292	0.08185	0.412	-0.4156	0.0897
	Persendirian (Bekerja sendiri)	-0.14108	0.05510	0.162	-0.3112	0.0290
	Tiada	-0.12527	0.04333	0.080	-0.2590	0.0085

Jadual 4.163: Statistik menyediakan ujian Scheffe satu hala membandingkan tindakan kolektif dan kerjasama merentasi sektor pekerjaan ibu (*Homogeneous Subsets*)

Scheffe[a],[b]

Sektor Pekerjaan Ibu	**n**	***Subset for alpha* = 0.05**
		1
Tidak Ditentukan	103	2.8058
Tiada	566	2.9311
Persendirian (Bekerja sendiri)	113	2.9469
Agensi awam	53	2.9623
Agensi swasta	32	2.9688
Sig.		0.219

Min Untuk Kumpulan Dalam Subset Homogen Dipaparkan

a. *Menggunakan Saiz Sampel Min Harmonik= 70.979*

b. *Saiz kumpulan adalah tidak sama. Min harmonik dari saiz kumpulan digunakan. Aras ralat Jenis I adalah tidak dijamin.*

Ikatan Sosial dan Sektor Pekerjaan Ibu

Jadual 4.164: Statistik menyediakan deskriptif Sektor Pekerjaan Ibu (Ujian Post Hoc)

	n	**Min**	**Sisihan Piawai**	***Ralat Piawai***	**95% Selang Keyakinan untuk Min**		**Minimum**	**Maksimum**
					Batas Bawah	**Batas Atas**		
Agensi awam	53	2.9623	0.27472	0.03774	2.8865	3.0380	2.00	4.00
Agensi swasta	32	2.8750	0.42121	0.07446	2.7231	3.0269	2.00	4.00
Persendirian (Bekerja sendiri)	113	2.9646	0.22871	0.02152	2.9220	3.0072	2.00	4.00
Tiada	566	2.9417	0.24916	0.01047	2.9211	2.9623	2.00	4.00
Tidak Ditentukan	103	2.9223	0.26896	0.02650	2.8698	2.9749	2.00	4.00
Total	867	2.9412	0.25879	0.00879	2.9239	2.9584	2.00	4.00

Jadual 4.165: Output untuk Ujian Levene untuk kesamaan varian (ikatan sosial dan sektor pekerjaan ibu)

Statistik Levene	***df1***	***df2***	***Sig.***
4.679	4	862	0.001

Jadual 4.165 menunjukkan Ujian Levene adalah signifikan (p = 0.001), jadi varian sama adalah tidak dianggap. Varian dalam kumpulan ialah tidak sama. Ini menunjukkan kepelbagaian varian dalam

data. Data adalah melanggar andaian kesamaan varian ($p < 0.05$). Oleh itu, ujian Levene menunjukkan ketidaksamaan antara sektor pekerjaan ibu. Statistik Levene menolak hipotesis null bahawa varian kumpulan adalah sama. ANOVA adalah tidak teguh perlanggaran apabila kumpulan adalah tidak sama saiz.

Jadual 4.166: Statistik menunjukkan ujian ANOVA bagi ikatan sosial dengan sektor pekerjaan ibu

	Hasil tambah Kuasa dua	***df***	**Min Kuasa dua**	***F***	***Sig.***
Antara Kumpulan	0.262	4	0.066		
Dalam Kumpulan	57.738	862	0.067	0.980	0.418
Total	58.000	866			

Jadual 4.166 menunjukkan satu langkah penting dalam analisis varian ialah mewujudkan kesahan andaian. Satu andaian ANOVA ialah bahawa varian kumpulan adalah bersamaan. Tidak wujud perbezaan antara lima kategori pemboleh ubah sektor pekerjaan ibu kerana nilai $F = 0.980$ dan $p = 0.418$ ($p > 0.05$), hipotesis null gagal ditolak. Nilai signifikan ujian F dalam jadual adalah lebih besar daripada 0.05. Jadi purata ikatan sosial pelajar sekolah kajian adalah berbeza merentasi kategori pemboleh ubah sektor pekerjaan ibu berbeza.

Ujian Post Hoc

Jadual 4.167: Statistik menyediakan ujian Scheffe satu hala membandingkan ikatan sosial merentasi sektor pekerjaan ibu (*Perbandingan Berganda*)

(I) Sektor Pekerjaan Ibu	**(J) Sektor Pekerjaan Ibu**	**Perbezaan Min (I-J)**	**Ralat Piawai**	***Sig.***	**95% Selang Keyakinan**	
					Batas Bawah	**Batas Atas**
Agensi awam	Agensi swasta	0.08726	0.05794	0.687	-0.0916	0.2661
	Persendirian (Bekerja sendiri)	-0.00234	0.04309	1.000	-0.1353	0.1307
	Tiada	0.02057	0.03718	0.989	-0.0942	0.1353
	Tidak Ditentukan	0.03993	0.04375	0.934	-.0.0951	0.1750
Agensi Swasta	Agensi awam	-0.08726	0.05794	0.687	-0.2661	0.0916
	Persendirian (Bekerja sendiri)	-0.08960	0.05183	0.560	-0.2496	0.0704
	Tiada	-0.06670	0.04703	0.734	-0.2119	0.0785
	Tidak Ditentukan	-0.04733	0.05238	0.936	-0.2090	0.1144
Persendirian (Bekerja Sendiri)	Agensi awam	0.00234	0.04309	1.000	-0.1307	0.1353
	Agensi swasta	0.08960	0.05183	0.560	-0.0704	0.2496
	Tiada	0.02291	0.02667	0.947	-0.0594	0.1052
	Tidak Ditentukan	0.04227	0.03526	0.838	-0.0666	0.1511
Tiada	Agensi awam	-0.02057	0.03718	0.989	-0.1353	0.0942
	Agensi swasta	0.06670	0.04703	0.734	-0.0785	0.2119
	Persendirian (Bekerja sendiri)	-0.02291	0.02667	0.947	-0.1052	0.0594
	Tidak Ditentukan	0.01937	0.02772	0.975	0.0662	0.1049
Tidak Ditentukan	Agensi awam	-0.03993	0.04375	0.934	-0.1750	0.0951
	Agensi swasta	0.04733	0.05238	0.936	-0.1144	0.2090
	Persendirian (Bekerja sendiri)	-0.04227	0.03526	0.838	-0.1511	0.0666
	Tiada	-0.01937	0.02772	0.975	-0.1049	0.0662

Jadual 4.168: Statistik menyediakan ujian Scheffe satu hala membandingkan ikatan sosial merentasi sektor pekerjaan ibu (*Homogeneous Subsets*)
Scheffe[a],[b]

Sektor Pekerjaan Ibu	n	*Subset for alpha* = 0.05
		1
Agensi swasta	32	2.8750
Tidak Ditentukan	103	2.9223
Tiada	566	2.9417
Agensi awam	53	2.9623
Persendirian (Bekerja sendiri)	113	2.9646
Sig.		0.373

Min Untuk Kumpulan Dalam Subset Homogen Dipaparkan

a. *Menggunakan Saiz Sampel Min Harmonik= 70.979*
b. *Saiz kumpulan adalah tidak sama. Min harmonik dari saiz kumpulan digunakan. Aras ralat Jenis I adalah tidak dijamin.*

Interaksi Sosial dan Sektor Pekerjaan Ibu

Jadual 4.169: Statistik menyediakan deskriptif Sektor Pekerjaan Ibu (Ujian Post Hoc)

	n	Min	Sisihan Piawai	*Ralat Piawai*	95% Selang Keyakinan untuk Min		Minimum	Maksimum
					Batas Bawah	Batas Atas		
Agensi awam	53	2.5660	0.53742	0.07382	2.4179	2.7142	2.00	4.00
Agensi swasta	32	2.5313	0.50701	0.08963	2.3485	2.7140	2.00	3.00
Persendirian (Bekerja sendiri)	113	2.6372	0.48296	0.04543	2.5471	2.7272	2.00	3.00
Tiada	566	2.5795	0.50119	0.02107	2.5381	2.6209	2.00	4.00
Tidak Ditentukan	103	2.6019	0.49189	0.04847	2.5058	2.6981	2.00	3.00
Total	867	2.5871	0.49962	0.01697	2.5538	2.6204	2.00	4.00

Jadual 4.170: Output untuk Ujian Levene untuk kesamaan varian (interaksi sosial dan sektor pekerjaan ibu)

Statistik Levene	*df1*	*df2*	*Sig.*
2.870	4	862	0.022

Jadual 4.170 menunjukkan Ujian Levene adalah signifikan ($p = 0.022$), jadi varian sama adalah tidak dianggap. Varian dalam kumpulan ialah tidak sama. Ini menunjukkan kepelbagaian varian dalam data. Data adalah melanggar andaian kesamaan varian ($p < 0.05$). Oleh itu, ujian Levene menunjukkan ketidaksamaan antara sektor pekerjaan ibu. Statistik Levene menolak hipotesis null bahawa varian kumpulan adalah sama. ANOVA adalah tidak teguh perlanggaran apabila kumpulan adalah tidak sama saiz.

Jadual 4.171: Statistik menunjukkan ujian ANOVA bagi interaksi sosial dengan sektor pekerjaan ibu

	Hasil tambah Kuasa dua	*df*	Min Kuasa dua	*F*	*Sig.*
Antara Kumpulan	0.462	4	0.115		
Dalam Kumpulan	215.713	862	0.250	0.461	0.764

Total	216.175	866

Jadual 4.171 menunjukkan satu langkah penting dalam analisis varian ialah mewujudkan kesahan andaian. Satu andaian ANOVA ialah bahawa varian kumpulan adalah bersamaan. Tidak wujud perbezaan antara lima kategori pemboleh ubah sektor pekerjaan ibu kerana nilai $F = 0.461$ dan $p = 0.764$ ($p > 0.05$), hipotesis null gagal ditolak. Nilai signifikan ujian F dalam jadual adalah lebih besar daripada 0.05. Jadi purata interaksi sosial pelajar sekolah kajian adalah berbeza merentasi kategori pemboleh ubah sektor pekerjaan ibu berbeza.

Ujian Post Hoc

Jadual 4.172: Statistik menyediakan ujian Scheffe satu hala membandingkan interaksi sosial merentasi sektor pekerjaan ibu (*Perbandingan Berganda*)

(I) Sektor Pekerjaan Ibu	**(J) Sektor Pekerjaan Ibu**	**Perbezaan Min (I-J)**	**Ralat Piawai**	***Sig.***	**95% Selang Keyakinan**	
					Batas Bawah	**Batas Atas**
Agensi awam	Agensi swasta	0.03479	0.11199	0.999	-0.3109	0.3805
	Persendirian (Bekerja sendiri)	-0.07113	0.08328	0.948	-0.3282	0.1860
	Tiada	-0.01347	0.07186	1.000	-0.2353	0.2084
	Tidak Ditentukan	-0.03590	0.08457	0.996	-.0.2969	0.2251
Agensi Swasta	Agensi awam	-0.03479	0.11199	0.999	-0.3805	0.3109
	Persendirian (Bekerja sendiri)	-0.10592	0.10017	0.891	-0.4151	0.2033
	Tiada	-0.04826	0.09090	0.991	-0.3288	0.2323
	Tidak Ditentukan	-0.07069	0.10124	0.975	-0.3832	0.2418
Persendirian (Bekerja Sendiri)	Agensi awam	0.07113	0.08328	0.948	-0.1860	0.3282
	Agensi swasta	0.10592	0.10017	0.891	-0.2033	0.4151
	Tiada	0.05766	0.05154	0.869	-0.1014	0.2168
	Tidak Ditentukan	0.03523	0.06815	0.992	-0.1751	0.2456
Tiada	Agensi awam	0.01347	0.07186	1.000	-0.2084	0.2353
	Agensi swasta	0.04826	0.09090	0.991	-0.2323	0.3288
	Persendirian (Bekerja sendiri)	-0.05766	0.05154	0.869	-0.2168	0.1014
	Tidak Ditentukan	-0.02244	0.05359	0.996	-0.1879	0.1430
Tidak Ditentukan	Agensi awam	0.03590	0.08457	0.996	-0.2251	0.2969
	Agensi swasta	0.07069	0.10124	0.975	-0.2418	0.3832
	Persendirian (Bekerja sendiri)	-0.03523	0.06815	0.992	-0.2456	0.1751
	Tiada	0.02244	0.05359	0.996	-0.1430	0.1879

Jadual 4.173: Statistik menyediakan ujian Scheffe satu hala membandingkan interaksi sosial merentasi sektor pekerjaan ibu (*Homogeneous Subsets*)

Scheffe[a,b]

Sektor Pekerjaan Ibu	**N**	***Subset for alpha* = 0.05**
		1
Agensi swasta	32	2.5313
Agensi awam	53	2.5660
Tiada	566	2.5795
Tidak Ditentukan	103	2.6019
Persendirian (Bekerja sendiri)	113	2.6372
Sig.		0.810

Min Untuk Kumpulan Dalam Subset Homogen Dipaparkan

a. Menggunakan Saiz Sampel Min Harmonik= 70.979

b. Saiz kumpulan adalah tidak sama. Min harmonik dari saiz kumpulan digunakan. Aras ralat Jenis I adalah tidak dijamin.

Autoriti Sosial dan Sektor Pekerjaan Ibu

Jadual 4.174: Statistik menyediakan deskriptif Sektor Pekerjaan Ibu (Ujian Post Hoc)

	n	**Min**	**Sisihan Piawai**	***Ralat Piawai***	**95% Selang Keyakinan untuk Min**		**Minimum**	**Maksimum**
					Batas Bawah	**Batas Atas**		
Agensi awam	53	3.1887	0.62193	0.08543	3.0173	3.3601	2.00	4.00
Agensi swasta	32	3.1875	0.73780	0.13043	2.9215	3.4535	2.00	4.00
Persendirian (Bekerja sendiri)	113	3.3628	0.59854	0.04543	3.2513	3.4744	2.00	4.00
Tiada	566	3.2774	0.60302	0.02535	3.2276	3.3272	1.00	4.00
Tidak Ditentukan	103	3.1359	0.57817	0.05697	3.0229	3.2489	2.00	4.00
Total	867	3.2630	0.60792	0.02065	3.2225	3.3035	1.00	4.00

Jadual 4.175: Output untuk Ujian Levene untuk kesamaan varian (autoriti sosial dan sektor pekerjaan ibu)

Statistik Levene	***df1***	***df2***	***Sig.***
3.042	4	862	0.017

Jadual 4.175 menunjukkan Ujian Levene adalah signifikan (p = 0.017), jadi varian sama adalah tidak dianggap. Varian dalam kumpulan ialah tidak sama. Ini menunjukkan kepelbagaian varian dalam data. Data adalah melanggar andaian kesamaan varian ($p < 0.05$). Oleh itu, ujian Levene menunjukkan ketidaksamaan antara sektor pekerjaan ibu. Statistik Levene menolak hipotesis null bahawa varian kumpulan adalah sama. ANOVA adalah tidak teguh perlanggaran apabila kumpulan adalah tidak sama saiz.

Jadual 4.176: Statistik menunjukkan ujian ANOVA bagi autoriti sosial dengan sektor pekerjaan ibu

	Hasil tambah Kuasa dua	***df***	**Min Kuasa dua**	***F***	***Sig.***
Antara Kumpulan	3.382	4	0.845		
Dalam Kumpulan	316.660	862	0.367	2.301	0.057
Total	320.042	866			

Jadual 4.176 menunjukkan satu langkah penting dalam analisis varian ialah mewujudkan kesahan andaian. Satu andaian ANOVA ialah bahawa varian kumpulan adalah bersamaan. Tidak wujud perbezaan antara lima kategori pemboleh ubah sektor pekerjaan ibu kerana nilai $F = 2.301$ dan $p = 0.057$ ($p > 0.05$), hipotesis null gagal ditolak. Nilai signifikan ujian F dalam jadual adalah lebih besar daripada 0.05. Jadi purata autoriti sosial pelajar sekolah kajian adalah berbeza merentasi kategori pemboleh ubah sektor pekerjaan ibu berbeza.

Ujian Post Hoc

Jadual 4.177: Statistik menyediakan ujian Scheffe satu hala membandingkan autoriti sosial merentasi sektor pekerjaan ibu (*Perbandingan Berganda*)

(I) Sektor Pekerjaan Ibu	(J) Sektor Pekerjaan Ibu	Perbezaan Min (I-J)	Ralat Piawai	*Sig.*	95% Selang Keyakinan	
					Batas Bawah	Batas Atas
Agensi awam	Agensi swasta	0.00118	0.13569	1.000	-0.4177	0.4200
	Persendirian (Bekerja sendiri)	-0.17415	0.10091	0.562	-0.4856	0.1373
	Tiada	-0.08871	0.08706	0.904	-0.3575	0.1801
	Tidak Ditentukan	0.05276	0.10246	0.992	-.0.2635	0.3690
Agensi Swasta	Agensi awam	-0.00118	0.13569	1.000	-0.4200	0.4177
	Persendirian (Bekerja sendiri)	-0.17533	0.12137	0.720	-0.5500	0.1993
	Tiada	-0.08989	0.11013	0.955	-0.4299	0.2501
	Tidak Ditentukan	0.05158	0.12266	0.996	-0.3271	0.4302
Persendirian (Bekerja Sendiri)	Agensi awam	0.17415	0.10091	0.562	-0.1373	0.4856
	Agensi swasta	0.17533	0.12137	0.720	-0.1993	0.5500
	Tiada	0.08545	0.06245	0.759	-0.1073	0.2782
	Tidak Ditentukan	0.22691	0.08257	0.110	-0.0280	0.4818
Tiada	Agensi awam	0.08871	0.08706	0.904	-0.1801	0.3575
	Agensi swasta	0.08989	0.11013	0.955	-0.2501	0.4299
	Persendirian (Bekerja sendiri)	-0.08545	0.06245	0.759	-0.2782	0.1073
	Tidak Ditentukan	0.14146	0.06493	0.315	-0.0590	0.3419
Tidak Ditentukan	Agensi awam	-0.05276	0.10246	0.992	-0.3690	0.2635
	Agensi swasta	-0.05158	0.12266	0.996	-0.4302	0.3271
	Persendirian (Bekerja sendiri)	-0.22691	0.08257	0.110	-0.4818	0.0280
	Tiada	-0.14146	0.06493	0.315	-0.3419	0.0590

Jadual 4.178: Statistik menyediakan ujian Scheffe satu hala membandingkan autoriti sosial merentasi sektor pekerjaan ibu (*Homogeneous Subsets*)

Scheffe[a],[b]

Sektor Pekerjaan Ibu	n	*Subset for alpha* = 0.05
		1
Tidak Ditentukan	103	3.1359
Agensi swasta	32	3.1875
Agensi awam	53	3.1887
Tiada	566	3.2774
Persendirian (Bekerja sendiri)	113	3.3628
Sig.		0.291

Min Untuk Kumpulan Dalam Subset Homogen Dipaparkan

a. *Menggunakan Saiz Sampel Min Harmonik= 70.979*

b. *Saiz kumpulan adalah tidak sama. Min harmonik dari saiz kumpulan digunakan. Aras ralat Jenis I adalah tidak dijamin.*

Bentuk Modal Sosial dan Sektor Pekerjaan Ibu

Jadual 4.179: Output untuk Ujian Levene untuk kesamaan varian (bentuk modal sosial dan sektor pekerjaan ibu)

Statistik Levene	*df1*	*df2*	*Sig.*
6.439	4	862	0.000

Jadual 4.179 menunjukkan Ujian Levene adalah signifikan ($p = 0.000$), jadi varian sama adalah tidak dianggap. Varian dalam kumpulan ialah tidak sama. Ini menunjukkan kepelbagaian varian dalam data. Data adalah melanggar andaian kesamaan varian ($p < 0.05$). Oleh itu, ujian Levene menunjukkan ketidaksamaan antara sektor pekerjaan ibu. Statistik Levene menolak hipotesis null bahawa varian kumpulan adalah sama. ANOVA adalah tidak teguh perlanggaran apabila kumpulan adalah tidak sama saiz.

Jadual 4.180: Statistik menunjukkan ujian ANOVA bagi bentuk modal sosial dengan sektor pekerjaan ibu

	Hasil tambah Kuasa dua	***df***	**Min Kuasa dua**	***F***	***Sig.***
Antara Kumpulan	0.580	4	0.415		
Dalam Kumpulan	63.242	862	0.073	1.978	0.096
Total	63.822	866			

Jadual 4.180 menunjukkan satu langkah penting dalam analisis varian ialah mewujudkan kesahan andaian. Satu andaian ANOVA ialah bahawa varian kumpulan adalah bersamaan. Tidak wujud perbezaan antara lima kategori pemboleh ubah sektor pekerjaan ibu kerana nilai $F = 1.978$ dan $p = 0.096$ ($p > 0.05$), hipotesis null gagal ditolak. Nilai signifikan ujian F dalam jadual adalah lebih besar daripada 0.05. Jadi purata bentuk modal sosial pelajar sekolah kajian adalah berbeza merentasi kategori pemboleh ubah sektor pekerjaan ibu berbeza.

Ujian Post Hoc

Jadual 4.181: Statistik menyediakan ujian Scheffe satu hala membandingkan bentuk modal sosial merentasi sektor pekerjaan ibu (*Perbandingan Berganda*)

(I) Sektor Pekerjaan Ibu	**(J) Sektor Pekerjaan Ibu**	**Perbezaan Min (I-J)**	**Ralat Piawai**	***Sig.***	**95% Selang Keyakinan**	
					Batas Bawah	**Batas Atas**
Agensi awam	Agensi swasta	0.13090	0.06064	0.325	-0.0563	0.3181
	Persendirian (Bekerja sendiri)	-0.00351	0.04509	1.000	-0.1427	0.1357
	Tiada	0.01583	0.03891	0.997	-0.1043	0.1359
	Tidak Ditentukan	0.05019	0.04579	0.878	-.0.0912	0.1915
Agensi Swasta	Agensi awam	-0.13090	0.06064	0.325	-0.3181	0.0563
	Persendirian (Bekerja sendiri)	-0.13440	0.05424	0.190	-0.3018	0.0330
	Tiada	-0.11506	0.04922	0.244	-0.2670	0.0369
	Tidak Ditentukan	-0.08070	0.05482	0.705	-0.2499	0.0885
Persendirian (Bekerja Sendiri)	Agensi awam	0.00351	0.04509	1.000	-0.1357	0.1427
	Agensi swasta	0.13440	0.05424	0.190	-0.0330	0.3018
	Tiada	0.01934	0.02791	0.975	-0.0668	0.1055
	Tidak Ditentukan	0.05370	0.03690	0.714	-0.0602	0.1676
Tiada	Agensi awam	-0.01583	0.03891	0.997	-0.1359	0.1043
	Agensi swasta	0.11506	0.04922	0.244	-0.0369	0.2670
	Persendirian (Bekerja sendiri)	-0.01934	0.02791	0.975	-0.1055	0.0668
	Tidak Ditentukan	0.03436	0.02902	0.844	-0.0552	0.1239
Tidak Ditentukan	Agensi awam	-0.05019	0.04579	0.878	-0.1915	0.0912
	Agensi swasta	0.08070	0.05482	0.705	-0.0885	0.2499
	Persendirian (Bekerja sendiri)	-0.05370	0.03690	0.714	-0.1676	0.0602
	Tiada	-0.03436	0.02902	0.844	-0.1239	0.0552

Jadual 4.182: Statistik menyediakan ujian Scheffe satu hala membandingkan bentuk modal sosial merentasi sektor pekerjaan ibu (*Homogeneous Subsets*)
Scheffe[a],[b]

Sektor Pekerjaan Ibu	**n**	***Subset for alpha* = 0.05**	
		1	
Agensi Swasta	32	2.8125	
Tidak Ditentukan	103	2.8932	2.8932
Tiada	564	2.9309	2.9309
Agensi Awam	52		2.9615
Persendirian (Bekerja sendiri)	111		2.9640
Sig.		0.127	0.632

Min Untuk Kumpulan Dalam Subset Homogen Dipaparkan

a. *Menggunakan Saiz Sampel Min Harmonik= 70.979*

b. *Saiz kumpulan adalah tidak sama. Min harmonik dari saiz kumpulan digunakan. Aras ralat Jenis I adalah tidak dijamin.*

Ikatan Kuat dan Sektor Pekerjaan Ibu

Jadual 4.183: Statistik menyediakan deskriptif Sektor Pekerjaan Ibu (Ujian Post Hoc)

	n	**Min**	**Sisihan Piawai**	**Ralat Piawai**	**95% Selang Keyakinan untuk Min**		**Minimum**	**Maksimum**
					Batas Bawah	**Batas Atas**		
Agensi awam	53	3.1132	0.64032	0.08796	2.9367	3.2897	1.00	4.00
Agensi swasta	32	3.1250	0.79312	0.14020	2.8391	3.4109	1.00	4.00
Persendirian (Bekerja sendiri)	113	3.1947	0.61030	0.05741	3.0809	3.3084	1.00	4.00
Tiada	566	3.2208	0.61744	0.02595	3.1699	3.2718	1.00	4.00
Tidak Ditentukan	103	3.1165	0.54774	0.05397	3.0095	3.2236	1.00	4.00
Total	867	3.1949	0.61736	0.02097	3.1538	3.2361	1.00	4.00

Jadual 4.184: Output untuk Ujian Levene untuk kesamaan varian (ikatan kuat dan sektor pekerjaan ibu)

Statistik Levene	***df1***	***df2***	***Sig.***
3.828	4	862	0.004

Jadual 4.184 menunjukkan Ujian Levene adalah signifikan (p = 0.004), jadi varian sama adalah tidak dianggap. Varian dalam kumpulan ialah tidak sama. Ini menunjukkan kepelbagaian varian dalam data. Data adalah melanggar andaian kesamaan varian ($p < 0.05$). Oleh itu, ujian Levene menunjukkan ketidaksamaan antara sektor pekerjaan ibu. Statistik Levene menolak hipotesis null bahawa varian kumpulan adalah sama. ANOVA adalah tidak teguh perlanggaran apabila kumpulan adalah tidak sama saiz.

Jadual 4.185: Statistik menunjukkan ujian ANOVA bagi ikatan kuat dengan sektor pekerjaan ibu

	Hasil tambah Kuasa dua	***df***	**Min Kuasa dua**	***F***	***Sig.***
Antara Kumpulan	1.524	4	0.381		
Dalam Kumpulan	328.534	862	0.381	1.000	0.407

Total	330.058	866		

Jadual 4.185 menunjukkan satu langkah penting dalam analisis varian ialah mewujudkan kesahan andaian. Satu andaian ANOVA ialah bahawa varian kumpulan adalah bersamaan. Tidak wujud perbezaan antara lima kategori pemboleh ubah sektor pekerjaan ibu kerana nilai $F = 1.000$ dan $p = 0.407$ ($p > 0.05$), hipotesis null gagal ditolak. Nilai signifikan ujian F dalam jadual adalah lebih besar daripada 0.05. Jadi purata ikatan kuat pelajar sekolah kajian adalah berbeza merentasi kategori pemboleh ubah sektor pekerjaan ibu berbeza.

Ujian Post Hoc

Jadual 4.186: Statistik menyediakan ujian Scheffe satu hala membandingkan ikatan kuat merentasi sektor pekerjaan ibu (*Perbandingan Berganda*)

(I) Sektor Pekerjaan Ibu	**(J) Sektor Pekerjaan Ibu**	**Perbezaan Min (I-J)**	**Ralat Piawai**	***Sig.***	**95% Selang Keyakinan**	
					Batas Bawah	**Batas Atas**
Agensi awam	Agensi swasta	-0.01179	0.13821	1.000	-0.4384	0.4148
	Persendirian (Bekerja sendiri)	-0.08148	0.10278	0.960	-0.3988	0.2358
	Tiada	-0.10764	0.08868	0.831	-0.3814	0.1661
	Tidak Ditentukan	-0.00330	0.10436	1.000	-.0.3255	0.3189
Agensi Swasta	Agensi awam	0.01179	0.13821	1.000	-0.4148	0.4384
	Persendirian (Bekerja sendiri)	-0.06969	0.12362	0.989	-0.4513	0.3119
	Tiada	-0.09585	0.11218	0.948	-0.4421	0.2504
	Tidak Ditentukan	0.00850	0.12494	1.000	-0.3772	0.3942
Persendirian (Bekerja Sendiri)	Agensi awam	0.08148	0.10278	0.960	-0.2358	0.3988
	Agensi swasta	0.06969	0.12362	0.989	-0.3119	0.4513
	Tiada	-0.02616	0.06361	0.997	-0.2225	0.1702
	Tidak Ditentukan	0.07819	0.08410	0.930	-0.1814	0.3378
Tiada	Agensi awam	0.10764	0.08868	0.831	-0.1661	0.3814
	Agensi swasta	0.09585	0.11218	0.948	-0.2504	0.4421
	Persendirian (Bekerja sendiri)	0.02616	0.06361	0.997	-0.1702	0.2225
	Tidak Ditentukan	0.10434	0.06613	0.647	-0.0998	0.3085
Tidak Ditentukan	Agensi awam	0.00330	0.10436	1.000	-0.3189	0.3255
	Agensi swasta	-0.00850	0.12494	1.000	-0.3942	0.3772
	Persendirian (Bekerja sendiri)	-0.07819	0.08410	0.930	-0.3378	0.1814
	Tiada	-0.10434	0.06613	0.647	-0.3085	0.0998

Jadual 4.187: Statistik menyediakan ujian Scheffe satu hala membandingkan ikatan kuat merentasi sektor pekerjaan ibu (*Homogeneous Subsets*)

Scheffe[a, b]

Sektor Pekerjaan Ibu	**n**	***Subset for alpha* = 0.05**
		1
Agensi awam	53	3.1132
Tidak Ditentukan	103	3.1165
Agensi swasta	32	3.1250
Persendirian (Bekerja sendiri)	113	3.1947
Tiada	566	3.2208
Sig.		0.898

Min Untuk Kumpulan Dalam Subset Homogen Dipaparkan

a. *Menggunakan Saiz Sampel Min Harmonik= 70.979*
b. *Saiz kumpulan adalah tidak sama. Min harmonik dari saiz kumpulan digunakan. Aras ralat Jenis I adalah tidak dijamin.*

Tindakan Kolektif dan Kerjasama dan Jantina

Jadual 4.188: Statistik menyediakan deskriptif jantina (Ujian Post Hoc)

	n	**Min**	**Sisihan Piawai**	**Ralat Piawai**	**95% Selang Keyakinan untuk Min**		**Minimum**	**Maksimum**
					Batas Bawah	**Batas Atas**		
Lelaki	368	2.8315	0.42904	0.02237	2.7875	2.8755	2.00	4.00
Perempuan	466	3.0000	0.37099	0.01719	2.9662	3.0338	2.00	4.00
Tidak Ditentukan	33	2.8182	0.39167	0.06818	2.6793	2.9571	2.00	4.00
Total	867	2.9216	0.40588	0.01378	2.8945	2.9486	2.00	4.00

Jadual 4.189: Output untuk Ujian Levene untuk kesamaan varian (tindakan kolektif dan kerjasama dan jantina)

Statistik Levene	***df1***	***df2***	***Sig.***
33.398	2	864	0.000

Jadual 4.189 menunjukkan Ujian Levene adalah signifikan (p = 0.000), jadi varian sama adalah tidak dianggap. Varian dalam kumpulan ialah tidak sama. Ini menunjukkan kepelbagaian varian dalam data. Data adalah melanggar andaian kesamaan varian ($p < 0.05$). Oleh itu, ujian Levene menunjukkan ketidaksamaan antara jantina. Statistik Levene menolak hipotesis null bahawa varian kumpulan adalah sama. ANOVA adalah tidak teguh perlanggaran apabila kumpulan adalah tidak sama saiz.

Jadual 4.190: Statistik menunjukkan ujian ANOVA bagi tindakan kolektif dan kerjasama dan jantina

	Hasil tambah Kuasa dua	***df***	**Min Kuasa dua**	***F***	***Sig.***
Antara Kumpulan	6.203	2	3.102		
Dalam Kumpulan	136.463	864	0.158	19.637	0.000
Total	142.667	866			

Jadual 4.190 menunjukkan satu langkah penting dalam analisis varian ialah mewujudkan kesahan andaian. Satu andaian ANOVA ialah bahawa varian kumpulan adalah bersamaan. Wujud perbezaan antara tiga kategori pemboleh ubah jantina kerana nilai F = 19.637 dan p = 0.000 ($p < 0.05$), hipotesis null berjaya ditolak. Nilai signifikan ujian F dalam jadual adalah kurang daripada 0.05. Jadi purata tindakan kolektif dan kerjasama pelajar sekolah kajian adalah sama merentasi kategori pemboleh ubah jantina berbeza.

Ujian Post Hoc

Jadual 4.191: Statistik menyediakan ujian Scheffe satu hala membandingkan tindakan kolektif dan kerjasama merentasi jantina (*Perbandingan Berganda*)

(I) Jantina	**(J) Jantina**	**Perbezaan Min (I-J)**	**Ralat Piawai**	***Sig.***	**95% Selang Keyakinan**	
					Batas Bawah	**Batas Atas**
Lelaki	Perempuan	-0.16848*	0.02772	0.000	-0.2364	-0.1005
	Tidak Ditentukan	0.01334	0.07222	0.983	-.0.1637	0.1904
Perempuan	Lelaki	0.16848*	0.02772	0.000	0.1005	0.2364
	Tidak Ditentukan	0.18182	0.07159	0.040	0.0063	0.3574
Tidak Ditentukan	Lelaki	-0.01334	0.07222	0.983	-0.1904	0.1637
	Perempuan	-0.18182	0.07159	0.040	-0.3574	-0.0063

* *Perbezaan min adalah signifikan pada aras 0.05*

Jadual 4.192: Statistik menyediakan ujian Scheffe satu hala membandingkan tindakan kolektif dan kerjasama merentasi jantina (*Homogeneous Subsets*)

Scheffe[a],[b]

Jantina	**n**	***Subset for alpha* = 0.05**	
		1	**2**
Tidak Ditentukan	33	2.8182	
Lelaki	368	2.8315	
Perempuan	466		3.0000
Sig.		0.976	1.0000

Min Untuk Kumpulan Dalam Subset Homogen Dipaparkan

a. *Menggunakan Saiz Sampel Min Harmonik= 85.309*

b. *Saiz kumpulan adalah tidak sama. Min harmonik dari saiz kumpulan digunakan. Aras ralat Jenis I adalah tidak dijamin.*

Maklumat dan Komunikasi dan Jantina

Jadual 4.193: Statistik menyediakan deskriptif jantina (Ujian Post Hoc)

	n	**Min**	**Sisihan Piawai**	**Ralat Piawai**	**95% Selang Keyakinan untuk Min**		**Minimum**	**Maksimum**
					Batas Bawah	**Batas Atas**		
Lelaki	368	2.9130	0.50936	0.02655	2.8608	2.9653	1.00	4.00
Perempuan	466	2.9914	0.46827	0.02169	2.9488	3.0340	2.00	4.00
Tidak Ditentukan	33	2.9697	0.52944	0.09216	2.7820	3.1574	1.00	4.00
Total	867	2.9573	0.48940	0.01662	2.9247	2.9899	1.00	4.00

Jadual 4.194: Output untuk Ujian Levene untuk kesamaan varian (maklumat dan komunikasi dan jantina)

Statistik Levene	***df1***	***df2***	***Sig.***
4.840	2	864	0.008

Jadual 4.194 menunjukkan Ujian Levene adalah signifikan (p = 0.008), jadi varian sama adalah tidak dianggap. Varian dalam kumpulan ialah tidak sama. Ini menunjukkan kepelbagaian varian dalam

data. Data adalah melanggar andaian kesamaan varian ($p < 0.05$). Oleh itu, ujian Levene menunjukkan ketidaksamaan antara jantina. Statistik Levene menolak hipotesis null bahawa varian kumpulan adalah sama. ANOVA adalah tidak teguh perlanggaran apabila kumpulan adalah tidak sama saiz.

Jadual 4.195: Statistik menunjukkan ujian ANOVA bagi maklumat dan komunikasi dan jantina

	Hasil tambah Kuasa dua	***df***	**Min Kuasa dua**	***F***	***Sig.***
Antara Kumpulan	1.268	2	0.634		
Dalam Kumpulan	206.153	864	0.239	2.658	0.071
Total	207.421	866			

Jadual 4.195 menunjukkan satu langkah penting dalam analisis varian ialah mewujudkan kesahan andaian. Satu andaian ANOVA ialah bahawa varian kumpulan adalah bersamaan. Tidak wujud perbezaan antara tiga kategori pemboleh ubah jantina kerana nilai $F = 2.658$ dan $p = 0.071$ ($p > 0.05$), hipotesis null gagal ditolak. Nilai signifikan ujian F dalam jadual adalah lebih besar daripada 0.05. Jadi purata maklumat dan komunikasi pelajar sekolah kajian adalah berbeza merentasi kategori pemboleh ubah jantina berbeza.

Ujian Post Hoc

Jadual 4.196: Statistik menyediakan ujian Scheffe satu hala membandingkan maklumat dan komunikasi merentasi jantina (*Perbandingan Berganda*)

(I) Jantina	**(J) Jantina**	**Perbezaan Min (I-J)**	**Ralat Piawai**	***Sig.***	**95% Selang Keyakinan**	
					Batas Bawah	**Batas Atas**
Lelaki	Perempuan	-0.07837	0.03406	0.071	-0.1619	0.0052
	Tidak Ditentukan	-0.05665	0.08876	0.816	-.0.2743	0.1610
Perempuan	Lelaki	0.07837	0.03406	0.071	-0.0052	0.1619
	Tidak Ditentukan	0.02172	0.08799	0.970	-0.1940	0.2375
Tidak Ditentukan	Lelaki	0.05665	0.08876	0.816	-0.1610	0.2743
	Perempuan	-0.02172	0.08799	0.970	-0.2375	0.1940

Jadual 4.197: Statistik menyediakan ujian Scheffe satu hala membandingkan maklumat dan komunikasi merentasi jantina (*Homogeneous Subsets*)

Scheffe[a],[b]

Jantina	**n**	***Subset for alpha* = 0.05**
		1
Lelaki	368	2.9130
Tidak Ditentukan	33	2.9697
Perempuan	466	2.9914
Sig.		0.578

Min Untuk Kumpulan Dalam Subset Homogen Dipaparkan

a. *Menggunakan Saiz Sampel Min Harmonik= 85.309*

b. *Saiz kumpulan adalah tidak sama. Min harmonik dari saiz kumpulan digunakan. Aras ralat Jenis I adalah tidak dijamin.*

Perpaduan dan Penyertaan Sosial dan Jantina

Jadual 4.198: Statistik menyediakan deskriptif dengan jantina (Ujian Post Hoc)

	n	**Min**	**Sisihan Piawai**	**Ralat Piawai**	**95% Selang Keyakinan untuk Min**		**Minimum**	**Maksimum**
					Batas	**Batas**		

					Bawah	Atas		
Lelaki	368	2.9212	0.48609	0.02534	2.8714	2.9710	2.00	4.00
Perempuan	466	2.9742	0.46764	0.02166	2.9317	3.0168	2.00	4.00
Tidak Ditentukan	33	2.7273	0.45227	0.07873	2.5669	2.8876	2.00	3.00
Total	867	2.9423	0.47709	0.01620	2.9105	2.9741	2.00	4.00

Jadual 4.199: Output untuk Ujian Levene untuk kesamaan varian (Perpaduan dan Penyertaan Sosial dan jantina)

Statistik Levene	***df1***	***df2***	***Sig.***
4.058	2	864	0.018

Jadual 4.199 menunjukkan Ujian Levene adalah signifikan ($p = 0.018$), jadi varian sama adalah tidak dianggap. Varian dalam kumpulan ialah tidak sama. Ini menunjukkan kepelbagaian varian dalam data. Data adalah melanggar andaian kesamaan varian ($p < 0.05$). Oleh itu, ujian Levene menunjukkan ketidaksamaan antara jantina. Statistik Levene menolak hipotesis null bahawa varian kumpulan adalah sama. ANOVA adalah tidak teguh perlanggaran apabila kumpulan adalah tidak sama saiz.

Jadual 4.200: Statistik menunjukkan ujian ANOVA bagi Perpaduan dan Penyertaan Sosial dan jantina

	Hasil tambah Kuasa dua	***df***	**Min Kuasa dua**	***F***	***Sig.***
Antara Kumpulan	2.165	2	1.083		
Dalam Kumpulan	194.951	864	0.226	4.798	0.008
Total	197.116	866			

Jadual 4.200 menunjukkan satu langkah penting dalam analisis varian ialah mewujudkan kesahan andaian. Satu andaian ANOVA ialah bahawa varian kumpulan adalah bersamaan. Wujud perbezaan antara tiga kategori pemboleh ubah jantina kerana nilai $F = 4.798$ dan $p = 0.008$ ($p < 0.05$), hipotesis null berjaya ditolak. Nilai signifikan ujian F dalam jadual adalah kurang daripada 0.05. Jadi purata perpaduan dan penyertaan sosial pelajar sekolah kajian adalah sama merentasi kategori pemboleh ubah jantina berbeza.

Ujian Post Hoc

Jadual 4.201: Statistik menyediakan ujian Scheffe satu hala membandingkan Perpaduan dan Penyertaan Sosial merentasi jantina (*Perbandingan Berganda*)

(I) Jantina	**(J) Jantina**	**Perbezaan Min (I-J)**	**Ralat Piawai**	***Sig.***	**95% Selang Keyakinan**	
					Batas Bawah	**Batas Atas**
Lelaki	Perempuan	-0.05305	0.03313	0.278	-0.1343	0.0282
	Tidak Ditentukan	0.19392	0.08632	0.081	-.0.0177	0.4056
Perempuan	Lelaki	0.05305	0.03313	0.278	-0.0282	0.1343
	Tidak Ditentukan	0.24698*	0.08557	0.016	0.0372	0.4568
Tidak Ditentukan	Lelaki	-0.19392	0.08632	0.081	-0.4056	0.0177
	Perempuan	-0.24698*	0.08557	0.016	-0.4568	-0.0372

* *Perbezaan min adalah signifikan pada aras 0.05*

Jadual 4.202: Statistik menyediakan ujian Scheffe satu hala membandingkan perpaduan dan penyertaan sosial merentasi jantina (*Homogeneous Subsets*)

Scheffe[a,b]

Jantina	n	*Subset for alpha* = 0.05	
		1	2
Tidak Ditentukan	33	2.7273	
Lelaki	368		2.9212
Perempuan	466		2.9742
Sig.		1.000	0.766

Min Untuk Kumpulan Dalam Subset Homogen Dipaparkan

a. Menggunakan Saiz Sampel Min Harmonik= 85.309

b. Saiz kumpulan adalah tidak sama. Min harmonik dari saiz kumpulan digunakan. Aras ralat Jenis I adalah tidak dijamin.

Ikatan Sosial dan Jantina

Jadual 4.203: Statistik menyediakan deskriptif dengan jantina (Ujian Post Hoc)

	n	Min	Sisihan Piawai	Ralat Piawai	95% Selang Keyakinan untuk Min		Minimum	Maksimum
					Batas Bawah	Batas Atas		
Lelaki	368	2.9212	0.28929	0.01508	2.8915	2.9509	2.00	4.00
Perempuan	466	2.9614	0.22387	0.01037	2.9410	2.9818	2.00	4.00
Tidak Ditentukan	33	2.8788	0.33143	0.05770	2.7613	2.9963	2.00	3.00
Total	867	2.9412	0.25879	0.00879	2.9239	2.9584	2.00	4.00

Jadual 4.204: Output untuk Ujian Levene untuk kesamaan varian (ikatan sosial dan jantina)

Statistik Levene	*df1*	*df2*	*Sig.*
12.461	2	864	0.000

Jadual 4.204 menunjukkan Ujian Levene adalah signifikan (p = 0.000), jadi varian sama adalah tidak dianggap. Varian dalam kumpulan ialah tidak sama. Ini menunjukkan kepelbagaian varian dalam data. Data adalah melanggar andaian kesamaan varian ($p < 0.05$). Oleh itu, ujian Levene menunjukkan ketidaksamaan antara jantina. Statistik Levene menolak hipotesis null bahawa varian kumpulan adalah sama. ANOVA adalah tidak teguh perlanggaran apabila kumpulan adalah tidak sama saiz.

Jadual 4.205: Statistik menunjukkan ujian ANOVA bagi ikatan sosial dan jantina

	Hasil tambah Kuasa dua	*df*	Min Kuasa dua	*F*	*Sig.*
Antara Kumpulan	0.465	2	0.233		
Dalam Kumpulan	57.535	864	0.067	3.495	0.031
Total	58.000	866			

Jadual 4.205 menunjukkan satu langkah penting dalam analisis varian ialah mewujudkan kesahan andaian. Satu andaian ANOVA ialah bahawa varian kumpulan adalah bersamaan. Wujud perbezaan antara tiga kategori pemboleh ubah jantina kerana nilai F = 3.495 dan p = 0.031 ($p < 0.05$), hipotesis null berjaya ditolak. Nilai signifikan ujian F dalam jadual adalah kurang daripada 0.05. Jadi purata ikatan sosial pelajar sekolah kajian adalah sama merentasi kategori pemboleh ubah jantina berbeza.

Ujian Post Hoc

Jadual 4.206: Statistik menyediakan ujian Scheffe satu hala membandingkan ikatan sosial merentasi jantina (*Perbandingan Berganda*)

(I) Jantina	(J) Jantina	Perbezaan Min (I-J)	Ralat Piawai	*Sig.*	95% Selang Keyakinan	
					Batas Bawah	Batas Atas
Lelaki	Perempuan	-0.04018	0.01800	0.083	-0.0843	0.0039
	Tidak Ditentukan	0.04241	0.04689	0.664	-0.0726	0.1574
Perempuan	Lelaki	0.04018	0.01800	0.083	-0.0039	0.0843
	Tidak Ditentukan	0.08259	0.04648	0.207	-0.0314	0.1966
Tidak Ditentukan	Lelaki	-0.04241	0.04689	0.664	-0.1574	0.0726
	Perempuan	-0.08259	0.04648	0.207	-0.1966	0.0314

Jadual 4.207: Statistik menyediakan ujian Scheffe satu hala membandingkan ikatan sosial merentasi jantina (*Homogeneous Subsets*)
Scheffe[a],[b]

Jantina	n	*Subset for alpha* = 0.05
		1
Tidak Ditentukan	33	2.8788
Lelaki	368	2.9212
Perempuan	466	2.9614
Sig.		0.113

Min Untuk Kumpulan Dalam Subset Homogen Dipaparkan

a. *Menggunakan Saiz Sampel Min Harmonik= 85.309*

b. *Saiz kumpulan adalah tidak sama. Min harmonik dari saiz kumpulan digunakan. Aras ralat Jenis I adalah tidak dijamin.*

Interaksi Sosial dan Jantina

Jadual 4.208: Statistik menyediakan deskriptif jantina (Ujian Post Hoc)

	N	Min	Sisihan Piawai	Ralat Piawai	95% Selang Keyakinan untuk Min		Minimum	Maksimum
					Batas Bawah	Batas Atas		
Lelaki	368	2.5516	0.50883	0.02652	2.4995	2.6038	2.00	4.00
Perempuan	466	2.6073	0.49326	0.02285	2.5624	2.6522	2.00	4.00
Tidak Ditentukan	33	2.6970	0.46669	0.08124	2.5315	2.8625	2.00	3.00
Total	867	2.5871	0.49962	0.01697	2.5538	2.6204	2.00	4.00

Jadual 4.209: Output untuk Ujian Levene untuk kesamaan varian (interaksi sosial dan jantina)

Statistik Levene	*df1*	*df2*	*Sig.*
10.201	2	864	0.000

Jadual 4.209 menunjukkan Ujian Levene adalah signifikan (p = 0.000), jadi varian sama adalah tidak dianggap. Varian dalam kumpulan ialah tidak sama. Ini menunjukkan kepelbagaian varian dalam data. Data adalah melanggar andaian kesamaan varian ($p < 0.05$). Oleh itu, ujian Levene menunjukkan ketidaksamaan antara jantina. Statistik Levene menolak hipotesis null bahawa varian kumpulan adalah sama. ANOVA adalah tidak teguh perlanggaran apabila kumpulan adalah tidak sama saiz.

Jadual 4.210: Statistik menunjukkan ujian ANOVA bagi interaksi sosial dan jantina

	Hasil tambah Kuasa dua	***df***	**Min Kuasa dua**	***F***	***Sig.***
Antara Kumpulan	1.051	2	0.526		
Dalam Kumpulan	215.124	864	0.249	2.111	0.122
Total	216.175	866			

Jadual 4.210 menunjukkan satu langkah penting dalam analisis varian ialah mewujudkan kesahan andaian. Satu andaian ANOVA ialah bahawa varian kumpulan adalah bersamaan. Tidak wujud perbezaan antara tiga kategori pemboleh ubah jantina kerana nilai $F = 2.111$ dan $p = 0.122$ ($p > 0.05$), hipotesis null gagal ditolak. Nilai signifikan ujian F dalam jadual adalah lebih besar daripada 0.05. Jadi purata interaksi sosial pelajar sekolah kajian adalah berbeza merentasi kategori pemboleh ubah jantina berbeza.

Ujian Post Hoc

Jadual 4.211: Statistik menyediakan ujian Scheffe satu hala membandingkan interaksi sosial merentasi jantina (*Perbandingan Berganda*)

(I) Jantina	**(J) Jantina**	**Perbezaan Min (I-J)**	**Ralat Piawai**	***Sig.***	**95% Selang Keyakinan**	
					Batas Bawah	**Batas Atas**
Lelaki	Perempuan	-0.05567	0.03480	0.279	-0.1410	0.0297
	Tidak Ditentukan	-0.14534	0.09067	0.277	-0.3677	0.0770
Perempuan	Lelaki	0.05567	0.03480	0.279	-0.0297	0.1410
	Tidak Ditentukan	-0.08967	0.08989	0.608	-0.3101	0.1307
Tidak Ditentukan	Lelaki	0.14534	0.09067	0.277	-0.0770	0.3677
	Perempuan	0.08967	0.08989	0.608	-0.1307	0.3101

Jadual 4.212: Statistik menyediakan ujian Scheffe satu hala membandingkan interaksi sosial merentasi jantina (*Homogeneous Subsets*)

Scheffe[a],[b]

Jantina	**n**	***Subset for alpha* = 0.05**
		1
Lelaki	368	2.5516
Perempuan	466	2.6073
Tidak Ditentukan	33	2.6970
Sig.		0.164

Min Untuk Kumpulan Dalam Subset Homogen Dipaparkan

a. *Menggunakan Saiz Sampel Min Harmonik= 85.309*

b. *Saiz kumpulan adalah tidak sama. Min harmonik dari saiz kumpulan digunakan. Aras ralat Jenis I adalah tidak dijamin.*

Agregat Sosial dan Jantina

Jadual 4.213: Statistik menyediakan deskriptif jantina (Ujian Post Hoc)

	n	**Min**	**Sisihan Piawai**	**Ralat Piawai**	**95% Selang Keyakinan untuk Min**		**Minimum**	**Maksimum**
					Batas Bawah	**Batas Atas**		
Lelaki	368	2.9592	0.53333	0.02780	2.9046	3.0139	1.00	4.00
Perempuan	466	2.9549	0.50811	0.02354	2.9087	3.0012	1.00	4.00
Tidak								

Ditentukan	33	2.7576	0.66287	0.11539	2.5225	2.9926	1.00	4.00
Total	867	2.9493	0.52618	0.01787	2.9142	2.9843	1.00	4.00

Jadual 4.214: Output untuk Ujian Levene untuk kesamaan varian (agregat sosial dan jantina)

Statistik Levene	***df1***	***df2***	***Sig.***
4.577	2	864	0.011

Jadual 4.214 menunjukkan Ujian Levene adalah signifikan ($p = 0.011$), jadi varian sama adalah tidak dianggap. Varian dalam kumpulan ialah tidak sama. Ini menunjukkan kepelbagaian varian dalam data. Data adalah melanggar andaian kesamaan varian ($p < 0.05$). Oleh itu, ujian Levene menunjukkan ketidaksamaan antara jantina. Statistik Levene menolak hipotesis null bahawa varian kumpulan adalah sama. ANOVA adalah tidak teguh perlanggaran apabila kumpulan adalah tidak sama saiz.

Jadual 4.215: Statistik menunjukkan ujian ANOVA bagi agregat sosial dan jantina

	Hasil tambah Kuasa dua	***df***	**Min Kuasa dua**	***F***	***Sig.***
Antara Kumpulan	1.264	2	0.632		
Dalam Kumpulan	238.503	864	0.276	2.290	0.102
Total	239.767	866			

Jadual 4.215 menunjukkan satu langkah penting dalam analisis varian ialah mewujudkan kesahan andaian. Satu andaian ANOVA ialah bahawa varian kumpulan adalah bersamaan. Tidak wujud perbezaan antara tiga kategori pemboleh ubah jantina kerana nilai $F = 2.290$ dan $p = 0.102$ ($p > 0.05$), hipotesis null gagal ditolak. Nilai signifikan ujian F dalam jadual adalah lebih besar daripada 0.05. Jadi purata agregat sosial pelajar sekolah kajian adalah berbeza merentasi kategori pemboleh ubah jantina berbeza.

Ujian Post Hoc

Jadual 4.216: Statistik menyediakan ujian Scheffe satu hala membandingkan agregat sosial merentasi jantina (*Perbandingan Berganda*)

(I) Jantina	**(J) Jantina**	**Perbezaan Min (I-J)**	**Ralat Piawai**	***Sig.***	**95% Selang Keyakinan**	
					Batas Bawah	**Batas Atas**
Lelaki	Perempuan	0.00430	0.03664	0.993	-0.0855	0.0941
	Tidak Ditentukan	0.20166	0.09547	0.108	-0.0324	0.4358
Perempuan	Lelaki	-0.00430	0.03664	0.993	-0.0941	0.0855
	Tidak Ditentukan	0.19736	0.09464	0.114	-0.0347	0.4294
Tidak Ditentukan	Lelaki	-0.20166	0.09547	0.108	-0.4358	0.0324
	Perempuan	-0.19736	0.09464	0.114	-0.4294	0.0347

Jadual 4.217: Statistik menyediakan ujian Scheffe satu hala membandingkan agregat sosial merentasi jantina (*Homogeneous Subsets*)

Agregat Sosial

Scheffe[a],[b]

Jantina	**n**	***Subset for alpha* = 0.05**	
		1	**2**
Tidak Ditentukan	33	2.7576	
Perempuan	466		2.9549
Lelaki	368		2.9592
Sig.		1.000	0.999

Min Untuk Kumpulan Dalam Subset Homogen Dipaparkan

a. *Menggunakan Saiz Sampel Min Harmonik= 85.309*

b. Saiz kumpulan adalah tidak sama. Min harmonik dari saiz kumpulan digunakan. Aras ralat Jenis I adalah tidak dijamin.

Status Sosial dan Jantina

Jadual 4.218: Statistik menyediakan deskriptif jantina (Ujian Post Hoc)

	n	**Min**	**Sisihan Piawai**	**Ralat Piawai**	**95% Selang Keyakinan untuk Min**		**Minimum**	**Maksimum**
					Batas Bawah	**Batas Atas**		
Lelaki	368	3.1712	0.64401	0.03357	3.1052	3.2372	1.00	4.00
Perempuan	466	3.2210	0.61911	0.02868	3.1647	3.2774	1.00	4.00
Tidak Ditentukan	33	2.9697	0.52944	0.09216	2.7820	3.1574	2.00	4.00
Total	867	3.1903	0.62806	0.02133	3.1484	3.2322	1.00	4.00

Jadual 4.219: Output untuk Ujian Levene untuk kesamaan varian (status sosial dan jantina)

Statistik Levene	***df1***	***df2***	***Sig.***
4.590	2	864	0.010

Jadual 4.219 menunjukkan Ujian Levene adalah signifikan (p = 0.010), jadi varian sama adalah tidak dianggap. Varian dalam kumpulan ialah tidak sama. Ini menunjukkan kepelbagaian varian dalam data. Data adalah melanggar andaian kesamaan varian (p < 0.05). Oleh itu, ujian Levene menunjukkan ketidaksamaan antara jantina. Statistik Levene menolak hipotesis null bahawa varian kumpulan adalah sama. ANOVA adalah tidak teguh perlanggaran apabila kumpulan adalah tidak sama saiz.

Jadual 4.220: Statistik menunjukkan ujian ANOVA bagi status sosial dan jantina

	Hasil tambah Kuasa dua	***df***	**Min Kuasa dua**	***F***	***Sig.***
Antara Kumpulan	2.180	2	1.090		
Dalam Kumpulan	339.418	864	0.393	2.775	0.063
Total	341.599	866			

Jadual 4.220 menunjukkan satu langkah penting dalam analisis varian ialah mewujudkan kesahan andaian. Satu andaian ANOVA ialah bahawa varian kumpulan adalah bersamaan. Tidak wujud perbezaan antara tiga kategori pemboleh ubah jantina kerana nilai F = 2.775 dan p = 0.063 (p > 0.05), hipotesis null gagal ditolak. Nilai signifikan ujian F dalam jadual adalah lebih besar daripada 0.05. Jadi purata status sosial pelajar sekolah kajian adalah berbeza merentasi kategori pemboleh ubah jantina berbeza.

Ujian Post Hoc

Jadual 4.221: Statistik menyediakan ujian Scheffe satu hala membandingkan status sosial merentasi jantina (*Perbandingan Berganda*)

(I) Jantina	**(J) Jantina**	**Perbezaan Min (I-J)**	**Ralat Piawai**	***Sig.***	**95% Selang Keyakinan**	
					Batas Bawah	**Batas Atas**
Lelaki	Perempuan	-0.04983	0.04371	0.522	-0.1570	0.0573
	Tidak Ditentukan	0.20150	0.11389	0.210	-0.0778	0.4808
Perempuan	Lelaki	0.04983	0.04371	0.522	-0.0573	0.1570
	Tidak Ditentukan	0.25133	0.11290	0.085	-0.0255	0.5282
Tidak Ditentukan	Lelaki	-0.20150	0.11389	0.210	-0.4808	0.0778
	Perempuan	-0.25133	0.11290	0.085	-0.5282	0.0255

Jadual 4.222: Statistik menyediakan ujian Scheffe satu hala membandingkan status sosial merentasi jantina (*Homogeneous Subsets*)

Scheffe[a, b]

Jantina	n	*Subset for alpha* = 0.05	
		1	2
Tidak Ditentukan	33	2.9697	
Lelaki	368	3.1712	3.1712
Perempuan	466		3.2210
Sig.		0.111	0.874

Min Untuk Kumpulan Dalam Subset Homogen Dipaparkan

a. *Menggunakan Saiz Sampel Min Harmonik= 85.309*

b. *Saiz kumpulan adalah tidak sama. Min harmonik dari saiz kumpulan digunakan. Aras ralat Jenis I adalah tidak dijamin.*

Entropi Sosial dan Jantina

Jadual 4.223: Output untuk Ujian Levene untuk kesamaan varian (entropi sosial dan jantina)

Statistik Levene	*df1*	*df2*	*Sig.*
14.394	2	864	0.000

Jadual 4.223 menunjukkan Ujian Levene adalah signifikan (p = 0.000), jadi varian sama adalah tidak dianggap. Varian dalam kumpulan ialah tidak sama. Ini menunjukkan kepelbagaian varian dalam data. Data adalah melanggar andaian kesamaan varian ($p < 0.05$). Oleh itu, ujian Levene menunjukkan ketidaksamaan antara jantina. Statistik Levene menolak hipotesis null bahawa varian kumpulan adalah sama. ANOVA adalah tidak teguh perlanggaran apabila kumpulan adalah tidak sama saiz.

Jadual 4.224: Statistik menunjukkan ujian ANOVA bagi entropi sosial dan jantina

	Hasil tambah Kuasa dua	*df*	Min Kuasa dua	*F*	*Sig.*
Antara Kumpulan	33.666	2	16.833		
Dalam Kumpulan	394.971	864	0.457	36.822	0.000
Total	428.637	866			

Jadual 4.224 menunjukkan satu langkah penting dalam analisis varian ialah mewujudkan kesahan andaian. Satu andaian ANOVA ialah bahawa varian kumpulan adalah bersamaan. Wujud perbezaan antara tiga kategori pemboleh ubah jantina kerana nilai F = 36.822 dan p = 0.000 ($p < 0.05$), hipotesis null berjaya ditolak. Nilai signifikan ujian F dalam jadual adalah kurang daripada 0.05. Jadi purata entropi sosial pelajar sekolah kajian adalah sama merentasi kategori pemboleh ubah jantina berbeza.

Ujian Post Hoc

Jadual 4.225: Statistik menyediakan ujian Scheffe satu hala membandingkan entropi sosial merentasi jantina (*Perbandingan Berganda*)

(I) Jantina	(J) Jantina	Perbezaan Min (I-J)	Ralat Piawai	*Sig.*	95% Selang Keyakinan	
					Batas Bawah	Batas Atas
Lelaki	Perempuan	-0.38919*	0.04715	0.000	-0.5048	-0.2736
	Tidak Ditentukan	0.06431	0.12286	0.872	-0.2369	0.3656
Perempuan	Lelaki	0.38919*	0.04715	0.000	0.2736	0.5048
	Tidak Ditentukan	0.45351	0.12179	0.001	0.1549	0.7521
Tidak Ditentukan	Lelaki	-0.06431	0.12286	0.872	-0.3656	0.2369
	Perempuan	-0.45351*	0.12179	0.001	-0.7521	-0.1549

* *Perbezaan min adalah signifikan pada aras 0.05*

Jadual 4.226: Statistik menyediakan ujian Scheffe satu hala membandingkan entropi sosial merentasi jantina (*Homogeneous Subsets*)
Scheffe[a],[b]

Jantina	n	*Subset for alpha* = 0.05	
		1	2
Tidak Ditentukan	33	2.6667	
Lelaki	368	2.7310	
Perempuan	466		3.1202
Sig.		0.825	1.000

Min Untuk Kumpulan Dalam Subset Homogen Dipaparkan

a. *Menggunakan Saiz Sampel Min Harmonik= 85.309*
b. *Saiz kumpulan adalah tidak sama. Min harmonik dari saiz kumpulan digunakan. Aras ralat Jenis I adalah tidak dijamin.*

Bentuk Modal Sosial dan Jantina

Jadual 4.227: Output untuk Ujian Levene untuk kesamaan varian (bentuk modal sosial dan jantina)

Statistik Levene	*df1*	*df2*	*Sig.*
13.478	2	864	0.000

Jadual 4.227 menunjukkan Ujian Levene adalah signifikan (p = 0.000), jadi varian sama adalah tidak dianggap. Varian dalam kumpulan ialah tidak sama. Ini menunjukkan kepelbagaian varian dalam data. Data adalah melanggar andaian kesamaan varian ($p < 0.05$). Oleh itu, ujian Levene menunjukkan ketidaksamaan antara jantina. Statistik Levene menolak hipotesis null bahawa varian kumpulan adalah sama. ANOVA adalah tidak teguh perlanggaran apabila kumpulan adalah tidak sama saiz.

Jadual 4.228: Statistik menunjukkan ujian ANOVA bagi bentuk modal sosial dan jantina

	Hasil tambah Kuasa dua	*df*	Min Kuasa dua	*F*	*Sig.*
Antara Kumpulan	0.432	2	0.216		
Dalam Kumpulan	63.390	864	0.073	2.943	0.053
Total	63.822	866			

Jadual 4.228 menunjukkan satu langkah penting dalam analisis varian ialah mewujudkan kesahan andaian. Satu andaian ANOVA ialah bahawa varian kumpulan adalah bersamaan. Tidak wujud perbezaan antara tiga kategori pemboleh ubah jantina kerana nilai F = 2.943 dan p = 0.053 ($p > 0.05$), hipotesis null gagal ditolak. Nilai signifikan ujian F dalam jadual adalah lebih besar daripada 0.05. Jadi purata bentuk modal sosial pelajar sekolah kajian adalah berbeza merentasi kategori pemboleh ubah jantina berbeza.

Ujian Post Hoc

Jadual 4.229: Statistik menyediakan ujian Scheffe satu hala membandingkan bentuk modal sosial merentasi jantina (*Perbandingan Berganda*)

(I) Jantina	(J) Jantina	Perbezaan Min (I-J)	Ralat Piawai	*Sig.*	95% Selang Keyakinan	
					Batas Bawah	Batas Atas
Lelaki	Perempuan	-0.04532	0.01889	0.057	-0.0916	0.0010
	Tidak Ditentukan	-0.04265	0.04922	0.687	-0.1633	0.0780

Perempuan	Lelaki	0.04532	0.01889	0.057	-0.0010	0.0916
	Tidak Ditentukan	0.00267	0.04879	0.999	-0.1170	0.1223
Tidak	Lelaki	0.04265	0.04922	0.687	-0.0780	0.1633
Ditentukan	Perempuan	-0.00267	0.04879	0.999	-0.1223	0.1170

Jadual 4.230: Statistik menyediakan ujian Scheffe satu hala membandingkan bentuk modal sosial merentasi jantina (*Homogeneous Subsets*)

Scheffe[a],[b]

Jantina	N	*Subset for alpha* = 0.05
		1
Lelaki	368	2.8967
Tidak Ditentukan	33	2.9394
Perempuan	466	2.9421
Sig.		0.551

Min Untuk Kumpulan Dalam Subset Homogen Dipaparkan

c. *Menggunakan Saiz Sampel Min Harmonik= 85.309*

d. *Saiz kumpulan adalah tidak sama. Min harmonik dari saiz kumpulan digunakan. Aras ralat Jenis I adalah tidak dijamin.*

Dimensi Modal Sosial dan Jantina

Jadual 4.231: Statistik menyediakan deskriptif jantina (Ujian Post Hoc)

	n	Min	Sisihan Piawai	Ralat Piawai	95% Selang Keyakinan untuk Min		Minimum	Maksimum
					Batas Bawah	Batas Atas		
Lelaki	368	2.9185	0.35232	0.01837	2.8824	2.9546	2.00	4.00
Perempuan	466	3.0086	0.25385	0.01176	2.9855	3.0317	2.00	4.00
Tidak Ditentukan	33	2.9697	0.30464	0.05303	2.8617	3.0777	2.00	4.00
Total	867	2.9689	0.30424	0.01033	2.9486	2.9891	2.00	4.00

Jadual 4.232: Output untuk Ujian Levene untuk kesamaan varian (dimensi modal sosial dan jantina)

Statistik Levene	*df1*	*df2*	*Sig.*
21.584	2	864	0.000

Jadual 4.232 menunjukkan Ujian Levene adalah signifikan (p = 0.000), jadi varian sama adalah tidak dianggap. Varian dalam kumpulan ialah tidak sama. Ini menunjukkan kepelbagaian varian dalam data. Data adalah melanggar andaian kesamaan varian ($p < 0.05$). Oleh itu, ujian Levene menunjukkan ketidaksamaan antara jantina. Statistik Levene menolak hipotesis null bahawa varian kumpulan adalah sama. ANOVA adalah tidak teguh perlanggaran apabila kumpulan adalah tidak sama saiz.

Jadual 4.233: Statistik menunjukkan ujian ANOVA bagi dimensi modal sosial dan jantina

	Hasil tambah Kuasa dua	*df*	Min Kuasa dua	*F*	*Sig.*
Antara Kumpulan	1.669	2	0.835		
Dalam Kumpulan	78.490	864	0.091	9.189	0.000
Total	80.159	866			

Jadual 4.233 menunjukkan satu langkah penting dalam analisis varian ialah mewujudkan kesahan andaian. Satu andaian ANOVA ialah bahawa varian kumpulan adalah bersamaan. Wujud perbezaan antara tiga kategori pemboleh ubah jantina kerana nilai $F = 9.189$ dan $p = 0.000$ ($p < 0.05$), hipotesis null berjaya ditolak. Nilai signifikan ujian F dalam jadual adalah kurang daripada 0.05. Jadi purata dimensi modal sosial pelajar sekolah kajian adalah sama merentasi kategori pemboleh ubah jantina berbeza.

Ujian Post Hoc

Jadual 4.234: Statistik menyediakan ujian Scheffe satu hala membandingkan dimensi modal sosial merentasi jantina (*Perbandingan Berganda*)

(I) Jantina	**(J) Jantina**	**Perbezaan Min (I-J)**	**Ralat Piawai**	***Sig.***	**95% Selang Keyakinan**	
					Batas Bawah	**Batas Atas**
Lelaki	Perempuan	-0.09011*	0.02102	0.000	-0.1416	-0.0386
	Tidak Ditentukan	-0.05122	0.05477	0.646	-0.1855	0.0831
Perempuan	Lelaki	0.09011*	0.02102	0.000	0.0386	0.1416
	Tidak Ditentukan	0.03889	0.05429	0.774	-0.0942	0.1720
Tidak Ditentukan	Lelaki	0.05122	0.05477	0.646	-0.0831	0.1855
	Perempuan	-0.03889	0.05429	0.774	-0.1720	0.0942

* *Perbezaan min adalah signifikan pada aras 0.05.*

Jadual 4.235: Statistik menyediakan ujian Scheffe satu hala membandingkan dimensi modal sosial merentasi jantina (*Homogeneous Subsets*)

Scheffe[a],[b]

Jantina	**n**	***Subset for alpha* = 0.05**
		1
Lelaki	368	2.9185
Tidak Ditentukan	33	2.9697
Perempuan	466	3.0086
Sig.		0.149

Min Untuk Kumpulan Dalam Subset Homogen Dipaparkan

a. *Menggunakan Saiz Sampel Min Harmonik= 85.309*

b. *Saiz kumpulan adalah tidak sama. Min harmonik dari saiz kumpulan digunakan. Aras ralat Jenis I adalah tidak dijamin.*

ANALISIS HUBUNGAN ANTARA DUA PEMBOLEHUBAH

Rank Correlation

Kendall's tau_b

Kumpulan dan jaringan dengan kepercayaan

Kendall's tau_b (τ_b) ialah 0.137, aras signifikan (p) ialah 0.000 ($p = 0.000$) dan bilangan responden bagi pembolehubah kumpulan dan jaringan dengan kepercayaan ialah 867. Aras signifikan ialah kurang daripada 0.01 ($p < 0.01$), korelasi ini adalah signifikan, oleh itu hipotesis null (tiada perkaitan/*association*) boleh ditolak bahawa terdapat satu pertalian antara kumpulan dan jaringan dengan kepercayaan pelajar sekolah kajian. Korelasi adalah positif, pelajar sekolah kajian yang mempunyai kumpulan dan jaringan yang lebih tinggi umumnya mempunyai nilai kepercayaan yang tinggi dan sebaliknya jika kumpulan dan jaringan pelajar sekolah kajian adalah rendah, nilai kepercayaan pelajar sekolah kajian juga rendah.

Kumpulan dan jaringan dengan tindakan kolektif dan kerjasama

Kendall's tau_b (τ_b) ialah 0.246, aras signifikan (*p*) ialah 0.01, kurang daripada 0.01 ($p < 0.01$) ($p = 0.000$) dan bilangan responden bagi pembolehubah kumpulan dan jaringan dengan tindakan kolektif dan kerjasama ialah 867. Aras signifikan ialah kurang daripada 0.01 ($p < 0.01$), korelasi ini adalah signifikan, oleh itu hipotesis null (tiada perkaitan/*association*) boleh ditolak bahawa terdapat satu pertalian antara kumpulan dan jaringan dengan tindakan kolektif dan kerjasama pelajar sekolah kajian. Korelasi adalah positif, pelajar sekolah kajian yang mempunyai kumpulan dan jaringan yang lebih tinggi umumnya mempunyai nilai tindakan kolektif dan kerjasama yang tinggi dan sebaliknya jika kumpulan dan jaringan pelajar sekolah kajian adalah rendah, nilai tindakan kolektif dan kerjasama pelajar sekolah kajian juga rendah.

Kumpulan dan jaringan dengan maklumat dan komunikasi

Kendall's tau_b (τ_b) ialah 0.248, aras signifikan (*p*) ialah 0.01, kurang daripada 0.01 ($p < 0.01$) ($p = 0.000$) dan bilangan responden bagi pembolehubah kumpulan dan jaringan dengan maklumat dan komunikasi ialah 867. Aras signifikan ialah kurang daripada 0.01 ($p < 0.01$), korelasi ini adalah signifikan, oleh itu hipotesis null (tiada perkaitan/*association*) boleh ditolak bahawa terdapat satu pertalian antara kumpulan dan jaringan dengan maklumat dan komunikasi pelajar sekolah kajian. Korelasi adalah positif, pelajar sekolah kajian yang mempunyai kumpulan dan jaringan yang lebih tinggi umumnya mempunyai nilai maklumat dan komunikasi yang tinggi dan sebaliknya jika kumpulan dan jaringan pelajar sekolah kajian adalah rendah, nilai maklumat dan komunikasi pelajar sekolah kajian juga rendah.

Kumpulan dan jaringan dengan perpaduan dan penyertaan sosial

Kendall's tau_b (τ_b) ialah 0.233, aras signifikan (*p*) ialah 0.01, kurang daripada 0.01 ($p < 0.01$) ($p = 0.000$) dan bilangan responden bagi pembolehubah kumpulan dan jaringan dengan perpaduan dan penyertaan sosial ialah 867. Aras signifikan ialah kurang daripada 0.01 ($p < 0.01$), korelasi ini adalah signifikan, oleh itu hipotesis null (tiada perkaitan/*association*) boleh ditolak bahawa terdapat satu pertalian antara kumpulan dan jaringan dengan perpaduan dan penyertaan sosial pelajar sekolah kajian. Korelasi adalah positif, pelajar sekolah kajian yang mempunyai kumpulan dan jaringan yang lebih tinggi umumnya mempunyai nilai perpaduan dan penyertaan sosial yang tinggi dan sebaliknya jika kumpulan dan jaringan pelajar sekolah kajian adalah rendah, nilai perpaduan dan penyertaan sosial pelajar sekolah kajian juga rendah.

Kumpulan dan jaringan dengan pendayaupayaan

Kendall's tau_b (τ_b) ialah 0.197, aras signifikan (*p*) ialah 0.01, kurang daripada 0.01 ($p < 0.01$) ($p = 0.000$) dan bilangan responden bagi pembolehubah kumpulan dan jaringan dengan pendayaupayaan ialah 867. Aras signifikan ialah kurang daripada 0.01 ($p < 0.01$), korelasi ini adalah signifikan, oleh itu hipotesis null (tiada perkaitan/*association*) boleh ditolak bahawa terdapat satu pertalian antara kumpulan dan jaringan dengan pendayaupayaan pelajar sekolah kajian. Korelasi adalah positif, pelajar sekolah kajian yang mempunyai kumpulan dan jaringan yang lebih tinggi umumnya mempunyai nilai pendayaupayaan yang tinggi dan sebaliknya jika kumpulan dan jaringan pelajar sekolah kajian adalah rendah, nilai pendayaupayaan pelajar sekolah kajian juga rendah.

Kumpulan dan jaringan dengan ikatan sosial

Kendall's tau_b (τ_b) ialah 0.157, aras signifikan (*p*) ialah 0.01, kurang daripada 0.01 ($p < 0.01$) ($p = 0.000$) dan bilangan responden bagi pembolehubah kumpulan dan jaringan dengan ikatan sosial ialah 867. Aras signifikan ialah kurang daripada 0.01 ($p < 0.01$), korelasi ini adalah signifikan, oleh itu hipotesis null (tiada perkaitan/*association*) boleh ditolak bahawa terdapat satu pertalian antara kumpulan dan jaringan dengan ikatan sosial pelajar sekolah kajian. Korelasi adalah positif, pelajar sekolah kajian yang mempunyai kumpulan dan jaringan yang lebih tinggi umumnya mempunyai nilai ikatan sosial yang tinggi dan sebaliknya jika kumpulan dan jaringan pelajar sekolah kajian adalah rendah, nilai ikatan sosial pelajar sekolah kajian juga rendah.

Kumpulan dan jaringan dengan jambatan sosial

Kendall's tau_b (τ_b) ialah 0.085, aras signifikan (*p*) ialah 0.01, kurang daripada 0.01 ($p < 0.01$) ($p = 0.000$) dan bilangan responden bagi pembolehubah kumpulan dan jaringan dengan jambatan sosial ialah 867. Aras signifikan ialah kurang daripada 0.01 ($p < 0.01$), korelasi ini adalah signifikan, oleh itu hipotesis null (tiada perkaitan/*association*) boleh ditolak bahawa terdapat satu pertalian antara kumpulan dan jaringan dengan jambatan sosial pelajar sekolah kajian. Korelasi adalah positif, pelajar sekolah kajian yang mempunyai kumpulan dan jaringan yang lebih tinggi umumnya mempunyai nilai jambatan sosial yang tinggi dan sebaliknya jika kumpulan dan jaringan pelajar sekolah kajian adalah rendah, nilai jambatan sosial pelajar sekolah kajian juga rendah.

Kumpulan dan jaringan dengan hubungan sosial

Kendall's tau_b (τ_b) ialah 0.140, aras signifikan (*p*) ialah 0.01, kurang daripada 0.01 ($p < 0.01$) ($p = 0.000$) dan bilangan responden bagi pembolehubah kumpulan dan jaringan dengan hubungan sosial ialah 867. Aras signifikan ialah kurang daripada 0.01 ($p < 0.01$), korelasi ini adalah signifikan, oleh itu hipotesis null (tiada perkaitan/*association*) boleh ditolak bahawa terdapat satu pertalian antara kumpulan dan jaringan dengan hubungan sosial pelajar sekolah kajian. Korelasi adalah positif, pelajar sekolah kajian yang mempunyai kumpulan dan jaringan yang lebih tinggi umumnya mempunyai nilai hubungan sosial yang tinggi dan sebaliknya jika kumpulan dan jaringan pelajar sekolah kajian adalah rendah, nilai hubungan sosial pelajar sekolah kajian juga rendah.

Kumpulan dan jaringan dengan interaksi sosial

Kendall's tau_b (τ_b) ialah 0.095, aras signifikan (*p*) ialah 0.01, kurang daripada 0.01 ($p < 0.01$) ($p = 0.000$) dan bilangan responden bagi pembolehubah kumpulan dan jaringan dengan interaksi sosial ialah 867. Aras signifikan ialah kurang daripada 0.01 ($p < 0.01$), korelasi ini adalah signifikan, oleh itu hipotesis null (tiada perkaitan/*association*) boleh ditolak bahawa terdapat satu pertalian antara kumpulan dan jaringan dengan interaksi sosial pelajar sekolah kajian. Korelasi adalah positif, pelajar sekolah kajian yang mempunyai kumpulan dan jaringan yang lebih tinggi umumnya mempunyai nilai interaksi sosial yang tinggi dan sebaliknya jika kumpulan dan jaringan pelajar sekolah kajian adalah rendah, nilai interaksi sosial pelajar sekolah kajian juga rendah.

Kumpulan dan jaringan dengan agregat sosial

Kendall's tau_b (τ_b) ialah 0.226, aras signifikan (*p*) ialah 0.01, kurang daripada 0.01 ($p < 0.01$) ($p = 0.000$) dan bilangan responden bagi pembolehubah kumpulan dan jaringan dengan agregat sosial ialah

867. Aras signifikan ialah kurang daripada 0.01 ($p < 0.01$), korelasi ini adalah signifikan, oleh itu hipotesis null (tiada perkaitan/*association*) boleh ditolak bahawa terdapat satu pertalian antara kumpulan dan jaringan dengan agregat sosial pelajar sekolah kajian. Korelasi adalah positif, pelajar sekolah kajian yang mempunyai kumpulan dan jaringan yang lebih tinggi umumnya mempunyai nilai agregat sosial yang tinggi dan sebaliknya jika kumpulan dan jaringan pelajar sekolah kajian adalah rendah, nilai agregat sosial pelajar sekolah kajian juga rendah.

Kumpulan dan jaringan dengan autoriti sosial

Kendall's tau_b (τ_b) ialah 0.322, aras signifikan (p) ialah 0.01, kurang daripada 0.01 ($p < 0.01$) ($p = 0.002$) dan bilangan responden bagi pembolehubah kumpulan dan jaringan dengan autoriti sosial ialah 867. Aras signifikan ialah kurang daripada 0.01 ($p < 0.01$), korelasi ini adalah signifikan, oleh itu hipotesis null (tiada perkaitan/*association*) boleh ditolak bahawa terdapat satu pertalian antara kumpulan dan jaringan dengan autoriti sosial pelajar sekolah kajian. Korelasi adalah positif, pelajar sekolah kajian yang mempunyai kumpulan dan jaringan yang lebih tinggi umumnya mempunyai nilai autoriti sosial yang tinggi dan sebaliknya jika kumpulan dan jaringan pelajar sekolah kajian adalah rendah, nilai autoriti sosial pelajar sekolah kajian juga rendah.

Kumpulan dan jaringan dengan peranan sosial

Kendall's tau_b (τ_b) ialah 0.294, aras signifikan (p) ialah 0.01, kurang daripada 0.01 ($p < 0.01$) ($p = 0.000$) dan bilangan responden bagi pembolehubah kumpulan dan jaringan dengan peranan sosial ialah 867. Aras signifikan ialah kurang daripada 0.01 ($p < 0.01$), korelasi ini adalah signifikan, oleh itu hipotesis null (tiada perkaitan/*association*) boleh ditolak bahawa terdapat satu pertalian antara kumpulan dan jaringan dengan peranan sosial pelajar sekolah kajian. Korelasi adalah positif, pelajar sekolah kajian yang mempunyai kumpulan dan jaringan yang lebih tinggi umumnya mempunyai nilai peranan sosial yang tinggi dan sebaliknya jika kumpulan dan jaringan pelajar sekolah kajian adalah rendah, nilai peranan sosial pelajar sekolah kajian juga rendah.

Kumpulan dan jaringan dengan status sosial

Kendall's tau_b (τ_b) ialah 0.292, aras signifikan (p) ialah 0.01, kurang daripada 0.01 ($p < 0.01$) ($p = 0.002$) dan bilangan responden bagi pembolehubah kumpulan dan jaringan dengan status sosial ialah 867. Aras signifikan ialah kurang daripada 0.01 ($p < 0.01$), korelasi ini adalah signifikan, oleh itu hipotesis null (tiada perkaitan/*association*) boleh ditolak bahawa terdapat satu pertalian antara kumpulan dan jaringan dengan status sosial pelajar sekolah kajian. Korelasi adalah positif, pelajar sekolah kajian yang mempunyai kumpulan dan jaringan yang lebih tinggi umumnya mempunyai nilai status sosial yang tinggi dan sebaliknya jika kumpulan dan jaringan pelajar sekolah kajian adalah rendah, nilai status sosial pelajar sekolah kajian juga rendah.

Kumpulan dan jaringan dengan entropi sosial

Kendall's tau_b (τ_b) ialah 0.132, aras signifikan (p) ialah 0.01, kurang daripada 0.01 ($p < 0.01$) ($p = 0.000$). Oleh itu, korelasi adalah signifikan dan hipotesis null (tiada perkaitan/*association*) boleh ditolak bahawa terdapat satu pertalian antara kumpulan dan jaringan dengan entropi sosial pelajar sekolah kajian.

Korelasi adalah positif, pelajar sekolah kajian yang mempunyai kumpulan dan jaringan yang lebih tinggi umumnya mempunyai nilai entropi sosial yang tinggi dan sebaliknya jika kumpulan dan jaringan pelajar sekolah kajian adalah rendah, nilai entropi sosial pelajar sekolah kajian juga rendah.

Kumpulan dan jaringan dengan norma sosial

Kendall's tau_b (τ_b) ialah 0.288, aras signifikan (*p*) ialah 0.01, kurang daripada 0.01 ($p < 0.01$) ($p = 0.000$) dan bilangan responden bagi pembolehubah kumpulan dan jaringan dengan norma sosial ialah 867. Aras signifikan ialah kurang daripada 0.01 ($p < 0.01$), korelasi ini adalah signifikan, oleh itu hipotesis null (tiada perkaitan/*association*) boleh ditolak bahawa terdapat satu pertalian antara kumpulan dan jaringan dengan norma sosial pelajar sekolah kajian. Korelasi adalah positif, pelajar sekolah kajian yang mempunyai kumpulan dan jaringan yang lebih tinggi umumnya mempunyai nilai norma sosial yang tinggi dan sebaliknya jika kumpulan dan jaringan pelajar sekolah kajian adalah rendah, nilai norma sosial pelajar sekolah kajian juga rendah.

Kumpulan dan jaringan dengan bentuk modal sosial

Kendall's tau_b (τ_b) ialah 0.199, aras signifikan (*p*) ialah 0.01, kurang daripada 0.01 ($p < 0.01$) ($p = 0.000$) dan bilangan responden bagi pembolehubah kumpulan dan jaringan dengan bentuk modal sosial ialah 867. Aras signifikan ialah kurang daripada 0.01 ($p < 0.01$), korelasi ini adalah signifikan, oleh itu hipotesis null (tiada perkaitan/*association*) boleh ditolak bahawa terdapat satu pertalian antara kumpulan dan jaringan dengan bentuk modal sosial pelajar sekolah kajian. Korelasi adalah positif, pelajar sekolah kajian yang mempunyai kumpulan dan jaringan yang lebih tinggi umumnya mempunyai nilai bentuk modal yang tinggi dan sebaliknya jika kumpulan dan jaringan pelajar sekolah kajian adalah rendah, nilai bentuk modal sosial pelajar sekolah kajian juga rendah.

Kumpulan dan jaringan dengan dimensi modal sosial

Kendall's tau_b (τ_b) ialah 0.357, aras signifikan (*p*) ialah 0.01, kurang daripada 0.01 ($p < 0.01$) ($p = 0.000$) dan bilangan responden bagi pembolehubah kumpulan dan jaringan dengan dimensi modal sosial ialah 867. Aras signifikan ialah kurang daripada 0.01 ($p < 0.01$), korelasi ini adalah signifikan, oleh itu hipotesis null (tiada perkaitan/*association*) boleh ditolak bahawa terdapat satu pertalian antara kumpulan dan jaringan dengan dimensi modal sosial pelajar sekolah kajian. Korelasi adalah positif, pelajar sekolah kajian yang mempunyai kumpulan dan jaringan yang lebih tinggi umumnya mempunyai nilai dimensi modal sosial yang tinggi dan sebaliknya jika kumpulan dan jaringan pelajar sekolah kajian adalah rendah, nilai dimensi modal sosial pelajar sekolah kajian juga rendah.

Kumpulan dan jaringan dengan ikatan kuat

Kendall's tau_b (τ_b) ialah 0.197, aras signifikan (*p*) ialah 0.01, kurang daripada 0.01 ($p < 0.01$) ($p = 0.000$) dan bilangan responden bagi pembolehubah kumpulan dan jaringan dengan ikatan kuat ialah 867. Aras signifikan ialah kurang daripada 0.01 ($p < 0.01$), korelasi ini adalah signifikan, oleh itu hipotesis null (tiada perkaitan/*association*) boleh ditolak bahawa terdapat satu pertalian antara kumpulan dan jaringan dengan ikatan kuat pelajar sekolah kajian. Korelasi adalah positif, pelajar sekolah kajian yang mempunyai kumpulan dan jaringan yang lebih tinggi umumnya mempunyai nilai ikatan kuat yang tinggi dan sebaliknya jika kumpulan dan jaringan pelajar sekolah kajian adalah rendah, nilai ikatan kuat pelajar sekolah kajian juga rendah.

Kumpulan dan jaringan dengan ikatan lemah

Kendall's tau_b (τ_b) ialah 0.224, aras signifikan (p) ialah 0.01, kurang daripada 0.01 ($p < 0.01$) ($p = 0.000$) dan bilangan responden bagi pembolehubah kumpulan dan jaringan dengan ikatan lemah ialah 867. Aras signifikan ialah kurang daripada 0.01 ($p < 0.01$), korelasi ini adalah signifikan, oleh itu hipotesis null (tiada perkaitan/*association*) boleh ditolak bahawa terdapat satu pertalian antara kumpulan dan jaringan dengan ikatan lemah pelajar sekolah kajian. Korelasi adalah positif, pelajar sekolah kajian yang mempunyai kumpulan dan jaringan yang lebih tinggi umumnya mempunyai nilai ikatan lemah yang tinggi dan sebaliknya jika kumpulan dan jaringan pelajar sekolah kajian adalah rendah, nilai ikatan lemah pelajar sekolah kajian juga rendah.

Kumpulan dan jaringan dengan nod

Kendall's tau_b (τ_b) ialah 0.550, aras signifikan (p) ialah 0.01, kurang daripada 0.01 ($p < 0.01$) ($p = 0.000$) dan bilangan responden bagi pembolehubah kumpulan dan jaringan dengan nod ialah 867. Aras signifikan ialah kurang daripada 0.01 ($p < 0.01$), korelasi ini adalah signifikan, oleh itu hipotesis null (tiada perkaitan/*association*) boleh ditolak bahawa terdapat satu pertalian antara kumpulan dan jaringan dengan nod pelajar sekolah kajian. Korelasi adalah positif, pelajar sekolah kajian yang mempunyai kumpulan dan jaringan yang lebih tinggi umumnya mempunyai nilai nod yang tinggi dan sebaliknya jika kumpulan dan jaringan pelajar sekolah kajian adalah rendah, nilai nod pelajar sekolah kajian juga rendah.

Kepercayaan dengan tindakan kolektif dan kerjasama

Kendall's tau_b (τ_b) ialah 0.138, aras signifikan (p) ialah 0.00, kurang daripada 0.01 ($p < 0.01$) ($p = 0.000$). Korelasi ini adalah signifikan dan hipotesis null (tiada perkaitan/*association*) boleh ditolak bahawa terdapat satu pertalian antara kepercayaan dengan tindakan kolektif dan kerjasama pelajar sekolah kajian. Korelasi adalah positif, pelajar sekolah kajian yang mempunyai kepercayaan yang lebih tinggi umumnya mempunyai nilai tindakan kolektif dan kerjasama yang tinggi dan sebaliknya jika kepercayaan pelajar sekolah kajian adalah rendah, nilai tindakan kolektif dan kerjasama pelajar sekolah kajian juga rendah.

Kepercayaan dengan maklumat dan komunikasi

Kendall's tau_b (τ_b) ialah 0.550, aras signifikan (p) ialah 0.01, kurang daripada 0.01 ($p < 0.01$) ($p = 0.000$) dan bilangan responden bagi pembolehubah kepercayaan dengan maklumat dan komunikasi ialah 867. Aras signifikan ialah kurang daripada 0.01 ($p < 0.01$), korelasi ini adalah signifikan, oleh itu hipotesis null (tiada perkaitan/*association*) boleh ditolak bahawa terdapat satu pertalian antara kepercayaan dengan maklumat dan komunikasi pelajar sekolah kajian. Korelasi adalah positif, pelajar sekolah kajian yang mempunyai kepercayaan yang lebih tinggi umumnya mempunyai nilai maklumat dan komunikasi yang tinggi dan sebaliknya jika kepercayaan pelajar sekolah kajian adalah rendah, nilai maklumat dan komunikasi pelajar sekolah kajian juga rendah.

Kepercayaan dengan perpaduan dan penyertaan sosial

Kendall's tau_b (τ_b) ialah 0.151, aras signifikan (p) ialah 0.01, kurang daripada 0.01 ($p < 0.01$) ($p = 0.000$) dan bilangan responden bagi pembolehubah kepercayaan dengan perpaduan dan penyertaan sosial ialah 867. Aras signifikan ialah kurang daripada 0.01 ($p < 0.01$), korelasi ini adalah signifikan, oleh itu hipotesis null (tiada perkaitan/*association*) boleh ditolak bahawa terdapat satu pertalian antara kepercayaan dengan perpaduan dan penyertaan sosial pelajar sekolah kajian. Korelasi adalah positif, pelajar sekolah kajian yang mempunyai kepercayaan yang lebih tinggi umumnya mempunyai nilai perpaduan dan penyertaan sosial yang tinggi dan sebaliknya jika kepercayaan pelajar sekolah kajian adalah rendah, nilai perpaduan dan penyertaan sosial pelajar sekolah kajian juga rendah.

Kepercayaan dengan pendayaupayaan

Kendall's tau_b (τ_b) ialah 0.140, aras signifikan (*p*) ialah 0.01, kurang daripada 0.01 ($p < 0.01$) ($p = 0.000$) dan bilangan responden bagi pembolehubah kepercayaan dengan pendayaupayaan ialah 867. Aras signifikan ialah kurang daripada 0.01 ($p < 0.01$), korelasi ini adalah signifikan, oleh itu hipotesis null (tiada perkaitan/*association*) boleh ditolak bahawa terdapat satu pertalian antara kepercayaan dengan pendayaupayaan pelajar sekolah kajian. Korelasi adalah positif, pelajar sekolah kajian yang mempunyai kepercayaan yang lebih tinggi umumnya mempunyai nilai pendayaupayaan yang tinggi dan sebaliknya jika kepercayaan pelajar sekolah kajian adalah rendah, nilai pendayaupayaan pelajar sekolah kajian juga rendah.

Kepercayaan dengan ikatan sosial

Kendall's tau_b (τ_b) ialah 0.101, aras signifikan (*p*) ialah 0.01, kurang daripada 0.01 ($p < 0.01$) ($p = 0.000$) dan bilangan responden bagi pembolehubah kepercayaan dengan ikatan sosial ialah 867. Aras signifikan ialah kurang daripada 0.01 ($p < 0.01$), korelasi ini adalah signifikan, oleh itu hipotesis null (tiada perkaitan/*association*) boleh ditolak bahawa terdapat satu pertalian antara kepercayaan dengan ikatan sosial pelajar sekolah kajian. Korelasi adalah positif, pelajar sekolah kajian yang mempunyai kepercayaan yang lebih tinggi umumnya mempunyai nilai ikatan sosial yang tinggi dan sebaliknya jika kepercayaan pelajar sekolah kajian adalah rendah, nilai ikatan sosial pelajar sekolah kajian juga rendah.

Kepercayaan dengan jambatan sosial

Kendall's tau_b (τ_b) ialah 0.208, aras signifikan (*p*) ialah 0.01, kurang daripada 0.01 ($p < 0.01$) ($p = 0.000$) dan bilangan responden bagi pembolehubah kepercayaan dengan jambatan sosial ialah 867. Aras signifikan ialah kurang daripada 0.01 ($p < 0.01$), korelasi ini adalah signifikan, oleh itu hipotesis null (tiada perkaitan/*association*) boleh ditolak bahawa terdapat satu pertalian antara kepercayaan dengan jambatan sosial pelajar sekolah kajian. Korelasi adalah positif, pelajar sekolah kajian yang mempunyai kepercayaan yang lebih tinggi umumnya mempunyai nilai jambatan sosial yang tinggi dan sebaliknya jika kepercayaan pelajar sekolah kajian adalah rendah, nilai jambatan sosial pelajar sekolah kajian juga rendah.

Kepercayaan dengan hubungan sosial

Kendall's tau_b (τ_b) ialah 0.169, aras signifikan (*p*) ialah 0.01, kurang daripada 0.01 ($p < 0.01$) ($p = 0.000$) dan bilangan responden bagi pembolehubah kepercayaan dengan hubungan sosial ialah 867. Aras signifikan ialah kurang daripada 0.01 ($p < 0.01$), korelasi ini adalah signifikan, oleh itu hipotesis null (tiada perkaitan/*association*) boleh ditolak bahawa terdapat satu pertalian antara kepercayaan dengan hubungan sosial pelajar sekolah kajian. Korelasi adalah positif, pelajar sekolah kajian yang mempunyai kepercayaan yang lebih tinggi umumnya mempunyai nilai hubungan sosial yang tinggi dan sebaliknya jika kepercayaan pelajar sekolah kajian adalah rendah, nilai hubungan sosial pelajar sekolah kajian juga rendah.

Kepercayaan dengan interaksi sosial

Kendall's tau_b (τ_b) ialah 0.032, aras signifikan (*p*) ialah 0.05, lebih daripada 0.05 ($p > 0.05$) ($p = 0.169$) dan bilangan responden bagi pembolehubah kepercayaan dengan interaksi sosial ialah 867. Hipotesis null tidak boleh ditolak dan tidak ada perkaitan antara kepercayaan dengan interaksi sosial.

Kepercayaan dengan agregat sosial

Kendall's tau_b (τ_b) ialah 0.255, aras signifikan (*p*) ialah 0.01, kurang daripada 0.01 ($p < 0.01$) ($p = 0.000$) dan bilangan responden bagi pembolehubah kepercayaan dengan agregat sosial ialah 867. Aras signifikan ialah kurang daripada 0.01 ($p < 0.01$), korelasi ini adalah signifikan, oleh itu hipotesis null (tiada perkaitan/*association*) boleh ditolak bahawa terdapat satu pertalian antara kepercayaan dengan agregat sosial pelajar sekolah kajian. Korelasi adalah positif, pelajar sekolah kajian yang mempunyai kepercayaan yang lebih tinggi umumnya mempunyai nilai agregat sosial yang tinggi dan sebaliknya jika kepercayaan pelajar sekolah kajian adalah rendah, nilai agregat sosial pelajar sekolah kajian juga rendah.

Kepercayaan dengan autoriti sosial

Kendall's tau_b (τ_b) ialah 0.175, aras signifikan (*p*) ialah 0.01, kurang daripada 0.01 ($p < 0.01$) ($p = 0.000$) dan bilangan responden bagi pembolehubah kepercayaan dengan autoriti sosial ialah 867. Aras signifikan ialah kurang daripada 0.01 ($p < 0.01$), korelasi ini adalah signifikan, oleh itu hipotesis null (tiada perkaitan/*association*) boleh ditolak bahawa terdapat satu pertalian antara kepercayaan dengan autoriti sosial pelajar sekolah kajian. Korelasi adalah positif, pelajar sekolah kajian yang mempunyai kepercayaan yang lebih tinggi umumnya mempunyai nilai autoriti sosial yang tinggi dan sebaliknya jika kepercayaan pelajar sekolah kajian adalah rendah, nilai autoriti sosial pelajar sekolah kajian juga rendah.

Kepercayaan dengan peranan sosial

Kendall's tau_b (τ_b) ialah 0.164, aras signifikan (*p*) ialah 0.01, kurang daripada 0.01 ($p < 0.01$) ($p = 0.000$) dan bilangan responden bagi pembolehubah kepercayaan dengan peranan sosial ialah 867. Aras signifikan ialah kurang daripada 0.01 ($p < 0.01$), korelasi ini adalah signifikan, oleh itu hipotesis null (tiada perkaitan/*association*) boleh ditolak bahawa terdapat satu pertalian antara kepercayaan dengan peranan sosial pelajar sekolah kajian. Korelasi adalah positif, pelajar sekolah kajian yang mempunyai kepercayaan yang lebih tinggi umumnya mempunyai nilai peranan sosial yang tinggi dan sebaliknya jika kepercayaan pelajar sekolah kajian adalah rendah, nilai peranan sosial pelajar sekolah kajian juga rendah.

Kepercayaan dengan status sosial

Kendall's tau_b (τ_b) ialah 0.220, aras signifikan (*p*) ialah 0.01, kurang daripada 0.01 ($p < 0.01$) ($p = 0.000$) dan bilangan responden bagi pembolehubah kepercayaan dengan status sosial ialah 867. Aras signifikan ialah kurang daripada 0.01 ($p < 0.01$), korelasi ini adalah signifikan, oleh itu hipotesis null (tiada perkaitan/*association*) boleh ditolak bahawa terdapat satu pertalian antara kepercayaan dengan status sosial pelajar sekolah kajian. Korelasi adalah positif, pelajar sekolah kajian yang mempunyai kepercayaan yang lebih tinggi umumnya mempunyai nilai status sosial yang tinggi dan sebaliknya jika kepercayaan pelajar sekolah kajian adalah rendah, nilai status sosial pelajar sekolah kajian juga rendah.

Kepercayaan dengan norma sosial

Kendall's tau_b (τ_b) ialah 0.231, aras signifikan (p) ialah 0.01, kurang daripada 0.01 ($p < 0.01$) ($p = 0.000$) dan bilangan responden bagi pembolehubah kepercayaan dengan norma sosial ialah 867. Aras signifikan ialah kurang daripada 0.01 ($p < 0.01$), korelasi ini adalah signifikan, oleh itu hipotesis null (tiada perkaitan/*association*) boleh ditolak bahawa terdapat satu pertalian antara kepercayaan dengan norma sosial pelajar sekolah kajian. Korelasi adalah positif, pelajar sekolah kajian yang mempunyai kepercayaan yang lebih tinggi umumnya mempunyai nilai norma sosial yang tinggi dan sebaliknya jika kepercayaan pelajar sekolah kajian adalah rendah, nilai norma sosial pelajar sekolah kajian juga rendah.

Kepercayaan dengan entropi sosial

Kendall's tau_b (τ_b) ialah -0.127, aras signifikan (p) ialah 0.01, kurang daripada 0.01 ($p < 0.01$) ($p = 0.000$) dan bilangan responden bagi pembolehubah kepercayaan dengan entropi sosial ialah 867. Aras signifikan ialah kurang daripada 0.01 ($p < 0.01$), korelasi ini adalah signifikan, oleh itu hipotesis null (tiada perkaitan/*association*) boleh ditolak bahawa terdapat satu pertalian antara kepercayaan dengan entropi sosial pelajar sekolah kajian. Korelasi adalah negatif, pelajar sekolah kajian yang mempunyai kepercayaan yang lebih tinggi umumnya mempunyai nilai entropi sosial yang rendah dan sebaliknya jika kepercayaan pelajar sekolah kajian adalah rendah, nilai entropi sosial pelajar sekolah kajian adalah tinggi.

Kepercayaan dengan bentuk modal sosial

Kendall's tau_b (τ_b) ialah 0.150, aras signifikan (p) ialah 0.01, kurang daripada 0.01 ($p < 0.01$) ($p = 0.000$) dan bilangan responden bagi pembolehubah kepercayaan dengan bentuk modal sosial ialah 867. Aras signifikan ialah kurang daripada 0.01 ($p < 0.01$), korelasi ini adalah signifikan, oleh itu hipotesis null (tiada perkaitan/*association*) boleh ditolak bahawa terdapat satu pertalian antara kepercayaan dengan bentuk modal sosial pelajar sekolah kajian. Korelasi adalah positif, pelajar sekolah kajian yang mempunyai kepercayaan yang lebih tinggi umumnya mempunyai nilai bentuk modal sosial yang tinggi dan sebaliknya jika kepercayaan pelajar sekolah kajian adalah rendah, nilai bentuk modal sosial pelajar sekolah kajian juga rendah.

Kepercayaan dengan dimensi modal sosial

Kendall's tau_b (τ_b) ialah 0.258, aras signifikan (p) ialah 0.01, kurang daripada 0.01 ($p < 0.01$) ($p = 0.000$) dan bilangan responden bagi pembolehubah kepercayaan dengan dimensi modal sosial ialah 867. Aras signifikan ialah kurang daripada 0.01 ($p < 0.01$), korelasi ini adalah signifikan, oleh itu hipotesis null (tiada perkaitan/*association*) boleh ditolak bahawa terdapat satu pertalian antara kepercayaan dengan dimensi modal sosial pelajar sekolah kajian. Korelasi adalah positif, pelajar sekolah kajian yang mempunyai kepercayaan yang lebih tinggi umumnya mempunyai nilai dimensi modal sosial yang tinggi dan sebaliknya jika kepercayaan pelajar sekolah kajian adalah rendah, nilai dimensi modal sosial pelajar sekolah kajian juga rendah.

Kepercayaan dengan ikatan kuat

Kendall's tau_b (τ_b) ialah 0.184, aras signifikan (p) ialah 0.01, kurang daripada 0.01 ($p < 0.01$) ($p = 0.000$) dan bilangan responden bagi pembolehubah kepercayaan dengan ikatan kuat ialah 867. Aras signifikan ialah kurang daripada 0.01 ($p < 0.01$), korelasi ini adalah signifikan, oleh itu hipotesis null (tiada perkaitan/*association*) boleh ditolak bahawa terdapat satu pertalian antara kepercayaan dengan ikatan kuat pelajar sekolah kajian. Korelasi adalah positif, pelajar sekolah kajian yang mempunyai kepercayaan yang lebih tinggi umumnya mempunyai nilai ikatan kuat yang tinggi dan sebaliknya jika kepercayaan pelajar sekolah kajian adalah rendah, nilai ikatan kuat pelajar sekolah kajian juga rendah.

Kepercayaan dengan ikatan lemah

Kendall's tau_b (τ_b) ialah 0.208, aras signifikan (*p*) ialah 0.01, kurang daripada 0.01 ($p < 0.01$) ($p = 0.000$) dan bilangan responden bagi pembolehubah kepercayaan dengan ikatan lemah ialah 867. Aras signifikan ialah kurang daripada 0.01 ($p < 0.01$), korelasi ini adalah signifikan, oleh itu hipotesis null (tiada perkaitan/*association*) boleh ditolak bahawa terdapat satu pertalian antara kepercayaan dengan ikatan lemah pelajar sekolah kajian. Korelasi adalah positif, pelajar sekolah kajian yang mempunyai kepercayaan yang lebih tinggi umumnya mempunyai nilai ikatan lemah yang tinggi dan sebaliknya jika kepercayaan pelajar sekolah kajian adalah rendah, nilai ikatan lemah pelajar sekolah kajian juga rendah.

Kepercayaan dengan nod

Kendall's tau_b (τ_b) ialah 0.113, aras signifikan (*p*) ialah 0.01, kurang daripada 0.01 ($p < 0.01$) ($p = 0.000$) dan bilangan responden bagi pembolehubah kepercayaan dengan nod ialah 867. Aras signifikan ialah kurang daripada 0.01 ($p < 0.01$), korelasi ini adalah signifikan, oleh itu hipotesis null (tiada perkaitan/*association*) boleh ditolak bahawa terdapat satu pertalian antara kepercayaan dengan nod pelajar sekolah kajian. Korelasi adalah positif, pelajar sekolah kajian yang mempunyai kepercayaan yang lebih tinggi umumnya mempunyai nilai nod yang tinggi dan sebaliknya jika kepercayaan pelajar sekolah kajian adalah rendah, nilai nod pelajar sekolah kajian juga rendah.

Tindakan kolektif dan kerjasama dengan maklumat dan komunikasi

Kendall's tau_b (τ_b) ialah 0.270, aras signifikan (*p*) ialah 0.01, kurang daripada 0.01 ($p < 0.01$) ($p = 0.000$) dan bilangan responden bagi pembolehubah tindakan kolektif dan kerjasama dengan maklumat dan komunikasi ialah 867. Aras signifikan ialah kurang daripada 0.01 ($p < 0.01$), korelasi ini adalah signifikan, oleh itu hipotesis null (tiada perkaitan/*association*) boleh ditolak bahawa terdapat satu pertalian antara tindakan kolektif dan kerjasama dengan maklumat dan komunikasi pelajar sekolah kajian. Korelasi adalah positif, pelajar sekolah kajian yang mempunyai tindakan kolektif dan kerjasama yang lebih tinggi umumnya mempunyai nilai maklumat dan komunikasi yang tinggi dan sebaliknya jika tindakan kolektif dan kerjasama pelajar sekolah kajian adalah rendah, nilai maklumat dan komunikasi pelajar sekolah kajian juga rendah.

Tindakan kolektif dan kerjasama dengan perpaduan dan penyertaan sosial

Kendall's tau_b (τ_b) ialah 0.294, aras signifikan (*p*) ialah 0.01, kurang daripada 0.01 ($p < 0.01$) ($p = 0.000$) dan bilangan responden bagi pembolehubah tindakan kolektif dan kerjasama dengan perpaduan dan penyertaan sosial ialah 867. Aras signifikan ialah kurang daripada 0.01 ($p < 0.01$), korelasi ini adalah signifikan, oleh itu hipotesis null (tiada perkaitan/*association*) boleh ditolak bahawa terdapat satu pertalian antara tindakan kolektif dan kerjasama dengan perpaduan dan penyertaan sosial pelajar sekolah kajian. Korelasi adalah positif, pelajar sekolah kajian yang mempunyai tindakan kolektif dan kerjasama yang lebih tinggi umumnya mempunyai nilai perpaduan dan penyertaan sosial yang tinggi dan sebaliknya jika tindakan kolektif dan kerjasama pelajar sekolah kajian adalah rendah, nilai perpaduan dan penyertaan sosial pelajar sekolah kajian juga rendah.

Tindakan kolektif dan kerjasama dengan pendayaupayaan

Kendall's tau_b (τ_b) ialah 0.217, aras signifikan (p) ialah 0.01, kurang daripada 0.01 ($p < 0.01$) ($p = 0.000$) dan bilangan responden bagi pembolehubah tindakan kolektif dan kerjasama dengan pendayaupayaan ialah 867. Aras signifikan ialah kurang daripada 0.01 ($p < 0.01$), korelasi ini adalah signifikan, oleh itu hipotesis null (tiada perkaitan/*association*) boleh ditolak bahawa terdapat satu pertalian antara tindakan kolektif dan kerjasama dengan pendayaupayaan pelajar sekolah kajian. Korelasi adalah positif, pelajar sekolah kajian yang mempunyai tindakan kolektif dan kerjasama yang lebih tinggi umumnya mempunyai nilai pendayaupayaan yang tinggi dan sebaliknya jika tindakan kolektif dan kerjasama pelajar sekolah kajian adalah rendah, nilai pendayaupayaan pelajar sekolah kajian juga rendah.

Tindakan kolektif dan kerjasama dengan ikatan sosial

Kendall's tau_b (τ_b) ialah 0.206, aras signifikan (p) ialah 0.01, kurang daripada 0.01 ($p < 0.01$) ($p = 0.000$) dan bilangan responden bagi pembolehubah tindakan kolektif dan kerjasama dengan ikatan sosial ialah 867. Aras signifikan ialah kurang daripada 0.01 ($p < 0.01$), korelasi ini adalah signifikan, oleh itu hipotesis null (tiada perkaitan/*association*) boleh ditolak bahawa terdapat satu pertalian antara tindakan kolektif dan kerjasama dengan ikatan sosial pelajar sekolah kajian. Korelasi adalah positif, pelajar sekolah kajian yang mempunyai tindakan kolektif dan kerjasama yang lebih tinggi umumnya mempunyai nilai ikatan sosial yang tinggi dan sebaliknya jika tindakan kolektif dan kerjasama pelajar sekolah kajian adalah rendah, nilai ikatan sosial pelajar sekolah kajian juga rendah.

Tindakan kolektif dan kerjasama dengan jambatan sosial

Kendall's tau_b (τ_b) ialah 0.033, aras signifikan (p) ialah 0.05, lebih daripada 0.05 ($p > 0.05$) ($p = 0.150$). Hipotesis null tidak boleh ditolak dan tidak ada perkaitan antara tindakan kolektif dan kerjasama dengan jambatan sosial.

Tindakan kolektif dan kerjasama dengan hubungan sosial

Kendall's tau_b (τ_b) ialah 0.057, aras signifikan (p) ialah 0.01, kurang daripada 0.01 ($p < 0.01$) ($p = 0.036$) dan bilangan responden bagi pembolehubah tindakan kolektif dan kerjasama dengan hubungan sosial ialah 867. Aras signifikan ialah kurang daripada 0.01 ($p < 0.01$), korelasi ini adalah signifikan, oleh itu hipotesis null (tiada perkaitan/*association*) boleh ditolak bahawa terdapat satu pertalian antara tindakan kolektif dan kerjasama dengan hubungan sosial pelajar sekolah kajian. Korelasi adalah positif, pelajar sekolah kajian yang mempunyai tindakan kolektif dan kerjasama yang lebih tinggi umumnya mempunyai nilai hubungan sosial yang tinggi dan sebaliknya jika tindakan kolektif dan kerjasama pelajar sekolah kajian adalah rendah, nilai hubungan sosial pelajar sekolah kajian juga rendah.

Tindakan kolektif dan kerjasama dengan interaksi sosial

Kendall's tau_b (τ_b) ialah 0.20, aras signifikan (p) ialah 0.05, lebih daripada 0.05 ($p > 0.05$) ($p = 0.271$). Hipotesis null tidak boleh ditolak dan tidak ada perkaitan antara tindakan kolektif dan kerjasama dengan interaksi sosial.

Tindakan kolektif dan kerjasama dengan agregat sosial

Kendall's tau_b (τ_b) ialah 0.180, aras signifikan (p) ialah 0.01, kurang daripada 0.01 ($p < 0.01$) ($p = 0.000$) dan bilangan responden bagi pembolehubah tindakan kolektif dan kerjasama dengan agregat sosial ialah 867. Aras signifikan ialah kurang daripada 0.01 ($p < 0.01$), korelasi ini adalah signifikan, oleh itu hipotesis null (tiada perkaitan/*association*) boleh ditolak bahawa terdapat satu pertalian antara tindakan kolektif dan kerjasama dengan agregat sosial pelajar sekolah kajian. Korelasi adalah positif, pelajar sekolah kajian yang mempunyai tindakan kolektif dan kerjasama yang lebih tinggi umumnya mempunyai nilai agregat sosial yang tinggi dan sebaliknya jika tindakan kolektif dan kerjasama pelajar sekolah kajian adalah rendah, nilai agregat sosial pelajar sekolah kajian juga rendah.

Tindakan kolektif dan kerjasama dengan peranan sosial

Kendall's tau_b (τ_b) ialah 0.221, aras signifikan (p) ialah 0.01, kurang daripada 0.01 ($p < 0.01$) ($p = 0.000$) dan bilangan responden bagi pembolehubah tindakan kolektif dan kerjasama dengan peranan sosial ialah 867. Aras signifikan ialah kurang daripada 0.01 ($p < 0.01$), korelasi ini adalah signifikan, oleh itu hipotesis null (tiada perkaitan/*association*) boleh ditolak bahawa terdapat satu pertalian antara tindakan kolektif dan kerjasama dengan peranan sosial pelajar sekolah kajian. Korelasi adalah positif, pelajar sekolah kajian yang mempunyai tindakan kolektif dan kerjasama yang lebih tinggi umumnya mempunyai nilai peranan sosial yang tinggi dan sebaliknya jika tindakan kolektif dan kerjasama pelajar sekolah kajian adalah rendah, nilai peranan sosial pelajar sekolah kajian juga rendah.

Tindakan kolektif dan autoriti sosial

Kendall's tau_b (τ_b) ialah 0.267, aras signifikan (p) ialah 0.01, kurang daripada 0.01 ($p < 0.01$) ($p = 0.000$). Korelasi ini adalah signifikan, oleh itu hipotesis null (tiada perkaitan/*association*) boleh ditolak bahawa terdapat satu pertalian antara tindakan kolektif dan kerjasama dengan autoriti sosial pelajar sekolah kajian. Korelasi adalah positif, pelajar sekolah kajian yang mempunyai tindakan kolektif dan kerjasama yang lebih tinggi umumnya mempunyai nilai autoriti sosial yang tinggi dan sebaliknya jika tindakan kolektif dan kerjasama pelajar sekolah kajian adalah rendah, nilai autoriti sosial pelajar sekolah kajian juga rendah.

Tindakan kolektif dan kerjasama dengan status sosial

Kendall's tau_b (τ_b) ialah 0.265, aras signifikan (p) ialah 0.01, kurang daripada 0.01 ($p < 0.01$) ($p = 0.000$) dan bilangan responden bagi pembolehubah tindakan kolektif dan kerjasama dengan status sosial ialah 867. Aras signifikan ialah kurang daripada 0.01 ($p < 0.01$), korelasi ini adalah signifikan, oleh itu hipotesis null (tiada perkaitan/*association*) boleh ditolak bahawa terdapat satu pertalian antara tindakan kolektif dan kerjasama dengan status sosial pelajar sekolah kajian. Korelasi adalah positif, pelajar sekolah kajian yang mempunyai tindakan kolektif dan kerjasama yang lebih tinggi umumnya mempunyai nilai status sosial yang tinggi dan sebaliknya jika tindakan kolektif dan kerjasama pelajar sekolah kajian adalah rendah, nilai status sosial pelajar sekolah kajian juga rendah.

Tindakan kolektif dan kerjasama dengan norma sosial

Kendall's tau_b (τ_b) ialah 0.227, aras signifikan (p) ialah 0.01, kurang daripada 0.01 ($p < 0.01$) ($p = 0.000$) dan bilangan responden bagi pembolehubah tindakan kolektif dan kerjasama dengan norma sosial ialah 867. Aras signifikan ialah kurang daripada 0.01 ($p < 0.01$), korelasi ini adalah signifikan, oleh itu hipotesis null (tiada perkaitan/*association*) boleh ditolak bahawa terdapat satu pertalian antara tindakan kolektif dan kerjasama dengan norma sosial pelajar sekolah kajian. Korelasi adalah positif, pelajar sekolah kajian yang mempunyai tindakan kolektif dan kerjasama yang lebih tinggi umumnya mempunyai nilai norma sosial yang tinggi dan sebaliknya jika tindakan kolektif dan kerjasama pelajar sekolah kajian adalah rendah, nilai norma sosial pelajar sekolah kajian juga rendah.

Tindakan kolektif dan kerjasama dengan entropi sosial

Kendall's tau_b (τ_b) ialah 0.125, aras signifikan (p) ialah 0.01, kurang daripada 0.01 ($p < 0.01$) ($p = 0.000$) dan bilangan responden bagi pembolehubah tindakan kolektif dan kerjasama dengan entropi sosial ialah 867. Aras signifikan ialah kurang daripada 0.01 ($p < 0.01$), korelasi ini adalah signifikan, oleh itu hipotesis null (tiada perkaitan/*association*) boleh ditolak bahawa terdapat satu pertalian antara tindakan kolektif dan kerjasama dengan entropi sosial pelajar sekolah kajian. Korelasi adalah positif, pelajar sekolah kajian yang mempunyai tindakan kolektif dan kerjasama yang lebih tinggi umumnya mempunyai nilai entropi sosial yang tinggi dan sebaliknya jika tindakan kolektif dan kerjasama pelajar sekolah kajian adalah rendah, nilai entropi sosial pelajar sekolah kajian juga rendah.

Tindakan kolektif dan kerjasama dengan bentuk modal sosial

Kendall's tau_b (τ_b) ialah 0.229, aras signifikan (p) ialah 0.01, kurang daripada 0.01 ($p < 0.01$) ($p = 0.000$) dan bilangan responden bagi pembolehubah tindakan kolektif dan kerjasama dengan bentuk modal sosial ialah 867. Aras signifikan ialah kurang daripada 0.01 ($p < 0.01$), korelasi ini adalah signifikan, oleh itu hipotesis null (tiada perkaitan/*association*) boleh ditolak bahawa terdapat satu pertalian antara tindakan kolektif dan kerjasama dengan bentuk modal sosial pelajar sekolah kajian. Korelasi adalah positif, pelajar sekolah kajian yang mempunyai tindakan kolektif dan kerjasama yang lebih tinggi umumnya mempunyai nilai bentuk modal sosial yang tinggi dan sebaliknya jika tindakan kolektif dan kerjasama pelajar sekolah kajian adalah rendah, nilai bentuk modal sosial pelajar sekolah kajian juga rendah.

Tindakan kolektif dan kerjasama dengan dimensi modal sosial

Kendall's tau_b (τ_b) ialah 0.433, aras signifikan (p) ialah 0.01, kurang daripada 0.01 ($p < 0.01$) ($p = 0.000$) dan bilangan responden bagi pembolehubah tindakan kolektif dan kerjasama dengan dimensi modal sosial ialah 867. Aras signifikan ialah kurang daripada 0.01 ($p < 0.01$), korelasi ini adalah signifikan, oleh itu hipotesis null (tiada perkaitan/*association*) boleh ditolak bahawa terdapat satu pertalian antara tindakan kolektif dan kerjasama dengan dimensi modal sosial pelajar sekolah kajian. Korelasi adalah positif, pelajar sekolah kajian yang mempunyai tindakan kolektif dan kerjasama yang lebih tinggi umumnya mempunyai nilai dimensi modal sosial yang tinggi dan sebaliknya jika tindakan kolektif dan kerjasama pelajar sekolah kajian adalah rendah, nilai dimensi modal sosial pelajar sekolah kajian juga rendah.

Tindakan kolektif dan kerjasama dengan ikatan kuat

Kendall's tau_b (τ_b) ialah 0.210, aras signifikan (p) ialah 0.01, kurang daripada 0.01 ($p < 0.01$) ($p = 0.000$) dan bilangan responden bagi pembolehubah tindakan kolektif dan kerjasama dengan ikatan kuat ialah 867. Aras signifikan ialah kurang daripada 0.01 ($p < 0.01$), korelasi ini adalah signifikan, oleh itu hipotesis null (tiada perkaitan/*association*) boleh ditolak bahawa terdapat satu pertalian antara tindakan kolektif dan kerjasama dengan ikatan kuat pelajar sekolah kajian. Korelasi adalah positif, pelajar sekolah kajian yang mempunyai tindakan kolektif dan kerjasama yang lebih tinggi umumnya mempunyai nilai ikatan kuat yang tinggi dan sebaliknya jika tindakan kolektif dan kerjasama pelajar sekolah kajian adalah rendah, nilai ikatan kuat pelajar sekolah kajian juga rendah.

Tindakan kolektif dan kerjasama dengan ikatan lemah

Kendall's tau_b (τ_b) ialah 0.278, aras signifikan (p) ialah 0.01, kurang daripada 0.01 ($p < 0.01$) ($p = 0.000$) dan bilangan responden bagi pembolehubah tindakan kolektif dan kerjasama dengan ikatan lemah ialah 867. Aras signifikan ialah kurang daripada 0.01 ($p < 0.01$), korelasi ini adalah signifikan, oleh itu hipotesis null (tiada perkaitan/*association*) boleh ditolak bahawa terdapat satu pertalian antara tindakan kolektif dan kerjasama dengan ikatan lemah pelajar sekolah kajian. Korelasi adalah positif, pelajar sekolah kajian yang mempunyai tindakan kolektif dan kerjasama yang lebih tinggi umumnya mempunyai nilai ikatan lemah yang tinggi dan sebaliknya jika tindakan kolektif dan kerjasama pelajar sekolah kajian adalah rendah, nilai ikatan lemah pelajar sekolah kajian juga rendah.

Tindakan kolektif dan kerjasama dengan nod

Kendall's tau_b (τ_b) ialah 0.237, aras signifikan (p) ialah 0.01, kurang daripada 0.01 ($p < 0.01$) ($p = 0.000$) dan bilangan responden bagi pembolehubah tindakan kolektif dan kerjasama dengan nod ialah 867. Aras signifikan ialah kurang daripada 0.01 ($p < 0.01$), korelasi ini adalah signifikan, oleh itu hipotesis null (tiada perkaitan/*association*) boleh ditolak bahawa terdapat satu pertalian antara tindakan kolektif dan kerjasama dengan nod pelajar sekolah kajian. Korelasi adalah positif, pelajar sekolah kajian yang mempunyai tindakan kolektif dan kerjasama yang lebih tinggi umumnya mempunyai nilai nod yang tinggi dan sebaliknya jika tindakan kolektif dan kerjasama pelajar sekolah kajian adalah rendah, nilai nod pelajar sekolah kajian juga rendah.

Maklumat dan komunikasi dengan perpaduan dan penyertaan sosial

Kendall's tau_b (τ_b) ialah 0.282, aras signifikan (p) ialah 0.01, kurang daripada 0.01 ($p < 0.01$) ($p = 0.000$) dan bilangan responden bagi pembolehubah maklumat dan komunikasi dengan perpaduan dan penyertaan sosial ialah 867. Aras signifikan ialah kurang daripada 0.01 ($p < 0.01$), korelasi ini adalah signifikan, oleh itu hipotesis null (tiada perkaitan/*association*) boleh ditolak bahawa terdapat satu pertalian antara maklumat dan komunikasi dengan perpaduan dan penyertaan sosial pelajar sekolah kajian. Korelasi adalah positif, pelajar sekolah kajian yang mempunyai maklumat dan komunikasi yang lebih tinggi umumnya mempunyai nilai perpaduan dan penyertaan sosial yang tinggi dan sebaliknya jika maklumat dan komunikasi pelajar sekolah kajian adalah rendah, nilai perpaduan dan penyertaan sosial pelajar sekolah kajian juga rendah.

Maklumat dan komunikasi dengan pendayaupayaan

Kendall's tau_b (τ_b) ialah 0.336, aras signifikan (p) ialah 0.01, kurang daripada 0.01 ($p < 0.01$) ($p = 0.000$) dan bilangan responden bagi pembolehubah maklumat dan komunikasi dengan pendayaupayaan ialah 867. Aras signifikan ialah kurang daripada 0.01 ($p < 0.01$), korelasi ini adalah signifikan, oleh itu hipotesis null (tiada perkaitan/*association*) boleh ditolak bahawa terdapat satu pertalian antara maklumat dan komunikasi dengan pendayaupayaan pelajar sekolah kajian. Korelasi adalah positif, pelajar sekolah kajian yang mempunyai maklumat dan komunikasi yang lebih tinggi umumnya mempunyai nilai pendayaupayaan yang tinggi dan sebaliknya jika maklumat dan komunikasi pelajar sekolah kajian adalah rendah, nilai pendayaupayaan pelajar sekolah kajian juga rendah.

Maklumat dan komunikasi dengan ikatan sosial

Kendall's tau_b (τ_b) ialah 0.336, aras signifikan (p) ialah 0.01, kurang daripada 0.01 ($p < 0.01$) ($p = 0.000$) dan bilangan responden bagi pembolehubah maklumat dan komunikasi dengan ikatan sosial ialah 867. Aras signifikan ialah kurang daripada 0.01 ($p < 0.01$), korelasi ini adalah signifikan, oleh itu hipotesis null (tiada perkaitan/*association*) boleh ditolak bahawa terdapat satu pertalian antara maklumat dan komunikasi dengan ikatan sosial pelajar sekolah kajian. Korelasi adalah positif, pelajar sekolah kajian yang mempunyai maklumat dan komunikasi yang lebih tinggi umumnya mempunyai nilai ikatan sosial yang tinggi dan sebaliknya jika maklumat dan komunikasi pelajar sekolah kajian adalah rendah, nilai ikatan sosial pelajar sekolah kajian juga rendah.

Maklumat dan komunikasi dengan jambatan sosial

Kendall's tau_b (τ_b) ialah 0.139, aras signifikan (p) ialah 0.01, kurang daripada 0.01 ($p < 0.01$) ($p = 0.000$) dan bilangan responden bagi pembolehubah maklumat dan komunikasi dengan jambatan sosial ialah 867. Aras signifikan ialah kurang daripada 0.01 ($p < 0.01$), korelasi ini adalah signifikan, oleh itu hipotesis null (tiada perkaitan/*association*) boleh ditolak bahawa terdapat satu pertalian antara maklumat dan komunikasi dengan jambatan sosial pelajar sekolah kajian. Korelasi adalah positif, pelajar sekolah kajian yang mempunyai maklumat dan komunikasi yang lebih tinggi umumnya mempunyai nilai jambatan sosial yang tinggi dan sebaliknya jika maklumat dan komunikasi pelajar sekolah kajian adalah rendah, nilai jambatan sosial pelajar sekolah kajian juga rendah.

Maklumat dan komunikasi dengan hubungan sosial

Kendall's tau_b (τ_b) ialah 0.171, aras signifikan (p) ialah 0.01, kurang daripada 0.01 ($p < 0.01$) ($p = 0.000$) dan bilangan responden bagi pembolehubah maklumat dan komunikasi dengan hubungan sosial ialah 867. Aras signifikan ialah kurang daripada 0.01 ($p < 0.01$), korelasi ini adalah signifikan, oleh itu hipotesis null (tiada perkaitan/*association*) boleh ditolak bahawa terdapat satu pertalian antara maklumat dan komunikasi dengan hubungan sosial pelajar sekolah kajian. Korelasi adalah positif, pelajar sekolah kajian yang mempunyai maklumat dan komunikasi yang lebih tinggi umumnya mempunyai nilai hubungan sosial yang tinggi dan sebaliknya jika maklumat dan komunikasi pelajar sekolah kajian adalah rendah, nilai hubungan sosial pelajar sekolah kajian juga rendah.

Maklumat dan komunikasi dengan interaksi sosial

Kendall's tau_b (τ_b) ialah 0.047, aras signifikan (p) ialah 0.05, lebih daripada 0.05 ($p > 0.05$) ($p = 0.271$) dan bilangan responden bagi pembolehubah maklumat dan komunikasi dengan interaksi sosial ialah 867. Hipotesis null tidak boleh ditolak dan tidak ada perkaitan antara maklumat dan komunikasi dengan interaksi sosial.

Maklumat dan komunikasi dengan agregat sosial

Kendall's tau_b (τ_b) ialah 0.261, aras signifikan (p) ialah 0.01, kurang daripada 0.01 ($p < 0.01$) ($p = 0.000$). Korelasi ini adalah signifikan, oleh itu hipotesis null (tiada perkaitan/*association*) boleh ditolak bahawa terdapat satu pertalian antara maklumat dan komunikasi dengan agregat sosial pelajar sekolah kajian. Korelasi adalah positif, pelajar sekolah kajian yang mempunyai maklumat dan komunikasi yang lebih tinggi umumnya mempunyai nilai agregat sosial yang tinggi dan sebaliknya jika maklumat dan komunikasi pelajar sekolah kajian adalah rendah, nilai agregat sosial pelajar sekolah kajian juga rendah.

Maklumat dan komunikasi dengan autoriti sosial

Kendall's tau_b (τ_b) ialah 0.246, aras signifikan (*p*) ialah 0.01, kurang daripada 0.01 ($p < 0.01$) ($p = 0.000$) dan bilangan responden bagi pembolehubah maklumat dan komunikasi dengan autoriti sosial ialah 867. Aras signifikan ialah kurang daripada 0.01 ($p < 0.01$), korelasi ini adalah signifikan, oleh itu hipotesis null (tiada perkaitan/*association*) boleh ditolak bahawa terdapat satu pertalian antara maklumat dan komunikasi dengan autoriti sosial pelajar sekolah kajian. Korelasi adalah positif, pelajar sekolah kajian yang mempunyai maklumat dan komunikasi yang lebih tinggi umumnya mempunyai nilai autoriti sosial yang tinggi dan sebaliknya jika maklumat dan komunikasi pelajar sekolah kajian adalah rendah, nilai autoriti sosial pelajar sekolah kajian juga rendah.

Maklumat dan komunikasi dengan peranan sosial

Kendall's tau_b (τ_b) ialah 0.221, aras signifikan (*p*) ialah 0.01, kurang daripada 0.01 ($p < 0.01$) ($p = 0.000$) dan bilangan responden bagi pembolehubah maklumat dan komunikasi dengan peranan sosial ialah 867. Aras signifikan ialah kurang daripada 0.01 ($p < 0.01$), korelasi ini adalah signifikan, oleh itu hipotesis null (tiada perkaitan/*association*) boleh ditolak bahawa terdapat satu pertalian antara maklumat dan komunikasi dengan peranan sosial pelajar sekolah kajian. Korelasi adalah positif, pelajar sekolah kajian yang mempunyai maklumat dan komunikasi yang lebih tinggi umumnya mempunyai nilai peranan sosial yang tinggi dan sebaliknya jika maklumat dan komunikasi pelajar sekolah kajian adalah rendah, nilai peranan sosial pelajar sekolah kajian juga rendah.

Maklumat dan komunikasi dengan status sosial

Kendall's tau_b (τ_b) ialah 0.229, aras signifikan (*p*) ialah 0.01, kurang daripada 0.01 ($p < 0.01$) ($p = 0.000$) dan bilangan responden bagi pembolehubah maklumat dan komunikasi dengan status sosial ialah 867. Aras signifikan ialah kurang daripada 0.01 ($p < 0.01$), korelasi ini adalah signifikan, oleh itu hipotesis null (tiada perkaitan/*association*) boleh ditolak bahawa terdapat satu pertalian antara maklumat dan komunikasi dengan status sosial pelajar sekolah kajian. Korelasi adalah positif, pelajar sekolah kajian yang mempunyai maklumat dan komunikasi yang lebih tinggi umumnya mempunyai nilai status sosial yang tinggi dan sebaliknya jika maklumat dan komunikasi pelajar sekolah kajian adalah rendah, nilai status sosial pelajar sekolah kajian juga rendah.

Maklumat dan komunikasi dengan norma sosial

Kendall's tau_b (τ_b) ialah 0.303, aras signifikan (*p*) ialah 0.01, kurang daripada 0.01 ($p < 0.01$) ($p = 0.000$) dan bilangan responden bagi pembolehubah maklumat dan komunikasi dengan norma sosial ialah 867. Aras signifikan ialah kurang daripada 0.01 ($p < 0.01$), korelasi ini adalah signifikan, oleh itu hipotesis null (tiada perkaitan/*association*) boleh ditolak bahawa terdapat satu pertalian antara maklumat dan komunikasi dengan norma sosial pelajar sekolah kajian. Korelasi adalah positif, pelajar sekolah kajian yang mempunyai maklumat dan komunikasi yang lebih tinggi umumnya mempunyai nilai norma sosial yang tinggi dan sebaliknya jika maklumat dan komunikasi pelajar sekolah kajian adalah rendah, nilai norma sosial pelajar sekolah kajian juga rendah.

Maklumat dan komunikasi dengan entropi sosial

Kendall's tau_b (τ_b) ialah -0.008, aras signifikan (*p*) ialah 0.05, lebih daripada 0.05 ($p > 0.05$) ($p = 0.271$) dan bilangan responden bagi pembolehubah maklumat dan komunikasi dengan entropi sosial ialah 867. Hipotesis null tidak boleh ditolak dan tidak ada perkaitan antara maklumat dan komunikasi dengan entropi sosial.

Maklumat dan komunikasi dengan bentuk modal sosial

Kendall's tau_b (τ_b) ialah 0.284, aras signifikan (*p*) ialah 0.01, kurang daripada 0.01 ($p < 0.01$) ($p = 0.000$) dan bilangan responden bagi pembolehubah maklumat dan komunikasi dengan bentuk modal sosial ialah 867. Aras signifikan ialah kurang daripada 0.01 ($p < 0.01$), korelasi ini adalah signifikan, oleh itu hipotesis null (tiada perkaitan/*association*) boleh ditolak bahawa terdapat satu pertalian antara maklumat dan komunikasi dengan bentuk modal sosial pelajar sekolah kajian. Korelasi adalah positif, pelajar sekolah kajian yang mempunyai maklumat dan komunikasi yang lebih tinggi umumnya mempunyai nilai bentuk modal sosial yang tinggi dan sebaliknya jika maklumat dan komunikasi pelajar sekolah kajian adalah rendah, nilai bentuk modal sosial pelajar sekolah kajian juga rendah.

Maklumat dan komunikasi dengan dimensi modal sosial

Kendall's tau_b (τ_b) ialah 0.537, aras signifikan (*p*) ialah 0.01, kurang daripada 0.01 ($p < 0.01$) ($p = 0.000$) dan bilangan responden bagi pembolehubah maklumat dan komunikasi dengan dimensi modal sosial ialah 867. Aras signifikan ialah kurang daripada 0.01 ($p < 0.01$), korelasi ini adalah signifikan, oleh itu hipotesis null (tiada perkaitan/*association*) boleh ditolak bahawa terdapat satu pertalian antara maklumat dan komunikasi dengan dimensi modal sosial pelajar sekolah kajian. Korelasi adalah positif, pelajar sekolah kajian yang mempunyai maklumat dan komunikasi yang lebih tinggi umumnya mempunyai nilai dimensi modal sosial yang tinggi dan sebaliknya jika maklumat dan komunikasi pelajar sekolah kajian adalah rendah, nilai dimensi modal sosial pelajar sekolah kajian juga rendah.

Maklumat dan komunikasi dengan ikatan kuat

Kendall's tau_b (τ_b) ialah 0.357, aras signifikan (*p*) ialah 0.01, kurang daripada 0.01 ($p < 0.01$) ($p = 0.000$) dan bilangan responden bagi pembolehubah maklumat dan komunikasi dengan ikatan kuat ialah 867. Aras signifikan ialah kurang daripada 0.01 ($p < 0.01$), korelasi ini adalah signifikan, oleh itu hipotesis null (tiada perkaitan/*association*) boleh ditolak bahawa terdapat satu pertalian antara maklumat dan komunikasi dengan ikatan kuat pelajar sekolah kajian. Korelasi adalah positif, pelajar sekolah kajian yang mempunyai maklumat dan komunikasi yang lebih tinggi umumnya mempunyai nilai ikatan kuat yang tinggi dan sebaliknya jika maklumat dan komunikasi pelajar sekolah kajian adalah rendah, nilai ikatan kuat pelajar sekolah kajian juga rendah.

Maklumat dan komunikasi dengan ikatan lemah

Kendall's tau_b (τ_b) ialah 0.482, aras signifikan (*p*) ialah 0.01, kurang daripada 0.01 ($p < 0.01$) ($p = 0.000$) dan bilangan responden bagi pembolehubah maklumat dan komunikasi dengan ikatan lemah ialah 867. Aras signifikan ialah kurang daripada 0.01 ($p < 0.01$), korelasi ini adalah signifikan, oleh itu hipotesis null (tiada perkaitan/*association*) boleh ditolak bahawa terdapat satu pertalian antara maklumat dan komunikasi dengan ikatan lemah pelajar sekolah kajian. Korelasi adalah positif, pelajar sekolah kajian yang mempunyai maklumat dan komunikasi yang lebih tinggi umumnya mempunyai nilai ikatan lemah yang tinggi dan sebaliknya jika maklumat dan komunikasi pelajar sekolah kajian adalah rendah, nilai ikatan lemah pelajar sekolah kajian juga rendah.

Maklumat dan komunikasi dengan nod

Kendall's tau_b (τ_b) ialah 0.218, aras signifikan (p) ialah 0.01, kurang daripada 0.01 ($p < 0.01$) ($p = 0.000$) dan bilangan responden bagi pembolehubah maklumat dan komunikasi dengan nod ialah 867. Aras signifikan ialah kurang daripada 0.01 ($p < 0.01$), korelasi ini adalah signifikan, oleh itu hipotesis null (tiada perkaitan/*association*) boleh ditolak bahawa terdapat satu pertalian antara maklumat dan komunikasi dengan nod pelajar sekolah kajian. Korelasi adalah positif, pelajar sekolah kajian yang mempunyai maklumat dan komunikasi yang lebih tinggi umumnya mempunyai nilai nod yang tinggi dan sebaliknya jika maklumat dan komunikasi pelajar sekolah kajian adalah rendah, nilai nod pelajar sekolah kajian juga rendah.

Perpaduan dan penyertaan sosial dengan pendayaupayaan

Kendall's tau_b (τ_b) ialah 0.201, aras signifikan (p) ialah 0.01, kurang daripada 0.01 ($p < 0.01$) ($p = 0.000$) dan bilangan responden bagi pembolehubah perpaduan dan penyertaan sosial dengan pendayaupayaan ialah 867. Aras signifikan ialah kurang daripada 0.01 ($p < 0.01$), korelasi ini adalah signifikan, oleh itu hipotesis null (tiada perkaitan/*association*) boleh ditolak bahawa terdapat satu pertalian antara perpaduan dan penyertaan sosial dengan pendayaupayaan pelajar sekolah kajian. Korelasi adalah positif, pelajar sekolah kajian yang mempunyai perpaduan dan penyertaan sosial yang lebih tinggi umumnya mempunyai nilai pendayaupayaan yang tinggi dan sebaliknya jika perpaduan dan penyertaan sosial pelajar sekolah kajian adalah rendah, nilai pendayaupayaan pelajar sekolah kajian juga rendah.

Perpaduan dan penyertaan sosial dengan ikatan sosial

Kendall's tau_b (τ_b) ialah 0.231, aras signifikan (p) ialah 0.01, kurang daripada 0.01 ($p < 0.01$) ($p = 0.000$) dan bilangan responden bagi pembolehubah perpaduan dan penyertaan sosial dengan ikatan sosial ialah 867. Aras signifikan ialah kurang daripada 0.01 ($p < 0.01$), korelasi ini adalah signifikan, oleh itu hipotesis null (tiada perkaitan/*association*) boleh ditolak bahawa terdapat satu pertalian antara perpaduan dan penyertaan sosial dengan ikatan sosial pelajar sekolah kajian. Korelasi adalah positif, pelajar sekolah kajian yang mempunyai perpaduan dan penyertaan sosial yang lebih tinggi umumnya mempunyai nilai ikatan sosial yang tinggi dan sebaliknya jika perpaduan dan penyertaan sosial pelajar sekolah kajian adalah rendah, nilai ikatan sosial pelajar sekolah kajian juga rendah.

Perpaduan dan penyertaan sosial dengan jambatan sosial

Kendall's tau_b (τ_b) ialah 0.218, aras signifikan (p) ialah 0.01, kurang daripada 0.01 ($p < 0.01$) ($p = 0.000$) dan bilangan responden bagi pembolehubah perpaduan dan penyertaan sosial dengan jambatan sosial ialah 867. Aras signifikan ialah kurang daripada 0.01 ($p < 0.01$), korelasi ini adalah signifikan, oleh itu hipotesis null (tiada perkaitan/*association*) boleh ditolak bahawa terdapat satu pertalian antara perpaduan dan penyertaan sosial dengan jambatan sosial pelajar sekolah kajian. Korelasi adalah positif, pelajar sekolah kajian yang mempunyai perpaduan dan penyertaan sosial yang lebih tinggi umumnya mempunyai nilai jambatan sosial yang tinggi dan sebaliknya jika perpaduan dan penyertaan sosial pelajar sekolah kajian adalah rendah, nilai jambatan sosial pelajar sekolah kajian juga rendah.

Perpaduan dan penyertaan sosial dengan hubungan sosial

Kendall's tau_b (τ_b) ialah 0.148, aras signifikan (p) ialah 0.01, kurang daripada 0.01 ($p < 0.01$) ($p = 0.000$) dan bilangan responden bagi pembolehubah perpaduan dan penyertaan sosial dengan hubungan sosial ialah 867. Aras signifikan ialah kurang daripada 0.01 ($p < 0.01$), korelasi ini adalah signifikan, oleh itu hipotesis null (tiada perkaitan/*association*) boleh ditolak bahawa terdapat satu pertalian antara perpaduan dan penyertaan sosial dengan hubungan sosial pelajar sekolah kajian. Korelasi adalah positif, pelajar sekolah kajian yang mempunyai perpaduan dan penyertaan sosial yang lebih tinggi umumnya mempunyai nilai hubungan sosial yang tinggi dan sebaliknya jika perpaduan dan penyertaan sosial pelajar sekolah kajian adalah rendah, nilai hubungan sosial pelajar sekolah kajian juga rendah.

Perpaduan dan penyertaan sosial dengan interaksi sosial

Kendall's tau_b (τ_b) ialah 0.024, aras signifikan (p) ialah 0.05, lebih daripada 0.05 ($p > 0.05$) ($p = 0.236$) dan bilangan responden bagi pembolehubah perpaduan dan penyertaan sosial dengan interaksi sosial ialah 867. Hipotesis null tidak boleh ditolak dan tidak ada perkaitan antara perpaduan dan penyertaan sosial dengan interaksi sosial.

Perpaduan dan penyertaan sosial dengan agregat sosial

Kendall's tau_b (τ_b) ialah 0.201, aras signifikan (p) ialah 0.01, kurang daripada 0.01 ($p < 0.01$) ($p = 0.000$) dan bilangan responden bagi pembolehubah perpaduan dan penyertaan sosial dengan agregat sosial ialah 867. Aras signifikan ialah kurang daripada 0.01 ($p < 0.01$), korelasi ini adalah signifikan, oleh itu hipotesis null (tiada perkaitan/*association*) boleh ditolak bahawa terdapat satu pertalian antara perpaduan dan penyertaan sosial dengan agregat sosial pelajar sekolah kajian. Korelasi adalah positif, pelajar sekolah kajian yang mempunyai perpaduan dan penyertaan sosial yang lebih tinggi umumnya mempunyai nilai agregat sosial yang tinggi dan sebaliknya jika perpaduan dan penyertaan sosial pelajar sekolah kajian adalah rendah, nilai agregat sosial pelajar sekolah kajian juga rendah.

Perpaduan dan penyertaan sosial dengan autoriti sosial

Kendall's tau_b (τ_b) ialah 0.286, aras signifikan (p) ialah 0.01, kurang daripada 0.01 ($p < 0.01$) ($p = 0.000$) dan bilangan responden bagi pembolehubah perpaduan dan penyertaan sosial dengan autoriti sosial ialah 867. Aras signifikan ialah kurang daripada 0.01 ($p < 0.01$), korelasi ini adalah signifikan, oleh itu hipotesis null (tiada perkaitan/*association*) boleh ditolak bahawa terdapat satu pertalian antara perpaduan dan penyertaan sosial dengan autoriti sosial pelajar sekolah kajian. Korelasi adalah positif, pelajar sekolah kajian yang mempunyai perpaduan dan penyertaan sosial yang lebih tinggi umumnya mempunyai nilai autoriti sosial yang tinggi dan sebaliknya jika perpaduan dan penyertaan sosial pelajar sekolah kajian adalah rendah, nilai autoriti sosial pelajar sekolah kajian juga rendah.

Perpaduan dan penyertaan sosial dengan peranan sosial

Kendall's tau_b (τ_b) ialah 0.235, aras signifikan (p) ialah 0.01, kurang daripada 0.01 ($p < 0.01$) ($p = 0.000$) dan bilangan responden bagi pembolehubah perpaduan dan penyertaan sosial dengan peranan sosial ialah 867. Aras signifikan ialah kurang daripada 0.01 ($p < 0.01$), korelasi ini adalah signifikan, oleh itu hipotesis null (tiada perkaitan/*association*) boleh ditolak bahawa terdapat satu pertalian antara perpaduan dan penyertaan sosial dengan peranan sosial pelajar sekolah kajian. Korelasi adalah positif, pelajar sekolah kajian yang mempunyai perpaduan dan penyertaan sosial yang lebih tinggi umumnya mempunyai nilai peranan sosial yang tinggi dan sebaliknya jika perpaduan dan penyertaan sosial pelajar sekolah kajian adalah rendah, nilai peranan sosial pelajar sekolah kajian juga rendah.

Perpaduan dan penyertaan sosial dengan status sosial

Kendall's tau_b (τ_b) ialah 0.231, aras signifikan (p) ialah 0.01, kurang daripada 0.01 ($p < 0.01$) ($p = 0.000$) dan bilangan responden bagi pembolehubah perpaduan dan penyertaan sosial dengan status sosial ialah 867. Aras signifikan ialah kurang daripada 0.01 ($p < 0.01$), korelasi ini adalah signifikan, oleh itu hipotesis null (tiada perkaitan/*association*) boleh ditolak bahawa terdapat satu pertalian antara perpaduan dan penyertaan sosial dengan status sosial pelajar sekolah kajian. Korelasi adalah positif, pelajar sekolah kajian yang mempunyai perpaduan dan penyertaan sosial yang lebih tinggi umumnya mempunyai nilai status sosial yang tinggi dan sebaliknya jika perpaduan dan penyertaan sosial pelajar sekolah kajian adalah rendah, nilai status sosial pelajar sekolah kajian juga rendah.

Perpaduan dan penyertaan sosial dengan norma sosial

Kendall's tau_b (τ_b) ialah 0.220, aras signifikan (p) ialah 0.01, kurang daripada 0.01 ($p < 0.01$) (p = 0.000) dan bilangan responden bagi pembolehubah perpaduan dan penyertaan sosial dengan norma sosial ialah 867. Aras signifikan ialah kurang daripada 0.01 ($p < 0.01$), korelasi ini adalah signifikan, oleh itu hipotesis null (tiada perkaitan/*association*) boleh ditolak bahawa terdapat satu pertalian antara perpaduan dan penyertaan sosial dengan norma sosial pelajar sekolah kajian. Korelasi adalah positif, pelajar sekolah kajian yang mempunyai perpaduan dan penyertaan sosial yang lebih tinggi umumnya mempunyai nilai norma sosial yang tinggi dan sebaliknya jika perpaduan dan penyertaan sosial pelajar sekolah kajian adalah rendah, nilai norma sosial pelajar sekolah kajian juga rendah.

Perpaduan dan penyertaan sosial dengan entropi sosial

Kendall's tau_b (τ_b) ialah 0.122, aras signifikan (p) ialah 0.01, kurang daripada 0.01 ($p < 0.01$) (p = 0.000) dan bilangan responden bagi pembolehubah perpaduan dan penyertaan sosial dengan entropi sosial ialah 867. Aras signifikan ialah kurang daripada 0.01 ($p < 0.01$), korelasi ini adalah signifikan, oleh itu hipotesis null (tiada perkaitan/*association*) boleh ditolak bahawa terdapat satu pertalian antara perpaduan dan penyertaan sosial dengan entropi sosial pelajar sekolah kajian. Korelasi adalah positif, pelajar sekolah kajian yang mempunyai perpaduan dan penyertaan sosial yang lebih tinggi umumnya mempunyai nilai entropi sosial yang tinggi dan sebaliknya jika perpaduan dan penyertaan sosial pelajar sekolah kajian adalah rendah, nilai entropi sosial pelajar sekolah kajian juga rendah.

Perpaduan dan penyertaan sosial dengan bentuk modal sosial

Kendall's tau_b (τ_b) ialah 0.256, aras signifikan (p) ialah 0.01, kurang daripada 0.01 ($p < 0.01$) (p = 0.000) dan bilangan responden bagi pembolehubah perpaduan dan penyertaan sosial dengan bentuk modal sosial ialah 867. Aras signifikan ialah kurang daripada 0.01 ($p < 0.01$), korelasi ini adalah signifikan, oleh itu hipotesis null (tiada perkaitan/*association*) boleh ditolak bahawa terdapat satu pertalian antara perpaduan dan penyertaan sosial dengan bentuk modal sosial pelajar sekolah kajian. Korelasi adalah positif, pelajar sekolah kajian yang mempunyai perpaduan dan penyertaan sosial yang lebih tinggi umumnya mempunyai nilai bentuk modal sosial yang tinggi dan sebaliknya jika perpaduan dan penyertaan sosial pelajar sekolah kajian adalah rendah, nilai bentuk modal sosial pelajar sekolah kajian juga rendah.

Perpaduan dan penyertaan sosial dengan dimensi modal sosial

Kendall's tau_b (τ_b) ialah 0.478, aras signifikan (p) ialah 0.01, kurang daripada 0.01 ($p < 0.01$) (p = 0.000) dan bilangan responden bagi pembolehubah perpaduan dan penyertaan sosial dengan dimensi modal sosial ialah 867. Aras signifikan ialah kurang daripada 0.01 ($p < 0.01$), korelasi ini adalah signifikan, oleh itu hipotesis null (tiada perkaitan/*association*) boleh ditolak bahawa terdapat satu pertalian antara perpaduan dan penyertaan sosial dengan dimensi modal sosial pelajar sekolah kajian. Korelasi adalah positif, pelajar sekolah kajian yang mempunyai perpaduan dan penyertaan sosial yang lebih tinggi umumnya mempunyai nilai dimensi modal sosial yang tinggi dan sebaliknya jika perpaduan dan penyertaan sosial pelajar sekolah kajian adalah rendah, nilai dimensi modal sosial pelajar sekolah kajian juga rendah.

Perpaduan dan penyertaan sosial dengan ikatan kuat

Kendall's tau_b (τ_b) ialah 0.216, aras signifikan (*p*) ialah 0.01, kurang daripada 0.01 ($p < 0.01$) ($p = 0.000$) dan bilangan responden bagi pembolehubah perpaduan dan penyertaan sosial dengan ikatan kuat ialah 867. Aras signifikan ialah kurang daripada 0.01 ($p < 0.01$), korelasi ini adalah signifikan, oleh itu hipotesis null (tiada perkaitan/*association*) boleh ditolak bahawa terdapat satu pertalian antara perpaduan dan penyertaan sosial dengan ikatan kuat pelajar sekolah kajian. Korelasi adalah positif, pelajar sekolah kajian yang mempunyai perpaduan dan penyertaan sosial yang lebih tinggi umumnya mempunyai nilai ikatan kuat yang tinggi dan sebaliknya jika perpaduan dan penyertaan sosial pelajar sekolah kajian adalah rendah, nilai ikatan kuat pelajar sekolah kajian juga rendah.

Perpaduan dan penyertaan sosial dengan ikatan lemah

Kendall's tau_b (τ_b) ialah 0.216, aras signifikan (*p*) ialah 0.01, kurang daripada 0.01 ($p < 0.01$) ($p = 0.000$) dan bilangan responden bagi pembolehubah perpaduan dan penyertaan sosial dengan ikatan lemah ialah 867. Aras signifikan ialah kurang daripada 0.01 ($p < 0.01$), korelasi ini adalah signifikan, oleh itu hipotesis null (tiada perkaitan/*association*) boleh ditolak bahawa terdapat satu pertalian antara perpaduan dan penyertaan sosial dengan ikatan lemah pelajar sekolah kajian. Korelasi adalah positif, pelajar sekolah kajian yang mempunyai perpaduan dan penyertaan sosial yang lebih tinggi umumnya mempunyai nilai ikatan lemah yang tinggi dan sebaliknya jika perpaduan dan penyertaan sosial pelajar sekolah kajian adalah rendah, nilai ikatan lemah pelajar sekolah kajian juga rendah.

Perpaduan dan penyertaan sosial dengan nod

Kendall's tau_b (τ_b) ialah 0.274, aras signifikan (*p*) ialah 0.01, kurang daripada 0.01 ($p < 0.01$) ($p = 0.000$) dan bilangan responden bagi pembolehubah perpaduan dan penyertaan sosial dengan nod ialah 867. Aras signifikan ialah kurang daripada 0.01 ($p < 0.01$), korelasi ini adalah signifikan, oleh itu hipotesis null (tiada perkaitan/*association*) boleh ditolak bahawa terdapat satu pertalian antara perpaduan dan penyertaan sosial dengan nod pelajar sekolah kajian. Korelasi adalah positif, pelajar sekolah kajian yang mempunyai perpaduan dan penyertaan sosial yang lebih tinggi umumnya mempunyai nilai nod yang tinggi dan sebaliknya jika perpaduan dan penyertaan sosial pelajar sekolah kajian adalah rendah, nilai nod pelajar sekolah kajian juga rendah.

Pendayaupayaan dengan ikatan sosial

Kendall's tau_b (τ_b) ialah 0.163, aras signifikan (*p*) ialah 0.01, kurang daripada 0.01 ($p < 0.01$) ($p = 0.000$) dan bilangan responden bagi pembolehubah pendayaupayaan dengan ikatan sosial ialah 867. Aras signifikan ialah kurang daripada 0.01 ($p < 0.01$), korelasi ini adalah signifikan, oleh itu hipotesis null (tiada perkaitan/*association*) boleh ditolak bahawa terdapat satu pertalian antara pendayaupayaan dengan ikatan sosial pelajar sekolah kajian. Korelasi adalah positif, pelajar sekolah kajian yang mempunyai pendayaupayaan yang lebih tinggi umumnya mempunyai nilai ikatan sosial yang tinggi dan sebaliknya jika pendayaupayaan pelajar sekolah kajian adalah rendah, nilai ikatan sosial pelajar sekolah kajian juga rendah.

Pendayaupayaan dengan jambatan sosial

Kendall's tau_b (τ_b) ialah 0.175, aras signifikan (p) ialah 0.01, kurang daripada 0.01 ($p < 0.01$) ($p = 0.000$) dan bilangan responden bagi pembolehubah pendayaupayaan dengan jambatan sosial ialah 867. Aras signifikan ialah kurang daripada 0.01 ($p < 0.01$), korelasi ini adalah signifikan, oleh itu hipotesis null (tiada perkaitan/*association*) boleh ditolak bahawa terdapat satu pertalian antara pendayaupayaan dengan jambatan sosial pelajar sekolah kajian. Korelasi adalah positif, pelajar sekolah kajian yang mempunyai pendayaupayaan yang lebih tinggi umumnya mempunyai nilai jambatan sosial yang tinggi dan sebaliknya jika pendayaupayaan pelajar sekolah kajian adalah rendah, nilai jambatan sosial pelajar sekolah kajian juga rendah.

Pendayaupayaan dengan hubungan sosial

Kendall's tau_b (τ_b) ialah 0.213, aras signifikan (p) ialah 0.01, kurang daripada 0.01 ($p < 0.01$) ($p = 0.000$) dan bilangan responden bagi pembolehubah pendayaupayaan dengan hubungan sosial ialah 867. Aras signifikan ialah kurang daripada 0.01 ($p < 0.01$), korelasi ini adalah signifikan, oleh itu hipotesis null (tiada perkaitan/*association*) boleh ditolak bahawa terdapat satu pertalian antara pendayaupayaan dengan hubungan sosial pelajar sekolah kajian. Korelasi adalah positif, pelajar sekolah kajian yang mempunyai pendayaupayaan yang lebih tinggi umumnya mempunyai nilai hubungan sosial yang tinggi dan sebaliknya jika pendayaupayaan pelajar sekolah kajian adalah rendah, nilai hubungan sosial pelajar sekolah kajian juga rendah.

Pendayaupayaan dengan interaksi sosial

Kendall's tau_b (τ_b) ialah 0.057, aras signifikan (p) ialah 0.01, kurang daripada 0.01 ($p < 0.01$) ($p = 0.000$) dan bilangan responden bagi pembolehubah pendayaupayaan dengan interaksi sosial ialah 867. Aras signifikan ialah kurang daripada 0.01 ($p < 0.01$), korelasi ini adalah signifikan, oleh itu hipotesis null (tiada perkaitan/*association*) boleh ditolak bahawa terdapat satu pertalian antara pendayaupayaan dengan interaksi sosial pelajar sekolah kajian. Korelasi adalah positif, pelajar sekolah kajian yang mempunyai pendayaupayaan yang lebih tinggi umumnya mempunyai nilai interaksi sosial yang tinggi dan sebaliknya jika pendayaupayaan pelajar sekolah kajian adalah rendah, nilai interaksi sosial pelajar sekolah kajian juga rendah.

Pendayaupayaan dengan agregat sosial

Kendall's tau_b (τ_b) ialah 0.224, aras signifikan (p) ialah 0.01, kurang daripada 0.01 ($p < 0.01$) ($p = 0.000$) dan bilangan responden bagi pembolehubah pendayaupayaan dengan agregat sosial ialah 867. Aras signifikan ialah kurang daripada 0.01 ($p < 0.01$), korelasi ini adalah signifikan, oleh itu hipotesis null (tiada perkaitan/*association*) boleh ditolak bahawa terdapat satu pertalian antara pendayaupayaan dengan agregat sosial pelajar sekolah kajian. Korelasi adalah positif, pelajar sekolah kajian yang mempunyai pendayaupayaan yang lebih tinggi umumnya mempunyai nilai agregat sosial yang tinggi dan sebaliknya jika pendayaupayaan pelajar sekolah kajian adalah rendah, nilai agregat sosial pelajar sekolah kajian juga rendah.

Pendayaupayaan dengan autoriti sosial

Kendall's tau_b (τ_b) ialah 0.301, aras signifikan (p) ialah 0.01, kurang daripada 0.01 ($p < 0.01$) ($p = 0.000$) dan bilangan responden bagi pembolehubah pendayaupayaan dengan autoriti sosial ialah 867. Aras signifikan ialah kurang daripada 0.01 ($p < 0.01$), korelasi ini adalah signifikan, oleh itu hipotesis null (tiada perkaitan/*association*) boleh ditolak bahawa terdapat satu pertalian antara pendayaupayaan dengan autoriti sosial pelajar sekolah kajian. Korelasi adalah positif, pelajar sekolah kajian yang mempunyai pendayaupayaan yang lebih tinggi umumnya mempunyai nilai autoriti sosial yang tinggi dan sebaliknya jika pendayaupayaan pelajar sekolah kajian adalah rendah, nilai autoriti sosial pelajar sekolah kajian juga rendah.

Pendayaupayaan dengan peranan sosial

Kendall's tau_b (τ_b) ialah 0.219, aras signifikan (p) ialah 0.01, kurang daripada 0.01 ($p < 0.01$) ($p = 0.000$) dan bilangan responden bagi pembolehubah pendayaupayaan dengan peranan sosial ialah 867. Aras signifikan ialah kurang daripada 0.01 ($p < 0.01$), korelasi ini adalah signifikan, oleh itu hipotesis null (tiada perkaitan/*association*) boleh ditolak bahawa terdapat satu pertalian antara pendayaupayaan dengan peranan sosial pelajar sekolah kajian. Korelasi adalah positif, pelajar sekolah kajian yang mempunyai pendayaupayaan yang lebih tinggi umumnya mempunyai nilai peranan sosial yang tinggi dan sebaliknya jika pendayaupayaan pelajar sekolah kajian adalah rendah, nilai peranan sosial pelajar sekolah kajian juga rendah.

Pendayaupayaan dengan status sosial

Kendall's tau_b (τ_b) ialah 0.223, aras signifikan (p) ialah 0.01, kurang daripada 0.01 ($p < 0.01$) ($p = 0.000$) dan bilangan responden bagi pembolehubah pendayaupayaan dengan status sosial ialah 867. Aras signifikan ialah kurang daripada 0.01 ($p < 0.01$), korelasi ini adalah signifikan, oleh itu hipotesis null (tiada perkaitan/*association*) boleh ditolak bahawa terdapat satu pertalian antara pendayaupayaan dengan status sosial pelajar sekolah kajian. Korelasi adalah positif, pelajar sekolah kajian yang mempunyai pendayaupayaan yang lebih tinggi umumnya mempunyai nilai status sosial yang tinggi dan sebaliknya jika pendayaupayaan pelajar sekolah kajian adalah rendah, nilai status sosial pelajar sekolah kajian juga rendah.

Pendayaupayaan dengan norma sosial

Kendall's tau_b (τ_b) ialah 0.243, aras signifikan (p) ialah 0.01, kurang daripada 0.01 ($p < 0.01$) ($p = 0.000$) dan bilangan responden bagi pembolehubah pendayaupayaan dengan norma sosial ialah 867. Aras signifikan ialah kurang daripada 0.01 ($p < 0.01$), korelasi ini adalah signifikan, oleh itu hipotesis null (tiada perkaitan/*association*) boleh ditolak bahawa terdapat satu pertalian antara pendayaupayaan dengan norma sosial pelajar sekolah kajian. Korelasi adalah positif, pelajar sekolah kajian yang mempunyai pendayaupayaan yang lebih tinggi umumnya mempunyai nilai norma sosial yang tinggi dan sebaliknya jika pendayaupayaan pelajar sekolah kajian adalah rendah, nilai norma sosial pelajar sekolah kajian juga rendah.

Pendayaupayaan dengan entropi sosial

Kendall's tau_b (τ_b) ialah -0.020, aras signifikan (p) ialah 0.05, lebih daripada 0.05 ($p > 0.05$) ($p = 0.261$) dan bilangan responden bagi pembolehubah pendayaupayaan dengan entropi sosial ialah 867. Hipotesis null tidak boleh ditolak dan tidak ada perkaitan antara pendayaupayaan dengan entropi sosial.

Pendayaupayaan dengan bentuk modal sosial

Kendall's tau_b (τ_b) ialah 0.200, aras signifikan (p) ialah 0.01, kurang daripada 0.01 ($p < 0.01$) ($p = 0.000$) dan bilangan responden bagi pembolehubah pendayaupayaan dengan bentuk modal sosial ialah 867. Aras signifikan ialah kurang daripada 0.01 ($p < 0.01$), korelasi ini adalah signifikan, oleh itu hipotesis null (tiada perkaitan/*association*) boleh ditolak bahawa terdapat satu pertalian antara pendayaupayaan dengan bentuk modal sosial pelajar sekolah kajian. Korelasi adalah positif, pelajar sekolah kajian yang mempunyai pendayaupayaan yang lebih tinggi umumnya mempunyai nilai bentuk modal sosial yang tinggi dan sebaliknya jika pendayaupayaan pelajar sekolah kajian adalah rendah, nilai bentuk modal sosial pelajar sekolah kajian juga rendah.

Pendayaupayaan dengan dimensi modal sosial

Kendall's tau_b (τ_b) ialah 0.383, aras signifikan (p) ialah 0.01, kurang daripada 0.01 ($p < 0.01$) ($p = 0.000$) dan bilangan responden bagi pembolehubah pendayaupayaan dengan dimensi modal sosial ialah 867. Aras signifikan ialah kurang daripada 0.01 ($p < 0.01$), korelasi ini adalah signifikan, oleh itu hipotesis null (tiada perkaitan/*association*) boleh ditolak bahawa terdapat satu pertalian antara pendayaupayaan dengan dimensi modal sosial pelajar sekolah kajian. Korelasi adalah positif, pelajar sekolah kajian yang mempunyai pendayaupayaan yang lebih tinggi umumnya mempunyai nilai dimensi modal sosial yang tinggi dan sebaliknya jika pendayaupayaan pelajar sekolah kajian adalah rendah, nilai dimensi modal sosial pelajar sekolah kajian juga rendah.

Pendayaupayaan dengan ikatan kuat

Kendall's tau_b (τ_b) ialah 0.315, aras signifikan (p) ialah 0.01, kurang daripada 0.01 ($p < 0.01$) ($p = 0.000$) dan bilangan responden bagi pembolehubah pendayaupayaan dengan ikatan kuat ialah 867. Aras signifikan ialah kurang daripada 0.01 ($p < 0.01$), korelasi ini adalah signifikan, oleh itu hipotesis null (tiada perkaitan/*association*) boleh ditolak bahawa terdapat satu pertalian antara pendayaupayaan dengan ikatan kuat pelajar sekolah kajian. Korelasi adalah positif, pelajar sekolah kajian yang mempunyai pendayaupayaan yang lebih tinggi umumnya mempunyai nilai ikatan kuat yang tinggi dan sebaliknya jika pendayaupayaan pelajar sekolah kajian adalah rendah, nilai ikatan kuat pelajar sekolah kajian juga rendah.

Pendayaupayaan dengan ikatan lemah

Kendall's tau_b (τ_b) ialah 0.331, aras signifikan (p) ialah 0.01, kurang daripada 0.01 ($p < 0.01$) ($p = 0.000$) dan bilangan responden bagi pembolehubah pendayaupayaan dengan ikatan lemah ialah 867. Aras signifikan ialah kurang daripada 0.01 ($p < 0.01$), korelasi ini adalah signifikan, oleh itu hipotesis null (tiada perkaitan/*association*) boleh ditolak bahawa terdapat satu pertalian antara pendayaupayaan dengan ikatan lemah pelajar sekolah kajian. Korelasi adalah positif, pelajar sekolah kajian yang mempunyai pendayaupayaan yang lebih tinggi umumnya mempunyai nilai ikatan lemah yang tinggi dan sebaliknya jika pendayaupayaan pelajar sekolah kajian adalah rendah, nilai ikatan lemah pelajar sekolah kajian juga rendah.

Pendayaupayaan dengan nod

Kendall's tau_b (τ_b) ialah 0.263, aras signifikan (p) ialah 0.01, kurang daripada 0.01 ($p < 0.01$) ($p = 0.000$) dan bilangan responden bagi pembolehubah pendayaupayaan dengan nod ialah 867. Aras signifikan ialah kurang daripada 0.01 ($p < 0.01$), korelasi ini adalah signifikan, oleh itu hipotesis null (tiada perkaitan/*association*) boleh ditolak bahawa terdapat satu pertalian antara pendayaupayaan dengan nod pelajar sekolah kajian. Korelasi adalah positif, pelajar sekolah kajian yang mempunyai pendayaupayaan yang lebih tinggi umumnya mempunyai nilai nod yang tinggi dan sebaliknya jika pendayaupayaan pelajar sekolah kajian adalah rendah, nilai nod pelajar sekolah kajian juga rendah.

Ikatan sosial dengan jambatan sosial

Kendall's tau_b (τ_b) ialah 0.328, aras signifikan (*p*) ialah 0.01, kurang daripada 0.01 ($p < 0.01$) ($p = 0.000$) dan bilangan responden bagi pembolehubah ikatan sosial dengan jambatan sosial ialah 867. Aras signifikan ialah kurang daripada 0.01 ($p < 0.01$), korelasi ini adalah signifikan, oleh itu hipotesis null (tiada perkaitan/*association*) boleh ditolak bahawa terdapat satu pertalian antara ikatan sosial dengan jambatan sosial pelajar sekolah kajian. Korelasi adalah positif, pelajar sekolah kajian yang mempunyai ikatan sosial yang lebih tinggi umumnya mempunyai nilai jambatan sosial yang tinggi dan sebaliknya jika ikatan sosial pelajar sekolah kajian adalah rendah, nilai jambatan sosial pelajar sekolah kajian juga rendah.

Ikatan sosial dengan hubungan sosial

Kendall's tau_b (τ_b) ialah 0.056, aras signifikan (*p*) ialah 0.01, kurang daripada 0.01 ($p < 0.01$) ($p = 0.043$) dan bilangan responden bagi pembolehubah ikatan sosial dengan hubungan sosial ialah 867. Aras signifikan ialah kurang daripada 0.01 ($p < 0.01$), korelasi ini adalah signifikan, oleh itu hipotesis null (tiada perkaitan/*association*) boleh ditolak bahawa terdapat satu pertalian antara ikatan sosial dengan hubungan sosial pelajar sekolah kajian. Korelasi adalah positif, pelajar sekolah kajian yang mempunyai ikatan sosial yang lebih tinggi umumnya mempunyai nilai hubungan sosial yang tinggi dan sebaliknya jika ikatan sosial pelajar sekolah kajian adalah rendah, nilai hubungan sosial pelajar sekolah kajian juga rendah.

Ikatan sosial dengan interaksi sosial

Kendall's tau_b (τ_b) ialah 0.255, aras signifikan (*p*) ialah 0.01, kurang daripada 0.01 ($p < 0.01$) ($p = 0.000$) dan bilangan responden bagi pembolehubah ikatan sosial dengan interaksi sosial ialah 867. Aras signifikan ialah kurang daripada 0.01 ($p < 0.01$), korelasi ini adalah signifikan, oleh itu hipotesis null (tiada perkaitan/*association*) boleh ditolak bahawa terdapat satu pertalian antara ikatan sosial dengan interaksi sosial pelajar sekolah kajian. Korelasi adalah positif, pelajar sekolah kajian yang mempunyai ikatan sosial yang lebih tinggi umumnya mempunyai nilai interaksi sosial yang tinggi dan sebaliknya jika ikatan sosial pelajar sekolah kajian adalah rendah, nilai interaksi sosial pelajar sekolah kajian juga rendah.

Ikatan sosial dengan agregat sosial

Kendall's tau_b (τ_b) ialah 0.238, aras signifikan (*p*) ialah 0.01, kurang daripada 0.01 ($p < 0.01$) ($p = 0.000$) dan bilangan responden bagi pembolehubah ikatan sosial dengan agregat sosial ialah 867. Aras signifikan ialah kurang daripada 0.01 ($p < 0.01$), korelasi ini adalah signifikan, oleh itu hipotesis null (tiada perkaitan/*association*) boleh ditolak bahawa terdapat satu pertalian antara ikatan sosial dengan agregat sosial pelajar sekolah kajian. Korelasi adalah positif, pelajar sekolah kajian yang mempunyai ikatan sosial yang lebih tinggi umumnya mempunyai nilai agregat sosial yang tinggi dan sebaliknya jika ikatan sosial pelajar sekolah kajian adalah rendah, nilai agregat sosial pelajar sekolah kajian juga rendah.

Ikatan sosial dengan autoriti sosial

Kendall's tau_b (τ_b) ialah 0.277, aras signifikan (p) ialah 0.01, kurang daripada 0.01 ($p < 0.01$) ($p = 0.000$) dan bilangan responden bagi pembolehubah ikatan sosial dengan autoriti sosial ialah 867. Aras signifikan ialah kurang daripada 0.01 ($p < 0.01$), korelasi ini adalah signifikan, oleh itu hipotesis null (tiada perkaitan/*association*) boleh ditolak bahawa terdapat satu pertalian antara ikatan sosial dengan autoriti sosial pelajar sekolah kajian. Korelasi adalah positif, pelajar sekolah kajian yang mempunyai ikatan sosial yang lebih tinggi umumnya mempunyai nilai autoriti sosial yang tinggi dan sebaliknya jika ikatan sosial pelajar sekolah kajian adalah rendah, nilai autoriti sosial pelajar sekolah kajian juga rendah.

Ikatan sosial dengan peranan sosial

Kendall's tau_b (τ_b) ialah 0.231, aras signifikan (p) ialah 0.01, kurang daripada 0.01 ($p < 0.01$) ($p = 0.000$) dan bilangan responden bagi pembolehubah ikatan sosial dengan peranan sosial ialah 867. Aras signifikan ialah kurang daripada 0.01 ($p < 0.01$), korelasi ini adalah signifikan, oleh itu hipotesis null (tiada perkaitan/*association*) boleh ditolak bahawa terdapat satu pertalian antara ikatan sosial dengan peranan sosial pelajar sekolah kajian. Korelasi adalah positif, pelajar sekolah kajian yang mempunyai ikatan sosial yang lebih tinggi umumnya mempunyai nilai peranan sosial yang tinggi dan sebaliknya jika ikatan sosial pelajar sekolah kajian adalah rendah, nilai peranan sosial pelajar sekolah kajian juga rendah.

Ikatan sosial dengan status sosial

Kendall's tau_b (τ_b) ialah 0.263, aras signifikan (p) ialah 0.01, kurang daripada 0.01 ($p < 0.01$) ($p = 0.000$) dan bilangan responden bagi pembolehubah ikatan sosial dengan status sosial ialah 867. Aras signifikan ialah kurang daripada 0.01 ($p < 0.01$), korelasi ini adalah signifikan, oleh itu hipotesis null (tiada perkaitan/*association*) boleh ditolak bahawa terdapat satu pertalian antara ikatan sosial dengan status sosial pelajar sekolah kajian. Korelasi adalah positif, pelajar sekolah kajian yang mempunyai ikatan sosial yang lebih tinggi umumnya mempunyai nilai status sosial yang tinggi dan sebaliknya jika ikatan sosial pelajar sekolah kajian adalah rendah, nilai status sosial pelajar sekolah kajian juga rendah.

Ikatan sosial dengan norma sosial

Kendall's tau_b (τ_b) ialah 0.240, aras signifikan (p) ialah 0.01, kurang daripada 0.01 ($p < 0.01$) ($p = 0.000$) dan bilangan responden bagi pembolehubah ikatan sosial dengan norma sosial ialah 867. Aras signifikan ialah kurang daripada 0.01 ($p < 0.01$), korelasi ini adalah signifikan, oleh itu hipotesis null (tiada perkaitan/*association*) boleh ditolak bahawa terdapat satu pertalian antara ikatan sosial dengan norma sosial pelajar sekolah kajian. Korelasi adalah positif, pelajar sekolah kajian yang mempunyai ikatan sosial yang lebih tinggi umumnya mempunyai nilai norma sosial yang tinggi dan sebaliknya jika ikatan sosial pelajar sekolah kajian adalah rendah, nilai norma sosial pelajar sekolah kajian juga rendah.

Ikatan sosial dengan entropi sosial

Kendall's tau_b (τ_b) ialah 0.258, aras signifikan (p) ialah 0.01, kurang daripada 0.01 ($p < 0.01$) ($p = 0.000$) dan bilangan responden bagi pembolehubah ikatan sosial dengan entropi sosial ialah 867. Aras signifikan ialah kurang daripada 0.01 ($p < 0.01$), korelasi ini adalah signifikan, oleh itu hipotesis null (tiada perkaitan/*association*) boleh ditolak bahawa terdapat satu pertalian antara ikatan sosial dengan entropi sosial pelajar sekolah kajian. Korelasi adalah positif, pelajar sekolah kajian yang mempunyai ikatan sosial yang lebih tinggi umumnya mempunyai nilai entropi sosial yang tinggi dan sebaliknya jika ikatan sosial pelajar sekolah kajian adalah rendah, nilai entropi sosial pelajar sekolah kajian juga rendah.

Ikatan sosial dengan bentuk modal sosial

Kendall's tau_b (τ_b) ialah 0.659, aras signifikan (*p*) ialah 0.01, kurang daripada 0.01 ($p < 0.01$) ($p = 0.000$) dan bilangan responden bagi pembolehubah ikatan sosial dengan bentuk modal sosial ialah 867. Aras signifikan ialah kurang daripada 0.01 ($p < 0.01$), korelasi ini adalah signifikan, oleh itu hipotesis null (tiada perkaitan/*association*) boleh ditolak bahawa terdapat satu pertalian antara ikatan sosial dengan bentuk modal sosial pelajar sekolah kajian. Korelasi adalah positif, pelajar sekolah kajian yang mempunyai ikatan sosial yang lebih tinggi umumnya mempunyai nilai bentuk modal sosial yang tinggi dan sebaliknya jika ikatan sosial pelajar sekolah kajian adalah rendah, nilai bentuk modal sosial pelajar sekolah kajian juga rendah.

Ikatan sosial dengan dimensi modal sosial

Kendall's tau_b (τ_b) ialah 0.284, aras signifikan (*p*) ialah 0.01, kurang daripada 0.01 ($p < 0.01$) ($p = 0.000$) dan bilangan responden bagi pembolehubah ikatan sosial dengan dimensi modal sosial ialah 867. Aras signifikan ialah kurang daripada 0.01 ($p < 0.01$), korelasi ini adalah signifikan, oleh itu hipotesis null (tiada perkaitan/*association*) boleh ditolak bahawa terdapat satu pertalian antara ikatan sosial dengan dimensi modal sosial pelajar sekolah kajian. Korelasi adalah positif, pelajar sekolah kajian yang mempunyai ikatan sosial yang lebih tinggi umumnya mempunyai nilai dimensi modal sosial yang tinggi dan sebaliknya jika ikatan sosial pelajar sekolah kajian adalah rendah, nilai dimensi modal sosial pelajar sekolah kajian juga rendah.

Ikatan sosial dengan ikatan kuat

Kendall's tau_b (τ_b) ialah 0.180, aras signifikan (*p*) ialah 0.01, kurang daripada 0.01 ($p < 0.01$) ($p = 0.000$) dan bilangan responden bagi pembolehubah ikatan sosial dengan ikatan kuat ialah 867. Aras signifikan ialah kurang daripada 0.01 ($p < 0.01$), korelasi ini adalah signifikan, oleh itu hipotesis null (tiada perkaitan/*association*) boleh ditolak bahawa terdapat satu pertalian antara ikatan sosial dengan ikatan kuat pelajar sekolah kajian. Korelasi adalah positif, pelajar sekolah kajian yang mempunyai ikatan sosial yang lebih tinggi umumnya mempunyai nilai ikatan kuat yang tinggi dan sebaliknya jika ikatan sosial pelajar sekolah kajian adalah rendah, nilai ikatan kuat pelajar sekolah kajian juga rendah.

Ikatan sosial dengan ikatan lemah

Kendall's tau_b (τ_b) ialah 0.171, aras signifikan (*p*) ialah 0.01, kurang daripada 0.01 ($p < 0.01$) ($p = 0.000$) dan bilangan responden bagi pembolehubah ikatan sosial dengan ikatan lemah ialah 867. Aras signifikan ialah kurang daripada 0.01 ($p < 0.01$), korelasi ini adalah signifikan, oleh itu hipotesis null (tiada perkaitan/*association*) boleh ditolak bahawa terdapat satu pertalian antara ikatan sosial dengan ikatan lemah pelajar sekolah kajian. Korelasi adalah positif, pelajar sekolah kajian yang mempunyai ikatan sosial yang lebih tinggi umumnya mempunyai nilai ikatan lemah yang tinggi dan sebaliknya jika ikatan sosial pelajar sekolah kajian adalah rendah, nilai ikatan lemah pelajar sekolah kajian juga rendah.

Ikatan sosial dengan nod

Kendall's tau_b (τ_b) ialah 0.181, aras signifikan (*p*) ialah 0.01, kurang daripada 0.01 ($p < 0.01$) ($p = 0.000$) dan bilangan responden bagi pembolehubah ikatan sosial dengan nod ialah 867. Aras signifikan ialah kurang daripada 0.01 ($p < 0.01$), korelasi ini adalah signifikan, oleh itu hipotesis null (tiada perkaitan/*association*) boleh ditolak bahawa terdapat satu pertalian antara ikatan sosial dengan nod pelajar sekolah kajian. Korelasi adalah positif, pelajar sekolah kajian yang mempunyai ikatan sosial yang lebih tinggi umumnya mempunyai nilai nod yang tinggi dan sebaliknya jika ikatan sosial pelajar sekolah kajian adalah rendah, nilai nod pelajar sekolah kajian juga rendah.

Jambatan sosial dengan hubungan sosial

Kendall's tau_b (τ_b) ialah 0.252, aras signifikan (p) ialah 0.01, kurang daripada 0.01 ($p < 0.01$) ($p = 0.000$) dan bilangan responden bagi pembolehubah jambatan sosial dengan hubungan sosial ialah 867. Aras signifikan ialah kurang daripada 0.01 ($p < 0.01$), korelasi ini adalah signifikan, oleh itu hipotesis null (tiada perkaitan/*association*) boleh ditolak bahawa terdapat satu pertalian antara jambatan sosial dengan hubungan sosial pelajar sekolah kajian. Korelasi adalah positif, pelajar sekolah kajian yang mempunyai jambatan sosial yang lebih tinggi umumnya mempunyai nilai hubungan sosial yang tinggi dan sebaliknya jika jambatan sosial pelajar sekolah kajian adalah rendah, nilai hubungan sosial pelajar sekolah kajian juga rendah.

Jambatan sosial dengan interaksi sosial

Kendall's tau_b (τ_b) ialah -0.045, aras signifikan (p) ialah 0.05, lebih daripada 0.05 ($p > 0.05$) ($p = 0.086$) dan bilangan responden bagi pembolehubah jambatan sosial dengan interaksi sosial ialah 867. Hipotesis null tidak boleh ditolak dan tidak ada perkaitan antara jambatan sosial dengan interaksi sosial.

Jambatan sosial dengan agregat sosial

Kendall's tau_b (τ_b) ialah 0.210, aras signifikan (p) ialah 0.01, kurang daripada 0.01 ($p < 0.01$) ($p = 0.000$) dan bilangan responden bagi pembolehubah jambatan sosial dengan agregat sosial ialah 867. Aras signifikan ialah kurang daripada 0.01 ($p < 0.01$), korelasi ini adalah signifikan, oleh itu hipotesis null (tiada perkaitan/*association*) boleh ditolak bahawa terdapat satu pertalian antara jambatan sosial dengan agregat sosial pelajar sekolah kajian. Korelasi adalah positif, pelajar sekolah kajian yang mempunyai jambatan sosial yang lebih tinggi umumnya mempunyai nilai agregat sosial yang tinggi dan sebaliknya jika jambatan sosial pelajar sekolah kajian adalah rendah, nilai agregat sosial pelajar sekolah kajian juga rendah.

Jambatan sosial dengan autoriti sosial

Kendall's tau_b (τ_b) ialah 0.047, aras signifikan (p) ialah 0.05, lebih daripada 0.05 ($p > 0.05$) ($p = 0.069$) dan bilangan responden bagi pembolehubah jambatan sosial dengan autoriti sosial ialah 867. Hipotesis null tidak boleh ditolak dan tidak ada perkaitan antara jambatan sosial dengan autoriti sosial.

Jambatan sosial dengan peranan sosial

Kendall's tau_b (τ_b) ialah 0.090, aras signifikan (p) ialah 0.01, kurang daripada 0.01 ($p < 0.01$) ($p = 0.002$) dan bilangan responden bagi pembolehubah jambatan sosial dengan peranan sosial ialah 867. Aras signifikan ialah kurang daripada 0.01 ($p < 0.01$), korelasi ini adalah signifikan, oleh itu hipotesis null (tiada perkaitan/*association*) boleh ditolak bahawa terdapat satu pertalian antara jambatan sosial dengan peranan sosial pelajar sekolah kajian. Korelasi adalah positif, pelajar sekolah kajian yang mempunyai jambatan sosial yang lebih tinggi umumnya mempunyai nilai peranan sosial yang tinggi dan sebaliknya jika jambatan sosial pelajar sekolah kajian adalah rendah, nilai peranan sosial pelajar sekolah kajian juga rendah.

Jambatan sosial dengan status sosial

Kendall's tau_b (τ_b) ialah 0.126, aras signifikan (*p*) ialah 0.01, kurang daripada 0.01 ($p < 0.01$) ($p = 0.000$) dan bilangan responden bagi pembolehubah jambatan sosial dengan status sosial ialah 867. Aras signifikan ialah kurang daripada 0.01 ($p < 0.01$), korelasi ini adalah signifikan, oleh itu hipotesis null (tiada perkaitan/*association*) boleh ditolak bahawa terdapat satu pertalian antara jambatan sosial dengan status sosial pelajar sekolah kajian. Korelasi adalah positif, pelajar sekolah kajian yang mempunyai jambatan sosial yang lebih tinggi umumnya mempunyai nilai status sosial yang tinggi dan sebaliknya jika jambatan sosial pelajar sekolah kajian adalah rendah, nilai status sosial pelajar sekolah kajian juga rendah.

Jambatan sosial dengan norma sosial

Kendall's tau_b (τ_b) ialah 0.179, aras signifikan (*p*) ialah 0.01, kurang daripada 0.01 ($p < 0.01$) ($p = 0.000$) dan bilangan responden bagi pembolehubah jambatan sosial dengan norma sosial ialah 867. Aras signifikan ialah kurang daripada 0.01 ($p < 0.01$), korelasi ini adalah signifikan, oleh itu hipotesis null (tiada perkaitan/*association*) boleh ditolak bahawa terdapat satu pertalian antara jambatan sosial dengan norma sosial pelajar sekolah kajian. Korelasi adalah positif, pelajar sekolah kajian yang mempunyai jambatan sosial yang lebih tinggi umumnya mempunyai nilai norma sosial yang tinggi dan sebaliknya jika jambatan sosial pelajar sekolah kajian adalah rendah, nilai norma sosial pelajar sekolah kajian juga rendah.

Jambatan sosial dengan entropi sosial

Kendall's tau_b (τ_b) ialah -0.320, aras signifikan (*p*) ialah 0.01, kurang daripada 0.01 ($p < 0.01$) ($p = 0.000$) dan bilangan responden bagi pembolehubah jambatan sosial dengan entropi sosial ialah 867. Aras signifikan ialah kurang daripada 0.01 ($p < 0.01$), korelasi ini adalah signifikan, oleh itu hipotesis null (tiada perkaitan/*association*) boleh ditolak bahawa terdapat satu pertalian antara jambatan sosial dengan entropi sosial pelajar sekolah kajian. Korelasi adalah negatif, pelajar sekolah kajian yang mempunyai jambatan sosial yang lebih tinggi umumnya mempunyai nilai entropi sosial yang rendah dan sebaliknya jika jambatan sosial pelajar sekolah kajian adalah rendah, nilai entropi sosial pelajar sekolah kajian adalah tinggi.

Jambatan sosial dengan bentuk modal sosial

Kendall's tau_b (τ_b) ialah 0.139, aras signifikan (*p*) ialah 0.01, kurang daripada 0.01 ($p < 0.01$) ($p = 0.000$) dan bilangan responden bagi pembolehubah jambatan sosial dengan bentuk modal sosial ialah 867. Aras signifikan ialah kurang daripada 0.01 ($p < 0.01$), korelasi ini adalah signifikan, oleh itu hipotesis null (tiada perkaitan/*association*) boleh ditolak bahawa terdapat satu pertalian antara jambatan sosial dengan bentuk modal sosial pelajar sekolah kajian. Korelasi adalah positif, pelajar sekolah kajian yang mempunyai jambatan sosial yang lebih tinggi umumnya mempunyai nilai bentuk modal sosial yang tinggi dan sebaliknya jika jambatan sosial pelajar sekolah kajian adalah rendah, nilai bentuk modal sosial pelajar sekolah kajian juga rendah.

Jambatan sosial dengan dimensi modal sosial

Kendall's tau_b (τ_b) ialah 0.153, aras signifikan (*p*) ialah 0.01, kurang daripada 0.01 ($p < 0.01$) ($p = 0.000$) dan bilangan responden bagi pembolehubah jambatan sosial dengan dimensi modal sosial ialah 867. Aras signifikan ialah kurang daripada 0.01 ($p < 0.01$), korelasi ini adalah signifikan, oleh itu hipotesis null (tiada perkaitan/*association*) boleh ditolak bahawa terdapat satu pertalian antara jambatan sosial dengan dimensi modal sosial pelajar sekolah kajian. Korelasi adalah positif, pelajar sekolah kajian yang mempunyai jambatan sosial yang lebih tinggi umumnya mempunyai nilai dimensi modal sosial yang tinggi dan sebaliknya jika jambatan sosial pelajar sekolah kajian adalah rendah, nilai dimensi modal sosial pelajar sekolah kajian juga rendah.

Jambatan sosial dengan ikatan kuat

Kendall's tau_b (τ_b) ialah 0.135, aras signifikan (p) ialah 0.01, kurang daripada 0.01 ($p < 0.01$) ($p = 0.000$) dan bilangan responden bagi pembolehubah jambatan sosial dengan ikatan kuat ialah 867. Aras signifikan ialah kurang daripada 0.01 ($p < 0.01$), korelasi ini adalah signifikan, oleh itu hipotesis null (tiada perkaitan/*association*) boleh ditolak bahawa terdapat satu pertalian antara jambatan sosial dengan ikatan kuat pelajar sekolah kajian. Korelasi adalah positif, pelajar sekolah kajian yang mempunyai jambatan sosial yang lebih tinggi umumnya mempunyai nilai ikatan kuat yang tinggi dan sebaliknya jika jambatan sosial pelajar sekolah kajian adalah rendah, nilai ikatan kuat pelajar sekolah kajian juga rendah.

Jambatan sosial dengan ikatan lemah

Kendall's tau_b (τ_b) ialah 0.134, aras signifikan (p) ialah 0.01, kurang daripada 0.01 ($p < 0.01$) ($p = 0.000$) dan bilangan responden bagi pembolehubah jambatan sosial dengan ikatan lemah ialah 867. Aras signifikan ialah kurang daripada 0.01 ($p < 0.01$), korelasi ini adalah signifikan, oleh itu hipotesis null (tiada perkaitan/*association*) boleh ditolak bahawa terdapat satu pertalian antara jambatan sosial dengan ikatan lemah pelajar sekolah kajian. Korelasi adalah positif, pelajar sekolah kajian yang mempunyai jambatan sosial yang lebih tinggi umumnya mempunyai nilai ikatan lemah yang tinggi dan sebaliknya jika jambatan sosial pelajar sekolah kajian adalah rendah, nilai ikatan lemah pelajar sekolah kajian juga rendah.

Jambatan sosial dengan nod

Kendall's tau_b (τ_b) ialah 0.068, aras signifikan (p) ialah 0.01, kurang daripada 0.01 ($p < 0.01$) ($p = 0.017$) dan bilangan responden bagi pembolehubah jambatan sosial dengan nod ialah 867. Aras signifikan ialah kurang daripada 0.01 ($p < 0.01$), korelasi ini adalah signifikan, oleh itu hipotesis null (tiada perkaitan/*association*) boleh ditolak bahawa terdapat satu pertalian antara jambatan sosial dengan nod pelajar sekolah kajian. Korelasi adalah positif, pelajar sekolah kajian yang mempunyai jambatan sosial yang lebih tinggi umumnya mempunyai nilai nod yang tinggi dan sebaliknya jika jambatan sosial pelajar sekolah kajian adalah rendah, nilai nod pelajar sekolah kajian juga rendah.

Hubungan sosial dengan interaksi sosial

Kendall's tau_b (τ_b) ialah -0.022, aras signifikan (p) ialah 0.05, lebih daripada 0.05 ($p > 0.05$) ($p = 0.249$) dan bilangan responden bagi pembolehubah hubungan sosial dengan interaksi sosial ialah 867. Hipotesis null tidak boleh ditolak dan tidak ada perkaitan antara hubungan sosial dengan interaksi sosial.

Hubungan sosial dengan agregat sosial

Kendall's tau_b (τ_b) ialah 0.206, aras signifikan (p) ialah 0.01, kurang daripada 0.01 ($p < 0.01$) ($p = 0.002$) dan bilangan responden bagi pembolehubah hubungan sosial dengan agregat sosial ialah 867. Aras signifikan ialah kurang daripada 0.01 ($p < 0.01$), korelasi ini adalah signifikan, oleh itu hipotesis null (tiada perkaitan/*association*) boleh ditolak bahawa terdapat satu pertalian antara hubungan sosial dengan agregat sosial pelajar sekolah kajian. Korelasi adalah positif, pelajar sekolah kajian yang mempunyai hubungan sosial yang lebih tinggi umumnya mempunyai nilai agregat sosial yang tinggi dan sebaliknya jika hubungan sosial pelajar sekolah kajian adalah rendah, nilai agregat sosial pelajar sekolah kajian juga rendah.

Hubungan sosial dengan autoriti sosial

Kendall's tau_b (τ_b) ialah 0.116, aras signifikan (p) ialah 0.01, kurang daripada 0.01 ($p < 0.01$) ($p = 0.000$) dan bilangan responden bagi pembolehubah hubungan sosial dengan autoriti sosial ialah 867. Aras signifikan ialah kurang daripada 0.01 ($p < 0.01$), korelasi ini adalah signifikan, oleh itu hipotesis null (tiada perkaitan/*association*) boleh ditolak bahawa terdapat satu pertalian antara hubungan sosial dengan autoriti sosial pelajar sekolah kajian. Korelasi adalah positif, pelajar sekolah kajian yang mempunyai hubungan sosial yang lebih tinggi umumnya mempunyai nilai autoriti sosial yang tinggi dan sebaliknya jika hubungan sosial pelajar sekolah kajian adalah rendah, nilai autoriti sosial pelajar sekolah kajian juga rendah.

Hubungan sosial dengan peranan sosial

Kendall's tau_b (τ_b) ialah 0.126, aras signifikan (p) ialah 0.01, kurang daripada 0.01 ($p < 0.01$) ($p = 0.000$) dan bilangan responden bagi pembolehubah hubungan sosial dengan peranan sosial ialah 867. Aras signifikan ialah kurang daripada 0.01 ($p < 0.01$), korelasi ini adalah signifikan, oleh itu hipotesis null (tiada perkaitan/*association*) boleh ditolak bahawa terdapat satu pertalian antara hubungan sosial dengan peranan sosial pelajar sekolah kajian. Korelasi adalah positif, pelajar sekolah kajian yang mempunyai hubungan sosial yang lebih tinggi umumnya mempunyai nilai peranan sosial yang tinggi dan sebaliknya jika hubungan sosial pelajar sekolah kajian adalah rendah, nilai peranan sosial pelajar sekolah kajian juga rendah.

Hubungan sosial dengan status sosial

Kendall's tau_b (τ_b) ialah 0.145, aras signifikan (p) ialah 0.01, kurang daripada 0.01 ($p < 0.01$) ($p = 0.000$) dan bilangan responden bagi pembolehubah hubungan sosial dengan status sosial ialah 867. Aras signifikan ialah kurang daripada 0.01 ($p < 0.01$), korelasi ini adalah signifikan, oleh itu hipotesis null (tiada perkaitan/*association*) boleh ditolak bahawa terdapat satu pertalian antara hubungan sosial dengan status sosial pelajar sekolah kajian. Korelasi adalah positif, pelajar sekolah kajian yang mempunyai hubungan sosial yang lebih tinggi umumnya mempunyai nilai status sosial yang tinggi dan sebaliknya jika hubungan sosial pelajar sekolah kajian adalah rendah, nilai status sosial pelajar sekolah kajian juga rendah.

Hubungan sosial dengan norma sosial

Kendall's tau_b (τ_b) ialah 0.251, aras signifikan (p) ialah 0.01, kurang daripada 0.01 ($p < 0.01$) ($p = 0.000$) dan bilangan responden bagi pembolehubah hubungan sosial dengan norma sosial ialah 867. Aras signifikan ialah kurang daripada 0.01 ($p < 0.01$), korelasi ini adalah signifikan, oleh itu hipotesis null (tiada perkaitan/*association*) boleh ditolak bahawa terdapat satu pertalian antara hubungan sosial dengan norma sosial pelajar sekolah kajian. Korelasi adalah positif, pelajar sekolah kajian yang mempunyai hubungan sosial yang lebih tinggi umumnya mempunyai nilai norma sosial yang tinggi dan sebaliknya jika hubungan sosial pelajar sekolah kajian adalah rendah, nilai norma sosial pelajar sekolah kajian juga rendah.

Hubungan sosial dengan entropi sosial

Kendall's tau_b (τ_b) ialah -0.224, aras signifikan (*p*) ialah 0.01, kurang daripada 0.01 ($p < 0.01$) ($p = 0.000$) dan bilangan responden bagi pembolehubah hubungan sosial dengan entropi sosial ialah 867. Aras signifikan ialah kurang daripada 0.01 ($p < 0.01$), korelasi ini adalah signifikan, oleh itu hipotesis null (tiada perkaitan/*association*) boleh ditolak bahawa terdapat satu pertalian antara hubungan sosial dengan entropi sosial pelajar sekolah kajian. Korelasi adalah negatif, pelajar sekolah kajian yang mempunyai hubungan sosial yang lebih tinggi umumnya mempunyai nilai entropi sosial yang rendah dan sebaliknya jika hubungan sosial pelajar sekolah kajian adalah rendah, nilai entropi sosial pelajar sekolah kajian adalah tinggi.

Hubungan sosial dengan bentuk modal sosial

Kendall's tau_b (τ_b) ialah 0.185, aras signifikan (*p*) ialah 0.01, kurang daripada 0.01 ($p < 0.01$) ($p = 0.000$) dan bilangan responden bagi pembolehubah hubungan sosial dengan bentuk modal sosial ialah 867. Aras signifikan ialah kurang daripada 0.01 ($p < 0.01$), korelasi ini adalah signifikan, oleh itu hipotesis null (tiada perkaitan/*association*) boleh ditolak bahawa terdapat satu pertalian antara hubungan sosial dengan bentuk modal sosial pelajar sekolah kajian. Korelasi adalah positif, pelajar sekolah kajian yang mempunyai hubungan sosial yang lebih tinggi umumnya mempunyai nilai bentuk modal sosial yang tinggi dan sebaliknya jika hubungan sosial pelajar sekolah kajian adalah rendah, nilai bentuk modal sosial pelajar sekolah kajian juga rendah.

Hubungan sosial dengan dimensi modal sosial

Kendall's tau_b (τ_b) ialah 0.204, aras signifikan (*p*) ialah 0.01, kurang daripada 0.01 ($p < 0.01$) ($p = 0.000$) dan bilangan responden bagi pembolehubah hubungan sosial dengan dimensi modal sosial ialah 867. Aras signifikan ialah kurang daripada 0.01 ($p < 0.01$), korelasi ini adalah signifikan, oleh itu hipotesis null (tiada perkaitan/*association*) boleh ditolak bahawa terdapat satu pertalian antara hubungan sosial dengan dimensi modal sosial pelajar sekolah kajian. Korelasi adalah positif, pelajar sekolah kajian yang mempunyai hubungan sosial yang lebih tinggi umumnya mempunyai nilai dimensi modal sosial yang tinggi dan sebaliknya jika hubungan sosial pelajar sekolah kajian adalah rendah, nilai dimensi modal sosial pelajar sekolah kajian juga rendah.

Hubungan sosial dengan ikatan kuat

Kendall's tau_b (τ_b) ialah 0.111, aras signifikan (*p*) ialah 0.01, kurang daripada 0.01 ($p < 0.01$) ($p = 0.000$) dan bilangan responden bagi pembolehubah hubungan sosial dengan ikatan kuat ialah 867. Aras signifikan ialah kurang daripada 0.01 ($p < 0.01$), korelasi ini adalah signifikan, oleh itu hipotesis null (tiada perkaitan/*association*) boleh ditolak bahawa terdapat satu pertalian antara hubungan sosial dengan ikatan kuat pelajar sekolah kajian. Korelasi adalah positif, pelajar sekolah kajian yang mempunyai hubungan sosial yang lebih tinggi umumnya mempunyai nilai ikatan kuat yang tinggi dan sebaliknya jika hubungan sosial pelajar sekolah kajian adalah rendah, nilai ikatan kuat pelajar sekolah kajian juga rendah.

Hubungan sosial dengan ikatan lemah

Kendall's tau_b (τ_b) ialah 0.198, aras signifikan (*p*) ialah 0.01, kurang daripada 0.01 ($p < 0.01$) ($p = 0.000$) dan bilangan responden bagi pembolehubah hubungan sosial dengan ikatan lemah ialah 867. Aras signifikan ialah kurang daripada 0.01 ($p < 0.01$), korelasi ini adalah signifikan, oleh itu hipotesis null (tiada perkaitan/*association*) boleh ditolak bahawa terdapat satu pertalian antara hubungan sosial dengan ikatan lemah pelajar sekolah kajian. Korelasi adalah positif, pelajar sekolah kajian yang mempunyai hubungan sosial yang lebih tinggi umumnya mempunyai nilai ikatan lemah yang tinggi dan sebaliknya jika hubungan sosial pelajar sekolah kajian adalah rendah, nilai ikatan lemah pelajar sekolah kajian juga rendah.

Hubungan sosial dengan nod

Kendall's tau_b (τ_b) ialah 0.076, aras signifikan (*p*) ialah 0.01, kurang daripada 0.01 ($p < 0.01$) ($p = 0.008$) dan bilangan responden bagi pembolehubah hubungan sosial dengan nod ialah 867. Aras signifikan ialah kurang daripada 0.01 ($p < 0.01$), korelasi ini adalah signifikan, oleh itu hipotesis null (tiada perkaitan/*association*) boleh ditolak bahawa terdapat satu pertalian antara hubungan sosial dengan nod pelajar sekolah kajian. Korelasi adalah positif, pelajar sekolah kajian yang mempunyai hubungan sosial yang lebih tinggi umumnya mempunyai nilai nod yang tinggi dan sebaliknya jika hubungan sosial pelajar sekolah kajian adalah rendah, nilai nod pelajar sekolah kajian juga rendah.

Interaksi sosial dengan agregat sosial

Kendall's tau_b (τ_b) ialah 0.052, aras signifikan (*p*) ialah 0.05, lebih daripada 0.05 ($p > 0.05$) ($p = 0.056$) dan bilangan responden bagi pembolehubah interaksi sosial dengan agregat sosial ialah 867. Hipotesis null tidak boleh ditolak dan tidak ada perkaitan antara interaksi sosial dengan agregat sosial.

Interaksi sosial dengan autoriti sosial

Kendall's tau_b (τ_b) ialah 0.108, aras signifikan (*p*) ialah 0.01, kurang daripada 0.01 ($p < 0.01$) ($p = 0.001$) dan bilangan responden bagi pembolehubah interaksi sosial dengan autoriti sosial ialah 867. Aras signifikan ialah kurang daripada 0.01 ($p < 0.01$), korelasi ini adalah signifikan, oleh itu hipotesis null (tiada perkaitan/*association*) boleh ditolak bahawa terdapat satu pertalian antara interaksi sosial dengan autoriti sosial pelajar sekolah kajian. Korelasi adalah positif, pelajar sekolah kajian yang mempunyai interaksi sosial yang lebih tinggi umumnya mempunyai nilai autoriti sosial yang tinggi dan sebaliknya jika interaksi sosial pelajar sekolah kajian adalah rendah, nilai autoriti sosial pelajar sekolah kajian juga rendah.

Interaksi sosial dengan peranan sosial

Kendall's tau_b (τ_b) ialah 0.117, aras signifikan (*p*) ialah 0.01, kurang daripada 0.01 ($p < 0.01$) ($p = 0.000$) dan bilangan responden bagi pembolehubah interaksi sosial dengan peranan sosial ialah 867. Aras signifikan ialah kurang daripada 0.01 ($p < 0.01$), korelasi ini adalah signifikan, oleh itu hipotesis null (tiada perkaitan/*association*) boleh ditolak bahawa terdapat satu pertalian antara interaksi sosial dengan peranan sosial pelajar sekolah kajian. Korelasi adalah positif, pelajar sekolah kajian yang mempunyai interaksi sosial yang lebih tinggi umumnya mempunyai nilai peranan sosial yang tinggi dan sebaliknya jika interaksi sosial pelajar sekolah kajian adalah rendah, nilai peranan sosial pelajar sekolah kajian juga rendah.

Interaksi sosial dengan status sosial

Kendall's tau_b (τ_b) ialah 0.114, aras signifikan (*p*) ialah 0.01, kurang daripada 0.01 ($p < 0.01$) ($p = 0.000$) dan bilangan responden bagi pembolehubah interaksi sosial dengan status sosial ialah 867. Aras signifikan ialah kurang daripada 0.01 ($p < 0.01$), korelasi ini adalah signifikan, oleh itu hipotesis null (tiada perkaitan/*association*) boleh ditolak bahawa terdapat satu pertalian antara interaksi sosial dengan status sosial pelajar sekolah kajian. Korelasi adalah positif, pelajar sekolah kajian yang mempunyai interaksi sosial yang lebih tinggi umumnya mempunyai nilai status sosial yang tinggi dan sebaliknya jika interaksi sosial pelajar sekolah kajian adalah rendah, nilai status sosial pelajar sekolah kajian juga rendah.

Interaksi sosial dengan norma sosial

Kendall's tau_b (τ_b) ialah 0.033, aras signifikan (p) ialah 0.05, lebih daripada 0.05 ($p > 0.05$) ($p = 0.155$) dan bilangan responden bagi pembolehubah interaksi sosial dengan norma sosial ialah 867. Hipotesis null tidak boleh ditolak dan tidak ada perkaitan antara interaksi sosial dengan norma sosial.

Interaksi sosial dengan entropi sosial

Kendall's tau_b (τ_b) ialah 0.125, aras signifikan (p) ialah 0.01, kurang daripada 0.01 ($p < 0.01$) ($p = 0.000$) dan bilangan responden bagi pembolehubah interaksi sosial dengan entropi sosial ialah 867. Aras signifikan ialah kurang daripada 0.01 ($p < 0.01$), korelasi ini adalah signifikan, oleh itu hipotesis null (tiada perkaitan/*association*) boleh ditolak bahawa terdapat satu pertalian antara interaksi sosial dengan entropi sosial pelajar sekolah kajian. Korelasi adalah positif, pelajar sekolah kajian yang mempunyai interaksi sosial yang lebih tinggi umumnya mempunyai nilai entropi sosial yang tinggi dan sebaliknya jika interaksi sosial pelajar sekolah kajian adalah rendah, nilai entropi sosial pelajar sekolah kajian juga rendah.

Interaksi sosial dengan bentuk modal sosial

Kendall's tau_b (τ_b) ialah 0.246 aras signifikan (p) ialah 0.01, kurang daripada 0.01 ($p < 0.01$) ($p = 0.000$) dan bilangan responden bagi pembolehubah interaksi sosial dengan bentuk modal sosial ialah 867. Aras signifikan ialah kurang daripada 0.01 ($p < 0.01$), korelasi ini adalah signifikan, oleh itu hipotesis null (tiada perkaitan/*association*) boleh ditolak bahawa terdapat satu pertalian antara interaksi sosial dengan bentuk modal sosial pelajar sekolah kajian. Korelasi adalah positif, pelajar sekolah kajian yang mempunyai interaksi sosial yang lebih tinggi umumnya mempunyai nilai bentuk modal sosial yang tinggi dan sebaliknya jika interaksi sosial pelajar sekolah kajian adalah rendah, nilai bentuk modal sosial pelajar sekolah kajian juga rendah.

Interaksi sosial dengan dimensi modal sosial

Kendall's tau_b (τ_b) ialah 0.067 aras signifikan (p) ialah 0.01, kurang daripada 0.01 ($p < 0.01$) ($p = 0.023$) dan bilangan responden bagi pembolehubah interaksi sosial dengan dimensi modal sosial ialah 867. Aras signifikan ialah kurang daripada 0.01 ($p < 0.01$), korelasi ini adalah signifikan, oleh itu hipotesis null (tiada perkaitan/*association*) boleh ditolak bahawa terdapat satu pertalian antara interaksi sosial dengan dimensi modal sosial pelajar sekolah kajian. Korelasi adalah positif, pelajar sekolah kajian yang mempunyai interaksi sosial yang lebih tinggi umumnya mempunyai nilai dimensi modal sosial yang tinggi dan sebaliknya jika interaksi sosial pelajar sekolah kajian adalah rendah, nilai dimensi modal sosial pelajar sekolah kajian juga rendah.

Interaksi sosial dengan ikatan kuat

Kendall's tau_b (τ_b) ialah 0.101 aras signifikan (p) ialah 0.01, kurang daripada 0.01 ($p < 0.01$) ($p = 0.001$) dan bilangan responden bagi pembolehubah interaksi sosial dengan ikatan kuat ialah 867. Aras signifikan ialah kurang daripada 0.01 ($p < 0.01$), korelasi ini adalah signifikan, oleh itu hipotesis null (tiada perkaitan/*association*) boleh ditolak bahawa terdapat satu pertalian antara interaksi sosial dengan ikatan kuat pelajar sekolah kajian. Korelasi adalah positif, pelajar sekolah kajian yang mempunyai interaksi sosial yang lebih tinggi umumnya mempunyai nilai ikatan kuat yang tinggi dan sebaliknya jika interaksi sosial pelajar sekolah kajian adalah rendah, nilai ikatan kuat pelajar sekolah kajian juga rendah.

Interaksi sosial dengan ikatan lemah

Kendall's tau_b (τ_b) ialah 0.024, aras signifikan (p) ialah 0.05, lebih daripada 0.05 ($p > 0.05$) ($p = 0.232$) dan bilangan responden bagi pembolehubah interaksi sosial dengan ikatan lemah ialah 867. Hipotesis null tidak boleh ditolak dan tidak ada perkaitan antara interaksi sosial dengan ikatan lemah.

Interaksi sosial dengan nod

Kendall's tau_b (τ_b) ialah 0.143 aras signifikan (p) ialah 0.01, kurang daripada 0.01 ($p < 0.01$) ($p = 0.000$) dan bilangan responden bagi pembolehubah interaksi sosial dengan nod ialah 867. Aras signifikan ialah kurang daripada 0.01 ($p < 0.01$), korelasi ini adalah signifikan, oleh itu hipotesis null (tiada perkaitan/*association*) boleh ditolak bahawa terdapat satu pertalian antara interaksi sosial dengan nod pelajar sekolah kajian. Korelasi adalah positif, pelajar sekolah kajian yang mempunyai interaksi sosial yang lebih tinggi umumnya mempunyai nilai nod yang tinggi dan sebaliknya jika interaksi sosial pelajar sekolah kajian adalah rendah, nilai nod pelajar sekolah kajian juga rendah.

Agregat sosial dengan autoriti sosial

Kendall's tau_b (τ_b) ialah 0.326, aras signifikan (p) ialah 0.01, kurang daripada 0.01 ($p < 0.01$) ($p = 0.000$) dan bilangan responden bagi pembolehubah agregat sosial dengan autoriti sosial ialah 867. Aras signifikan ialah kurang daripada 0.01 ($p < 0.01$), korelasi ini adalah signifikan, oleh itu hipotesis null (tiada perkaitan/*association*) boleh ditolak bahawa terdapat satu pertalian antara agregat sosial dengan autoriti sosial pelajar sekolah kajian. Korelasi adalah positif, pelajar sekolah kajian yang mempunyai agregat sosial yang lebih tinggi umumnya mempunyai nilai autoriti sosial yang tinggi dan sebaliknya jika agregat sosial pelajar sekolah kajian adalah rendah, nilai autoriti sosial pelajar sekolah kajian juga rendah.

Agregat sosial dengan peranan sosial

Kendall's tau_b (τ_b) ialah 0.221 aras signifikan (p) ialah 0.01, kurang daripada 0.01 ($p < 0.01$) ($p = 0.000$) dan bilangan responden bagi pembolehubah agregat sosial dengan peranan sosial ialah 867. Aras signifikan ialah kurang daripada 0.01 ($p < 0.01$), korelasi ini adalah signifikan, oleh itu hipotesis null (tiada perkaitan/*association*) boleh ditolak bahawa terdapat satu pertalian antara agregat sosial dengan peranan sosial pelajar sekolah kajian. Korelasi adalah positif, pelajar sekolah kajian yang mempunyai agregat sosial yang lebih tinggi umumnya mempunyai nilai peranan sosial yang tinggi dan sebaliknya jika agregat sosial pelajar sekolah kajian adalah rendah, nilai peranan sosial pelajar sekolah kajian juga rendah.

Agregat sosial dengan status sosial

Kendall's tau_b (τ_b) ialah 0.221 aras signifikan (p) ialah 0.01, kurang daripada 0.01 ($p < 0.01$) ($p = 0.000$) dan bilangan responden bagi pembolehubah agregat sosial dengan status sosial ialah 867. Aras signifikan ialah kurang daripada 0.01 ($p < 0.01$), korelasi ini adalah signifikan, oleh itu hipotesis null (tiada perkaitan/*association*) boleh ditolak bahawa terdapat satu pertalian antara agregat sosial dengan status sosial pelajar sekolah kajian. Korelasi adalah positif, pelajar sekolah kajian yang mempunyai agregat sosial yang lebih tinggi umumnya mempunyai nilai status sosial yang tinggi dan sebaliknya jika agregat sosial pelajar sekolah kajian adalah rendah, nilai status sosial pelajar sekolah kajian juga rendah.

Agregat sosial dengan norma sosial

Kendall's tau_b (τ_b) ialah 0.286 aras signifikan (*p*) ialah 0.01, kurang daripada 0.01 ($p < 0.01$) ($p = 0.000$) dan bilangan responden bagi pembolehubah agregat sosial dengan norma sosial ialah 867. Aras signifikan ialah kurang daripada 0.01 ($p < 0.01$), korelasi ini adalah signifikan, oleh itu hipotesis null (tiada perkaitan/*association*) boleh ditolak bahawa terdapat satu pertalian antara agregat sosial dengan norma sosial pelajar sekolah kajian. Korelasi adalah positif, pelajar sekolah kajian yang mempunyai agregat sosial yang lebih tinggi umumnya mempunyai nilai norma sosial yang tinggi dan sebaliknya jika agregat sosial pelajar sekolah kajian adalah rendah, nilai norma sosial pelajar sekolah kajian juga rendah.

Agregat sosial dengan entropi sosial

Kendall's tau_b (τ_b) ialah -0.014, aras signifikan (*p*) ialah 0.05, lebih daripada 0.05 ($p > 0.05$) ($p = 0.330$) dan bilangan responden bagi pembolehubah agregat sosial dengan entropi sosial ialah 867. Hipotesis null tidak boleh ditolak dan tidak ada perkaitan antara agregat sosial dengan entropi sosial

Agregat sosial dengan bentuk modal sosial

Kendall's tau_b (τ_b) ialah 0.286, aras signifikan (*p*) ialah 0.01, kurang daripada 0.01 ($p < 0.01$) ($p = 0.000$). Korelasi ini adalah signifikan, oleh itu hipotesis null (tiada perkaitan/*association*) boleh ditolak bahawa terdapat satu pertalian antara agregat sosial dengan bentuk modal sosial pelajar sekolah kajian. Korelasi adalah positif, pelajar sekolah kajian yang mempunyai agregat sosial yang lebih tinggi umumnya mempunyai nilai bentuk modal sosial yang tinggi dan sebaliknya jika agregat sosial pelajar sekolah kajian adalah rendah, nilai bentuk modal sosial pelajar sekolah kajian juga rendah.

Agregat sosial dengan dimensi modal sosial

Kendall's tau_b (τ_b) ialah 0.294 aras signifikan (*p*) ialah 0.01, kurang daripada 0.01 ($p < 0.01$) ($p = 0.000$) dan bilangan responden bagi pembolehubah agregat sosial dengan dimensi modal sosial ialah 867. Aras signifikan ialah kurang daripada 0.01 ($p < 0.01$), korelasi ini adalah signifikan, oleh itu hipotesis null (tiada perkaitan/*association*) boleh ditolak bahawa terdapat satu pertalian antara agregat sosial dengan dimensi modal sosial pelajar sekolah kajian. Korelasi adalah positif, pelajar sekolah kajian yang mempunyai agregat sosial yang lebih tinggi umumnya mempunyai nilai dimensi modal sosial yang tinggi dan sebaliknya jika agregat sosial pelajar sekolah kajian adalah rendah, nilai dimensi modal sosial pelajar sekolah kajian juga rendah.

Agregat sosial dengan ikatan kuat

Kendall's tau_b (τ_b) ialah 0.238 aras signifikan (*p*) ialah 0.01, kurang daripada 0.01 ($p < 0.01$) ($p = 0.000$) dan bilangan responden bagi pembolehubah agregat sosial dengan ikatan kuat ialah 867. Aras signifikan ialah kurang daripada 0.01 ($p < 0.01$), korelasi ini adalah signifikan, oleh itu hipotesis null (tiada perkaitan/*association*) boleh ditolak bahawa terdapat satu pertalian antara agregat sosial dengan ikatan kuat pelajar sekolah kajian. Korelasi adalah positif, pelajar sekolah kajian yang mempunyai agregat sosial yang lebih tinggi umumnya mempunyai nilai ikatan kuat yang tinggi dan sebaliknya jika agregat sosial pelajar sekolah kajian adalah rendah, nilai ikatan kuat pelajar sekolah kajian juga rendah.

Agregat sosial dengan ikatan lemah

Kendall's tau_b (τ_b) ialah 0.238 aras signifikan (p) ialah 0.01, kurang daripada 0.01 ($p < 0.01$) ($p = 0.000$) dan bilangan responden bagi pembolehubah agregat sosial dengan ikatan lemah ialah 867. Aras signifikan ialah kurang daripada 0.01 ($p < 0.01$), korelasi ini adalah signifikan, oleh itu hipotesis null (tiada perkaitan/*association*) boleh ditolak bahawa terdapat satu pertalian antara agregat sosial dengan ikatan lemah pelajar sekolah kajian. Korelasi adalah positif, pelajar sekolah kajian yang mempunyai agregat sosial yang lebih tinggi umumnya mempunyai nilai ikatan lemah yang tinggi dan sebaliknya jika agregat sosial pelajar sekolah kajian adalah rendah, nilai ikatan lemah pelajar sekolah kajian juga rendah.

Agregat sosial dengan nod

Kendall's tau_b (τ_b) ialah 0.224 aras signifikan (p) ialah 0.01, kurang daripada 0.01 ($p < 0.01$) ($p = 0.000$) dan bilangan responden bagi pembolehubah agregat sosial dengan nod ialah 867. Aras signifikan ialah kurang daripada 0.01 ($p < 0.01$), korelasi ini adalah signifikan, oleh itu hipotesis null (tiada perkaitan/*association*) boleh ditolak bahawa terdapat satu pertalian antara agregat sosial dengan nod pelajar sekolah kajian. Korelasi adalah positif, pelajar sekolah kajian yang mempunyai agregat sosial yang lebih tinggi umumnya mempunyai nilai nod yang tinggi dan sebaliknya jika agregat sosial pelajar sekolah kajian adalah rendah, nilai nod pelajar sekolah kajian juga rendah.

Autoriti sosial dengan peranan sosial

Kendall's tau_b (τ_b) ialah 0.383, aras signifikan (p) ialah 0.01, kurang daripada 0.01 ($p < 0.01$) ($p = 0.000$) dan bilangan responden bagi pembolehubah autoriti sosial dengan peranan sosial ialah 867. Aras signifikan ialah kurang daripada 0.01 ($p < 0.01$), korelasi ini adalah signifikan, oleh itu hipotesis null (tiada perkaitan/*association*) boleh ditolak bahawa terdapat satu pertalian antara autoriti sosial dengan peranan sosial pelajar sekolah kajian. Korelasi adalah positif, pelajar sekolah kajian yang mempunyai autoriti sosial yang lebih tinggi umumnya mempunyai nilai peranan sosial yang tinggi dan sebaliknya jika autoriti sosial pelajar sekolah kajian adalah rendah, nilai peranan sosial pelajar sekolah kajian juga rendah.

Autoriti sosial dengan peranan sosial

Kendall's tau_b (τ_b) ialah 0.383, aras signifikan (p) ialah 0.01, kurang daripada 0.01 ($p < 0.01$) ($p = 0.000$) dan bilangan responden bagi pembolehubah autoriti sosial dengan peranan sosial ialah 867. Aras signifikan ialah kurang daripada 0.01 ($p < 0.01$), korelasi ini adalah signifikan, oleh itu hipotesis null (tiada perkaitan/*association*) boleh ditolak bahawa terdapat satu pertalian antara autoriti sosial dengan peranan sosial pelajar sekolah kajian. Korelasi adalah positif, pelajar sekolah kajian yang mempunyai autoriti sosial yang lebih tinggi umumnya mempunyai nilai peranan sosial yang tinggi dan sebaliknya jika autoriti sosial pelajar sekolah kajian adalah rendah, nilai peranan sosial pelajar sekolah kajian juga rendah.

Autoriti sosial dengan status sosial

Kendall's tau_b (τ_b) ialah 0.353 aras signifikan (p) ialah 0.01, kurang daripada 0.01 ($p < 0.01$) ($p = 0.000$) dan bilangan responden bagi pembolehubah autoriti sosial dengan status sosial ialah 867. Aras signifikan ialah kurang daripada 0.01 ($p < 0.01$), korelasi ini adalah signifikan, oleh itu hipotesis null (tiada perkaitan/*association*) boleh ditolak bahawa terdapat satu pertalian antara autoriti sosial dengan status sosial pelajar sekolah kajian. Korelasi adalah positif, pelajar sekolah kajian yang mempunyai autoriti sosial yang lebih tinggi umumnya mempunyai nilai status sosial yang tinggi dan sebaliknya jika autoriti sosial pelajar sekolah kajian adalah rendah, nilai status sosial pelajar sekolah kajian juga rendah.

Autoriti sosial dengan norma sosial

Kendall's tau_b (τ_b) ialah 0.290 aras signifikan (p) ialah 0.01, kurang daripada 0.01 ($p < 0.01$) ($p = 0.000$) dan bilangan responden bagi pembolehubah autoriti sosial dengan norma sosial ialah 867. Aras signifikan ialah kurang daripada 0.01 ($p < 0.01$), korelasi ini adalah signifikan, oleh itu hipotesis null (tiada perkaitan/*association*) boleh ditolak bahawa terdapat satu pertalian antara autoriti sosial dengan norma sosial pelajar sekolah kajian. Korelasi adalah positif, pelajar sekolah kajian yang mempunyai autoriti sosial yang lebih tinggi umumnya mempunyai nilai norma sosial yang tinggi dan sebaliknya jika autoriti sosial pelajar sekolah kajian adalah rendah, nilai norma sosial pelajar sekolah kajian juga rendah.

Autoriti sosial dengan entropi sosial

Kendall's tau_b (τ_b) ialah 0.232 aras signifikan (p) ialah 0.01, kurang daripada 0.01 ($p < 0.01$) ($p = 0.000$) dan bilangan responden bagi pembolehubah autoriti sosial dengan entropi sosial ialah 867. Aras signifikan ialah kurang daripada 0.01 ($p < 0.01$), korelasi ini adalah signifikan, oleh itu hipotesis null (tiada perkaitan/*association*) boleh ditolak bahawa terdapat satu pertalian antara autoriti sosial dengan entropi sosial pelajar sekolah kajian. Korelasi adalah positif, pelajar sekolah kajian yang mempunyai autoriti sosial yang lebih tinggi umumnya mempunyai nilai entropi sosial yang tinggi dan sebaliknya jika autoriti sosial pelajar sekolah kajian adalah rendah, nilai entropi sosial pelajar sekolah kajian juga rendah.

Autoriti sosial dengan bentuk modal sosial

Kendall's tau_b (τ_b) ialah 0.309 aras signifikan (p) ialah 0.01, kurang daripada 0.01 ($p < 0.01$) ($p = 0.000$) dan bilangan responden bagi pembolehubah autoriti sosial dengan bentuk modal sosial ialah 867. Aras signifikan ialah kurang daripada 0.01 ($p < 0.01$), korelasi ini adalah signifikan, oleh itu hipotesis null (tiada perkaitan/*association*) boleh ditolak bahawa terdapat satu pertalian antara autoriti sosial dengan bentuk modal sosial pelajar sekolah kajian. Korelasi adalah positif, pelajar sekolah kajian yang mempunyai autoriti sosial yang lebih tinggi umumnya mempunyai nilai bentuk modal sosial yang tinggi dan sebaliknya jika autoriti sosial pelajar sekolah kajian adalah rendah, nilai bentuk modal sosial pelajar sekolah kajian juga rendah.

Autoriti sosial dengan dimensi modal sosial

Kendall's tau_b (τ_b) ialah 0.307 aras signifikan (p) ialah 0.01, kurang daripada 0.01 ($p < 0.01$) ($p = 0.000$) dan bilangan responden bagi pembolehubah autoriti sosial dengan dimensi modal sosial ialah 867. Aras signifikan ialah kurang daripada 0.01 ($p < 0.01$), korelasi ini adalah signifikan, oleh itu hipotesis null (tiada perkaitan/*association*) boleh ditolak bahawa terdapat satu pertalian antara autoriti sosial dengan dimensi modal sosial pelajar sekolah kajian. Korelasi adalah positif, pelajar sekolah kajian yang mempunyai autoriti sosial yang lebih tinggi umumnya mempunyai nilai dimensi modal sosial yang tinggi dan sebaliknya jika autoriti sosial pelajar sekolah kajian adalah rendah, nilai dimensi modal sosial pelajar sekolah kajian juga rendah.

Autoriti sosial dengan ikatan kuat

Kendall's tau_b (τ_b) ialah 0.272 aras signifikan (p) ialah 0.01, kurang daripada 0.01 ($p < 0.01$) ($p = 0.000$) dan bilangan responden bagi pembolehubah autoriti sosial dengan ikatan kuat ialah 867. Aras signifikan ialah kurang daripada 0.01 ($p < 0.01$), korelasi ini adalah signifikan, oleh itu hipotesis null (tiada perkaitan/*association*) boleh ditolak bahawa terdapat satu pertalian antara autoriti sosial dengan ikatan kuat pelajar sekolah kajian. Korelasi adalah positif, pelajar sekolah kajian yang mempunyai autoriti sosial yang lebih tinggi umumnya mempunyai nilai ikatan kuat yang tinggi dan sebaliknya jika autoriti sosial pelajar sekolah kajian adalah rendah, nilai ikatan kuat pelajar sekolah kajian juga rendah.

Autoriti sosial dengan ikatan lemah

Kendall's tau_b (τ_b) ialah 0.283 aras signifikan (p) ialah 0.01, kurang daripada 0.01 ($p < 0.01$) ($p = 0.000$) dan bilangan responden bagi pembolehubah autoriti sosial dengan ikatan lemah ialah 867. Aras signifikan ialah kurang daripada 0.01 ($p < 0.01$), korelasi ini adalah signifikan, oleh itu hipotesis null (tiada perkaitan/*association*) boleh ditolak bahawa terdapat satu pertalian antara autoriti sosial dengan ikatan lemah pelajar sekolah kajian. Korelasi adalah positif, pelajar sekolah kajian yang mempunyai autoriti sosial yang lebih tinggi umumnya mempunyai nilai ikatan lemah yang tinggi dan sebaliknya jika autoriti sosial pelajar sekolah kajian adalah rendah, nilai ikatan lemah pelajar sekolah kajian juga rendah.

Autoriti sosial dengan nod

Kendall's tau_b (τ_b) ialah 0.383 aras signifikan (p) ialah 0.01, kurang daripada 0.01 ($p < 0.01$) ($p = 0.000$) dan bilangan responden bagi pembolehubah autoriti sosial dengan nod ialah 867. Aras signifikan ialah kurang daripada 0.01 ($p < 0.01$), korelasi ini adalah signifikan, oleh itu hipotesis null (tiada perkaitan/*association*) boleh ditolak bahawa terdapat satu pertalian antara autoriti sosial dengan nod pelajar sekolah kajian. Korelasi adalah positif, pelajar sekolah kajian yang mempunyai autoriti sosial yang lebih tinggi umumnya mempunyai nilai nod yang tinggi dan sebaliknya jika autoriti sosial pelajar sekolah kajian adalah rendah, nilai nod pelajar sekolah kajian juga rendah.

Peranan sosial dengan status sosial

Kendall's tau_b (τ_b) ialah 0.469, aras signifikan (p) ialah 0.01, kurang daripada 0.01 ($p < 0.01$) ($p = 0.000$) dan bilangan responden bagi pembolehubah peranan sosial dengan status sosial ialah 867. Aras signifikan ialah kurang daripada 0.01 ($p < 0.01$), korelasi ini adalah signifikan, oleh itu hipotesis null (tiada perkaitan/*association*) boleh ditolak bahawa terdapat satu pertalian antara peranan sosial dengan status sosial pelajar sekolah kajian. Korelasi adalah positif, pelajar sekolah kajian yang mempunyai peranan sosial yang lebih tinggi umumnya mempunyai nilai status sosial yang tinggi dan sebaliknya jika peranan sosial pelajar sekolah kajian adalah rendah, nilai status sosial pelajar sekolah kajian juga rendah.

Peranan sosial dengan norma sosial

Kendall's tau_b (τ_b) ialah 0.246 aras signifikan (p) ialah 0.01, kurang daripada 0.01 ($p < 0.01$) ($p = 0.000$) dan bilangan responden bagi pembolehubah peranan sosial dengan norma sosial ialah 867. Aras signifikan ialah kurang daripada 0.01 ($p < 0.01$), korelasi ini adalah signifikan, oleh itu hipotesis null (tiada perkaitan/*association*) boleh ditolak bahawa terdapat satu pertalian antara peranan sosial dengan norma sosial pelajar sekolah kajian. Korelasi adalah positif, pelajar sekolah kajian yang mempunyai peranan sosial yang lebih tinggi umumnya mempunyai nilai norma sosial yang tinggi dan sebaliknya jika peranan sosial pelajar sekolah kajian adalah rendah, nilai norma sosial pelajar sekolah kajian juga rendah.

Peranan sosial dengan entropi sosial

Kendall's tau_b (τ_b) ialah 0.056 aras signifikan (p) ialah 0.01, kurang daripada 0.01 ($p < 0.01$) ($p = 0.035$) dan bilangan responden bagi pembolehubah peranan sosial dengan entropi sosial ialah 867. Aras signifikan ialah kurang daripada 0.01 ($p < 0.01$), korelasi ini adalah signifikan, oleh itu hipotesis null (tiada perkaitan/*association*) boleh ditolak bahawa terdapat satu pertalian antara peranan sosial dengan entropi sosial pelajar sekolah kajian. Korelasi adalah positif, pelajar sekolah kajian yang mempunyai peranan sosial yang lebih tinggi umumnya mempunyai nilai entropi sosial yang tinggi dan sebaliknya jika peranan sosial pelajar sekolah kajian adalah rendah, nilai entropi sosial pelajar sekolah kajian juga rendah.

Peranan sosial dengan bentuk modal sosial

Kendall's tau_b (τ_b) ialah 0.277 aras signifikan (p) ialah 0.01, kurang daripada 0.01 ($p < 0.01$) ($p = 0.000$) dan bilangan responden bagi pembolehubah peranan sosial dengan bentuk modal sosial ialah 867. Aras signifikan ialah kurang daripada 0.01 ($p < 0.01$), korelasi ini adalah signifikan, oleh itu hipotesis null (tiada perkaitan/*association*) boleh ditolak bahawa terdapat satu pertalian antara peranan sosial dengan bentuk modal sosial pelajar sekolah kajian. Korelasi adalah positif, pelajar sekolah kajian yang mempunyai peranan sosial yang lebih tinggi umumnya mempunyai nilai bentuk modal sosial yang tinggi dan sebaliknya jika peranan sosial pelajar sekolah kajian adalah rendah, nilai bentuk modal sosial pelajar sekolah kajian juga rendah.

Peranan sosial dengan dimensi modal sosial

Kendall's tau_b (τ_b) ialah 0.239 aras signifikan (p) ialah 0.01, kurang daripada 0.01 ($p < 0.01$) ($p = 0.000$) dan bilangan responden bagi pembolehubah peranan sosial dengan dimensi modal sosial ialah 867. Aras signifikan ialah kurang daripada 0.01 ($p < 0.01$), korelasi ini adalah signifikan, oleh itu hipotesis null (tiada perkaitan/*association*) boleh ditolak bahawa terdapat satu pertalian antara peranan sosial dengan dimensi modal sosial pelajar sekolah kajian. Korelasi adalah positif, pelajar sekolah kajian yang mempunyai peranan sosial yang lebih tinggi umumnya mempunyai nilai dimensi modal sosial yang tinggi dan sebaliknya jika peranan sosial pelajar sekolah kajian adalah rendah, nilai dimensi modal sosial pelajar sekolah kajian juga rendah.

Peranan sosial dengan ikatan kuat

Kendall's tau_b (τ_b) ialah 0.222 aras signifikan (p) ialah 0.01, kurang daripada 0.01 ($p < 0.01$) ($p = 0.000$) dan bilangan responden bagi pembolehubah peranan sosial dengan ikatan kuat ialah 867. Aras signifikan ialah kurang daripada 0.01 ($p < 0.01$), korelasi ini adalah signifikan, oleh itu hipotesis null (tiada perkaitan/*association*) boleh ditolak bahawa terdapat satu pertalian antara peranan sosial dengan ikatan kuat pelajar sekolah kajian. Korelasi adalah positif, pelajar sekolah kajian yang mempunyai peranan sosial yang lebih tinggi umumnya mempunyai nilai ikatan kuat yang tinggi dan sebaliknya jika peranan sosial pelajar sekolah kajian adalah rendah, nilai ikatan kuat pelajar sekolah kajian juga rendah.

Peranan sosial dengan ikatan lemah

Kendall's tau_b (τ_b) ialah 0.238 aras signifikan (p) ialah 0.01, kurang daripada 0.01 ($p < 0.01$) ($p = 0.000$) dan bilangan responden bagi pembolehubah peranan sosial dengan ikatan lemah ialah 867. Aras signifikan ialah kurang daripada 0.01 ($p < 0.01$), korelasi ini adalah signifikan, oleh itu hipotesis null (tiada perkaitan/*association*) boleh ditolak bahawa terdapat satu pertalian antara peranan sosial dengan ikatan lemah pelajar sekolah kajian. Korelasi adalah positif, pelajar sekolah kajian yang mempunyai peranan sosial yang lebih tinggi umumnya mempunyai nilai ikatan lemah yang tinggi dan sebaliknya jika peranan sosial pelajar sekolah kajian adalah rendah, nilai ikatan lemah pelajar sekolah kajian juga rendah.

Peranan sosial dengan nod

Kendall's tau_b (τ_b) ialah 0.238 aras signifikan (p) ialah 0.01, kurang daripada 0.01 ($p < 0.01$) ($p = 0.000$) dan bilangan responden bagi pembolehubah peranan sosial dengan nod ialah 867. Aras signifikan ialah kurang daripada 0.01 ($p < 0.01$), korelasi ini adalah signifikan, oleh itu hipotesis null (tiada perkaitan/*association*) boleh ditolak bahawa terdapat satu pertalian antara peranan sosial dengan nod pelajar sekolah kajian. Korelasi adalah positif, pelajar sekolah kajian yang mempunyai peranan sosial yang lebih tinggi umumnya mempunyai nilai nod yang tinggi dan sebaliknya jika peranan sosial pelajar sekolah kajian adalah rendah, nilai nod pelajar sekolah kajian juga rendah.

Status sosial dengan norma sosial

Kendall's tau_b (τ_b) ialah 0.317, aras signifikan (p) ialah 0.01, kurang daripada 0.01 ($p < 0.01$) ($p = 0.000$) dan bilangan responden bagi pembolehubah status sosial dengan norma sosial ialah 867. Aras signifikan ialah kurang daripada 0.01 ($p < 0.01$), korelasi ini adalah signifikan, oleh itu hipotesis null (tiada perkaitan/*association*) boleh ditolak bahawa terdapat satu pertalian antara status sosial dengan norma sosial pelajar sekolah kajian. Korelasi adalah positif, pelajar sekolah kajian yang mempunyai status sosial yang lebih tinggi umumnya mempunyai nilai norma sosial yang tinggi dan sebaliknya jika status sosial pelajar sekolah kajian adalah rendah, nilai norma sosial pelajar sekolah kajian juga rendah.

Status sosial dengan entropi sosial

Kendall's tau_b (τ_b) ialah 0.076 aras signifikan (p) ialah 0.01, kurang daripada 0.01 ($p < 0.01$) ($p = 0.007$) dan bilangan responden bagi pembolehubah status sosial dengan entropi sosial ialah 867. Aras signifikan ialah kurang daripada 0.01 ($p < 0.01$), korelasi ini adalah signifikan, oleh itu hipotesis null (tiada perkaitan/*association*) boleh ditolak bahawa terdapat satu pertalian antara status sosial dengan entropi sosial pelajar sekolah kajian. Korelasi adalah positif, pelajar sekolah kajian yang mempunyai status sosial yang lebih tinggi umumnya mempunyai nilai entropi sosial yang tinggi dan sebaliknya jika status sosial pelajar sekolah kajian adalah rendah, nilai entropi sosial pelajar sekolah kajian juga rendah.

Status sosial dengan bentuk modal sosial

Kendall's tau_b (τ_b) ialah 0.286 aras signifikan (p) ialah 0.01, kurang daripada 0.01 ($p < 0.01$) ($p = 0.000$) dan bilangan responden bagi pembolehubah status sosial dengan bentuk modal sosial ialah 867. Aras signifikan ialah kurang daripada 0.01 ($p < 0.01$), korelasi ini adalah signifikan, oleh itu hipotesis null (tiada perkaitan/*association*) boleh ditolak bahawa terdapat satu pertalian antara status sosial dengan bentuk modal sosial pelajar sekolah kajian. Korelasi adalah positif, pelajar sekolah kajian yang mempunyai status sosial yang lebih tinggi umumnya mempunyai nilai bentuk modal sosial yang tinggi dan sebaliknya jika status sosial pelajar sekolah kajian adalah rendah, nilai bentuk modal sosial pelajar sekolah kajian juga rendah.

Status sosial dengan dimensi modal sosial

Kendall's tau_b (τ_b) ialah 0.258 aras signifikan (p) ialah 0.01, kurang daripada 0.01 ($p < 0.01$) ($p = 0.000$) dan bilangan responden bagi pembolehubah status sosial dengan dimensi modal sosial ialah 867. Aras signifikan ialah kurang daripada 0.01 ($p < 0.01$), korelasi ini adalah signifikan, oleh itu hipotesis null (tiada perkaitan/*association*) boleh ditolak bahawa terdapat satu pertalian antara status sosial dengan dimensi modal sosial pelajar sekolah kajian. Korelasi adalah positif, pelajar sekolah kajian yang mempunyai status sosial yang lebih tinggi umumnya mempunyai nilai dimensi modal sosial yang tinggi dan sebaliknya jika status sosial pelajar sekolah kajian adalah rendah, nilai dimensi modal sosial pelajar sekolah kajian juga rendah.

Status sosial dengan ikatan kuat

Kendall's tau_b (τ_b) ialah 0.274 aras signifikan (p) ialah 0.01, kurang daripada 0.01 ($p < 0.01$) ($p = 0.000$) dan bilangan responden bagi pembolehubah status sosial dengan ikatan kuat ialah 867. Aras signifikan ialah kurang daripada 0.01 ($p < 0.01$), korelasi ini adalah signifikan, oleh itu hipotesis null (tiada perkaitan/*association*) boleh ditolak bahawa terdapat satu pertalian antara status sosial dengan ikatan kuat pelajar sekolah kajian. Korelasi adalah positif, pelajar sekolah kajian yang mempunyai status sosial yang lebih tinggi umumnya mempunyai nilai ikatan kuat yang tinggi dan sebaliknya jika status sosial pelajar sekolah kajian adalah rendah, nilai ikatan kuat pelajar sekolah kajian juga rendah.

Status sosial dengan ikatan lemah

Kendall's tau_b (τ_b) ialah 0.268 aras signifikan (p) ialah 0.01, kurang daripada 0.01 ($p < 0.01$) ($p = 0.000$) dan bilangan responden bagi pembolehubah status sosial dengan ikatan lemah ialah 867. Aras signifikan ialah kurang daripada 0.01 ($p < 0.01$), korelasi ini adalah signifikan, oleh itu hipotesis null (tiada perkaitan/*association*) boleh ditolak bahawa terdapat satu pertalian antara status sosial dengan ikatan lemah pelajar sekolah kajian. Korelasi adalah positif, pelajar sekolah kajian yang mempunyai status sosial yang lebih tinggi umumnya mempunyai nilai ikatan lemah yang tinggi dan sebaliknya jika status sosial pelajar sekolah kajian adalah rendah, nilai ikatan lemah pelajar sekolah kajian juga rendah.

Status sosial dengan nod

Kendall's tau_b (τ_b) ialah 0.305 aras signifikan (p) ialah 0.01, kurang daripada 0.01 ($p < 0.01$) ($p = 0.000$) dan bilangan responden bagi pembolehubah status sosial dengan nod ialah 867. Aras signifikan ialah kurang daripada 0.01 ($p < 0.01$), korelasi ini adalah signifikan, oleh itu hipotesis null (tiada perkaitan/*association*) boleh ditolak bahawa terdapat satu pertalian antara status sosial dengan nod pelajar sekolah kajian. Korelasi adalah positif, pelajar sekolah kajian yang mempunyai status sosial yang lebih tinggi umumnya mempunyai nilai nod yang tinggi dan sebaliknya jika status sosial pelajar sekolah kajian adalah rendah, nilai nod pelajar sekolah kajian juga rendah.

Norma sosial dengan entropi sosial

Kendall's tau_b (τ_b) ialah 0.007, aras signifikan (*p*) ialah 0.05, lebih daripada 0.05 ($p > 0.05$) ($p = 0.405$) dan bilangan responden bagi pembolehubah norma sosial dengan entropi sosial ialah 867. Hipotesis null tidak boleh ditolak dan tidak ada perkaitan antara norma sosial dengan entropi sosial.

Norma sosial dengan bentuk modal sosial

Kendall's tau_b (τ_b) ialah 0.282 aras signifikan (*p*) ialah 0.01, kurang daripada 0.01 ($p < 0.01$) ($p = 0.000$) dan bilangan responden bagi pembolehubah norma sosial dengan bentuk modal sosial ialah 867. Aras signifikan ialah kurang daripada 0.01 ($p < 0.01$), korelasi ini adalah signifikan, oleh itu hipotesis null (tiada perkaitan/*association*) boleh ditolak bahawa terdapat satu pertalian antara norma sosial dengan bentuk modal sosial pelajar sekolah kajian. Korelasi adalah positif, pelajar sekolah kajian yang mempunyai norma sosial yang lebih tinggi umumnya mempunyai nilai bentuk modal sosial yang tinggi dan sebaliknya jika norma sosial pelajar sekolah kajian adalah rendah, nilai bentuk modal sosial pelajar sekolah kajian juga rendah.

Norma sosial dengan dimensi modal sosial

Kendall's tau_b (τ_b) ialah 0.315 aras signifikan (*p*) ialah 0.01, kurang daripada 0.01 ($p < 0.01$) ($p = 0.000$) dan bilangan responden bagi pembolehubah norma sosial dengan dimensi modal sosial ialah 867. Aras signifikan ialah kurang daripada 0.01 ($p < 0.01$), korelasi ini adalah signifikan, oleh itu hipotesis null (tiada perkaitan/*association*) boleh ditolak bahawa terdapat satu pertalian antara norma sosial dengan dimensi modal sosial pelajar sekolah kajian. Korelasi adalah positif, pelajar sekolah kajian yang mempunyai norma sosial yang lebih tinggi umumnya mempunyai nilai dimensi modal sosial yang tinggi dan sebaliknya jika norma sosial pelajar sekolah kajian adalah rendah, nilai dimensi modal sosial pelajar sekolah kajian juga rendah.

Norma sosial dengan ikatan kuat

Kendall's tau_b (τ_b) ialah 0.278 aras signifikan (*p*) ialah 0.01, kurang daripada 0.01 ($p < 0.01$) ($p = 0.000$) dan bilangan responden bagi pembolehubah norma sosial dengan ikatan kuat ialah 867. Aras signifikan ialah kurang daripada 0.01 ($p < 0.01$), korelasi ini adalah signifikan, oleh itu hipotesis null (tiada perkaitan/*association*) boleh ditolak bahawa terdapat satu pertalian antara norma sosial dengan ikatan kuat pelajar sekolah kajian. Korelasi adalah positif, pelajar sekolah kajian yang mempunyai norma sosial yang lebih tinggi umumnya mempunyai nilai ikatan kuat yang tinggi dan sebaliknya jika norma sosial pelajar sekolah kajian adalah rendah, nilai ikatan kuat pelajar sekolah kajian juga rendah.

Norma sosial dengan ikatan lemah

Kendall's tau_b (τ_b) ialah 0.276 aras signifikan (*p*) ialah 0.01, kurang daripada 0.01 ($p < 0.01$) ($p = 0.000$) dan bilangan responden bagi pembolehubah norma sosial dengan ikatan lemah ialah 867. Aras signifikan ialah kurang daripada 0.01 ($p < 0.01$), korelasi ini adalah signifikan, oleh itu hipotesis null (tiada perkaitan/*association*) boleh ditolak bahawa terdapat satu pertalian antara norma sosial dengan ikatan lemah pelajar sekolah kajian. Korelasi adalah positif, pelajar sekolah kajian yang mempunyai norma sosial yang lebih tinggi umumnya mempunyai nilai ikatan lemah yang tinggi dan sebaliknya jika norma sosial pelajar sekolah kajian adalah rendah, nilai ikatan lemah pelajar sekolah kajian juga rendah.

Norma sosial dengan nod

Kendall's tau_b (τ_b) ialah 0.228 aras signifikan (p) ialah 0.01, kurang daripada 0.01 ($p < 0.01$) ($p = 0.000$) dan bilangan responden bagi pembolehubah norma sosial dengan nod ialah 867. Aras signifikan ialah kurang daripada 0.01 ($p < 0.01$), korelasi ini adalah signifikan, oleh itu hipotesis null (tiada perkaitan/*association*) boleh ditolak bahawa terdapat satu pertalian antara norma sosial dengan nod pelajar sekolah kajian. Korelasi adalah positif, pelajar sekolah kajian yang mempunyai norma sosial yang lebih tinggi umumnya mempunyai nilai nod yang tinggi dan sebaliknya jika norma sosial pelajar sekolah kajian adalah rendah, nilai nod pelajar sekolah kajian juga rendah.

Entropi sosial dengan bentuk modal sosial

Kendall's tau_b (τ_b) ialah 0.132, aras signifikan (p) ialah 0.01, kurang daripada 0.01 ($p < 0.01$) ($p = 0.000$) dan bilangan responden bagi pembolehubah entropi sosial dengan bentuk modal sosial ialah 867. Aras signifikan ialah kurang daripada 0.01 ($p < 0.01$), korelasi ini adalah signifikan, oleh itu hipotesis null (tiada perkaitan/*association*) boleh ditolak bahawa terdapat satu pertalian antara entropi sosial dengan bentuk modal sosial pelajar sekolah kajian. Korelasi adalah positif, pelajar sekolah kajian yang mempunyai entropi sosial yang lebih tinggi umumnya mempunyai nilai bentuk modal sosial yang tinggi dan sebaliknya jika entropi sosial pelajar sekolah kajian adalah rendah, nilai bentuk modal sosial pelajar sekolah kajian juga rendah.

Entropi sosial dengan dimensi modal sosial

Kendall's tau_b (τ_b) ialah 0.017, aras signifikan (p) ialah 0.05, lebih daripada 0.05 ($p > 0.05$) ($p = 0.292$) dan bilangan responden bagi pembolehubah entropi sosial dengan dimensi modal sosial ialah 867. Hipotesis null tidak boleh ditolak dan tidak ada perkaitan antara entropi sosial dengan dimensi modal sosial.

Entropi sosial dengan ikatan kuat

Kendall's tau_b (τ_b) ialah 0.005, aras signifikan (p) ialah 0.05, lebih daripada 0.05 ($p > 0.05$) ($p = 0.433$) dan bilangan responden bagi pembolehubah entropi sosial dengan ikatan kuat ialah 867. Hipotesis null tidak boleh ditolak dan tidak ada perkaitan antara entropi sosial dengan ikatan kuat.

Entropi sosial dengan ikatan lemah

Kendall's tau_b (τ_b) ialah 0.029, aras signifikan (p) ialah 0.05, lebih daripada 0.05 ($p > 0.05$) ($p = 0.179$) dan bilangan responden bagi pembolehubah entropi sosial dengan ikatan lemah ialah 867. Hipotesis null tidak boleh ditolak dan tidak ada perkaitan antara entropi sosial dengan ikatan lemah.

Entropi sosial dengan nod

Kendall's tau_b (τ_b) ialah 0.098 aras signifikan (p) ialah 0.01, kurang daripada 0.01 ($p < 0.01$) ($p = 0.001$) dan bilangan responden bagi pembolehubah entropi sosial dengan nod ialah 867. Aras signifikan ialah kurang daripada 0.01 ($p < 0.01$), korelasi ini adalah signifikan, oleh itu hipotesis null (tiada perkaitan/*association*) boleh ditolak bahawa terdapat satu pertalian antara entropi sosial dengan nod pelajar sekolah kajian. Korelasi adalah positif, pelajar sekolah kajian yang mempunyai entropi sosial yang lebih tinggi umumnya mempunyai nilai nod yang tinggi dan sebaliknya jika entropi sosial pelajar sekolah kajian adalah rendah, nilai nod pelajar sekolah kajian juga rendah.

Bentuk modal sosial dengan dimensi modal sosial

Kendall's tau_b (τ_b) ialah 0.344, aras signifikan (*p*) ialah 0.01, kurang daripada 0.01 ($p < 0.01$) ($p = 0.000$) dan bilangan responden bagi pembolehubah bentuk modal sosial dengan dimensi modal sosial ialah 867. Aras signifikan ialah kurang daripada 0.01 ($p < 0.01$), korelasi ini adalah signifikan, oleh itu hipotesis null (tiada perkaitan/*association*) boleh ditolak bahawa terdapat satu pertalian antara bentuk modal sosial dengan dimensi modal sosial pelajar sekolah kajian. Korelasi adalah positif, pelajar sekolah kajian yang mempunyai bentuk modal sosial yang lebih tinggi umumnya mempunyai nilai dimensi modal sosial yang tinggi dan sebaliknya jika bentuk modal sosial pelajar sekolah kajian adalah rendah, nilai dimensi modal sosial pelajar sekolah kajian juga rendah.

Bentuk modal sosial dengan ikatan kuat

Kendall's tau_b (τ_b) ialah 0.212, aras signifikan (*p*) ialah 0.01, kurang daripada 0.01 ($p < 0.01$) ($p = 0.000$) Korelasi ini adalah signifikan, oleh itu hipotesis null (tiada perkaitan/*association*) boleh ditolak bahawa terdapat satu pertalian antara bentuk modal sosial dengan ikatan kuat pelajar sekolah kajian. Korelasi adalah positif, pelajar sekolah kajian yang mempunyai bentuk modal sosial yang lebih tinggi umumnya mempunyai nilai ikatan kuat yang tinggi dan sebaliknya jika bentuk modal sosial pelajar sekolah kajian adalah rendah, nilai ikatan kuat pelajar sekolah kajian juga rendah.

Bentuk modal sosial dengan ikatan lemah

Kendall's tau_b (τ_b) ialah 0.225, aras signifikan (*p*) ialah 0.01, kurang daripada 0.01 ($p < 0.01$) ($p = 0.000$). Korelasi ini adalah signifikan, oleh itu hipotesis null (tiada perkaitan/*association*) boleh ditolak bahawa terdapat satu pertalian antara bentuk modal sosial dengan ikatan lemah pelajar sekolah kajian. Korelasi adalah positif, pelajar sekolah kajian yang mempunyai bentuk modal sosial yang lebih tinggi umumnya mempunyai nilai ikatan lemah yang tinggi dan sebaliknya jika bentuk modal sosial pelajar sekolah kajian adalah rendah, nilai ikatan lemah pelajar sekolah kajian juga rendah.

Bentuk modal sosial dengan nod

Kendall's tau_b (τ_b) ialah 0.216, aras signifikan (*p*) ialah 0.01, kurang daripada 0.01 ($p < 0.01$) ($p = 0.000$). Korelasi ini adalah signifikan, oleh itu hipotesis null (tiada perkaitan/*association*) boleh ditolak bahawa terdapat satu pertalian antara bentuk modal sosial dengan nod pelajar sekolah kajian. Korelasi adalah positif, pelajar sekolah kajian yang mempunyai bentuk modal sosial yang lebih tinggi umumnya mempunyai nilai nod yang tinggi dan sebaliknya jika bentuk modal sosial pelajar sekolah kajian adalah rendah, nilai nod pelajar sekolah kajian juga rendah.

Dimensi modal sosial dengan ikatan kuat

Kendall's tau_b (τ_b) ialah 0.341, aras signifikan (*p*) ialah 0.01, kurang daripada 0.01 ($p < 0.01$) ($p = 0.000$) dan bilangan responden bagi pembolehubah dimensi modal sosial dengan ikatan kuat ialah 867. Aras signifikan ialah kurang daripada 0.01 ($p < 0.01$), korelasi ini adalah signifikan, oleh itu hipotesis null (tiada perkaitan/*association*) boleh ditolak bahawa terdapat satu pertalian antara dimensi modal sosial dengan ikatan kuat pelajar sekolah kajian. Korelasi adalah positif, pelajar sekolah kajian yang mempunyai dimensi modal sosial yang lebih tinggi umumnya mempunyai nilai ikatan kuat yang tinggi dan sebaliknya jika dimensi modal sosial pelajar sekolah kajian adalah rendah, nilai ikatan kuat pelajar sekolah kajian juga rendah.

Dimensi modal sosial dengan ikatan lemah

Kendall's tau_b (τ_b) ialah 0.405 aras signifikan (p) ialah 0.01, kurang daripada 0.01 ($p < 0.01$) ($p = 0.000$) dan bilangan responden bagi pembolehubah dimensi modal sosial dengan ikatan lemah ialah 867. Aras signifikan ialah kurang daripada 0.01 ($p < 0.01$), korelasi ini adalah signifikan, oleh itu hipotesis null (tiada perkaitan/*association*) boleh ditolak bahawa terdapat satu pertalian antara dimensi modal sosial dengan ikatan lemah pelajar sekolah kajian. Korelasi adalah positif, pelajar sekolah kajian yang mempunyai dimensi modal sosial yang lebih tinggi umumnya mempunyai nilai ikatan lemah yang tinggi dan sebaliknya jika dimensi modal sosial pelajar sekolah kajian adalah rendah, nilai ikatan lemah pelajar sekolah kajian juga rendah.

Dimensi modal sosial dengan nod

Kendall's tau_b (τ_b) ialah 0.299 aras signifikan (p) ialah 0.01, kurang daripada 0.01 ($p < 0.01$) ($p = 0.000$) dan bilangan responden bagi pembolehubah dimensi modal sosial dengan nod ialah 867. Aras signifikan ialah kurang daripada 0.01 ($p < 0.01$), korelasi ini adalah signifikan, oleh itu hipotesis null (tiada perkaitan/*association*) boleh ditolak bahawa terdapat satu pertalian antara dimensi modal sosial dengan nod pelajar sekolah kajian. Korelasi adalah positif, pelajar sekolah kajian yang mempunyai dimensi modal sosial yang lebih tinggi umumnya mempunyai nilai nod yang tinggi dan sebaliknya jika dimensi modal sosial pelajar sekolah kajian adalah rendah, nilai nod pelajar sekolah kajian juga rendah.

Ikatan kuat dengan ikatan lemah

Kendall's tau_b (τ_b) ialah 0.298, aras signifikan (p) ialah 0.01, kurang daripada 0.01 ($p < 0.01$) ($p = 0.000$) dan bilangan responden bagi pembolehubah ikatan kuat dengan ikatan lemah ialah 867. Aras signifikan ialah kurang daripada 0.01 ($p < 0.01$), korelasi ini adalah signifikan, oleh itu hipotesis null (tiada perkaitan/*association*) boleh ditolak bahawa terdapat satu pertalian antara ikatan kuat dengan ikatan lemah pelajar sekolah kajian. Korelasi adalah positif, pelajar sekolah kajian yang mempunyai ikatan kuat yang lebih tinggi umumnya mempunyai nilai ikatan lemah yang tinggi dan sebaliknya jika ikatan kuat pelajar sekolah kajian adalah rendah, nilai ikatan lemah pelajar sekolah kajian juga rendah.

Ikatan kuat dengan nod

Kendall's tau_b (τ_b) ialah 0.201 aras signifikan (p) ialah 0.01, kurang daripada 0.01 ($p < 0.01$) ($p = 0.000$) dan bilangan responden bagi pembolehubah ikatan kuat dengan nod ialah 867. Aras signifikan ialah kurang daripada 0.01 ($p < 0.01$), korelasi ini adalah signifikan, oleh itu hipotesis null (tiada perkaitan/*association*) boleh ditolak bahawa terdapat satu pertalian antara ikatan kuat dengan nod pelajar sekolah kajian. Korelasi adalah positif, pelajar sekolah kajian yang mempunyai ikatan kuat yang lebih tinggi umumnya mempunyai nilai nod yang tinggi dan sebaliknya jika ikatan kuat pelajar sekolah kajian adalah rendah, nilai nod pelajar sekolah kajian juga rendah.

Ikatan lemah dengan nod

Kendall's tau_b (τ_b) ialah 0.201, aras signifikan (p) ialah 0.01, kurang daripada 0.01 ($p < 0.01$) ($p = 0.000$) dan bilangan responden bagi pembolehubah ikatan lemah dengan nod ialah 867. Aras signifikan ialah kurang daripada 0.01 ($p < 0.01$), korelasi ini adalah signifikan, oleh itu hipotesis null (tiada perkaitan/*association*) boleh ditolak bahawa terdapat satu pertalian antara ikatan lemah dengan nod pelajar sekolah kajian. Korelasi adalah positif, pelajar sekolah kajian yang mempunyai ikatan lemah yang lebih tinggi umumnya mempunyai nilai nod yang tinggi dan sebaliknya jika ikatan lemah pelajar sekolah kajian adalah rendah, nilai nod pelajar sekolah kajian juga rendah.

Pencapaian atau kecemerlangan pelajar dengan kumpulan dan jaringan

Pencapaian atau kecemerlangan pelajar dengan kumpulan dan jaringan mempunyai aras signifikan lebih daripada 0.05 ($p > 0.05$) ($p = 0.259$). Hipotesis null tidak boleh ditolak dan tidak ada perkaitan antara pencapaian kecemerlangan pelajar dengan kumpulan dan jaringan.

Pencapaian dan kecemerlangan pelajar dengan kepercayaan

Pencapaian dan kecemerlangan pelajar dengan pembolehubah kepercayaan mempunyai aras signifikan lebih daripada 0.05 ($p > 0.05$) ($p = 0.405$). Hipotesis null tidak boleh ditolak dan tidak ada perkaitan antara pencapaian kecemerlangan pelajar dengan kepercayaan.

Pencapaian atau kecemerlangan pelajar dengan tindakan kolektif dan kerjasama

Pencapaian atau kecemerlangan pelajar dengan tindakan kolektif dan kerjasama mempunyai aras signifikan lebih daripada 0.05 ($p > 0.05$) ($p = 0.415$). Hipotesis null tidak boleh ditolak dan tidak ada perkaitan antara pencapaian kecemerlangan pelajar dengan tindakan kolektif dan kerjasama.

Pencapaian atau kecemerlangan pelajar dengan maklumat dan komunikasi

Pencapaian dan kecemerlangan pelajar dengan pembolehubah maklumat dan komunikasi mempunyai aras signifikan lebih daripada 0.05 ($p > 0.05$) ($p = 0.043$). Hipotesis null tidak boleh ditolak dan tidak ada perkaitan antara pencapaian kecemerlangan pelajar dengan maklumat dan komunikasi (Noraniza Yusoff, 2014).

Pencapaian atau kecemerlangan pelajar dengan perpaduan dan penyertaan sosial

Pencapaian dan kecemerlangan pelajar dengan pembolehubah perpaduan dan penyertaan sosial mempunyai aras signifikan lebih daripada 0.05 ($p > 0.05$) ($p = 0.087$). Hipotesis null tidak boleh ditolak dan tidak ada perkaitan antara pencapaian kecemerlangan pelajar dengan perpaduan dan penyertaan sosial (Noraniza Yusoff, 2014).

Pencapaian atau kecemerlangan pelajar dengan pendayaupayaan

Kendall's tau_b (τ_b) ialah 0.131, aras signifikan (p) ialah 0.01 ($p = 0.000$) dan bilangan responden bagi pembolehubah pencapaian atau kecemerlangan pelajar dengan pendayaupayaan ialah 867. Aras signifikan ialah kurang daripada 0.01 ($p < 0.01$), korelasi ini adalah signifikan, oleh itu hipotesis null (tiada perkaitan/*association*) boleh ditolak bahawa terdapat satu pertalian antara pencapaian atau kecemerlangan pelajar dengan pendayaupayaan pelajar sekolah kajian. Korelasi adalah positif, pelajar sekolah kajian yang mempunyai pencapaian atau kecemerlangan pelajar yang lebih tinggi umumnya mempunyai nilai pendayaupayaan yang tinggi dan sebaliknya jika pencapaian atau kecemerlangan pelajar sekolah kajian adalah rendah, nilai pendayaupayaan pelajar sekolah kajian juga rendah.

Pencapaian atau kecemerlangan pelajar dengan ikatan sosial

Kendall's tau_b (τ_b) ialah -0.014, aras signifikan (p) ialah 0.05 (p = 0.328) dan bilangan responden bagi pembolehubah pencapaian atau kecemerlangan pelajar dengan ikatan sosial ialah 867. Aras signifikan ialah lebih daripada 0.05 ($p > 0.05$), korelasi ini adalah tidak signifikan, oleh itu hipotesis null (tiada perkaitan/*association*) tidak boleh ditolak dan tidak ada perkaitan antara pencapaian kecemerlangan pelajar dengan ikatan sosial.

Pencapaian dan kecemerlangan pelajar dengan pembolehubah jambatan sosial

Pencapaian dan kecemerlangan pelajar dengan pembolehubah jambatan sosial mempunyai aras signifikan lebih daripada 0.05 ($p > 0.05$) (p = 0.484). Hipotesis null tidak boleh ditolak dan tidak ada perkaitan antara pencapaian kecemerlangan pelajar dengan jambatan sosial.

Pencapaian dan kecemerlangan pelajar dengan pembolehubah hubungan sosial

Pencapaian dan kecemerlangan pelajar dengan pembolehubah hubungan sosial mempunyai aras signifikan lebih daripada 0.05 ($p > 0.05$) (p = 0.249). Hipotesis null tidak boleh ditolak dan tidak ada perkaitan antara pencapaian kecemerlangan pelajar dengan hubungan sosial.

Pembolehubah pencapaian atau kecemerlangan pelajar dengan interaksi sosial

Kendall's tau_b (τ_b) ialah 0.097, aras signifikan (p) ialah 0.01 (p = 0.001) dan bilangan responden bagi pembolehubah pencapaian atau kecemerlangan pelajar dengan interaksi sosial ialah 867. Aras signifikan ialah kurang daripada 0.01 ($p < 0.01$), korelasi ini adalah signifikan, oleh itu hipotesis null (tiada perkaitan/*association*) boleh ditolak bahawa terdapat satu pertalian antara pencapaian atau kecemerlangan pelajar dengan interaksi sosial pelajar sekolah kajian. Korelasi adalah positif, pelajar sekolah kajian yang mempunyai pencapaian atau kecemerlangan yang lebih tinggi umumnya mempunyai nilai interaksi sosial yang tinggi dan sebaliknya jika pencapaian atau kecemerlangan pelajar sekolah kajian adalah rendah, nilai interaksi sosial pelajar sekolah kajian juga rendah.

Pencapaian atau kecemerlangan pelajar dengan agregat sosial

Kendall's tau_b (τ_b) ialah 0.055, aras signifikan (p) ialah 0.05 (p = 0.041) dan bilangan responden bagi pembolehubah pencapaian atau kecemerlangan pelajar dengan agregat sosial ialah 867. Aras signifikan ialah kurang daripada 0.05 ($p < 0.05$), korelasi ini adalah signifikan, oleh itu hipotesis null (tiada perkaitan/*association*) boleh ditolak bahawa terdapat satu pertalian antara pencapaian atau kecemerlangan pelajar dengan agregat sosial pelajar sekolah kajian. Korelasi adalah positif, pelajar sekolah kajian yang mempunyai pencapaian atau kecemerlangan yang lebih tinggi umumnya mempunyai nilai agregat sosial yang tinggi dan sebaliknya jika pencapaian atau kecemerlangan pelajar sekolah kajian adalah rendah, nilai agregat sosial pelajar sekolah kajian juga rendah.

Pencapaian atau kecemerlangan pelajar dengan autoriti sosial

Pencapaian atau kecemerlangan pelajar dengan autoriti sosial mempunyai aras signifikan lebih daripada 0.05 ($p > 0.05$) ($p = 0.263$), Kendall's tau_b (τ_b) ialah 0.020. Hipotesis null tidak boleh ditolak dan tidak ada perkaitan antara pencapaian kecemerlangan pelajar dengan autoriti sosial.

Pencapaian atau kecemerlangan pelajar dengan peranan sosial

Kendall's tau_b (τ_b) ialah 0.059, aras signifikan (p) ialah 0.05 ($p = 0.031$) dan bilangan responden bagi pembolehubah pencapaian atau kecemerlangan pelajar dengan peranan sosial ialah 867. Aras signifikan ialah kurang daripada 0.05 ($p < 0.05$), korelasi ini adalah signifikan, oleh itu hipotesis null (tiada perkaitan/*association*) boleh ditolak bahawa terdapat satu pertalian antara pencapaian atau kecemerlangan pelajar dengan peranan sosial pelajar sekolah kajian. Korelasi adalah positif, pelajar sekolah kajian yang mempunyai pencapaian atau kecemerlangan yang lebih tinggi umumnya mempunyai nilai peranan sosial yang tinggi dan sebaliknya jika pencapaian atau kecemerlangan pelajar sekolah kajian adalah rendah, nilai peranan sosial pelajar sekolah kajian juga rendah.

Pencapaian atau kecemerlangan pelajar dengan status sosial

Kendall's tau_b (τ_b) ialah 0.016, aras signifikan (p) ialah 0.05, lebih daripada 0.05 ($p > 0.05$) ($p = 0.301$) dan bilangan responden bagi pembolehubah pencapaian atau kecemerlangan pelajar dengan status sosial ialah 867. Hipotesis null tidak boleh ditolak dan tidak ada perkaitan antara pencapaian kecemerlangan pelajar dengan status sosial.

Pencapaian atau kecemerlangan pelajar dengan norma sosial

Kendall's tau_b (τ_b) ialah 0.010, aras signifikan (p) ialah 0.05, lebih daripada 0.05 ($p > 0.05$) ($p = 0.376$) dan bilangan responden bagi pembolehubah pencapaian atau kecemerlangan pelajar dengan norma sosial ialah 867. Hipotesis null tidak boleh ditolak dan tidak ada perkaitan antara pencapaian kecemerlangan pelajar dengan norma sosial.

Pencapaian atau kecemerlangan pelajar dengan entropi sosial

Kendall's tau_b (τ_b) ialah 0.048, aras signifikan (p) ialah 0.05, lebih daripada 0.05 ($p > 0.05$) ($p = 0.058$) dan bilangan responden bagi pembolehubah pencapaian atau kecemerlangan pelajar dengan entropi sosial ialah 867. Hipotesis null tidak boleh ditolak dan tidak ada perkaitan antara pencapaian kecemerlangan pelajar dengan entropi sosial.

Pencapaian atau kecemerlangan pelajar dengan bentuk modal sosial

Kendall's tau_b (τ_b) pembolehubah pencapaian atau kecemerlangan pelajar dengan bentuk modal sosial ialah -0.012, aras signifikan (p) ialah 0.05, lebih daripada 0.05 ($p > 0.05$) ($p = 0.354$) dan bilangan responden bagi pembolehubah pencapaian atau kecemerlangan pelajar dengan bentuk modal sosial ialah

867. Hipotesis null tidak boleh ditolak dan tidak ada perkaitan antara pencapaian kecemerlangan pelajar dengan bentuk modal sosial.

Pencapaian atau kecemerlangan pelajar dengan dimensi modal sosial

Kendall's tau_b (τ_b) pembolehubah pencapaian atau kecemerlangan pelajar dengan dimensi modal sosial ialah 0.036, aras signifikan (p) ialah lebih daripada 0.05 ($p > 0.05$) ($p = 0.132$) dan bilangan responden bagi pembolehubah pencapaian atau kecemerlangan pelajar dengan dimensi modal sosial ialah 867. Hipotesis null tidak boleh ditolak dan tidak ada perkaitan antara pencapaian kecemerlangan pelajar dengan dimensi modal sosial.

Pencapaian atau kecemerlangan pelajar dengan ikatan kuat

Kendall's tau_b (τ_b) pembolehubah pencapaian atau kecemerlangan pelajar dengan ikatan kuat ialah 0.061, aras signifikan (p) ialah 0.05, lebih daripada 0.05 ($p > 0.05$) ($p = 0.025$) dan bilangan responden bagi pembolehubah pencapaian atau kecemerlangan pelajar dengan ikatan kuat ialah 867. Hipotesis null tidak boleh ditolak dan tidak ada perkaitan antara pencapaian kecemerlangan pelajar dengan ikatan kuat.

Pencapaian atau kecemerlangan pelajar dengan ikatan lemah

Kendall's tau_b (τ_b) pembolehubah pencapaian atau kecemerlangan pelajar dengan ikatan lemah ialah -0.005, aras signifikan (p) ialah 0.05, lebih daripada 0.05 ($p > 0.05$) ($p = 0.432$) dan bilangan responden bagi pembolehubah pencapaian atau kecemerlangan pelajar dengan ikatan lemah ialah 867. Hipotesis null tidak boleh ditolak dan tidak ada perkaitan antara pencapaian kecemerlangan pelajar dengan ikatan lemah.

Pencapaian atau kecemerlangan pelajar dengan nod

Kendall's tau_b (τ_b) pembolehubah pencapaian atau kecemerlangan pelajar dengan nod ialah 0.028, aras signifikan (p) ialah 0.05, lebih daripada 0.05 ($p > 0.05$) ($p = 0.188$) dan bilangan responden bagi pembolehubah pencapaian atau kecemerlangan pelajar dengan nod ialah 867. Hipotesis null tidak boleh ditolak dan tidak ada perkaitan antara pencapaian kecemerlangan pelajar dengan nod.

Kesimpulan

Responden dari pelajar perempuan adalah lebih daripada responden dari kalangan pelajar lelaki. Hampir semua responden adalah beragama Islam dan dari kalangan pelajar Melayu. Hampir separuh responden adalah dari pelajar sekolah yang berumur 15 tahun hingga 16 tahun dan kebanyakan pelajar tidak menerima biasiswa. Pelajar tingkatan empat adalah lebih ramai daripada pelajar sekolah dari tingkatan yang lain. Lebih separuh daripada responden mendapati bahawa mereka adalah baik dalam pencapaian pendidikan dan kurang daripada separuh responden mempunyai keputusan peperiksaan yang terkini 1A hingga 2A. Lebih kurang separuh daripada responden dari pelajar sekolah kajian yang bapa dan ibu mereka berumur pertengahan iaitu 41 tahun hingga 60 tahun. Lebih kurang separuh responden dari pelajar sekolah kajian yang bapa mereka bekerja dalam sektor persendirian (bekerja sendiri) dan ibu mereka yang tiada pekerjaan. Lebih tujuh puluh peratus bapa responden dari pelajar sekolah kajian yang mempunyai pendapatan rendah iaitu kurang daripada RM3070.00 sebulan manakala lebih daripada separuh ibu responden pelajar sekolah kajian yang tiada pendapatan.

Lebih separuh daripada pelajar sekolah kajian yang tidak pernah mendengar tentang modal sosial dan mengetahui maksud modal sosial. Analisis korelasi Kendall's tau mendapati bahawa hanya pembolehubah maklumat dan komunikasi, pendayaupayaan, interaksi sosial, agregat sosial, peranan sosial dan ikatan kuat mempunyai hubungan dengan pencapaian atau kecemerlangan responden dari pelajar sekolah kajian.

BAB 5
PERBINCANGAN, CADANGAN DAN KESIMPULAN

PENDAHULUAN

Interpretasi makna keputusan kajian adalah menurut hipotesis. Perbincangan juga menjelaskan penemuan yang tidak dijangka, penerangan alternatif yang wajar ke atas keputusan kajian dan kelemahan atau batasan. Perbincangan juga adalah tentang bagaimana data berkaitan dengan persoalan kajian atau topik. Perbincangan dihubungkan dengan teori dan penemuan terdahulu dalam ulasan karya. Persoalan kajian dan ringkasan penemuan dinyatakan semula dalam kesimpulan untuk meringkaskan laporan.

PERBINCANGAN

Latar belakang responden

Pelajar perempuan sekolah kajian adalah lebih ramai (53.7 peratus) berbanding pelajar lelaki sekolah kajian yang menjadi responden. Kajian Cheryl J. Hartman (2007), responden lelaki ialah seramai 60 orang dan responden perempuan ialah 180 orang. Kajian Jacqueline L. Davis (2009), 227 orang (41.2 peratus) responden lelaki dan 324 orang (58.8 peratus) responden perempuan. Chia Hsun Lin (2008), 28 orang (12.4 peratus) responden adalah lelaki dan 198 orang (87.6 peratus) responden adalah perempuan. Lucy A. Garza Westbrook (2011), 33 peratus adalah lelaki dan 67 peratus adalah perempuan. Ann Meier (1999), responden lelaki ialah 50 peratus dan responden perempuan ialah 50 peratus.

Pelajar Melayu sekolah kajian (89.6 peratus) lebih ramai menjadi responden berbanding dengan pelajar sekolah kajian bangsa lain. Kajian Rothon, Goodwin dan Stansfeld (2012), separuh daripada sampel adalah lelaki (50.9 peratus). Kajian John (2005), sampel 192 pelajar bukan kulit putih, 4 adalah Bangladesh, 38 adalah India, 24 adalah Cina, 14 adalah orang kulit hitam Afrika, 8 adalah kulit hitam *Carribbean* dan 4 adalah "lain-lain kulit hitam" (72 adalah keturunan bercampur-campur). Kajian Boyle, et. al. (2007), kurang daripada 2 peratus daripada kanak-kanak daripada kaum minoriti.

Pelajar Islam sekolah kajian (90.8 peratus) lebih ramai berbanding dengan pelajar sekolah kajian dari agama lain yang menjadi responden. Pelajar sekolah kajian yang berumur lingkungan 15 tahun hingga 16 tahun (49.1 peratus) adalah lebih ramai menjadi responden berbanding dengan pelajar sekolah kajian dari lain-lain lingkungan umur. Kajian Jeffrey G. Toussaint (2008), purata umur responden di kalangan anak angkat dan bukan anak angkat adalah 15 tahun. Chia Hsun Lin (2008), purata umur responden ialah antara 16 hingga 19 tahun.

Pelajar sekolah kajian yang tidak mempunyai biasiswa (85.7 peratus) lebih ramai daripada pelajar sekolah kajian yang mempunyai biasiswa. Pelajar sekolah kajian dari tingkatan 4 (31.5 peratus) lebih ramai dari pelajar sekolah kajian lain-lain tingkatan yang menjadi responden. Pelajar sekolah kajian yang baik pencapaian pendidikan (65.5 peratus) adalah lebih ramai daripada pelajar sekolah kajian dari lain-lain pencapaian pendidikan yang menjadi responden. Pelajar sekolah kajian yang mempunyai keputusan peperiksaan yang terkini 1A hingga 2A (46.7 peratus) adalah lebih ramai berbanding dengan pelajar sekolah kajian dari lain-lain keputusan peperiksaan yang terkini. Kajian Rothon, Goodwin dan Stansfeld (2012), bahagian responden yang mencapai 5 atau lebih gred A*-C GCSE adalah 45.9 peratus.

Pelajar sekolah kajian yang bapa mereka berumur dalam lingkungan umur pertengahan (41 tahun hingga 60 tahun) (65.9 peratus) adalah lebih ramai daripada lain-lain lingkungan umur yang menjadi responden. Pelajar sekolah kajian yang ibu mereka dalam lingkungan umur pertengahan (41 tahun hingga 60 tahun) (56.4 peratus) adalah lebih ramai menjadi responden daripada lain-lain lingkungan umur. Pelajar sekolah kajian yang bapa mereka berpendidikan STPM/STA/4Thanawi ($\tilde{x}$ = 4.0000) adalah lebih ramai menjadi responden berbanding dengan lain-lain tahap pendidikan bapa pelajar sekolah kajian. Pelajar sekolah kajian yang ibu mereka berpendidikan STPM/STA/4Thanawi ($\tilde{x}$ = 4.0000) lebih ramai daripada lain-lain tahap pendidikan ibu pelajar sekolah kajian yang menjadi responden. Kajian Rothon, Goodwin dan Stansfeld (2012), sebilangan kecil ibu bapa mempunyai kelayakan peringkat ijazah (9.9 peratus ibu dan 14.1 peratus adalah bapa).

Pelajar sekolah kajian yang bapa mereka bekerja dalam persendirian (bekerja sendiri) (55.5 peratus) lebih ramai daripada lain-lain sektor pekerjaan yang menjadi responden. Pelajar sekolah kajian yang ibu mereka tiada pekerjaan (65.3 peratus) adalah lebih ramai menjadi responden berbanding dengan lain-lain sektor pekerjaan. Pelajar sekolah kajian yang pendapatan bapa mereka dalam lingkungan kurang daripada RM3070.00 (pendapatan rendah) adalah lebih ramai (71.4 peratus) menjadi responden berbanding dengan lingkungan pendapatan lain. Pelajar sekolah kajian yang ibu mereka tiada pendapatan (68.5 peratus) lebih ramai daripada lingkungan pendapatan yang lain menjadi responden. Pelajar sekolah kajian yang bilangan adik-beradik 1 orang hingga 5 orang (68.4 peratus) adalah lebih ramai daripada lingkungan bilangan adik-beradik yang lain. Ann Meier (1999), purata bilangan adik-beradik ialah 0 hingga 12 orang. Kajian Cheryl J. Hartman (2007), bilangan adik-beradik enam orang ke atas ialah seramai 15 orang responden, 4 hingga 5 orang adik-beradik 20 orang responden, tiga orang adik beradik ialah 35 orang responden, dua orang adik-beradik ialah 86 orang responden, seorang adik-beradik ialah 61 orang responden dan tiada adik-beradik ialah 16 orang responden.

Pelajar sekolah kajian penduduk asal (88 peratus) lebih ramai menjadi responden berbanding dengan pelajar sekolah kajian bukan penduduk asal. Kajian terdahulu memfokuskan pada keluarga, sekolah dan komuniti (termasuk kejiranan). Modal sosial keluarga mengandungi sifat seperti bilangan adik-beradik, ibu bekerja atau tidak bekerja dan struktur keluarga sama ada hanya ada ibu atau bapa sahaja, mempunyai kedua-dua ibu bapa, ibu atau bapa tiri, ibu atau bapa sahaja, mempunyai kedua-dua ibu bapa, ibu atau bapa tiri dan ibu atau bapa bercerai. Modal sosial keluarga juga mengandungi sifat saiz keluarga (bilangan adik-beradik). Modal sosial komuniti merangkumi tempoh tinggal di kejiranan atau di tempat tinggal. Kajian Colemen (1988) mendapati bilangan adik-beradik mempengaruhi modal sosial keluarga, iaitu bilangan adik-beradik yang ramai menyebabkan perhatian kurang diberikan kepada setiap anak oleh ibu bapa kerana ibu bapa terpaksa membahagi-bahagikan modal sosial (interaksi) di kalangan anak-anak, menghasilkan pendidikan yang rendah di kalangan anak-anak. Parcel dan Dufur (2001) mendapati kanak-kanak daripada keluarga yang besar adalah berada dalam risiko yang lebih tinggi bagi peningkatan tingkah laku bermasalah, barangkali disebabkan modal sosial yang ada bagi setiap anak dalam keluarga sebegini adalah berkurangan.

Smith, Beaulieu dan Israel (1992) mendedahkan bahawa pelajar sekolah yang mana kedua-dua ibu bapa mereka tinggal serumah adalah kurang mengalami keciciran, sementara pelajar yang mana ibu mereka bekerja semenjak pelajar masih kecil adalah lebih mudah mengalami keciciran dalam pendidikan. John (2005) mendedahkan keluarga dengan status ekonomi yang rendah mungkin mempunyai capaian yang kurang terhadap pengetahuan tentang pencapaian pendidikan dan mungkin tidak boleh memindahkan amalan pendidikan yang baik. Kekurangan perhubungan bagi pelajar yang ibu bapa mereka berpendidikan tinggi. Boyle, Georgiades dan Mustard (2007) mengkaji pengaruh kontekstual yang terdiri daripada kejiranan dan keluarga yang mampu dibahagi secara meluas ke dalam tiga bidang yang saling berkait termasuk status yang meliputi ciri-ciri sosioekonomi seperti pendapatan dan demografi keluarga seperti struktur keluarga dan populasi seperti konsentrasi kemiskinan.

Pelajar sekolah kajian yang mempunyai basikal (60 peratus) lebih ramai daripada pelajar sekolah kajian yang tidak mempunyai basikal yang menjadi responden. Pelajar sekolah kajian yang mempunyai motosikal (91.6 peratus) lebih ramai menjadi responden berbanding dengan pelajar sekolah kajian yang tidak mempunyai motosikal. Pelajar sekolah kajian yang keluarga mempunyai kereta (69.8 peratus) lebih ramai berbanding dengan pelajar sekolah kajian yang keluarga tidak mempunyai kereta. Pelajar sekolah kajian yang keluarga tidak mempunyai van lebih ramai (90.2 peratus) yang menjadi responden berbanding dengan pelajar sekolah kajian yang mempunyai van. Pelajar sekolah kajian yang keluarga tidak mempunyai lori (91.6 peratus) lebih ramai berbanding dengan pelaajr sekolah kajian yang keluarga mempunyai lori.

Pelajar sekolah kajian yang tidak pernah mendengar tentang modal sosial (54.3 peratus) adalah lebih ramai berbanding dengan pelajar sekolah kajian yang pernah mendengar tentang modal sosial yang menjadi responden. Pelajar sekolah kajian yang tidak tahu maksud modal sosial (77.3 peratus) adalah lebih ramai menjadi responden daripada pelajar sekolah kajian yang tahu maksud modal sosial.

Corak Modal Sosial Di Kalangan Pelajar Luar Bandar

Bahagian ini menerangkan keputusan kajian bagi persoalan kajian bagaimanakah corak modal sosial di kalangan pelajar sekolah di luar bandar? melalui analisis taburan dan kecenderungan memusat item-item modal sosial, analisis taburan dan kecenderungan memusat pemboleh ubah modal sosial dan analisis hubungan antara dua pemboleh ubah . Keputusan kajian bagi persoalan lain adakah corak modal sosial berbeza mengikut latar belakang pelajar sekolah di luar bandar? ialah melalui analisis perbezaan antara dua pemboleh ubah.

Taburan dan kecenderungan memusat pemboleh ubah modal sosial

Taburan skor kumpulan dan jaringan, kepercayaan, tindakan kolektif dan kerjasama, maklumat dan komunikasi, perpaduan dan penyertaan sosial, pendayaupayaan, ikatan sosial, jambatan sosial, hubungan sosial, interaksi sosial, agregat sosial, autoriti sosial, peranan sosial, status sosial, norma sosial, entropi sosial, bentuk modal sosial, dimensi modal sosial, ikatan kuat, ikatan lemah, dan nod pelajar sekolah adalah serupa dan adalah sangat kecil iaitu data adalah mengumpul di sekitar min. Kajian Cynthia Olivo (2009), responden mempunyai darjah percaya yang tinggi kepada orang yang mereka jumpa dalam program Future Leader. Hubungan mempercayai ini berkembang ke dalam aliran modal sosial mereka boleh untuk mendapat manfaat daripada Future Leader terutamanya individu yang kekal secara sosial bersambung dalam rangkaian Future Leader. Kajian Susmita Sil (2009), ikatan sosial ibu bapa melalui ibu bapa bersosial hanya dengan rakan senegara iaitu min 0.60 (bersosial dengan rakan senegara sahaja), ibu bapa bersosial dengan rakan senegara dan bukan rakan senegara iaitu min 0.07 (bersosial hanya dengan bukan rakan senegara), ibu bapa menghadiri mesyuarat Pertubuhan Ibu bapa dan Guru (*Parent Teacher Organization*/PTO) iaitu min 0.79 (ibu bapa menghadiri mesyuarat PTO), dan ibu bapa sukarelawan di sekolah anak-anak iaitu min 0.40 (ibu bapa bukan sukarelawan di sekolah anak-anak).

Corak Modal Sosial Mengikut Latar belakang Pelajar Sekolah di Luar bandar

Perbezaan Antara Dua Pemboleh ubah

Ujian Levene menunjukkan ketidaksamaan antara agama. Statistik Levene menolak hipotesis null bahawa varian kumpulan adalah sama. ANOVA adalah tidak teguh perlanggaran apabila kumpulan adalah tidak sama saiz. Purata tindakan kolektif dan kerjasama, perpaduan dan penyertaan sosial, ikatan sosial, interaksi sosial, agregat sosial, autoriti sosial, bentuk modal sosial, dimensi modal sosial dan nod pelajar sekolah kajian adalah berbeza merentasi kategori pemboleh ubah agama berbeza. Ujian Levene menunjukkan ketidaksamaan antara emel. Statistik Levene menolak hipotesis null bahawa varian kumpulan adalah sama. ANOVA adalah tidak teguh perlanggaran apabila kumpulan adalah tidak sama saiz. Purata kumpulan dan jaringan, interaksi sosial, status sosial, norma sosial dan ikatan lemah pelajar sekolah kajian adalah berbeza merentasi kategori pemboleh ubah emel berbeza.

Ujian Levene menunjukkan ketidaksamaan antara sektor pekerjaan bapa. Statistik Levene menolak hipotesis null bahawa varian kumpulan adalah sama. ANOVA adalah tidak teguh perlanggaran apabila kumpulan adalah tidak sama saiz. Purata pendayaupayaan, ikatan sosial, interaksi sosial, autoriti sosial, status sosial dan bentuk modal sosial pelajar sekolah kajian adalah berbeza merentasi kategori pemboleh ubah sektor pekerjaan bapa berbeza. Ujian Levene menunjukkan ketidaksamaan antara sektor pekerjaan ibu. Statistik Levene menolak hipotesis null bahawa varian kumpulan adalah sama. ANOVA adalah tidak teguh perlanggaran apabila kumpulan adalah tidak sama saiz. Purata tindakan kolektif dan kerjasama, ikatan sosial, interaksi sosial, autoriti sosial, bentuk modal sosial dan ikatan kuat pelajar sekolah kajian adalah berbeza merentasi kategori pemboleh ubah sektor pekerjaan ibu berbeza.

Ujian Levene menunjukkan ketidaksamaan antara jantina. Statistik Levene menolak hipotesis null bahawa varian kumpulan adalah sama. ANOVA adalah tidak teguh perlanggaran apabila kumpulan adalah tidak sama saiz. Purata tindakan kolektif dan kerjasama, maklumat dan komunikasi, perpaduan dan penyertaan sosial, ikatan sosial, interaksi sosial, agregat sosial, status sosial, entropi sosial, bentuk modal sosial dan dimensi modal sosial dengan jantina mendapati purata dimensi modal sosial pelajar sekolah kajian adalah berbeza merentasi kategori pemboleh ubah jantina berbeza. Kajian Jacqueline L. Davis (2009), gender adalah secara statistik menunjukkan bahawa perempuan mempunyai min skor yang lebih tinggi daripada lelaki. Tidak ada kesan interaksi apabila aktiviti yang ditaja oleh sekolah apabila membandingkan mengikut gender. Interaksi menghasilkan tiada perbezaan yang signifikan. Tiada kesan interaksi yang signifikan secara statistik ke atas gender. Perbezaan kurang daripada satu peratus dalam aktiviti-aktiviti ditaja oleh sekolah boleh merujuk kepada interaksi mengikut gender. Skor min adalah rendah bagi kedua-dua gender lelaki dan perempuan pada tahun asas dari skor min lelaki dan perempuan pada tahun susulan.

Pengaruh Modal Sosial Ke atas Pencapaian Dalam Pendidikan

Bahagian ini menerangkan keputusan kajian bagi persoalan bagaimana modal sosial boleh mempengaruhi pencapaian dalam pendidikan? Bagi menerangkan persoalan ini keputusan kajian ialah melibatkan analisis hubungan modal sosial dengan pencapaian dalam pendidikan dan hubungan antara pemboleh ubah modal sosial melalui ujian korelasi. Keputusan kajian bagi persoalan apakah dimensi-dimensi modal sosial yang mempengaruhi pencapaian pendidikan pelajar? ialah melalui ujian korelasi. Keputusan kajian bagi persoalan bagaimanakah dimensi-dimensi modal sosial mempengaruhi pencapaian pendidikan? ialah melalui ujian crostab.

Hubungan modal sosial dengan pencapaian dalam pendidikan

Ujian Kendall's tau_b (τ_b) ke atas pencapaian atau kecemerlangan pelajar dengan kumpulan dan jaringan mempunyai aras signifikan lebih daripada 0.05 ($p > 0.05$). Hipotesis null tidak boleh ditolak dan tidak ada perkaitan antara pencapaian kecemerlangan pelajar dengan kumpulan dan jaringan. Ujian Kendall's tau_b (τ_b) ke atas pencapaian dan kecemerlangan pelajar dengan pemboleh ubah kepercayaan mempunyai aras signifikan lebih daripada 0.05 ($p > 0.05$). Hipotesis null tidak boleh ditolak dan tidak ada perkaitan antara pencapaian kecemerlangan pelajar dengan kepercayaan. Goddard, Salloum dan Berebitsky (2009), menggunakan analisis path dan mengawal langkah-langkah untuk mengukur konteks sekolah, kepercayaan lebih besar adalah berkaitan dengan pertambahan pencapaian sekolah dalam matematik dan membaca dalam penilaian negeri digunakan untuk tujuan akauntabiliti. Bankole (2011), kajian ke atas 4,700 orang pelbagai pelajar secara etnik dan secara ekonomi di 35 sekolah rendah bandar mendapati sebilangan hubungan signifikan ditemui antara kepercayaan pelajar terhadap guru, pengenalan dengan sekolah, persepsi pelajar ke atas akhbar akademik dan pencapaian. Lee (2007), analisis Structural Equation Modelling (SEM) menunjukkan bahawa hubungan kepercayaan pelajar-guru secara unik menyumbang kepada prestasi pelajar melalui pelarasan sekolah dan motivasi akademik. Imber (1973), guru yang diepercayai dan mempunyai prestasi yang baik dalam ujian kecerdasan adalah secara signifikan berkaitan dengan pencapaian akademik yang lebih tinggi. Massari dan Rosenblum (1972), *internality* dan kepercayaan adalah signifikan secara negatif berkaitan dengan pencapaian perempuan tetapi tidak berkaitan untuk pelajar lelaki.

Ujian Kendall's tau_b (τ_b) ke atas pencapaian atau kecemerlangan pelajar dengan tindakan kolektif dan kerjasama mempunyai aras signifikan lebih daripada 0.05 ($p > 0.05$). Hipotesis null tidak boleh ditolak dan tidak ada perkaitan antara pencapaian kecemerlangan pelajar dengan tindakan kolektif dan kerjasama. Wavo (2004), pencapaian sekolah tidak dipengaruhi oleh pembelajaran koperatif. Tschannen-Moran dan Barr (2004), keberkesanan guru kolektif didapati secara signifikan dan secara positif adalah berkaitan dengan pencapaian pelajar. Wu (2012), tanggungjawab bersama mempunyai hubungan tidak langsung signifikan dengan pencapaian pelajar melalui keyakinan (sikap optimis) akademik. Mc Mullen (2012), kajian untuk memeriksa sama ada keberkesanan kolektif memberi kesan ke atas pencapaian sekolah dari perspektif pemimpin-pemimpin sekolah di mana data menunjukkan terdapat kesan tetapi kajian tambahan diperlukan untuk menentukan sepenuhnya apakah impak dan proses pengukuran yang berdaya maju dan boleh dipercayai perlu dirancang untuk mengukur jika ia membawa kepada perbaikan akademik kanak-kanak. Perkongsian masyarakat kerjasama perlu ditubuhkan untuk menutup jurang pencapaian akademik di mana ia tidak boleh dibiarkan kepada pendidik dan pembuat dasar semata-mata. Cybulski, Hoy dan Sweetland (2005), mendapati keberkesanan kolektif guru-guru di sekolah rendah mempunyai kesan langsung positif ke atas pencapaian membaca dan matematik pelajar. Jackson (2009), mendapati keberkesanan guru kolektif telah didapati mempunyai hubungan positif yang signifikan dengan pencapaian membaca pelajar dalam gred 3 ($r = 0.36$, $p > 0.05$), pencapaian membaca pelaajr dalam gred 5 ($r = 0.38$, $p< 0.05$) dan pencapaian matematik pelajar dalam gred 5 ($r =0.35$, $p < 0.05$). Salloum (2011), mendapati keberkesanan kolektif telah menunjukkan mempunyai hubungan dengan pencapaian kerana apabila guru adalah lebih berkesan mereka mungkin lebih berdaya tahan dalam situasi kegagalan. Eells (2011), analisis meta yang dijalankan menunjukkan saiz kesan positif yang kuat untuk hubungan antara keberkesanan guru kolektif dan pencaipaian. Sebagaimana keberkesanan guru kolektif bertambah di sekolah begitu juga pencapaian.

Ujian Kendall's tau_b (τ_b) ke atas pencapaian dan kecemerlangan pelajar dengan pemboleh ubah maklumat dan komunikasi mempunyai aras signifikan lebih daripada 0.05 ($p > 0.05$). Hipotesis null tidak boleh ditolak dan tidak ada perkaitan antara pencapaian kecemerlangan pelajar dengan maklumat dan komunikasi. Kajian Chandra dan Lloyd (2008) menunjukkan ICT, melalui campurtangan *e-learning* boleh meningkatkan prestasi pelajar sebagaimana diukur dalam skor ujian. Secara kritikal, perbaikan ini adalah bukan global, dan sesetengah pelajar menunjukkan pengurangan hasil berangka walaupun keseronokan dilaporkan dari persekitaran diubah. Sementara beberapa pelajar tidak dapat menyesuaikan diri dengan mudah dalam persekitaran *e-learning*, yang lain dikenal pasti bebas dan berperaturan sendiri sebagaimana perubahan dialu-alukan dan penting kepada pembelajaran mereka.

Ujian Kendall's tau_b (τ_b) ke atas pencapaian atau kecemerlangan pelajar dengan perpaduan dan penyertaan sosial mempunyai Kendall's tau_b (τ_b) lebih daripada 0.05 ($p > 0.05$). Hipotesis null tidak boleh ditolak dan tidak ada perkaitan antara pencapaian kecemerlangan pelajar dengan perpaduan dan penyertaan sosial. Warwick (1964), perpaduan adalah berkait secara negatif dengan peningkatan. Sel indeks-tinggi/perpaduan-rendah menunjukkan peningkatan lebih baik daripada sel indeks-tinggi/perpaduan-rendah.

Kendall's tau_b (τ_b) pada aras signifikan ialah kurang daripada 0.01 ($p < 0.01$), korelasi ini adalah signifikan, oleh itu hipotesis null (tiada perkaitan/*association*) boleh ditolak bahawa terdapat satu pertalian antara pencapaian atau kecemerlangan pelajar dengan pendayaupayaan pelajar sekolah kajian. Korelasi adalah positif, pelajar sekolah kajian yang mempunyai pencapaian atau kecemerlangan pelajar yang lebih tinggi umumnya mempunyai nilai pendayaupayaan yang tinggi dan sebaliknya jika pencapaian atau kecemerlangan pelajar sekolah kajian adalah rendah, nilai pendayaupayaan pelajar sekolah kajian juga rendah. Griffith (1996), pendayaupayaan dan penglibatan ibu bapa secara signifikan dan secara positif meramalkan skor CRT pelajar, penglibatan ibu bapa menyumbang bahagian bagi bahagian lebih besar dalam varian. Marks dan Louis (1997), pendayaupayaan guru mempengaruhi kualiti pedagogikal dan prestasi akademik pelajar secara tidak langsung melalui organisasi sekolah untuk arahan.

Kendall's tau_b (τ_b) pada aras signifikan ialah lebih daripada 0.05 ($p > 0.05$), korelasi ini adalah tidak signifikan, oleh itu hipotesis null (tiada perkaitan/*association*) tidak boleh ditolak dan tidak ada perkaitan antara pencapaian kecemerlangan pelajar dengan ikatan sosial. Bryan et al. (2012), hasil kajian dari kajian mendapati semua empat komponen ikatan sekolah (sambungan ke sekolah, sambungan dengan guru-guru, komitmen dengan sekolah dan penglibatan dengan sekolah) mempengaruhi pencapaian akademik pelajar pada sesetengah titik semasa sekolah tinggi, sama ada kesan adalah proksimal atau distal. Seoung Joun Won dan Seunghee Han (2010), hubungan antara aktiviti-aktiviti di luar sekolah dan pencapaian, bermain sukan adalah satu peramal positif dalam pencapaian di Amerika Syarikat tetapi adalah peramal negatif di Korea, dan membuat kerja rumah adalah peramal negatif di Amerika Syarikat tetapi peramal positif di Korea.

Harris et al. (1999), aktiviti-aktiviti selepas sekolah menyumbang secara signifikan kepada ramalan pencapaian walaupun selepas mengawal secara statistik gender pelajar, aras gred, keetnikan, kelayakan free-lunch, dan tahap penyelian orang dewasa selepas sekolah. Secara umumnya, lebih masa dalam aktiviti kurikulum dan lain-lain kumpulan berstruktur dan kurang masa dalam kerja dan menonton televisyen adalah berkaitan dengan skor ujian lebih tinggi dan gred kelas. Lebih masa pada kerja rumah adalah berkaitan dengan gred lebih baik. Selanjutnya, aktiviti-aktiviti selepas sekolah adalah secara langsung berkaitan dengan pencapaian (sebagai contohnya kerja rumah), mengalakkan pengenalan positif dengan sekolah (misalnya aktiviti-aktiviti kurikulum) atau kedua-duanya mempunyai pengaruh positif ke atas pencapaian. Aktiviti-aktiviti yang menggantikan kerja sekolah (misalnya menonton televisyen) menggantikan identiti sekolah dengan lain-lain identiti (misalnya pekerjaan) atau kedua-duanya mempunyai keseluruhan pengaruh negatif ke atas pencapaian.

Ujian Kendall's tau_b (τ_b) ke atas pencapaian dan kecemerlangan pelajar dengan pemboleh ubah jambatan sosial mempunyai aras signifikan lebih daripada 0.05 ($p > 0.05$). Hipotesis null tidak boleh ditolak dan tidak ada perkaitan antara pencapaian kecemerlangan pelajar dengan jambatan sosial. Ujian Kendall's tau_b (τ_b) ke atas pencapaian dan kecemerlangan pelajar dengan pemboleh ubah hubungan sosial mempunyai aras signifikan lebih daripada 0.05 ($p > 0.05$). Hipotesis null tidak boleh ditolak dan tidak ada perkaitan antara pencapaian kecemerlangan pelajar dengan hubungan sosial. Santos (2009), mengenai keutamaan pelakon (aktor), didapati dalam rangka kerja regresi OLS bahawa hubungan antara sambungan rakan-rakan dengan sekolah dan pencapaian (matematik dan Bahasa Inggeris) ialah tertakluk kepada aras keutamaan. Pelajar-pelajar keutamaan-tinggi berhubung dengan rakan-rakan sambungan tinggi mengatasi rakan-rakan keutamaan-rendah dikaitkan dengan rakan-rakan sama-sama sambungan tinggi. Walau bagaimanapun, penemuan ini tidak memegang sehingga rangka kerja kesan-tetap yang mencadangkan bahawa kepelbagaian individu yang tidak diperhatikan mungkin boleh memandu penemuan yang berkaitan dengan statistik. Good dan Adams (2008), hubungan sokongan dengan fakulti adalah secara langsung berkaitan dengan gred purata lebih tinggi dan melihat keupayaan akademik manakala hubungan positif dengan rakan-rakan pelajar adalah secara tidak langsung berkaitan dengan akademik satu kejayaan melalui sifat ego. Moolenaar, Sleegers dan Daly (2012), hasil kajian menunjukkan bahawa sambungan baik rangkaian guru adalah berkaitan dengan keberkesanan kolektif guru yang kuat yang seterusnya menyokong pencapaian pelajar.

Kendall's tau_b (τ_b) aras signifikan ialah kurang daripada 0.01 ($p < 0.01$), korelasi ini adalah signifikan, oleh itu hipotesis null (tiada perkaitan/*association*) boleh ditolak bahawa terdapat satu pertalian antara pencapaian atau kecemerlangan pelajar dengan interaksi sosial pelajar sekolah kajian. Korelasi adalah positif, pelajar sekolah kajian yang mempunyai pencapaian atau kecemerlangan yang lebih tinggi umumnya mempunyai nilai interaksi sosial yang tinggi dan sebaliknya jika pencapaian atau kecemerlangan pelajar sekolah kajian adalah rendah, nilai interaksi sosial pelajar sekolah kajian juga rendah. Kendall's tau_b (τ_b) aras signifikan ialah kurang daripada 0.05 ($p < 0.05$), korelasi ini adalah signifikan, oleh itu hipotesis null (tiada perkaitan/*association*) boleh ditolak bahawa terdapat satu pertalian antara pencapaian atau kecemerlangan pelajar dengan agregat sosial pelajar sekolah kajian. Korelasi adalah positif, pelajar sekolah kajian yang mempunyai pencapaian atau kecemerlangan yang lebih tinggi umumnya mempunyai nilai agregat sosial yang tinggi dan sebaliknya jika pencapaian atau kecemerlangan pelajar sekolah kajian adalah rendah, nilai agregat sosial pelajar sekolah kajian juga rendah. Ujian Kendall's tau_b (τ_b) ke atas pencapaian atau kecemerlangan pelajar dengan autoriti sosial mempunyai aras signifikan lebih daripada 0.05 ($p > 0.05$). Hipotesis null tidak boleh ditolak dan tidak ada perkaitan antara pencapaian kecemerlangan pelajar dengan autoriti sosial. Jansen (2004), aspek organisasi kurikulum yang menyumbang secara positif kepada kejayaan akademik adalah sebagai contohnya mengurangkan beban belajar melalui menyebarkan peperiksaan dan mengarutcara sedikit kursus-kursus selari, sedangkan ia adalah lebih baik tidak menyebarkan ujian semula pada sepanjang tahun. Jonker et al. (2010), memetik Cleary, Zimmerman dan Keating (2006), Jonker et al. (2009), Pintrich dan Zusho (2002) bahawa persekitaran sukan adalah unik kerana atlet boleh membangunkan kemahiran membuat peraturan sendiri (*self-regulatory*) melalui menetapkan matlamat peribadi dalam pencapaian dan penambahbaikan dan melalui menerima maklum balas berterusan daripada juru latih tentang proses prestasi dan tentang tindakan itu sendiri. Analisis univariat menunjukkan interaksi signifikan antara penglibatan dalam bola sepak belia dan aras akademik untuk pemantauan kendiri ($F_{1\ 285} = 7.78$, $P = 0.006$). Jonker et al. (2010) mencadangkan bahawa pemain bola sepak belia elit adalah tidak berprestasi secara teruk di sekolah tetapi adalah sebenarnya berprestasi lebih baik daripada pelajar biasa. Ini selanjutnya ditunjukkan oleh fakta bahawa peratusan pemain bola sepak belia elit yang tidak mengulangi kelas adalah sama dengan pelajar-pelajar kawalan (kumpulan kawalan kajian).

Kendall's tau_b (τ_b) aras signifikan ialah kurang daripada 0.05 ($p < 0.05$), korelasi ini adalah signifikan, oleh itu hipotesis null (tiada perkaitan/*association*) boleh ditolak bahawa terdapat satu pertalian antara pencapaian atau kecemerlangan pelajar dengan peranan sosial pelajar sekolah kajian. Korelasi adalah positif, pelajar sekolah kajian yang mempunyai pencapaian atau kecemerlangan yang lebih tinggi umumnya mempunyai nilai peranan sosial yang tinggi dan sebaliknya jika pencapaian atau kecemerlangan pelajar sekolah kajian adalah rendah, nilai peranan sosial pelajar sekolah kajian juga rendah. Ujian Kendall's tau_b (τ_b) ke atas pencapaian atau kecemerlangan pelajar dengan status sosial mempunyai Kendall's tau_b (τ_b) aras signifikan (p) ialah lebih daripada 0.05 ($p > 0.05$). Hipotesis null tidak boleh ditolak dan tidak ada perkaitan antara pencapaian kecemerlangan pelajar dengan status sosial. Jonkmann, Trautwein, Ludkte (2009), mengkaji hubungan antara pencapaian akademik individu dan dominasi sosial (iaitu menjadi pusat pertalian) seluruh sekolah aras akademik berbeza di Jerman. Pencapaiaan akademik lebih tinggi berkaitan dengan dominasi sosial lebih tinggi dalam Gimnasium bagi jenis sekolah sangat berorientasikan akademik manakala pencapaian akademik dan dominasi sosial adalah tidak berkaitan dalam Hauptschule bagi jenis sekolah yang kurang berorientasikan akademik. Aras akademik kelas boleh secara menyederhanakan hubungan status-keganasan serta status-pencapaian. Satu alasan ialah pelajar pembuli cenderung lebih rendah dalam pencapaian akademik (Ma, Phelps, Lerner & Lerner, 2009). Wilson, Karimpour dan Rodkin (2011), hierarki kumpulan secara positif berkaitan dengan keutamaan kumpulan tetapi secara negatif berkaitan dengan pencapaian akademik individu. Status individu adalah secara positif berkaitan dengan pencapaian akademik.

Kendall's tau_b (τ_b) lebih daripada 0.05 ($p > 0.05$). Hipotesis null tidak boleh ditolak dan tidak ada perkaitan antara pencapaian kecemerlangan pelajar dengan norma sosial. Senesac (2010), dua faktor pada tahap norma yang menonjol sebagai mempunyai kesan penting pada kejayaan sekolah untuk mengurangkan jurang pencapaian. Pertama ialah penciptaan dan penyelenggaraan kebudayaan akademik luas sekolah. Kedua, aras norma yang telah mempromosikan pengurangan jurang pencapaian pada Sustained Success High School (SSHS) ialah cara kepimpinan pentadbiran. Shin (2005), terdapat hubungan yang kuat antara norma rakan sebaya negatif dan gred yang dilaporkan dan penglibatan sekolah dari para peserta. Oleh itu, pelajar-pelajar yang menandakan mempunyai tahap lebih rendah pengaruh rakan sebaya negatif cenderung untuk melaporkan gred lebih tinggi dan penglibatan berbanding dengan pelajar-pelajar yang menandakan mempunyai aras lebih tinggi pengaruh rakan sebaya negatif.

Kendall's tau_b (τ_b) lebih daripada 0.05 ($p > 0.05$). Hipotesis null tidak boleh ditolak dan tidak ada perkaitan antara pencapaian kecemerlangan pelajar dengan entropi sosial. Stark, Shaw dan Lowther (1989), dalam era menilai kejayaan pelajar-pelajar dan kolej-kolej, matlamat pelajar mungkin menggambarkan satu hubungan terputus penting dalam usaha penilaian. Sesetengah kolej yang melihat penilaian sebagai satu cara meningkatkan pengajaran adalah di barisan hadapan dalam menggunakan matlamat pelajar dalam kerja mereka. Olige (2008), menemui bukti yang menyakinkan bahawa ibu bapa di sekolah tinggi yang dikaji mempunyai pengaruh pada pencapaian akademik pelajar. Bryant et al. (2000), salah laku sekolah menyumbang kepada peningkatan penggunaan rokok dan menurun pencapaian akademik antara gred 8 dan 10 dan meningkatkan penggunaan rokok dan menurun ikatan sekolah antara gred 10 hingga 12. Sonja et al. (2009), tingkah laku antisosial agresif meramalkan secara signifikan pencapaian akademik lebih rendah (oleh perempuan). Keputusan tersebut boleh membawa kepada satu kesimpulan bahawa guru-guru mungkin (secara *stereotypical*) mempunyai lebih banyak kesukaran dalam menerima tingkah laku agresif (lisan atau bukan lisan), penipuan, kezaliman, dan lain-lain oleh kanak-kanak perempuan daripada kanak-kanak lelaki yang kemudian mungkin mempengaruhi penilaian guru dalam pencapaian akademik pelajar.

Strom et al. (2013), pada peringkat individu semua kombinasi dalam keganasan dan kategori penderaan seksual adalah secara signifikan berkaitan dengan gred lebih rendah. Ini juga benar untuk buli, manakala sokongan guru menyebabkan gred lebih baik. Pada peringkat sekolah, analisis adalah menunjukkan bahawa pelajar-pelajar di sekolah dengan aras lebih tinggi dalam buli berprestasi teruk secara akademik. Setiap unit kenaikan dalam buli di sekolah sejajar dengan purata penurunan 0.98 poin dalam gred ($p < 0.01$) apabila dikawal untuk ciri-ciri sosiodemografi. Perhubungan kekal signifikan apabila model diuji secara berasingan untuk pelajar-pelajar bukan pembuli, dengan pengurangan kecil dalam nilai Pekali (- 0.84, $p < 0.01$). Tiada kepentingan keseluruhan telah ditemui untuk interaksi antara persekitaran sekolah dan pendedahan remaja kepada keganasan, menandakan bahawa persekitaran sekolah mempengaruhi semua pelajar. Keseimpulannya, faktor-faktor atas kedua-dua aras boleh menyumbang kepada mengurang gred.

Kendall's tau_b (τ_b) pemboleh ubah pencapaian atau kecemerlangan pelajar dengan bentuk modal sosial ialah lebih daripada 0.05 ($p > 0.05$). Hipotesis null tidak boleh ditolak dan tidak ada perkaitan antara pencapaian kecemerlangan pelajar dengan bentuk modal sosial. Bala-Brusilow (2010), memeriksa tiga bentuk modal sosial iaitu modal sosial peribadi, modal sosial keluarga dan modal sosial kejiranan. Hasil kajian mendapati belajar di sekolah swasta, menyertai kelab atau sukan di luar sekolah dan bersama-sama dengan rakan sebaya adalah dipertimbangkan sebagai positif atau lebih tinggi ukuran untuk modal sosial peribadi. Kanak-kanak yang belajar di sekolah awam yang tidak menyertai kelab atau sukan di luar sekolah dan tidak bersama-sama dengan rakan sebaya mempunyai kemungkinan lebih besar untuk obesiti dan lebih tinggi BMI dalam populasi kajian selepas pelarasan untuk pengaruh demografi atau status sosioekonomi. Saiz keluarga yang lebih kecil adalah dihipotesiskan untuk menjadi lebih tinggi dalam modal sosial keluarga. Modal sosial kejiranan menunjukkan satu hubungan songsang antara modal sosial kejiranan dengan kemungkinan dalam obesiti dan BMI. Hubungan songsang antara ukuran lebih tinggi dalam modal sosial peribadi, modal sosial keluarga dan modal sosial kejiranan dan kemungkinan dalam obesiti dan BMI apabila mengawal untuk umur, jantina, ras/keetnikan, pendidikan ibu bapa dan pendapatan isirumah.

Kendall's tau_b (τ_b) pemboleh ubah pencapaian atau kecemerlangan pelajar dengan dimensi modal sosial aras signifikan (p) lebih daripada 0.05 ($p > 0.05$). Hipotesis null tidak boleh ditolak dan tidak ada perkaitan antara pencapaian kecemerlangan pelajar dengan dimensi modal sosial. Wexler-Robock (2006), dimensi modal sosial termasuk rangkaian. Buku-buku bersifat penjelasan, jauh lebih daripada naratif, adalah ditemui untuk berkhidmat sebagai satu tisu penghubung, permulaan perbualan, atau rujukan biasa dalam membantu untuk membentuk ran gkaian antara dan di kalangan pelajar-pelajar yang mempunyai hubungan yang lemah (ikatan lemah), terutamanya pada masa-masa bukan pendidikan. Semasa masa bukan formal, masa peralihan, masa bukan pendidikan, kawasan air sejuk muncul sebagai ruang awam di mana para peserta dan ahli-ahli kelas berkumpul secara tidak rasmi kepada rangkaian tentang burung. Rangkaian ini adalah ditemui untuk berkhidmat dan menjana sosial serta sebagai hasil dan fungsi akademik.

Scott (2007), empat dimensi modal sosial kejiranan telah digunakan dalam analisis ialah bahagian dalam penduduk status tinggi, kepelbagaian ras/etnik, mobilit pelajar dan ikatan (hubungan) ibu bapa kepada kejiranan. Empat dimensi modal sosial keluarga telah digunakan dalam analisis adalah aspirasi pendidikan ibu bapa, interaksi ibu bapa-anak-anak, bilangan adik-beradik dan komposisi keluarga. Tiga dimensi modal sosial sekolah telah digunakan dalam analisis ini ialah norma sekolah dan jangkaan, peratusan dalam guru-guru yang disahkan dan nisbah pelajar/guru. Empat dimensi modal sosial pelajar telah digunakan dalam analisis adalah bilangan kawan rapat yang tercicir dari sekolah, bilangan adik-beradik yang tercicir dari sekolah, kepentingan gred kapada pelajar, dan darjah yang pelajar bersedia untuk kelas. Kesan gabungan faktor kejiranan, keluarga, sekolah dan pelajar ke atas pencapaian akademik, ras pelajar menjadi signifikan. Ras pelajar ialah bukan satu peramal signifikan dalam pencapaian akademik dalam model individu. Penemuan ini menonjolkan sifat institusi ras dan pengaruhnya pada keputusan pendidikan pelajar-pelajar. Ras pelajar menjadi satu isu signifikan bila diletakkan dalam konteks sosial lebih luas yang pelajar-pelajar, keluarga-keluarga, sekolah-sekolah dan kejiranan berinteraksi. Kajian ini menandakan bahawa kesan gabungan dalam faktor kejiranan, keluarga, sekolah dan pelajar menerangkan bahagian kecil varian dalam pencapaian akademik.

Kendall's tau_b (τ_b) pemboleh ubah pencapaian atau kecemerlangan pelajar dengan ikatan kuat aras signifikan (p) lebih daripada 0.05 ($p > 0.05$). Hipotesis null tidak boleh ditolak dan tidak ada perkaitan antara pencapaian kecemerlangan pelajar dengan ikatan kuat. Kendall's tau_b (τ_b) pemboleh ubah pencapaian atau kecemerlangan pelajar dengan ikatan lemah aras signifikan lebih daripada 0.05 ($p > 0.05$). Hipotesis null tidak boleh ditolak dan tidak ada perkaitan antara pencapaian kecemerlangan pelajar dengan ikatan lemah. Carbonaro (2010), menemui bahawa pelajar yang mempunyai hubungan sosial yang lebih jauh (ikatan lemah) adalah lebih berpengaruh untuk pencapaian dan keputusan pencapaian. Jungbauer-Gans dan Gross (2013), hipotesis bahawa bilangan ikatan lemah dalam jaringan sosial akademik meningkatkan peluang kejayaan memetik Burt (1995; 2006) iaitu Burt telah melanjutkan idea ikatan lemah yang berhujah bahawa orang dengan fungsi pembrokeran merapatkan lubang struktur dalam rangkaian sosial, menghubungkan subkumpulan yang akan sebaliknya akan terbahagi (berasingan). Oleh kerana itu, broker tidak hanya menerima maklumat yang tidak bertindan (mirip kepada hujah ikatan kuat-lemah) tetapi boleh juga mengawal aliran maklumat antara dua subkumpulan.

Kendall's tau_b (τ_b) pemboleh ubah pencapaian atau kecemerlangan pelajar dengan nod aras signifikan lebih daripada 0.05 ($p > 0.05$). Hipotesis null tidak boleh ditolak dan tidak ada perkaitan antara pencapaian kecemerlangan pelajar dengan nod. O'Bryant (2010), rangkaian dari hubungan di rumah, komuniti dan persekitaran sekolah menyediakan sumber modal sosial yang perlu untuk motivasi positif ke arah pencapaian akademik. Orang dewasa dalam organisasi bukan-kerabat keluarga seperti kumpulan sukan berkhidmat untuk menyokong jangkaan ahli keluarga untuk pencapaian akademik.

Hubungan antara pemboleh ubah modal sosial

Kendall's tau_b (τ_b) aras signifikan ialah kurang daripada 0.01 ($p < 0.01$), korelasi ini adalah signifikan, oleh itu hipotesis null (tiada perkaitan/*association*) boleh ditolak bahawa terdapat satu pertalian antara kumpulan dan jaringan dengan kepercayaan pelajar sekolah kajian. Korelasi adalah positif, pelajar sekolah kajian yang mempunyai kumpulan dan jaringan yang lebih tinggi umumnya mempunyai nilai kepercayaan yang tinggi dan sebaliknya jika kumpulan dan jaringan pelajar sekolah kajian adalah rendah, nilai kepercayaan pelajar sekolah kajian juga rendah. Giavrimis, Papanis dan Roumeliotou (2011), pelajar-pelajar pendatang di Greece nampaknya mempamerkan tahap kepercayaan tinggi dan sambungan kepada ibu bapa mereka. Walau bagaimanapun, tahap lebih rendah kepercayaan dan rangkaian yang lebih longgar dengan saudara mara yang lain, guru-guru dan rakan sebaya adalah ditunjukkan dalam hasil kajian. Penemuan menunjukkan kecenderungan kanak-kanak pendatang untuk menyambung dengan keluarga terdekat mereka dan terus dengan rangkaian sosial informal untuk menjejaskan rangkaian sosial yang lebih jenis formal. Guru-guru sebagai wakil rasmi institusi sekolah tidak mendapat kepercayaan pelajar pendatang sebagaimana skor yang rendah. Igarashi et al. (2008), hubungan antara kepercayaan dan rangkaian adalah kurang. Kepercayaan umum adalah konsisten secara positif berkaitan dengan rangkaian terdekat, kepercayaan umum yang tinggi adalah berkaitan dengan rangkaian terdekat lebih besar.

Kendall's tau_b (τ_b) aras signifikan ialah kurang daripada 0.01 ($p < 0.01$), korelasi ini adalah signifikan, oleh itu hipotesis null (tiada perkaitan/*association*) boleh ditolak bahawa terdapat satu pertalian antara tindakan kolektif dan kerjasama dengan maklumat dan komunikasi pelajar sekolah kajian. Korelasi adalah positif, pelajar sekolah kajian yang mempunyai tindakan kolektif dan kerjasama yang lebih tinggi umumnya mempunyai nilai maklumat dan komunikasi yang tinggi dan sebaliknya jika tindakan kolektif dan kerjasama pelajar sekolah kajian adalah rendah, nilai maklumat dan komunikasi pelajar sekolah kajian juga rendah. Putterman (2009), tiga jenis mekanisma iaitu menyusun, mengundi dan komunikasi adalah didapati memupuk kerjasama dalam menghadapi berbagai pelupusan. Hemenway (2005), diandaikan bahawa komunikasi lisan akan mewujudkan kerjasama yang tinggi selepas penyelidikan Wiley (1973) yang menyatakan bahawa pilihan adalah dibuat dengan pengenalan komunikasi lisan dan pasangan bercampur-jantina. Bearden (2006), komunikasi mempunyai kesan utama yang signifikan dari segi bilangan musim berlangsung.

Kendall's tau_b (τ_b) bagi pemboleh ubah perpaduan dan penyertaan sosial dengan pendayaupayaan aras signifikan ialah kurang daripada 0.01 ($p < 0.01$), korelasi ini adalah signifikan, oleh itu hipotesis null (tiada perkaitan/*association*) boleh ditolak bahawa terdapat satu pertalian antara perpaduan dan penyertaan sosial dengan pendayaupayaan pelajar sekolah kajian. Korelasi adalah positif, pelajar sekolah kajian yang mempunyai perpaduan dan penyertaan sosial yang lebih tinggi umumnya mempunyai nilai pendayaupayaan yang tinggi dan sebaliknya jika perpaduan dan penyertaan sosial pelajar sekolah kajian adalah rendah, nilai pendayaupayaan pelajar sekolah kajian juga rendah. Speer, Jackson dan Peterson (2001), responden yang paling bersambung dalam masyarakat mendapat skor secara signifikan tinggi dalam kecekapan melihat dan mengfungsikan politik.

Kendall's tau_b (τ_b) pemboleh ubah autoriti sosial dengan agregat sosial aras signifikan ialah kurang daripada 0.01 ($p < 0.01$), korelasi ini adalah signifikan, oleh itu hipotesis null (tiada perkaitan/*association*) boleh ditolak bahawa terdapat satu pertalian antara autoriti sosial dengan agregat sosial pelajar sekolah kajian. Korelasi adalah positif, pelajar sekolah kajian yang mempunyai autoriti sosial yang lebih tinggi umumnya mempunyai nilai agregat sosial yang tinggi dan sebaliknya jika autoriti sosial pelajar sekolah kajian adalah rendah, nilai agregat sosial pelajar sekolah kajian juga rendah. Hobbs et al. (2004), industri dan kumpulan sokongan-industri seringkali mempunyai asas sumber yang besar dan mampu untuk mengupah pelabi berbayar dan melibatkan diri dalam lingkungan pelbagai dalam strategi untuk mempengaruhi proses pembuatan polisi berkenaan Peraturan Makanan Sekolah Persekutuan. Sebaliknya, organisasi kepentingan awam termasuk pertubuhan bukan keuntungan dan akar umbi kecil seringkali mempunyai secara perbandingan kurang dari segi kakitangan dan aset kewangan.

Status sosial pelajar dengan peranan sosial mempunyai Kendall's tau_b (τ_b) aras signifikan ialah kurang daripada 0.01 ($p < 0.01$). Hipotesis null boleh ditolak bahawa terdapat perkaitan antara status sosial dengan peranan sosial. Fragale (2004), individu dilihat sebagai perkauman (iaitu sensitif, panas dan bersetuju) adalah sebenarnya dianugerahkan status yang lebih tinggi daripada individu yang dilihat sebagai agentik (iaitu bebas, bijak dan yakin) dalam tugas kumpulan. Wageman dan Gordon (2005), kumpulan egalitarian cenderung untuk bekerja merentasi banyak unsur-unsur tugas berbeza, mereka membangunkan hubungan interpersonal lebih rapat, mereka belajar daripada satu sama lain, dan mereka adalah dimotivasikan melalui keinginan untuk menyumbang kepada kumpulan-kumpulan mereka. Kumpulan mentokratik sebaliknya cemderung untuk membahagikan kerja ke dalam tugar-tugas individu, dan mereka cenderung untuk menjadi agresif apabila mereka bersama-sama sebagai satu pasukan dalam cara yang menyumbang kepada prestasi kumpulan.

Kendall's tau_b (τ_b) aras signifikan ialah kurang daripada 0.01 ($p < 0.01$), korelasi ini adalah signifikan, oleh itu hipotesis null (tiada perkaitan/*association*) boleh ditolak bahawa terdapat satu pertalian antara bentuk modal sosial dengan dimensi modal sosial pelajar sekolah kajian. Korelasi adalah positif, pelajar sekolah kajian yang mempunyai bentuk modal sosial yang lebih tinggi umumnya mempunyai nilai dimensi modal sosial yang tinggi dan sebaliknya jika bentuk modal sosial pelajar sekolah kajian adalah rendah, nilai dimensi modal sosial pelajar sekolah kajian juga rendah. Wexler-Robock (2006), jambatan modal sosial berkaitan dengan kesediaan untuk melibatkan diri dalam rangkaian kuat dan lemah membantu mencari, *intertextuality*, barangkali menguasai orientasi matlamat untuk semua peserta tanpa menghiraukan aras membaca.

Kendall's tau_b (τ_b) aras signifikan (p) kurang daripada 0.01 ($p < 0.01$). Korelasi ini adalah signifikan, oleh itu hipotesis null (tiada perkaitan/*association*) boleh ditolak bahawa terdapat satu pertalian antara ikatan kuat dengan ikatan lemah pelajar sekolah kajian. Korelasi adalah positif, pelajar sekolah kajian yang mempunyai ikatan kuat yang lebih tinggi umumnya mempunyai nilai ikatan lemah yang tinggi dan sebaliknya jika ikatan kuat pelajar sekolah kajian adalah rendah, nilai ikatan lemah pelajar sekolah kajian juga rendah. Erkelens (2007), pelajar-pelajar yang mempunyai ikatan lemah dalam satu kelas institut boleh hadir kelas dan menikmati hubungan ikatan lemah yang adalah ada tanpa rasa tanggungjawab tingkah laku yang datang daripada hubungan kuat (ikatan kuat).

Kendall's tau_b (τ_b) aras signifikan ialah kurang daripada 0.01 ($p < 0.01$), korelasi ini adalah signifikan, oleh itu hipotesis null (tiada perkaitan/*association*) boleh ditolak bahawa terdapat satu pertalian antara kumpulan dan jaringan dengan tindakan kolektif dan kerjasama pelajar sekolah kajian.

Korelasi adalah positif, pelajar sekolah kajian yang mempunyai kumpulan dan jaringan yang lebih tinggi umumnya mempunyai nilai tindakan kolektif dan kerjasama yang tinggi dan sebaliknya jika kumpulan dan jaringan pelajar sekolah kajian adalah rendah, nilai tindakan kolektif dan kerjasama pelajar sekolah kajian juga rendah. Rezaei dan Kirkley (2012), model rangkaian sosial ialah mampu untuk berkembang dan mengekalkan kerjasama. Rangkaian sosial dinamik memainkan peranan penting dalam mempromosikan dan mengekalkan kerjasama, terutamanya apabila agen menggunakan strategi diskriminasi. Siegel (2009), saiz rangkaian mungkin secara kuat mengalakkan penyertaan di bawah beberapa pengagihan motivasi individu.

Kendall's tau_b (τ_b) aras signifikan ialah kurang daripada 0.01 ($p < 0.01$), korelasi ini adalah signifikan, oleh itu hipotesis null (tiada perkaitan/*association*) boleh ditolak bahawa terdapat satu pertalian antara kepercayaan dengan tindakan kolektif dan kerjasama pelajar sekolah kajian. Korelasi adalah positif, pelajar sekolah kajian yang mempunyai kepercayaan yang lebih tinggi umumnya mempunyai nilai tindakan kolektif dan kerjasama yang tinggi dan sebaliknya jika kepercayaan pelajar sekolah kajian adalah rendah, nilai tindakan kolektif dan kerjasama pelajar sekolah kajian juga rendah. Ahn (2002), kerjasama tidak boleh dicapai tanpa kepercayaan tulen.

Kendall's tau_b (τ_b) aras signifikan ialah kurang daripada 0.01 ($p < 0.01$), korelasi ini adalah signifikan, oleh itu hipotesis null (tiada perkaitan/*association*) boleh ditolak bahawa terdapat satu pertalian antara kumpulan dan jaringan dengan maklumat dan komunikasi pelajar sekolah kajian. Korelasi adalah positif, pelajar sekolah kajian yang mempunyai kumpulan dan jaringan yang lebih tinggi umumnya mempunyai nilai maklumat dan komunikasi yang tinggi dan sebaliknya jika kumpulan dan jaringan pelajar sekolah kajian adalah rendah, nilai maklumat dan komunikasi pelajar sekolah kajian juga rendah. Roberts dan Dunbar (2011), peserta dengan rangkaian kaum kerabat lebih besar mempunyai masa lebih lama untuk hubungan terakhir dengan setiap ahli rangkaian, sebagaimana dibandingkan dengan peserta-peserta dengan rangkaian kaum kerabat lebih kecil.

Kendall's tau_b (τ_b) aras signifikan ialah kurang daripada 0.01 ($p < 0.01$), korelasi ini adalah signifikan, oleh itu hipotesis null (tiada perkaitan/*association*) boleh ditolak bahawa terdapat satu pertalian antara kumpulan dan jaringan dengan perpaduan dan penyertaan sosial pelajar sekolah kajian. Korelasi adalah positif, pelajar sekolah kajian yang mempunyai kumpulan dan jaringan yang lebih tinggi umumnya mempunyai nilai perpaduan dan penyertaan sosial yang tinggi dan sebaliknya jika kumpulan dan jaringan pelajar sekolah kajian adalah rendah, nilai perpaduan dan penyertaan sosial pelajar sekolah kajian juga rendah. Notley (2009), kajian ini berpendapat bahawa dengan mendefinisikan dan memahami nilai sosial penggunaan rangkaian dalam talian anak-anak muda, boleh bergerak ke arah satu rangka polisi yang tidak hanya menangani risiko dalam talian berpotensi, tetapi menyokong kemasukan dalam talian saksama untuk anak-anak muda.

Kendall's tau_b (τ_b) aras signifikan ialah kurang daripada 0.01 ($p < 0.01$), korelasi ini adalah signifikan, oleh itu hipotesis null (tiada perkaitan/*association*) boleh ditolak bahawa terdapat satu pertalian antara maklumat dan komunikasi dengan perpaduan dan penyertaan sosial pelajar sekolah kajian. Korelasi adalah positif, pelajar sekolah kajian yang mempunyai maklumat dan komunikasi yang lebih tinggi umumnya mempunyai nilai perpaduan dan penyertaan sosial yang tinggi dan sebaliknya jika maklumat dan komunikasi pelajar sekolah kajian adalah rendah, nilai perpaduan dan penyertaan sosial pelajar sekolah kajian juga rendah. Shin dan Song (2011), masa yang dihabiskan dalam komunikasi bersemuka atau *face-to-face* (FTF) mempunyai satu kesan positif ke atas perpaduan sosial kumpulan yang seterusnya secara positif mempengaruhi prestasi kentekstual kumpulan. Komunikasi bersemuka menyumbang kepada perpaduan sosial kumpulan dan masa yang dihabiskan dalam *computer-mediated communication* (CMC) meningkatkan perpaduan tugas kumpulan. Komunikasi bersemuka dan CMC boleh menyumbang kepada pembangunan perpaduan kumpulan. *Actor Network Theory* (ANT) atau sosiologi persatuan nampaknya satu perspektif teoretikal sesuai untuk mengkaji hubungan antara pengurusan komunikasi, modal sosial dan perpaduan sosial.

Kendall's tau_b (τ_b) aras signifikan ialah kurang daripada 0.01 ($p < 0.01$), korelasi ini adalah signifikan, oleh itu hipotesis null (tiada perkaitan/*association*) boleh ditolak bahawa terdapat satu pertalian antara kumpulan dan jaringan dengan pendayaupayaan pelajar sekolah kajian. Korelasi adalah positif, pelajar sekolah kajian yang mempunyai kumpulan dan jaringan yang lebih tinggi umumnya mempunyai nilai pendayaupayaan yang tinggi dan sebaliknya jika kumpulan dan jaringan pelajar sekolah kajian adalah rendah, nilai pendayaupayaan pelajar sekolah kajian juga rendah. Kendall's tau_b (τ_b), nilai signifikan ialah lebih kecil daripada 0.01 (pada 99% aras keyakinan) bagi pemboleh ubah kumpulan dan jaringan dengan ikatan sosial. Korelasi ialah secara statistik signifikan dan hipotesis null adalah ditolak. Nilai signifikan ialah lebih kecil daripada 0.01 (pada 99% aras keyakinan) bagi pemboleh ubah pendayaupayaan dengan ikatan sosial. Korelasi ialah secara statistik signifikan dan hipotesis null adalah ditolak. Seckin (2006), keputusan menunjukkan bahawa kita mungkin menyaksikan kemunculan pesakit proaktif yang menggunakan internet berasaskan kumpulan-kumpulan sokongan agar menghadapi tekanan penyakit dengan lebih baik dan 'mengupaya' diri mereka sebagai pengguna penjagaan kesihatan. Keputusan juga mencadangkan bahwa penyertaan dalam kumpulan kanser dalam talian mempengaruhi penilaian pengalaman penyakit dan menyumbang secara positif kepada kesejahteraan psikologikal pesakit dan hasil trauma melampaui.

Kendall's tau_b (τ_b) aras signifikan ialah kurang daripada 0.01 ($p < 0.01$), korelasi ini adalah signifikan, oleh itu hipotesis null (tiada perkaitan/*association*) boleh ditolak bahawa terdapat satu pertalian antara kumpulan dan jaringan dengan ikatan sosial pelajar sekolah kajian. Korelasi adalah positif, pelajar sekolah kajian yang mempunyai kumpulan dan jaringan yang lebih tinggi umumnya mempunyai nilai ikatan sosial yang tinggi dan sebaliknya jika kumpulan dan jaringan pelajar sekolah kajian adalah rendah, nilai ikatan sosial pelajar sekolah kajian juga rendah. Ahn (2012), keputusan mencadangkan satu peranan kompleks *social networks sites* (SNSs) dalam pembangunan hubungan rapat. Bagi remaja, menjadi ahli laman rangkaian sosial ialah berkaitan dengan hubungan ikatan mereka dengan rakan sebaya. Walau bagaimanapun, penggunaan kerap SNSs ialah tidak berkaitan dengan modal sosial ikatan. Kathyapornpong (2009), hasil kajian menunjukkan keutamaan (*centrality*) hubungan dalam industri pelancongan dan kepentingan ikatan sosial kepada sektor pelancongan. Kajian ini memberi pandangan (wawasan) tambahan dalam sifat ikatan sosial dalam pembangunan perniagaan berjaya ke hubungan perniagaan.

Kendall's tau_b (τ_b) aras signifikan ialah kurang daripada 0.01 ($p < 0.01$), korelasi ini adalah signifikan, oleh itu hipotesis null (tiada perkaitan/*association*) boleh ditolak bahawa terdapat satu pertalian antara pendayaupayaan dengan ikatan sosial pelajar sekolah kajian. Korelasi adalah positif, pelajar sekolah kajian yang mempunyai pendayaupayaan yang lebih tinggi umumnya mempunyai nilai ikatan sosial yang tinggi dan sebaliknya jika pendayaupayaan pelajar sekolah kajian adalah rendah, nilai ikatan sosial pelajar sekolah kajian juga rendah. Babaei et al. (2012), keputusan menunjukkan kesan ketara ikatan, jambatan dan hubungan modal sosial ke atas pendayaupayaan di kalangan penempatan setinggan. Modal sosial ikatan mempunyai Pekali beta terbesar berbanding dengan dimensi yang lain, seperti jambatan dan hubungan modal sosial.

Kendall's tau_b (τ_b) aras signifikan ialah kurang daripada 0.01 ($p < 0.01$), korelasi ini adalah signifikan, oleh itu hipotesis null (tiada perkaitan/*association*) boleh ditolak bahawa terdapat satu pertalian antara kumpulan dan jaringan dengan jambatan sosial pelajar sekolah kajian. Korelasi adalah positif, pelajar sekolah kajian yang mempunyai kumpulan dan jaringan yang lebih tinggi umumnya mempunyai nilai jambatan sosial yang tinggi dan sebaliknya jika kumpulan dan jaringan pelajar sekolah kajian adalah rendah, nilai jambatan sosial pelajar sekolah kajian juga rendah. Ahn (2012), keahlian belia dan penggunaan SNSs ialah berkaitan dengan modal sosial jambatan mereka. Keahlian remaja dalam Facebook aatau SNSs melaporkan aras lebih tinggi dalam modal sosial jambatan berbanding dengan rakan sebaya mereka yang tidak menggunakan mana-mana SNS.

Kendall's tau_b (τ_b) aras signifikan ialah kurang daripada 0.01 ($p < 0.01$), korelasi ini adalah signifikan, oleh itu hipotesis null (tiada perkaitan/*association*) boleh ditolak bahawa terdapat satu pertalian antara kumpulan dan jaringan dengan hubungan sosial pelajar sekolah kajian. Korelasi adalah positif, pelajar sekolah kajian yang mempunyai kumpulan dan jaringan yang lebih tinggi umumnya mempunyai nilai hubungan sosial yang tinggi dan sebaliknya jika kumpulan dan jaringan pelajar sekolah kajian adalah rendah, nilai hubungan sosial pelajar sekolah kajian juga rendah. Santos (2009), pelajar tinggi-keutamaan bersambung dengan rakan-rakan tinggi-sambungan mengatasi rakan-rakan rendah-keutamaan (keutamaan ialah kedudukan strategik seorang aktor menduduki dalam satu rangkaian sosial) dikaitkan dengan rakan-rakan tinggi-sambungan.

Kendall's tau_b (τ_b) aras signifikan ialah kurang daripada 0.01 ($p < 0.01$), korelasi ini adalah signifikan, oleh itu hipotesis null (tiada perkaitan/*association*) boleh ditolak bahawa terdapat satu

pertalian antara jambatan sosial dengan hubungan sosial pelajar sekolah kajian. Korelasi adalah positif, pelajar sekolah kajian yang mempunyai jambatan sosial yang lebih tinggi umumnya mempunyai nilai hubungan sosial yang tinggi dan sebaliknya jika jambatan sosial pelajar sekolah kajian adalah rendah, nilai hubungan sosial pelajar sekolah kajian juga rendah. Nilai signifikan Babaei et al. (2012), hubungan antara individu dan sistem boleh mencipta hubungan sosial (modal sosial hubungan).

Kendall's tau_b (τ_b) aras signifikan ialah kurang daripada 0.01 ($p < 0.01$), korelasi ini adalah signifikan, oleh itu hipotesis null (tiada perkaitan/*association*) boleh ditolak bahawa terdapat satu pertalian antara kumpulan dan jaringan dengan interaksi sosial pelajar sekolah kajian. Korelasi adalah positif, pelajar sekolah kajian yang mempunyai kumpulan dan jaringan yang lebih tinggi umumnya mempunyai nilai interaksi sosial yang tinggi dan sebaliknya jika kumpulan dan jaringan pelajar sekolah kajian adalah rendah, nilai interaksi sosial pelajar sekolah kajian juga rendah. Page-Gould et al. (2010), peserta yang menerangkan rakan silang-kumpulan mempamerkan satu hubungan yang besar dalam keetnikan rakan dengan diri sendiri, dan perhubungan menjadi pengantara kesan aksesibiliti persahabatan ke atas jangkaan positif untuk hubungan antara kumpulan dan tindak balas hormon penyesuaian semasa interaksi sebenar dengan ahli outgroup baru. Penemuan ini membayangkan bahawa persahabatan silang kumpulan meningkatkan pengalaman-pengalaman antara kumpulan baru kepada darjah yang outgroup menjadi berkaitan dengan diri sendiri.

Kendall's tau_b (τ_b) aras signifikan ialah kurang daripada 0.01 ($p < 0.01$), korelasi ini adalah signifikan, oleh itu hipotesis null (tiada perkaitan/*association*) boleh ditolak bahawa terdapat satu pertalian antara kumpulan dan jaringan dengan agregat sosial pelajar sekolah kajian. Korelasi adalah positif, pelajar sekolah kajian yang mempunyai kumpulan dan jaringan yang lebih tinggi umumnya mempunyai nilai agregat sosial yang tinggi dan sebaliknya jika kumpulan dan jaringan pelajar sekolah kajian adalah rendah, nilai agregat sosial pelajar sekolah kajian juga rendah. Westaby (2012), rangkaian sosial mempengaruhi pencapaian matlamat, prestasi dan secara tingkah laku berkaitan dengan proses-proses pada berbagai peringkat analisis.

Kendall's tau_b (τ_b) aras signifikan ialah kurang daripada 0.01 ($p < 0.01$), korelasi ini adalah signifikan, oleh itu hipotesis null (tiada perkaitan/*association*) boleh ditolak bahawa terdapat satu pertalian antara kumpulan dan jaringan dengan autoriti sosial pelajar sekolah kajian. Korelasi adalah positif, pelajar sekolah kajian yang mempunyai kumpulan dan jaringan yang lebih tinggi umumnya mempunyai nilai autoriti sosial yang tinggi dan sebaliknya jika kumpulan dan jaringan pelajar sekolah kajian adalah rendah, nilai autoriti sosial pelajar sekolah kajian juga rendah. Jonsson dan Jeppesen (2013), autonomi pasukan ialah secara positif berkaitan dengan memudahkan pengaruh sosial iaitu ganjaran pasukan, sokongan pasukan dan ditemui satu hubungan negatif antara autonomi pasukan dan pemaksaan pasukan.

Kendall's tau_b (τ_b) aras signifikan ialah kurang daripada 0.01 ($p < 0.01$), korelasi ini adalah signifikan, oleh itu hipotesis null (tiada perkaitan/*association*) boleh ditolak bahawa terdapat satu pertalian antara kumpulan dan jaringan dengan peranan sosial pelajar sekolah kajian. Korelasi adalah positif, pelajar sekolah kajian yang mempunyai kumpulan dan jaringan yang lebih tinggi umumnya mempunyai nilai peranan sosial yang tinggi dan sebaliknya jika kumpulan dan jaringan pelajar sekolah kajian adalah rendah, nilai peranan sosial pelajar sekolah kajian juga rendah. Ingvaldsen dan Rolfsen (2012), penyelarasan antara-kumpulan menajdi satu cabaran utama apabila kumpulan menikmati aras autonomi tinggi. Dua struktur berbeza untuk penyelarasan antara-kumpulan yang adalah alternatif kepada kawalan hierarki tradisional.

Kendall's tau_b (τ_b) aras signifikan ialah kurang daripada 0.01 ($p < 0.01$), korelasi ini adalah signifikan, oleh itu hipotesis null (tiada perkaitan/*association*) boleh ditolak bahawa terdapat satu pertalian antara autoriti sosial dengan peranan sosial pelajar sekolah kajian. Korelasi adalah positif, pelajar sekolah kajian yang mempunyai autoriti sosial yang lebih tinggi umumnya mempunyai nilai peranan sosial yang tinggi dan sebaliknya jika autoriti sosial pelajar sekolah kajian adalah rendah, nilai peranan sosial pelajar sekolah kajian juga rendah. Grau dan Whitebread (2012), hasil kajian menunjukkan peningkatan umum aktiviti *self-regulated learning* (SRL) dalam kumpulan semasa semester dan hubungan positif antara fokus aktiviti dan jenis peraturan sosial. El Nokali (2013), kanak-kanak mendapat faedah paling banyak daripada aktiviti fizikal iaitu distrukturkan dan secara tetap berjadual dalam latar belakang sekolah.

Kendall's tau_b (τ_b) aras signifikan ialah kurang daripada 0.01 ($p < 0.01$), korelasi ini adalah signifikan, oleh itu hipotesis null (tiada perkaitan/*association*) boleh ditolak bahawa terdapat satu pertalian antara kumpulan dan jaringan dengan status sosial pelajar sekolah kajian. Korelasi adalah positif, pelajar sekolah kajian yang mempunyai kumpulan dan jaringan yang lebih tinggi umumnya mempunyai nilai status sosial yang tinggi dan sebaliknya jika kumpulan dan jaringan pelajar sekolah kajian adalah rendah, nilai status sosial pelajar sekolah kajian juga rendah. Takasaki (2011), satu perbandingan dalam pelbagai kumpulan (misalnya kaum kerabat dan kumpulan gereja) dan kedudukan sosial (misalnya ditentukan melalui gender, hilang upaya, kaum kerabat elit dan elit agama) menandakan bahawa pemindahan berasaskan-rangkaian menyesuaikan diri dengan bias hierarki dalam pemindahan berasaskan-kumpulan, bergantung pada sambungan fizikal dan sosial dalam kumpulan dan rangkaian.

Kendall's tau_b (τ_b) aras signifikan ialah kurang daripada 0.01 ($p < 0.01$), korelasi ini adalah signifikan, oleh itu hipotesis null (tiada perkaitan/*association*) boleh ditolak bahawa terdapat satu pertalian antara kumpulan dan jaringan dengan norma sosial pelajar sekolah kajian. Korelasi adalah positif, pelajar sekolah kajian yang mempunyai kumpulan dan jaringan yang lebih tinggi umumnya mempunyai nilai norma sosial yang tinggi dan sebaliknya jika kumpulan dan jaringan pelajar sekolah kajian adalah rendah, nilai norma sosial pelajar sekolah kajian juga rendah. Latkin et al. (2009), norma-norma dalam beberapa tingkah laku berisiko HIV dalam perkongsian peralatan suntikan adalah dikelompokkan dalam rangkaian sosial. Penemuan mencadangkan bahawa kerana norma adalah dikelompokkan melalui rangkaian maka ia adalah boleh dilaksanakan untuk mengenal pasti kumpulan individu yang menyokong dan mengalakkan norma tingkah laku suntikan berisiko tinggi melalui persampelan rangkaian. Pengelompokkan menunjukkan adalah boleh dilaksanakan untuk mengenal pasti dan campur tangan dengan rangkaian berisiko-tinggi.

Kendall's tau_b (τ_b) aras signifikan ialah kurang daripada 0.01 ($p < 0.01$), korelasi ini adalah signifikan, oleh itu hipotesis null (tiada perkaitan/*association*) boleh ditolak bahawa terdapat satu pertalian antara status sosial dengan norma sosial pelajar sekolah kajian. Korelasi adalah positif, pelajar sekolah kajian yang mempunyai status sosial yang lebih tinggi umumnya mempunyai nilai norma sosial yang tinggi dan sebaliknya jika status sosial pelajar sekolah kajian adalah rendah, nilai norma sosial pelajar sekolah kajian juga rendah. Hays (2012), penyebaran hierarki status dan kesahan mempengaruhi jawapan ahli kumpulan kepada hierarki dan prestasi kumpulan. Penyebaran hierarki mendorong orang untuk mencapai status tinggi, membawa kepada persaingan antara ahli-ahli kumpulan dalam bentuk cabaran-cabaran status. Cabaran-cabaran status ini adalah penting kerana mereka akan menjejaskan prestasi kumpulan. Selain itu, kesahan hierarki mempengaruhi tingkah laku ahli-ahli kumpulan melalui berinteraksi dengan penyebaran, kesan penyebaran ke atas cabaran-cabaran status dan prestasi adalah sangat kuat dalam hierarki paling sedikit kesahan dan adalah tidak hadir dalam hierarki paling sah. Oleh itu, orang tidak akan selalu mengukuhkan dan mempertahankan hierarki. Sebaliknya, apabila orang adalah terutamanya bermotivasi untuk mencapai status tinggi, sebagaimana mereka adalah dalam hierarki tersebar, orang adalah kemungkinan untuk mencabar hierarki dan cuba untuk mengubah suainya. Sama ada orang adalah kemungkinan untuk membela diri atau mencabar satu hierarki status ialah satu fungsi ciri-ciri struktural dalam hierarki, khususnya penyebarannya dan kesahannya.

Kendall's tau_b (τ_b) aras signifikan ialah kurang daripada 0.01 ($p < 0.01$), korelasi ini adalah signifikan, oleh itu hipotesis null (tiada perkaitan/*association*) boleh ditolak bahawa terdapat satu pertalian antara kumpulan dan jaringan dengan bentuk modal sosial pelajar sekolah kajian. Korelasi adalah positif, pelajar sekolah kajian yang mempunyai kumpulan dan jaringan yang lebih tinggi umumnya mempunyai nilai bentuk modal yang tinggi dan sebaliknya jika kumpulan dan jaringan pelajar sekolah kajian adalah rendah, nilai bentuk modal sosial pelajar sekolah kajian juga rendah. Eklinder-Frick, Eriksson dan Hallen (2011), yang bertentangan dalam penggunaan rangkaian strategik kawasan untuk mengatasi lebih-bersifat tertanam dan membebaskan aktor yang terlibat daripada rangkaian yang sedia ada mengunci bukannya mengukuhkan lagi institusi-institusi sosial. Ahn (2012), penemuan mencadangkan bahawa mempunyai lebih interaksi positif dalam *social networks sites* (SNSs) adalah berkaitan dengan modal sosial ikatan (ikatan modal sosial) tetapi tidak keada hubungan jambatan (jambatan modal sosial).

Kendall's tau_b (τ_b) aras signifikan ialah kurang daripada 0.01 ($p < 0.01$), korelasi ini adalah signifikan, oleh itu hipotesis null (tiada perkaitan/*association*) boleh ditolak bahawa terdapat satu

pertalian antara entropi sosial dengan bentuk modal sosial pelajar sekolah kajian. Korelasi adalah positif, pelajar sekolah kajian yang mempunyai entropi sosial yang lebih tinggi umumnya mempunyai nilai bentuk modal sosial yang tinggi dan sebaliknya jika entropi sosial pelajar sekolah kajian adalah rendah, nilai bentuk modal sosial pelajar sekolah kajian juga rendah. McGhee dan Pathak (n.d.), memetik Bretherton (2010) didapati sangat sedikit kekecewaan berkaitan dengan tekanan "*institutional isomorphism*" di mana institusi-institusi agama adalah dikatakan untuk membentuk semula diri mereka sendiri untuk menyesuaikan dengan polisi kerajaan. Tka dan Mares (2008), semua bentuk modal sosial (dibezakan di sini dari segi tipologi Woolcock) telah terbukti dengan ketara berkaitan dengan satu darjah kekurangan material, dengan rangkaian informal menunjukkan korelasi terkuat. Walaupun jaringan ini menyediakan beberapa perlindungan terhadap pengecualian sosial, mereka adalah bukan penampan yang boleh dipercayai, kerana orang dalam status ekonomi dan sosial lebih rendah mempunyai akses terhad kepada rangkaian sosial 'kualiti', dan lain-lain bentuk modal sosial adalah sering hadir.

Kendall's tau_b (τ_b) aras signifikan ialah kurang daripada 0.01 ($p < 0.01$), korelasi ini adalah signifikan, oleh itu hipotesis null (tiada perkaitan/*association*) boleh ditolak bahawa terdapat satu pertalian antara kumpulan dan jaringan dengan dimensi modal sosial pelajar sekolah kajian. Korelasi adalah positif, pelajar sekolah kajian yang mempunyai kumpulan dan jaringan yang lebih tinggi umumnya mempunyai nilai dimensi modal sosial yang tinggi dan sebaliknya jika kumpulan dan jaringan pelajar sekolah kajian adalah rendah, nilai dimensi modal sosial pelajar sekolah kajian juga rendah. Macke dan Dilly (2010), dimensi modal sosial boleh dihubungkan dengan prestasi rangkaian, pembinana identiti dan hubungan kuasa. Apabila mempertimbangkan dimensi kognitif, adalah munasabah untuk melihat bahawa ahli-ahli adalah berkongsi makna di kalangan diri mereka sendiri untuk setiap kategori yang dianalisis. Satu daripada elemen yang paling dipetik ialah peluang untuk bertukar idea dan maklumat. Ini adalah dipertimbangkan sebab yang paling penting untuk menjadi ahli rangkaian dan ia adalah untuk rangkaian ini, unsur yang paling penting dalam hubungan modal sosial (modal sosial hubungan).

Kendall's tau_b (τ_b) aras signifikan ialah kurang daripada 0.01 ($p < 0.01$), korelasi ini adalah signifikan, oleh itu hipotesis null (tiada perkaitan/*association*) boleh ditolak bahawa terdapat satu pertalian antara kumpulan dan jaringan dengan ikatan kuat pelajar sekolah kajian. Korelasi adalah positif, pelajar sekolah kajian yang mempunyai kumpulan dan jaringan yang lebih tinggi umumnya mempunyai nilai ikatan kuat yang tinggi dan sebaliknya jika kumpulan dan jaringan pelajar sekolah kajian adalah rendah, nilai ikatan kuat pelajar sekolah kajian juga rendah. Nelson (1989), koleksi individu-individu dengan ikatan (hubungan) dalaman, dan kurang kumpulan dominan menyediakan satu jambatan untuk semua kumpulan-kumpulan lain atau blok. Tortoriello (2012), ciri-ciri rangkaian menyumbang kepada aliran pengetahuan antara unit organisasi. Brancato (2006), rangkaian sosial di Russia telah membangunkan banyak kelompok-kelompok ikatan kuat, hanya beberapa ikatan lemah dan tidak ada rangkaian mendatar dalam penglibatan sivik.

Kendall's tau_b (τ_b) aras signifikan ialah kurang daripada 0.01 ($p < 0.01$), korelasi ini adalah signifikan, oleh itu hipotesis null (tiada perkaitan/*association*) boleh ditolak bahawa terdapat satu pertalian antara dimensi modal sosial dengan ikatan kuat pelajar sekolah kajian. Korelasi adalah positif, pelajar sekolah kajian yang mempunyai dimensi modal sosial yang lebih tinggi umumnya mempunyai nilai ikatan kuat yang tinggi dan sebaliknya jika dimensi modal sosial pelajar sekolah kajian adalah rendah, nilai ikatan kuat pelajar sekolah kajian juga rendah. Wu, Palinkas dan He (2011), kajian ini melampaui sastera yang sedia ada dengan mengambil kira kesan daripada ibu bapa, sekolah dan rakan sebaya yang terletak dalam konteks kejiranan lebih besar dan melalui menguji potensi kesan pengantaraan modal sosial komuniti ke atas hubungan di kalangan penglibatan ibu bapa, ikatan sekolah, hubungan rakan sebaya dan pelarasan psikososial kanak-kanak. Hasil kajian juga menunjukkan kepentingan modal sosial rakan sebaya dalam keadaan komuniti terhad dan sumber-sumber sekolah. Melalui pemeriksaan interaksi di kalangan pelbagai dimensi modal sosial, kajian ini mendapati bahawa modal sosial rakan sebaya mempunyai kesan signifikan secara konsisten ke atas pelarasan psikososial kanak-kanak tanpa menghiraukan dalam tahap modal sosial komuniti walaupun pada magnitud agak lebih kecil daripada modal sosial keluarga dan sekolah. Kejiranan dan sekolah adalah di mana kanak-kanak dan remaja menghabiskan banyak masa mereka dalam sehari dan menyediakan satu konteks serta-merta untuk hubungan mereka dengan persekitaran bandar.

Kendall's tau_b (τ_b) aras signifikan ialah kurang daripada 0.01 ($p < 0.01$), korelasi ini adalah signifikan, oleh itu hipotesis null (tiada perkaitan/*association*) boleh ditolak bahawa terdapat satu pertalian antara kumpulan dan jaringan dengan ikatan lemah pelajar sekolah kajian. Korelasi adalah positif, pelajar sekolah kajian yang mempunyai kumpulan dan jaringan yang lebih tinggi umumnya mempunyai nilai ikatan lemah yang tinggi dan sebaliknya jika kumpulan dan jaringan pelajar sekolah kajian adalah rendah, nilai ikatan lemah pelajar sekolah kajian juga rendah. Gil de Zuniga dan Valenzuela (2011), perbincangan ikatan lemah sebahagian besarnya pengantara perhubungan antara penyertaan dan saiz rangkaian dalam talian dan luar talian. Rangkaian dalam talian melibatkan pendedahan lebih besar kepada ikatan lemah daripada rangkaian luar talian.

Kendall's tau_b (τ_b) aras signifikan ialah kurang daripada 0.01 ($p < 0.01$), korelasi ini adalah signifikan, oleh itu hipotesis null (tiada perkaitan/*association*) boleh ditolak bahawa terdapat satu pertalian antara kumpulan dan jaringan dengan nod pelajar sekolah kajian. Korelasi adalah positif, pelajar sekolah kajian yang mempunyai kumpulan dan jaringan yang lebih tinggi umumnya mempunyai nilai nod yang tinggi dan sebaliknya jika kumpulan dan jaringan pelajar sekolah kajian adalah rendah, nilai nod pelajar sekolah kajian juga rendah. Mizruchi dan Potts (1998), dalam rangkaian dengan aktor pusat dn nombor ganjil kumpulan kecil, aktor pusat gagal untuk menguasai. Malah, dalam rangkaian ini, apabila aktor pinggir (*peripheral*) adalah mampu untuk mempengaruhi satu sama lain secara terus, aktor pusat menjadi paling kurang berkuasa dalam rangkaian. Dalam rangkaian dengan aktor pusat dan nombor genap kumpulan kecil walau bagaimanapun aktor pusat menguasai bahkan dalam situasi berkaitan dengan pinggir (*peripherals*).

Kendall's tau_b (τ_b) aras signifikan ialah kurang daripada 0.01 ($p < 0.01$), korelasi ini adalah signifikan, oleh itu hipotesis null (tiada perkaitan/*association*) boleh ditolak bahawa terdapat satu pertalian antara ikatan lemah dengan nod pelajar sekolah kajian. Korelasi adalah positif, pelajar sekolah kajian yang mempunyai ikatan lemah yang lebih tinggi umumnya mempunyai nilai nod yang tinggi dan sebaliknya jika ikatan lemah pelajar sekolah kajian adalah rendah, nilai nod pelajar sekolah kajian juga rendah. Kalish dan Robins (2006), hasil kajian mencadangkan bahawa orang yang melihat diri mereka terdedah kepada kuasa luar cenderung untuk menghuni rangkaian tertutup dalam hubungan lemah. Sebaliknya, orang yang berusaha untuk menjaga rakan-rakan kerjasama ikatan kuat mereka, dan dengan itu merapatkan lubang struktur, cenderung untuk menjadi individualistik, untuk percaya bahawa mereka mengawal peristiwa-peristiwa dalam kehidupan mereka, dan untuk mempunyai tahap neurotisisme lebih tinggi. Akhir sekali, orang dengan rangkaian kuat tertutup dan lubang struktur "lemah" (sebagaimana "ikatan kuat dan lemah") cenderung untuk mengkategorikan diri mereka dan yang lain dalam keahlian kumpulan.

Kendall's tau_b (τ_b) aras signifikan ialah kurang daripada 0.01 ($p < 0.01$), korelasi ini adalah signifikan, oleh itu hipotesis null (tiada perkaitan/*association*) boleh ditolak bahawa terdapat satu pertalian antara kepercayaan dengan maklumat dan komunikasi pelajar sekolah kajian. Korelasi adalah positif, pelajar sekolah kajian yang mempunyai kepercayaan yang lebih tinggi umumnya mempunyai nilai maklumat dan komunikasi yang tinggi dan sebaliknya jika kepercayaan pelajar sekolah kajian adalah rendah, nilai maklumat dan komunikasi pelajar sekolah kajian juga rendah. Thomas, Zalin dan Hartman (2009), hubungan antara komunikasi dan kepercayaan adalah berkaitan konteks dan saling bersambungan, yang membuat ia sukar untuk mengganggu (memintal) secara berasingan (tersendiri). Porumbescu, Park dan Oomsels (2013), kajian ini membina satu rangka konseptual dalam bagaimana komunikasi penyelia dengan orang bawahan boleh mempengaruhi kepercayaan menegak dalam organisasi awam. Strategi komunikasi interpersonal adalah paling berkesan dalam membina kepercayaan menegak dalam organisasi awam.

Kendall's tau_b (τ_b) aras signifikan ialah kurang daripada 0.01 ($p < 0.01$), korelasi ini adalah signifikan, oleh itu hipotesis null (tiada perkaitan/*association*) boleh ditolak bahawa terdapat satu pertalian antara kepercayaan dengan perpaduan dan penyertaan sosial pelajar sekolah kajian. Korelasi adalah positif, pelajar sekolah kajian yang mempunyai kepercayaan yang lebih tinggi umumnya mempunyai nilai perpaduan dan penyertaan sosial yang tinggi dan sebaliknya jika kepercayaan pelajar sekolah kajian adalah rendah, nilai perpaduan dan penyertaan sosial pelajar sekolah kajian juga rendah. Bureekul dan Thananithichot (2012), kajian menemui bahawa masyarakat Thai masih rapuh kerana kepercayaan berkurangan di kalangan rakyat serta keyakinan dalam pelbagai institusi khususnya institusi politik.

Kendall's tau_b (τ_b) aras signifikan ialah kurang daripada 0.01 ($p < 0.01$), korelasi ini adalah signifikan, oleh itu hipotesis null (tiada perkaitan/*association*) boleh ditolak bahawa terdapat satu pertalian antara kepercayaan dengan pendayaupayaan pelajar sekolah kajian. Korelasi adalah positif, pelajar sekolah kajian yang mempunyai kepercayaan yang lebih tinggi umumnya mempunyai nilai pendayaupayaan yang tinggi dan sebaliknya jika kepercayaan pelajar sekolah kajian adalah rendah, nilai pendayaupayaan pelajar sekolah kajian juga rendah. Huang (2012), hasil kajian ini menyediakan sokongan bagi satu model proses yang menghubungkan pendayaupayaan psikologikal, kepercayaan dalam penyelia terdekat seseorang, tingkah laku maklum balas-mencari, dan prestasi pekerjaan. Khususnya, pendayaupayaan psikologikal ialah secara positif berkaitan dengan tingkah laku maklum balas-mencari melalui kepercayaan dalam penyelia terdekat seseorang. Yin et al. (2013), kepercayaan dalam rakan-rakan adalah peramal signifikan dalam pendayaupayaan guru.

Kendall's tau_b (τ_b) aras signifikan ialah kurang daripada 0.01 ($p < 0.01$), korelasi ini adalah signifikan, oleh itu hipotesis null (tiada perkaitan/*association*) boleh ditolak bahawa terdapat satu pertalian antara kepercayaan dengan ikatan sosial pelajar sekolah kajian. Korelasi adalah positif, pelajar sekolah kajian yang mempunyai kepercayaan yang lebih tinggi umumnya mempunyai nilai ikatan sosial yang tinggi dan sebaliknya jika kepercayaan pelajar sekolah kajian adalah rendah, nilai ikatan sosial pelajar sekolah kajian juga rendah. Uslander (2004), negara dengan kepercayaan tinggi mempunyai tahap lebih tinggi dalam *African-American* menulis surat kepada editor, menulis artikel surat khabar, menjadi ahli organisasi, dan membuat ucapan awam. Terdapat juga yang sama, bahkan lebih besar, kesan-kesan bagi banyak bentuk penyertaan untuk orang kulit putih. Ia adalah kepercayaan keseluruhannya, dan bukannya tahap kepercayaan African-American sendiri, yang membentuk penyertaan politik untuk aktiviti-aktiviti ini, mencadangkan bahawa *African-American* adalah lebih kemungkinan untuk menyertai dalam kehidupan sivik apabila keseluruhan komuniti ialah lebih mempercayai dalam orang tidak seperti mereka.

Kendall's tau_b (τ_b) aras signifikan ialah kurang daripada 0.01 ($p < 0.01$), korelasi ini adalah signifikan, oleh itu hipotesis null (tiada perkaitan/*association*) boleh ditolak bahawa terdapat satu pertalian antara kepercayaan dengan jambatan sosial pelajar sekolah kajian. Korelasi adalah positif, pelajar sekolah kajian yang mempunyai kepercayaan yang lebih tinggi umumnya mempunyai nilai jambatan sosial yang tinggi dan sebaliknya jika kepercayaan pelajar sekolah kajian adalah rendah, nilai jambatan sosial pelajar sekolah kajian juga rendah. Montoya dan Pittinsky (2011), penemuan mendapati kepercayaan adalah penting untuk hubungan antara kumpulan positif.

Kendall's tau_b (τ_b) aras signifikan ialah kurang daripada 0.01 ($p < 0.01$), korelasi ini adalah signifikan, oleh itu hipotesis null (tiada perkaitan/*association*) boleh ditolak bahawa terdapat satu pertalian antara ikatan sosial dengan jambatan sosial pelajar sekolah kajian. Korelasi adalah positif, pelajar sekolah kajian yang mempunyai ikatan sosial yang lebih tinggi umumnya mempunyai nilai jambatan sosial yang tinggi dan sebaliknya jika ikatan sosial pelajar sekolah kajian adalah rendah, nilai jambatan sosial pelajar sekolah kajian juga rendah. O'Brien, Phillips dan Patsiorkovsky (2005), masalah untuk mencari cara membina modal sosial jambatan dalam situasi kumpulan dikuasai oleh rangkaian yang sangat padat dan sangat ketat modal sosial ikatan ialah terutamanya mencabar kerana eksternaliti negatif hasil daripada situasi yang mengancam teras institusi demokratik liberal.

Kendall's tau_b (τ_b) aras signifikan ialah kurang daripada 0.01 ($p < 0.01$), korelasi ini adalah signifikan, oleh itu hipotesis null (tiada perkaitan/*association*) boleh ditolak bahawa terdapat satu pertalian antara kepercayaan dengan hubungan sosial pelajar sekolah kajian. Korelasi adalah positif, pelajar sekolah kajian yang mempunyai kepercayaan yang lebih tinggi umumnya mempunyai nilai hubungan sosial yang tinggi dan sebaliknya jika kepercayaan pelajar sekolah kajian adalah rendah, nilai hubungan sosial pelajar sekolah kajian juga rendah. Yang (2005), kajian mendapati bahawa kepercayaan pentadbir awam pada rakyat ialah satu binaan berkaitan dan sah dam satu peramal usaha penglibatan rakyat proaktif.

Kendall's tau_b (τ_b) aras signifikan ialah kurang daripada 0.01 ($p < 0.01$), korelasi ini adalah signifikan, oleh itu hipotesis null (tiada perkaitan/*association*) boleh ditolak bahawa terdapat satu pertalian antara kepercayaan dengan agregat sosial pelajar sekolah kajian. Korelasi adalah positif, pelajar sekolah kajian yang mempunyai kepercayaan yang lebih tinggi umumnya mempunyai nilai agregat sosial yang tinggi dan sebaliknya jika kepercayaan pelajar sekolah kajian adalah rendah, nilai agregat sosial pelajar sekolah kajian juga rendah. Dirks (1999), berdasarkan penemuan adalah dicadangkan bahawa kepercayaan mungkin terbaik difahami sebagai satu binaan yang mempengaruhi prestasi kumpulan secara tidak langsung melalui menyalurkan tenaga ahli kumpulan ke arah matlamat-matlamat alternatif.

Kendall's tau_b (τ_b) aras signifikan ialah kurang daripada 0.01 ($p < 0.01$), korelasi ini adalah signifikan, oleh itu hipotesis null (tiada perkaitan/*association*) boleh ditolak bahawa terdapat satu pertalian antara kepercayaan dengan autoriti sosial pelajar sekolah kajian. Korelasi adalah positif, pelajar sekolah kajian yang mempunyai kepercayaan yang lebih tinggi umumnya mempunyai nilai autoriti sosial yang tinggi dan sebaliknya jika kepercayaan pelajar sekolah kajian adalah rendah, nilai autoriti sosial pelajar sekolah kajian juga rendah. Mayer et al. (2011), analisis dalam tahap kepercayaan pada penyelia mendapati perubahan dalam aras kepercayaan adalah banyak berkait dengan pertambahan dalam jenis khusus percubaan penggunaan dan pengaruh kuasa, terutama sekali perubahan dalam kuasa rujukan, kuasa pakar dan tingkah laku menyokong berkaitan tugas. Bukti juga menunjukkan bahawa pembangunan kepercayaan ialah satu fenomena saling timbal balik dan pertambahan kepercayaan boleh membawa kepada hasil yang penting. Perubahan dalam kuasa penyelia dan taktik pengaruh mempengaruhi perubahan dalam kepercayaan.

Kendall's tau_b (τ_b) aras signifikan ialah kurang daripada 0.01 ($p < 0.01$), korelasi ini adalah signifikan, oleh itu hipotesis null (tiada perkaitan/*association*) boleh ditolak bahawa terdapat satu pertalian antara kepercayaan dengan peranan sosial pelajar sekolah kajian. Korelasi adalah positif, pelajar sekolah kajian yang mempunyai kepercayaan yang lebih tinggi umumnya mempunyai nilai peranan sosial yang tinggi dan sebaliknya jika kepercayaan pelajar sekolah kajian adalah rendah, nilai peranan sosial pelajar sekolah kajian juga rendah. Campos-Castillo (2012), kepercayaan dikaitkan secara positif dengan penerimaan dalam mempengaruhi percubaan dari rakan ahli.

Kendall's tau_b (τ_b) aras signifikan ialah kurang daripada 0.01 ($p < 0.01$), korelasi ini adalah signifikan, oleh itu hipotesis null (tiada perkaitan/*association*) boleh ditolak bahawa terdapat satu pertalian antara kepercayaan dengan status sosial pelajar sekolah kajian. Korelasi adalah positif, pelajar sekolah kajian yang mempunyai kepercayaan yang lebih tinggi umumnya mempunyai nilai status sosial yang tinggi dan sebaliknya jika kepercayaan pelajar sekolah kajian adalah rendah, nilai status sosial pelajar sekolah kajian juga rendah. Williams (2005), dalam kajian berkenaan "trust diffusion: The effect of interpersonal trust on structure, function and organizational transparency" mendapati bahawa penemuan menunjukkan unsur-unsur fungsi dan kedudukan rangkaian tidak formal menyumbang kepada keupayaan dyad untuk mewujudkan iklim kepercayaan positif dan komunikasi khusus dan tingkah laku kerjasama adalah kritikal dalam meresapkan kepercayaan ke peringkat kumpulan.

Kendall's tau_b (τ_b) aras signifikan ialah kurang daripada 0.01 ($p < 0.01$), korelasi ini adalah signifikan, oleh itu hipotesis null (tiada perkaitan/*association*) boleh ditolak bahawa terdapat satu pertalian antara kepercayaan dengan norma sosial pelajar sekolah kajian. Korelasi adalah positif, pelajar sekolah kajian yang mempunyai kepercayaan yang lebih tinggi umumnya mempunyai nilai norma sosial yang tinggi dan sebaliknya jika kepercayaan pelajar sekolah kajian adalah rendah, nilai norma sosial pelajar sekolah kajian juga rendah. Jeffries dan Becker (2008), hasil kajian menunjukkan model mudah adalah berguna untuk pemahaman hubungan antara kepercayaan dan kerjasama dan menekankan kepentingan norma dalam proses.

Kendall's tau_b (τ_b) aras signifikan ialah kurang daripada 0.01 ($p < 0.01$), korelasi ini adalah signifikan, oleh itu hipotesis null (tiada perkaitan/*association*) boleh ditolak bahawa terdapat satu pertalian antara kepercayaan dengan entropi sosial pelajar sekolah kajian. Korelasi adalah negatif, pelajar sekolah kajian yang mempunyai kepercayaan yang lebih tinggi umumnya mempunyai nilai entropi sosial yang rendah dan sebaliknya jika kepercayaan pelajar sekolah kajian adalah rendah, nilai entropi sosial pelajar sekolah kajian adalah tinggi. Yang (2005), adalah lebih penting dan satu tanggungjawab untuk berkhidmat sebagai pengambil inisiatif kepercayaan, untuk memulakan proses memulihkan dan mengekalkan kepercayaan bersama antara kerajaan dan rakyat. Pentadbir awam perlu boleh dipercayai untuk memenangi kepercayaan rakyat, percaya kepada pengetahuan tempatan dan tindakan, mendengar suara rakyat, berkongsi kuasa dengan rakyat, menunjukkan kepercayaan dan hormat dalam proses pentadbiran, dan mendidik dan melibatkan rakyat.

Kendall's tau_b (τ_b) aras signifikan ialah kurang daripada 0.01 ($p < 0.01$), korelasi ini adalah signifikan, oleh itu hipotesis null (tiada perkaitan/*association*) boleh ditolak bahawa terdapat satu pertalian antara kepercayaan dengan bentuk modal sosial pelajar sekolah kajian. Korelasi adalah positif, pelajar sekolah kajian yang mempunyai kepercayaan yang lebih tinggi umumnya mempunyai nilai bentuk modal sosial yang tinggi dan sebaliknya jika kepercayaan pelajar sekolah kajian adalah rendah, nilai bentuk modal sosial pelajar sekolah kajian juga rendah. Stone, Gray dan Hughes (2003), hubungan yang unik antara pelbagai aspek modal sosial (misalnya kepercayaan, saiz rangkaian dan kepadatan rangkaian) pada pelbagai peringkat analisis (seperti dalam hubungan dengan keluarga dan kaum kerabat, kumpulan sivik dan ikatan institusi) dengan hasil pasaran buruh. Selain itu, kesan gabungan pemboleh ubah modal sosial ini ialah boleh dipertimbangkan dari segi hasil pasaran buruh di peringkat individu.

Kendall's tau_b (τ_b) aras signifikan ialah kurang daripada 0.01 ($p < 0.01$), korelasi ini adalah signifikan, oleh itu hipotesis null (tiada perkaitan/*association*) boleh ditolak bahawa terdapat satu pertalian antara kepercayaan dengan dimensi modal sosial pelajar sekolah kajian. Korelasi adalah positif, pelajar sekolah kajian yang mempunyai kepercayaan yang lebih tinggi umumnya mempunyai nilai dimensi modal sosial yang tinggi dan sebaliknya jika kepercayaan pelajar sekolah kajian adalah rendah, nilai dimensi modal sosial pelajar sekolah kajian juga rendah. Mateju dan Vitaskova (2005), dua dimensi modal sosial berbeza iaitu satu ditakrifkan terutamanya sebagai satu sifat masyarakat memudahkan kerjasama orang (kepercayaan, penyertaan) yang satu lagi sebagai satu keupayaan individu untuk mengambil bahagian dalam rangkaian tidak formal berasaskan pada pertukaran saling menguntungkan. Kepercayaan adalah secara lemah berkaitan dengan stratifikasi sosial sementara penglibatan dalam pertukaran saling menguntungkan menunjukkan perbezaan signifikan di kalangan kumpulan tertakrif melalui pemboleh ubah stratifikasi berkaitan.

Kendall's tau_b (τ_b) aras signifikan ialah kurang daripada 0.01 ($p < 0.01$), korelasi ini adalah signifikan, oleh itu hipotesis null (tiada perkaitan/*association*) boleh ditolak bahawa terdapat satu pertalian antara kepercayaan dengan ikatan kuat pelajar sekolah kajian. Korelasi adalah positif, pelajar sekolah kajian yang mempunyai kepercayaan yang lebih tinggi umumnya mempunyai nilai ikatan kuat yang tinggi dan sebaliknya jika kepercayaan pelajar sekolah kajian adalah rendah, nilai ikatan kuat pelajar sekolah kajian juga rendah. John dan Diego (2010), kami menyediakan bukti langsung bahawa orang dengan ikatan keluarga kuat mempunyai satu tahap lebih rendah dalam kepercayaan pada orang yang tidak dikenali daripada orang dengan ikatan keluarga lemah dan menghujahkan bahawa perhubungan ini adalah sebab-musabab.

Kendall's tau_b (τ_b) aras signifikan ialah kurang daripada 0.01 ($p < 0.01$), korelasi ini adalah signifikan, oleh itu hipotesis null (tiada perkaitan/*association*) boleh ditolak bahawa terdapat satu pertalian antara kepercayaan dengan ikatan lemah pelajar sekolah kajian. Korelasi adalah positif, pelajar sekolah kajian yang mempunyai kepercayaan yang lebih tinggi umumnya mempunyai nilai ikatan lemah yang tinggi dan sebaliknya jika kepercayaan pelajar sekolah kajian adalah rendah, nilai ikatan lemah pelajar sekolah kajian juga rendah. Kendall's tau_b (τ_b) aras signifikan ialah kurang daripada 0.01 ($p < 0.01$), korelasi ini adalah signifikan, oleh itu hipotesis null (tiada perkaitan/*association*) boleh ditolak bahawa terdapat satu pertalian antara kepercayaan dengan nod pelajar sekolah kajian. Korelasi adalah positif, pelajar sekolah kajian yang mempunyai kepercayaan yang lebih tinggi umumnya mempunyai nilai nod yang tinggi dan sebaliknya jika kepercayaan pelajar sekolah kajian adalah rendah, nilai nod pelajar sekolah kajian juga rendah. Luo (2005), penemuan mencadangkan bahawa kepusatan atau keutamaan dalam rangkaian persabahatan dan kedudukan orang tengah dalam rangkaian nasihat yang berkaitan dengan kepercayaan paternalistik terhadap individu yang lain dalam rangkaian.

Kendall's tau_b (τ_b) aras signifikan ialah kurang daripada 0.01 ($p < 0.01$), korelasi ini adalah signifikan, oleh itu hipotesis null (tiada perkaitan/*association*) boleh ditolak bahawa terdapat satu pertalian antara tindakan kolektif dan kerjasama dengan perpaduan dan penyertaan sosial pelajar sekolah kajian. Korelasi adalah positif, pelajar sekolah kajian yang mempunyai tindakan kolektif dan kerjasama yang lebih tinggi umumnya mempunyai nilai perpaduan dan penyertaan sosial yang tinggi dan sebaliknya jika tindakan kolektif dan kerjasama pelajar sekolah kajian adalah rendah, nilai perpaduan dan penyertaan sosial pelajar sekolah kajian juga rendah. Dobrohoczki (2006), kerjasama menyumbang kepada linkungan kesihatan awam dan mengurangkan "defisit legitimasi" semakin nyata melalui pergerakan anti-globalisasi. Dalam usaha untuk kerjasama mempunyai satu pengaruh pada perpaduan sosial dan modal sosial, mereka mesti melibatkan sepenuhnya potensi demokratik mereka.

Kendall's tau_b (τ_b) aras signifikan ialah kurang daripada 0.01 ($p < 0.01$), korelasi ini adalah signifikan, oleh itu hipotesis null (tiada perkaitan/*association*) boleh ditolak bahawa terdapat satu pertalian antara tindakan kolektif dan kerjasama dengan pendayaupayaan pelajar sekolah kajian. Korelasi adalah positif, pelajar sekolah kajian yang mempunyai tindakan kolektif dan kerjasama yang lebih tinggi umumnya mempunyai nilai pendayaupayaan yang tinggi dan sebaliknya jika tindakan kolektif dan kerjasama pelajar sekolah kajian adalah rendah, nilai pendayaupayaan pelajar sekolah kajian juga rendah. Mohammad, Roya dan Allahverdi (2012), terdapat signifikan antara kerjasama dan pendayaupayaan ahli fakulti universiti. Terdapat signifikan positif di kalangan dimensi penglibatan tinggi pekerjaan, rasa tidak menaruh rasa hormat dan boleh berubah-ubah positif. Faktor-faktor pembangunan dan fleksibiliti boleh menjangka pendayaupayaan. Rasa tidak menaruh rasa hormat positif boleh menjangka pendayaupayaan.

Kendall's tau_b (τ_b) aras signifikan ialah kurang daripada 0.01 ($p < 0.01$), korelasi ini adalah signifikan, oleh itu hipotesis null (tiada perkaitan/*association*) boleh ditolak bahawa terdapat satu pertalian antara tindakan kolektif dan kerjasama dengan ikatan sosial pelajar sekolah kajian. Korelasi adalah positif, pelajar sekolah kajian yang mempunyai tindakan kolektif dan kerjasama yang lebih tinggi umumnya mempunyai nilai ikatan sosial yang tinggi dan sebaliknya jika tindakan kolektif dan kerjasama pelajar sekolah kajian adalah rendah, nilai ikatan sosial pelajar sekolah kajian juga rendah. Song dan Feldman (2013), evolusi kerjasama berpasangan seperti penjagaan biparental, bergantung pada taburan memadan-pasangan dari penduduk, dan yang kedua seringkali muncul sebagai satu hasil kolektif dalam trait ikatan-pasangan individu yang adalah juga dalam pemilihan.

Kendall's tau_b (τ_b) aras signifikan ialah kurang daripada 0.01 ($p < 0.01$), korelasi ini adalah signifikan, oleh itu hipotesis null (tiada perkaitan/*association*) boleh ditolak bahawa terdapat satu pertalian antara tindakan kolektif dan kerjasama dengan hubungan sosial pelajar sekolah kajian. Korelasi adalah positif, pelajar sekolah kajian yang mempunyai tindakan kolektif dan kerjasama yang lebih tinggi umumnya mempunyai nilai hubungan sosial yang tinggi dan sebaliknya jika tindakan kolektif dan kerjasama pelajar sekolah kajian adalah rendah, nilai hubungan sosial pelajar sekolah kajian juga rendah. Munoz-Erickson (2010), pertukaran maklumat adalah terhad oleh perbezaan dalam corak sambungan di seluruh kepakaran aktor dan sistem kepercayaan-alam sekitar.

Kendall's tau_b (τ_b) aras signifikan ialah kurang daripada 0.01 ($p < 0.01$), korelasi ini adalah signifikan, oleh itu hipotesis null (tiada perkaitan/*association*) boleh ditolak bahawa terdapat satu pertalian antara tindakan kolektif dan kerjasama dengan agregat sosial pelajar sekolah kajian. Korelasi adalah positif, pelajar sekolah kajian yang mempunyai tindakan kolektif dan kerjasama yang lebih tinggi umumnya mempunyai nilai agregat sosial yang tinggi dan sebaliknya jika tindakan kolektif dan kerjasama pelajar sekolah kajian adalah rendah, nilai agregat sosial pelajar sekolah kajian juga rendah. Arora (2012), peningkatan dalam gabungan kumpulan (perubahan identiti) adalah disertai oleh peningkatan dalam aksesibiliti dalam binaan sosial, lebih tinggi aras kerjasama, kepuasan peribadi dan kepercayaan dalam kumpulan seseorang.

Kendall's tau_b (τ_b) aras signifikan ialah kurang daripada 0.01 ($p < 0.01$), korelasi ini adalah signifikan, oleh itu hipotesis null (tiada perkaitan/*association*) boleh ditolak bahawa terdapat satu pertalian antara tindakan kolektif dan kerjasama dengan autoriti sosial pelajar sekolah kajian. Korelasi adalah positif, pelajar sekolah kajian yang mempunyai tindakan kolektif dan kerjasama yang lebih tinggi umumnya mempunyai nilai autoriti sosial yang tinggi dan sebaliknya jika tindakan kolektif dan kerjasama pelajar sekolah kajian adalah rendah, nilai autoriti sosial pelajar sekolah kajian juga rendah. Quinn dan Olson (2011), mahasiswa wanita menyatakan hasrat tindakan lebih kuat apabila mereka adalah bersedia untuk mempertimbangkan pencegahan (*ought-self*) percanggahan kendiri, mencadangkan bahawa tindakan kolektif ialah lebih kemungkinan untuk berlaku apabila individu adalah fokus-pencegahan dn bukannya fokus-promosi.

Kendall's tau_b (τ_b) aras signifikan ialah kurang daripada 0.01 ($p < 0.01$), korelasi ini adalah signifikan, oleh itu hipotesis null (tiada perkaitan/*association*) boleh ditolak bahawa terdapat satu pertalian antara tindakan kolektif dan kerjasama dengan peranan sosial pelajar sekolah kajian. Korelasi adalah positif, pelajar sekolah kajian yang mempunyai tindakan kolektif dan kerjasama yang lebih tinggi umumnya mempunyai nilai peranan sosial yang tinggi dan sebaliknya jika tindakan kolektif dan kerjasama pelajar sekolah kajian adalah rendah, nilai peranan sosial pelajar sekolah kajian juga rendah. Eguluz et al. (2008), keputusan menunjukkan kerjasama ialah distabilkan melalui satu hierarki struktur menyusun sendiri (*self-organized*), jadi pembentukan kelompok padu pekerjasama dengan pengecualian dalam penunggan bebas ialah tidak diperlukan untuk kerjasama global berterusan.

Kendall's tau_b (τ_b) aras signifikan ialah kurang daripada 0.01 ($p < 0.01$), korelasi ini adalah signifikan, oleh itu hipotesis null (tiada perkaitan/*association*) boleh ditolak bahawa terdapat satu pertalian antara tindakan kolektif dan kerjasama dengan status sosial pelajar sekolah kajian. Korelasi adalah positif, pelajar sekolah kajian yang mempunyai tindakan kolektif dan kerjasama yang lebih tinggi umumnya mempunyai nilai status sosial yang tinggi dan sebaliknya jika tindakan kolektif dan kerjasama pelajar sekolah kajian adalah rendah, nilai status sosial pelajar sekolah kajian juga rendah. Loh et al. (2010), keputusan menunjukkan untuk orang Australian dan Singapura, kepercayaan dan kerjasama adalah lebih dengan kuat dipengaruhi oleh keahlian kumpulan kerja dan status organisasi dari keahlian kumpulan kebudayaan. Peserta yang dipercayai dan bekerjasama lebih dengan bekerja untuk menambah perkara kepada ahli-ahli kumpulan dari dengan bekerja untuk menyelesaikan masalah ahli kumpulan, dan lebih dipercayai dan bekerjasama dengan golongan atasan dari dengan rakan sebaya.

Kendall's tau_b (τ_b) aras signifikan ialah kurang daripada 0.01 ($p < 0.01$), korelasi ini adalah signifikan, oleh itu hipotesis null (tiada perkaitan/*association*) boleh ditolak bahawa terdapat satu pertalian antara tindakan kolektif dan kerjasama dengan norma sosial pelajar sekolah kajian. Korelasi adalah positif, pelajar sekolah kajian yang mempunyai tindakan kolektif dan kerjasama yang lebih tinggi umumnya mempunyai nilai norma sosial yang tinggi dan sebaliknya jika tindakan kolektif dan kerjasama pelajar sekolah kajian adalah rendah, nilai norma sosial pelajar sekolah kajian juga rendah. Chaudhuri (n.d.), pekerjasama bersyarat adalah dapat mengekalkan sumbangan yang tinggi kepada kebaikan bersama (kebaikan awam) melalui penciptaan norma-norma kerjasama dikekalkan melalui penggunaan hukuman yang mahal.

Kendall's tau_b (τ_b) aras signifikan ialah kurang daripada 0.01 ($p < 0.01$), korelasi ini adalah signifikan, oleh itu hipotesis null (tiada perkaitan/*association*) boleh ditolak bahawa terdapat satu pertalian antara tindakan kolektif dan kerjasama dengan entropi sosial pelajar sekolah kajian. Korelasi adalah positif, pelajar sekolah kajian yang mempunyai tindakan kolektif dan kerjasama yang lebih tinggi umumnya mempunyai nilai entropi sosial yang tinggi dan sebaliknya jika tindakan kolektif dan kerjasama pelajar sekolah kajian adalah rendah, nilai entropi sosial pelajar sekolah kajian juga rendah. Matei, Oh dan Bruno (n.d.), guru-guru dan pengurus-pengurus hanya dapat menggunakan indeks entropi sebagai satu alat dalam memanipulasikan sumbangan individu kepada tugasan kumpulan dan projek pasukan untuk memudahkan tahap kerjasama optima dan oleh itu, hasil yang mengalakkan sebaik sahaja aras yang diingini dalam keperlbagaian sumbangan telah ditentukan.

Kendall's tau_b (τ_b) aras signifikan ialah kurang daripada 0.01 ($p < 0.01$), korelasi ini adalah signifikan, oleh itu hipotesis null (tiada perkaitan/*association*) boleh ditolak bahawa terdapat satu pertalian antara tindakan kolektif dan kerjasama dengan bentuk modal sosial pelajar sekolah kajian. Korelasi adalah positif, pelajar sekolah kajian yang mempunyai tindakan kolektif dan kerjasama yang lebih tinggi umumnya mempunyai nilai bentuk modal sosial yang tinggi dan sebaliknya jika tindakan kolektif dan kerjasama pelajar sekolah kajian adalah rendah, nilai bentuk modal sosial pelajar sekolah kajian juga rendah. Dahal dan Prasad (2008), bagi pengurusan yang berkesan tindakan kolektif, pengemblengan (mobilisasi) dalam jambatan modal sosial (modal sosial jambatan) dan hubungan modal sosial (modal sosial hubungan) adalah sama-sama penting kerana mereka tidak hanya membantu bersiap sedia (menggerakkan) sumber-sumber luaran tetapi pada masa (at time), juga mengalakkan ikatan modal sosial (modal sosial ikatan).

Kendall's tau_b (τ_b) aras signifikan ialah kurang daripada 0.01 ($p < 0.01$), korelasi ini adalah signifikan, oleh itu hipotesis null (tiada perkaitan/*association*) boleh ditolak bahawa terdapat satu pertalian antara tindakan kolektif dan kerjasama dengan dimensi modal sosial pelajar sekolah kajian. Korelasi adalah positif, pelajar sekolah kajian yang mempunyai tindakan kolektif dan kerjasama yang lebih tinggi umumnya mempunyai nilai dimensi modal sosial yang tinggi dan sebaliknya jika tindakan kolektif dan kerjasama pelajar sekolah kajian adalah rendah, nilai dimensi modal sosial pelajar sekolah kajian juga rendah. Macke dan Dilly (2010), dimensi modal sosial ialah kognitif, struktur dan hubungan dalam modal sosial. Hasil kajian mendapati dimensi modal sosial pembinaan identiti terdiri daripada beberapa kumpulan yang agen (syarikat) mengambil bahagian. Isu utama ialah identiti menawarkan pandangan kolektif aktiviti-aktivitinya dan kriterianya untuk tindakan. Prestasi rangkaian mempertimbangkan indikator rangkaian kerjasama, seperti prestasi kolektif organisasi, termasuk kemampanan setiap rakan kongsi. Ia adalah perlu untuk memahami perbezaan proses-proses perniagaan dan kepercayaan untuk memastikan penggunaan sistemik kepercayaan ini dan untuk memaksimakan potensi peluang-peluang.

Kendall's tau_b (τ_b) aras signifikan ialah kurang daripada 0.01 ($p < 0.01$), korelasi ini adalah signifikan, oleh itu hipotesis null (tiada perkaitan/*association*) boleh ditolak bahawa terdapat satu pertalian antara tindakan kolektif dan kerjasama dengan ikatan kuat pelajar sekolah kajian. Korelasi adalah positif, pelajar sekolah kajian yang mempunyai tindakan kolektif dan kerjasama yang lebih tinggi umumnya mempunyai nilai ikatan kuat yang tinggi dan sebaliknya jika tindakan kolektif dan kerjasama pelajar sekolah kajian adalah rendah, nilai ikatan kuat pelajar sekolah kajian juga rendah. Flache (2002), aktor rasional boleh semakin mengorbakan manfaat dari pengeluaran barangan awam supaya mengekalkan ikatan sosial (ikatan kuat), sebagaimana pergantungan mereka pada peningkatan kebenaran rakan sebaya.

Kendall's tau_b (τ_b) aras signifikan ialah kurang daripada 0.01 ($p < 0.01$), korelasi ini adalah signifikan, oleh itu hipotesis null (tiada perkaitan/*association*) boleh ditolak bahawa terdapat satu pertalian antara tindakan kolektif dan kerjasama dengan ikatan lemah pelajar sekolah kajian. Korelasi adalah positif, pelajar sekolah kajian yang mempunyai tindakan kolektif dan kerjasama yang lebih tinggi umumnya mempunyai nilai ikatan lemah yang tinggi dan sebaliknya jika tindakan kolektif dan kerjasama pelajar sekolah kajian adalah rendah, nilai ikatan lemah pelajar sekolah kajian juga rendah. Hansell (1984), penemuan mengesahkan bahawa kerjasama kumpulan merangsang ikatan lemah baru antara individu dari ras dan jantina berbeza tetapi menimbulkan keraguan tentang sama ada campurtangan ini secara terus memperbaiki hubungan antara kumpulan di kalangan kumpulan rakan sebaya yang wujud terlebih dahulu.

Kendall's tau_b (τ_b) aras signifikan ialah kurang daripada 0.01 ($p < 0.01$), korelasi ini adalah signifikan, oleh itu hipotesis null (tiada perkaitan/*association*) boleh ditolak bahawa terdapat satu pertalian antara tindakan kolektif dan kerjasama dengan nod pelajar sekolah kajian. Korelasi adalah positif, pelajar sekolah kajian yang mempunyai tindakan kolektif dan kerjasama yang lebih tinggi umumnya mempunyai nilai nod yang tinggi dan sebaliknya jika tindakan kolektif dan kerjasama pelajar sekolah kajian adalah rendah, nilai nod pelajar sekolah kajian juga rendah. Flache (2001), penghindaran risiko individu menyokong kerjasama rasional dalam pertukaran dyad berterusan. Walau bagaimanapun, simulasi juga mendedahkan bahawa penghindaran risiko mungkin secara negatif mempengaruhi kerjasama melalui mengurangkan mobiliti dalam pencarian rakan kongsi. Jika aktor mempertimbangkan perubahan rakan kongsi sebagai risiko, jadi aktor penghindaran-risiko boleh melekat pada hubungan suboptima, pun jika alternatif lebih baik adalah ada yang membenarkan untuk tahap lebih tinggi dalam pertukaran kerjasama. Simulasi selanjutnya menunjukkan kesan tidak linear dalam keutamaan (pilihan) risiko individu pada kepadatan dan kecekapan rangkaian pertukaran.

Kendall's tau_b (τ_b) aras signifikan ialah kurang daripada 0.01 ($p < 0.01$), korelasi ini adalah signifikan, oleh itu hipotesis null (tiada perkaitan/*association*) boleh ditolak bahawa terdapat satu pertalian antara maklumat dan komunikasi dengan pendayaupayaan pelajar sekolah kajian. Korelasi adalah positif, pelajar sekolah kajian yang mempunyai maklumat dan komunikasi yang lebih tinggi umumnya mempunyai nilai pendayaupayaan yang tinggi dan sebaliknya jika maklumat dan komunikasi pelajar sekolah kajian adalah rendah, nilai pendayaupayaan pelajar sekolah kajian juga rendah. Khan dan Ghadially (2010), walaupun kewujudan dalam jurang digital berasaskan gender, apabila dikurangkan, ICT menunjukkan potensi sebagai satu kuasa yang menyamakan antara gender.

Kendall's tau_b (τ_b) aras signifikan ialah kurang daripada 0.01 ($p < 0.01$), korelasi ini adalah signifikan, oleh itu hipotesis null (tiada perkaitan/*association*) boleh ditolak bahawa terdapat satu pertalian antara maklumat dan komunikasi dengan ikatan sosial pelajar sekolah kajian. Korelasi adalah positif, pelajar sekolah kajian yang mempunyai maklumat dan komunikasi yang lebih tinggi umumnya mempunyai nilai ikatan sosial yang tinggi dan sebaliknya jika maklumat dan komunikasi pelajar sekolah kajian adalah rendah, nilai ikatan sosial pelajar sekolah kajian juga rendah. Cheong (2006), penemuan menunjukkan bagaimana keadaan komunikasi dialami oleh keluarga-keluarga etnik Hispanic minoriti boleh mempengaruhi perlembagaan dalam ikatan, jambatan dan hubungan proses-proses modal sosial.

Kendall's tau_b (τ_b) aras signifikan ialah kurang daripada 0.01 ($p < 0.01$), korelasi ini adalah signifikan, oleh itu hipotesis null (tiada perkaitan/*association*) boleh ditolak bahawa terdapat satu pertalian antara maklumat dan komunikasi dengan jambatan sosial pelajar sekolah kajian. Korelasi adalah positif, pelajar sekolah kajian yang mempunyai maklumat dan komunikasi yang lebih tinggi umumnya mempunyai nilai jambatan sosial yang tinggi dan sebaliknya jika maklumat dan komunikasi pelajar sekolah kajian adalah rendah, nilai jambatan sosial pelajar sekolah kajian juga rendah. Kendall's tau_b (τ_b) aras signifikan ialah kurang daripada 0.01 ($p < 0.01$), korelasi ini adalah signifikan, oleh itu hipotesis null (tiada perkaitan/*association*) boleh ditolak bahawa terdapat satu pertalian antara maklumat dan komunikasi dengan hubungan sosial pelajar sekolah kajian. Korelasi adalah positif, pelajar sekolah kajian yang mempunyai maklumat dan komunikasi yang lebih tinggi umumnya mempunyai nilai hubungan sosial yang tinggi dan sebaliknya jika maklumat dan komunikasi pelajar sekolah kajian adalah rendah, nilai hubungan sosial pelajar sekolah kajian juga rendah.

Kendall's tau_b (τ_b) aras signifikan ialah kurang daripada 0.01 ($p < 0.01$), korelasi ini adalah signifikan, oleh itu hipotesis null (tiada perkaitan/*association*) boleh ditolak bahawa terdapat satu pertalian antara maklumat dan komunikasi dengan agregat sosial pelajar sekolah kajian. Korelasi adalah positif, pelajar sekolah kajian yang mempunyai maklumat dan komunikasi yang lebih tinggi umumnya mempunyai nilai agregat sosial yang tinggi dan sebaliknya jika maklumat dan komunikasi pelajar sekolah kajian adalah rendah, nilai agregat sosial pelajar sekolah kajian juga rendah. Wang, Meister dan Gray (2013), penemuan menunjukkan bahawa corak pengaruh sosial secara siginifikan merentasi kumpulan dalam latar belakang organisasi, dalam semua kemungkinan, banyak bergantung pada cara yang mana kerja adalah diatur dalam organisasi tersebut dan tujuan yang sistem maklumat berfungsi.

Kendall's tau_b (τ_b) aras signifikan ialah kurang daripada 0.01 ($p < 0.01$), korelasi ini adalah signifikan, oleh itu hipotesis null (tiada perkaitan/*association*) boleh ditolak bahawa terdapat satu pertalian antara maklumat dan komunikasi dengan autoriti sosial pelajar sekolah kajian. Korelasi adalah positif, pelajar sekolah kajian yang mempunyai maklumat dan komunikasi yang lebih tinggi umumnya mempunyai nilai autoriti sosial yang tinggi dan sebaliknya jika maklumat dan komunikasi pelajar sekolah kajian adalah rendah, nilai autoriti sosial pelajar sekolah kajian juga rendah. Cheong, Huang dan Poon (2011), keputusan kajian menunjukkan bahawa walaupun pemimpin-pemimpin agama adalah berhadapan dengan *proletarianization* (untuk menukar atau mengubah menjadi ahli atau proletariat), *deprofessionalization* (menghapuskan dari kawalan profesional, pengaruh, manipulasi dan sebagainya) dan *delegitimization* (proses mengeluarkan status undang-undang daripada sesuatu) berpotensi sebagai ancaman epistemik, terdapat juga peningkatan dalam waran epistemik kerana mereka menerima amalan komunikasi pengantara yang termasuk rangkaian sosial jemaah mereka.

Kendall's tau_b (τ_b) aras signifikan ialah kurang daripada 0.01 ($p < 0.01$), korelasi ini adalah signifikan, oleh itu hipotesis null (tiada perkaitan/*association*) boleh ditolak bahawa terdapat satu pertalian antara maklumat dan komunikasi dengan peranan sosial pelajar sekolah kajian. Korelasi adalah positif, pelajar sekolah kajian yang mempunyai maklumat dan komunikasi yang lebih tinggi umumnya mempunyai nilai peranan sosial yang tinggi dan sebaliknya jika maklumat dan komunikasi pelajar sekolah kajian adalah rendah, nilai peranan sosial pelajar sekolah kajian juga rendah. Brown dan Miller (2000), keputusan menunjukkan bahawa ahli-ahli lebih tinggi dalam penguasaan muncul sebagai lebih penting (pusat) dalam rangkaian komunikasi kumpulan, menghantar dan menerima lebih mesej daripada ahli-ahli lebih rendah dalam penguasaan. Ahli-ahli kumpulan dengan betul melihat bahawa mereka yang lebih tinggi dalam penguasaan menyertai lebih dalam perbincangan. Komunikasi adalah lebih berpusat dalam kumpulan-kumpulan yang bekerja dalam tugas rendah kerumitan daripada dalam kumpulan yang bekerja dalam tugas lebih tinggi kerumitan. Ahli-ahli dengan betul melihat bahawa penyertaan adalah lebih tidak sama rata teragih dalam kumpulan yang lebih berpusat.

Kendall's tau_b (τ_b) aras signifikan ialah kurang daripada 0.01 ($p < 0.01$), korelasi ini adalah signifikan, oleh itu hipotesis null (tiada perkaitan/*association*) boleh ditolak bahawa terdapat satu pertalian antara maklumat dan komunikasi dengan status sosial pelajar sekolah kajian. Korelasi adalah positif, pelajar sekolah kajian yang mempunyai maklumat dan komunikasi yang lebih tinggi umumnya mempunyai nilai status sosial yang tinggi dan sebaliknya jika maklumat dan komunikasi pelajar sekolah kajian adalah rendah, nilai status sosial pelajar sekolah kajian juga rendah. Brewer (1971), analisis kes devian ketiga mencadangkan bahawa darjah dan jenis perbezaan peranan kerja hierarki dengan penting mempengaruhi keperluan dan peluang-peluang untuk komunikasi dan melalui mereka hubungan antara hierarki dan kepakaran.

Kendall's tau_b (τ_b) aras signifikan ialah kurang daripada 0.01 ($p < 0.01$), korelasi ini adalah signifikan, oleh itu hipotesis null (tiada perkaitan/*association*) boleh ditolak bahawa terdapat satu pertalian antara maklumat dan komunikasi dengan norma sosial pelajar sekolah kajian. Korelasi adalah positif, pelajar sekolah kajian yang mempunyai maklumat dan komunikasi yang lebih tinggi umumnya mempunyai nilai norma sosial yang tinggi dan sebaliknya jika maklumat dan komunikasi pelajar sekolah kajian adalah rendah, nilai norma sosial pelajar sekolah kajian juga rendah. Bicchieri (2002), terdapat dua kemungkinan penjelasan untuk 'kesan komunikasi'. Satu ialah komunikasi yang meningkatkan identiti kumpulan, yang lain adalah komunikasi menimbulkan norma sosial.

Kendall's tau_b (τ_b) aras signifikan ialah kurang daripada 0.01 ($p < 0.01$), korelasi ini adalah signifikan, oleh itu hipotesis null (tiada perkaitan/*association*) boleh ditolak bahawa terdapat satu pertalian antara maklumat dan komunikasi dengan bentuk modal sosial pelajar sekolah kajian. Korelasi adalah positif, pelajar sekolah kajian yang mempunyai maklumat dan komunikasi yang lebih tinggi umumnya mempunyai nilai bentuk modal sosial yang tinggi dan sebaliknya jika maklumat dan komunikasi pelajar sekolah kajian adalah rendah, nilai bentuk modal sosial pelajar sekolah kajian juga rendah. Wu (2008), tiga dimensi saling berkaitan iaitu kognitif (kod dikongsi dan bahasa dan cerita dikongsi), hubungan (kepercayaan, norma dan organisasi yang sesuai). Walaupun semua tiga dimensi modal sosial bergantung pada perkongsian maklumat sebagai saluran pengantara untuk melanjutkan kesan masing-masing kepada peningkatan daya saing, dimensi berbeza cenderung untuk mempunyai aras berbeza dalam pergantungan pada perkongsian maklumat sebagai pengantara. O'Brien, Phillips dan Patsiorkovsky (2005), masih ada mekanisme rangkaian sosial untuk komunikasi berkhidmat sebagai halangan untuk samseng tempatan dan ahli politik yang mungkin sebaliknya berjaya dalam menyebarkan khabar angin yang diburukkan lagi konflik antara kelompok.

Kendall's tau_b (τ_b) aras signifikan ialah kurang daripada 0.01 ($p < 0.01$), korelasi ini adalah signifikan, oleh itu hipotesis null (tiada perkaitan/*association*) boleh ditolak bahawa terdapat satu pertalian antara maklumat dan komunikasi dengan dimensi modal sosial pelajar sekolah kajian. Korelasi adalah positif, pelajar sekolah kajian yang mempunyai maklumat dan komunikasi yang lebih tinggi umumnya mempunyai nilai dimensi modal sosial yang tinggi dan sebaliknya jika maklumat dan komunikasi pelajar sekolah kajian adalah rendah, nilai dimensi modal sosial pelajar sekolah kajian juga rendah. Kendall's tau_b (τ_b) aras signifikan ialah kurang daripada 0.01 ($p < 0.01$), korelasi ini adalah signifikan, oleh itu hipotesis null (tiada perkaitan/*association*) boleh ditolak bahawa terdapat satu pertalian antara maklumat dan komunikasi dengan ikatan kuat pelajar sekolah kajian. Korelasi adalah positif, pelajar sekolah kajian yang mempunyai maklumat dan komunikasi yang lebih tinggi umumnya mempunyai nilai ikatan kuat yang tinggi dan sebaliknya jika maklumat dan komunikasi pelajar sekolah kajian adalah rendah, nilai ikatan kuat pelajar sekolah kajian juga rendah. Campbell dan Nojin (2012), kesan positif lebih ketara adalah ditemui dalam perbincangan alih-pengantara dalam rangkaian lebih besar berfikiran bersetuju dalam pendapat (termasuk matlamat dan sebagainya) ikatan kuat. Dalam kes ini, dialog terbuka adalah dimudahkan lagi melalui perbincangan alih-pengantara, mendedahkan potensi untuk komunikais mudah alih di kalangan ikatan peribadi kuat untuk mengembangkan bidang wacana awam dan perbincangan.

Kendall's tau_b (τ_b) aras signifikan ialah kurang daripada 0.01 ($p < 0.01$), korelasi ini adalah signifikan, oleh itu hipotesis null (tiada perkaitan/*association*) boleh ditolak bahawa terdapat satu pertalian antara maklumat dan komunikasi dengan ikatan lemah pelajar sekolah kajian. Korelasi adalah positif, pelajar sekolah kajian yang mempunyai maklumat dan komunikasi yang lebih tinggi umumnya mempunyai nilai ikatan lemah yang tinggi dan sebaliknya jika maklumat dan komunikasi pelajar sekolah kajian adalah rendah, nilai ikatan lemah pelajar sekolah kajian juga rendah. Valkenburg dan Peter (2007), andaian utama hipotesis ialah pra remaja dan remaja menggunakan internet terutamanya untuk berkomunikasi dengan orang yang tidak dikenali. Keputusan menunjukkan bahawa adaian ini tidak menyokong untuk majoriti pengguna internet golongan muda. Keputusan kajian turut menunjukkan komunikasi dalam talian menjejaskan persahabatan yang juga wujud dalam dunia luar talian. Penemuan ini mengajukan pemahaman tentang peranan komunikasi dalam talian dalam kehidupan sosial remaja. Cummings, Lee dan Kraut (2006), pada tahun-tahun kebelakangan ini dan di Amerika Syarikat sekurang-kurangnya, komunikasi internet dan bukan komunikasi telefon mempunyai kesan terbesar pada pemeliharaan persahabatan.

Kendall's tau_b (τ_b) aras signifikan ialah kurang daripada 0.01 ($p < 0.01$), korelasi ini adalah signifikan, oleh itu hipotesis null (tiada perkaitan/*association*) boleh ditolak bahawa terdapat satu pertalian antara maklumat dan komunikasi dengan nod pelajar sekolah kajian. Korelasi adalah positif, pelajar sekolah kajian yang mempunyai maklumat dan komunikasi yang lebih tinggi umumnya mempunyai nilai nod yang tinggi dan sebaliknya jika maklumat dan komunikasi pelajar sekolah kajian adalah rendah, nilai nod pelajar sekolah kajian juga rendah. Brown, Broderick dan Lee (2007), keputusan menyediakan bukti kuat bahawa individu berkelakuan seolah-olah jika Laman Web adalah "aktor" utama rangkaian sosial dalam talian dan komuniti-komuniti dalam talian boleh bertindak sebagai satu proksi sosial untuk mengenal pasti individu.

Kendall's tau_b (τ_b) aras signifikan ialah kurang daripada 0.01 ($p < 0.01$), korelasi ini adalah signifikan, oleh itu hipotesis null (tiada perkaitan/*association*) boleh ditolak bahawa terdapat satu pertalian antara perpaduan dan penyertaan sosial dengan ikatan sosial pelajar sekolah kajian. Korelasi adalah positif, pelajar sekolah kajian yang mempunyai perpaduan dan penyertaan sosial yang lebih tinggi umumnya mempunyai nilai ikatan sosial yang tinggi dan sebaliknya jika perpaduan dan penyertaan sosial pelajar sekolah kajian adalah rendah, nilai ikatan sosial pelajar sekolah kajian juga rendah. Sampson (1991), analisis pada tahap-komuniti menunjukkan keputusan yang kesan positif dalam kestabilan kediaman pada satu ukuran perpaduan sosial ialah diambil kira melalui pertambahan tahap persahabatan/ikatan kenalan dan penurunan tahap dikenali di kalangan penduduk, tanpa mengambil kira perbandaran dan kawalan sosiodemografi yang lain. Analisis tahap individu menunjukkan bahawa kestabilan kediaman mempunyai kesan kontekstual dan individu pada ikatan sosial tempatan, yang seterusnya mengalakkan sambungan individu pada komuniti.

Kendall's tau_b (τ_b) aras signifikan ialah kurang daripada 0.01 ($p < 0.01$), korelasi ini adalah signifikan, oleh itu hipotesis null (tiada perkaitan/*association*) boleh ditolak bahawa terdapat satu pertalian antara perpaduan dan penyertaan sosial dengan jambatan sosial pelajar sekolah kajian. Korelasi adalah positif, pelajar sekolah kajian yang mempunyai perpaduan dan penyertaan sosial yang lebih tinggi umumnya mempunyai nilai jambatan sosial yang tinggi dan sebaliknya jika perpaduan dan penyertaan sosial pelajar sekolah kajian adalah rendah, nilai jambatan sosial pelajar sekolah kajian juga rendah. Kirby-Geddes, King dan Bravington (2013), dari segi politik, di UK, penyertaan komuniti ialah dilihat sebagai mempunyai peranan penting dalam perubahan sosial misalnya keutamaannya kepada idea kerajaan campuran (kerajaan gabungan) dari 'Big Society'.

Kendall's tau_b (τ_b) aras signifikan ialah kurang daripada 0.01 ($p < 0.01$), korelasi ini adalah signifikan, oleh itu hipotesis null (tiada perkaitan/*association*) boleh ditolak bahawa terdapat satu pertalian antara perpaduan dan penyertaan sosial dengan hubungan sosial pelajar sekolah kajian. Korelasi adalah positif, pelajar sekolah kajian yang mempunyai perpaduan dan penyertaan sosial yang lebih tinggi umumnya mempunyai nilai hubungan sosial yang tinggi dan sebaliknya jika perpaduan dan penyertaan sosial pelajar sekolah kajian adalah rendah, nilai hubungan sosial pelajar sekolah kajian juga rendah. Toerell (2003), penyertaan politik adalah satu kesan dari sambungan kepada satu multitud dalam organisasi, bukan dari ciri-ciri sosial yang pelbagai dalam organisasi.

Kendall's tau_b (τ_b) aras signifikan lebih daripada 0.05 ($p > 0.05$). Hipotesis null tidak boleh ditolak dan tidak ada perkaitan antara perpaduan dan penyertaan sosial dengan interaksi sosial. Kendall's tau_b (τ_b) aras signifikan ialah kurang daripada 0.01 ($p < 0.01$), korelasi ini adalah signifikan, oleh itu hipotesis null (tiada perkaitan/*association*) boleh ditolak bahawa terdapat satu pertalian antara perpaduan dan penyertaan sosial dengan agregat sosial pelajar sekolah kajian. Korelasi adalah positif, pelajar sekolah kajian yang mempunyai perpaduan dan penyertaan sosial yang lebih tinggi umumnya mempunyai nilai agregat sosial yang tinggi dan sebaliknya jika perpaduan dan penyertaan sosial pelajar sekolah kajian adalah rendah, nilai agregat sosial pelajar sekolah kajian juga rendah. Cooper dan Wood (1974), keputusan menunjukkan bahawa pengaruh antara kumpulan dan kepuasan yang dilihat adalah terbesar dengan penyertaan sepenuhnya. Dengan separa penyertaan, pengaruh dan kepuasan adalah terbesar dalam fasa pilihan.

Kendall's tau_b (τ_b) aras signifikan ialah kurang daripada 0.01 ($p < 0.01$), korelasi ini adalah signifikan, oleh itu hipotesis null (tiada perkaitan/*association*) boleh ditolak bahawa terdapat satu pertalian antara perpaduan dan penyertaan sosial dengan autoriti sosial pelajar sekolah kajian. Korelasi adalah positif, pelajar sekolah kajian yang mempunyai perpaduan dan penyertaan sosial yang lebih tinggi umumnya mempunyai nilai autoriti sosial yang tinggi dan sebaliknya jika perpaduan dan penyertaan sosial pelajar sekolah kajian adalah rendah, nilai autoriti sosial pelajar sekolah kajian juga rendah. Shimizu (2011), kajian memberi tumpuan kepada keinginan untuk reputasi dalam kumpulan dan perpaduan sosial sebagai satu faktor yang mencipta kesetiaan self-sacrificing di kalangan ahli-ahli organisasi seperti pemujaan, kumpulan pengganas dan angkatan tentera. Ia adalah diandaikan bahawa perpaduan sosial ialah satu barangan awam dicipta oleh reputasi dalam kumpulan dari setiap ahli dan pemimpin, dan keinginan ahli-ahli untuk perkembangan reputasi sebagaimana yang lain menyediakan mereka dengan lebih perpaduan sosial. Dalam kes ini, sumbangan ahli yang membawa mereka reputasi, meningkat sebagaimana yang lain menyumbang lebih kepada kumpulan. Model 1 mengenal pasti tiga cara untuk ketua-ketua (pemimpin) untuk memulakan sumbangan penggandaan-proses: meningkatkan sumbangan mereka, memberikan usaha dalam mengajar ahli-ahli dan meningkatkan halangan yang dihadapi ahli-ahli apabila mereka menyumbang. Model 2 menganalisis proses radikalisasi kumpulan menganggap bahawa ahli-ahli adalah mengambil berat tentang reputasi mereka di luar serta di dalam kumpulan, dan itu menyumbang kepada peningkatan reputasi dalam kumpulan manakala menurunkan reputasi di luar kumpulan. Model menunjukkan kemungkinan bahawa pendapat awam negatif dalam satu kumpulan akan memperkukuhkan kesan penggandaan diterangkan dengan Model 1, demikian memudahkan radikalisasi dalam kumpulan.

Kendall's tau_b (τ_b) aras signifikan ialah kurang daripada 0.01 ($p < 0.01$), korelasi ini adalah signifikan, oleh itu hipotesis null (tiada perkaitan/*association*) boleh ditolak bahawa terdapat satu pertalian antara perpaduan dan penyertaan sosial dengan peranan sosial pelajar sekolah kajian. Korelasi adalah positif, pelajar sekolah kajian yang mempunyai perpaduan dan penyertaan sosial yang lebih tinggi umumnya mempunyai nilai peranan sosial yang tinggi dan sebaliknya jika perpaduan dan penyertaan sosial pelajar sekolah kajian adalah rendah, nilai peranan sosial pelajar sekolah kajian juga rendah. Guetzkow dan Simon (1995), hasil kajian memberi amaran kepada pakar komunikasi praktikal yang bekerja dalam industri dan kerajaan yang perubahan dalam struktur komunikasi mungkin agak berbeza kesan untuk kecekapan dalam operasi hari-ke-hari serta merta, dan untuk keupayaan organisasi untuk menangani perubahan dalam struktur mereka sendiri. Tschan (1995), disebabkan tuga ialah sederhana kerumitan, ia akan menjadi munasabah untuk mencari hubungan antara jumlah komunikasi dan prestasi.

Kendall's tau_b (τ_b) aras signifikan ialah kurang daripada 0.01 ($p < 0.01$), korelasi ini adalah signifikan, oleh itu hipotesis null (tiada perkaitan/*association*) boleh ditolak bahawa terdapat satu pertalian antara perpaduan dan penyertaan sosial dengan status sosial pelajar sekolah kajian. Korelasi adalah positif, pelajar sekolah kajian yang mempunyai perpaduan dan penyertaan sosial yang lebih tinggi umumnya mempunyai nilai status sosial yang tinggi dan sebaliknya jika perpaduan dan penyertaan sosial pelajar sekolah kajian adalah rendah, nilai status sosial pelajar sekolah kajian juga rendah. Bother, Stuart dan Whita (2004), hasil kajian menunjukkn bahawa tahap autonomi bebas dalam hubungan dengan pekerja mengambil kira menerangkan perbezaan ini dalam hasil. Di bawah ketua autonomi, sebagaimana perbezaan berlaku, kuasa sosial berasaskan status memecahkan kumpulan pekerja-pekerja terasing. Sebaliknya, apabila ketua menduduki kedudukan terjejas, perpaduan tahap-kumpulan wujud bersama dengan perbezaan.

Kendall's tau_b (τ_b) aras signifikan ialah kurang daripada 0.01 ($p < 0.01$), korelasi ini adalah signifikan, oleh itu hipotesis null (tiada perkaitan/*association*) boleh ditolak bahawa terdapat satu pertalian antara perpaduan dan penyertaan sosial dengan norma sosial pelajar sekolah kajian. Korelasi adalah positif, pelajar sekolah kajian yang mempunyai perpaduan dan penyertaan sosial yang lebih tinggi umumnya mempunyai nilai norma sosial yang tinggi dan sebaliknya jika perpaduan dan penyertaan sosial pelajar sekolah kajian adalah rendah, nilai norma sosial pelajar sekolah kajian juga rendah. Larsen (2007), keputusan mencadangkan bahawa takat peningkatan kerjasama bertambah dengan bilangan rakan-rakan terlibat dalam perkongsian. Kehadiran norma-norma sosial dalam model mengambarkan penyusunan perkongsian-input.

Kendall's tau_b (τ_b) aras signifikan ialah kurang daripada 0.01 ($p < 0.01$), korelasi ini adalah signifikan, oleh itu hipotesis null (tiada perkaitan/*association*) boleh ditolak bahawa terdapat satu pertalian antara perpaduan dan penyertaan sosial dengan entropi sosial pelajar sekolah kajian. Korelasi adalah positif, pelajar sekolah kajian yang mempunyai perpaduan dan penyertaan sosial yang lebih tinggi umumnya mempunyai nilai entropi sosial yang tinggi dan sebaliknya jika perpaduan dan penyertaan sosial pelajar sekolah kajian adalah rendah, nilai entropi sosial pelajar sekolah kajian juga rendah. Heldenbrand dan Simms (2012), pendekatan untuk pembangunan kepimpinan, penglibatan pekerja dan perbaikan nilai tambah pengguna boleh menyediakan hubungan terputus ke arah mengekalkan dan mengembangkan perubahan budaya organisasi dalam satu persekitaran yang sangat mencabar (mendesak).

Kendall's tau_b (τ_b) aras signifikan ialah kurang daripada 0.01 ($p < 0.01$), korelasi ini adalah signifikan, oleh itu hipotesis null (tiada perkaitan/*association*) boleh ditolak bahawa terdapat satu pertalian antara perpaduan dan penyertaan sosial dengan bentuk modal sosial pelajar sekolah kajian. Korelasi adalah positif, pelajar sekolah kajian yang mempunyai perpaduan dan penyertaan sosial yang lebih tinggi umumnya mempunyai nilai bentuk modal sosial yang tinggi dan sebaliknya jika perpaduan dan penyertaan sosial pelajar sekolah kajian adalah rendah, nilai bentuk modal sosial pelajar sekolah kajian juga rendah. Wollebaek dan Selle (2003), apabila tahap aktiviti telah diadakan berterusan, pelbagai penggabungan menyumbang lebih kepada bentuk modal sosial daripada penggabungan tunggal, manakala tahap aktiviti gagal untuk membezakan antara ahli-ahli dengan jumlah yang sama penggabungan.

Kendall's tau_b (τ_b) aras signifikan ialah kurang daripada 0.01 ($p < 0.01$), korelasi ini adalah signifikan, oleh itu hipotesis null (tiada perkaitan/*association*) boleh ditolak bahawa terdapat satu pertalian antara perpaduan dan penyertaan sosial dengan dimensi modal sosial pelajar sekolah kajian. Korelasi adalah positif, pelajar sekolah kajian yang mempunyai perpaduan dan penyertaan sosial yang lebih tinggi umumnya mempunyai nilai dimensi modal sosial yang tinggi dan sebaliknya jika perpaduan dan penyertaan sosial pelajar sekolah kajian adalah rendah, nilai dimensi modal sosial pelajar sekolah kajian juga rendah. Mitchell dan Bossert (2007), pemahaman nuansa indikator tahap isirumah dari modal sosial struktural dan kognitif menyokong implikasi tingkah laku sivik dan kesihatan. Walaupun kepadatan keahlian dan kepercayaan institusional adalah secara positif berkaitan satu indeks penglibatan politik, kepercayaan sosial adalah tidak berkaitan atau berkaitan secara negatif (di kalangan responden bandar).

Kendall's tau_b (τ_b) aras signifikan ialah kurang daripada 0.01 ($p < 0.01$), korelasi ini adalah signifikan, oleh itu hipotesis null (tiada perkaitan/*association*) boleh ditolak bahawa terdapat satu pertalian antara perpaduan dan penyertaan sosial dengan ikatan kuat pelajar sekolah kajian. Korelasi adalah positif, pelajar sekolah kajian yang mempunyai perpaduan dan penyertaan sosial yang lebih tinggi umumnya mempunyai nilai ikatan kuat yang tinggi dan sebaliknya jika perpaduan dan penyertaan sosial pelajar sekolah kajian adalah rendah, nilai ikatan kuat pelajar sekolah kajian juga rendah. Alesina dan Giuliano (2009), individu-individu yang mempunyai ikatan keluarga kuat tidak terlibat banyak dalam aktiviti politik dan adalah biasanya kurang berminat dalam politik.

Kendall's tau_b (τ_b) aras signifikan ialah kurang daripada 0.01 ($p < 0.01$), korelasi ini adalah signifikan, oleh itu hipotesis null (tiada perkaitan/*association*) boleh ditolak bahawa terdapat satu pertalian antara perpaduan dan penyertaan sosial dengan ikatan lemah pelajar sekolah kajian. Korelasi adalah positif, pelajar sekolah kajian yang mempunyai perpaduan dan penyertaan sosial yang lebih tinggi umumnya mempunyai nilai ikatan lemah yang tinggi dan sebaliknya jika perpaduan dan penyertaan sosial pelajar sekolah kajian adalah rendah, nilai ikatan lemah pelajar sekolah kajian juga rendah. Hansell (1984), campurtangan kumpulan-kerjasama merangsang ikatan lemah baru antara pelajar berbeza ras dan jantina. Keputusan ini mengesahkan bahawa kumpulan-kumpulan kerjasama merangsang ikatan lemah baru antara individu-individu dari berbeza ras dan jantina, tetapi meningkatkan keraguan tentang sama ada campur tangan ini secara terus memperbaiki hubungan antara kumpulan di kalangan kumpulan-kumpulan rakan sebaya yang sedia ada.

Kendall's tau_b (τ_b) aras signifikan ialah kurang daripada 0.01 ($p < 0.01$), korelasi ini adalah signifikan, oleh itu hipotesis null (tiada perkaitan/*association*) boleh ditolak bahawa terdapat satu pertalian antara perpaduan dan penyertaan sosial dengan nod pelajar sekolah kajian. Korelasi adalah positif, pelajar sekolah kajian yang mempunyai perpaduan dan penyertaan sosial yang lebih tinggi umumnya mempunyai nilai nod yang tinggi dan sebaliknya jika perpaduan dan penyertaan sosial pelajar sekolah kajian adalah rendah, nilai nod pelajar sekolah kajian juga rendah. Boundouries (n.d.), rangkaian penggabungan ialah hanya koleksi (*monadic*) sifat-sifat pada aktor (iaitu, daripada pandangan teori-graf, ia merupakan hipergraf) dengan pemahaman bahawa, dalam satu rangkaian penggabungan, sifat-sfat aktor menggambarkan persatuan-persatuan heterogenous demikian, sebagaimana apabila aktor adalah ahli-ahli dalam kumpulan-kumpulan atau organisasi-organisasi atau mereka adalah mengambil bahagian dalam peristiwa-peristiwa atau pertemuan-pertemuan dan lain-lain.

Kendall's tau_b (τ_b) aras signifikan ialah kurang daripada 0.01 ($p < 0.01$), korelasi ini adalah signifikan, oleh itu hipotesis null (tiada perkaitan/*association*) boleh ditolak bahawa terdapat satu pertalian antara pendayaupayaan dengan jambatan sosial pelajar sekolah kajian. Korelasi adalah positif, pelajar sekolah kajian yang mempunyai pendayaupayaan yang lebih tinggi umumnya mempunyai nilai jambatan sosial yang tinggi dan sebaliknya jika pendayaupayaan pelajar sekolah kajian adalah rendah, nilai jambatan sosial pelajar sekolah kajian juga rendah. Babaei et al. (2012), kesan jambatan sosial (modal sosial jambatan) ke atas pendayaupayaan adalah tidak kuat sebagaimana ikatan sosial (modal sosial ikatan).

Kendall's tau_b (τ_b) aras signifikan ialah kurang daripada 0.01 ($p < 0.01$), korelasi ini adalah signifikan, oleh itu hipotesis null (tiada perkaitan/*association*) boleh ditolak bahawa terdapat satu pertalian antara pendayaupayaan dengan hubungan sosial pelajar sekolah kajian. Korelasi adalah positif, pelajar sekolah kajian yang mempunyai pendayaupayaan yang lebih tinggi umumnya mempunyai nilai hubungan sosial yang tinggi dan sebaliknya jika pendayaupayaan pelajar sekolah kajian adalah rendah, nilai hubungan sosial pelajar sekolah kajian juga rendah. Babaei et al. (2012), hubungan sosial (modal sosial hubungan) mempunyai kesan yang lemah ke atas pendayaupayaan.

Kendall's tau_b (τ_b) aras signifikan ialah kurang daripada 0.01 ($p < 0.01$), korelasi ini adalah signifikan, oleh itu hipotesis null (tiada perkaitan/*association*) boleh ditolak bahawa terdapat satu pertalian antara pendayaupayaan dengan interaksi sosial pelajar sekolah kajian. Korelasi adalah positif, pelajar sekolah kajian yang mempunyai pendayaupayaan yang lebih tinggi umumnya mempunyai nilai interaksi sosial yang tinggi dan sebaliknya jika pendayaupayaan pelajar sekolah kajian adalah rendah, nilai interaksi sosial pelajar sekolah kajian juga rendah. Cheang (2002), interaksi sosial yang tidak diperlukan oleh undang-undang dan bermain adalah bermakna kepada orang dewasa ini sebagaimana mereka adalah untuk kanak-kanak kerana ia adalah melalui peluang-peluang ini yang mereka dapat menjadi sebahagian daripada kumpulan sosial pilihan mereka. Interaksi sosial yang tidak diperlukan oleh undang-undang memberikan orang dewasa rasa kawalan dan suka bergaul yang mereka ingini dan bermain menyediakan mereka dengan kegembiraan dan hiburan.

Kendall's tau_b (τ_b) aras signifikan ialah kurang daripada 0.01 ($p < 0.01$), korelasi ini adalah signifikan, oleh itu hipotesis null (tiada perkaitan/*association*) boleh ditolak bahawa terdapat satu pertalian antara pendayaupayaan dengan agregat sosial pelajar sekolah kajian. Korelasi adalah positif, pelajar sekolah kajian yang mempunyai pendayaupayaan yang lebih tinggi umumnya mempunyai nilai agregat sosial yang tinggi dan sebaliknya jika pendayaupayaan pelajar sekolah kajian adalah rendah, nilai agregat sosial pelajar sekolah kajian juga rendah. Yousafzai, Farrukh dan Khan (2011), dalam masyarakat di mana wanita boleh mengalami sekatan dalam kebebasan bergerak dan membuat keputusan, menjaga kanak-kanak kurang upaya membolehkan wabita untuk bergerak di luar sempadan tradisional dalam mendapatkan perkhidmatan pendidikan dan kesihatan untuk anak-anak mereka. Walau bagaimanapun, perolehan dalam pendayaupayaan adalah tindakan bertindak balas melalui kekurangan sokongan penjagaan, kekurangan perkhidmatan yang sesuai untuk kesihatan, pemulihan dan pendidikan kanak-kanak kurang upaya dan stigma mencipta kebimbangan dan tekanan untuk wanita.

Kendall's tau_b (τ_b) aras signifikan ialah kurang daripada 0.01 ($p < 0.01$), korelasi ini adalah signifikan, oleh itu hipotesis null (tiada perkaitan/*association*) boleh ditolak bahawa terdapat satu pertalian antara pendayaupayaan dengan autoriti sosial pelajar sekolah kajian. Korelasi adalah positif, pelajar sekolah kajian yang mempunyai pendayaupayaan yang lebih tinggi umumnya mempunyai nilai autoriti sosial yang tinggi dan sebaliknya jika pendayaupayaan pelajar sekolah kajian adalah rendah, nilai autoriti sosial pelajar sekolah kajian juga rendah. Lord dan Htchinson (1993), kebanyakan kesusasteraan mengaitkan pendayaupayaan dengan kawalan diri. Orang yang mencapai darjah paling besar dalam kawalan pada kehidupan mereka adalah mereka yang enggan untuk menerima situasi mereka dan sebaliknya tetap menyoal dam mencari pilihan. Dari segi pendayaupayaan, maka, kawalan personal boleh dilihat sebagai satu proses aktif penglibatan dalam dunia sosial.

Kendall's tau_b (τ_b) aras signifikan ialah kurang daripada 0.01 ($p < 0.01$), korelasi ini adalah signifikan, oleh itu hipotesis null (tiada perkaitan/*association*) boleh ditolak bahawa terdapat satu pertalian antara pendayaupayaan dengan peranan sosial pelajar sekolah kajian. Korelasi adalah positif, pelajar sekolah kajian yang mempunyai pendayaupayaan yang lebih tinggi umumnya mempunyai nilai peranan sosial yang tinggi dan sebaliknya jika pendayaupayaan pelajar sekolah kajian adalah rendah, nilai peranan sosial pelajar sekolah kajian juga rendah. de Souza (2011), pendayaupayaan, peserta secara tersirat dan jelas membuat andaian tentang siapa bertanggungjawab untuk kesihatand anpenjagaan kesihatan; mereka berhujah bahawa individu dan komuniti adalahbertanggungjawab bagi kesihatan, dan merangka semula "hak-hak" dari segi tugas dan kewarganegaraan.

Kendall's tau_b (τ_b) aras signifikan ialah kurang daripada 0.01 ($p < 0.01$), korelasi ini adalah signifikan, oleh itu hipotesis null (tiada perkaitan/*association*) boleh ditolak bahawa terdapat satu pertalian antara pendayaupayaan dengan status sosial pelajar sekolah kajian. Korelasi adalah positif, pelajar sekolah kajian yang mempunyai pendayaupayaan yang lebih tinggi umumnya mempunyai nilai status sosial yang tinggi dan sebaliknya jika pendayaupayaan pelajar sekolah kajian adalah rendah, nilai status sosial pelajar sekolah kajian juga rendah. Harley (n.d.), terhadap hubungan jelas antara kedudukan pekerja dalam hierarki pekerjaan dan tahap mereka dalam kawalan ke atas kerja mereka. Oleh itu, idea pendayaupayaan adalah ditolak. Satu penjelasan sementara bagi kegagalan pendayaupayaan untuk meningkatkan autonomi pekerja boleh ditemui dalam kenyataan bahawa kuasa organisasi tinggal terutamanya dalam struktur organisasi. Berbeza dengan dakwaan bahawa kemunculan 'organisasi pos-birokrasi', struktur-struktur hierarki kekal penting kepada majoriti organisasi kontemporari dan impak dari lain-lain perubahan kepada kerja organisasi mesti difahami dalam konteks ini.

Kendall's tau_b (τ_b) aras signifikan ialah kurang daripada 0.01 ($p < 0.01$), korelasi ini adalah signifikan, oleh itu hipotesis null (tiada perkaitan/*association*) boleh ditolak bahawa terdapat satu pertalian antara pendayaupayaan dengan norma sosial pelajar sekolah kajian. Korelasi adalah positif, pelajar sekolah kajian yang mempunyai pendayaupayaan yang lebih tinggi umumnya mempunyai nilai norma sosial yang tinggi dan sebaliknya jika pendayaupayaan pelajar sekolah kajian adalah rendah, nilai norma sosial pelajar sekolah kajian juga rendah. Nilsen (2012), kebanyakan orang dipengruhi oleh norma-norma sosial apabila ia datang kepada peranan gender, sebagai contohnya, adalah sukar bagi seorang wanita untuk meninggalkan peranan jantina beliau sebagai seorang suri rumah, orang bawahan dan ibu yang bekerja separuh masa. What Works for Women & Girls (n.d.), hak undang-undang dan norma jantina (gender) perlu ditangani bersama-sama, kerana untuk mengubah norma-norma gender, undang-undang mesti berubah untuk mengupayakan wanita dengan hak undang-undang asas dan untuk mengubah undang-undang dalam negara di mana wanita adalah dinafikan kuasa, norma-norma gender dan mesti ditangani.

Kendall's tau_b (τ_b) aras signifikan ialah kurang daripada 0.01 ($p < 0.01$), korelasi ini adalah signifikan, oleh itu hipotesis null (tiada perkaitan/*association*) boleh ditolak bahawa terdapat satu pertalian antara pendayaupayaan dengan bentuk modal sosial pelajar sekolah kajian. Korelasi adalah positif, pelajar sekolah kajian yang mempunyai pendayaupayaan yang lebih tinggi umumnya mempunyai nilai bentuk modal sosial yang tinggi dan sebaliknya jika pendayaupayaan pelajar sekolah kajian adalah rendah, nilai bentuk modal sosial pelajar sekolah kajian juga rendah. Babaei et al. (2012), keputusan menunjukkan kesan ketara modal sosial ikatan, jambatan dan hubungan pada pendayaupayaan di kalangan penempatan setinggan. Modla sosial ikatan mempunyai koefision beta yang terbesar berbanding lain-lain dimensi, seperti modal sosial jambatan dan hubungan.

Kendall's tau_b (τ_b) aras signifikan ialah kurang daripada 0.01 ($p < 0.01$), korelasi ini adalah signifikan, oleh itu hipotesis null (tiada perkaitan/*association*) boleh ditolak bahawa terdapat satu pertalian antara pendayaupayaan dengan dimensi modal sosial pelajar sekolah kajian. Korelasi adalah positif, pelajar sekolah kajian yang mempunyai pendayaupayaan yang lebih tinggi umumnya mempunyai nilai dimensi modal sosial yang tinggi dan sebaliknya jika pendayaupayaan pelajar sekolah kajian adalah rendah, nilai dimensi modal sosial pelajar sekolah kajian juga rendah. Narayan dan Cassidy (2001), pendayaupayaan adalah lebih baik ditakrifkan sebagai satu penentu modal sosial (dimensi modal sosial ialah keahlian dalam kumpulan tidak formal dan rangkaian dengan ciri-ciri khusus, suka bergaul setiap hari, penyertaan komuniti dan hubungan kejiranan, hubungan keluarga, kepercayaan dan norma-norma keadilan, jenayah dan keselamatan, kesejahteraan subjektif dan penglibatan politik) dari sebagai hasil modal sosial. Sadeq et al. (2010), mengkaji dimensi modal sosial iaitu hubungan interaksi dan kepercayaan. Penemuan menunjukkan bahawa hubungan interaksi pengurus-pengurus perniagaan kecil dan sederhana dengan satu sama lain dan juga dengan ahli-ahli kumpulan membawa kepada peningkatan bertolak ansur dengan kekalahan dan kekaburan dalam projek masa depan dan aktiviti-aktiviti dan ia memperbaiki pengetahuan organisasi agar membuat keputusan dalam pasaran dan keserasian.

Kendall's tau_b (τ_b) aras signifikan ialah kurang daripada 0.01 ($p < 0.01$), korelasi ini adalah signifikan, oleh itu hipotesis null (tiada perkaitan/*association*) boleh ditolak bahawa terdapat satu pertalian antara pendayaupayaan dengan ikatan kuat pelajar sekolah kajian. Korelasi adalah positif, pelajar sekolah kajian yang mempunyai pendayaupayaan yang lebih tinggi umumnya mempunyai nilai ikatan kuat yang tinggi dan sebaliknya jika pendayaupayaan pelajar sekolah kajian adalah rendah, nilai ikatan kuat pelajar sekolah kajian juga rendah. Sajjad (n.d.), terdapat pengukuhan dalam ikatan kuat dan ikatan lemah yang dihalang daripada membangun. Institusi dan birokrasi adalah dibuat untuk bekerja bukan untuk kebajikan orang dan pembangunan kawasan tetapi untuk mengekalkan dan mengukuhkan hegemoni elit politik.

Umekubo, Chrispeels dan Daly (2012), kajian ini menunjukkan kuasa polisi daerah mudah yang meletakkan pelajar sebagai yang pertama (dahulu). Rangka pembuatan keputusan berpusatkan-pelajar memberi isyarat kepada sekolah bahawa terdapat gandingan ketat di sekitar meningkatkan pencapaian pelajar, yang telah dipantau oleh penguasa melalui prinsip penilaian dan lintas semak. Bagaimana mereka mencapai matlamat ini walau bagaimanapun ialah secara longgar ditambah, membenarkan sekolah untuk kebebasan untuk memilih program dan sumber yang bekerja untuk mereka. Kajian ini menyediakan satu contoh jenis keseimbangan pemusatan/desentralisasi yang perlu untuk dicapai antara pejabat pusat dan sekolah-sekolahnya yang boleh membawa kepada pencapaian pelajar yang tinggi.

Kendall's tau_b (τ_b) aras signifikan ialah kurang daripada 0.01 ($p < 0.01$), korelasi ini adalah signifikan, oleh itu hipotesis null (tiada perkaitan/*association*) boleh ditolak bahawa terdapat satu pertalian antara pendayaupayaan dengan ikatan lemah pelajar sekolah kajian. Korelasi adalah positif, pelajar sekolah kajian yang mempunyai pendayaupayaan yang lebih tinggi umumnya mempunyai nilai ikatan lemah yang tinggi dan sebaliknya jika pendayaupayaan pelajar sekolah kajian adalah rendah, nilai ikatan lemah pelajar sekolah kajian juga rendah. Steffes dan Burgee (2009), kajian mendapati bahawa pelajar-pelajar yang mencari maklumat pada maklumat yang profesor mengambil berat tentang maklumat yang mereka perolehi daripada forum eWOM untuk sama-sama berpengaruh dalam keputusan mereka sebagaimana pengalaman utama mereka sendiri dengan profesor. Tambahan pula, maklumat diperolehi daripada forum eWOM adalah lebih berpengaruh dalam keputusan mereka daripada bercakap dengan kawan tanpa melibatkan orang lain (woM). Walaupun penyelidik sedia ada mencadangkan bahawa sumber-sumber rujukan ikatan kuat adalah lebih berpengaruh dari sumber-sumber maklumat ikatan lemah, penemuan menunjukkan bahawa sesetengah sumber-sumber maklumat ikatan lemah adalah dinilai sebagai lebih berpengaruh.

Kendall's tau_b (τ_b) aras signifikan ialah kurang daripada 0.01 ($p < 0.01$), korelasi ini adalah signifikan, oleh itu hipotesis null (tiada perkaitan/*association*) boleh ditolak bahawa terdapat satu pertalian antara pendayaupayaan dengan nod pelajar sekolah kajian. Korelasi adalah positif, pelajar sekolah kajian yang mempunyai pendayaupayaan yang lebih tinggi umumnya mempunyai nilai nod yang tinggi dan sebaliknya jika pendayaupayaan pelajar sekolah kajian adalah rendah, nilai nod pelajar sekolah kajian juga rendah. Contreras-McGavin (2004), di peringkat individu dalam organisasi terdapat komunikasi, pemahaman, nilai-nilai dan motivasi yang berfungsi sebagai pemboleh ubah yang melengkapkan individu-individu dengan potensi untuk mengeluarkan perubahan. Semua unsur-unsur ini adalah saling berkaitan. Komunikasi mengeluarkan pemahaman baru atau meningkatkan pemahaman. Pemahaman ini boleh membawa individu untuk mengubah nilai-nilai mereka, demikian mengupaya mereka untuk mengeluarkan transformasi institusi.

Kendall's tau_b (τ_b) aras signifikan ialah kurang daripada 0.01 ($p < 0.01$), korelasi ini adalah signifikan, oleh itu hipotesis null (tiada perkaitan/*association*) boleh ditolak bahawa terdapat satu pertalian antara ikatan sosial dengan hubungan sosial pelajar sekolah kajian. Korelasi adalah positif, pelajar sekolah kajian yang mempunyai ikatan sosial yang lebih tinggi umumnya mempunyai nilai hubungan sosial yang tinggi dan sebaliknya jika ikatan sosial pelajar sekolah kajian adalah rendah, nilai hubungan sosial pelajar sekolah kajian juga rendah. Babaei et al (2012), ikatan sosial (modal sosial ikatan) mempunyai hubungan positif dengan kuat terhadap jambatan sosial (modal sosial jambatan) dan hubungan sosial (modal sosial hubungan) di kalangan orang miskin.

Kendall's tau_b (τ_b) aras signifikan ialah kurang daripada 0.01 ($p < 0.01$), korelasi ini adalah signifikan, oleh itu hipotesis null (tiada perkaitan/*association*) boleh ditolak bahawa terdapat satu pertalian antara ikatan sosial dengan interaksi sosial pelajar sekolah kajian. Korelasi adalah positif, pelajar sekolah kajian yang mempunyai ikatan sosial yang lebih tinggi umumnya mempunyai nilai interaksi sosial yang tinggi dan sebaliknya jika ikatan sosial pelajar sekolah kajian adalah rendah, nilai interaksi sosial pelajar sekolah kajian juga rendah. Han dan Johnson (2012), hasil kajian menunjukkan hubungan yang positif antara ikatan sosial pelajar dengan jenis-jenis interaksi dalam interaksi teks synchronous (segerak). Hubungan ini tidak dijumpai dalam interaksi asynchronous (tidak segerak) dan interaksi audio synchronous (segerak). Keputusan menunjukkan tidak ada korelasi mengikut undang-undang canon antara ikatan sosial pelajar dan jumlah interaksi dalam persekitaran pembelajaran dalam talian synchronous dan asynchronous.

Kendall's tau_b (τ_b) aras signifikan ialah kurang daripada 0.01 ($p < 0.01$), korelasi ini adalah signifikan, oleh itu hipotesis null (tiada perkaitan/*association*) boleh ditolak bahawa terdapat satu pertalian antara ikatan sosial dengan agregat sosial pelajar sekolah kajian. Korelasi adalah positif, pelajar sekolah kajian yang mempunyai ikatan sosial yang lebih tinggi umumnya mempunyai nilai agregat sosial yang tinggi dan sebaliknya jika ikatan sosial pelajar sekolah kajian adalah rendah, nilai agregat sosial pelajar sekolah kajian juga rendah. Horiuchi (2008), sukarelawan mempunyai rangkaian sosial yang padat dan membangunkan ikatan modal sosial. Mereka memperoleh kemahiran dan mengambil berat dan tanggungjawab dalam tindakan mereka daripada ikatan modal sosial, jadi mereka boleh mengejar kepentingan yang sama sebagai penduduk komuniti. Penduduk menerima sukarelawan dengan penuh minat kerana mereka bekerja dengan baik dan kewujudan orang luar yang "baik" menyumbang kepada pembangunan identiti tempatan. Hubungan cenderung untuk mengalakkan perpaduan sosial (*affiliative*) antara sukarelawan dan penduduk ialah dikekalkan oleh usaha besar koordinator. Kerana koordinator berhijrah ke Hachimori, mereka boleh memahami situasi orang luar serta penduduk komuniti tersebut.

Kendall's tau_b (τ_b) aras signifikan ialah kurang daripada 0.01 ($p < 0.01$), korelasi ini adalah signifikan, oleh itu hipotesis null (tiada perkaitan/*association*) boleh ditolak bahawa terdapat satu pertalian antara ikatan sosial dengan autoriti sosial pelajar sekolah kajian. Korelasi adalah positif, pelajar sekolah kajian yang mempunyai ikatan sosial yang lebih tinggi umumnya mempunyai nilai autoriti sosial yang tinggi dan sebaliknya jika ikatan sosial pelajar sekolah kajian adalah rendah, nilai autoriti sosial pelajar sekolah kajian juga rendah. Dijck (n.d.), persaudaraan agama baru abad ke 17 mencipta bentuk ikatan modal sosial, kerana mereka merekrut ahli-ahli mereka dalam semua lapisan sosial. Walau bagaimanapun, kesan pengumpulan modal sosial adalah agak kecil, kerana perhubungan ini hanya mengeluarkan ikatan sosial lemah. Malah, perhubungan hanya mengeluarkan nilai-nilai sivik dikongsi jika ahli-ahli mereka dengan kerap bersama-sama dan memperkukuhkan hubungan mereka melalui suka bergaul.

Kendall's tau_b (τ_b) aras signifikan ialah kurang daripada 0.01 ($p < 0.01$), korelasi ini adalah signifikan, oleh itu hipotesis null (tiada perkaitan/*association*) boleh ditolak bahawa terdapat satu pertalian antara ikatan sosial dengan peranan sosial pelajar sekolah kajian. Korelasi adalah positif, pelajar sekolah kajian yang mempunyai ikatan sosial yang lebih tinggi umumnya mempunyai nilai peranan sosial yang tinggi dan sebaliknya jika ikatan sosial pelajar sekolah kajian adalah rendah, nilai peranan sosial pelajar sekolah kajian juga rendah. Larsen et al. (2004), ikatan kejiranan boleh mengubah ke dalam aktiviti-aktiviti merapatkan yang berkuasa secara politik.

Kendall's tau_b (τ_b) aras signifikan ialah kurang daripada 0.01 ($p < 0.01$), korelasi ini adalah signifikan, oleh itu hipotesis null (tiada perkaitan/*association*) boleh ditolak bahawa terdapat satu pertalian antara ikatan sosial dengan status sosial pelajar sekolah kajian. Korelasi adalah positif, pelajar sekolah kajian yang mempunyai ikatan sosial yang lebih tinggi umumnya mempunyai nilai status sosial yang tinggi dan sebaliknya jika ikatan sosial pelajar sekolah kajian adalah rendah, nilai status sosial pelajar sekolah kajian juga rendah. Cox dan Mccubbins (1994), *Legislative Leviathan*, adalah kokus (kumpulan dalam parti politik) parti majoriti menambah satu lagi lapisan struktur dan proses ke atas struktur jawatankuasa yang dikaji oleh Shepsle-Weingast dan Weingast-Marshall. Parti majoriti di Dewan mencapai hasil polisi stabil melalui mengikat ahli-ahlinya untuk menyokong satu struktur khusus dalam agenda kuasa diwakili oleh speaker, pengerusi jawatankuasa, dan Jawatankuasa Peraturan, satu struktur yang kemudian membawa pemilihan polisi-polisi yang pada purata memberi manfaat kepada ahli-ahli parti majoriti lebih daripada ahli-ahli parti minoriti.

Kendall's tau_b (τ_b) aras signifikan ialah kurang daripada 0.01 ($p < 0.01$), korelasi ini adalah signifikan, oleh itu hipotesis null (tiada perkaitan/*association*) boleh ditolak bahawa terdapat satu pertalian antara ikatan sosial dengan norma sosial pelajar sekolah kajian. Korelasi adalah positif, pelajar sekolah kajian yang mempunyai ikatan sosial yang lebih tinggi umumnya mempunyai nilai norma sosial yang tinggi dan sebaliknya jika ikatan sosial pelajar sekolah kajian adalah rendah, nilai norma sosial pelajar sekolah kajian juga rendah. Lopaciuk-Gonczaryk (n.d.), modal sosial "ikatan" ditinjau dalam hubungan antara ahli-ahli pasukan, berkaitan dengan norma kumpulan sosial kuat dan pengenalan kumpulan.

Kendall's tau_b (τ_b) aras signifikan ialah kurang daripada 0.01 ($p < 0.01$), korelasi ini adalah signifikan, oleh itu hipotesis null (tiada perkaitan/*association*) boleh ditolak bahawa terdapat satu pertalian antara ikatan sosial dengan entropi sosial pelajar sekolah kajian. Korelasi adalah positif, pelajar sekolah kajian yang mempunyai ikatan sosial yang lebih tinggi umumnya mempunyai nilai entropi sosial yang tinggi dan sebaliknya jika ikatan sosial pelajar sekolah kajian adalah rendah, nilai entropi sosial pelajar sekolah kajian juga rendah. Rocque et al. (2011), data menunjukkan bahawa kem but meningkatkan kepercayaan prososial, tetapi sedikit perbezaan muncul dari segi komitmen dan sambungan. Dalam cara yang sama, data menunjukkan beberapa perbezaan dalam sambungan tanpa mengira orientasi prososial atau antisosial daripada rakan-rakan dan keluarga banduan.

Kendall's tau_b (τ_b) aras signifikan ialah kurang daripada 0.01 ($p < 0.01$), korelasi ini adalah signifikan, oleh itu hipotesis null (tiada perkaitan/*association*) boleh ditolak bahawa terdapat satu pertalian antara ikatan sosial dengan bentuk modal sosial pelajar sekolah kajian. Korelasi adalah positif, pelajar sekolah kajian yang mempunyai ikatan sosial yang lebih tinggi umumnya mempunyai nilai bentuk modal sosial yang tinggi dan sebaliknya jika ikatan sosial pelajar sekolah kajian adalah rendah, nilai bentuk modal sosial pelajar sekolah kajian juga rendah. Lancee (2008), rangkaian ikatan tidak menjejaskan hasil ekonomi, tetapi untuk lelaki ia membantu membina rangkaian merapatkan (jambatan modal sosial).

Kendall's tau_b (τ_b) aras signifikan ialah kurang daripada 0.01 ($p < 0.01$), korelasi ini adalah signifikan, oleh itu hipotesis null (tiada perkaitan/*association*) boleh ditolak bahawa terdapat satu pertalian antara ikatan sosial dengan dimensi modal sosial pelajar sekolah kajian. Korelasi adalah positif, pelajar sekolah kajian yang mempunyai ikatan sosial yang lebih tinggi umumnya mempunyai nilai dimensi modal sosial yang tinggi dan sebaliknya jika ikatan sosial pelajar sekolah kajian adalah rendah, nilai dimensi modal sosial pelajar sekolah kajian juga rendah. Wexler-Robock (2006), daripada penemuan boleh dihipotesiskan bahawa jambatan modal sosial dan ikatan modal sosial adalah tidak semestinya telah ditetapkan, mereka mungkin dikeluarkan, terkumpul, dan habis melalui faktor akses dan norma yang adalah terbuka kepada kelainan dalam bilik darjah.

Kendall's tau_b (τ_b) aras signifikan ialah kurang daripada 0.01 ($p < 0.01$), korelasi ini adalah signifikan, oleh itu hipotesis null (tiada perkaitan/*association*) boleh ditolak bahawa terdapat satu pertalian antara ikatan sosial dengan ikatan kuat pelajar sekolah kajian. Korelasi adalah positif, pelajar sekolah kajian yang mempunyai ikatan sosial yang lebih tinggi umumnya mempunyai nilai ikatan kuat yang tinggi dan sebaliknya jika ikatan sosial pelajar sekolah kajian adalah rendah, nilai ikatan kuat pelajar sekolah kajian juga rendah. Nelson (1989), hasil kajian menunjukkan bahawa organisasi rendah-konflik adalah dicirikan oleh bilangan lebih tinggi dalam ikatan kuat antara kumpulan, diukur sebagai hubungan kerap, daripada organisasi tinggi-konflik.

Kendall's tau_b (τ_b) aras signifikan ialah kurang daripada 0.01 ($p < 0.01$), korelasi ini adalah signifikan, oleh itu hipotesis null (tiada perkaitan/*association*) boleh ditolak bahawa terdapat satu pertalian antara ikatan sosial dengan ikatan lemah pelajar sekolah kajian. Korelasi adalah positif, pelajar sekolah kajian yang mempunyai ikatan sosial yang lebih tinggi umumnya mempunyai nilai ikatan lemah yang tinggi dan sebaliknya jika ikatan sosial pelajar sekolah kajian adalah rendah, nilai ikatan lemah pelajar sekolah kajian juga rendah. Kavanaugh et al. (n.d.), orang dengan ikatan (jambatan modal sosial) lemah di seluruh kumpulan mempunyai tahap yang lebih tinggi dalam penglibatan komuniti, kepentingan awam (sivik) dan keberkesanan kolektif daripada orang tanpa ikatan jambatan modal sosial kepada kumpulan-kumpulan.

Kendall's tau_b (τ_b) aras signifikan ialah kurang daripada 0.01 ($p < 0.01$), korelasi ini adalah signifikan, oleh itu hipotesis null (tiada perkaitan/*association*) boleh ditolak bahawa terdapat satu pertalian antara ikatan sosial dengan nod pelajar sekolah kajian. Korelasi adalah positif, pelajar sekolah kajian yang mempunyai ikatan sosial yang lebih tinggi umumnya mempunyai nilai nod yang tinggi dan sebaliknya jika ikatan sosial pelajar sekolah kajian adalah rendah, nilai nod pelajar sekolah kajian juga rendah. Medlin (n.d.), untuk mewujudkan ikatan dan hubungan yang individu bertemu pada jarak waktu tidak teratur untuk menyesuaikan dan menyelaraskan sumber-sumber dan aktiviti-aktiviti. Oleh itu, interaksi kelas kedua, antara aktor individu menjamin penstrukturan dalam ikatan sumber dan hubungan aktiviti-aktiviti. Interaksi penyesuaian bergantung pada individu-individu yang mengawal beberapa sumber-sumber firma dan aktiviti dan individu ini dengan jelas mempunyai pelbagai keupayaan untuk membuat dan menunaikan janji berkenaan dengan menstrukturkan sumber-sumber dan aktiviti masa depan.

Kendall's tau_b (τ_b) aras signifikan ialah kurang daripada 0.01 ($p < 0.01$), korelasi ini adalah signifikan, oleh itu hipotesis null (tiada perkaitan/*association*) boleh ditolak bahawa terdapat satu pertalian antara jambatan sosial dengan agregat sosial pelajar sekolah kajian. Korelasi adalah positif, pelajar sekolah kajian yang mempunyai jambatan sosial yang lebih tinggi umumnya mempunyai nilai agregat sosial yang tinggi dan sebaliknya jika jambatan sosial pelajar sekolah kajian adalah rendah, nilai agregat sosial pelajar sekolah kajian juga rendah. Lichterman (2006), gaya kumpulan juga menjadikan jelas proses yang kumpulan sivik mencipta ikatan "jambatan" di luar kumpulan.

Kendall's tau_b (τ_b) aras signifikan ialah kurang daripada 0.01 ($p < 0.01$), korelasi ini adalah signifikan, oleh itu hipotesis null (tiada perkaitan/*association*) boleh ditolak bahawa terdapat satu pertalian antara jambatan sosial dengan peranan sosial pelajar sekolah kajian. Korelasi adalah positif, pelajar sekolah kajian yang mempunyai jambatan sosial yang lebih tinggi umumnya mempunyai nilai peranan sosial yang tinggi dan sebaliknya jika jambatan sosial pelajar sekolah kajian adalah rendah, nilai peranan sosial pelajar sekolah kajian juga rendah. Pickering (2006), teori rangkaian sosial menjangkakan dengan tepat bahawa minoriti-minoriti akan terbaik dapat membentuk ikatan yang merapatkan perbezaan etnik jika mereka adalah sekurang-kurangnya pada mulanya berasaskan-kenalan. Ia juga membantu menjelaskan kenapa tempat kerja yang bercampur secara etnik yang mengalakkan hubungan yang lemah dan bukannya kejiranan campuran yang secara tradisional bekerja untuk memupuk ikatan lebih kuat, akan lebih baik memudahkan hubungan kerjasama silang-etnik.

Kendall's tau_b (τ_b) aras signifikan ialah kurang daripada 0.01 ($p < 0.01$), korelasi ini adalah signifikan, oleh itu hipotesis null (tiada perkaitan/*association*) boleh ditolak bahawa terdapat satu pertalian antara jambatan sosial dengan status sosial pelajar sekolah kajian. Korelasi adalah positif, pelajar sekolah kajian yang mempunyai jambatan sosial yang lebih tinggi umumnya mempunyai nilai status sosial yang tinggi dan sebaliknya jika jambatan sosial pelajar sekolah kajian adalah rendah, nilai status sosial pelajar sekolah kajian juga rendah. Greenbaum (1982), sedikit sokongan didapati bagi mungkin ketiadaan ikatan lemah merapatkan di kalangan jiran-jrian bandar, atau untuk andaian bahawa ikatan kuat mencipta satu halangan untuk pergerakan politik berkesan dalam kejiranan kelas pekerja. Satu model alternatif integrasi tahap-tempatan ialah dicadangkan, yang mengekalkan konsep Granovetter tentang kelompok-kelompok padat dalam ikatan rangkaian yang dihubungkan melalui "jambatan tempatan" tetapi memeriksa semula peranan ikatan lemah dalam mempengaruhi jambatan demikian.

Kendall's tau_b (τ_b) aras signifikan ialah kurang daripada 0.01 ($p < 0.01$), korelasi ini adalah signifikan, oleh itu hipotesis null (tiada perkaitan/*association*) boleh ditolak bahawa terdapat satu pertalian antara jambatan sosial dengan norma sosial pelajar sekolah kajian. Korelasi adalah positif, pelajar sekolah kajian yang mempunyai jambatan sosial yang lebih tinggi umumnya mempunyai nilai norma sosial yang tinggi dan sebaliknya jika jambatan sosial pelajar sekolah kajian adalah rendah, nilai norma sosial pelajar sekolah kajian juga rendah. Fehr dan Fischbacher (2004), adalah tidak mustahil untuk memahami keunikan dan kuasa-kuasa di sebalik kerjasama manusia kecuali kita memahami norma-norma sosial. Bukti eksperimen menunjukkan kewujudan norma dalam kerjasama bersyarat. Jika ahli-ahli kumpulan yang lain berkerjasama norma juga memerlukan kita untuk bekerjasama, jika yang lain-lain rosak ahli yang lain juga dibenarkan untuk rosak.

Kendall's tau_b (τ_b) aras signifikan ialah kurang daripada 0.01 ($p < 0.01$), korelasi ini adalah signifikan, oleh itu hipotesis null (tiada perkaitan/*association*) boleh ditolak bahawa terdapat satu pertalian antara jambatan sosial dengan entropi sosial pelajar sekolah kajian. Korelasi adalah negatif, pelajar sekolah kajian yang mempunyai jambatan sosial yang lebih tinggi umumnya mempunyai nilai entropi sosial yang rendah dan sebaliknya jika jambatan sosial pelajar sekolah kajian adalah rendah, nilai entropi sosial pelajar sekolah kajian adalah tinggi. Jaimovich (2012), menggunakan rangka kerja rangkaian, terdapat usaha untuk mewujudkan hubungan luaran yang menyambung pasaran terputus kini.

Kendall's tau_b (τ_b) aras signifikan ialah kurang daripada 0.01 ($p < 0.01$), korelasi ini adalah signifikan, oleh itu hipotesis null (tiada perkaitan/*association*) boleh ditolak bahawa terdapat satu pertalian antara jambatan sosial dengan bentuk modal sosial pelajar sekolah kajian. Korelasi adalah positif, pelajar sekolah kajian yang mempunyai jambatan sosial yang lebih tinggi umumnya mempunyai nilai bentuk modal sosial yang tinggi dan sebaliknya jika jambatan sosial pelajar sekolah kajian adalah rendah, nilai bentuk modal sosial pelajar sekolah kajian juga rendah. Eklinder-Frick, Lars-Torsten dan Hallen (2011), menemui hasil yang menjadikan jelas berkenaan paradoks dalam penggunaan rangkaian strategik serantau untuk mengatasi terlalu-tersembunyi dan membebaskan aktor-aktor yang terlibat dari dikunci rangkaian sedia ada dan bukannya mengukuhkan selanjutnya institusi-institusi sosial.

Kendall's tau_b (τ_b) aras signifikan ialah kurang daripada 0.01 ($p < 0.01$), korelasi ini adalah signifikan, oleh itu hipotesis null (tiada perkaitan/*association*) boleh ditolak bahawa terdapat satu pertalian antara jambatan sosial dengan dimensi modal sosial pelajar sekolah kajian. Korelasi adalah positif, pelajar sekolah kajian yang mempunyai jambatan sosial yang lebih tinggi umumnya mempunyai nilai dimensi modal sosial yang tinggi dan sebaliknya jika jambatan sosial pelajar sekolah kajian adalah rendah, nilai dimensi modal sosial pelajar sekolah kajian juga rendah. Rosmah Mat Isa et al. (2010), menemui lima kategori di bawah dimensi modal sosial struktur yang menyokong dan menggalakkan perkongsian pengetahuan tersirat (tanpa bertulis) dalam satu konteks projek iaitu mesyuarat, hubungan, interaksi, kedudukan dan dekatnya (jarak).

Kendall's tau_b (τ_b) aras signifikan ialah kurang daripada 0.01 ($p < 0.01$), korelasi ini adalah signifikan, oleh itu hipotesis null (tiada perkaitan/*association*) boleh ditolak bahawa terdapat satu pertalian antara jambatan sosial dengan ikatan kuat pelajar sekolah kajian. Korelasi adalah positif, pelajar sekolah kajian yang mempunyai jambatan sosial yang lebih tinggi umumnya mempunyai nilai ikatan kuat yang tinggi dan sebaliknya jika jambatan sosial pelajar sekolah kajian adalah rendah, nilai ikatan kuat pelajar sekolah kajian juga rendah. Wexker-Robock (2006), jambatan modal sosial (modal sosial jambatan) muncul berkaitan dengan kesediaan untuk melibatkan diri dalam rangkaian kuat dan lemah, membantu mencari, *intertextuality* (hubungan antara teks, terutamanya kerja-kerja sastera (intertextuality, 2013)), dan mungkin untuk penguasaan orientasi matlamat untuk semua peserta tanpa menghiraukan tahap membaca.

Kendall's tau_b (τ_b) aras signifikan ialah kurang daripada 0.01 ($p < 0.01$), korelasi ini adalah signifikan, oleh itu hipotesis null (tiada perkaitan/*association*) boleh ditolak bahawa terdapat satu pertalian antara jambatan sosial dengan ikatan lemah pelajar sekolah kajian. Korelasi adalah positif, pelajar sekolah kajian yang mempunyai jambatan sosial yang lebih tinggi umumnya mempunyai nilai ikatan lemah yang tinggi dan sebaliknya jika jambatan sosial pelajar sekolah kajian adalah rendah, nilai ikatan lemah pelajar sekolah kajian juga rendah. Wexker-Robock (2006), jambatan modal sosial (modal sosial jambatan) muncul berkaitan dengan kesediaan untuk melibatkan diri dalam rangkaian kuat dan lemah, membantu mencari, *intertextuality* (hubungan antara teks, terutamanya kerja-kerja sastera (intertextuality, 2013)), dan mungkin untuk penguasaan orientasi matlamat untuk semua peserta tanpa menghiraukan tahap membaca.

Kendall's tau_b (τ_b) aras signifikan ialah kurang daripada 0.01 ($p < 0.01$), korelasi ini adalah signifikan, oleh itu hipotesis null (tiada perkaitan/*association*) boleh ditolak bahawa terdapat satu pertalian antara jambatan sosial dengan nod pelajar sekolah kajian. Korelasi adalah positif, pelajar sekolah kajian yang mempunyai jambatan sosial yang lebih tinggi umumnya mempunyai nilai nod yang tinggi dan sebaliknya jika jambatan sosial pelajar sekolah kajian adalah rendah, nilai nod pelajar sekolah kajian juga rendah.

Kendall's tau_b (τ_b) aras signifikan ialah kurang daripada 0.01 ($p < 0.01$), korelasi ini adalah signifikan, oleh itu hipotesis null (tiada perkaitan/*association*) boleh ditolak bahawa terdapat satu pertalian antara hubungan sosial dengan agregat sosial pelajar sekolah kajian. Korelasi adalah positif, pelajar sekolah kajian yang mempunyai hubungan sosial yang lebih tinggi umumnya mempunyai nilai agregat sosial yang tinggi dan sebaliknya jika hubungan sosial pelajar sekolah kajian adalah rendah, nilai agregat sosial pelajar sekolah kajian juga rendah. Aldrich et al. (1998), mendapati bahawa kepelbagaian dalaman dan hubungan antara ogranisasi adalah berkaitan dengan pertukaran maklumat dan mekanisme urus tadbir.

Kendall's tau_b (τ_b) aras signifikan ialah kurang daripada 0.01 ($p < 0.01$), korelasi ini adalah signifikan, oleh itu hipotesis null (tiada perkaitan/*association*) boleh ditolak bahawa terdapat satu pertalian antara hubungan sosial dengan autoriti sosial pelajar sekolah kajian. Korelasi adalah positif, pelajar sekolah kajian yang mempunyai hubungan sosial yang lebih tinggi umumnya mempunyai nilai autoriti sosial yang tinggi dan sebaliknya jika hubungan sosial pelajar sekolah kajian adalah rendah, nilai autoriti sosial pelajar sekolah kajian juga rendah. Barnes (2012), kumpulan etnik dominan (komuniti E-A) akan mempunyai tahap lebih tinggi dalam modal sosial hubungan, sebaliknya telah ditemui benar dalam kes ini bagi komuniti V-A. Terdapat pelbagai sebab kenapa komuniti V-A boleh melaporkan lebih hubungan kepada pemimpin-pemimpin industri, kerajaan atau pegawai pengurusan dan komuniti saintifik dari komuniti E-A termasuk penglibatan komuniti V-A dengan dibangunkan organisasi Perikanan VAK. Walau bagaimanapun, sebab-sebab yang tepat bagi keputusan yang unik ini hanya boleh ditunjukkan dengan penyelidikan selanjutnya. Sebaliknya, komuniti K-A muncul agak terpencil dalam hal modal sosial hubungan dan boleh mendapat manfaat dengan ketara daripada jangkauan (bantuan) selanjutnya.

Kendall's tau_b (τ_b) aras signifikan ialah kurang daripada 0.01 ($p < 0.01$), korelasi ini adalah signifikan, oleh itu hipotesis null (tiada perkaitan/*association*) boleh ditolak bahawa terdapat satu pertalian antara hubungan sosial dengan peranan sosial pelajar sekolah kajian. Korelasi adalah positif, pelajar sekolah kajian yang mempunyai hubungan sosial yang lebih tinggi umumnya mempunyai nilai peranan sosial yang tinggi dan sebaliknya jika hubungan sosial pelajar sekolah kajian adalah rendah, nilai peranan sosial pelajar sekolah kajian juga rendah. National Information Exchange Model (NIEM) (2010), cabaran manusia pada hari ini sering kali perentangan sempadan: ia merentasi sektor, organisasi dan unit dan memerlukan kerjasama kerajaan, industry dan rakyat. Dalam dunia di mana masalah dan peluang memotong secara melintang merentasi aset yang disusun menentang masalah dan peluang, organisasi zaman industri cenderung untuk menjadi menegak dan tidak sesuai dengan tugas.

Kendall's tau_b (τ_b) aras signifikan ialah kurang daripada 0.01 ($p < 0.01$), korelasi ini adalah signifikan, oleh itu hipotesis null (tiada perkaitan/*association*) boleh ditolak bahawa terdapat satu pertalian antara hubungan sosial dengan status sosial pelajar sekolah kajian. Korelasi adalah positif, pelajar sekolah kajian yang mempunyai hubungan sosial yang lebih tinggi umumnya mempunyai nilai status sosial yang tinggi dan sebaliknya jika hubungan sosial pelajar sekolah kajian adalah rendah, nilai status sosial pelajar sekolah kajian juga rendah. Parrilli dan Sacchetti (2008) menjalankan kajian kes berkenaan keupayaan syarikat individu untuk mencipta satu rangkaian hubungan dengan syarikat-syarikat transnasional besar supaya memperolehi kecekapan baru tanpa jatuh ke dalam satu kedudukan bawahan berkenaan dengan rakan kongsi-rakan kongsi yang lebih besar.

Kendall's tau_b (τ_b) aras signifikan ialah kurang daripada 0.01 ($p < 0.01$), korelasi ini adalah signifikan, oleh itu hipotesis null (tiada perkaitan/*association*) boleh ditolak bahawa terdapat satu pertalian antara hubungan sosial dengan norma sosial pelajar sekolah kajian. Korelasi adalah positif, pelajar sekolah kajian yang mempunyai hubungan sosial yang lebih tinggi umumnya mempunyai nilai norma sosial yang tinggi dan sebaliknya jika hubungan sosial pelajar sekolah kajian adalah rendah, nilai norma sosial pelajar sekolah kajian juga rendah. Barnes (2012), kejayaan tadbir urus penyesuaian adalah sangat dipengaruhi oleh kerjasama di kalangan stakeholder-stakeholder yang sebaliknya (pula), dipengaruhi oleh hubungan dalam dan antara stakeholder-stakeholder berkaitan. Daripada perspektif pengurusan, struktur rangkaian sosial stakeholder-stakeholder dan kewujudan modal sosial boleh memudahkan atau menghalang penyebaran inovasi, pendekatan pengurusan dan peraturan-peraturan.

Kendall's tau_b (τ_b) aras signifikan ialah kurang daripada 0.01 ($p < 0.01$), korelasi ini adalah signifikan, oleh itu hipotesis null (tiada perkaitan/*association*) boleh ditolak bahawa terdapat satu pertalian antara hubungan sosial dengan entropi sosial pelajar sekolah kajian. Korelasi adalah negatif, pelajar sekolah kajian yang mempunyai hubungan sosial yang lebih tinggi umumnya mempunyai nilai entropi sosial yang rendah dan sebaliknya jika hubungan sosial pelajar sekolah kajian adalah rendah, nilai entropi sosial pelajar sekolah kajian adalah tinggi. Pena Lopez dan Sanchez Santos (2013), kepercayaan sejagat (modal sosial menghubungkan dan merapatkan) merupakan satu modal sosial positiv yang berhubung secara negatif dengan rasuah.

Kendall's tau_b (τ_b) aras signifikan ialah kurang daripada 0.01 ($p < 0.01$), korelasi ini adalah signifikan, oleh itu hipotesis null (tiada perkaitan/*association*) boleh ditolak bahawa terdapat satu pertalian antara hubungan sosial dengan bentuk modal sosial pelajar sekolah kajian. Korelasi adalah positif, pelajar sekolah kajian yang mempunyai hubungan sosial yang lebih tinggi umumnya mempunyai nilai bentuk modal sosial yang tinggi dan sebaliknya jika hubungan sosial pelajar sekolah kajian adalah rendah, nilai bentuk modal sosial pelajar sekolah kajian juga rendah. Muir (2011), keahlian forum menambahkan ikatan, jambatan dan hubungan modal sosial ahli-ahlinya dan muncul untuk meningkatkan hubungan komuniti.

Kendall's tau_b (τ_b) aras signifikan ialah kurang daripada 0.01 ($p < 0.01$), korelasi ini adalah signifikan, oleh itu hipotesis null (tiada perkaitan/*association*) boleh ditolak bahawa terdapat satu pertalian antara hubungan sosial dengan dimensi modal sosial pelajar sekolah kajian. Korelasi adalah positif, pelajar sekolah kajian yang mempunyai hubungan sosial yang lebih tinggi umumnya mempunyai nilai dimensi modal sosial yang tinggi dan sebaliknya jika hubungan sosial pelajar sekolah kajian adalah rendah, nilai dimensi modal sosial pelajar sekolah kajian juga rendah. Macke dan Dilly (2010), modal sosial merapatkan membenarkan manusia untuk menyatukan dua pendekatan iaitu yang hanya mempertimbangkan hubungan sosial melintang (mendatar) dan yang satu satu lagi ialah meliputi hubungan kuasa.

Kendall's tau_b (τ_b) aras signifikan ialah kurang daripada 0.01 ($p < 0.01$), korelasi ini adalah signifikan, oleh itu hipotesis null (tiada perkaitan/*association*) boleh ditolak bahawa terdapat satu pertalian antara hubungan sosial dengan ikatan kuat pelajar sekolah kajian. Korelasi adalah positif, pelajar sekolah kajian yang mempunyai hubungan sosial yang lebih tinggi umumnya mempunyai nilai ikatan kuat yang tinggi dan sebaliknya jika hubungan sosial pelajar sekolah kajian adalah rendah, nilai ikatan kuat pelajar sekolah kajian juga rendah. Livinggood et al. (n.d.), menyatakan di Jacksonville, Duval County Health Department (DCHD) telah diminta untuk mengadakan NEF-HIC kerana ikatan kuat agensi dan kepimpinan yang dihormati dikalangan pihak-pihak berkepentingan masyarakat termasuk majikan, syarikat insuran, dan pembekal. Pengarah dan banyak kakitangan DCHD mempunyai rekod yang banyak dalam bekerja dengan organisasi yang lain berkhidmat dalam lembaga yang mengawal mereka, membantu mereka dalam pembangunan geran, menyokong aktiviti-aktiviti kerja mereka dan mengambil bahagian dalam projek-projek bersama dengan mereka.

Kendall's tau_b (τ_b) aras signifikan ialah kurang daripada 0.01 ($p < 0.01$), korelasi ini adalah signifikan, oleh itu hipotesis null (tiada perkaitan/*association*) boleh ditolak bahawa terdapat satu pertalian antara hubungan sosial dengan ikatan lemah pelajar sekolah kajian. Korelasi adalah positif, pelajar sekolah kajian yang mempunyai hubungan sosial yang lebih tinggi umumnya mempunyai nilai ikatan lemah yang tinggi dan sebaliknya jika hubungan sosial pelajar sekolah kajian adalah rendah, nilai ikatan lemah pelajar sekolah kajian juga rendah. Villanueva-Felez dan Molas-Gallart (2011), persahabatan adalah secara positif berkaitan dengan akses kepada maklumat baru (maklumat mengenai peristiwa-peristiwa dalam persekitaran seperti kemunculan teknologi, inovasi dan lain-lain perubahan penting) apabila rakan kongsi ialah dari sfera institusi berbeza iaitu firma dan organisasi kerajaan.

Kendall's tau_b (τ_b) aras signifikan ialah kurang daripada 0.01 ($p < 0.01$), korelasi ini adalah signifikan, oleh itu hipotesis null (tiada perkaitan/*association*) boleh ditolak bahawa terdapat satu pertalian antara hubungan sosial dengan nod pelajar sekolah kajian. Korelasi adalah positif, pelajar sekolah kajian yang mempunyai hubungan sosial yang lebih tinggi umumnya mempunyai nilai nod yang tinggi dan sebaliknya jika hubungan sosial pelajar sekolah kajian adalah rendah, nilai nod pelajar sekolah kajian juga rendah. Considine dan Lewis (2007), menyatakan bahawa dalam rangkaian sosial, corak titik sambungan kepada orang yang adalah bergantung pada pertukaran dengan yang lain-lain untuk memperoleh maklumat dan kepada siapa yang mempunyai autonomi dan boleh menjalankan kawalan sebagai hasil kedudukan rangkaian mereka. Nilai ikatan ialah secara rapat sejajar dengan jarak, dan apa yang boleh dicapai melalui menggunakan ikatan ini untuk dekat dengan yang lain, bergantung pada sumber-sumber bahawa yang lain-lain ada dan adalah mampu untuk berkongsi. Memetakan rangkaian bagi mendapatkan maklumat yang menghubungkan individu-individu ke dalam hubungan yang adalah penting dalam memetakan laluan inovasi memerlukan meminta orang untuk menyenaraikan orang lain yang penting yang mereka berinteraksi berkenaan dengan beberapa pusat sumber (nasihat, maklumat dan sebagainya).

Kendall's tau_b (τ_b) aras signifikan ialah kurang daripada 0.01 ($p < 0.01$), korelasi ini adalah signifikan, oleh itu hipotesis null (tiada perkaitan/*association*) boleh ditolak bahawa terdapat satu pertalian antara interaksi sosial dengan autoriti sosial pelajar sekolah kajian. Korelasi adalah positif, pelajar sekolah kajian yang mempunyai interaksi sosial yang lebih tinggi umumnya mempunyai nilai autoriti sosial yang tinggi dan sebaliknya jika interaksi sosial pelajar sekolah kajian adalah rendah, nilai autoriti sosial pelajar sekolah kajian juga rendah. Greenan dan Walkowiak (2004), ada hubungan antara interaksi sosial dan produktif yang memandu hubungan antara penggunaan IT dan ciri-ciri organisasi inovatif dalam stesen kerja.

Kendall's tau_b (τ_b) aras signifikan ialah kurang daripada 0.01 ($p < 0.01$), korelasi ini adalah signifikan, oleh itu hipotesis null (tiada perkaitan/*association*) boleh ditolak bahawa terdapat satu pertalian antara interaksi sosial dengan peranan sosial pelajar sekolah kajian. Korelasi adalah positif, pelajar sekolah kajian yang mempunyai interaksi sosial yang lebih tinggi umumnya mempunyai nilai peranan sosial yang tinggi dan sebaliknya jika interaksi sosial pelajar sekolah kajian adalah rendah, nilai peranan sosial pelajar sekolah kajian juga rendah. Hackman dan Morris (n.d.), interaksi boleh berfungsi untuk meningkatkan tahap usaha ahli-ahli memilih untuk digunakan pada kerja (tugas).

Kendall's tau_b (τ_b) aras signifikan ialah kurang daripada 0.01 ($p < 0.01$), korelasi ini adalah signifikan, oleh itu hipotesis null (tiada perkaitan/*association*) boleh ditolak bahawa terdapat satu pertalian antara interaksi sosial dengan status sosial pelajar sekolah kajian. Korelasi adalah positif, pelajar sekolah kajian yang mempunyai interaksi sosial yang lebih tinggi umumnya mempunyai nilai status sosial yang tinggi dan sebaliknya jika interaksi sosial pelajar sekolah kajian adalah rendah, nilai status sosial pelajar sekolah kajian juga rendah. Gagliarducci dan Paserman (2012), hasil ini boleh digunakan untuk memahami dinamik gender dalam persekitaran berhierarki yang lain yang arena politik perbandaran berkongsi banyak ciri-ciri. Sebagai contohnya, dalam syarikat-syarikat, CEO adalah diundi oleh pemegang saham dan ialah dilantik untuk menjalankan syarikat untuk tempoh masa yang terbatas bersama-sama dengan lembaga pengarah, yang menyerupai sebuah majlis perbandaran dalam saiz dan dinamik.

Kendall's tau_b (τ_b) aras signifikan ialah kurang daripada 0.01 ($p < 0.01$), korelasi ini adalah signifikan, oleh itu hipotesis null (tiada perkaitan/*association*) boleh ditolak bahawa terdapat satu pertalian antara interaksi sosial dengan entropi sosial pelajar sekolah kajian. Korelasi adalah positif, pelajar sekolah kajian yang mempunyai interaksi sosial yang lebih tinggi umumnya mempunyai nilai entropi sosial yang tinggi dan sebaliknya jika interaksi sosial pelajar sekolah kajian adalah rendah, nilai entropi sosial pelajar sekolah kajian juga rendah. Knight dan Godfrey (1993), dalam keadaan tiada alkohol, kemahiran sosial tertinggi adalah berkait secara negatif dengan kepercayaan bahawa alkohol mengurangkan ketegangan dan mengurangkan ketakutan dalam penilaian negatif.

Kendall's tau_b (τ_b) aras signifikan ialah kurang daripada 0.01 ($p < 0.01$), korelasi ini adalah signifikan, oleh itu hipotesis null (tiada perkaitan/*association*) boleh ditolak bahawa terdapat satu pertalian antara interaksi sosial dengan bentuk modal sosial pelajar sekolah kajian. Korelasi adalah positif, pelajar sekolah kajian yang mempunyai interaksi sosial yang lebih tinggi umumnya mempunyai nilai bentuk modal sosial yang tinggi dan sebaliknya jika interaksi sosial pelajar sekolah kajian adalah rendah, nilai bentuk modal sosial pelajar sekolah kajian juga rendah. Beugelsdijk dan Smulders (2003), peserta yang kenal antara satu sama lain dari rangkaian yang sama menghalang tingkah laku oportunistik mereka terhadap satu sama lain untuk mengekalkan reputasi dalam kumpulan dan untuk mengelakkan pemulauan atau bentuk hukuman lebih ringan. Tahap yang lebih tinggi ikatan modal sosial adalah oleh itu cenderung untuk bersama-sama dengan kadar yang lebih rendah dalam pertumbuhan ekonomi kerana menghabiskan masa dengan keluarga dan rakan akrab yang datang pada kos bekerja dan masa pembelajaran.

Kendall's tau_b (τ_b) aras signifikan ialah kurang daripada 0.01 ($p < 0.01$), korelasi ini adalah signifikan, oleh itu hipotesis null (tiada perkaitan/*association*) boleh ditolak bahawa terdapat satu

pertalian antara interaksi sosial dengan dimensi modal sosial pelajar sekolah kajian. Korelasi adalah positif, pelajar sekolah kajian yang mempunyai interaksi sosial yang lebih tinggi umumnya mempunyai nilai dimensi modal sosial yang tinggi dan sebaliknya jika interaksi sosial pelajar sekolah kajian adalah rendah, nilai dimensi modal sosial pelajar sekolah kajian juga rendah. Jicha et al. (2011), mendapati bahawa keahlian persatuan dan umur adalah dua peramal terkuat sementara kepercayaan interpersonal, gender dan status perkahwinan adalah penting. Hasil analisis mendedahkan bahawa tidak terdapat kesan langsung yang signifikan antara keahlian persatuan dan kepercayaan interpersonal, mencadangkan bahawa dua dimensi modal sosial mungkin pemboleh ubah bebas, namun pengaruh yang melengkapi. Kajian ini mengeluarkan satu faktor yang mempengaruhi penyertaan rakyat dalam bentuk "sivik" dalam tindakan kolektif di satu kawasan maju dari bahagian dunia, sementara menunjukkan sifat pelbagai dimensi dalam modal sosial.

Kendall's tau_b (τ_b) aras signifikan ialah kurang daripada 0.01 ($p < 0.01$), korelasi ini adalah signifikan, oleh itu hipotesis null (tiada perkaitan/*association*) boleh ditolak bahawa terdapat satu pertalian antara interaksi sosial dengan ikatan kuat pelajar sekolah kajian. Korelasi adalah positif, pelajar sekolah kajian yang mempunyai interaksi sosial yang lebih tinggi umumnya mempunyai nilai ikatan kuat yang tinggi dan sebaliknya jika interaksi sosial pelajar sekolah kajian adalah rendah, nilai ikatan kuat pelajar sekolah kajian juga rendah. Reagans (2011), hasil kajian menunjukkan nilai dalam mempertimbangkan bagaimana persamaan sosial dan keakraban menyumbang kepada ikatan kuat secara bebas dan apabila digabungkan dengan satu sama lain.

Kendall's tau_b (τ_b) aras signifikan ialah kurang daripada 0.01 ($p < 0.01$), korelasi ini adalah signifikan, oleh itu hipotesis null (tiada perkaitan/*association*) boleh ditolak bahawa terdapat satu pertalian antara interaksi sosial dengan nod pelajar sekolah kajian. Korelasi adalah positif, pelajar sekolah kajian yang mempunyai interaksi sosial yang lebih tinggi umumnya mempunyai nilai nod yang tinggi dan sebaliknya jika interaksi sosial pelajar sekolah kajian adalah rendah, nilai nod pelajar sekolah kajian juga rendah. Pow et al. (2012), kaedah analisis rangkaian sosial ialah ditemui memberi pandangan lebih besar dalam situasi sosial melibatkan interaksi antara individu dan mempunyai aplikasi khusus kepada kajian dalam interaksi antara jururawat dan antara jururawat dan pesakit serta aktor-aktor yang lain. Shen (2013), perbezaan keaktifan aktor sosial, pemilihan, dan penciptaan fakta dikongsi boleh mengubah corak interaksi dan selanjutnya membina semula struktur sosial.

Kendall's tau_b (τ_b) aras signifikan ialah kurang daripada 0.01 ($p < 0.01$), korelasi ini adalah signifikan, oleh itu hipotesis null (tiada perkaitan/*association*) boleh ditolak bahawa terdapat satu pertalian antara agregat sosial dengan peranan sosial pelajar sekolah kajian. Korelasi adalah positif, pelajar sekolah kajian yang mempunyai agregat sosial yang lebih tinggi umumnya mempunyai nilai peranan sosial yang tinggi dan sebaliknya jika agregat sosial pelajar sekolah kajian adalah rendah, nilai peranan sosial pelajar sekolah kajian juga rendah. Hond (2007), teras utama dalam aktivisme ialah untuk menjejaskan kestabilan kerangka bidang semasa, tetapi ini memberi kumpulan radikal sedikit pengaruh ke atas keseluruhan arah pembangunan perubahan aktiviti sosial korporat di peringkat lapangan.

Kendall's tau_b (τ_b) aras signifikan ialah kurang daripada 0.01 ($p < 0.01$), korelasi ini adalah signifikan, oleh itu hipotesis null (tiada perkaitan/*association*) boleh ditolak bahawa terdapat satu pertalian antara agregat sosial dengan status sosial pelajar sekolah kajian. Korelasi adalah positif, pelajar sekolah kajian yang mempunyai agregat sosial yang lebih tinggi umumnya mempunyai nilai status sosial yang tinggi dan sebaliknya jika agregat sosial pelajar sekolah kajian adalah rendah, nilai status sosial pelajar sekolah kajian juga rendah. Cheng dan Tracy (n.d.), menggunakan pendekatan pelbagai-kaedah di mana kedudukan sosial adalah dioperasionalisasikan persepsi rakan sebaya dalam makmal dan persepsi peninjau luar tentang pengaruh sosial, serta sebenar, pengaruh tingkah laku ke atas pembuatan-keputusan dalam satu tugas kerjasama. Kajian menunjukkan bahawa individu tinggi dalam Penguasaan dan tinggi dalam Prestij (sebagaimana dikadarkan melalui rakan sebayadalam makmal dan peninjau di luar) cenderung untuk menerima pengaruh lebih besar semasa tugas kumpulan.

Kendall's tau_b (τ_b) aras signifikan ialah kurang daripada 0.01 ($p < 0.01$), korelasi ini adalah signifikan, oleh itu hipotesis null (tiada perkaitan/*association*) boleh ditolak bahawa terdapat satu pertalian antara agregat sosial dengan norma sosial pelajar sekolah kajian. Korelasi adalah positif, pelajar sekolah kajian yang mempunyai agregat sosial yang lebih tinggi umumnya mempunyai nilai norma sosial yang tinggi dan sebaliknya jika agregat sosial pelajar sekolah kajian adalah rendah, nilai norma sosial pelajar sekolah kajian juga rendah. Dudte (2008), keputusan kurang signifikan bagi bukti untuk kekuatan norma gender dan daya tahan pada pengaruh sosial.

Kendall's tau_b (τ_b) aras signifikan ialah kurang daripada 0.01 ($p < 0.01$), korelasi ini adalah signifikan, oleh itu hipotesis null (tiada perkaitan/*association*) boleh ditolak bahawa terdapat satu pertalian antara agregat sosial dengan bentuk modal sosial pelajar sekolah kajian. Korelasi adalah positif, pelajar sekolah kajian yang mempunyai agregat sosial yang lebih tinggi umumnya mempunyai nilai bentuk modal sosial yang tinggi dan sebaliknya jika agregat sosial pelajar sekolah kajian adalah rendah, nilai bentuk modal sosial pelajar sekolah kajian juga rendah. Beyer (2003), pendekatan kualitatif dalam kajian telah menunjukkan sedikit perbezaan dalam makna dalam setiap pemahaman wanita tentang apa makna feminisme dan mendedahkan hubungan berulang dengan potensi antara kesedaran feminis individu dan modal sosial.

Kendall's tau_b (τ_b) aras signifikan ialah kurang daripada 0.01 ($p < 0.01$), korelasi ini adalah signifikan, oleh itu hipotesis null (tiada perkaitan/*association*) boleh ditolak bahawa terdapat satu pertalian antara agregat sosial dengan dimensi modal sosial pelajar sekolah kajian. Korelasi adalah positif, pelajar sekolah kajian yang mempunyai agregat sosial yang lebih tinggi umumnya mempunyai nilai dimensi modal sosial yang tinggi dan sebaliknya jika agregat sosial pelajar sekolah kajian adalah rendah, nilai dimensi modal sosial pelajar sekolah kajian juga rendah. Rankin (2002), Bourdieu mengembangkan pemahaman tentang modal untuk merangkumi bentuk simbolik (termasuk norma budaya dikongsi dan rangkaian sosial) memudahkan satu analisis eksploitasi amalan budaya dan sosial. Fahaman beliau tentang "amalan ekonomi" ialah bertujuan untuk menjelaskan dimensi ideologikal modal sosial dn mod penguasaan yang wujud dalam beberapa bentuk timbal balik dan persatuan.

Kendall's tau_b (τ_b) aras signifikan ialah kurang daripada 0.01 ($p < 0.01$), korelasi ini adalah signifikan, oleh itu hipotesis null (tiada perkaitan/*association*) boleh ditolak bahawa terdapat satu pertalian antara agregat sosial dengan ikatan kuat pelajar sekolah kajian. Korelasi adalah positif, pelajar sekolah kajian yang mempunyai agregat sosial yang lebih tinggi umumnya mempunyai nilai ikatan kuat yang tinggi dan sebaliknya jika agregat sosial pelajar sekolah kajian adalah rendah, nilai ikatan kuat pelajar sekolah kajian juga rendah. Carpenter, Esterling dan Lazer (2003), kerana permintaan bersama untuk pertambahan maklumat, kumpulan kepentingan meletakkan keutamaan yang lebih pada mewujudkan ikatan kuat, walaupun ketika mengawal ciri-ciri organisasi seperti budget, keupayaan mobilisasi dan umur organisasi.

Kendall's tau_b (τ_b) aras signifikan ialah kurang daripada 0.01 ($p < 0.01$), korelasi ini adalah signifikan, oleh itu hipotesis null (tiada perkaitan/*association*) boleh ditolak bahawa terdapat satu pertalian antara agregat sosial dengan ikatan lemah pelajar sekolah kajian. Korelasi adalah positif, pelajar sekolah kajian yang mempunyai agregat sosial yang lebih tinggi umumnya mempunyai nilai ikatan lemah yang tinggi dan sebaliknya jika agregat sosial pelajar sekolah kajian adalah rendah, nilai ikatan lemah pelajar sekolah kajian juga rendah. Forsyth (2012) dalam Group Dynamics, hubungan yang lemah sebaliknya menyambung individu yang tidak mengenali antara satu sama lain dan kurang kesamaan. Akibatnya, ia menyediakan banyak jenis berbeza dalam maklumat yang Granovetter gambarkan dengan contoh pencarian pekerjaan. Beliau mendapati bahawa ramai orang mencari pekerjaan mempelajari bahawa jawatan tidak dari rakan-rakan rapat mereka tetapi dari kenalan biasa sahaja.

Kendall's tau_b (τ_b) aras signifikan ialah kurang daripada 0.01 ($p < 0.01$), korelasi ini adalah signifikan, oleh itu hipotesis null (tiada perkaitan/*association*) boleh ditolak bahawa terdapat satu pertalian antara agregat sosial dengan nod pelajar sekolah kajian. Korelasi adalah positif, pelajar sekolah kajian yang mempunyai agregat sosial yang lebih tinggi umumnya mempunyai nilai nod yang tinggi dan sebaliknya jika agregat sosial pelajar sekolah kajian adalah rendah, nilai nod pelajar sekolah kajian juga rendah. Hui dan Buchegger (n.d.), hubungan sebab dan akibat dalam satu cara bermakna pengaruh sosial oleh rakan-rakan yang membawa kepada individu untuk menyertai kumpulan, dengan cara yang lain ia akan bermakna keahlian kumpulan tersebut membawa kepada hubungan sosial dengan ahli-ahli kumpulan yang lain. Dalam kedua-dua tafsiran, ia ialah tentang hubungan antara ikatan sosial dan kepentingan peribadi.

Kendall's tau_b (τ_b) aras signifikan ialah kurang daripada 0.01 ($p < 0.01$), korelasi ini adalah signifikan, oleh itu hipotesis null (tiada perkaitan/*association*) boleh ditolak bahawa terdapat satu pertalian antara autoriti sosial dengan status sosial pelajar sekolah kajian. Korelasi adalah positif, pelajar sekolah kajian yang mempunyai autoriti sosial yang lebih tinggi umumnya mempunyai nilai status sosial yang tinggi dan sebaliknya jika autoriti sosial pelajar sekolah kajian adalah rendah, nilai status sosial pelajar sekolah kajian juga rendah. Yuter (2011), orang yang menjadi penarik (attractors) yang mempengaruhi pembentukan dan perpaduan/kesepaduan yang berterusan dalam Community of Practice (CoP) dan memelihara satu tekanan dinamik dalam hubungan antara CoP dan hierarki pentadbirannya.

Kendall's tau_b (τ_b) aras signifikan ialah kurang daripada 0.01 ($p < 0.01$), korelasi ini adalah signifikan, oleh itu hipotesis null (tiada perkaitan/*association*) boleh ditolak bahawa terdapat satu pertalian antara autoriti sosial dengan norma sosial pelajar sekolah kajian. Korelasi adalah positif, pelajar sekolah kajian yang mempunyai autoriti sosial yang lebih tinggi umumnya mempunyai nilai norma sosial yang tinggi dan sebaliknya jika autoriti sosial pelajar sekolah kajian adalah rendah, nilai norma sosial pelajar sekolah kajian juga rendah. Thien (2005), peraturan seni bina beroperasi secara tersembunyi dan tidak mungkin dianggap sebagai tindakan kerajaan. Peraturan seni bina membolehkan kerajaan untuk membentuk tindakan tanpa menganggap bahawa pengalaman individu telah sengaja dibentuk, mengakibatkan kehilangan agensi moral. Disebabkan norma adalah sering kali keluaran dari pengalaman sosial dengan teknologi baru dan perbincangan berkenaan teknologi baru, peraturan seni bina menimbulkan bahaya bahawa kerajaan boleh menganggu perkembangan norma perlembagaan seperti privasi.

Kendall's tau_b (τ_b) aras signifikan ialah kurang daripada 0.01 ($p < 0.01$), korelasi ini adalah signifikan, oleh itu hipotesis null (tiada perkaitan/*association*) boleh ditolak bahawa terdapat satu pertalian antara autoriti sosial dengan entropi sosial pelajar sekolah kajian. Korelasi adalah positif, pelajar sekolah kajian yang mempunyai autoriti sosial yang lebih tinggi umumnya mempunyai nilai entropi sosial yang tinggi dan sebaliknya jika autoriti sosial pelajar sekolah kajian adalah rendah, nilai entropi sosial pelajar sekolah kajian juga rendah. Clauset et al. (n.d.), pengetahuan tentang struktur hierarki boleh digunakan untuk meramal sambungan terputus dalam rangkaian sebahagiannya dikenali dengan ketepatan yang tinggi, dan struktur rangkaian yang lebih umum daripada teknik bersaing.

Kendall's tau_b (τ_b) aras signifikan ialah kurang daripada 0.01 ($p < 0.01$), korelasi ini adalah signifikan, oleh itu hipotesis null (tiada perkaitan/*association*) boleh ditolak bahawa terdapat satu pertalian antara autoriti sosial dengan bentuk modal sosial pelajar sekolah kajian. Korelasi adalah positif, pelajar sekolah kajian yang mempunyai autoriti sosial yang lebih tinggi umumnya mempunyai nilai bentuk modal sosial yang tinggi dan sebaliknya jika autoriti sosial pelajar sekolah kajian adalah rendah, nilai bentuk modal sosial pelajar sekolah kajian juga rendah. Waldstrom (n.d.), bidang antara modal sosial dalam individu dan modal sosial organisasi kurang kesejajaran khususnya teori modal sosial jambatan.

Kendall's tau_b (τ_b) aras signifikan ialah kurang daripada 0.01 ($p < 0.01$), korelasi ini adalah signifikan, oleh itu hipotesis null (tiada perkaitan/*association*) boleh ditolak bahawa terdapat satu pertalian antara autoriti sosial dengan dimensi modal sosial pelajar sekolah kajian. Korelasi adalah positif, pelajar sekolah kajian yang mempunyai autoriti sosial yang lebih tinggi umumnya mempunyai nilai dimensi modal sosial yang tinggi dan sebaliknya jika autoriti sosial pelajar sekolah kajian adalah rendah, nilai dimensi modal sosial pelajar sekolah kajian juga rendah. Farzianpour et al. (2011), memetik Yahya et al. (2009) bahawa melalui pengenal pastian dalam dimensi modal sosial, organisasi memperolehi pemahaman lebih baik dalam pola interpersonal dan interaksi kumpulan dan demikian, mereka boleh menggunakan ia untuk memimpin sistem organisasi mereka dalam cara yang lebih cekap.

Kendall's tau_b (τ_b) aras signifikan ialah kurang daripada 0.01 ($p < 0.01$), korelasi ini adalah signifikan, oleh itu hipotesis null (tiada perkaitan/*association*) boleh ditolak bahawa terdapat satu pertalian antara autoriti sosial dengan ikatan kuat pelajar sekolah kajian. Korelasi adalah positif, pelajar sekolah kajian yang mempunyai autoriti sosial yang lebih tinggi umumnya mempunyai nilai ikatan kuat yang tinggi dan sebaliknya jika autoriti sosial pelajar sekolah kajian adalah rendah, nilai ikatan kuat pelajar sekolah kajian juga rendah. Nelson (1989), hasil kajian menunjukkan bahawa organisasi adalah dicirikan oleh bilangan yang lebih tinggi dalam ikatan kuat antara kumpulan, diukur sebagai hubungan yang kerap, daripada organisasi tinggi-konflik.

Kendall's tau_b (τ_b) aras signifikan ialah kurang daripada 0.01 ($p < 0.01$), korelasi ini adalah signifikan, oleh itu hipotesis null (tiada perkaitan/*association*) boleh ditolak bahawa terdapat satu pertalian antara autoriti sosial dengan ikatan lemah pelajar sekolah kajian. Korelasi adalah positif, pelajar sekolah kajian yang mempunyai autoriti sosial yang lebih tinggi umumnya mempunyai nilai ikatan lemah yang tinggi dan sebaliknya jika autoriti sosial pelajar sekolah kajian adalah rendah, nilai ikatan lemah pelajar sekolah kajian juga rendah. Paul (2008), peraturan menetapkan jangkaan yang boleh dipercayai untuk kedua-dua pelanggan dan institusi kewangan dan memastikan bahawa ulasan yang positif institusi demikian akan dihantar melalui ikatan lemah.

Kendall's tau_b (τ_b) aras signifikan ialah kurang daripada 0.01 ($p < 0.01$), korelasi ini adalah signifikan, oleh itu hipotesis null (tiada perkaitan/*association*) boleh ditolak bahawa terdapat satu pertalian antara autoriti sosial dengan nod pelajar sekolah kajian. Korelasi adalah positif, pelajar sekolah kajian yang mempunyai autoriti sosial yang lebih tinggi umumnya mempunyai nilai nod yang tinggi dan sebaliknya jika autoriti sosial pelajar sekolah kajian adalah rendah, nilai nod pelajar sekolah kajian juga rendah. Akhtar (2011), cara baru dalam peraturan yang melibatkan aktor bukan-negara dan cara kurang birokrasi dalam melaksanakan peraturan perlu diteroka. Peraturan de-berpusat menawarkan satu cara berbeza dalam mendekati peraturan. Pendekatan baru ini boleh membantu penggubal dasar dan rakan pembangunan dalam reka bentuk pendekatan kawal selia dalam sistem penjagaan kesihatan yang dikomersialkan dengan satu fokus pada pertukaran maklumat dan kawalan piawai kualiti.

Kendall's tau_b (τ_b) aras signifikan ialah kurang daripada 0.01 ($p < 0.01$), korelasi ini adalah signifikan, oleh itu hipotesis null (tiada perkaitan/*association*) boleh ditolak bahawa terdapat satu pertalian antara peranan sosial dengan norma sosial pelajar sekolah kajian. Korelasi adalah positif, pelajar sekolah kajian yang mempunyai peranan sosial yang lebih tinggi umumnya mempunyai nilai norma sosial yang tinggi dan sebaliknya jika peranan sosial pelajar sekolah kajian adalah rendah, nilai norma sosial pelajar sekolah kajian juga rendah. Giannetti dan Simonov (2004), bukti-bukti menunjukkan bahawa di mana kebudayaan membuat aktiviti keusahawanan menarik, lebih ramai individu menjadi usahawn walaupun keuntungan keusahawanan adalah rendah.

Kendall's tau_b (τ_b) aras signifikan ialah kurang daripada 0.01 ($p < 0.01$), korelasi ini adalah signifikan, oleh itu hipotesis null (tiada perkaitan/*association*) boleh ditolak bahawa terdapat satu pertalian antara peranan sosial dengan entropi sosial pelajar sekolah kajian. Korelasi adalah positif, pelajar sekolah kajian yang mempunyai peranan sosial yang lebih tinggi umumnya mempunyai nilai entropi sosial yang tinggi dan sebaliknya jika peranan sosial pelajar sekolah kajian adalah rendah, nilai entropi sosial pelajar sekolah kajian juga rendah. Turrel dan Van-Helten (1987), semasa lingkungan yang luas kepentingan global dan kawalan perkongsian ialah di tengah-tengah deskripsi Chapman dalam satu kumpulan pelaburan, konsepnya adalah menjadi lemah melalui fakta bahawa dalam contohnya terdapat sedikit analysis struktur perniagaan, strategi dan lokasi kawalan kumpulan.

Kendall's tau_b (τ_b) aras signifikan ialah kurang daripada 0.01 ($p < 0.01$), korelasi ini adalah signifikan, oleh itu hipotesis null (tiada perkaitan/*association*) boleh ditolak bahawa terdapat satu pertalian antara peranan sosial dengan bentuk modal sosial pelajar sekolah kajian. Korelasi adalah positif, pelajar sekolah kajian yang mempunyai peranan sosial yang lebih tinggi umumnya mempunyai nilai bentuk modal sosial yang tinggi dan sebaliknya jika peranan sosial pelajar sekolah kajian adalah rendah, nilai bentuk modal sosial pelajar sekolah kajian juga rendah. Klyza et al. (2004), kumpulan-kumpulan alam sekitar tempatan menjana linkungan lebih luas dalam rangkaian, khususnya sepanjang bentuk modal sosial jambatan dan hubungan.

Kendall's tau_b (τ_b) aras signifikan ialah kurang daripada 0.01 ($p < 0.01$), korelasi ini adalah signifikan, oleh itu hipotesis null (tiada perkaitan/*association*) boleh ditolak bahawa terdapat satu pertalian antara peranan sosial dengan dimensi modal sosial pelajar sekolah kajian. Korelasi adalah positif, pelajar sekolah kajian yang mempunyai peranan sosial yang lebih tinggi umumnya mempunyai nilai dimensi modal sosial yang tinggi dan sebaliknya jika peranan sosial pelajar sekolah kajian adalah rendah, nilai dimensi modal sosial pelajar sekolah kajian juga rendah. Stone (2001), walaupun item-item penyertaan sosial formal, aktiviti ruang awam dan aktiviti kumpulan adalah berkaitan dengan proaktiviti politik, ukuran hubungan berasaskan bukan-kumpulan tidak perlu berkenaan politik untuk memberitahu pemahaman manusia dalam modal sosial, dan mungkin disesuaikan dengan matlamat kajian terdahulu.

Kendall's tau_b (τ_b) aras signifikan ialah kurang daripada 0.01 ($p < 0.01$), korelasi ini adalah signifikan, oleh itu hipotesis null (tiada perkaitan/*association*) boleh ditolak bahawa terdapat satu pertalian antara peranan sosial dengan ikatan kuat pelajar sekolah kajian. Korelasi adalah positif, pelajar sekolah kajian yang mempunyai peranan sosial yang lebih tinggi umumnya mempunyai nilai ikatan kuat yang tinggi dan sebaliknya jika peranan sosial pelajar sekolah kajian adalah rendah, nilai ikatan kuat pelajar sekolah kajian juga rendah. Hirschi (1969), jenis ketiga ikatan sosial iaitu penglibatan berkaitan dengan kos peluang yang berkaitan dengan bagaimana manusia menghabiskan masa mereka. Sebagai contohnya, belia yang banyak terlibat dalam aktiviti-aktiviti berkaitan sekolah yang sah sama ada secara akademik, secara sosial atau secara athletically tidak akan menghabiskan masa untuk merosakkan harta benda, mencuri benda-benda yang bukan dipunyai oleh mereka dan sebagainya.

Kendall's tau_b (τ_b) aras signifikan ialah kurang daripada 0.01 ($p < 0.01$), korelasi ini adalah signifikan, oleh itu hipotesis null (tiada perkaitan/*association*) boleh ditolak bahawa terdapat satu pertalian antara peranan sosial dengan ikatan lemah pelajar sekolah kajian. Korelasi adalah positif, pelajar sekolah kajian yang mempunyai peranan sosial yang lebih tinggi umumnya mempunyai nilai ikatan lemah yang tinggi dan sebaliknya jika peranan sosial pelajar sekolah kajian adalah rendah, nilai ikatan lemah pelajar sekolah kajian juga rendah. Kavanaugh et al. (n.d.), bukti daripada data tinjauan isi rumah berstrata di Blackburg, Virginia menunjukkan bahawa individu dengan ikatan lemah (modal sosial jambatan) merentasi kumpulan mempunyai tahap lebih tinggi dalam penglibatan komuniti, kepentingan sivik dan kecekapan kolektif daripada individu yang tidak mempunyai ikatan lemah dalam kumpulan.

Kendall's tau_b (τ_b) aras signifikan ialah kurang daripada 0.01 ($p < 0.01$), korelasi ini adalah signifikan, oleh itu hipotesis null (tiada perkaitan/*association*) boleh ditolak bahawa terdapat satu pertalian antara peranan sosial dengan nod pelajar sekolah kajian. Korelasi adalah positif, pelajar sekolah kajian yang mempunyai peranan sosial yang lebih tinggi umumnya mempunyai nilai nod yang tinggi dan sebaliknya jika peranan sosial pelajar sekolah kajian adalah rendah, nilai nod pelajar sekolah kajian juga rendah. Denize et al. (n.d.), model Actors, Activities, Resources (AAR) dicadangkan untuk membuat jelas dimensi aktiviti, sumber dan aktor dalam pertukaran maklumat dan saling menggabungkan antara satu sama lain dalam tiga pendirian definisi yang adalah digunakan dalam kesusasteraan yang ada.

Kendall's tau_b (τ_b) aras signifikan ialah kurang daripada 0.01 ($p < 0.01$), korelasi ini adalah signifikan, oleh itu hipotesis null (tiada perkaitan/*association*) boleh ditolak bahawa terdapat satu pertalian antara status sosial dengan entropi sosial pelajar sekolah kajian. Korelasi adalah positif, pelajar sekolah kajian yang mempunyai status sosial yang lebih tinggi umumnya mempunyai nilai entropi sosial yang tinggi dan sebaliknya jika status sosial pelajar sekolah kajian adalah rendah, nilai entropi sosial pelajar sekolah kajian juga rendah. Clauset et al. (n.d.), pengetahuan tentang struktur hierarki boleh digunakan untuk meramal sambungan terputus dalam rangkaian sebahagiannya dikenali dengan ketepatan yang tinggi, dan struktur rangkaian yang lebih umum daripada teknik bersaing.

Kendall's tau_b (τ_b) aras signifikan ialah kurang daripada 0.01 ($p < 0.01$), korelasi ini adalah signifikan, oleh itu hipotesis null (tiada perkaitan/*association*) boleh ditolak bahawa terdapat satu pertalian antara status sosial dengan bentuk modal sosial pelajar sekolah kajian. Korelasi adalah positif, pelajar sekolah kajian yang mempunyai status sosial yang lebih tinggi umumnya mempunyai nilai bentuk modal sosial yang tinggi dan sebaliknya jika status sosial pelajar sekolah kajian adalah rendah, nilai bentuk modal sosial pelajar sekolah kajian juga rendah. Bowles dan Gintis (1976), halangan kepada penyertaan yang wujud untuk pelajar yang mempunyai pencapaian lebih rendah bermakna bahawa aktiviti kurikulum mungkin satu lagi mekanisme yang melaluinya hierarki status disebarkan.

Kendall's tau_b (τ_b) aras signifikan ialah kurang daripada 0.01 ($p < 0.01$), korelasi ini adalah signifikan, oleh itu hipotesis null (tiada perkaitan/*association*) boleh ditolak bahawa terdapat satu pertalian antara status sosial dengan dimensi modal sosial pelajar sekolah kajian. Korelasi adalah positif, pelajar sekolah kajian yang mempunyai status sosial yang lebih tinggi umumnya mempunyai nilai dimensi modal sosial yang tinggi dan sebaliknya jika status sosial pelajar sekolah kajian adalah rendah, nilai dimensi modal sosial pelajar sekolah kajian juga rendah. Rankin (2002), bagi Bourdieu mengembangkan pemahaman modal dengan merangkumi bentuk simbolik (termasuk norma kebudayaan yang dikongsi dan rangkaian sosial) memudahkan analisis tentang dimensi eksploitatif kebudayaan dan amalan sosial. Fahamannya tentang "amalan ekonomi" ialah bertujuan untuk menjelaskan dimensi ideologikal modal sosial dan mod penguasaan yang wujud dalam beberapa bentuk timbal balik dan persatuan. Teori tentang amalan ekonomi dalam menonjolkan peranan tidak hanya berkenaan kepentingan-diri individu tetapi juga kepentingan kelas secara logik (dalam ideologi) tentang timbal balik. Di kalangan yang sama status, pemberian dan tindakan murah hati menyediakan jaminan ekonomi kerana ia boleh memberi pulangan. Di kalangan yang tidak sama status, walau bagaimanapun pemberian dan lain-lain mod timbal balik menjana ikatan yang afektif yang menggelapkan sifat hierarki hubungan sosial.

Kendall's tau_b (τ_b) aras signifikan ialah kurang daripada 0.01 ($p < 0.01$), korelasi ini adalah signifikan, oleh itu hipotesis null (tiada perkaitan/*association*) boleh ditolak bahawa terdapat satu pertalian antara status sosial dengan ikatan kuat pelajar sekolah kajian. Korelasi adalah positif, pelajar sekolah kajian yang mempunyai status sosial yang lebih tinggi umumnya mempunyai nilai ikatan kuat yang tinggi dan sebaliknya jika status sosial pelajar sekolah kajian adalah rendah, nilai ikatan kuat pelajar sekolah kajian juga rendah. Ekcmann dan Moses (n.d.), adalah penting bahawa unit subgraf adalah unit tempatan, seperti hierarki dalam halaman yang berhubung tinggal di alamat web yang sama, dan kelengkungan dalam nod ialah didefinisikan semata-mata tempatan sebagai kepadatan (densiti) dalam ikatan iaitu dalam kejiranan ikatan kuat segera dalam satu nod.

Kendall's tau_b (τ_b) aras signifikan ialah kurang daripada 0.01 ($p < 0.01$), korelasi ini adalah signifikan, oleh itu hipotesis null (tiada perkaitan/*association*) boleh ditolak bahawa terdapat satu pertalian antara status sosial dengan ikatan lemah pelajar sekolah kajian. Korelasi adalah positif, pelajar sekolah kajian yang mempunyai status sosial yang lebih tinggi umumnya mempunyai nilai ikatan lemah yang tinggi dan sebaliknya jika status sosial pelajar sekolah kajian adalah rendah, nilai ikatan lemah pelajar sekolah kajian juga rendah. Carolan dan Natriello (2006), pendedahan kepada idea-idea baru yang datang dari interaksi dengan orang-orang yang adalah ikatan lemah, kerana individu-individu demikian berjalan dalam lingkaran sosial (hierarki sosial) yang berbeza dan demikian mempunyai akses kepada maklumat dan sumber yang orang lain tidak ada.

Kendall's tau_b (τ_b) aras signifikan ialah kurang daripada 0.01 ($p < 0.01$), korelasi ini adalah signifikan, oleh itu hipotesis null (tiada perkaitan/*association*) boleh ditolak bahawa terdapat satu pertalian antara status sosial dengan nod pelajar sekolah kajian. Korelasi adalah positif, pelajar sekolah kajian yang mempunyai status sosial yang lebih tinggi umumnya mempunyai nilai nod yang tinggi dan sebaliknya jika status sosial pelajar sekolah kajian adalah rendah, nilai nod pelajar sekolah kajian juga rendah. Koo dan park (2011), aktor persendirian adalah dibahagikan ke dalam kumpulan melalui analisis komuniti dan dianalisis berasaskan perubahan masa. Keputusan mendedahkan bahawa rangkaian aktor adalah terbina di dalam satu tempoh yang singkat. Aktor persendirian teras adalah bersambung-dengan baik dengan satu sama lain melalui rangkaian polisi dan kelompok-kelompok sementara seperti pameran perdagangan, konvensyen dan seminar. Ini adalah berkaitan dengan hierarki rangkaian aktor persendirian dan struktur teras-pinggir dalam aktor berangkaian. Aktor persendirian boleh memperolehi manfaat daripada kedudukan geografi sementara melalui mobiliti persendirian. Dengan pembangunan pengangkutan dan teknologi komunikasi, mobiliti persendirian telah membolehkan interaksi dengan aktor jauh melalui pertemuan bersemuka dan forum dalam talian. Walaupun kedudukan geografi ialah tidak secara signifikan berkaitan dengan berlakunya kerjasama antara individu, kedudukan seorang aktor dalam rangkaian ialah secara signifikan berkaitan dengan jangkauan geografi mereka. Individu ini dalam kedudukan pusat rangkaian atau dengan bilangan lebih besar dalam hubungan ialah kemungkinan untuk mempunyai jangkauan geografi lebih luas.

Kendall's tau_b (τ_b) aras signifikan ialah kurang daripada 0.01 ($p < 0.01$), korelasi ini adalah signifikan, oleh itu hipotesis null (tiada perkaitan/*association*) boleh ditolak bahawa terdapat satu pertalian antara norma sosial dengan bentuk modal sosial pelajar sekolah kajian. Korelasi adalah positif, pelajar sekolah kajian yang mempunyai norma sosial yang lebih tinggi umumnya mempunyai nilai bentuk modal sosial yang tinggi dan sebaliknya jika norma sosial pelajar sekolah kajian adalah rendah, nilai bentuk modal sosial pelajar sekolah kajian juga rendah. Robison et al. (2000), apabila kumpulan individu membentuk norma kebudayaan tertentuyang telah diterima oleh penduduk, iaitu mereka mempunyai modal kebudayaan, ini kadang-kadang mungkin menggantikan modal sosial peribadi. Apabila seorang mempunyai akses kepada modal kebudayaan yang memberikan mereka jawapan secara jujur dan kembali ke objek yang hilang, individu tersebut tidak perlu bergantung pada bentuk modal sosial peribadi untuk memperoleh akses kepada makumat yang boleh dipercayai dan objek yang hilang. Apabila norma kebudayaan yang memudahkan ini tidak ada, individu-individu mungkin perlu bergantung pada bentuk modal sosial peribadi.

Kendall's tau_b (τ_b) aras signifikan ialah kurang daripada 0.01 ($p < 0.01$), korelasi ini adalah signifikan, oleh itu hipotesis null (tiada perkaitan/*association*) boleh ditolak bahawa terdapat satu pertalian antara norma sosial dengan dimensi modal sosial pelajar sekolah kajian. Korelasi adalah positif, pelajar sekolah kajian yang mempunyai norma sosial yang lebih tinggi umumnya mempunyai nilai dimensi modal sosial yang tinggi dan sebaliknya jika norma sosial pelajar sekolah kajian adalah rendah, nilai dimensi modal sosial pelajar sekolah kajian juga rendah. Woolcock dan Narayan (2000), bukti mencadangkan bahawa dari empat (komunikasi, rangkaian, institusi dan sinergi) dengan penekanan pada menggabungkan tahap yang berbeza dan dimensi modal sosial dan pengiktirafannya dalam hasil positif dan negatif bahawa modal sosial boleh menghasilkan, mempunyai sokongan empirikal terbesar dan meminjam preskripsi (sesuatu yang ditetapkan) dasar koheren.

Kendall's tau_b (τ_b) aras signifikan ialah kurang daripada 0.01 ($p < 0.01$), korelasi ini adalah signifikan, oleh itu hipotesis null (tiada perkaitan/*association*) boleh ditolak bahawa terdapat satu pertalian antara norma sosial dengan ikatan kuat pelajar sekolah kajian. Korelasi adalah positif, pelajar sekolah kajian yang mempunyai norma sosial yang lebih tinggi umumnya mempunyai nilai ikatan kuat yang tinggi dan sebaliknya jika norma sosial pelajar sekolah kajian adalah rendah, nilai ikatan kuat pelajar sekolah kajian juga rendah. James (2009), banyak komuniti dalam talian seperti kelab kebudayaan, mempunyai kod etika yang telah berakar umbi yang adalah disokong oleh ikatan kuat antara peserta. Walau bagaimanapun, pendatang baru bagi komuniti ini dan lain-lain ruang dalam talian mungkin menemui bahawa had yang betul dalam permainan identiti adalah jelas kurang, membuat orang muda terdedah kepada pencerobohan dan kesilapan yang tidak disengajakan. Haythornthwaite (2002), norma yang dibina secara sosial adalah lebih kemungkinan untuk diwujudkan dan dikuatkuasakan oleh mereka yang mempunyai ikatan kuat.

Kendall's tau_b (τ_b) aras signifikan ialah kurang daripada 0.01 ($p < 0.01$), korelasi ini adalah signifikan, oleh itu hipotesis null (tiada perkaitan/*association*) boleh ditolak bahawa terdapat satu pertalian antara norma sosial dengan ikatan lemah pelajar sekolah kajian. Korelasi adalah positif, pelajar sekolah kajian yang mempunyai norma sosial yang lebih tinggi umumnya mempunyai nilai ikatan lemah yang tinggi dan sebaliknya jika norma sosial pelajar sekolah kajian adalah rendah, nilai ikatan lemah pelajar sekolah kajian juga rendah. Haythornthwaite (2002), pasangan yang mempunyai ikatan lemah, dengan motivasi lebih rendah untuk berkomunikasi adalah kemungkinan untuk menjadi lebih pasif dalam hubungan mereka dengan yang lain misalnya, menggunakan satu papan buletin yang ditetapkan dan bukannya mencipta satu yang milik mereka sendiri dan mengikut norma yang ditubuhkan oleh orang lain.

Kendall's tau_b (τ_b) aras signifikan ialah kurang daripada 0.01 ($p < 0.01$), korelasi ini adalah signifikan, oleh itu hipotesis null (tiada perkaitan/*association*) boleh ditolak bahawa terdapat satu pertalian antara norma sosial dengan nod pelajar sekolah kajian. Korelasi adalah positif, pelajar sekolah kajian yang mempunyai norma sosial yang lebih tinggi umumnya mempunyai nilai nod yang tinggi dan sebaliknya jika norma sosial pelajar sekolah kajian adalah rendah, nilai nod pelajar sekolah kajian juga rendah. Kate et al. (2010), aktor yang tinggi dalam keutamaan/pemusatan (*centrality*) boleh bertindak sebagai pemimpin pendapat. Pemimpin pendapat boleh dipertimbangkan sebagai pemimpin tidak formal yang cenderung untuk mempengaruhi yang lain sekeliling mereka. Oleh itu, aktor tersebut boleh berfungsi secara berkesan untuk memaksimumkan pengaruh sosial (yang merujuk kepada norma subjektif) dalam satu rangkaian sosial. Jika seorang aktor ialah hanya merapatkan (merujuk kepada modal sosial jambatan) antara dua sub rangkaian, aktor tersebut bertindak sebagai seorang broker yang boleh naik ke lubang struktur. Ini menunjukkan satu kawalan tertentu dalam norma subjektif kerana ia menunjukkan satu aras kebergantungan seorang aktor kepada komunikasi dengan aktor-aktor yang lain.

Kendall's tau_b (τ_b) aras signifikan ialah kurang daripada 0.01 ($p < 0.01$), korelasi ini adalah signifikan, oleh itu hipotesis null (tiada perkaitan/*association*) boleh ditolak bahawa terdapat satu pertalian antara entropi sosial dengan nod pelajar sekolah kajian. Korelasi adalah positif, pelajar sekolah kajian yang mempunyai entropi sosial yang lebih tinggi umumnya mempunyai nilai nod yang tinggi dan sebaliknya jika entropi sosial pelajar sekolah kajian adalah rendah, nilai nod pelajar sekolah kajian juga rendah. European Commission (2011), pada masa ini wujud hubungan terputus terutama sekali dalam Negara-negara Anggota yang menyertai Kesatuan baru-baru ini, mencipta garis membahagi antara pusat dan pinggir Kesatuan Eropah dan menghadkan akses ke pasaran masing-masing negara anggota. Sambungan Barat dengan kesan penting untuk keupayaan bagi pertumbuhan ekonomi dalam negara-negara di kawasan Eropah dan mobiliti rakyat mereka.

Kendall's tau_b (τ_b) aras signifikan ialah kurang daripada 0.01 ($p < 0.01$), korelasi ini adalah signifikan, oleh itu hipotesis null (tiada perkaitan/*association*) boleh ditolak bahawa terdapat satu pertalian antara dimensi modal sosial dengan ikatan lemah pelajar sekolah kajian. Korelasi adalah positif, pelajar sekolah kajian yang mempunyai dimensi modal sosial yang lebih tinggi umumnya mempunyai nilai ikatan lemah yang tinggi dan sebaliknya jika dimensi modal sosial pelajar sekolah kajian adalah rendah, nilai ikatan lemah pelajar sekolah kajian juga rendah. Jung et al. (2013), ikatan lemah adalah lebih kemungkinan untuk menjadi ikatan modal sosial jambatan, menyambungkan kelompok tersebar, dan adalah lebih kemungkinan untuk menunjukkan akses kepada perspektif dan maklumat baru dan pelbagai yang adalah mercu tanda modal sosial jambatan.

Kendall's tau_b (τ_b) aras signifikan ialah kurang daripada 0.01 ($p < 0.01$), korelasi ini adalah signifikan, oleh itu hipotesis null (tiada perkaitan/*association*) boleh ditolak bahawa terdapat satu pertalian antara dimensi modal sosial dengan nod pelajar sekolah kajian. Korelasi adalah positif, pelajar sekolah kajian yang mempunyai dimensi modal sosial yang lebih tinggi umumnya mempunyai nilai nod yang tinggi dan sebaliknya jika dimensi modal sosial pelajar sekolah kajian adalah rendah, nilai nod pelajar sekolah kajian juga rendah. Macke dan Dilly (2010), analisis tentang dimensi hubungan modal sosial adalah wajar untuk mengesahkan bahawa kandungan yang sangat ditunjukkan dalam hubungan ahli-ahli ialah satu persahabatan formal, diikuti oleh maklumat, pengaruh dan akhirnya kepercayaan.

Kendall's tau_b (τ_b) aras signifikan ialah kurang daripada 0.01 ($p < 0.01$), korelasi ini adalah signifikan, oleh itu hipotesis null (tiada perkaitan/*association*) boleh ditolak bahawa terdapat satu pertalian antara ikatan kuat dengan nod pelajar sekolah kajian. Korelasi adalah positif, pelajar sekolah kajian yang mempunyai ikatan kuat yang lebih tinggi umumnya mempunyai nilai nod yang tinggi dan sebaliknya jika ikatan kuat pelajar sekolah kajian adalah rendah, nilai nod pelajar sekolah kajian juga rendah. Kate et al. (2010), dua aktor yang mempunyai ikatan kuat adalah lebih kemungkinan untuk percaya satu sama lain, pertukaran pengetahuan berlaku lebih kerap dan mempengaruhi satu sama lain dalam satu proses pembuatan keputusan manakala ahli rangkaian boleh juga mempengaruhi pembuat keputusan melalui menggunakan kedudukan rangkaian mereka agar mengawal, mempromosikan atau menghalang maklumat. Aktor yang berkongsi ikatan kuat cenderung untuk mempegaruhi aktor yang lain lebih daripada aktor dalam ikatan lemah, berkongsi pandangan sama, menawarkan aktor lain sokongan emosi yang lain dan membantu dalam masa kecemasan, berkomunikasi secara berkesan berkenaan dengan tugas dan maklumat kompleks (rumit) dan adalah lebih kemungkinan untuk percaya aktor yang lain. Messner dan Baumer (2004), mendapati dua dimensi modal sosial iaitu kepercayaan sosial dan aktivisme sosial menunjukkan perhubungan signifikan dengan kadar pembunuhan, kesan daripada lain-lain pengaruh.

Pengaruh Aktor Individu Dalam Rangkaian (Jaringan dan Kumpulan) Ke atas Pencapaian Pendidikan Pelajar

Pencapaian atau kecemerlangan pelajar dengan kumpulan dan jaringan mempunyai aras signifikan lebih daripada 0.05 ($p > 0.05$). Hipotesis null tidak boleh ditolak dan tidak ada perkaitan antara pencapaian kecemerlangan pelajar dengan kumpulan dan jaringan. Kajian Beaulieu, et. al. (2001), ciri-ciri modal sosial dalam masyarakat menunjukkan bahawa pelajar-pelajar yang tinggal dalam masyarakat dengan sebahagian besar orang dewasa mengundi dan mengambil bahagian yang aktif dalam aktiviti-aktiviti keagamaan adalah lebih cenderung untuk skor yang lebih tinggi pada ujian matematik atau membaca. Kajian Israel, Beaulieu dan Hartless (2001), melibatkan diri dalam kumpulan agama cenderung untuk meningkatkan pencapaian pendidikan belia (bagi gred, manfaat penyertaan dalam kumpulan agama adalah yang terbesar di kawasan bersebelahan metro). Penglibatan dalam kumpulan bukan agama memudahkan pencapaian pendidikan, walaupun manfaat adalah terhad kepada penglibatan dalam dua atau tiga kumpulan (ditunjukkan oleh istilah kuadratik). Kajian Israel dan Beaulieu (2004), melibatkan belia dalam kumpulan agama mempunyai kesan positif. Mengambil peranan kepimpinan mempunyai kesan positif, yang mencadangkan bahawa lebih mendalam hubungan *mentor-protege* adalah perlu bagi pelajar untuk mendapat manfaat. Kajian John (2005), hubungan yang kuat antara prestasi dan purata keanggotaan kumpulan sukarelawan.

Kajian Smith, Beaulieu dan Israel (1992), penyertaan pelajar dalam aktiviti belia seperti pengakap lelaki, pengakap perempuan, YMCA dan lain-lain tidak mempunyai pengaruh ke atas keciciran dalam pendidikan. Kajian Martin (2009), hubungan kelab (rangkaian rakan sebaya) adalah kiraan kelab kurikulum, yang pelajar laporkan keanggotaan (persaudaraan/pertubuhan wanita, kelab agama, kelab budaya atau etnik, kelab perkhidmatan komuniti, kerajaan pelajar, penerbitan sekolah, kelab dalaman dan pasukan olahraga antara kolej) bagi regresi OLS purata poin gred tahun pertama ke atas modal sosial, regresi logistik lulus dengan kepujian ke atas modal sosial dan regresi logistik menghadiri sekolah siswazah ke atas modal sosial adalah tidak signifikan. Kajian Rothon, Goodwin dan Stansfeld (2012), semakin rendah bilangan aktiviti ko-kurikulum individu terlibat, semakin tinggi kemungkinan mereka mencapai GCSE (aktiviti bukan-terarah dikaitkan dengan hasil yang semakin kurang). Mengambil bahagian dalam aktiviti bukan-terarah secara negatif berkaitan dengan mencapai penanda aras GCSE manakala terlibat dalam aktiviti ko-kurikulum mempunyai kesan positif terhadap kemungkinan mencapai penanda aras GCSE, dengan remaja yang *tertile* (mana-mana dua poin yang membahagi satu taburan berurutan ke dalam tiga bahagian, setiap bahagian mengandungi satu pertiga daripada populasi) tertinggi mempunyai lebih daripada dua dan setengah kali kemungkinan mencapai penanda aras akademik berbanding dengan orang-orang di *tertile* terendah. Modal sosial komuniti juga penting dalam hal pencapaian pendidikan. Selepas pelarasan, penglibatan dalam aktiviti ko-kurikulum meningkatkan kemungkinan pencapaian yang tinggi manakala aktiviti bukan-terarah (atau "*hanging about*") menurunkan kemungkinan mencapai penanda aras GCSE. Walaupun tahap sederhana suka bergaul tidak mempunyai kesan kepada pencapaian, aras yang tinggi suka bergaul menurunkan kemungkinan mencapai penanda aras GCSE kira-kira separuh.

Kajian Jacqueline L. Davis (2009), aktiviti yang ditaja oleh sekolah didapati menjadi peramal pencapaian matematik tahun asas dan pencapaian matematik tahun susulan pertama. Mengambil bahagian dalam aktiviti yang ditaja oleh sekolah boleh membina modal sosial dan mengalakkan hubungan sosial di mana pelajar boleh mendapat sokongan dan galakkan daripada rakan-rakan mereka dan model peranan orang dewasa. Ini kemudian boleh mempengaruhi pencapaian akademik. Jumlah aktiviti luar (bukan) sekolah adalah peramal tidak signifikan dalam pencapaian matematik dalam tahun asas atau tahun susulan dalam model ini. Hubungan adalah tidak ditemui dengan jumlah aktiviti luar (bukan) sekolah dan pencapaian, tetapi kajian menemui hubungan antara satu pemboleh ubah , sukarelawan/melaksanakan khidmat masyarakat, sebagai satu peramal untuk pencapaian. Sukarela atau melaksanakan khidmat masyarakat membina hubungan sokongan di mana pelajar boleh membuat sambungan antara keluarga mereka, sekolah atau komuniti. Oleh itu, pelajar mungkin mempunyai peluang pembelajaran melalui aktiviti sukarela yang boleh meningkatkan akademik mereka. Pemboleh ubah jumlah aktiviti luar (bukan) sekolah adalah bukan peramal dalam pencapaian matematik, adalah munasabah bahawa remaja perlu menghabiskan masa dalam jenis tertentu aktiviti-aktiviti luar (bukan) sekolah di mana mereka boleh mempunyai hubungan dan pengalaman yang mempengaruhi kejayaan pendidikan mereka. Apabila pelajar boleh melibatkan diri dalam aktiviti-aktiviti dalam masyarakat mereka sendiri dan belajar tentang benda-benda berbeza berkaitan komuniti mereka, peluang-peluang mereka untuk kejayaan akademik boleh memberi kesan.

Chia Hsun Lin (2008), keputusan menunjukkan rangkaian sosial ialah secara langsung berkaitan dengan keputusan akademik dalam arah positif. Selain korelasi langsung antara rangkaian sosial dan keputusan akademik, terdapat korelasi tidak langsung antara rangkaian sosial dan keputusan akademik melalui indikator *covariable* pelarasan psikologi. Kajian Cynthia Olivo (2009), individu yang kekal aktif dalam rangkaian Future Leaders mencapai kejayaan pendidikan lebih tinggi daripada Latinos yang lain dalam negara, negeri dan Inland Empire. Kajian Julie A. Gaddie (2010), semua peserta menerangkan keupayaan mereka untuk mendapatkan rakan dan mencari satu rangkaian sosial perasaan mereka selain daripada menjadi satu komponen penting kejayaan akademik dan sosial mereka. Min Zhou dan Susan S. Kim (n.d.), modal sosial yang timbul daripada penyertaan institusi etnik dan adalah sangat berharga dalam mengalakkan pencapaian pendidikan. Frank V. Neri dan Simon Ville (2008), banyak pelajar juga membina rangkaian sosial melalui keahlian kelab. Responden dari pelajar antarabangsa nampaknya membentuk modal sosial 'ikatan' dan bukannya 'merapatkan' (jambatan).

PENERANGAN ALTERNATIF YANG WAJAR KE ATAS KEPUTUSAN KAJIAN

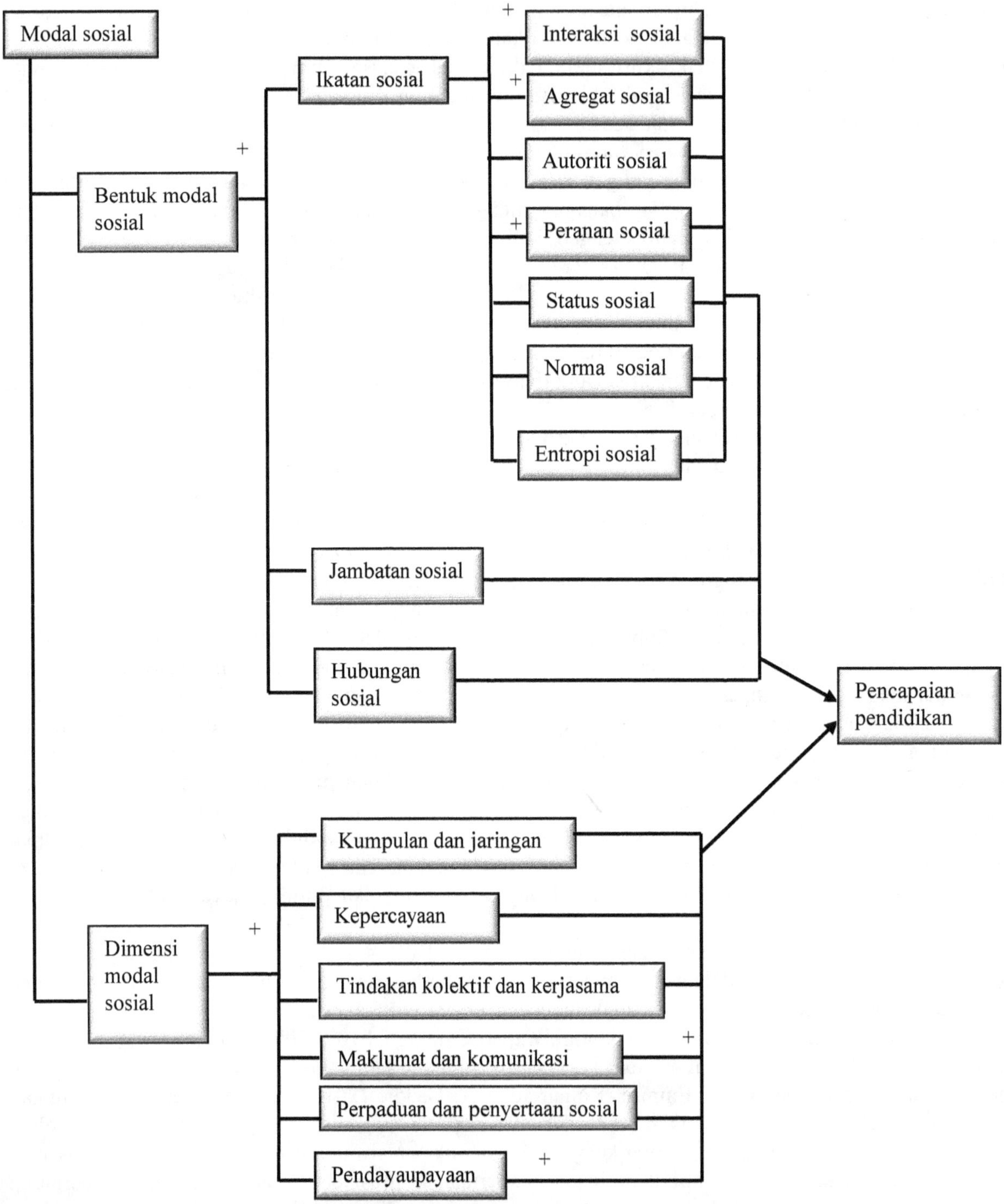

Rajah 5.1: Pertalian antara pemboleh ubah modal sosial dengan pencapaian pendidikan

Berdasarkan rajah 5.1, semua pemboleh ubah (bentuk modal sosial, ikatan sosial, hubungan sosial, interaksi sosial, agregat sosial, autoriti sosial, peranan sosial, status sosial, norma sosial, entropi sosial, dimensi modal sosial, kumpulan dan jaringan, kepercayaan, tindakan kolektif dan kerjasama, maklumat dan komunikasi, perpaduan dan penyertaan sosial, dan pendayaupayaan) mempunyai pertalian dengan pencapaian pendidikan kecuali pemboleh ubah jambatan sosial.

PERTALIAN PEMBOLEH UBAH DENGAN TEORI JARINGAN

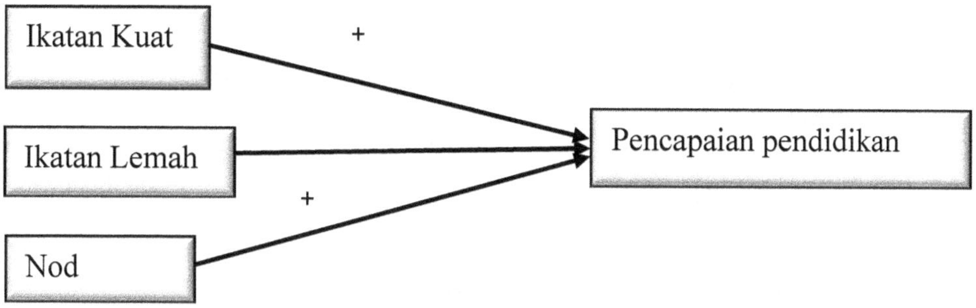

Rajah 5.248: Pertalian pemboleh ubah pencapaian pendidikan dengan pemboleh ubah teori rangkaian

Teori rangkaian sosial melihat hubungan sosial dari segi nod dan ikatan. Nod adalah aktor individu dalam rangkaian, dan ikatan adalah hubungan antara aktor. Berdasarkan rajah 5.248, ikatan kuat dan nod mempunyai hubungan yang positif dengan pencapaian pendidikan. Ini bermakna bahawa ikatan kuat dan nod mempengaruhi pencapaian pendidikan secara positif, iaitu apabila kedua-duanya tinggi maka pencapaian pendidikan adalah lebih baik. Manakala ikatan lemah mempunyai hubungan negatif dengan pencapaian pendidikan, iaitu apabila seseorang pelajar sekolah mempunyai ikatan lemah ia akan menyebabkan pencapaian pendidikan lebih rendah. Impak ke atas masyarakat desa

KELEMAHAN ATAU BATASAN KEPUTUSAN KAJIAN

Kelemahan kajian ialah menggunakan teknik persampelan bertujuan yang merupakan teknik persamplean bukan kebarangkalian dalam reka bentuk kajian kuantitatif. Pengunaan teknik persampelan bukan kebarangkalian dengan ketara menghadkan keupayaan untuk membuat generalisasi lebih luas dari keputusan kajian. Di samping itu, kunci utama yang perlu difokuskan dalam kelemahan keputusan kajian ialah keupayaan untuk dengan berkesan menjawab hipotesis dan persoalan kajian. Ini ada persamaan dengan apa yang terdapat dapat tulisan Laerd dissertation (2012).

CADANGAN

Cadangan kajian masa depan ialah menjelaskan pertalian antara pemboleh ubah pencapaian pendidikan dengan pemboleh ubah modal sosial melalui kaedah analisis multivariat menggunakan regresi dan teknik-teknik yang lain. Kajian masa depan juga dicadangkan menggunakan kaedah persampelan kebarangkalian untuk tujuan generalisasi. Bagi tujuan mengembangkan teori rangkaian dan pertaliannya dengan modal sosial, kajian masa depan boleh menjelaskan bagaimana ikatan dan nod dalam teori rangkaian boleh berfungsi untuk meningkatkan pencapaian pendidikan dengan membuat perkaitan dengan modal sosial. Konteks baru yang melibatkan latar belakang kebudayaan yang berbeza juga boleh dijadikan sebagai unit analisis seterusnya untuk mengkaji pencapaian pendidikan dan pertaliannya dengan modal sosial. Kajian pencapaian pendidikan dan pertaliannya dengan modal sosial juga boleh dijalankan di lokasi-lokasi yang lain dan boleh memeriksa pemboleh ubah-pemboleh ubah kajian melalui menguji teori-teori yang melibatkan rangka dan model yang berbeza. Penilaian semula ke atas topik ini juga boleh dijalankan pada masa hadapan melalui kajian seterusnya.

KESIMPULAN

Tesis ini telah mengkaji pengaruh modal sosial ke atas pencapaian pendidikan dan impak ke atas masyarakat desa di Malaysia dengan mengambil sekolah-sekolah di Negeri Kedah sebagai kajian kes. Hasil kajian menunjukkan bahawa modal sosial mempengaruhi pencapaian pendidikan dan memberi kesan atau impak ke atas masyarakat desa. Walau bagaimanapun, kajian ini tidak boleh digeneralisasikan kerana menggunakan kaedah persampelan bertujuan. Bagi kajian masa depan, dicadangkan pengkaji seterusnya menggunakan kaedah persampelan kebarangkalian bagi tujuan generalisasi. Sumbangan hasil kajian terhadap bidang ilmu Sosiologi ialah berkaitan dengan teori rangkaian iaitu ikatan kuat dan nod (aktor individu dalam rangkaian) mempengaruhi pencapaian pendidikan, walau bagaimanapun ikatan lemah mempunyai hubungan secara negatif dengan pencapaian pendidikan. Implikasi kepada dasar berkenaan dengan pendidikan ialah sambungan dalam rangkaian yang melibatkan ibu bapa, sekolah dan rakan sebaya boleh digunakan dengan sebaik mungkin untuk membantu pelajar meningkatkan pencapaian pendidikan. Entiti-entiti seperti persatuan, kumpulan dan kelab adalah berguna sebagai satu ruang yang membolehkan sambungan antara pelajar-pelajar dengan ibu bapa, sekolah dan rakan sebaya. Hubungan pelajar dengan kawan rapat atau kenalan boleh diperbaiki bagi menjadikan ikatan lemah sebagai satu sebab yang dapat meningkatkan pencapaian pendidikan. Pihak sekolah dan ibu bapa perlu mengambil fungsi untuk membantu pelajar-pelajar sekolah untuk menjadikan ikatan lemah lebih cekap dan berkesan dalam membantu meningkatkan pencapaian pendidikan. Aktiviti-aktiviti pelajar yang melibatkan kawan rapat atau kenalan juga perlu dijalankan di samping aktiviti-aktiviti yang dijalankan melalui ikatan kuat.

RUJUKAN

Abbas, T. (2002). The home and the school in the educational achievements of south asians. *Race ethnicity and education*, Vol. 5, No. 3, 291-316. Atas talian pada 23 Januari 2007 dari http:// web.ebscohost.com.eserv.uum.edu.my/ ehost/pdf? vid= 4&hid=11&sid= 5c421cba - de11-44c0-8ae9-fcbf7d05ddeb%40sessionmgr106.

Abdul Razak Chik dan Azrae Zainol. (1990). *Program pembangunan luar Bandar negeri Kedah: Beberapa alternatif.* Sintok: Universiti Utara Malaysia.

Acar, E. (2011). Effects of social capital on academic success: a narrative synthesis. *Educational Research and Reviews*, Vol. 6 (6), pp. 456-461.

Adam, B.N. dan Sydie, R.A. (2001). *Sociological theory*. United States of America: Pine Forge Press.

Ahmad, I. N. (2011). *The effects of perceived parental authority on academic success, self-esteem, self-confidence, and psychological well-being*. Tesis doctoral, Universite Du Quebec. Atas talian pada 30 Jun 2013, dari search.peoquest.com.eserv.uum.edu.my/docview/902945972/fulltextPDF/13EF87E5EC9635D9F9/51?accountid=42599

Ahmad Sobri Jaafar. (2003). Transformasi Kedah kepada K-ekonomi: Satu prognosis. Dalam Abu Sufian Abu Bakar, Fatimah Wati Ibrahim dan Nur Azura Sanusi. *Prosiding seminat Kedah Maju 2010: Menjana pembangunan ekonomi yang dinamik dan seimbang*. 20-21 Oktober 2003. Kuala Lumpur: Univision Press Sdn. Bhd.

Ahn, J. (2012). Teenagers/ experiences with social network sites: relationships to bridging and bonding social capital. *The Information Society*, 28:99-109, 2012. Atas talian pada 1 September 2013, dari web.ebscohost.com.eserv.uum.edu.my/ehost/pdfviewer/pdfviewer?vid=3&sid=3bb97cc8-cda1-486c-99ca-5fleO2215cf5%40sessionmgr111&hid=125

Ahn, T.K. (2002). Trust and collective action: Concepts and causalities. *Conference papers_American Political Science Association, 2002 Annual Meeting*, Boston, MA, pl-34. Atas talian pada 1 September 2013, dari web.ebscohost.com.eserv.uum.edu.my/ehost/detail?vid=3&sid=56a593eb-ae82-4206a-487-745407381d85%40sessionmgr10&hid=24&bdata=JnNpdGU9ZWhvc3QtbGI2ZSZzY29wZT1zaXRI#db=aph&AN=17985254

Akhtar, A. (2011). Health care regulation in low- and moddle-income countries: a review of the literature. *Health Policy and Health Finance Knowledge Hub, Working paper Series* Number 14, October 2011. Atas talian pada 28 Oktober 2013, dari ni.unimelb.edu.au/_data/assets/pdf_file/0016/542410/HPHF_Hub_Wp_No_14_Health_care_regulation_in_low_and_middle-income_countires.pdf

Akta Pendidikan 1996 (Akta 550). (n.d.). Atas talian pada 15 Mac 2012, dari http://jpt.mohe.gov.my/RUJUKAN/akta/akta pendidikan 1996.pdf

Aldrich, H.E., et al. (1998). Information exchange and governance structures in U.S. and Japanese R&D Consortia: Institutional and organizational Influences. *IEEE Transactions on Engineering Management*, Vol. 45, No. 3, August 1998. Atas talian pada 1 Oktober 2013, dari citeseerx.ist.psu.edu/viewdoc/download?doi=10.1.1.194.4740&rep=rep1&type=pdf

Alesina, A. F. Dan Giuliano, P. (2009). Family ties and political participation. *NBER WORKING PAPER SERIES*, working paper 15415. Atas talian pada 22 September 2013, dari www.nber.org/papers/w15415.pdf?new_window=1

American Marketing Association. (2012). n/a.

Andrea Bonomi Savignon. (n.d.). *Linking social capital and government performance: A public management perspective*. Atas talian pada 18 Disember 2011, 9:13 pagi dari http://www.7tad.org/documents/WG2/Bonomi-Savignon.pdf

Annual Report of The State of Kedah. (1949). *Annual report on the social and economics progress of the people of the state of Kedah for the year 1948 A.D.*

Apin Talisayon's Weblog. (n.d.). *D13-Bridging social capital versus bonding social capital*. Atas talian pada 15 Disember 2011, 2:15 petang. Dari http://apintalisayon.wordpress.com/2008/12/19/d13-bridging-social-capital-versus-bonding-social-capital/

Appalachian State University. (2005). *Theories used in is research: Social network theory*. Atas talian pada 27 November 2013, dari www.istheory.yorku.ca/social networktheory.htm

Arora, P., et al. (2012). To cooperate or not to cooperate: Using new methodologies and networks to understand how affiliation influences cooperation in the present and future. *Journal of Economy Psychology*. Aug2012, Vol. 33 Issue 4, pp. 842-853. Atas talian pada 10 September 2013, dari web.ebscohost.com.eserv.uum.edu.my/ehost/detail?vid=3&sid=6558bd44-fe37-46b9-907b-58cd4b16eba7%40sessionmgr10&hid=11&bdata-JnNpdGU9ZWhvc3QtbGI2ZSZzY29wZT1zaXRI#db=bth&AN=76306003

Asan Ali Golam Hassan. (1998). Pembangunan ekonomi dan migrasi penduduk: Satu konflik dalam meningkatkan kualiti hidup. Dalam Azleeny Ramli, F. Azna A. Shahabuddin, Rokiah Ahmad dan Wan Norsiah Mohamed. *Prosiding seminar isu-isu populasi Malaysia*. Bangi: Universiti Kebangsaan Malaysia.

ASB Community Trust. (n.d.). Atas talian pada 31 Oktober 2013, dari www.asbcommunitytrust.org.nz/sites/default/files/Manaiakalani long version-Final.pdf

Ashman, D., Brown, L. D. dan Zwick, E. (1998). *The strength of strong and weak ties: Building social capital for the formation and governance of civil society organizations*. USA: Institute For Development Research.

Asiah Abu Samad. (1985). n/a.

Asuncion - Lande, N.C. dan Pascasio, E.M. (1981). *Building bridges across cultures: Perspectives on intercultural communication - Theory and practice*. Filipina: Solidaridad Publishing House.

Avis, J. (2002). Social capital, collective intelligence and expansive learning: thinking through the connections education and the economy. *British Journal of educational studies,* Vol.50, N0.3, 308-326.

Aziz Othman, Jabatan Perangkaan Malaysia. (2005). Bank data negeri/daerah Malaysia 2005. Putrajaya: Jabatan Perangkaan Malaysia.

Aziz Othman, Jabatan Perangkaan Malaysia. (2004). Bank data negeri/daerah Malaysia 2004. Putrajaya: Jabatan Perangkaan Malaysia.

Babaei, H., Ahmad, N. dan Gill, S.S. (2012). Bonding, bridging and linking social capital and empowerment among squatter settlements in Tehran, Iran. *World Applied Sciences Journal* 17(1):119-126, 2012. Atas talian pada 1 September 2013, dari www.ido8i.org/wasj/wasj17(1)/18.pdf

Babbie et al. (2011). *Adventures in social research: Data analysis using IBM® SPSS® statistics 7th edition*. California: Pine Forge Press, SAGE.

Babbie, E. (2004). *The practice of social research*. United States of America: Tomson Wadsworth.

Babylon. (n.d.). *Definition of collective action*. Atas talian pada 21 Disember 2011, dari http://dictionary.babylon.com/collective _action/

Bala-Brusilow, C. (2010). *A study of the associations between childhood obesity and there forms of social capital*. Tesis doctoral, Wayne State University. Atas talian pada 22 Julai 2013, dari search.proquest.com.eserv.uum.edu.my/pqdtft/docview/219980869/fulltextPDF/13F6AD5E9FA3F2F04D0/1?accountid=42599

Bankole, R.A. (2011). Student trust in teachers and its relationship to student identification with school, student perceptions of academic press, and achievement. *Dissertation Abstracts International Section A: Humanities and Social Sciences*, Vol. 72 (3-A), 2011, pp. 828. Atas talian pada 15 Ogos 2013, dari web.ebscohost.com.erserv.uum.edu.my/ehost/detail?vid=3&sid=57e6d61e-6ff1-4a33-a76a-e3ece5e6dbd4%40sessionmgr13&hid=119&bdata=JnNpdGU9ZWhvc3QtbGI2ZSZzY29wZT1zaXRI#db=psyh&AN=2011-99170-272

Bankston III, C. L. dan Zhou, M. (2002). Social capital and immigrant children's achievement. Dalam Fuller, B. dan Hannum, E. *Schooling and social capital in diverse cultures*. Netherlands: Elsevier Science Ltd.

Barness, M.L. (2012). *Bonding, bridging, and linking social capital in an ethnically diverse fishery: The case of Hawai`i's longline fishery*. Master of Science, The University of Hawai`i At Manoa. Atas talian pada 1 Oktober 2013, dari search.proquest.com.eserv.uum.edu.my/docview/1040861347/fulltextPDF/140D955E8D33987125/3?accountid=42599

Barret, R. (2004). A review of Christopher Winch, 2000, education, work and social capital: Towards a new conception of vocational education. London: Routledge. *Studies in Philosophy and Education* 23: 61-71, 2004. Atas talian pada 23 Januari 2007 dari http://web.ebscohost.com.eserv.uumledu.my/ehost/pdf?vid=4&hid=109&sid=f8d6e7a6-1d10-4d53-a6ce-70b6d1a1d318%40sessionmgr109.

Batten, T. R. (1953). Social values and community development. In P. Ruopp & S. Radhakrishnan (Eds.), *Approaches to community development*. Netherlands: W. Van Hoeve LTD. / The Hague, Bandung.

Bearden, A. G. (2006). *The effects of uncertainty and communnication on cooperation in commons dilemmas*. Master of Science, University of Victoria. Atas talian pada 1 September 2013, dari search.proquest.com.eserv.uum.edu.my/docview/304983255/fulltextPDF/1403C919E5020D9B2BD/7?accountid=42599

Beugelsdijk, S. dan Smulders, S. (2003). Bridging and bonding social capital: Which type is good for economic growth? *ERSA* 2003. Atas talian pada 7 Oktober 2013, dari http://www-sre.wu-wien.ac.at/ersa/ersaconfs/ersa03/cdrom/papers/517.pdf

Beaulieu, L. J., Israel, G.D., Hartless, G. dan Dyk, P. (2001). For whom does the school bell toll? Multi-contextual presence of social capital and student educational achievement. *Journal of Socio-Economics*, Vol. 30, 121-127. Atas talian pada 23 Januari 2007 dari http:// web.ebscohost.com.eserv.uum.edu.my/ ehost/pdf? vid= 4&hid=118&sid=5c421cba-de11-44c0-8ae9-fcbfd05ddeb%40sessionmgr106.

Becker. G.S. (2001). A theory of social interactions. Journal of Political Economy, 1974, Vol. 82, No.6.

Beyer, B.A. (2003). *Feminist consciousness and social capital: Bonds, breaks, and bridges*. Atas talian pada 23 Oktober 2013, dari ir.library.illinoisstate-edu/cgi/Viewcontent.cgi?article=1001&context=mts

Bicchieri, C. (2002). Group identity, norms, and communication in social dilemmas. *Rationality and Society*, Vol. 14(2): 192-228 [1043-4631(200202)14:2; 192-228. Atas talian pada 15 September 2013, dari www.academia.edu/206761/Covenants_without_Swords_Group_Identity_norms_and_Communication_in_social_Dilemmas

Blaikie, N. (2003). *Analyzing quantitative data from description to explanation*. London: SAGE Publications Ltd.

Blakely, E. J., & Bradshaw, T. K. (2002). *Planning local economic development: Theory and practice*. United State of America: SAGE Publications.

Blakely, T. dan Ivory, V. (2011).Commentary: Bonding, bridging, and linking – but still not much going on. Dalam International *Journal of Epidemiology* Volume 35, muka surat 614-615 atas talian pada 18 Disember 2011, 8:50 pagi dari http://ije.oxfordjournals.org/content/35/3/614.full.

Blalock, H.M. (1979: 557). *Social statistics: Revised second edition*. United States of America: McGraw-Hill Book Company.

Boudourides, M.A. (n.d.). *Communities in affiliation networks with attitudinal actors*. Atas talian pada 22 September 2013, dari arxiv.org/ftp/raxiv/papers/1207/1207.3742.pdf

Bother, M.S., Stuart, T.E. dan White, H.C. (2004). Status differentiation and the cohesion of social networks. *Journal of Mathematical Sociology*, 28: pp. 262-295. Atas talian pada 22 September 2013, dari www.soc.cornell.edu/faculty/bother/status_differentiation.pdf

Bourdieu, P. (1977). Outline of a theory of practice. Cambridge, UK: Cambridge University Press. Dalam Rankin, K.N. (2002). Social capital microfinance, and the politics of development. *Feminist*

Economics 8(1), 2002, pp. 1-24. Atas talian pada 28 Oktober 2013, dari zunia.org/sites/default/files/media/node-Files/cr/162893_Critique%20of%20Microfinance.pdf
Bowles, S. dan Gintis, H. (1976). Schooling in capitalist America. New York: Basic Books. Dalam Buoye, A. J. (2004). *Capitalizing on the extra curriculum: Participation, peer influence, and academic achievement.* Tesis doctoral, University of Notre Dame. Atas talian pada 27 Jun 2013, dari search.proquest.comerserv.uum.edu.my/pqdtft/docvoew/305137232/fulltextPDF/13ee8d36dc6c19e8c7/3?ACCOUNTID=42599
Boyle, M. H., Georgiades, K., Racine, Y. dan Mustard, C. (2007). Neighborhood and family influences on educational attainment: Results from the Ontario child health study follow-up 2001. *Child Development.* Vol. 78. No. 1, 168-189. Atas talian pada 15 Mac 2007 dari http://www.blackwell-synergy.com.eserv.uum.edu.my/ doi/pdf/10.1111/j.1467-8624.2007.00991.x
Brancato, E. (2006). *The weakness of strong ties: The economic impact of social networks in Russia.* Tesis doctoral,George mason University. Atas talian pada 4 September 2013, dari search. proquest.com.eserv.uum.edu.my/docview/304916739/fulltextPDF/1404D79FBDD4F53/6?accountid=42599
Bretherton, L. (2010). *Christianity & contemporary politics.* Wirley-Blakwell: Chrishester.
Brewer, J. (1971). Flow of communications, expert qualifications and organizational authority structures. *American Sociological Review*, Jun71, vol. 36 Issue 3, pp. 475-484
Bridge (interpersonal). (2011). *Wikipedia The Free Encyclopedia.* Atas talian pada 15 Disember 2011 12:14 tengahari dari http://en.wikipedia.org/wiki/Bridge_(interpersonal)
Brown, J. Broderick. A.J. dan Lee, N. (2007). Word of mouth communication within online communities: Conceptualizing the online social network. *Journal of interactive marketing*, Volume 21 Number 3 Summer 2007. Atas talian pada 17 September 2013, dari web.ebscohost.com.eserv.uum.edu.my/ehost/pdfviewer/pdfviewer?vid=4&sid=990d01cf-0332-40d9-boee-bdb38f9c7a28%40sessionmgr13&hid=19
Brown, S. (2005). *Social capital in engineering education.* Unpublished Doctor of Philosophy Dessertation. Oregan State University.
Brown, T. M. dan Miller, C.E. (2000). Communications network in task-performing groups. *Small Group Research*, Apr2000, vol. 31 Issue 2, p131. Atas talian pada 15 September 2013, dari web.ebscohost.com.eserv.uum.edu.my/ehost/detail?vid=6&sid=60356ca7-f6ef-4673-800a-01009df4e824%40sessionmgr10&hid=19&bdata=JnNpdGU9ZWhvc3QtbGI2ZSZzY29Wzt1ZA#DB=BTH&an=2953266
Bryan, J. et al. (2012). The effects of school bonding on high school seniors' academic achievement. *Journal of Counseling & Development*, October1, 2012. Atas talian pada 28 Ogos 2013, dari web.ebscohost.com.eserv.uum.edu.my/ehost/pdfviewer/pdfviewer?vid=3&sid=c1b4d449-5d9b-4437-be69-53806f824d80%40sessionmgr111&hid=126
Bryant, A.L., et al. (2000). Understanding the links among school misbehavior, academic achievement, and ciggarette use: A national panel study of adolescents. *Prevention Science*, Vol. 1, No. 2, 2000. Atas talian pada 22 Julai 2013, dari deepblue.lib.umich.edu/bitstream/handle/2027.42/45498/11121_2004_Article_223014.pdf?sequence=1
Bryk, A.S. dan Schneider, B. (n.d.). *Trust in schools: A core resource for improvement.* Atas talian pada 31 Oktober 2013, dari www.muhsd.k12.ca.us/cms/lib5/CAD1001051/Centricity/Domain/29/Article_-_Relational_Trust_Chapter_4.pdf
Bryson, L. dan Mowbray, M. (2005). More spray on solution: Community, social capital and evidence based policy. *Asian Journal of Social Issues,* Vol. 40 No.1 Autumn 2005. Atas talian pada 23 Januari 2007 dari http://web.ebscohost.com.eserv.uum.edu.my/ehost/pdf?vid=4&hid=118&sid=5c421cba-dell-44co-8aea-fcbf7do5ddeb%40sessionmgr106.

Bueno, E., Salmador, M. P. dan Rodriguez. O. (2004). The role of social capital in today's economy: empirical evidence and proposal of a new model of intellectual capital. *Journal of Intellectual Capital*, Vol. 5, Iss 4, pp. 556-574.

Bullen, P. dan Onyx, J. (1998). *Measuring social capital in five communities in NSW- A practitioners.* Atas talian pada 4 Januari 2008 dari http://www.map/com.au/pdf/scquest.pdf

Bulmer, M. (1984). *Sociological research methods: An introduction 2nd edition.* Hong Kong: MacMillan.

Buoye, A. J. (2004). *Capitalizing on the extra curriculum: Participation, peer influence, and academic achievement.* Tesis doctoral, University of Notre Dame. Atas talian pada 27 Jun 2013, dari search.proquest.comerserv.uum.edu.my/pqdtft/docvoew/305137232/fulltextPDF/13ee8d36dc6c19e8c7/3?ACCOUNTID=42599

Bureekul, T. dan Thananithichot, S. (2012). Trust and social cohesion, the key to reconcile Thailand's future. *International Journal of Social Quality*. 2012, vol. 2 Issue 2, pp. 81-97. Atas talian pada 5 September 2013, dari wen.ebscohost.com.eserv.uum.edu.my/ehost/detail?vid=3&sid=b62f53ac-6eac4063-afdf-aafa2bcd3d72%40sessionmgr110&hid=118&bdata=JnNpdGU9ZWhvc3QtbGI2ZSZzY29wZT1zaXRI#db=aph&AN=88041393

Burt, R. S. (2005). *Brokerage and closure: An introduction to social capital.* Great Britain: Oxford University Press.

Butz, D. A. (2008). Implications of national symbols for majority and minority group members' academic performance: Examining potential mediators. *Dissertation Abstracts International Section B: The Sciences and Engineering*, vol 68(9-B), 2008 pp. 6388. Atas talian pada 29 ogos 2013, web.ebscohost.com.eserv.uum.edu.my/ehost/detail?vid=3&sid=e8ee29ff-f4a8-4fb4-90d-58bdc63b65c12%40sessionmgr13&hid=127&bdata=JnNpdGU9ZWhvc3QtbGI2ZSZzY29wZT1zaXRI#db=psyh&AN=2008-99060-375

Campbell, S. W. dan Kwak, N. (2012). Mobile communication and strong network ties: Shrinking or expanding spheres of public discourse? *New Media & Society*. Mar2012, vol. 14 Issue 2, pp. 262-280. Atas talian pada 15 September 2013, dari web.ebscohost.com.eserv.uum.edu.my/ehost/detail?vid=3&sid=cd9725ef-8dO4-4ac5_b8f1-44f0034a0751%40sessionmgr112&hid=125&bdata=JnNpdGU9ZWhvc3QtbGI2ZSZzY29wZT1zaXRI#db=aph&AN=73525952

Campos-Castillo, C. (2012). *Trustworthiness and influence in task groups focused on a single froup member.* Tesis doctoral, The University of Iowa. Atas talian pada 9 September 2013, dari ir.uiowa.edu/cgi/viewcontent.cgi?article=3273&context=etd

Carolan, B. dan Natriello, G. (2006). *Strong ties, weak ties: Relational dimension of learning settings_Research Publication*, April 2005. Atas talian pada 30 Oktober 2013, dari edlab.tc.columbia.edu/files/Edlab_strongties.pdf

Caroll, W. N. (1997). *Effect of higher education on formation of social capital for young adults in the United States between 1972 and 1994*. Unpublished Doctor of Philosophy Dessertation. Texas A&M University.

Carpenter, D. Esterling, K. dan Lazer, D. (2003). The strength of strong ties: A model of control-making in policy networks with evidence from U.S. Health Politics. *Rationality and Society*, November 2003, Vol. 15, No. 4, pp. 411-440. Atas talian pada 28 Oktober 2013, dari rss.sagepub.com/content/IS/4/411

Casper, D.C. (2013). The relationship between collective student trust and student achievement. *Dissertation Abstracts International Section A: Humanities and Social Sciences*, vol. 73 (8-A) (E), 2013. Atas talian pada 15 Ogos 2013, dari web.ebscohost.com.eserv.uum.edu.my/ehost/detail?vid=3&sid=57e6d61e-6ff1-4a33-a76a-e3ece5e6db4%40sessionmgr13&hid=23&bdata=JnNpdGU9ZWhvc3QtbGI2ZSZzY29wZT1zaXRI#db=psyh&AN=2013-99030-513

Centre for Research on Educational Opportunity (CREO). (2010). Carbonaro, W. Atas talian pada 23 Julai 2013, dari creo.nd.edu/creo_people/faculty/william-carbonaro-assistant-director/

Chambers, R. (1996). *Mencabar profesion: Pembatasan pembangunan luar bandar*. In Maimunah Ismail & Saidin Teh (Eds.). Serdang, Selangor: Universiti Putra Malaysia.

Chance, P.L. dan Segura, S.N. (2009). A rural high school's collaboration approach to school improvement. *Journal of Research in Rural Education*, 2009, 24 (5). Atas talian pada 26 Jun 2013, dari http://www.jrre.psu.edu/articles/24-5.pdf

Chandra, V. dan Lioyd, M. (2008). The methodological nettle: ICT and student achievement. *British Journal of Educational Technology*, vol. 39 No 6 2008, pp. 1087-1098

Chapter 5 Discussion. (n.d.). Atas talian pada 31 Oktober 2013, dari nccuir.lib.nccu.edu.tw/bitstream/140.119/37208/10/5251031.pdf

Chaskin, R.J., George, A. S. Dan Guiltinan, S. (2006). Measuring social capital: An exploration in community- research partnership. *Journal of community psychology*, Vol. 34, No.4, 489-514. Atas talian pada 23 Januari 2007 dari http://web.ebscohost.com.eserv.uum.edu.my/ehost/pdf?vid=4&hid=7&sid=5657932b-b867-416d-a051-e64f6900b4d3%40sessionmgr7.

Chaudhuri, A. (n.d.). *Conditional cooperation and social norms in public goods experiment: A survey of the literature*. Atas talian pada 11 September 2013, dari homos.eco.auckland.ac.nz/acha192/Conditional Cooperation.pdf

Cheang, M. (2002). Older adults' frequent visits to a fast-food restaurant: Nonobligatory social interaction and the significance of play in a "third place". *Journal of Aging Studies* 16 (2002), pp. 303-321. Atas talian pada 23 September 2013, dari www.ese.nalg.pt/gerontologia/Journal of Aging Studies/Cheang 2002.pdf

Cheong, P.H., Huang, S. dan Poon, J.P.H. (2011). Religious communication and epistemic authority of leaders in wired Faith Organization. *Journal of Communication*, Oct2011, Vol.61 Issue 5, pp. 938-958. Atas talian pada 15 September 2013, dari web.ebscohost.com.eserv.uum.edu.my/ehost/detail?vid=3&sid=4e8e32fc-61e1-4dcc-98b8-77a78223295%40sessionmgr12&hid=19&bdata=JnNpdGU9ZWhvc3QtbGI2ZSZzY29wZT1zaXRl#db=bth&AN=66213977

Cheong, P.H. (2006). Communication context, social cohesion and social capital building among Hispanic immigrant families. *Community, Work & Family*, August 1, 2006. Atas talian pada 1 September 2013, dari web.ebscohost.com.eserv.uum.edu.my/ehost/pdfviewer/pdfviewer?vid=3&sid=ee104251_3206_453b_b353-c34959a746fb%40sessionmgr112&hid=22

Cheng, J.T., et al. (n.d.). Two ways to the top: Evidence that dominance and prestige are distinct yet viable avenues to social rank and influence. *Journal of Personality and Social Psychology*. Atas talian pada 21 Oktober 2013, dari ubc-emotionlab.ca/wp-content.files_mf/changetaltwowaystothetopinpressjpsp.pdf

Clark, C., Scafidi, B. dan Swinton, J.R. (2011). Do peers influence achievement in High School Economics? Evidence from Georgia's Economics End of Course Test. *The Journal of Economicss Education*, 42(1), 3-18, 2011. Atas talian pada 27 Jun 2013, dari ehis.ebscohost.com.eserv.uum.edu.my/ehost/pdfviewer/pdfviewer?vid=3&sid=52457a6d-fe1o-4ca9-ac77-b3f5a557682a%40

Clauset, A., Moore, C. dan Newman, M.E.J. (n.d.). Atas talian pada 28 Oktober 2013, dari www-personal.umich.edu/~mejn/papers/cmno8.pdf

Cleary, T.J., Zimmerman, B.J. dan Keating, T. (2006). Training phsyical education students to self-regulate during basketball free throw practice. research Quarterly for Exercise and Sports, 77, 251-262. Dalam Jonkers, L., et al. (2010). Academic performance and self-regulatory skills in elite youth soccer players. *Journal of Sports Science*, December 2010; 28(14):1605-1614. Atas talian pada 29 Ogos 2013, dari www.tandfonline.com.eserv.uum.edu.my/doi/pdf/10.1080/02640414.2010.516270

Coleman, J.S. (1988). *Social capital in the creation of human capital*. Dalam Ostrom, E. dan Ahn, T.K. (2003). *Foundations of social capital*.United Kingdom: An Elgar Reference Collection.

Collective action. (2011). *Wikipedia The Free Encyclopedia*. Atas talian pada 21 Disember 2011, 8:13 pagi, dari http://en.wikipedia.org/wiki/Collective action

Communication. (2011). *Wikipedia The Free Encyclopedia*. Atas talian pada 19 Disember 2011 dari http://en.wikipedia.org/wiki/Communication

Considine, M. dan Lewis, J. M. (2007). Innovation and innovators inside government: from institution to networks. *Governance: An International Journal of Policy, Administration, and Institution*, vol. 20, No. 4, October 2007, pp. 581-607. Atas talian pada 6 Oktober 2013, dari www.lipse.org/userfiles/uploads/Considine%20and%20Lewis%20Innovation%20and%20innovators%20inside%20government%20-%20form%20institutions%20to%20networks%20Governance.pdf

Contreras-McGavin, M. (2004). *Changing colleges and universities through individual empowerment: Exploring the intersection between institutional actors and their organizations*. Master of Education, University of Southern California. Atas talian pada 25 September 2013, dari search.proquest.com.eserv.uum.edu.my/docview/305128950/fulltextPDF/140B8EA94947EF20604/5?accountid=42599

Cooper, M.R. dan Wood, M.T. (1974). Effetcs of member participation and comitment in group decision making on influence, satisfaction, and decision riskiness. *Journal of Applied Psychology* 1974, Vol. 59, No. 2, pp. 127-134. Atas talian pada 17 September 2013, dari web.ebscohost.com.eserv.uum.edu.my/ehost/pdfviewer/pdfviewer?vid=3&sid=1d200841-ff34-468a-88c8-a17461cb7c20%40sessionmgr115&hid=127

Cooper, H., et al. (1999). *Journal of Educational Psychology* 1999, Vol. 91, No. 2, 369-378. Atas talian pada 28 Ogos 2013, dari web.ebscohost.com.eserv.uum.edu.my/ehost/pdfviewer/pdfviewer?vid=6&sid=c1b4d449-5d9b-4437-be69-53806f824d80%40sessionmgr111&hid=126

Cooperation. (2011). *Wikipedia The Free Encyclopedia.* Atas talian pada 21 Disember 2011, 8:38 pagi dari http://en.wikipedia.org/wiki/Cooperation

Cooperation. (n.d.). *Your Dictionary.* Atas talian pada 21 Disember 2011, 8:28 pagi dari http://www.yourdictionary.com/cooperation

Cox, G.W. dan Mccubbins, M.D. (1994). Bonding, structure, and the stability of political parties: party government in the House. *Legislative Studies Quarterly*, Vol. 19, No. 2 (May, 1994), pp. 215-231.

Creswell, J. W. (2005). *Educational research: Planning, conducting, and evaluating, quantitative and qualitative research 2nd edition.* New Jersey: Pearson Merrill Prentice Hall.

Creswell, J. W. (2003). *Research design: Qualitative, quantitative and mixed methods approaches (2nd edition)*. United State of America: Sage Publications, Inc.

Crosnoe, R. (2004). Social capital and the interplay of families and schools. *Journal of Marriage and Family*. Vol. 66, Mei, 267-280. Atas talian pada 24 Januari 2007 dari http://www.blackwell-synergy.com.eserv.uum.edu.my/ doi/pdf/10.1111/ j.1741-3737.2004.00019.x.

CSIRO. (2011). n/a.

Cummings, J. N., Lee, J. B. dan Kraut, R. (2006). Communication technology and friendship during the transition from high school to college. *Computers, phones, and the internet: Domesticating information technology*. Kraut, R. (Ed.), Brynin, M. (Ed.) dan Kesler, S. (Ed.). pp. 265-278. New York, NY, US. Oxford University Press, 2006. xiii. Atas talian pada 15 September 2013, dari web.ebscohot.com.eserv.uum.edu.my/ehost/detail?vid=6&sid=f2cf86dd-901a-4821-9c37-747cfcb4d84d%40sessionmgr111&hid=19&bdata=JnNpdGU9ZWhvc3QtbGl2ZSZzY29wZT1zaXRl#db-psyh&AN=2007-08867-018

Cybulski, T.G., Hoy, W.K. dan Sweetland, S.R. (2005). The roles of collective efficacy of teachers and fiscal efficiency in student achievement. *Journal of Educational Administration*, 2005; 43, 4/5; BI/INFORM Complete pp. 439

Dahal, G. R. dan Adhikari, K.P. (2008). Bridging, linking and bonding social capital in collective action. *CAPRI Working Paper* No. 99, May 2008. Atas talian pada 3 September 2013, dari www.capri.org/pdf/capriwp79.pdf

Dasar Pendidikan Negara. (n.d.). Atas talian pada 19 Mac 2012, dari http://www.docstoc.com/docs/25454298/Dasar-Pendidikan-Negara

Davies, W. K. D., & Herbert, D. T. (1993). *Communities within cities: An urban social geography*. London: Belhaven Press.

Davis, J.L. (2009). *The influence of social capital factors on African-Americam and Hispanic high school student achievement*. Tesis doctoral, University of Central Florida. Atas talian pada 23 Jun 2013, dari search.proquest.com.eserv.uum.edu.my/docview/305091889/fulltextPDF/13ED3D0A6C4190A648/4?accountid=42599

de Sauza, R. (2011). Local perspectives on empowerment and responsibility in the new public health. *Health Communication* Vol. 26(1), Jan, 2011, pp. 25-36. Atas talian pada 23 September 2013, dari web.ebscohost.com.eserv.uum.edu.my/ehost/detail?vid=3&sid=7abc7794-a679-4136-865b-20a4781b4e01%40sessionmgr11&hid=14&bdata=JnNpdGU9ZWhvc3QtbGI2ZSZzY29wZT1zaXRI#db=psyh&AN=2011-02982-003

De Paula, S. dan Dymski, G. A. (2005). *Reimaging growth: Towards a renewal of development theory*. United State of America: Zed Books.

Definition of academic achievement in educational administration how can the school environment affect academic achievement?. (2012). *Answers.com*. Atas talian pada 19 Mac 2012 dari http://wiki.answers.com/Q/Definition_of_academic_achievement_in_educational_administration_how_can_the_school_environment_affect_academic_achievement

Delegitimization. (2013). *Collins*. Atas talian pada 15 September 2013, dari www.collinsdictionary.com/dictionary/english/delegitimization

Denize, S., Miller, K.E. dan Young, L. (n.d.). *Information exchange: An actor, activity and resource perspective*. Atas talian pada 30 Oktober 2013, dari https://www.escholar.manchester.ac.uk/api/datastream?publicationPid=uk-ac-man-scw:2n1000&datastreamId=FULL-TEXT.PDF

Deprofessionalize. (2013). *Dictionary.com*. Atas talian pada 15 September2013, dari dictionary.reference.com/browse/deprofessionalize

Dijck, M.F.V. (n.d.). *Bonding or bridging social capital? The evolution of Brabantine Fraternities during the late Medieval and the Early Modern Period*. Atas talian pada 25 September 2013, dari www.eshcc.eur.nl/fileadmin/ASSETS/eshcc/Pers onal_Page/vandjick/9_VanDijck_Bonding=or_Bridging_Brabant_-_online.pdf

Dirks, K.T. (1999). The effects of interpersonal trust on work group performance. *Journal of Applied Psychology*, 1999, Vol. 84, No. 3, pp. 445-455. Atas talian pada 5 September 2013, dari web.ebscohost.com.eserv.uum.edu.my/ehost/pdfviewer/pdfviewer?vid=4&sid=32636fdb-dc2d-4377-a277-c1eae1dd1f9d%40sessionmgr110&hid=118

Dobrohoczki, R. 92006). Cooperatives as social policy means for creating social cohesion in communities. *Journal of Rural Cooperation*, 2006, Vol. 34 Issue 2, pp. 135-158. Atas talian pada 10 September 2013, dari web.ebscohost.com.eserv.uum.edu.my/ehost/detail?vid=6*sid=ef6585a1-5d11-45db-a953-911fe44c6165%40sessionmgr4&hid=10&bdata=JnNpdGU9ZWhvc3QtbGI2ZSZzY29wZT1zaXRI#db=aph&AN=88895500

Dudte, K.A. (2008). *Social influence and gender norms*. Atas talian pada 23 Oktober 2013, dari https://kb.osu.edu/dspace/bitstream/handle/1811/32098/DudteThesis.pdf?..

Durlauf, S. N. (2002). Symposium on social capital: Introduction. *The economic journal*, Vol. 112, No. 483, 417-418. Atas talian pada 7 Mac 2008 dari http://jstor.org.

Eckmann, J. dan Moses, E. (n.d.). Curvature of co-links uncovers Hidden Thematic Layers in the world wide web. proceedings of the National Academy of Sciences 2002, 99, 5825-5829. dalam White, D.R. dan Houseman, M. (2002). The navigability of strong ties: Small worlds, tie strength and network topology. *Complexity* 8(1); pp. 72-81, Special Issue on Networks and Complexity (draft 1.4). Atas talian pada 30 Oktober 2013, dari halsshs.archives-ouvertes.fr/docs/00/44/52/36/PDF/K_C-a6.pdf

Education. (n.d.). *Macmillan Dictionary*. Atas talian pada 1 April 2012 dari http://www.macmillandictionary.com/dictionary/american/education

Eguluz, V.M., et al. (2008). *Cooperation and emergence of role differentiation in the*

dynamics of social networks. Atas talian pada 11 September 2013, dari arxiv.org/pdf/physics/0602053v1.pdf
eHow. (n.d.). Atas talian pada 25 Mac 2012, dari http://www.ehow.com/info_8245826_differences-urban-rural-communities.html
Eklinder-Frick, J., Eriksson, L. dan Hallen, L. (2011). Bridging and bonding forms of social capital in a regional strategic network. *Industrial Marketing Management*, Aug2011, Vol. 40 Issue 6, pp. 994-1003. Atas talian pada 3 September 2013, dari web.ebscohost.com.eserv.uum.edu.my/ehost/detail?vid=3&sid=b54413cd=8316-4967-8665-b7fdaf3fa361%40sessionmgr114&hid=128&bdata=JnNpdGU9ZWhvc3QtbGI2ZSZzY291zaXRI#db=bth&AN
El Nakoli, N. E. (2013). The intersection of physical activity, self-regulation and academic achievement: Implications for educational success. *Dissertation Abstracts International: Section B: The Sciences and Engineering*, vol 73(7-B)(E), 2013. Atas talian pada 2 September 2013, dari web.ebscohost.com.eserv.uum.edu.my/ehost/detail?vid=6&sid=aO6d362b-3484-470f-a71a-ddbfaeb30905%40sessionmgr4&hid=108&bdata=JnNpdGU9ZWhvc3QtbGI2ZSZzY29wZT1zaXRI#db-psyh&AN=2013-99020-455
Eells, R.J. (2011). *Meta-analysis of the relationship between collective teacher efficacy and student achievement*. Tesis doctoral, Loyola University Chicago. Atas talian pada 15 Ogos 2013, dari search.proquest.com.eserv.uum.edu.my/docview/894261498/fulltextPDF/13FE611B453354DF575/25?accountid=42599
Empowerment. (2011). *Wikipedia The Free Encyclopedia*. Atas talian pada 19 Disember 2011 , 8:17 pagi dari http://en.wikipedia. org/wiki/Empowerment
Encyclopaedia Britannica. (n.d.). Rural society. Dalam Britannica Academin Edition. Atas talian pada 20 Mac 2012, dari http://www.britannica.com/EBchecked/topics/512976/rural_society
Erkelens, T.C. (2007). *Strong versus weak social ties and classroom attendance*. Master of Science, Utah State University. Atas talian pada 1 September 2013, dari search.proquest.com.eserv.uum.edu.my/docview/304802193/fulltextPDF/1403D3C162A1A585845/1?accountid=42599
Ermish, J. dan Gambetta, D. (2010). Do strong family ties inhibit trust? *Journal of Economic Behavior & Organization*, vol. 75(3), Sep, 2010, pp. 365-376. Atas talian pada 4 September 2013, dari web.ebscohost.com.eserv.uum.edu.my/ehost/detail?vid=6&sid=bd079eae-1199-432f-b8a2=45375c6f105c%40sessionmgr12&hid=19&bdata=JnNpdGU9ZWhvc3QtbGI2ZSZzY29aZT1zaXRI#db=psyh&AN=2010-16071-001
Etzioni, A. (1991). *A responsive society*. San Francisco, California: Josey-Bass Publisher.
European Commission. (2011). The connecting Europe family in context Proposal for a Regulation -establishing the connecting Europe facility of 19 October 2011. *COM*(2011) 665final. Atas talian pada 30 Oktober 2013, dari ec.europa.eu/bapa/pdf/cef_brochure.pdf
Experiment-Resources.com. (2008-2011). *Judgmental sampling*. Atas talian pada 19 Disember 2011, 4:51 petang, dari http://www.experiment-resources.com/judgmental-sampling.html
Falk & Kilpatrick (1999). *What is social capital? A study of inter rural community*. Australia: University of Tasmania.
Farrell, A., Tayler, C. & Tennent, L. (2004). Building social capital in early chilhood education and care: An Australian study. *British Educational Research Journal*, Vol. 30, No. 5, 623-632.
Farzianpour, F., et al. (2011). Investigating the relationships between organizational social capital and service quality in teaching hospitals. *American Journal of Economics and Business Administration* 3(2): pp. 425-429, 2011. Atas talian pada 28 Oktober 2013, dari PDF%2Fajebasp.2011.425.429-1.pdf

Fatimah Wati Ibrahim dan Roslan A. Hakim. (2003). Pembentukan indikator Kedah Maju: Satu perbincangan awal. Dalam Abu Sufian Abu Bakar, Fatimah Wati Ibrahim dan Nur Azura Sanusi. *Prosiding seminat Kedah Maju 2010: Menjana pembangunan ekonomi yang dinamik dan seimbang*. 20-21 Oktober 2003. Kuala Lumpur: Univision Press Sdn. Bhd.

Fehr, E. dan Fischbacher, U. (2004). Social norms and human cooperation. *TRENDS in cognitive Sciences*, Vol. 8, No. 4April 2004. Atas talian pada 29 September 2013, dari www.kabbalah.info/forums/arosa/engmaterials/Altruism/Ernst_Fehr_Urs_Fischbacher_Social_Norms_and_Human_Cooperation.pdf

Ferguson, D. (2006). Developing social capital: Australian and New Zealand friends of libraries. *Aplis* 19(1) Mac 2006. Atas talian pada http://web.ebscohost.com.eserv.uum.edu.my/ehost/pdf?vid=29&hid=122&sid=8111547b-8705-4b68-8088-bc9ed84db8b5%40sessionmgr103.

Ferguson, K.M. (2006). Social capital predictors of children's school status in Mexico. *International Journal of Social Welfare*, Vol. 15, 321-331. Atas talian pada 24 Januari 2007 dari http://www.blackwell-synergy.com.eserv.uum.edu.my/ doi/pdf/ 10.1111/j.1468-2397.2006.00422.x.

Field, J. (2005). Social capital and lifelong learning. Dalam *Infed*. Atas talian pada 13 November 2006 dari http://www.infed.org/lifelonglearning/social_capital_and_lifelong_learning.htm.

Field, J. (2003). *Social capital*. London: Routledge Taylor and Francis Group.

Figueira-McDonough, J. (2001).*Community analysis and praxis: Toward a grounded civil society*. Philadelphia. United States of America: Brunner-Routledge.

Flache, A. (2002). The rational weekness of strong ties: Failure of group solidarity in a highly cohesive group of rational agents. *Journal of Mathematical Sociology*. Jul-Sep2002, Vol.26 Issues 3, p.189. Atas talian pada 12 September 2013, dari web.ebscohost.com.eserv.uum.edu.my/ehost/detail?vid=3&sid=d2c3b2ac-7128-4e9e-9e66-eac6282cf245%40sessionmgr13&hid=10&bdata=JnNpdGU9ZWhvc3QtbGI2ZSZzY29wZT1zaXRI#db=aph&AN=6877363

Flache, A. (2001). Individual risk preferences and collective outcomes in the evolution of exchange networks. *Rationality and Society*, Vol. 13(3), Aug. 2001, pp. 304-348. Atas talian pada 12 September 2013, dari web.ebscohost.com.eserv.uum.edu.my/ehost/detail?vid=4&sid=Cofc6f12-c5a1-4698-bb7a-c8eabe325842%40sessionmgr13&hid=108bdata=JnNpdGU9ZWhvc3QtbGI2ZSZzY29wZT1zaXRI#db=psyh&AN=2001-11351-002

Forsyth, D. (2012). *The strength of weak ties*. Atas talian pada 28 Oktober 2013, dari donforsythgroups.wordpress.com/tag/weak-ties/

Fournier, F. (2002). Introduction. Dalam UNESCO. *Social capital and poverty reduction: Which role for the civil society organizations and the state?*. Perancis: UNESCO.

Fox, C.K., et al. (2010). Physical activity and sports team participation: Associations with academic outcomes in middle school and high school students. *Journal of School Health*, January 2010, Vol. 80, No. 1. Atas talian pada 24 Julai 2013, dari ehis.ebscohost.com.eserv.uum.edu.my/ehost/pdfviewer/pdfviewer?vid=3&sid=8c9cdceb-3095-4e3a-a6e1-233a1059fce2%40sessionmgr15&hid=4

Fragele, A. R. (2004). Sorting the status hierarchy: The process of status conferral in task groups. *Dissertation Abstracts International Section A: Humanities and Social Sciences*, vol 65(4-A), 2004, pp. 1442. Atas talian pada 1 September 2013, dari web.ebscohost.com.eserv.uum.edu.my/ehost/detail?vid=4&sid=6845b2a0-fd12-4d8b-ba5f-50b8ec83ebfc%40sessionmgr11&hid=24&bdata=JnNpdGU9ZWhvc3QtbGI2ZSZzY29wZT1zaXRI#db=pshy&AN=2004-99019-022

Friedkin, N.E. (2001). Norm formation in social influence networks. *Social Networks* 23(2001), 167-189. Atas talian pada 23 Oktober 2013, dari www.soc.ucsb.edu/faculty/friedkin/reprints/SNNorms.PDF

Friedkin, N. E. (1997). Social positions in schooling. *Sociology of Education*. Okt 97,

Vol. 70, Isu 4, pp. 239-255. Atas talian pada 17 Julai 2013, dari ehis.ebscohost.com.eserv.uum.edu.my/ehost/detail?vid=10&sid=a2693503-1074-4afd-b41c-796006ad2f81%/40sessionmgr11&hid+8bdata=JnNpdGU9ZWhvc3QtbGI2ZSZzY29wZT1zaXRI#db=aph&AN=9711194560

Fukuyama, F. (1999). *Social capital and civil society*. Atas talian pada 23 Januari 2006, dari http://www.imf.org/external/pubs/ft/seminar/1999/reforms/fukuyama.htm

Gaddie, J.A. (2010). *Understanding social capital development and academic achievement of mobile students*. Tesis doctoral, University of Nebraska. Atas talian pada 23 Jun 2013, dari search.proquest.com.eserv.uum.edu.my/docview/8213466222/fulltextPDF/13ED59F65F145324B50/2?accountid=42599

Gagliarducci, S. dan Paserman, M.D. (2012). Gender interactions within hierarchies: Evidence from the political arena. *Review of Economic Studies* (2012) 79, pp. 1021-1052. Atas talian pada 6 Oktober 2013, dari web.ebscohost.com.eserv.uum.edu.my/ehost/pdfviewer/pdfviewer?vid=3&sid=167d4741-7bdc-49ea-bc22-3fda16f1b2%40sessionmgr110&hid=120

Gardner, L. (2004). *Peer pressure and academic motivation and achievement*. Master of Arts, pacific Lutheran University. Atas talian pada 27 Jun 2013, dari search.proquest.com.eserv.uum.edu.my/pqdtft/docview/305039804/fulltextPDF/13EE9348a14552459ba/8?ACCOUNTID=42599

Giannetti, M. dan Simonov, A. (2004). On the determinants of enterpreneurial activity: Social norms, economic environment and individual characteristics. *Swedish Economic Policy Review* 11(2004), pp. 269-313. Atas talian pada 29 Oktober 2013, dari www.regeringskansliet.se/content/1/c6/09/54/27/6cc8762d.pdf

Giavrimis, P., Papanis, E. dan Roumeliotou, M. (2011). Social networks and trust of immigrant students in Greek preliminary schools. *International Journal of Academic Research*, Vol. 3, No. 5, September 2011, 1 Part. Atastalian pada 1 September 2013, dari web.ebscohost.com.eserv.uum.edu.my/ehost/pdfviewer/pdfviewer?vid=5&sid=4fc65119-9c2b-4e04-9b8c-95a3887e470a%40sessionmgr114&hid=113

Gil de Zuniga, H. dan Valenzuela, S. (2011). The mediating path to a stronger citizenship: Online and offline networks, weakties, and civic engagement. *Communication Research*, Jun 2011, Vol. 38 Issue 3, pp. 379-421. Atas talian pada 4 September 2013, dari web.ebscohost.com.eserv.uum.edu.my/ehost/detail?vid=4&sid=aOf2ec4f-a6c3-4328-a8fe-67684d211bo%40sessionmgr110&hid=192bdata=JnNpdGU9ZWhvc3QtbGI2ZSZzZT1zaXRI#db=aph&AN=60517192

Gila, M. (2011). The impact of community bonding and bridging social capital on educational performance in Israel. *Urban Education*, v. 46, n5, pp. 1100-1130, Sep 2011. Atas talian pada 25 Jun 2013, dari www.eric.ed.gov/ERICWebPortal/search/detailmini.jsp?-nfpb=true&-&ERICExtSearch_SearchValue_O=EJ935780&ERICExtSearch_SearchType_O=no&accno=EJ935780

Goddard, R.D., Salloum, S.J. dan Berebitsky, D. (2009). Trust as a mediator of the relationships between: poverty, racial composition, and academic achievement evidence from Michigan's Public Elementary Schools. Educational Administration Quarterly, Apr 2009, Vol. 45 Issue 2, pp. 292-311. Atas talian pada 15 Ogos 2013, dari web.ebscohost.com.eserv.uum.edu.my/ehost/detail?vid=3&sid=57e6d61e-6ff1-4a33-a76a-e3ece5e6dbd4%40sessionmgr13&hid=23&bdata=JnNpdGU9ZWhvc3QtbGI2ZSZzY29wZT1zaXRI#db=aph&AN=37132654

Goddard, R.D. (2003). Relational networks, social trust, and norms: A social capital perspective on students' chances of academic success. *Educational Evaluation and Policy Analysis*, Spring 2003, Vol. 25, No. 1, pp. 59-74. Atas talian pada 20 Jun 2013, dari http://www.jstor.org.eserv.uum.edu.my/stable/pdfplus/36

Good, M. dan Adams, G.R. (2008). Linking academic social environments, ego-identity formation, ego virtues, and academic success. *Adolescence*, June 1, 2008. Atas taluan pada 28 Ogos 2013, dari

web.ebscohost.com.eserv.uum.edu.my/ehost/pdfviewer/pdfviewer?vid=3&sid=7fcfdc4-ea52-4f0a-9e7f-764573d2e6ee%40sessionmgr198&hid=114
Goyette, K. A. dan Conchas, G. Q. (2002). Family and non-family roots of social capital among Vietnamese and Mexican American children. Dalam Fuller, B. dan Hannum, E. *Schooling and social capital in diverse cultures*. Netherlands: Elsevier Science Ltd.
Gradone (1997). *Social capital as a mitigator of the effects of low socioeconomic status on achivement and postsecondary education*. Unpublished Doctor of Philosophy Dessertation. Fordham University.
Gran, V. dan Ahitebread, D. (2012). Self and social regulation of learning during collaborative activities in the classroom: The interplay of individual and group cognition. *Learning and Instruction*, vol. 22(6), Dec, 2012, pp. 401-412. Atas talian pada 2 September 2013, dari web.ebscohost.com.eserv.uum.edu.my/ehost/detail?vid=3&sid=aO6d362b-3484-470f=a71a-ddbfaeb30905%40sessionmgr4&hid=1&bdata=JnNpdGU9ZWhvc3QtbGI2ZSZzY29wZT1zaXRI#db=psyh&AN=2012-10271-001
Granovetter, M. (1983). The strength of weak ties: A network theory revisited. *Sociology theory*, Volume 1, 201-233. Atas talian pada 27 Mac 2006 dari http://www.si.umich.edu/~rfrost/courser/SI11D/readings/In_Out_and_Beyond/Granovetter.pdf.
Granovetter. (n.d.). n/a.
Greenan, N. dan Walkowiak, E. (2004). *IT and work organisation: beyond technological complementarity and social interaction*. Atas talian pada 6 Oktober 2013, dari www.iza.org/conference_files/TAM2005/greenan_n2256.pdf
Green, S.L. (2002). *Rational choice theory: An overview*. Retrieved 27 September, 2007, from http://business.baylor.edu/steve-green/greenl.doc
Greenbaum, S.D. (1982). Bridging ties at the neighborhood level. *Social networks*, Dec1982, Vol. 4 Issue 4, pp. 367-384. Atas talian pada 26 September 2013, dari web.ebscohost.com.eserv.uum.edu.my/ehost/detail?vid=5&sid=529555d-c68f-4b9a-a8a1-b7077a18b500%40sessionmgr4&hid=28&bdata=JnNpdGU9ZWhvc3QtbGI2ZSZzY29wZT1zaXRI#db=bwh&AN=17189589
Griffith, J. (1996). Relation of parental involvement, empowerment, and school traits to student academic performance. *Journal of Educational Research*, September 1. Atas talian pada 28 Ogos 2013, dari web.ebscohost.com.eserv.uum.edu.my.ehost/pdfviewer/pdfviewer?vid=3&sid=ae4e70ef=e67e-4c57-b829-c640d85e045b%40sessionmgr198&hid=122
Griswold, W. (1994:47-50). *Cultures and societies in a changing world*. United States of America: Pine Forge Press.
Grootaert, C., Narayan, D., Jones, V. N. dan Woolcock, M. (2004). *Measuring social capital*. Washington D.C.: The World Bank.
Grootaert, C. (2001). Social capital: The missing link?. Dalam Dekker, P. dan Uslaner, E. M. *Social capital and participation in everyday life*. New York: Routledge.
Guetzkow, H. dan Simon, H.A. (1955). The impact of certain communication nets upon organization and performance in task-oriented groups. *Management Science*, April 1, 1995. Atas talian pada 19 September 2013, dari web.ebscohost.com.eserv.uum.edu.my/ehost/pdfviewer/pdfviewer?vid=3&sid=a547842e-42ce-42ed-95e1-16feae5b87fc%40sessionmgr04&hid=118
Habihah Tolos. (2008). *Borang kaji selidik bertajuk Pemilihan skim persaraan: Kajian ke atas universiti awam* Malaysia. Pelajar Siswazah Fakulti Perniagaan The University of Hull, United Kingdom.
Hackman, J.R. dan Morris, C.G. (n.d.). *Group tasks, group interaction process, and group performance effectiveness: A review and proposed integration*. Atas talian pada 6 Oktober 2013, dari groupbrain.wjh.harvard.edu/jrh/pub/JRH1975_5.pdf
Haerpfer, C.W., Wallace, C. dan Raiser, M. (2005). Social capital and economic performance in post-communist societies. Dalam Koniordos, S. M. *Networks, trust and social capital: Theoretical and empirical investigations from Europe*. England: Ashgate.

Han, H. dan Johnson, S.D. (2012). Relationship between students' emotional intelligence, social bond, and interactions in online Learning. *Journal of Educational Technology & Society*, January1, 2012. Atas talian pada 25 September 2013, dari web.ebscohost.com.eserv.uum.edu.my/ehost/pdfviewer/pdfviewer?vid=3&sid=cc86117e-3768-4610-8067-08f1aaa26dfb%40sessionmgr14&hid=25

Hansell, S. (1984). Cooperative groups, weak ties, and the integration of peer friendships. *Social Psychology Quarterly*, Vol. 47(4), De, 1984, pp. 316-328. Atas talian pada 12 September 2013, dari web.ebscohost.com.eserv.uum.edu.my/ehost/detail?vid=6&sid=d2c3b2ac-7128-4e9e=9e6b-eac6282cf245%40sessionmgr13&hid=10&bdata=JnNpdGU9ZWhvc3QtbGI2ZSZzY29wZT1zaXRl#db=psyh&AN=1985-30506-001

Harley, B. (n.d.). The myth of empowerment: Work organization, hierarchy and employee autonomy in contemporary Australian workplaces. *Working Paper in Human resource Management & Industrial Relations, The University of Melbourne*. Number 4. Atas talian pada 23 September 2013, dari citeseerx.ist.psu.edu/viewdoc/download?doi=10.1.1.199.8457&rep1&type=pdf

Hartman, C. J. (n.d.). *Social class and social capital: An integrated theory of community college academic achievement*. Tesis doctoral, South Dakota State University. Atas talian pada 23 Jun 2013, dari search.proquest.com.eserv.uum.edu.my/docview/304817273/fulltextPDF/13ED3D0A6C4190AD648/3?accountid=42599

Hasan, S. dan Bagde, S. (2013). The mechanics of social capital and academic performance in an Indian college. *American Sociological Review*, 78 (6), 1009-1032.

Hashim Mat Noor. (1994). n/a.

Hatzakis, T., Lycett, M., Macredie, R.D., dan martin, V. A. (2005). Towards the development of a social capital approach to evaluating change management interventions. *European Journal of Information Systems*, 14, 60-74. Atas talian pada 9 Januari 2007 dari http://proquest.umi.com.eserv.uum.edu.my/pqdweb?index=21&did=1004391181&Srchmode=1&sid=1&Fmt=6&VInst=PROD&RQT=309&vName=PQD&ST=1168336466&clientID=28929.

Haudan, J. (2008). *The art of engagement: Bridging the gap between people and possibilities*. New York: McGraw-Hill.

Hays, N.A. (2012). *Social climbing: A contextual approach to understanding the efffects of social hierarchy on individual cognition and behavior*. Tesis doctoral, University of California. Atas talian pada 3 September 2013, dari search. proquest.com.eserv.uum.edu.my/docview/1021381082/fulltextPDF/14046C2905859732BA0/2?accountid=42599

Haythornthwaite, C. (2002). Strong, weak, and latent ties and the impact of new media. *The information society*, 18: pp. 385-401, 2002. Atas talian pada 30 Oktober 2013, dari emmtii.wikispaces.asu.edu/file/view/Shakespeare%20Hero%20Demo.pdf/208552626/shakespeare%20Hero%20Demo.pdf

Hazzard, D. (2011). *The impact of cultural organizations and resources on Blacks and Latina Academic Achievement at Wellesly College*. Atas talian pada 30 Jun 2013, dari https://docs.google.com/document/d/1vUwNb_9As2ATdFSMnr_oymPLyCbFAfbotyd2sTJUAK/EDIT?PLI=1

Heldenbrand, L. dan Simms, M.S. (2012). Missing link: Integrated individual leadership development, employee engagement and customer value-added improvement. *Performance improvement*, vol. 51, no. 2February 2012. Atas talian pada 22 September 2013, dari web.ebscohost.com.eserv.uum.edu.my/ehost/pdfviewer/pdfviewer?vid=3&sid=392e3668-711c-41e8-ba89-5f98492bb1c4%40sessionmgr10&hid=26

Hemengway, E. A. (2005). *The effects of communication and attractiveness on cooperation*. Master of Arts in Industrial/Organizational Psychology, Stephen F. Austin State University. Atas talian pada 1 September 2013, dari search.proquest.com.eserv.uum.edu.my/docview/305369539/fulltextPDF/1403c919E5020D9B2BD/6?ccountid=42599

Heward, C. (1999). Introduction: The new discourse of gender, education and development. In C. Heward & S. Bunwaree (Eds.), *Gender, education and development: Beyond access to empowerment.* United Kingdom: Zed Books Ltd.
Hirschi, T. (1969). *Key idea: Hirshi's social bond/social control theory: Causes of delinquency.* University of California Press. Atas talian pada 30 Oktober 2013, dari www.sagepub.com/upm-data/3b812_5.pdf
Hobbs, S.H., et al. (2004). Analysis of interest group influence on Federal school Meals Regulations 1992 to 1996. *Journal of Nutrition Education & Behavior*, March 1, 2004. Atas talian pada 1 September 2013, dari web.ebscohost.com.eserv.uum.edu.my/ehost/pdfviewer/pdfviewer?vid=3&sid=d564cd70_0680_42cd_9a5c-f064d488a640%40sessionmgr15&hid=24
Hogan, J.S. (2010). *Improving academic achievement through legislation: Correlating charter school laws against academic performance.* Tesis doctoral, Capella University. Atas talian pada 30 Jun 2013, dari search.proquest.com.eserv.uum.edu.my/docview/305242950/fullltextPDF/13EF962E471DAA7FBO/106?accountid=42599
Hond, F.D. dan Bakker, F.G.A. (2007). Ideologically motivated activism: How activist groups influence corporate social change activities. *Academy of Management Review* 2007, Vol. 32, No. 3, pp. 901-924. Atas talian pada 21 Oktober 2013, frankdebakker.files.wordpress.com/2010/09/amr-dh-db1.pdf
Horiuchi, S. (2008). Affiliative segregation of outsiders from a community: Bonding and bridging social capital in Hachimori-cho, Japan. *International Journal of Japanese Sociology* 2008, Number 17. Atas talian pada 25 September 2013, dari web.ebscohost.com.eserv.uum.edu.my/ehost/pdfviewer/pdfviewer?vid+5&sid=9d8d3a5d-37db8-4538_a7b4-ac48b891357a%40sessionmgr198&hid=108
Huang, J. (2012). Be proactive as empowered? The role of trust in one's supervisor in psychological empowerment, feedback seeking and job performance. *Journal of Applied Social Psychology*, Dec2012 Supplement, vol. 42 pp. E103-E127. Atas talian pada 5 September 2013, dari web.ebscohost.com.eserv.uum.edu.my/ehost/detail?vid=3&sid=649bab71-Oo9d-47ze-93fb-bfe397240f4d%40sessionmgr11&hid=9&bdata=JnNpdGU9ZWhvc3QtbGI2ZSZzY29wZT1zaXRI#db=bah&AN=84484369
Huang, L. (2009). Social capital and student achievement in Norwegian secondary schools. *Learning and individual differences*, Volume 19, Issue 2, June 2009, pp. 320-325. Atas talian pada 24 Jun 2013, dari www.sciencedirect.com/science/article/pii/S1041608008001234
Hui, P. dan Buchegger, S. (n.d.). *Groupthink and peer pressure: Social influence in online social network groups.* Atas talian pada 28 Oktober 2013, dari www.deutsche-telekon-laboratories.de/~panhui/publications/influenceAsonam.pdf
Hussain, L., et al. (2011). The effects of classroom interaction on students' academic achievement at secondary school level. *Mediterranean Journal of Social Sciences*, Vol. 2 (3), September 2011. Atas talian pada 26 Jun 2013, dari http://www.mcser.org/images/stories/2_journal/mjssso203September2011/54%20liqqat%20hossein.pdf
Hussein Mahmood. (1985). Program ko-kurikulum di sekolah-sekolah satu analisis. DalamUniversiti Utara Malaysia. Seminar kebangsaan mengenai ko-kurikulum.
Hyden, G. (1997). Civil society, social capital, and development: Dissection of a complex discourse. *Studies In Comparative International Development*, Spring 1997, vol. 32, No.1, 3-30. Atas talian pada 21 Januari 2007 dari http://web.ebscohost.com.eserv.uum.edu.my/ehost/pdf?vid=19&hid=48&sid=82d1e610-d1a9-432f-b38f-2a49d169ba8c%40SRCSM2.
Iain McLean dan Alistair McMillan (2009: 94-95). *The Concise Oxford dictionary of politics 3rd edition.* Published in United States: Oxford University Press.
Ibrahim Abu Shah. (1987). *The use of higher education as an intervention strategy in the economic development of a plural society: A case study of MARA Institute of Technology in the economic*

policy of Malaysia. Unpublished Doctor of Philosophy Dessertation, University of Maryland, United State of America.
Igarashi, T., et al. (2008). Culture trust, and social networks. *Asian Journal of Social Psychology* (2008), 11, 88-101. Atas talian pada 1 September 2013, dari web.ebscohost.com.eserv.uum.edu.my/ehost/pdfviewer/pdfviewer?vid=6&sid=4fc65119-9c2b-4e04-9b8c-95a3887e479a%40sessionmgr114&hid=24
Ilic, M. (2012). Effects of a summer bridge intervention program on 9th grade academic performance. *Dissertation Abstracts International Section A: Humanities and Social Science*, Vol 72(10-A), 2012, pp. 3724. Atas talian pada 29 Ogos 2013, dari web.ebscohost.com.eserv.uum.edu.my/ehost/detail?vid=4&sid=5170b5a2-6a51-4321f-83f9-ea99bb1749f6%40sessionmgr14&hid=26&bdata=JnNpdGU9ZWhvc3QtbGI2ZSZzY29wZT1zaXRI#db=psyh&AN=2012-99071-012
Imber, S. (1973). Relationship of trust to academic performance. *Journal of Personality and Social Psychology* 1973, Vol. 28, No. 1, 145-150. Atas talian pada 15 Ogos 2013, dari web.ebscohost.com.eserv.uum.edu.my/ehost/pdfviewer/pdfviewer?vid=5&sid=57e6d61e-6ff1-4a33-a76a-e3ece5e6dbd4%40sessionmgr13&hid=119
Inclusion. (n.d.). *Macmillan Dictionary.* Atas talian pada 19 Disember 2011, 4:27 pagi dari http://www.macmillandictionary.com/dictionary.american/inclusion
Infed Search. (2007). *Social capital.* Atas talian pada 4 Januari 2008 dari http://www.infed.org/biblio/social_capital.htm.
Info. (n.d.). *What is collective action.* Atas talian pada 21 Disember 2011, 8:22 pagi dari http://pagerankstudio.com/Blog/2011/103/what-is-collective-action/
Information. (2011). *Wikipedia The Free Encyclopedia.* Atas talian pada 19 Disember 2011 7:50 pagi dari http://en.wikipedia. Org/wiki/Information
Inkeles, A. (2000). Making men modern: On the causes and consequences of individual change in six developing countries (1969). In J. T. Robert & A. Hite (Eds.), *From modernization to globalization: Perspectives on development and social change*. Great Britain: Blackwell Publishers.
Internal consistency reliability. (n.d.). *Experiment-Resources.com.* Atas talian pada 29 Disember 2011, dari http://www.experiment-resources.com/internal-consistency-reliability.html
International Law Book Services. (2004). *Malaysia Kita.* Kuala Kumpur: Direct Art Company.
Intertextuality. (2013). *Dictionary.com.* Atas talian pada 4 September 2013, dari dictionary.reference.com/browse/intertextuality?r=66
Introduction to Research Methods. (2013). *About.com Psychology.* Atas talian pada 19 November 2013, dari psychology.about.com/od/researchmethods/ss/expdesintro.htm
Invaldsen, J. A. dan Rolfsen, M. (2012). Autonomous work groups and the challege of inter-group coordination. *Human Relations*, Jul2012, vol. 65 Issue 7, pp.861-881. Atas talian pada 2 September 2013, dari web.ebscohost.com.eserv.uum.edu.my/ehost/detail?vid=3&sid=a06d362b-3484-470f-a71a-ddbfacb30905%40sessionmgr4&hid=1bdata=JnNpdGU9ZWhvc3QtbGI2ZSZzY29wZT1zaXRI#db=bth&AN=77452413
Ireson, J. dan Hallan, S. (2009). Academic self-concepts in adolescence: Relations with achievement and ability grouping in schools. *Learning and Instruction*, Vol. 19 (3), Jun, 2009, pp. 201-213. Atas talian pada 17 JUlai 2013, dari ehis.ebscohost.com.eserv.uum.edu.my/ehost/detail?vid=12&sid=a2693503-1074-4afd-b41c-796006ad2f81%40sessionmgr11&hid=&bdata=JnNpdGU9ZWhvc3QtbGI2ZSZzY29wZT1zaXRI#db=pshy&AN
Ishak Che Long. (1990). *The impact of rural development strategies on the marginal poor in Peninsular Malaysia, 1957-1986 (poor).* Unpublished Doctor of Philosophy Thesis, University of East Anglia, United Kingdom.
Ishak Shari. (1996). Pembangunan luar bandar dan pembentukan masyarakat adil dari segi ekonomi. Dalam Frida Murtisari dan Khairina Awang. *Perspektif sosioekonomi luar bandar: Menjelang abad ke 21*. Kuala Lumpur: Malaysia Strategic Research Centre.

Israel, G.D., Beaulieu, L.J. dan Hartless, G. (2001). The influence of family and community social capital on educational achievement. *Rural sociology*. Vol. 66. No. 1, 43-68. Atas talian pada 23 Januari 2007 dari http:// web.ebscohost.com. eserv. uum.edu.my/ ehost/pdf? vid=4&hid=113&sid= 5657932b-b867-416d-a051 -e64f6900b4d3%40sessionmgr7

Israel, G.D., dan Beaulieu, L.J. (2004). Laying the foundation for employment: The role of social capital in educational achievement. *The Review Of Regional Studies*, Vol. 34. No. 3, 260-287. Atas talian pada 23 Januari 2007 dari http:// web. ebscohost. com. eserv. uum.edu.my/ ehost/pdf? vid=4&hid=121&sid=5657932b-b867-416d-a051-e64f6900b4d3%40sessionmgr7.

Jabatan Analisa Ekonomi dan Polisi Awam. (1985). n/a.

Jabatan Kimia, Fakulti Sains dan Teknologi, Universiti Pendidikan Sultan Idris. (n.d.). Atas talian pada 17 Mac 2012, dari http://www.scribd.com/doc/19373797

Jabatan Pelajaran Negeri Kedah. (2008). *Data keputusan PMR 2007*. Tidak Diterbitkan. Alor Setar, Kedah.

Jabatan Pendidikan Johor. (1995). n/a.

Jabatan Perancangan Bandar dan Desa. (2006). n/a.

Jabatan Perangkaan Malaysia. (2002). *Banci penduduk dan perumahan Malaysia: Ciri-ciri pendidikan dan sosial penduduk*. Kuala Lumpur: Jabatan Perangkaan Malaysia.

Jabatan Perangkaan Malaysia. (2001). *Banci penduduk dan perumahan Malaysia 2000: Taburan penduduk mengikutkawasan pihak berkuasa tempatan dan mukim*. Kuala Lumpur: Jabatan Perangkaan Malaysia.

Jabatan Perangkaan Malaysia. (2001). *Banci penduduk dan perumahan Malaysia 2000: Taburan penduduk dan ciri-ciri asas demografi*. Kuala Lumpur: Jabatan Perangkaan Malaysia.

Jabatan Perangkaan Negeri Kedah. (n.d.). *Unjuran Penduduk Kedah, 2000-2010.*

Jabatan Ukur dan Pemetaan Negara Malaysia. (2004). *Malaysia: e-map peta elektronik*. Kuala Lumpur: JUPEM.

Jackson, J.C. (2009). *Organizational citizenship behavior, collective teacher efficacy, and student achievement in elementary schools*. Tesis doctoral, The College of William and Mary in Virginia. Atas talian pada 15 Ogos 2013, dari search.proquest.com.eserv.uum.edu.my/docview/305028345/fulltextPDF/13FE611B453354DF575/9?accountid=42599

Jaimovich, D. (2012). *Missing links, missing markets: Internet exchanges, reciprocity and external connections in the economic networks of Gambian villages*. Atas talian pada 29 September 2013, dari www.wiwi.uni.frankfurt.de/fileadmin/user_upload/dateien_abteilungen/abt_ewf/Dany/publications/missinglinks_october-2012.pdf

James, C. (2009). Young people, ethics, and the New Digital Media: A synthesis from the Goodplay Project. *The John D. and Catherine T. MacArthur Foundation Report on Digital Media and Learning*. Atas talian pada 30 Oktober 2013, dari dm/hub.net/sites/default/files/Young_People_Ethics_and_New_Digital_Media.pdf

Jansen, E.P.W.A. (2004). The influence of the curricilum organization on study progress in higher education. *Higher Education* 47: 411-435, 2004. Atas talian pada 29 Ogos 2013, dari web.ebscohost.com.eserv.uum.edu.my/ehost/pdfviewer/pdfviewer?vid=4&sid=c30ea154-557f-41a7-9352-c7caf8199697%40sessionmgr198&hid=127

Jeffries, F.L. dan Becker, T.E. (2008). Trust, norms and, cooperation: development and test of a simplified model. *Journal of Behavioral & Applied Management*, Mei 1, 2008. Atas talian pada 9 September 2013, dari web.ebscohost.com.eserv.uum.edu.my/ehost/pdfviewer/pdfviewer?vid=3&sid=a0812e23-043e-418d-9d09-ab16cecb4ab5%40sessionmgr13&hid=11

Jeffrey Hays. (2008).Village society, charatcter and personality. Dalam Facts and details. Atas talian pada 22 Mac 2012, dari http://factsanddetails.com/world.php?itemid=2176&catid=57&subcatid=379).

Jemaah Nazir dan Jaminan Kualiti, Kementerian Pelajaran Malaysia. (2010). Standard kualiti pendidikan Malaysia 2010, Putrajaya: Jemaah Nazir dan Jaminan Kualiti, Kementerian Pelajaran Malaysia. Atas talian pada 19 Mac 2012, dari http://ppdkerian.edu.my/downloas?Standard_Kualiti_Sekolah.pdf

Jicha, K.A., et al. (2011). Individual participation in collective action in the context of a Carribbean Island state: testing the effects of multiple dimensions of social capital. Rural Sociology 76(2), 2011, pp. 229-256. Atas talian pada 7 Oktober 2013, dari web.ebscohost.com.eserv.uum.edu.my/ehost/pdfviewer/pdfviewer?vid=3&sid=5c42bf64-2dfc-43d6-977f-52abObda9a8b%40sessionmgr114&hid=117

John J. Macionis (2007). *Sociology 11th edition.* New Jersey, United States of America: Pearson Educational International, Pearson Prentice Hall.

John, P. (2005). The contribution of volunteering, trust, and networks to educational performance. *The Policy Studies Journal*, Vol. 33, No. 4, 635-656. Atas talian pada 9 Mac 2007 dari http://www.blackwell-synergy.com.eserv.uum.edu.my/ doi/pdf/10.1111/j.1541-0072.2005.00136.x

Johnson, B. dan Turner, L.A. (2003). Data collection strategies in mixed methods research. Dalam Tashakkori, A. dan Teddlie, C. *Handbook of mixed methods in social dan behavioral research.* United States of America: Sage Publications.

Jonkers, L., et al. (2010). Academic performance and self-regulatory skills in elite youth soccer players. *Journal of Sports Science*, December 2010; 28(14):1605-1614. Atas talian pada 29 Ogos 2013, dari www.tandfonline.com.eserv.uum.edu.my/doi/pdf/10.1080/02640414.2010.516270

Jonker, L., Elferink-Gemser, M.T. dan Visscher, C. (2009). Talented athletes and academic achievements: A comparison over 14 years. High Ability Studies, 20(1), 55-64. Dalam Jonkers, L., et al. (2010). Academic performance and self-regulatory skills in elite youth soccer players. *Journal of Sports Science*, December 2010; 28(14):1605-1614. Atas talian pada 29 Ogos 2013, dari www.tandfonline.com.eserv.uum.edu.my/doi/pdf/10.1080/02640414.2010.516270

Jonkmann, K., Trautwein, U. dan Ludtke, O. (2009). Social dominance in adolescence: The moderating role of the classroom context and behavior heterogeneity. Child development, 80, 338-355. Dalam Garandeau, C. F., Ahn, H. dan Rodkin, P. C. (2011). The social status of aggressive students across contexts: The role of classroom status hierarchy, academic achievement and grade. *Development Psychology* 2011, Vol. 47, No. 6, 1699-1710. Atas talian pada 22, dari ehis.ebscohost.com.eserv.uum.edu.my/ehost/pdfviewer/pdfviewer?vid=8&sid=6e076faO_227e_4087-abdf_f7f5dfca35bO%40sessionmgr113&hid=110

Jonsson, T. dan Jeppesen, H. J. (2013). Under the influence of the team? An investigation of the relationships between team autonomy, individual autonomy and social influence within teams. *International Journal of Human Resource Management*, Jan 2013, Vol. 24 Issue 1, pp. 78-93. Atas talian pada 2 September 2013, dari web.ebscohost.com.eserv.uum.edu.my/ehost/detail?vid=6&sid=61ea4f2c-6c90-4591-bb57-ac335f26424c%40sessionmgr13&hid=1&bdata=JnNpdGU9ZWhvc3QtbGI2ZSZzY29wZT1zaXRI#db=bth&AN=82935162

Jordan, J.L. dan Munasib, A. B. A. (2006). Motives and social capital consequence. *Journal of Economic Issues,* Vol. XL No.4, 1093-1112. Atas talian pada 15 November 2006 dari http://web.ebscohost.com.eserv.uum.edu.my/ehost/pdf?vid=34&hid=123&sid=7d27716d-fbac-48a6-91fb-7cc31e8c6a39%40sessionmgr102.

Jorgensen, B. (2005). *Education reform for at-risk youth: A social capital approach.* Atas talian pada 17 November 2006 dari http://www.emeraldsight.com.eserv.uum.edu.my/Insight/ViewContentServlet?Filename=/published/emeraldfulltextarticle/pdf/0310250804.pdf.

Jumaat Haji Mohd Noor. (1976). *Sejarah perkembangan sekolah-sekolah negeri Kedah.* Alor Setar: Percetakan Siaran.

Jung, Y., et al. (2013). Favors from facebook friends: Unpacking dimensions of social capital. *CHI'13*, April 27-May 2, 2013, Paris, France. Atas talian pada 30 Oktober 2013, dari www-personal.umich.edu/~enicole/Jung GrayLampeEllison2013CHI.pdf

Jungbauer-Gans, M. dan Gross, C. (2013). Determinants of success in university careers: Findings from the German Academic Labor Market. *Zeitschrift fur Soziologie*, Jg. 42, Heft 1, Februar 2013, pp. 74-92. Atas talian pada 23 Julai 2013, dari www.zfs-online.org/index.php/efs/article/viewFile/3120/2658

Kalish, Y. dan Robins, G. (2006). Psychological predispositions and network structure: The relationship between individual predispositions, srtuctural holes and network closure. *Social Networks*. Jan2006, Vol. 28 Issue 1, pp. 56-84. Atas talian pada 5 September 2013, dari web.ebscohost.com.eserv.uum.edu.my/ehost/detail?vid=4&sid=15aOb26d-e4f9-4275-93d9-9b404aOa3689%40sessionmgr115&hid=118&bdata=JnNpdGU9ZWhvc3QtbGI2ZSZzY29wZT1zaXRI#db=bwh&AN=19059831

Kampung. (2012). Wikipedia Esiklopedia bebas. Atas talian pada 21 Mac 2012, dari http://ms.wikipedia.org/wiki/Desa

Kang, C. (2006). Classroom peer effects and academic achievement: Quasi-Randomization evidence from South Korea. *Journal of Urban Economies*, forthcoming. Atas talian pada 26 Jun 2013, dari http://prof.cau.ac.kr/~ckang/papers/Classroom%20Peer%

Kao, G. dan Rutherford, L.T. (2007). Does social capital still matter? Immigrant minority diasadvantage in school-specific social capital and its effects on academic achievement. *Sociological Perspectives*, Vol. 50, Issue 1, pp. 27-52. Atas talian pada 20 Jun 2013, dari www.jstor.org/stable/pdfplus/10.1525/sop.2007.50.1.27.pdf?acceptTC=true

Kathyapornporg, U. (2009). The roles of social bonds in the Australian tourism network. *Proceedings of the 25th IMP Conference: Euromed Management (pp. 1-10) Marseilles, France: Industrial Marketing and Purchasing Group*. Atas talian pada 4 September 2013, dari ro.uow.edu.au/commpapers/1527/

Kavanaugh, A., et al. (n.d.). *Weak ties in networked communities*. Atas talian pada 26 September 2013, dari www.socio-informatics.de/fileadmin/IISI/upload/C_T/2003/kavanaugh.pdf

Kelly, P. F. (2002). Commentary: Uses and misuses of social capital in studying school attainment. Dalam Fuller, B. dan Hannum, E. *Schooling and social capital in diverse cultures*. Netherlands: Elsevier Science Ltd.

Kementerian Pelajaran Malaysia. (2007).*Education directions*. Atas talian pada 8 April 2009 dari http://www.moe.gov.my/tayang.php?laman=halatuju_pendidikan&unit=kementeriaan&bhs-en

Kementerian Pelajaran Malaysia. (2006). *Enrolmen sekolah menengah kerajaan dan bantuan kerajaan Malaysia seperti pada 30 Jun 2006*. Atas talian pada 12 Mac 2008 dari http//www.moe.gov.my.

Kementerian Pelajaran Malaysia. (2006). *Enrolmen sekolah menengah kerajaan dan bantuan kerajaan di negeri Kedah seperti pada 30 Jun 2006*. Atas talian pada 12 Mac 2008 dari http//www.moe.gov.my.

Kementerian Pendidikan Malaysia. (2006). *Pusat perkembangan kurikulum*. Atas talian pada 22 November 2007 dari http://www.ppk.kpm.my/sejarah.htm.

Kementerian Pendidikan Malaysia. (2002). *Sukatan pelajaran dan huraian sukatan pelajaran*. Atas talian pada 22 November 2007 dari http://myschoolnet.ppk.kpm.my/sp_hsp/sp_hsp.htm.

Khan, F. dan Ghadially, R. (2010). Empowerment through ICT education, access and use: A gender analysis of muslim youth in India. *Journal of International Development*, J. Int. Dev. 22, pp. 659-673 (2010). Atas talian pada 12 September 2013, dari web.ebscohost.com.eserv.uum.edu.my/ehost/pdfviewer/pdfviewer?vid=38sid=od750784-88a8-40d8-b5a5-3405ea86e9c2%40sessionmgr14&hid=10

Kim, J. (2012). *Defining and assesssing parent empowerment and its relationship to academic achievement using the national household education survey: A focus on marginalized parents*. Tesis doctoral, University of Maryland. Atas talian pada 24 Jun 2013, dari search.proquest.com.eserv.uum.edu.my/docview/1220493669/fulltextPDF/13EDACC04E679c4A04B/1?accountid=42599

Kim, J.H. (2010). Does sharing information before a clinical skills examination impact student performace? *Medical Teacher*, Vol 32 (9), Sep, 2010, pp.747-753. Atas talian pada 24 Jun 2013, dari ehis. ebscohost.com.eserv.uum.edu.my/ehost/pdfviewer/pdfviewer?vid=7&sid=d2e50a24-b764-42de-9a6f-ea8f69f38cb9%40sessionmgr198&hid=106

Kim, S. (2011). The effects of internet use on academic achievement and behavioral adjustment among South Korean adolescents: Mediating and moderating roles of parental factors. *Dissertation Abstracts International Section A: Humanities and Social Science*, Vol. 73 (6-A), 2012, pp. 2323. Atas talian pada 17 Julai 2013, dari ehis.ebscohost.com.eserv.uum.edu.my/ehost/detail?vid=6&sid=43bd11ec-9364-44bc=a9b9-1bOe8ccOe05%40sessionmgr114&hid=115&bdata=JnNpdGU9ZWhvc3QtbGl2ZSZzY29wZT1zaXRl#DB=PSYH&an=2012-99231-016

Kirby-Geddes, E., King, N. dan Bravington, A. (2013). Social capital and community group participation: Examining 'Bridging' and 'Bonding' in the context of a healthy living Centre in the UK. *Journal of Community & Applied Social Psychology*, Jul/Aug2013, Vol. 23 Issue 4, pp. 271-285. Atas talian pada 17 September 2013, dari web.ebscohost.com.eserv.uum.edu.my/ehost.detail?vid=3&sid=e724e1e5-9f83-4870bcd3-c19898e12c66%40sessionmgr12&hid=19&bdata=JnNpdGU9ZWhvc3QtbGl2ZSZzY29wZT1zaXRl#db=aph&AN=88286957

Kirkchunova, M. (2013). *Acculturation, peer influence, and academic achievement among Hispanic descent early adolescents*. Tesis doctoral, The University of texas at Austin. Atas talian pada 27 Jun 2013, dari search.proquest.com.eserv.uum.edu.my/pqdtft/docview/305300426/fulltextPDF/13EE8D36DC6C19E8C7/2?accountid=42599

Kish, L. (1965). *Survey sampling*. United States of America: John Wiley & Sons.

Klyza, C.M., Savage, A. dan Isham, J. (2004). Local environment groups, the creation of social capital, and environmental policy: Evidence from vermont. *Middlebury College Economics Discussion Paper* No. 04-07. Atas talian pada 30 Oktober 2013, dari cat2.middlebury.edu/econ/repec/mdl/ancoec/0407.pdf

Knight, R.G. dan Godfrey, H.P.D. (1993). The role of alcohol-related expectations in the prediction of drinking behavior in a simulated social interaction. *Addiction* (1993) 88, pp. 1111-1118. Atas talian pada 7 Oktober 2013, dari web.ebscohost.com.eserv.uum.edu.my/ehost/pdfviewer/pdfviewer?vid=3&sid=6ecff4be-do2c-4a7a-968d-71656b3eec42%40sessionmgr14&hid=11

Koniordos, S. M. (2005). *Networks, trust and social capital: Theoretical and empirical investigations from Europe*. England: Ashgate.

Koo, Y. dan Park, S.O. (2011). Structural and spatial characteristics of personal actor networks: The case of industries for the elderly in Korea. *Paper in Regional Science*, Volume 91, Number 1 March 2012. Atas talian pada 12 September 2013, dari web.ebscohost.com.eserv.uum.edu.my/ehost/pdfviewer/pdfviewer?vid=38sid=COfc6f12-c5a1-4698-bb7a-c8eabe325842%40sessionmgr13&hid=128

Koutra, K.. et al. (2012). Adolescent drinking, academic achievement and leisure time use by secondary education students in a rural area of Crete. *Health and Social Care in the Community* (2012) 20 (1), 61-69. Atas talian pada 24 Julai 2013, ehis.ebscohost.com.eserv.uum.edu.my/ehost/pdfviewer/pdfviewer?vid=7&sid=8c9cdceb-3095-4e3a-a6e1-233a1059fce2%40sessionmgr15&hid=115

Kubey, R.W., Lavin, M.J. dan Barrows, J.R. (2001). Internet use and collegiate academic performance decrements. Early Findings. Journal of Communication, 51(2), pp. 366-382. Dalam Chen, Y. dan Lever, K. (n.d.). *Relationships among mobile phones, social networks, and academic achievement: A comparison of US and taiwanese college students*. Atas talian pada 31 Oktober 2013, dari www.fil.hu/mobil/2005/Chen-lever.pdf

Kwon, S. (2014). Social capital: maturation of a field of research. *Academy of Management Review*, Vol. 39, No. 4, pp. 412-422.

Laerd dissertaion. (2010). Purposive sampling: An overview. Atas talian pada 5 Jun 2012, dari dissertationlaerd.com/articles/purposive_sampling-an-overview.php

Lance, B. (2008). The economic returns of immigrants' bonding and bridging social capital: The case of the Netherlands. *Paper presented at the 103rd Annual Meeting of the American Sociological*

Association, Boston, August 1-4th 2008. Atas talian pada 25 September 2013, dari www.imis.uni-osnabrueck.de/pdfFiles/IMISCOE Maastricht Lancee.pdf

Lance, K.C. dan Rodney, M.J. (1999). Proof of the power: A look of the results of the Colorado study...and moral. Atas talian pada 12 Februari 2013, dari http://www.lrs.org/html/about/school_studies.html. Dalam Simmons, E. W. (n.d.). *The impact of home/school/community collaboration on student achievement: An analysis of reading Renaissance*. Atas talian pada 26 JUn 2013, http://chiron.valdosta.edu/are/Litreviews/vollno1/simmons_litr.pdf

Lang, J. C. (2004). Social context and social capital as enablers of knowledge integration. *Journal of Knowledge Management*. Vol. 8 No.3, 89-105. Atas talian pada 24 Januari 2007 dari http://www.emeraldinsight.com.eserv.uum.edu.my/Insight/ViewContentServlet?Filename=/[ublished/emeraldfulltextarticle/pdf/2300080307.pdf.

Larsen, K. (2007). *Participation, incentives and social norms in partnership arrangements among farms in Sweden*. Atas talian pada 22 September 2013, dari ageconsearch.crun.edu/bitstream/9870/1/5p071a05.pdf

Larsen, L., et al. (2004). Bonding and bridging: Understanding the relaationship between social capital and civic action. *Journal of Planning Education and Research*, 24: pp. 64-77. Atas talian pada 25 September 2013, dari www.asv.edu/clas/oldshesc/faculty/pdf/JPERBondingandBridging.pdf

Latkin, C., et al. (2009). Relationship between social norms, social network characteristics, and HIV Risk behaviors in Thailand and the United States. *Health Psychology*, 2009, Vol. 28, No. 3, 323-329. Atas talian pada 2 September 2013, dari web.ebscohost.com.eserv.uum.edu.my/ehost/pdfviewer/pdfviewer?vid=3&sid=802caba2-af11-4f83-bc57-20cbfd5e7c26%40sessionmgr111&hid=118

Lee, M. (2014). Bringing the best of two worlds together for social capital research in education: social network analysis and symbolic interactionism. *Educational Researcher*, December 2014, col. 43, no. 9, pp. 454-464.

Lee, S. (2007). The relations between the student-teacher trust relationship and school success in the case of Korean middle schools. *Educational Studies*, vol. 33(2), Jun 2007, pp. 209-216. Atas talian pada 15 Ogos 2013, dari web.ebscohost.com.eserv.uum.edu.my/ehost/detail?vid=4&sid=57e6d61e-6ff1-4a33-a76a-e3ece5e6dbd4%40sessionmgr13&hid=119&bdata=JnNpdGU9ZWhvc3QtbGI2ZSZzY29wZT1zaXRI#

Lewis, O. (2000). A study of slum culture: Backgrounds for La Vida (1968). In J. T. Roberts & A. Hite (Eds.), *From modernization to globalization: Perspectives on development and social change*. Great Britain: Bkackwell Publishers.

Lichbach, M.I. (2006). *Is rational choice theory all of social science?*. United State of America: The University of Michigan Press.

Lichterman, P. (2006). Social capital or group style? Rescuing Tocqueville's insight on civic engagement. *Theory & Society*, Oct2006, Vol. 35 Issue 5/6, pp. 529-563. Atas talian pada 26 September 2013, dari web.ebscohost.com.eserv.uum.edu.my/ehost/detail?vid=5&sid=99d5504d-ec4d-4443-92ca-8ffb1daf54e0%40sessionmgr13&hid=28&bdata=JnNpdGU9ZWhvc3QtbGI2ZSZzY29wZT1zaXRI#db=aph&AN=23288098

Lin, C.H. (2008). *The relationship of racial identity, psychological adjustment and social capital, and their effects on academic outcomes of Taiwanese aboriginal five-year junior college students*. Tesis doctoral, University of North Texas. Atas talian pada 23 Jun 2013, dari search.proquest.com.eserv.uum.edu.my/docview/304544053/fulltextPDF/13ED457974037094248/5?accountid=42599

Lin, N. (2001). *Social capital: A theory of social structure and action*. United States of America: Cambridge University Press.

Lin, N. (1999). *Building a network theory of social capital*. Retrieved 7 June 2006 from http://www.insa.org/Connections.Web/Volume22-1/V22(1)-28-51.pdf.

Little, K. L. (1953). Social change in a non-literate community. In P. Ruopp & S. Radhakrishnan (Eds.), *Approaches to community development*. Netherlands: W. Van Hoeve LTD. / The Hague, Bandung.

Livinggood, W.C., Coughlin, S. dan Remo, R. (n.d.). *Public health & electronic health information exchange: A guide to local agency leadership*. Atas talian pada 6 Oktober 2013, dari www.phii.org/sites/default/files/resource/pdfs/Public%20Health%20%26%20EHIE%20(DCHD)%20FINAL.pdf

Loh, J. (Ming Ing), Smith, J. R. dan Restubog, S.L.D. (2010). The role of culture, workshop membership, and organizational status on cooperation and trust: An experiment investigation. *Journal of Applied Social Psychology*. Dec2010. Vol.4 Issue 12, pp. 2947-2968. Atas talian pada 11 September 2013, dari web.ebscohost.com.eserv.uum.edu.my/ehost/detail?vid=8&sid=7f97b87d-5f4e-428a-a423-2431a7f3ff84%40sessionmgr115&hid=127&bdata=JnNpdGU9ZWhvc3QtbGI2ZSZzY29wZT1zaXRI#DB=BTH&an=55831278

Lopaciuk-Gonczaryk, B. (n.d.). *Corporate social capital-bonding & bridging*. Atas talian pada 25 September 2013, dari https://sites_google.com/site/businessnetworkresearch/Home/papers-2/Corporate-social_capital_bonding-bridging

Lopez, P., et al. (2013). Does corruption have social roots? The role of culture and social capital. *Journal of Business Ethics*, Jul 6, 2013. Atas talian pada 1 Oktober 2013, dari web.ebscohost.com.eserv.uum.edu.my/ehost/detail?vid=3&sid=e4309689-b752-4c01-ac4d-a699eebfcc65%40sessionmgr110&hid=108&bdata=JnNpdGU9ZWhvc3QtbGI2ZSZzY29wZT1zaXRI#db=psyh&AN=2013-24555-001

Lord, J. dan Hutchison, P. (1993). The process of empowerment: Implications for theory and practice. *Canadian Journal of Community Mental Health*, 12:1 Spring 1993, pp. 5-22. Atas talian pada 23 September 2013, dari johnlord.net/Power Empowerment Partnership Advocacy/CJCMH/Process of Empowerment.pdf

Lorenzetti, J. P. (2004). Strategic planning and social capital in distance education: A conversation with Eugene Kowch. *Distance Education Report*. Atas talian pada 23 Januari 2007 dari http://web.ebscohost.com.eserv.uum.edu.my/ehost/pdf?vid=4&hid=109&sid=f8d6e7a6-1d10-4d53-a6ce-70b6d1a1d318%40sessionmgr109.

Louis, K. S., Dretzke, B. dan Wahlstrom, K. (2010). How does leadership affect student achievement? Result from a national US survey. School Effectiveness and School Inprovement, Vol. 21, No. 3, September 2010, 315-336. Atas talian pada 6 November 2013 dari myfirstwikipage.wiki.westga.edu/file/view/ResearchsourceLeadershipStudentAchievement.pdf/349263240/ResearchsourceLeadershipStudentAchievement.pdf

Lovett, T. W. (2014). Mentor social capital, individual agency and working-class student learning outcomes: revisiting the structure/agency/dialectic. *Australian Journal of Teacher Education*, 39 (11), pp. 16-28.

Luca, C.G. (2005). *Building social capital in social work education: A strategy for curriculum development*. Unpublished Doctor of Philosophy Dessertation. The Catholic University of America.

Luo, J. (2005). Particularistic trust and general trust: A network analysis in Chinese Organizations. *Management and Organization Review* 1:3, 437-458. Atas talian pada 10 September 2013, dari nbu.bg/webs/clubpsy/Materiali za kachvane/Library/razlichini lekcii na angliiski/Trust in Chinese Organization.pdf

Lusher, D. (2011). Masculinity, educational achievement and social status: a social network analysis. *Gender and Education*, vol. 23, No.6, Oktober 2011, 655-675. Atas talian pada 23 Julai 2013, dari ehis.ebscohost.com.eserv.uum.edu.my/ehost/pdfviewer/pdfviewer?vid=8&sid=b69aO49d-c031-4209-8f63-255aOf6f546e%40sessionmgr110&hid=110

Lynch, A., Lerner, R. dan Leventhal, T. (2013). Adolescent academic achievement and school engagement: An examination of the role of achool-Wide Peer Culture. *Journal of Youth & Adolescence*, Jan2013, Vol. 42, Issue 1, pp. 6-19. Atas talian pada 17 Julai 2013, dari ehis.ebscohost.com.eserv.uum.edu.my/ehost/detail?vid=3&sid=43bd11ec-9364-44bc-a9b9-

1bOe8ccOe052%40
sessionmgr114&hid=115&bdata=JnNpdGU9ZWhvc3QtbGI2ZSZzY29wZT1zaXRl#db=aph&AN=84486262

Lynch, A.D. (2011). *Adolescent academic achievement and school engagement: An examination of the role of student peer culture*. Tesis doctoral, Tuffs University. Atas talian pada 27 Jun 2013, dari search.proquest.com.eserv.uum.edu.my/pqdtft/docview/877923462/fulltextPDF/13EE9348A14552459BA/9?accountid=42599

Ma, L., et al. (2009). The development of academic competence among adolescents who bully and who are bullied. Journal of Applied Development Psychology, 30, 628-644. Dalam Garandeau, C. F., Ahn, H. dan Rodkin, P. C. (2011). The social status of aggressive students across contexts: The role of classroom status hierarchy, academic achievement and grade. *Development Psychology* 2011, Vol. 47, No. 6, 1699-1710. Atas talian pada 22, dari ehis.ebscohost.com.eserv.uum.edu.my/ehost/pdfviewer/pdfviewer?vid=8&sid=6e076faO_227e_4087-abdf_f7f5dfca35bO%40sessionmgr113&hid=110

Macke, J. dan Dilly, E. K. (2010). Social capital dimensions in collaborative networks: The role of linking social capital. *International Journal of Social Inquiry* Vol. 3 Number 2 1010 pp. 121-136. Atas talian pada 3 September 2013, dari www.socialinquiry.org/articles/IJSI-V3N22010-006.pdf

Magson, N. R., Craven, R. G. dan Bodkin-Andrews, G. H. (2014). Measuring social capital: the development of the social capital and cohesion scale and the associations between social capital and mental health. *Australian Journal of Educational & Developmental Psychology*, Vol. 14, 2014, pp. 202-216.

Maimunah Ismail. (1989). *Pengembangan : Implikasi ke atas pembangunan masyarakat*. Kuala Lumpur: Dewan Bahasa dan Pustaka.

Majeed, A. (2010). *"Peer group effects on academic achievement" of government girls high school Khyaban-e-Sirsyed Rawalpindi*. Master of Arts, International Islamic University Islamabad. Atas talian pada 26 Jun 2013, dari http://www.scribd.com/doc/26716720/Peer-Effects-on-Academic-Achievement

Marks, H. M. dan Louis, K. S. (1997). Does teacher empowerment affect the classroom? The implications of teacher empowerment for instructional practice and student academic performance. *Educational Evaluation and Policy Analysis*, Vol. 19(3), Fal, 1997, pp. 245-275. Atas talian pada 28 Ogos 2013, dari web.ebscohost.com.eserv.uum.edu.my/ehost/detail?vid=4&sid=ae4e79ef-e67e-4c57-b829-c640d85e045b%40sessionmgr198&hid=122&bdata=JnNpdGU9ZWhvc3QtbGI2ZSZzY29wZT1zaXRl#db=psyh&AN=1997-43037-003

Maroulis, S. dan Gomez, L.M. (2008). DORS "connectedness" matter? Evidence from a social network analysis within a small-school reform. *Teachers College Record*, volume 110, Number 9, September 2008, pp. 1901-1929. Atas talian pada 31 Oktober 2013, dari researchhighschools.pbwork.com/f/MaroulisStConnection.pdf

Marques, R (2005). From Charis to Antidosis: The reciprocity thesis revisited. Dalam Koniordos, S.M. *Networks, trust and social capital*. England: ASHGATE.

Marshall, G. (1998). *Pilot study: From: A dictionary of sociology*. Atas talian pada 23 Julai 2008 dari http://www.encyclopedia.com/printable.aspx?id=1088:pilotstudy.

Marshall-Reed, E. (2010). *The social interactions of students with disabilities*. Tesis doctoral, Wayne State University. Atas talian pada 26 Jun 2013, dari digitalcommons.wayne.edu/cgi/viewcontent.cgi?article=1174&context=oa_dissertations&esei-redir=1&referer=http%3A%2F%2Fwww.google.com.my%2Furl%3Fsa%3Dt%26ret%

Martin, N. D. (2009). Social capital, academic achievement, and postgraduation plans at an elite private university. *Sociological Perspective*, Vol. 52, No. 2 (Summer 2009), pp. 185-210. Atas talian pada 20 Jun 2013, dari http://www.jstor.org.eserv.uum.edu.my/stable/pdfplus/10

Marwell, G. dan Oliver, P. E. (1988). Social networks and collective action: A theory of the critical mass. III. *AJS* Volume 94 Number 3 (November 1988); pp. 502-34. Atas talian pada 31 Oktober 2013, dari

www.scs.wisc.edu/~oliver/PROTESTS/ArticleCopies/MarwellOliverPrahlCritMassIIICORRECTED.pdf
Massari, D.J. dan Rosenblum, D.C. (1972). Locus of control, interpersonal trust and academic achievement. *Psychological Reports*, Vol. 31(2), Oct, 1972, pp. 355-360. Atas talian pada 15 Ogos 2013, dari web.ebscohost.com.eserv.uum.edu.my/ehost/detail?vid=6&sid=57e6d61e-6ff1-4a33-a76a-e3ece56dbd4%40sessionmgr13&hid=119&bdata=JnNpdGU9ZWhvc3QtbGI2ZSZzY29wZT1zaXRI#db=psyh&AN=1973-07894-001
Mashburn, A.J. dan Justice, L.M. (2009). Peer effects on children's language echivement during pre-kindergarten. *Child Development*, May/June 2009, Volume 80, Number 3, pp. 686-702. Atas talian pada 14 Ogos 2013, dari onlinelibrary.wiley.com.eserv.uum.edu.my/doi/10.1111/j.1467-8624.2009.01291.x/pdf
Masyarakat.(2011). *Wikipedia Ensiklopedia bebas*. Atas talian pada 21 Mac 2012, dari http://ms.wikipedia.org/wiki/Masyarakat
Matei, S.A., Of, K. dan Bruno, R. (n.d.). *Collaboration and communication in online environment: A social entropy approach*. Atas talian pada 11 September 2013, dari www.academia.edu.3390173/Collaboration_and_communication_in_online_Environments_A_Social_Entropy_Approach
Mateju, P. dan Vitaskova, A. (2005). Trust and mutually beneficial exchanges: Two distinct dimensions of social capital in post-Communist societies. *Paper to be presented at the meeting Sociological Association (RC28)* Los Angeles, August 18-21, 2005. Atas talian pada 10 September 2013, dari www.ccpr.ucla.edu/publications/conference-proceedings/CP-05-031.pdf
Mayer, R.C., et al. (2011). The effects of changing power and influence tactics on trust in the supervisor: A longitudinal field study. *Journal of Trust Research* 1(2), 2011: 177-201. Atas talian pada 1 September 2013, dari www.tandfonline.com.eserv.uum.edu.my/doi/pdf/10.1080/21515581.2011.603512
Mc Ghee, D. dan Pathak, P. (n.d.). *Connected communication: From bridging social capital to co-operative social capital? Mapping emergent connectivities across communities. At*as talian pada 3 September 2013, dari www.arch.ac.uk/Funding_Opportunities/research-funding/Connected-Communities.Scoping-studies-and-reviews/Documents/From bridging social capital to co-operative social capital.pdf
Mc Mullen, V. (2012). *Community engagement through collective efficacy: Building partnerships in an urban community to encourage collective action to increase student achievement in a neighborhood school*. Tesis doctoral, University of Cincinnati. Atas talian pada 15 Ogos 2013, dari search.proquest.com.eserv.uum.edu.my/docview/1033232545/fulltextPDF/13FE611B453354DF575/3?accountid=42599
McCain, R.A. (n.d.). *Game theory: An introductory Sketch*. Retrieved 6 November, 2007, from http://william-king.drexel.edu/top/eco/game/nash.html
McClenaghan, P. (2000). Social capital: exploring the theoretical foundations of community development education. *British Educational Research Journal*. Vol. 26, No.5. 565-582
McDonald, M. F. dan Dorr, A. (n.d.). *Inside school _university partnerships: Successful collaboration to improve high school student achievement*. Atas talian pada 26 Jun 2013, dari apep.gseis.ucla.edu/bestla/BEST-InsideSchlUnivpartnerships.pdf
McGonigal, J., Doherty, R., Allan, J., Mills, S., Catts, R., Redford, M., McDonald, A., Mott, J. dan Buckley, C. (2007). Social capital, social inclusion and changing school contexts: A Scottish perspective. *British Journal of Education Studies*. Atas talian pada 24 Januari 2007 dari http://www.blackwell-synergy.com.eserv.uum.edu.my/doi/pdf.10.1111/j.1467-8527.2007.00362.x.
McGonigal, J., Doherty, R., Mills, S., Mott, J., McDonald, A., Redford, M., Buckel, C., Catts, R. dan Allan, J. (2005). Social capital theory: A review. Dalam *AERS schools and social capital network*.
MedConditions.net. (n.d.). Educational achievement definition. Atas talian pada 20 Mac

2012 dari http://medconditions.net/educational-achievement.html
Medlin, C. (n.d.). *Interaction and actor bond development.* Atas talian pada 26 September 2013, dari citeseerx.ist.psu.edu/viewdoc/download?doi=10.1.1.199.63&rep=rep1&type=pdf
Meier, A. (1999). Social capital and school achievement among adolescents. *CDE Working Paper*, No. 99-18. Center for Demography and ecology, University of Wisconsin-Madison. Atas talian pada 24 Jun 2013, dari www.ssc.wisc.edu/cde/cdewp/99_18.pdf
Messner, S.F. dan Baumer, E.P. (2004). Dimensions of social capital and rates of criminal homicide. *American Sociological Review*, 2004, Vol. 69 (December 882-903). Atas talian pada 7 Oktober 2013, dari www.jstor.org/stable/3593047
Miller, et al. (2008). Social networks and fisheries: The relationship between a charter fishing network, social capital, and catch dynamics. North American Journal of Fisheries Mangement, 28: pp. 447-462. Dalam Barness, M.L. (2012). *Bonding, bridging, and linking social capital in an ethnically diverse fishery: The case of Hawai`i's longline fishery*. Master of Science, The University of Hawai`i At Manoa. Atas talian pada 1 Oktober 2013, dari search.proquest.com.eserv.uum.edu.my/docview/1040861347/fulltextPDF/140D955E8D33987125/3?accountid=42599
Miller, D.C. dan Salkind, N.J. (2002). *Handbook of research design dan social measurement 6th edition.* London: Sage Publication
Mitchell, A.D. dan Bossert, T.J. (2007). Measuring dimensions of social capital: Evidence from surveys in poor communities in Nicaragua. *Social Science & Medicine*. Jan2007, Vol. 64 Issue 1, pp. 50-63. Atas talian pada 17 September 2013, dari web.ebscohost.com.eserv.uum.edu.my/ehost/detail?vid=6&sid=e724e1e5-9f83-4870-bcd3-c19898e12c66%40sessionmgr12&hid=19&bdata=JnNpdGU9ZWhvc3QtbGI2ZSZzY29wZT1zaXRI#db=aph&AN=23222042
Mizruchi, M.S. dan Potts, B.B. (1998). centrality and power revisited: actor success in group decision making. *Social Networks*, Oct1998, Vol. 20 Issue 4, pp. 353-387. Atas talian pada 5 September 2013, dari web.ebscohost.com.eserv.uum.edu.my/ehost/detail?vid=7&sid=ae1a0027-7937-4126-a9be-6a21bd58e923%40sessionmgr11&hid=9&bdata=JnNpdGU9ZWhvc3QtbGI2ZSZzY29wZT1zaXRI#db=bwh&AN=18618080
Mohammad, R. dan Verdi, A. (2012). Study of the relationship between cooperation and empowerment of faculties of Marvdast Azad University. *Australian Journal of Baslic & Applied Sciences*. Sep2012, Vol. 6 Issue 9, pp. 318-323. Atas talian pada 10 September 2013, dari web.ebscohost.com.eserv.uum.edu.my/ehost/detail?vid=3&sid=83e26bb8-43b3-4c4c-9a3b-2deO3b66e9fa%40sessionmgr15&hid=11&bdata=JnNpdGU9ZWhvc3QtbGI2ZSZzY29ZT1zaXRI#db=aph&AN=88895500
Mohammad Shatar Sabran. (1999). *Leadership in the succes of community development projects in Malaysia: Two case studies.* Unpublished Doctor of Philosphy Dessertation, University of Missouri-Columbia, Columbia.
Mohamed Aslan dan Azhar Harun. (2000). Dasar ekonomi baru: Sorotan falsafah dan cabaran. Dalam Mohd. Rosli Mohamad dan Mohamed Aslam Gulam Hassan. *Pembangunan ekonomi Malaysia era globalisasi*. Kuala Lumpur: Penerbit Universiti Malaya.
Monconduit, C.A. (2007). *Identifiable factors which measure the impact of social capital within schools*. Tesis doctoral, Indiana State University. Atas talian pada 25 Jun 2013, dari search.proquest.com.eserv.uum.edu.my/docview/304848842/fulltextPDF/13EDFB1AD695B2DF2B0/1?accountid=42599
Montgomery, J. D. (1997). *Values in education: Social capital formation in Asian and the Pacific*. Atas talian pada 23 Januari 2007 dari http://web.ebscohost.com.eserv.uum.edu.my/ehost/pdf?vid=4&hid=3&sid=4a2a0994-5d60-4679-9898-d775d770efe3%40sessionmgr107.
Montoya, R.M. dan Pittinsky, T.L. (2011). When increased group identification leads to outgroup liking and cooperation: The role of trust. *The Journal of Social Psychology*, 2011, 151(6), pp. 784-806. Atas talian pada 5 September 2013, dari

web.ebscohost.com.eserv.uum.edu.my/ehost/pdfviewer/pdfviewer?vid=3&sid=bcd94a24-93c3-4d81-981d-631b28bf64dc%40sessionmgr11&hid=9

Moolenaar, N.M., Sleegers, P.J.C. dan Daly, A.J. (2012). Teaming up: Linking collaboration networks, collective efficacy, and student achievement. *Teaching & Teacher Education*, Feb2012, Vol. 28 Issue 2, pp. 251-262. Atas talian pada 28 Ogos 2013, dari web.ebscohost.com.eserv.uum.edu.my/ehost/detail?vid=3&sid=7fcdfc4-ea52-4f0a-9e7f-764573d2e6ee%40sessionmgr198&hid=114&bdata=JnNpdGU9ZWhvc3QtbGI2ZSZzY29WztlZAxri#DB=APH&an=69953336

Moore, C. L. W. (1999). *A social and economic impact analysis of community business development: Leather finishing in a small town.* Unpublished Doctor of Philosophy Dessertation, Texas Tech University, United State of America.

Muir, J. (2011). Bridging and linking in a divided society: A social capital case study from Northern Ireland. *Urban Studies (Sage Publications, Ltd)*, Vol. 48 Issue 5, pp. 959-976. Atas talian pada 3 September 2013, dari web.ebscohost.com.eserv.uum.edu.my/ehost/detail?vid=3&sid=377a35c8-2153-4cfd-9b2d-489d517e2fd2%40sessionmgr14&hid=9&bdata=JnNpdGU9ZWhvc3QtbGI2ZSZzY29wZT1zaXRI#db=aph&AN=59702369

Munoz-Erickson, T.A., et al. (2010). Spanning boundaries in an Arizona Watershed Partnership: Information networks as tools for entrenchment or ties for collaboration? *Ecology & Society*. 2010, Vol. 15 Issue 3, Special Section, pp. 1-22. Atas talian pada 10 September 2013, dari web.ebscohost.com.eserv.uum.edu.my/ehost/detail?vid=3&sid=840&511e-7258-4f5a-aO32-7eead78aOed7%40sessionmgr4&hid=11&bdata=JnNpdGU9ZWhvc3QtbGI2ZSZzY29wZT1zaXRI#db=aph&AN=66785544

myGovernment, Portal Rasmi Kerajaan Malaysia. (2012). Pendidikan sekolah menengah. Atas talian pada 19 Mac 2012, dari http://www.malaysia.gov.my/BM/Relevant Topics/Education and Learning/Citizen/SecondarySchool/Pages/SecondarySchool.aspx

Narayan, D. dan Cassidy, M.F. (2001). A dimensional approach to measuring social capital: Development and validation od a social capital inventory. *Current Sociology*, March 2001, Vol. 49(2): pp. 59-102. Atas talian pada 23 September 2013, dari commdev.org/files/652_file_a020037.pdf

National Centre for Social Research. (2005). *Neighbourhood survey 2005.* Atas talian pada 23 Mac 2005 dari http://www.statistics.gov.uk/about/services/dcm/downloads/social-capital-postalsurvey.pdf.

National Information Exchange Model (NIEM). (2010). *Agency information exchange functional standards evaluation.* Atas talian pada 2 Oktober 2013, dari https://cio.gov/up-content/uploads/downloads/2012/09/3.12.1-NIEM-Assessment-Report_Final_Master.pdf

Nelson, R.D. (1989). The strength of strong ties: Social networks and intergroup conflict in organizations. *The Academy of Management Journal*, 1989, vol. 32, No. 2, 377-401. Atas talian pada 2 September 2013, dari web.ebscohost.com.eserv.uum.edu.my/ehost/pdfviewer/pdfviewer?vid=7&sid=61ea4f2c-6c90-4591-bb57-ac335F26424c%40sessionmgr13&hid=108

Neri, F. V. dan Ville, S. (2008). Social capital renewal and the academic performance of international students in Australian. *Journal of socio-economic*, 37 (4), 1515-1538. Atas talian pada 24 Jun 2013, dari ro.uow.edu.au/cgi/viewcontent.cgi?article=1622&context=commpapers

Neuman, W.L. (2006). *Social research methods: Qualitative and quantitative appproaches (6th edition).* United States of America: Pearson.

Neville, A., Schaff, P. dan Verhaar, M. (2007). *Increasing academic achievement through coaching and collaboration.* Atas talian pada 26 Jun 2013, dari www.reading.org/downloads/52nd_convr_handouts/p_rogers.pdf

Nieuwenhuijze, C. A. O. V. (1953). Implications. In P. Ruopp & S. Radhakrishnan (Eds.), *Approaches to community development*. Netherlands: W. Van Hoeve LTD. / The Hague, Bandung.

Nilsen, A. (2012). *A quantitative study exploring how social norm, and empowerment influence female leaders related to represent organization externally.* Tesis master, International Hotel dan Tourism Leadership University of Stavanger. Atas talian pada 23 September 2013, dari

http://brage.bibsys.no/vis/bitstream/URN:NBN:no-bibsys_brage_33185/1/MHRHOV%20Master%20thesis.pdf
Nisbet, R. A. (1970). *The social bond: An introduction to the study of society.* New York: Alfred.A.Knope.
Noraniza Yusoff. (2014). *Tadbir urus modal sosial dan pencapaian pendidikan pelajar desa sekolah menengah di Kedah.* The UUM International Conference On Governance 2014 (ICG 2014), Universiti Utara Malaysia dan Universitas Muhammadiyah Malang, 29-30 November 2014.
Notley, T. (2009). Young people, online networks, and social inclusion. *Journal of Computer-Mediated Communication*, Vol. 14(4), Jul, 2009, pp. 1208-1227. Atas talian pada 1 September2013, dari web.ebscohost.com.eserv.uum.edu.my/ehost/detail?vid=4&sid=3627711b-4100-496f-a43d-e22a2835e62b%40sessionmgr15&hid=120&bdata=JnNpdGU9ZWhvc3QtbGI2ZSZzY29wZT1zaXRl#db=psyh&AN=2009-11980-018
Nungsari Ahmad Radhi dan Jessica Lee Kim Gek. (1990). Pembangunan ke arah mengubah struktur ekonomi. Dalam Sekolah Ekonomi dan Pentadbiran Awam. *Seminar Ekonomi negeri Kedah.* Sintok: Universiti Utara Malaysia.
O'Brien, D.J., Phillips, J.L. dan Patsiorkovsky, V.V. (2005). Linking indigenous bonding and bridging social capital. *Regional Studies*, Vol. 39.8, pp. 1041-1051, November 2005. Atas talian pada 2 September 2013, dari web.ebscohost.com.eserv.uum.edu.my/ehost/pdfviewer/pdfviewer?vid=3&sid=5551e586-ab3d-48cd-9785-a21da42ff04%40sessionmgr13&hid=1
O'Bryant, Z. (2010). *Social networks, social capital, information and communications technology, and achievement among African American middle school male students.* Tesis doctoral, Walden University. Atas talian pada 23 Julai 2013, dari search.proquest.com.eserv.uum.edu.my/pqdtft/docview/815237537/fulltextPDF/13F6FE5FCF25D79CF67/1?accountid=42599
OECD. (2003). Pareto efficiency. Dalam *Glossary of statistical terms.* Retrieved 6 November, 2007, from http://stats.oecd.org/glossary/detail.asp?ID=3275
OECD. (2001). *The well-being of nations: The role of human and social capital.* Paris: Centre for Educational Research and Innovation.
Olige, I.C. (2008). *The missing link: Parental influences on student academic achievement.* Tesis doctoral, Capella University. Atas talian pada 22 Julai 2013, dari search.proquest.com.eserv.uum.edu.my/docview/304816541/fulltextPDF/13F6A403412131A5F16/1?accountid=42599
Olivo, C. (2009). *Social capital and Latino achievement.* Tesis doctoral, Claremont Graduate University. Atas talian pada 23 Jun 2013, dari search.proquest.com.eserv.uum.edu.my/docview/304863383/fulltextPDF/13ED535075159D20TE7/16?accountid=42599
Omardin Ashaari. (2001). n/a.
Osborne, M.J. (1997). *Pareto efficiency.* Atas talian pada 6 November, 2007 dari http://www.economics.utoronto.ca/osborne/2x3/tutorial/PE.HTM
O'Shea, E. (1999). Do we have too narrow a conception of education's role? *Education, well-being and social capital.* Vol. 6, Issue 4. Atas talian pada 11 April 2006 dari http://web107.epnet.com.eserv.uum.edu.my/citation.asp?tb=1&ug=sid+6C82B3B4%2D7.
Ostrom, E. dan Ahn, T.K. (2003). *Foundations of social capital.*United Kingdom: An Elgar Reference Collection.
Oyen, E. (2002). Social capital formation: A poverty reducing strategy? UNESCO. *Social capital and poverty reduction: Which role for the civil society organizations and the state?* Atas talian pada 8 November 2006. http://unesdoc.org/images/0013/001325/132556e.pdf
Page-Gould, E., et al. (2010). Understanding the impactof cross-Group friendship on interaction with novel outgroup members. *Journal of Personality and Social Psychology*, 2010, vol. 98, No. 5, 775-793. Atas talian pada 2 September 2013, dari web.ebscohost.com.eserv.uum.edu.my/ehost/pdfviewer/pdfviewer?vid=4&sid=2f80b478-77ec-48a7-8908-12185c709560%40sessionmgr110&hid=1

Papanastation, E.C. dan Bottiger, L. (2004). Maths club abd their potentials: Making mathematics fun and exciting. A case study of a math club. *Int. J. Math. Educ. SCI. Technol.*, 2004, Vol. 35, No. 2, 159-171. Atas talian pada 24 JUlai 2013, dari ehis.ebscohost.com.eserv.uum.edu.my/ehost/pdfviewer/pdfviewer?vid=3&sid=O6a3dbd6-35d6-4cc1-b4la-f74c1f860125%40sessionmgr114&hid=115

Parcel, T.L. dan Dufur, M. J. (2001). Capital at home and at school: Effects on child social adjustment. *Journal of Marriage and Family*, Vol. 63, Februari, 32-47. Atas talian pada 24 Januari 2007 dari http://www.blackwell-synergy.com.eserv. uum. edu.my/doi/pdf/10.1111/j.1741-3737.2001.00032.x

Parrilli, M.D. dan Sacchetti, S. (2008). Linking learning with governance in networks and clusters: key issues for analysis and policy. *Entrepreneurship & Regional Development*, July 20 (2003), pp. 387-408. Atas talian pada 12 September 2013, dari web.ebscohost.com.eserv.uum.edu.my/ehost/pdfviewer/pdfviewer?vid=4&sid=COfc6f12-c5a1-4698-bb7a-c8eabe325842%40sessionmgr13&hid=128

Parsons, S. (2005). *Rational choice and politics: A critical introduction.* London: Continuum.

Pataccchini, E. Rainone, E. dan Zenou, Y. (n.d.). *Strong versus weak ties in education.* Atas talian pada 23 Julai 2013, dari people.su.se/~yvze0888/Patacchini_Rainone_Zenou_07_april_2013.pdf

Paul, K. J. (2008). *Regulatory framework weak ties: Determining the efficacyof microfinance in Latin America.* Atas talian pada 28 Oktober 2013, dari people.carleton.edu/~amontero/Kathryn Paul.pdf

Pejabat Kemajuan Negeri Kedah. (1980). *Data dan maklumat-maklumat asas mengenai negeri Kedah.* Kedah: Pejabat Kemajuan Negeri Kedah.

Pengarah Unit Perancangan Ekonomi Negeri Kedah. (1983). Strategi dan komunikasi perancangan pembangunan negeri Kedah. Persatuan Kebajikan Mahasiswa Kedah. Dalam *Konvensyen pembangunan ekonomi negeri Kedah.* Bangi: Persatuan Kebajikan Mahasiswa Kedah, Universiti Kebangsaan Malaysia.

Perbadanan Kemajuan Negeri Kedah. (1990). *Kedah Darul Aman: Bersama menuju kemajuan. Kedah: Perbadanan Kemajuan Negeri Kedah.* Kedah: Utusan Printcorp Sdn. Bhd.

Pil, F. K. dan Leana, C. (2009). Applying organizational research to public school reform: The effects of teacher human and social capital on student performance. *Academy of Management Journal* 2009, Vol. 52, No. 6, 1101-1124. Atas talian pada 24 Jun 2013, dari ehis.ebscohost.com.eserv.uum.edu.my/ehost/pdfviewer/pdfviewer?vid=5&sid=7935b123-7543-4a92-9481-a859166b1e83%40sessionmgr112& hid=105

Pintrich, P.R. dan Zusho, A. (2002). The development of academic self-regulation: The role of cognitive and motivational factors. In A. Wigfield & J.S. Eccles (Eds.), Development of achievement motivation pp. 249-284. San Deigo: Academic Press. Dalam Jonkers, L., et al. (2010). Academic performance and self-regulatory skills in elite youth soccer players. *Journal of Sports Science*, December 2010; 28(14):1605-1614. Atas talian pada 29 Ogos 2013, dari www.tandfonline.com.eserv.uum.edu.my/doi/pdf/10.1080/02640414.2010.516270

Pole, C. dan Lampard, R. (2002). *Practical social investigation: Qualitative and quantitative in social research.* Harlow, Essex: Pearson Education Limited.

Portes, A. (2000). The two meanings of social capital. *Sociological Forum*, Vol. 15, No. 1. Atas talian pada 21 Januari 2001 dari http://web.ebscohost.com.eserv.uum.edu.my/ehost/pdf?vid=5&hid=108&sid=332d33ed-bb11-407d-8e5c-2f0a99f932ff%40sessionmgr107.

Porumbescu, G., Park, J. dan Oomsels, P. (2013). Building trust: communication and subordinate trust in public organizations. *Transylvania review of Administrative Sciences.* 2013, Issue 38E, pp. 518-179. Atas talian pada 5 September 2013, dari web.ebscohost.com.eserv.uum.edu.my/ehost/detail?vid=3&sid=4f4a51fa-5283-429e-b651-893f649b6a2d%40sessionmgr113&hid&bdata=JnNpdGU9ZWhvc3QtbGI2ZSZzY29wZT1zaXRl#db=aph&AN=85643518

Pow, J., et al. (2012). Understanding complex interactions using social network analysis. *Journal of Clinical Nursing*, 21, pp. 2772-2779. Atas talian pada 7 Oktober 2013, dari web.ebscohost.com.eserv.uum.edu.my/ehost/pdfviewer/pdfviewer?vid=4&sid=f3b7ec91-267f-453c-a800-04c184ddf81e%40sessionmgr12&hid=26

Print, M. & Coleman, D. (2003). Towards understanding of social capital and citizenship education. *Cambridge Journal of Education*, Vol. 33, No. 1, 123-149.

Proletarianization. (2013). *Dictionary.com.* Atas talian pada 15 September 2013, dari dictionary.reference.com/browse/prolitarianization?r=66

Puella Ludens. (2012). Practices of political news production and consumption.

Punch, K.F. (2005). *Introduction to social research: Quantitative and qualitative approaches*. London: Sage Publications.

Purposive sampling. (2012). *Answers*. Atas talian pada 5 Jun 2012, dari www.answers.com/topic/purpoive-sampling

Pusat Penyelidikan Dasar, U. S. M. (2003). *Kajian kemiskinan daerah Pendang*. Universiti Sains Malaysia: Pulau Pinang.

Putnam, R. D. (2000). *Bowling alone: The collapse and revival of American community*. New York: Simon and Schuster Paperbacks.

Putnam, D.R. (2000). *Bowling Alone*. Atas talian pada 28 Mac 2006 from http://www.bowlingalone.com/socialcapital.php3.

Putnam, R. D. (1995). *Bowling alone: America's declining social capital*. Atas talian pada 6 Mac 2008 dari http://xroads.virginia.edu/~hyper/DETOC/assoc/bowling.html.

Putterman, L. (2009). Heterogenous perdispositions and the effects of sorting, voting, and communication in collective action dilemmas. *Social Science Research Network. SSRN Working Papaer Series*, Jan 2012. Atas talian pada 1 September 2013, dari search.proquest.com.eserv.uum.edu.my/results/1403c8429641715BAcc/1/5bqueryType$3dbasiciOS$3b+sortType$3drelevan$3b+searchTerms$3d$5b$cAND$7ccitationBodytags:collective...

Quibria, M.G. (2003). *The puzzle of social capital: Acritical review*. Manila: Asian Development Bank.

Quinn, K. A. dan Olson, J.M. (2011). Regulatory framing and collective action: The interplay of individual self-regulation and group behavior. *Journal of Applied Social Psychology*. Oct2011, Vol. 41 Issue 10, pp. 2457-2478. Atas talian pada 10 September 2013, dari web.ebscohost.com.eserv.uum.edu.my/ehost/detail?vid=3&sid=3eb1ae7f-c419-4cf6-9e94-399101697a34%40sessiongmr198&hid=124&bdata=JnNpdGU9ZWhvc3QtbGI2ZSZzY29wZT1zaXRI#db=bth&AN=66694902

Raja Ariffin Raja Sulaiman. (1983). Pentadbiran, perancangan, pelaksanaan dan pencapaian, kemajuan projek/program penbangunan negeri Kedah. Dalam *Konvensyen pembangunan ekonomi negeri Kedah*. Bangi: Persatuan Kebajikan Mahasiswa Kedah, Universiti Kebangsaan Malaysia.

Rahimah Ismail. (2003). *Ekonomi pembangunan: Isu sumber manusia*. Bangi: Universiti Kebangsaan Malaysia.

Rahimah Ismail. (1987). *The effect of human capital on earning differentials in Malaysia*. Michigan: UMI Dessertation Information Service.

Rankin, K.N. (2002). Social capital microfinance, and the politics of development. *Feminist Economics* 8(1), 2002, pp. 1-24. Atas talian pada 28 Oktober 2013, dari zunia.org/sites/default/files/media/node-Files/cr/162893_Critique%20of%20Microfinance.pdf

Ratliff, J. (1997). *Nash equilibrium*. Retrieved 6 November, 2007, from virtualperfection.com/gametheory

Reagans, R. (2011). Close encounters: Analyzing how social similarity and propinquity contribute to strong network connections. *Organization Science*, Jul/Aug2011, Vol. 22 Issue 4, pp. 835-849. Atas talian pada 7 Oktober 2013, dari web.ebscohost.com.eserv.uum.edu.my/ehost/detail?vid=6&sid=5c42bf64-2dfc-43d6-977f-52abObda9a8b%40sessionmgr114&hid=26&bdata=JnNpdGU9ZWhvc3QtbGI2ZSZzY29wZT1zaXRI#db=bth&AN=63031292

Reema Chauhan. (n.d.). Relationship between academic self-esteem and educational achievement of visualli impaired-Suggestion for Inclusion. Atas talian pada 20 Mac 2012 dari http://www.icevi.org/publications/icevi_wc2006/09_inclusive_educational_practices/Papers/wa_028_reema chauhan.pdf

Rezaei, G. dan Kirkey, M. (2012). Dynamic social networks facilitate cooperation in the-player Prisoner's Dilemma. *Physica A*, Dec2012, Vol. 391, Issue 23, pp. 6199-6211. Atas talian pada 1 September 2013, dari web.ebscohost.com.eserv.uum.edu.my/ehost/detail?vid=4&sid=65c77775-7754-4603-bado-ab9d21691aa0%40sessionmgr12&hid=24&bdata=JnNpdGU9ZWhvc3QtbGI2ZSZzY29wZT1zaXRI#db=aph&AN=79112417

Riegle-Crumb, C. dan Callahan, R.M. (2009). Exploring the academic benefits of friendship ties for Latino boys and girls. *Social Science Quarterly*, Volume 90, Number 3, September 2009. Atas talian pada 14 Ogos 2013, dari onlinelibrary.wiley.com.eserv.uum.edu.my/doi/10.1111/j.1540-6237.2009.00634.x/pdf_

Ritzer, G. dan Goodman, D.J. (2004). *Modern sociological theory 6th edition.* New York: Mc Graw Hill.

Robert, S.G.B. dan Dunbar, R.I.M. (2011). Communication in social networks: Effects of kinship, network size, and emotional closeness. *Personal Relationships*, 18(2011), 439-452. Atas talian pada 1 September 2013, dari web.ebscohost.com.eserv.uum.edu.my/ehost/pdfviewer/pdfviewer?vid=7&sid=1ce43359_48da-4f0c-8dca-bde5c1183d86%40sessionmgr12&hid=24

Roberts, J. T., & Hite, A. (2000). *From modernization to globalization: Perspectives on development and social change*. Great Britain: Blackwell Publishers.

Robison, L.J., Schmid, A.A. dan Siles, M.E. (2000). Is social capital really capital? *Review of Social Economy.* Atas talian pada 30 Oktober 2013, dari www.eclac.org/prensa/noticias/comunicados/8/7918/robison-siles2409.pdf

Rockwell, S.K. dan Kohn, H. (1989). Post-then-pre-evaluation. *Journal of extension.*Vol. 27 No. 2. Atas talian pada 23 Julai 2008 dari http://www.joe.org/joe/1989summer/a5.html.

Rocque, M., Bierie, D.M. dan Mackenzie, D.L. (2011). Social bonds and change during incarceration: Testing a missing link in the reentry research. *International Journal of Offender Therapy & Comparative Criminology*, Aug2011, vol. 55 Issue 5, pp. 816-838. Atas talian pada 25 September 2013, dari web.ebscohost.com.eserv.uum.edu.my/ehost/detail?vid=8&sid=108d6aOb-7ee2-4bc1-bdf5-e82a77326e4a%40sessionmgr4&hid=11&bdata=JnNpdGU9ZWhvc3QtbGI2ZSZzY29wZT1zaXRI#db=aph&AN=63248885

Rosmah Mat Isa, Nor Liza Abdullah dan Zizah Che Senik. (2010). Social capital dimensions for tacit knowledge sharing: Exploring the indicators. *Jurnal Pengurusan* 30 (2010), pp. 75-91. Atas talian pada 1 Oktober 2013, dari www.ukm.my/penerbit/jurnal_pdf/jurus_pdf/jp30_06-lock.pdf

Rothon, C., Goodwin, L. dan Stansfeld, S. (2012). Family social support, community "social capital" and adolescent' mental health and educational outcomes: a longitudinal study in England. *Soc Psychiatry Epidemiol* (2012).47: 697-709. Atas talian pada 20 Jun 2013, dari ehis.ebscohost.com.eserv.uum.edu.my/ehost/pdfviewer/pdfviewer?vid=3&sid=72ac5272-cfd1-45d1-8ab2-aabebb4bb40a%40sessionmgr111&hid=107

Ruopp, P. (1953). Approaches to community development. In P. Ruopp & S. Radhakrishnan (Eds.), *Approaches to community development*. Nertherlands: W. Van Hoeve LTD. / The Hague, Bandung.

Ruppert, C. (2001). *Revitalising marginalised communities by increasing social capital through holistic education and the lifelong learning strategies of indigenous peoples*. Atas talian pada 23 Januari 2007 dari http://www.eric.ed.gov.eserv.uum.edu.my/ERICDocs/data/ericdocs2/content-storage_01/0000000b/80/27/ce/a9.pdf.

Ryabov, I. (2012). The influence of co-racial versus inter-racial peer friendships on academmic achievement of Asian-American adolescents. *Asian American Journal of Psychology*, September 24, 2012. Atas talian pada 26 Jun 2013, dari ehis.edolescents.com.eserv.uum.edu.my/ehost/pdfviewer/pdfviewer?vid=3&sid=6aOd31b5-1e4f-4088-aOdf-04acd076237e%40sessionmgr13&hid=4

Ryabov, I. (2011). Adolescent academic outcomes in school context: Network effects reexamined. *Journal of Adolescence*. Oct 2011, vol. 34, Issue 5, pp. 915-927. Atas talian pada 23 Julai 2013, dari ehis.ebscohost.com.eserv.uum.edu.my/ehost/detail?vid=8&sid=b69a049d-co31-4209-8f63-255aOf6f546e%40sessionmgr110&hid=16&bdata=JnNpdGU9ZWhvc3QtbGI2ZSZzY29wZT1zaXRI#db=aph&AN=65053908

Sadeq, K.S.M, et al. (2010). Studies on dimension of social capital and the effect of its performance on entrepreneurial orientation. Case study of small and meduim business. *Asian Journal of Management Research*. Atas talian pada 23 September 2013, dari http://www.academia.edu/1469981/studies_on_dimensions_of_social_capital_and_the_effect_of_its_performance_on_entrepreneurial_orientationcase_study_of_small_and_medium_business

Sajjad, S. (n.d.). *Social capital, relations of power and democracy: A comparative analysis of the impact of a decentralisation and development policy in regions with different nature of social capital and power relations*. Atas talian pada 24 September 2013, dari www.icpublicpolicy.org/IMG/pdf/panel_48_s1_sanee_sajjad.pdf

Salleh, M.J., et al. (2011). Peer influences in academic achievements and behaviors among students of MARA junior science college, Malaysia. *Seminar Kebangsaan Kaunseling Silang Budaya. Kaunseling Merentas Kepelbagaian Budaya Membentuk 1-Malaysia. PERKEMA-Persatuan Kaunseling Malaysia dan Universiti Malaysia Sarawak*. 24-25 Mei 2011. Central for teaching Facilities, UNIMAS Sarawak. Atas talian pada 26 Jun 2013, dari irep.iium.edu.my/15050/l/National_Seminar_on_Counseling_PERKEMA_2011_Peer_Influence_and_Academic_Achievement_MARA.pdf

Salloum, S.J. (2011). *Collective efficacy, social context, teachers' work, and student achievement: A mixed-method study*. Tesis doctoral, The University of Michigan. Atas talian pada 15 Ogos 2013, dari search.proquest.com.eserv.uum.edu.my/docview/918694918/fulltextPDF/13FE611B453354DF575/12?accountid=42599

Sandler, T. (1992). *Collective action: Theory and application*. United State of America: HarvesterWheatsheaf.

Sampson, R.J. (1991). Linking the micro-and macrolevel dimensions of community social organization. *Social Forces*, September 1991, 70(1): 43-64. Atas talian pada 17 September 2013, dari web.ebscohost.com.eserv.uum.edu.my/ehost/pdfviewer/pdfviewer?vid=48&sid=a3375267-afb1-4c6a-83d5-29feeOaa4d4a%40sessionmgr12&hid=19

Sandstrom, G. (2005). Nash equilibrium. Dalam *ISCID encyclopedia of science and philosophy*. Retrieved 6 November, 2007, from http://www.iscid.org/ecyclopedia/Nash_Equilibrium

Santos, M. (2009). *Linking structure and content: Friendship networks and academic achievement*. Tesis doctoral, University of Wisconcin-Madison. Atas talian pada 28 Ogos 2013, dari search.proquest.com.eserv.uum.edu.my/docview/305034830/fulltextPDF/14028F32B344721DD41/39?accountid=42599

Saw Swee-Hock. (1990). *A guide to conducting surveys*. Singapura: Times Books International.

Scoot, F.O. (2007). *The influence of neighborhood, family, school, and student dimension of social capital on academic achievement: An integrated theoretical framework*. Master of Arts, The University of Montana. Atas talian pada 23 Julai 2013, etd.lib.umt.edu/theses/available/etd-04302007_142743/unrestricted/ThesisScottFloy.pdf

Schlegel, C. C. (1978). *Social indicators and social structure in Peninsular Malaysia*. Michigan: UMI Dessertation Information Service.

Seckin, G. (2006). *Virtual networks for cancer patients of the 21st century: Patient empowerment, psychology well-being and trauma transcendence*. Tesis doctoral, Case Western Reserve University. Atas talian pada 1 September 2013, dari search.proquest.com.eserv.uum.edu.my/docview/304883950/fulltextPDF/1403DFc20473BDB4927/9?accountid=42599

Seethamraju, R. dan Borman, M. (2009). Influence of group formation choices on academic performance. *Assessment & Evaluation in Higher Education*, Vol. 34, No. 1, February 2009, 31-40. Atas talian pada 28 Ogos 2013, dari web.ebscohost.com.eserv.uum.edu.my/ehost/pdfviewer/pdfviewer?vid=5&sid=5071db3f-10b2-4568-ae95-5cbf0d4ae836%40sessionmgr113&hid=122

Senesac, D.R. (2010). *Narrowing the achievement gap and sustaining success: A qualitative study of the norms, practices, and programs of successful high school with urban characteristics*. Tesis doctoral, University of Southern California. Atas talian pada 22 Julai 2013, dari search.proquest.com.eserv.uum.edu.my/docview/375686141/fulltextPDF/13F69BEBEC44A70A722/1?accountid=42599

Shaari Abdul Rahman, Jabatan Perangkaan Malaysia. (2001). *Banci penduduk dan perumahan Malaysia 2000: Taburan penduduk dan ciri-ciri asas demografi*. Putrajaya: Jabatan Perangkaan Malaysia.

Shaari Abdul Rahman, Jabatan Perangkaan Malaysia. (2003). *Banci penduduk dan perumahan Malaysia 2000: Ciri-ciri tempat kediaman*. Putrajaya: Jabatan Perangkaan Malaysia.

Shaari Abdul Rahman, Jabatan Perangkaan Malaysia. (2004). *Banci penduduk dan perumahan Malaysia 2000: Migrasi dan taburan penduduk*. Putrajaya: Jabatan Perangkaan Malaysia.

Shaari Abdul Rahman, Jabatan Perangkaan Malaysia. (2002). *Banci penduduk dan perumahan Malaysia 2000: Ciri-ciri pendidikan dan sosial penduduk*. Putrajaya: Jabatan Perangkaan Malaysia.

Shaari Abdul Rahman, Jabatan Perangkaan Malaysia. (2003). *Banci penduduk dan perumahan Malaysia 2000: Ciri-ciri ekonomi penduduk*. Putrajaya: Jabatan Perangkaan Malaysia.

Shafiz Affendi Mohd Yusof dan Kamarul Faizal Hashim Mail. (2014). Let's get together: exploring the formation of social capital in a Malaysian virtual community. *The Journal of Community Informatics,* Vol. 10, No. 1, pp.1712-4441.

Shafritz, J. M., Koeppe, R. P. dan Soper, E. W. (1988). *The facts on file dictionary of education*. New York: Oxford.

Shahabudin, Rokiah Ahmad dan Wan Norsiah Mohamed. *Prosiding seminar isu-isu populasi Malaysia*. Bangi: Universiti Kebangsaan Malaysia.

Sharifah Alwiah Alsagoff (1984). *Falsafah pendidikan*. Selangor: Heinemann Educational Books (Asia) Ltd.

Shen, J. (2013). The changeability of social interaction: Formation and evolution of social networks. *International Journal of Social Science Studies*, Vol. 1, No. 2; October 2013. Atas talian pada 20 Oktober 2013, dari redfame.com/journal/index.php/ijsss/article/download/129/148

Sherman, H.J. dan Catapano, S. (2011). After-school elementary school mathematics club: Enhancing achievement and encouraging future teachers. *Educational Reserach Quarterly* September 2011. Atas talian pada 24 Julai 2013, dari ehis.ebscohost.com.eserv.uum.edu.my/ehost/pdfviewer/pdfviewer?vid=3&sid=05a3dbd6-35d6-4cc1-b41a-f74c1f860125%40sessionmgr114&hid=115

Shimizu, H. (2011). Social cohesion and self-sacrificing behavior. *Public Choice* (2011) 149:427-440. Atas talian pada 18 September 2013, dari web.ebscohost.com.eserv.uum.edu.my/ehost/pdfviewer/pdfviewer?vid=4&sid=fa626580-a223-42cd-9dbc-ddd318f90d7%40sessionmgr112&hid=123

Shin, Y. dan Song, K. (2011). Role of face-to-face and computer-mediated communication time in the cohesion and performance of mixed-mode groups. *Asian Journal of Social Psychology* (2011), 14, 126-139. Atas talian pada 1 September 2013, dari web.ebscohost.com.eserv.uum.edu.my/ehost/pdfviewer/pdfviewer?vid=3&sid=ee104251-3206-453b-b353-c34959a746fb%40sessionmgr112&hid=125

Shin, R.Q. (2005). *The relationships of peer norms, ethnic edentity, and peer support to academic outcomes in urban youth*. Tesis doctoral, Loyola University Chicago. Atas talian pada 22 Julai 2013, dari search.

proquest.com.eserv.uum.edu.my/docview/304991700/fulltextPDF/13F69BEBEC44A70A722/9?accountid=42599
Siegel, D.A. (2009). Social networks and collective action. *American Journal of Political Science*, January1, 2009. Atas talian pada 1 September 2013, dari web.ebscohost.com.eserv.uum.edu.my/ehost/pdfviewer/pdfviewer?vid=4&sid=65c77775-7754-4603-bado-ab9d21691aa0%40sessionmgr12&hid=24
Sil, S. (2009). *The role of social ties of immigrant parents in determinig their children's school success*. Tesis doctoral, The Pennsylvania State University. Atas talian pada 25 Jun 2013, dari search.proquest.com.eserv.uum.edu.my/docview/900705803/fulltextPDF/13EDE1078086AF57945/46?accountid=42599
Simon, S.J. (n.d.). n/a.
Simmons, E. W. (n.d.). *The impact of home/school/community collaboration on student achievement: An analysis of reading Renaissance*. Atas talian pada 26 JUn 2013, http://chiron.valdosta.edu/are/Litreviews/vollno1/simmons_litr.pdf
Sindhu, M.S. (1990). *Geografi kependudukan negeri*. Dalam Sekolah Ekonomi dan Pentadbiran. Seminar ekonomi negeri Kedah. Sintok: Universiti Utara Malaysia.
Singleton, R.A. dan Straits, B.C. (2005). *Approaches to social research 4th edition*. United States of America: Oxford University Press.
Singleton, R.A. dan Straits, B.C. (1999). *Approaches to social research 3rd edition*. United States of America: Oxford University Press
Sirianni, C. dan Friedland, L. Social capital. Dalam CPN. *Civic dictionary*. Atas talian pada 4 Januari 2008 dari http://www.cpn.org/tools/dictionary/capital.html.
Sloan Work and Family Research Network. (n.d). n/a.
Smith, M.H., Beaulieu, L.J. dan Israel, G.D. (1992). Effects of human capital and social capital on dropping out of high school in the south. *Journal of Research in Rural Education*, Vol. 8, No. 1, 75-87.
Smith, M.K. (2000). *Social capital*. Retrieved 20 February 2006 from http://www.infed.org/biblio/social_capital.htm.
Smith, M.S. dan Giraud-Carrier, C. (n.d.). n/a.
Social Analysis and Reporting Division, Office for National Statistics. (2001). *Social capital: A review of the literature*. Atas talian pada 4 Januari 2008 dari http://www.statistics.gov.uk/socialcapital/downloads/soccoplitreview.pdf.
Social exclusion. (2011). *Wikipedia The Free Encyclopedia*. Atas talian pada 19 Disember 2011, dari http://en.wikipedia.org/wiki/Social_inclusion
Sociability.(n.d.). *OneLook®Dictionary Search*. Atas talian pada 19 Disember 2011, dari http://onelook.com/?w=sociability&ls=a
Socialbridge.wordpress.com/. (n.d.). Social bridge.Dalam Google.(_). Atas talian pada 15 Disember 2011 12:32 tengahari dari http://www.google.com.my/
Sociology Guide.Com. (2011). Village community in India. Atas talian pada 22 Mac 2012 dari http://www.sociologyguide.com/rural-cosiology/village-community-in-india.php
Song, Z. dan Feldman, M.W. (2013). The coevolution of long-term pair bonds and cooperation. *Journal of Evolutionary Biology*. May2013, Vol. 26 Issue 5, pp. 963-970. Atas talian pada 10 September 2013, dari web.ebscohost.com.eserv.uum.edu.my/ehost/detail?vid=5&sid=e56ab732-99fe-4e54-8e59-bb109a8dee19%40sessionmgr14&hid=11&bdata=JnNpdGU9ZWhvc3QtbGI2ZSZzY29wZT1zaXRl#db=aph&AN=87339127
Sonja, P. et al. (2009). Students' school behavior in relation to their academic achievement in primary and secondary school: Teacher's perspective. *Psihologijske teme 18* (2009), 1, 55-74. Atas talian pada 22 JUlai 2013, dari www. academia.edu/1326382/Students_Social_Behavior_In_Relation_to_Their_Academic_Achievement_In_Primary_and_Secondary_School_Teachers_Perspectives.
Speer, P.W., Jackson, C.B. dan Peterson, N.A. (2001). The relationship between social cohesion and empowerment: support and new implications for theory. *Health Education & Behavior*, vol.

28(6), Dec 2001, pp.716-732. Atas talian pada 1 September 2013, dari web.ebscohost.com.eserv.uum.edu.my/ehost/detail?vid=3&sid=4db42e56-0b2a-483c-85ed-63fa1a8764b5%40sessionmgr10&hid=24&bdata=JnNpdGU9ZWhvc3QtbGI2ZSZzY29wZT1zaXRI#db=psyh&AN=2001_05606-002

Stark, J.S., Shaw, K. M. dan Lowther, M.A. (1989). Student goals for college and courses: A missing link in assessing and improving academic achievement. *ASHE-ERIC Higher Education Reports*. ED 317121. Atas talian pada 22 Julai 2013, dari www.eric.ed.gov.eserv.uum.edu.my/PDFS/ED317121.pdf

State economic Planning Unit. (1991). *Sosio-economic relationship between Kedah Darulaman-Southern Thailand*. Alor Setar: State economic Planning Unit.

Steffes, E.M. dan Burgee, L.E. (2009). Social ties and online word of mouth. *Internet Research*, 2009, vol. 19 Issue 1, pp. 42-59. Atas talian pada 25 September 2013, dariweb.ebscohost.com.eserv.uum.edu.my/ehost/detail?vid=3&sid=7f647019-325d-46c4-86de-c5c6137c6f99%40sessionmgr10&hid=25&bdata=JnNpdGU9ZWhvc3QtbGI2ZSZzy29wZT1zaXRI#db=aph&AN=37354364

Stones, W., Gray, M. dan Hughes, J. (2003). Social capital at work: How family, friends and civic ties relate to labor market outcome. *Research paper* No. 31, Australian Institute of Family Studies, April 2003, 34p. Atas talian pada 9 September 2013, dari www.aifs.gov.au/institute/pubs/respaper/rp31.html

Stone, W. dan Hughes J. (2002). Social capital: Empirical meaning and measurement validity. Australian Institute of Family Studies. *Research paper* No.4, February. Atas talian pada 4 Januari 2008 dari http://www.aifs.gov.au/institute/pubs/RP27.pdf.

Stones, W. (2001). Measuring social capital: Towards a theoretically informed measurement framework for researching social capital in family and community life. Australian Institute of Family Studies. *Research paper* No.4, February. Atas talian pada 4 Januari 2008 dari http://www.aifs.gov.au/institute/pubs/RP24.pdf.

Strom, I. F., et al. (2013). Violence, bullying and academic achievement: A study of 15-year-old adolescents and their school environment. *Child Abuse & Neglect*. Apr 2013, Vol. 37 Issue 4, pp. 243-251. Atas talian pada 24 Julai 2013, ehis.ebscohost.com.eserv.uum.edu.my/ehost/detail?vid=3&sid=8c9cdceb-3095-4e3a-a6e1-233a1059fce2%40sessionmgr15&hid=4&bdata=JnNpdGU9ZWhvc3QtbGI2ZSZzY29wZT1zaxri#db=aph&AN=86886195

Superintendent of Education. (1954). *Annual report of the education department, Kedah for the year 1354H*. Alor Setar: Superintendent of Education.

SURFAID International. (2005). *Community development philosophy*. Retrieved 17 November, 2005, from http://www.surfaidinternational.org/site/pp.asp?c=ekLPK4MOIsG&b=260623

Svendsen, G. L. H. dan Svendsen, G. T. (2004). *The creation and destruction of social capital: Entrepreneurship, co-operative movements and institutions*. USA: Edward Elgar.

Tashakkori, A. dan Teddlie, C. (2003). *Handbook of mixed method in social & behavioral research*. London: SAGE.

Tashakkori, A. dan Teddlie, C. (1998). *Mixed methodology: Combining qualitative and quantitative approaches*. United States of America: Sage Publications.

Takasaki, Y. (2011). Groups, networks, and hierarchy in Household Private Transfers: Evidence from Fiji. *Oxford Development Studies*, Vol. 39, No.1, March 2011. Atas talian pada 2 September 2013, dari web.ebscohost.com.eserv.uum.edu.my/ehost/pdfviewer/pdfviewer?vid=3&sid=04070bf9-5d7d-4513-acdd-b136afdea68%40sessionmgr113&hid=108

Teachman, J.D., Paasch, K. dan Carver, K. (1996). Social capital and dropping out of school early. *Journal of Marriage and Family*, Vol.58, Ogos, 773-783.

Teijlingen, E. R. dan Hundley, V. (2001). The importance of pilot studies. *Social research update*. Isu 35. Winter 2001. Atas talian pada 22 Julai 2008 dari http://www.sru.surrey.ac.uk/SRU35.html.

ten Kate, S., et al. (2010). Social network influence on technology acceptance: A matter of tie strength, centrality and density. 23rd Bled eConference eTrust: Implications for the individual, enterprises and society. June 20-23, 2010, Bled, Slovenia. Atas talian pada 30 Oktober 2013, dari https://domino.for uni-mb.si/proceedings.nsf/0/eaa5e9b00ca2dd37c12577570035e643/$FILE/02_tenKate.pdf

Teorell, J. (2003). Linking social capital to political participation: Voluntary associations and networks of recruitment in Sweden. *Scandinavian Political Studies*, Vol. 26-No.1, 2003. Atas talian pada 17 September 2013, dari web.ebscohost.com.eserv.uum.edu.my/ehost/pdfviewer/pdfviewer?vid=3&sid=bO9eaa41-5bcb-495b-9efb-3bfbec61fo2b%40sessionmgr114&hid=127

The Gale Group. (2012). n/a.

The Professor Network. (2008). *Pareto optimality*. Atas talian pada 4 Januari 2008 dari http://www.economyprofessor.com/economictheories/pareto-optimality.php.

Thien, L. (2005). Architectural regulation and the evolution of social norms. *Yale Journal of Law & Technology*, Vol. 7[2005], Iss 1, Art.1. Atas talian pada 28 Oktober 2013, dari digitalcommons.law.yale.edu/cgi/viewcontent.cgi?article=1015&context

Thomas, G. F., Zolin, R. dan Hartman, J.L. (2009). The central role of communication in developing trust and its effect on employee involvement. *Journal of Business Communication*, Volume 46, Number 3, July 2009, pp. 287-310. Atas talian pada 5 September 2013, dari web.ebscohost.com.eserv.uum.edu.my/ehost/padfviewer/pdfviewer?vid=3&sid=4f4a51fa-5283-429-b651-893f649b6a2d%40sessionmgr113&hid=118

Thompson, W.E. dan Hickey, J. V. (2002: 34-35, 178-179). *Society in focus: An introduction to sociology 4th edition.* United State of America: Alan And Bacon.

Thompson, W.E. dan Hickey, J. V. (1996: 39 dan 175). *Society in focus: An introduction to sociology 2nd edition.* United State of America: HarperCollins*CollegePublisher*.

Thorkildsen, T.A. dan Xing, K. (2013). Relations between social capital and achievement among facebook users. *Poster to be presented at the annual meeting of the American Psychological Association, Honolulu, HI.* Atas talian pada 24 Jun 2013, dari tigger.uic.edu/~thork/motive/APA2013.pdf

Tka, T.S. dan Mares, P. (2008). Social exclusion and horms of social capital: Czech evidence on mutual links. *Sociologicacky ustav* AV CR,v.v.i., Praba 2008. Atas talian pada 9 September 2013, dari sreview.soc.cas.cz/uploads/d16db56a6a102eb8d3e3012d7f38f4d557c203fe-512-2008-3sirovatkamares.pdf

Tortoriello, M., Reagans, R. dan Mc Evily, B. (2012). Bridging the knowledge gap: The influence of strong ties, network cohesion and network range on the transfer of knowledge between organizational units. *Organization Science*. Jul/Aug2012, Vol. 23 Issue 4, pp. 1024-1039. Atas talian pada 4 September 2013, dari web.ebscohost.com.eserv.uum.edu.my/ehost/detail?vid=3&sid=aOf2ec4f-a6c3-4328-a8fe-67684d2119bo%40sessionmgr110&hid=113&bdata=JnNpdGU9ZWhvc3QtbGI2ZSZzY29wZT1zaXRI#db=bth&AN=83488845

Toussaint, J.G. (2008). *Adoptive status, social capital and academic achievement.* Tesis Doctoral, Virginia Polytechnic Institute and University. Atas talian pada 23 Jun 2013, dari search.proquest.com.eserv.uum.edu.my/docview/1027595830/fulltextPDF/13ED3D0A6C4190AD648/27accountid=42599

Trimis, A. E. (1967). *Community development as an element in area and regional socio-economic growth and development (with special reference to the community development program of Thessaloniki, Greece).* Unpublished Doctor of Philosophy Dessertation, Montana State University, United State of America.

Trust (social sciences). (2011). *Wikipedia The Free Encylopedia.* Atas talian pada 21 Disember 2011, 10:29 pagi dari http://en.wikipedia.org/wiki/Trust_(social sciences)

Tschan, F. (1995). Communication enhances small group performance if it conforms to task requirements: The concept of ideal communication cycles. *Basic and applied social psychology*, 1995, 17(3), pp. 371-393. Atas talian pada 19 September 2013, dari web.ebscohost.com.eserv.uum.edu.my/ehost/pdfviewer/pdfviewer?vid=3&sid=940fa9c6-bc6b-409f-b9e3-29a5448aeb4b%40sessionmgr198&hid=118

Tschannen-Moran, M. dan Barr, M. (2004). Fostering student learning: The relationship of collective teacher efficacy and student achievement. *Leadership and Policy in Schools*. 2004, Vol. 3, No. 3, pp. 189-209. Atas talian pada 15 Ogos 2013, dari www.fandfonline.com.eserv.uum.edu.my/doi/pdf/10.1080/15700760490503706

Tumin, M. M. (1988). Stratifikasi sosial: bentuk dan fungsi ketaksamaan. In Atiah Hj. Salleh & Z. Ahmad (Eds.). Kuala Lumpur: Dewan Bahasa dan Pustaka.

Turner, J. (1991). *The structure of sociological theory*. Retrieved 9 Oktober, 2005, from http://choo.fis.utotonto.ca/FIS/Course/LIS2149/RatChoice.html

Turrell, R.V. dan Van-Helten, J.J. (1987). The investment group the missing link in British overseas expansion before 1914? *Economic History Review*, 2nd ser. XL, 2 (1987), pp. 267-274. Atas talian pada 30 Oktober 2013, dari ehis.ebscohost.com.eserv.uum.edu.my/ehost/pdfviewer/pdfviewer?vid=3&sid=c33b44bf-3a11-4397-9797-c3423268e3c1%40sessionmgr111&hid=105

Umekubo, L.A., Chrispeels, J.H. dan Daly, A.J. (2012). *Running head: Strong ties in a decentralized district*. Atas talian pada 24 September 2013, dari pasg.c1/icsei/download.php?file=envios/...pdf

Unit Data, BPPDP, Kementerian Pelajaran Malaysia. (2007). *Senarai sekolah menengah di Kedah dengan bilangan pelajar mengikut lokasi seperti 31 Januari 2007*. Atas talian pada 21 Januari 2008 dari http://www.moe.gov.my/emis/emis2/emisportal/doc/fckeditor/File/SM%20 Januari07/SM%20Kedah.pdf.

Unit Penyelidikan Sosioekonomi, J. P. M. (1983). *Kajian impek projek pembangunan kemanusiaan di kawasan Sungai Lui, Hulu Langat, Selangor*. Kuala Lumpur: Jabatan Perdana Menteri.

Unit Penyelidikan Sosioekonomi, Jabatan Perdana Menteri. (1982). *Taklimat Pembangunan dan projek-projek pelajaran negeri Kedah*. 10 Januari 1982. Alor Setar: Unit Penyelidikan Sosioekonomi.

Unit Penyelidikan Sosioekonomi, Jabatan Perdana Menteri Cawangan Kedah/Perlis. (1981). *Kajian sosioekonomi penempatan semula nelayan/setinggan di kawasan Kuala Kedah dan Kuala Sala Negeri Kedah*. Alor Setar: Unit Penyelidikan Sosioekonomi

Unit Perancang Ekonomi, Jabatan Perdana Menteri. (2006). *Rancangan Malaysia Kesembilan 2006-2010*. Kuala Lumpur: Percetakan Nasional Malaysia Berhad.

Unit Perancang Ekonomi. (2003). *Kajian separuh penggal Rancangan Malaysia Kelapan*. Kuala Lumpur: Percetakan Nasional Malaysia Berhad.

Unit Perancang Ekonomi Negeri Kedah. (2001). Pelan tindakan Kedah Maju 2010.

Unit Perancang Ekonomi Negeri Kedah. (2001). Pelan tindakan Kedah Maju 2010.

Unity. (n.d.). *Macmillan Dictionary*. Atas talian pada 19 Disember 2011, 8:34 padi dari http://www.macmillandictionary.com/dictionary.american/unity

Urus setia Kedah Maju 2010, UPEN. (2001). *Indikator ekonomi dan sosial Kedah Maju 2010*. Kedah: UPEN.

UPEN. (1990). Dasar dan strategi pembangunan ekonomi negeri Kedah Darul Aman sebelum dan selepas 1990. Dalam Sekolah Ekonomi dan Pentadbiran Awam. *Seminar ekonomi negeri Kedah*. Kedah: Universiti Utara Malaysia.

Uslander, E.M. (2004). Trust and social bonds: Faith in others and policy outcomes reconsidered. *Political Research Quarterly*, Sep2004, Vol. 57 Issue 3, pp. 501-507. Atas talian pada 5 September 2013, dari web.ebscohost.com.eserv.uum.edu.my/ehost/detail?vid=4&sid=2719ca6c-9d38-4665-a34f-dd662f2f6eae%40sessionmgr11&hid=9&bdata=JnNpdGU9ZWhvc3QtbGI2ZSZzY29wZT1zaXRl#db=aph&AN=14952018

Usman Haji Yaakob. (2002). Perubahan demografi dan sosial negeri Kedah Darul Aman. Dalam Mohamad Sukeri Khalid. *Kedah 100 tahun 1900-2000: Isu-isu politik dan sosioekonomi*. Sintok: Penerbit Universiti Utara Malaysia.

Valkenburg, P.M. dan Peter, J. (2007). Preedolescents' and adolescents' online communication and their closeness to friends. *Developmental Psychology*, 2007, Vol. 43, No. 2, 267-277. Atas talian pada 15 September 2013, dari web.ebscohost.com.eserv.uum.edu.my/ehost/pdfviewer/pdfviewer?vid=6&sid=f2cf86dd-901a-4821-9c37-747cfcb4d84%40sessionmgr111&hid=125

Verhoeven, P. (2008). Who's in and who's out?: Studying the effects of communication management on social cohesion. *Journal of Communication Management*, vol 12(2), 2008, pp.124-135. Atastalian pada 1 September 2013, dari web.ebscohost.com.eserv.uum.edu.my/ehost/detail?vid=4&sid=ee104251_3206_453b_b353-c34959a746fb%40sessionmgr112&hid=22&bdata=jnNpdGU9ZWhvc3QtbGI2ZSZzY29wZT1zaXRI#db-psyh&AN=2009-19325=002

Village community. (2012). *Dictionary.com.* Atas talian pada 22 Mac 2012, dari http://dictionary.reference.com/browse/village+community

Villanueva-Felez, A. dan Molas-gallart, J. (2011). Exchanging information through social links: The role of friendship, trust and reciprocity. *INGENIO (CSIC-UPV) Working Paper series* 2011/09. Atas talian pada 6 Oktober 2013, dari digital.csic.es/bitstream/10261/51124/1/Exchanging_information_through_social_links.pdf

Vinson, T. L. (2011). The relationship that Summer Bridge and non-summer bridge participation, demographics, and high school academic performance have on first-year college students: Effects of grade point average and retention. *Dissertation Abstracts International Section A: Humanities and Social Science*, Vol 72(2-A), 2011 pp. 497. Atas talian pada 29 ogos 2013, dari web.ebscohost.com.eserv.uum.edu.my/ehost/detail?vid=5&sid=5170b5a2-6a51-432f-83f9-ea99bb1749f6%40sessionmgr14&hid=26&bdata=JnNpdGU9ZWhvc3QtbGI2ZSZzY29Wzt1ZAxri#DB=PSYH&an=2011-99151-093

Wageman, R. dan Gordon, F.M. (2005). As the Twig is Bent: How group values shape emergent task interdependencein groups. *Organization Science*, vol. 16, No. 6, November_December 2005, pp. 687-700. Atastalian pada 1 September 2013, dari web.ebscohost.com.eserv.uum.edu.my/ehost/pdfviewer/pdfviewer?vid=5&sid=6845b2aO-fd12-4d8b-ba5f-50b8ec83ebfc%40sessionmgr11&hid=24

Waldstrom, C. (n.d.). *Social capital in organizations_Beyond structure and metaphor.* Atas talian pada 28 Oktober 2013, dari pure.au.dk/portal/files/32303863/0003146.pdf

Wallis, J., Killbery, P. dan Dollery, B. (2003). *Social economics and social capital.* Retrieved 23 Januari 2006, from http://www.une.edu.au/febl/EconStud/wps.htm

Wan Azmi Ariffin (1983). Pembangunan bandar dan wilayah di Kedah: Perancangan, pelaksanaan serta implikasi ke atas kedudukan/ekonomi bumiputera. Dalam *Konvensyen pembangunan ekonomi negeri Kedah.* Bangi: Persatuan Kebajikan Mahasiswa Kedah, Universiti Kebangsaan Malaysia.

Wang, Y., Meister, D.B. dan Gray, P.H. (2013). Social influence and knowledge management systems use: Evidence from panel data. *MKQ Quarterly* Vol.37, No. 1, pp. 299-313?march 2013. Atas talian pada 12 September 2013, dari web.ebscohost.com.eserv.uum.edu.my/ehost/pdfviewer/pdfviewer?vid=3&sid=bddO3a8f-3bac-4400-940b-d4f35ee1c315%40sessionmgr111&hid-121

Warwick, C. E. (1964). Relationship of scholastic aspiration and group cohesiveness to the academic achievement of male freshman at Cornell University. *Human Relations*, 17(2), 1964 pp. 155-168. Atas talian pada 28 Ogos 2013, dari web.ebscohost.com.eserv.uum.edu.my/ehost/detail?vid=5&sid=5071db3f-10b2-4568-ae95-5cbf0d4ae836%40sessionmgr113&hid=122&bdata=JnNpdGU9ZWhvc3QtbGI2ZSZzY29wZT1zaXRI#db=psyh&AN=1965-05998-001

Wavo, E. (2004). Honestly, cooperation and curiosity achievement of some schools on Nanjing (China). *IFE Psychologia: An International Journal*, vol 12(2), 2004, pp. 178-187. Atas talian pada 15 Ogos 2013, dari web.ebscohost.com.eserv.uum.edu.my/ehost/detail?vid=7&sid=760c7565-43e4-4a38-81f7-583f2510d01d%40sessionmgr198&hid=119&bdata=JnNpdGU9ZWhvc3QtbGI2ZSZzY29wZT1zaXRI#db=psyh&AN=2004-20888-015

Way, S.M. (2004). For their own good? The effects of school discipline and disorder on student behavior and academic achievement. *Dissertation Abstracts International Section A: Humanities and Social Sciences*, Vol. 64 (10-a), 2004, pp.3850. Atas talian pada 30 Jun 2013, dari ehis. ebscohost.com.eserv.uum.edu.my/ehost/detail?vid=7&sid=1cd4ceOd=02ae-lae9effe2c12%40sessionmgr15&hid=7&bdata=JnNpdGU9ZWHVC3QtbG12ZSZzY29wZTlzaXRI#c

Westaby, J.D. (2012). Dynamic network theory: How social networks influence goal pursuit. *Washington, DC, US: American Psychological Association*, 2012.X, 279. Atas talian pada 2 September 2013, dariweb.ebscohost.com.eserv.uum.edu.my/ehost/detail?vid=5&sid=61ea4f2c-6c90-4591-bb57-ac335f26424c%40sessionmgr13&hid=i&bdata=JnNpdGU9ZWhvc3QtbGI2ZSZzY29wZT1zaXRI#DB=PSYH&an=2011-12632-000

Westbrook, L.A.G. (2011). *The role of human capital and social capital on incorporation and Latino educational achievement at the post-secondary level.* Master of Arts, University of Nebraska at Oklahoma. Atas talian pada 23 Jun 2013, dari search.proquest.com.eserv.uum.edu.my/docview/912025944/fulltextPDF/13ED535075159020FE7/13?accountid=42599

Westlund, H. (2006). *Social capital in the knowledge economy: Theory and empirics.* New York: Springer.

Wexler-Robock, S. (2006). *Access, engagement, metworks, and norms: Dimensions of social capital at work in a first grade classroom*. Tesis doctoral, Fordham University. Atas talian pada 23 Julai 2013, dari search.proquest.com.eserv.uum.edu.my/pqdtft/docview/305333522/fulltextPDF/13F6E55C91910E87CCO/1?accountid=42599

What is cross-sectional research?. (2012). *About.com Psychology*. Atas talian pada 14 Mac 2012, dari http://psychology.about.com/od/cindex/g/cross_sectional.htm

What is a rural community?. (2012). *Answers.com*. Atas talian pada 25 Mac 2012, dari http://wiki.answers.com/Q/What_is_a_rural_community

What Works for Women & Girls. (n.d.). Transforming legal norm to empower women, including marriage, inheritance and property rights. Atas talian pada 23 September 2013, dari www.whatworksforwomen.org/chapters/21-Strengthening-the-Enabling-Environment?sections/6I-Transforming-Legal-Norms-to-Empower-Women-including-marriage-Inheritance-and-Property-Rights

Wilcoxen, P.J. (2004). *Pareto efficiency*. Retrieved 6 November, 2007, from The Maxwell Scholl Syracuse University, http://wilcoxen.cp.maxwell.syr.edu/pages/225.html

Williams, C. C. (2005). Trust diffusion: The effect of interpersonal trust on structure function, and organizational transparency. *Business & Society*. Sep2005, Vol. 44 Issue 3, pp. 357-368. Atas talian pada 9 September 2013, dari web.ebscohost.com.eserv.uum.edu.my/ehost/detail?vid=7&sid=5b2ec7ba-93e3-4bc5-aOcb-1f15b166428d%40sessionmgr110&hid=119&bdata=JnNpdGU9ZWhvc3QtbGI2ZSZzY29wZT1zaXRI#db=bth&AN=17994630

Wilson, T., karimpour, R. dan Rodkin, P.C. (2011). African American and European American students' peer groups during early adolescence: Structure, status, and academic achievement. *Journal of Early Adolescence*, Feb2011, vol. 31, Issues 1, pp. 74-98. Atas talian pada 29 Ogos 2013, dari web.ebscohost.com.eserv.uum.edu.my/ehost/detail?vid=4&sid=63906ea5-a7fb-4434-a888-ab82648e1317%40sessionmgr115&hid=127&bdata=JnNpdGU9ZWhvc3QtbGI2ZSZzY29wZT1zaXRI#db=aph&AN=57204931

Winch, C. (2004). Education, work and social capital: Towards a new conception of vocational education. A response to Richard Barret. *Studies in Philosophy and Education*, 23: 73-80. Atas talian pada 23 Januari 2007 dari http://web.ebscohost.com.eserv.uum.edu.my/ehost/pdf?vid=4&hid=109&sid=f8d6e7a6-1d10-4d53-a6ce-70b6d1a1318%40sessionmgr109.

Winter, I. (2000). Towards a theorised understanding of family life and social capital. *Australian Institute of Family Studies*. Atas talian pada 4 Januari 2008 dari http://www.aifs.gov.au/institute/pubs/WP21.pdf.

Wollebaek, D. dan Selle, P. (2003). Participation and social capital formation: Norway in a comparative perspective. *Scandinavian Political Studies*, Vol. 26-No.1, 2003. Atas talian pada 22 September 2013, dari www.hks.harnard.edu/fs/pnorris/Acrobat/stm103 articles/Wollebaek and Selle Soc Cap.pdf

Woolcock, M. (2002). Social capital in theory and practice: Reducing poverty by building partnerships between states, markets and civil society. Dalam UNESCO. *Social capital and poverty reduction: Which role for the civil society organizations and the state?*. Perancis: UNESCO.

Woolcock, M. dan Narayan, D. (2000). Implications for development theory, research, and policy. *World Bank Research Observer*, volume 15, Issue 2, August 2000, pp. 225-249. Atas talian pada 30 Oktober 2013, dari elibrary.worldbank.org/doi/abs/10.1093/wbro/15.2.225?journalKode=wbro

Woolcock dan Sweetser. (1992). n/a.

Won, S. J. dan Han, S. (2010). Out-of-school activities and achievement among middle school students in the U.S. and South Korea. *Journal of Advanced Academics*, July 1, 2010, volume 21, Number 4, Summer 2010, pp. 628-661. Atas talian pada 28 Ogos 2013, dari web.ebscohost.com.eserv.uum.edu.my/ehost/pdfviewer/pdfviewer?vid=3&sid=c1b4d449-5d9b-4437-be69-53806f824d80%40sessionmgr111&hid=126

World Health Organization. (2006). *What is the evidence on effectiveness of empowerment to improve health?* Atas talian pada 6 November 2013, dari www.euro.who.int/__data/assets/pdf_file/0010/74656/E88086.pdf

WordIQ.com. (2010). *Trust-definition*. Atas talian pada 21 Disember 2011, 10:38 pagi dari http://www.wordiq.com/definition/Trust

Wright, S. R. (1979). *Quantitative methods and statistics: A guide to social research.* California: Sage Publications, Inc.

Wu, H. (2012). *Collective responsibility, academic optimism, and student achievement in Taiwan elementary schools*. Tesis doctoral, The Ohio state University. Atas talian pada 15 Ogos 2013, dari search.proquest.com.eserv.uum.edu.my/docview/1069252399/fulltextPDF/13FE5E3BA2A1CE8721E/2?accountid=42599

Wu, Q., Palinkas, L.A. dan He, X. (2011). Social capitalin promoting the psychosocial adjustment of Chinese migrant children: Interaction across contexts. *Journal of Community Psychology*, Vol. 39, No. 4, 421-442 (2011). Atas talian pada 5 September 2013, dari web.ebscohost.com.eserv.uum.edu.my/ehost/pdfviewer/pdfviewer?vid=3&sid=855a2cOe-f94f-40ff-a994-7d704db30d6f%40sessionmgr12&hid=9

Wu, Q., Palinkas, L.A. dan He, X. (2010). An ecological examination of social capital effects on the academic achievement of Chinese migrant children. *British Journal of Social Work*, volume 40, Issue 8, pp. 2578-2597. Atas talian pada 24 Jun 2013, dari bjsw.oxfordjournals.org/content/40/8/2578

Wu, W. (2008). Dimensions of social capital and firm competitiveness improvement: The mediating role of information sharing. *Journal of Management Studies* 45:1 January 2008. Atas talian pada 9 September 2013, dari web.ebscohost.com.eserv.uum.edu.my/ehost/pdfviewer/pdfviewer?vid=4&sid=d238fb59-2f3c-4d8d-b487-5273f3432d4%40sessionmgr13&hid=11

Wyer Jr., R.S. dan Terrell, G. (1965). Social role and academic achievement. *Journal of Personality and Social Psychology*, Vol. 2 (1), Jul 1965, 117-121. Atas talian pada 17 Julai 2013, dari psycnet.apa.org/index.cfm?fa=buy.optionToBuy&id=1965-1207q-001

Xue, L. dan Yue, C.C. (2007). Towards female preferences in design- A pilot study. *International Journal of Design*. Vol. 1, No.3. Atas talian pada 23 Julai 2008 dari http://www.ijdesign.org/ojs/index.php/IJDesign/article/view/71/76.

Yahaya, A., et al. (2009). Analysis of students with psychiatric disabilities in higher education. J. Soc.. Sci., 5: pp. 362-369, DOI:10.3844/jssp.2009.362.369. Dalam Farzianpour, F., et al. (2011). Investigating the relationships between organizational social capital and service quality in teaching hospitals. *American Journal of Economics and Business Administration* 3(2): pp. 425-429, 2011. Atas talian pada 28 Oktober 2013, dari PDF%2Fajebasp.2011.425.429-1.pdf

Yang, K. (2005). Public administrators' trust in citizens: A missing link in citizen involvement efforts. *Public Administration Review* May 1, 2005. Atas talian pada 5 September 2013, dari web.ebscohost.com.eserv.uum.edu.my/ehost/pdfviewer/pdfviewer?vid=6&sid=f2cf8b6f-ob9c-4a8e-bo91-5c6dcc5da1a5%40sessionmgr11&hid=118

Yin, H., et al. (2013). The effect of trust on teacher empowerment: The mediation of teacher efficacy. *Educational Studies*, Vol. 39(1), Feb, 2013, pp. 13-28. Atas talian pada 5 September 2013, dari web.ebscohost.com.eserv.uum.edu.my/ehost/detail?vid=3&sid=649beb71-009d-472e-93fb-bfe397240f4d%40sessionmgr11&hid=9&bdata=JnNpdGU9ZWhvc3QtbGl2ZSZzY29wZT1zaXRl#db=psyh&AN=2013-03330-002

Yousafzai, A.K., Farrukh, Z. dan Khan, K. (2011). A source of strenght and empowerment? An exploration of the influence of disabled children on the lives of their mothers in karachi, pakistan. Disability and rehabilitation, 2011, 33(12), pp. 989-998. Atas talian pada 23 September 2013, dari web.ebscohost.com.eserv.uum.edu.my/ehost/pdfviewer/pdfviewer?vid=3&sid=583a55ec-2605-4216-96fo-ec1a9d18f147%40sessionmgr13&hid=14

York Institute for Health Research. (n.d.). n/a.

Yuter, S. (2011). *A self-organizing group within a hierarchical organization.* Tesis doctoral, The University of San Francisco. Atas talian pada 28 Oktober 2013, dari repository.ustca.edu/cgi/viewcontent.cgi?article=1000&context=diss

Zahara Wahab. (1997). Pembangunan komuniti terpinggir Sabah: Impak ke atas struktur dan peranan dalam institusi keluarga. Dalam Azleeny Ramli et. al. *Prosiding seminar isu-isu populasi Malaysia.* Bangi: Universiti Kebangsaan Malaysia.

1KLIK. (14 November 2008). Sejarah pendidikan di Malaysia. Atas talian pada 19 Mac 2012, dari http://pmr.penerangan.gov.my/index.php/component/content/article/36-mengenai-pendidikan/1057-sejarah-pendidikan-di-malaysia.html

n/a (n.d.[a]). Expeditionary learning: Core practices. Atas talian pada 6 November 2013, dari elschools.org/sites/default/files/Core%20Practices%20Final_EL_120811.pdf

n/a. (n.d.[b]). *Bridging social capital, social networks, and the sociology of evolutions to understand child development: An exploratory analysis of a social capital-building program.* Atas talian pada 1 Oktober 2013, dari itp.wceruw.org/studentpubs/santos social problem.pdf

n/a. (2011[a]). *Wikipedia The Free Encyclopedia.* Atas talian pada 3 Oktober 2011, dari n/a.

n/a. (2011[b]). *Wikipedia The Free Encyclopedia.* Atas talian pada 12 Disember 2011, dari n/a.

n/a. (2011[c]). *Wikipedia The Free Encyclopedia.* Atas talian pada 5 Disember 2011, dari n/a.

n/a. (2011[d]). *Wikipedia The Free Encyclopedia.* Atas talian pada 26 November 2011, dari n/a.

n/a. (2011[e]). *Wikipedia The Free Encyclopedia.* Atas talian pada 9 Disember 2011, dari n/a.

n/a. (2011[f]). *Wikipedia The Free Encyclopedia.* Atas talian pada 25 September 2011, dari n/a.

n/a. (2011[g]). *Wikipedia The Free Encyclopedia.* Atas talian pada 5 April 2011, dari n/a. n/a. (2012). Wikipedia Ensiklopedia Bebas. n/a.

n/a. (n.d.[c]). *People Communicating.* n/a.

n/a. (n.d.[d]). *TermWiki.* n/a.

n/a. (n.d.[e]). *Dewan Eja Pro.* n/a.

n/a. (n.d.[f]). *Longman.* n/a.

http://www.moe.gov.my/tayang.php?laman=halatuju_pendidikan&unit=kementeriaan&bhs-en

http://www2.uiah.fi/projekti/metodi/144.htm#desc

http://www.cpn.org/tools/dictionary/capital.html

http://translate.google.com.my/#ms|en|masyarakat desa
http://www.jackwhitehead.com/teesonphd/006c5.pdf

INDEKS

PENGHARGAAN

Penulis ingin merakamkan penghargaan ikhlas kepada semua pihak yang terlibat dalam menjayakan tesisi ini.

Kerjasama dari pihak Jabatan Pendidikan Negeri Kedah dan Kementerian Pendidikan Malaysia amat dihargai.

Penghargaan ditujukan kepada Kementerian Pengajian Tinggi Malaysia dan Universiti Utara Malaysia atas penajaan Skim Latihan Akademik IPTA (SLAI).

Penghargaan juga ditujukan kepada semua yang terlibat sama ada secara langsung atau tidak langsung membantu menjayakan tesis ini.

Maklumat Penulis

NORANIZA BINTI YUSOFF pensyarah Program Pengurusan Pembangunan di Universiti Utara Malaysia di negeri Kedah, Malaysia sejak tahun 2000. Lahir di Terengganu pada tahun 1974, Malaysia dan tinggal di Kuala Terengganu iaitu ibu negeri Terengganu lebih kurang 40 tahun.

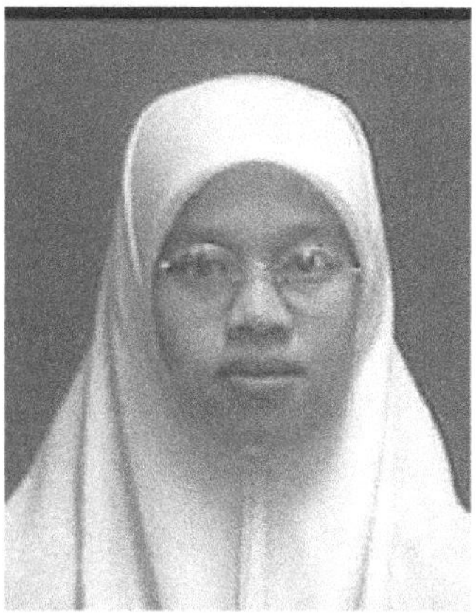

www.ingramcontent.com/pod-product-compliance
Lightning Source LLC
Chambersburg PA
CBHW051228290326
41931CB00039B/3242